재물
손해사정사 2차

약술형 + 주관식 풀이형

한권으로 끝내기

SD에듀
(주)시대고시기획

재물손해사정사 2차
한 권 으 로 끝 내 기

Always **with you**

사람의 인연은 길에서 우연하게 만나거나 함께 살아가는 것만을 의미하지는 않습니다.
책을 펴내는 출판사와 그 책을 읽는 독자의 만남도 소중한 인연입니다.
SD에듀는 항상 독자의 마음을 헤아리기 위해 노력하고 있습니다. 늘 독자와 함께하겠습니다.

손해사정사 자격시험은 2014년부터 대폭 변경하여 시행하고 있습니다. 즉 손해사정사의 종류를 업무영역에 따라 제1종에서 제4종으로 분류하던 방식에서 재물·차량·신체손해사정사로 새롭게 구분하였습니다.

재물손해사정사 2차 시험과목은 「회계원리」, 「해상보험의 이론과 실무(상법 해상법 포함)」, 「책임·화재·기술보험 등의 이론과 실무」로 구성되어 있으며, 약술형+주관식 풀이형 문제로 시험을 치르게 됩니다.

본서는 재물손해사정사 2차 시험 준비를 할 때 어려움을 겪는 약술형+주관식 풀이형 문제를 효과적으로 대비할 수 있도록 구성한 교재입니다. 2차 시험은 재물손해사정사 업무와 관련된 기본개념 및 전문이론문제, 그리고 실무에서 필수적으로 알아야 할 사례유형문제, 보험금 산출문제 등 다양한 형태로 출제되고 있습니다. 이러한 문제유형은 실제 출제되었던 기출문제를 많이 풀어보고, 실전연습을 통해 대비해야 합니다.

본서는 각 과목별로 출제 가능한 핵심이론을 정리·수록하였고, 해당 이론에 대한 예제문제와 사례문제를 구성하여 상세한 풀이를 제공하고 있습니다. 추가로, 풀기 어려운 난도의 계산문제에 대비하기 위하여 다수의 계산문제를 첨부하였습니다. 또한 최근 10개년(2014~2023년도) 기출문제 및 풀이과정을 모두 수록하여 실전문제에 대비할 수 있도록 하였습니다.

아무쪼록 본서가 실전연습뿐만 아니라, 시험준비 과정을 최종 마무리하는데 조금이나마 도움이 되었으면 합니다. 끝으로 본서를 선택해 주신 수험생들에게 합격의 행운이 있기를 기원합니다.

편저자 씀

도서의 구성 및 특징

상세한 개념설명

기출 및 최신 개정사항을 반영한 상세한 개념설명을 통해 학습내용을 이해하는데 도움이
되도록 하였습니다.

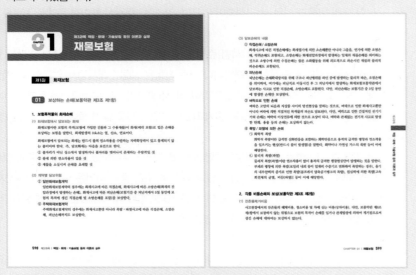

예제문제 & 사례문제

이론학습 후 상세한 해설이 첨부된 예제문제와 사례문제를 통해 반복학습 및 문제풀이에
도움이 되도록 하였습니다.

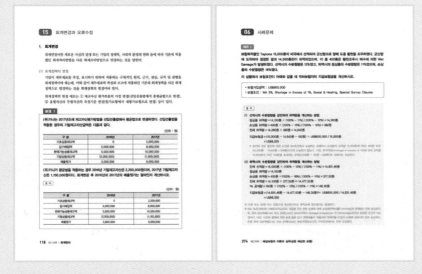

STEP 03

심화 TIP

심화 TIP을 통해 중요내용 및 심화내용을 쉽게 이해할 수 있도록 하였습니다.

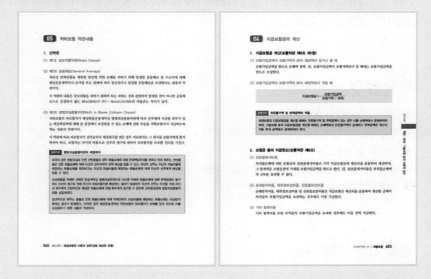

STEP 04

기출문제 & 상세한 해설

10개년 기출문제 & 상세한 해설을 첨부하여 출제경향을 파악하고 학습의 방향을 설정할 수 있도록 하였습니다.

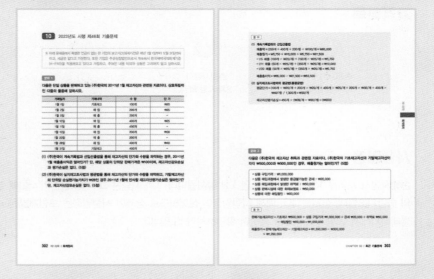

손해사정사 자격시험 소개

손해사정사란?

보험사고발생시 손해액 및 보험금의 산정업무를 전문적으로 수행하는 자로서 보험금 지급의 객관성과 공정성을 확보하여 보험계약자나 피해자의 권익을 침해하지 않도록 해주는 일, 즉 보험사고발생시 손해액 및 보험금을 객관적이고 공정하게 산정하는 자를 말합니다.

주요 업무

➔ 손해발생 사실의 확인
➔ 보험약관 및 관계법규 적용의 적정여부 판단
➔ 손해액 및 보험금의 사정
➔ 손해사정업무와 관련한 서류작성, 제출 대행
➔ 손해사정업무 수행 관련 보험회사에 대한 의견 진술

손해사정사의 구분

업무영역에 따른 구분	업무수행에 따른 구분
재물손해사정사 차량손해사정사 신체손해사정사 종합손해사정사	고용손해사정사 독립손해사정사

※ 단, 종합손해사정사는 별도의 시험없이 재물 · 차량 · 신체손해사정사를 모두 취득하게 되면 등록이 가능합니다.

자격취득

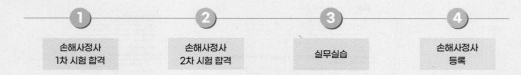

| ① 손해사정사 1차 시험 합격 | ② 손해사정사 2차 시험 합격 | ③ 실무실습 | ④ 손해사정사 등록 |

시험일정

손해사정사 시험은 1차와 2차 각각 연 1회 실시됩니다. 1차 시험은 그 해의 상반기(4월)에 실시하고, 2차 시험은 그 해의 하반기(8월)에 실시합니다. 매해 시험일정이 상이하므로 상세한 시험일정은 보험개발원(www.insis.or.kr:8443)의 홈페이지에서 '시행계획공고'를 통하여 확인하시기 바랍니다.

시험과목 및 방법

시험과목	• 회계원리 • 해상보험의 이론과 실무(상법 해상편 포함) • 책임 · 화재 · 기술보험 등의 이론과 실무
시험방법	논문형(약술형 또는 주관식 풀이형)

합격자 결정

절대평가에 의해 합격자를 결정하며, 절대평가에 의한 합격자가 최소선발예정인원에 미달하는 경우 미달인원에 대하여 상대평가에 의해 합격자를 결정합니다.

❶ 2차 시험 합격자를 결정할 때에는 매 과목 100점을 만점으로 하여 매 과목 40점 이상, 전 과목 평균 60점 이상 득점한 사람을 합격자로 합니다. 다만, 금융감독원장이 손해사정사의 수급상 필요하다고 인정하여 미리 선발예정인원을 공고한 경우에는 매 과목 40점 이상 득점한 사람 중에서 선발예정인원의 범위에서 전 과목 총득점이 높은 사람부터 차례로 합격자를 결정할 수 있습니다.

❷ 재물손해사정사의 선발예정인원은 전환응시자를 제외하고 일반응시자에게만 적용합니다.

❸ 전환응시자에 대한 합격결정은 응시한 매 과목에 대하여 40점 이상 득점한 자 중, 전체 응시과목 평균점수가 일반응시자 중 합격자의 최저점수(평균점수) 이상을 득한 경우에 합격자로 결정합니다.

검정현황

구 분	접수(명)	합격(명)	합격률(%)
2017년 제40회	387	57	14.73
2018년 제41회	422	49	11.61
2019년 제42회	434	42	9.68
2020년 제43회	464	40	8.62
2021년 제44회	471	50	10.62
2022년 제45회	463	50	10.80
2023년 제46회	489	50	10.22

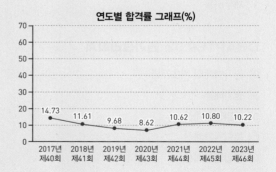

연도별 합격률 그래프(%)

최고득점 & 커트라인

구 분	2017	2018	2019	2020	2021	2022	2023
최고득점	75.33	72.22	73.33	72.22	68.89	76.44	70.00
커트라인	53.67	52.00	54.67	54.89	49.45	58.55	57.00

이 책의 차례

이 책의 차례

제3과목 책임·화재·기술보험 등의 이론과 실무

CHAPTER 01 재물보험

이 책의 차례

재물
손해사정사

한권으로 끝내기

재물손해사정사 2차 한권으로 끝내기

제1과목

회계원리

재무회계

01 현금 및 현금성자산

1. 현금 및 현금성자산

(1) 현 금

구 분	내 용
통 화	지폐, 주화(외국지폐 및 외국주화 포함), 소액현금(시재액), 전도금(지점보관현금)
통화대용증권	타인발행수표(선일자수표 제외), 우편환(증서), 배당금지급통지표, 만기도래 국공채이자표, 만기도래 어음 등
요구불예금	입출금이 자유로운 예금(보통예금, 당좌예금)

타인발행수표에는 자기앞수표, 당좌수표 및 가계수표 등을 포함하며, 선일자수표는 현금으로 분류하지 않고 발생 원인에 따라 매출채권이나 미수금으로 분류한다.

또한 가불증서, 차용증서, 우표, 수입인지, 부도수표, 사용이 제한되어 있는 예금 등은 현금 및 현금성자산으로 분류되지 않는다.

(2) 현금성자산

현금성자산이란 큰 거래비용 없이 현금으로 전환이 용이하고 이자율변동에 따른 가치변동의 위험이 중요하지 않은 단기투자자산으로서 취득 당시 만기 또는 상환일이 3개월 이내에 도래하는 다음의 채권 또는 주식을 말한다.

- 취득 당시 만기가 3개월 이내에 도래하는 채권
- 취득 당시 상환일까지의 기간이 3개월 이내인 상환우선주
- 환매채(3개월 이내의 환매조건)

현금성자산으로 분류하기 위한 만기를 판단할 때 보고기간종료일 기준이 아닌 취득일 기준으로 판단하고, 취득일로부터 만기가 3개월 이내에 도래하는 금융상품일지라도 사용이 제한되어 있는 경우에는 현금 및 현금성자산으로 분류될 수 없다.

(3) 당좌거래

구 분	내 용
당좌예금	현금 및 현금성자산으로 분류. 단, 사용이 제한된 경우에는 사용제한 기간에 따라 단기 또는 장기 금융상품으로 분류
당좌차월	당좌예금잔액이 (−)인 경우로 단기차입금으로 분류
당좌개설보증금	사용이 제한된 예금으로 장기금융상품으로 분류

당좌개설보증금은 당좌계약을 해지하기 전까지는 인출할 수 없기 때문에 사용이 제한되어 있는 예금으로 장기금융상품으로 분류되고, 당좌차월은 은행과의 당좌차월계약을 통해 당좌예금잔액을 초과하여 지급된 금액으로 단기차입금으로 분류된다.

예제 1

(주)가나가 20×1.12.31. 현재 보유하고 있는 현금 및 금융상품 등의 내역은 다음과 같다. (주)가나가 기말 재무상태표에 현금 및 현금성자산으로 보고할 금액은 얼마인가?(단위 : 원)

• 외국주화	600,000	• 우 표	10,000
• 타인발행수표	1,000,000	• 선일자수표	1,200,000
• 배당금지급통지표	300,000	• 만기도래 국채이자표	500,000
• 전도금	250,000	• 우편환증서	30,000
• 당좌차월	500,000	• 환매채(90일 환매조건)	400,000
• 당좌개설보증금	800,000	• 차용증서	3,000,000
• 채권(취득일 : 20×1년 11월 1일, 만기 : 20×2년 2월 28일)			2,000,000

풀 이

현금 및 현금성자산
= 외국주화 600,000원 + 타인발행수표 1,000,000원 + 배당금지급통지표 300,000원 + 전도금 250,000원
  + 만기도래 국채이자표 500,000원 + 우편환증서 30,000원 + 환매채 400,000원
= 3,080,000원

(주)가나의 20×1년 말 재무상태표상의 현금 및 현금성자산은 70,000원이다. 다음 자료를 이용하여 20×1년 말 (주)가나의 당좌예금 잔액을 구하시오. 단, 자료에 제시된 현금 및 현금성자산 외의 다른 현금 및 현금성자산은 없으며, 20×1년 말 기준환율은 1유로(€)에 1,500원, 1달러($)에 1,000원이다.

• 국내통화	1,000원	• 수입인지	3,000원
• 보통예금	2,000원	• 우편환(증서)	4,000원
• 외국환통화	20유로(€)	• 당좌예금	x
• 외국환통화	10달러($)	• 양도성예금증서	5,000원
• 수입인지	1,000원	(취득 : 20×1.12.1, 만기 : 20×2.1.31)	

풀이

현금 및 현금성자산
= 국내통화 1,000원 + 보통예금 2,000원 + 외국환통화 40,000원(= €20 × 1,500원/€ + $10 × 1,000원/$)
 + 우편환(증서) 4,000원 + 양도성예금증서 5,000원 + 당좌예금 x = 70,000원
당좌예금 x = 70000원 − 52,000원 = 18,000원

2. 은행계정조정표

(1) 회사측 조정요인

① 회사미기입예금

추심어음이나 외상매출금 등 당좌예금이 은행이 입금되었으나, 회사가 당좌예금잔액을 증가시키지 않은 경우 회사의 당좌예금잔액을 증가시킨다.

② 부도수표

거래처의 수표를 입금하였으나, 해당 수표가 은행에서 부도처리된 것으로 회사는 해당 수표금액만큼 당좌예금잔액을 감소시켜야 한다.

③ 은행수수료 등

당좌예금수수료나 당좌차월이자 등을 은행이 당좌예금통장에서 출금하였으나, 회사가 이를 확인하지 못한 경우 회사의 당좌예금잔액을 감소시킨다.

④ 회사측 오류

회사 측의 오류는 회사측 당좌예금잔액을 가산 또는 감소시킨다.

(2) 은행측 조정요인

① 은행미기입예금

회사가 은행에 입금하였으나, 은행 측의 사정으로 입금처리가 되지 않은 경우 은행은 이 금액만큼 당좌예금잔액을 증가시켜야 한다.

② 기발행미인출수표

회사는 수표를 발행하여 장부에 반영하였으나, 거래처가 아직 은행에 수표대금을 청구하지 않은 것으로 은행은 이 금액만큼 당좌예금잔액을 감소시켜야 한다.

③ 은행측 오류

은행측 오류는 은행측 당좌예금잔액을 가산 또는 감소시킨다.

예제 1

(주)가나의 12월 31일 현재 당좌예금잔액은 2,732,000원이고, 삼성은행의 (주)가나 당좌원장상 잔액은 3,128,000원이다. 다음의 자료를 이용하여 12월 31일 현재의 정확한 당좌예금잔액을 구하시오.

- 회사가 12월 중 발행한 수표 중 484,000원이 아직 인출되지 않았다.
- 거래처로부터 받아 예입한 수표 216,000원이 부도처리 되었다.
- 은행에 추심을 위임하여 추심된 어음 254,000원이 있다.
- 회사가 12월 31일 입금하였으나 은행 측에서 입금처리하지 않은 금액 138,000원이 있다.
- 은행지급수수료 6,000원을 회사장부에 계상하지 않았다.
- 회사가 68,000원의 수표를 발행하면서 당좌예금장부에는 86,000원으로 기재하였음을 확인하였다.

풀 이

(단위 : 원)

구 분	은행측	회사측
수정 전 잔액	3,128,000	2,732,000
기발행미인출수표	(484,000)	
부도수표		(216,000)
추심어음		254,000
은행미기입예금	138,000	
은행수수료		(6,000)
회사측 오류		18,000
수정 후 잔액	2,782,000	2,782,000

다음 자료는 20×1년 12월 31일 기준 (주)가나의 은행계정 조정에 관한 자료이다. 이 자료를 이용하여 20×1년 12월 31일 조정 전 은행측 잔액(A)과 조정 전 회사측 잔액(B)을 구하시오(단, 조정 후 (주)가나의 잔액은 100,000원이라고 가정한다).

- 예금이자 5,000원이 (주)가나의 장부에 반영되지 않았다.
- 은행이 부도처리한 24,000원의 수표가 (주)가나에게 통지되지 않았다.
- (주)가나에 통지되지 않은 거래처 매출채권추심액은 13,000원이다.
- (주)가나가 입금한 4,000원이 은행에서 입금처리 되지 않았다.
- (주)가나가 거래처에 발행한 수표 중 16,000원이 인출되지 않았다.

풀이

(단위 : 원)

구 분	은행측	회사측
조정 전 금액	A	B
예금이자		5,000
부도수표		(24,000)
매출채권추심액		13,000
은행미기입예금	4,000	
기발행미인출수표	(16,000)	
조정 후 금액	100,000	100,000

A = 100,000원 − 4,000원 + 16,000원 = 112,000원
B = 100,000원 − 5,000원 + 24,000원 − 13,000원 = 106,000원

예제 3

(주)가나는 20×1년도 결산을 앞두고 당좌예금의 계정잔액을 조정하기 위해 은행에 당좌예금잔액을 조회한 결과 20×1년 말 잔액이 150,000원이라는 회신을 받았다. 회사측 당좌예금 장부상의 수정 전 잔액은 149,400원이다. (주)가나의 내부감사인은 차이의 원인에 대해 분석한 후 다음과 같은 사실을 확인하였다.

- 회사가 20×1년 12월 31일에 입금한 20,000원이 은행에서는 20×2년 1월 4일자로 입금처리 되었다.
- 회사가 발행한 수표 중에서 20×1년 12월 3일에 발행한 수표 20,000원이 아직까지 인출되지 않았다.
- 은행에서 보내온 예금증서에 표시된 예금이자 1,500원이 아직 회사장부에 반영되지 않았다.
- 회사가 발행한 수표 1장 2,100원을 담당자가 실수로 1,200원으로 기재한 사실을 확인하였다.

풀이

(단위 : 원)

구 분	은행측	회사측
수정 전 금액	150,000	149,400
미기입예금	20,000	
기발행미인출수표	(20,000)	
예금이자		1,500
회사측 오류		(900)
수정 후 금액	150,000	150,000

02 수취채권

1. 수취채권의 종류

수취채권은 기업이 재화나 용역을 외상으로 제공하거나 타인에게 자금을 대여하고 받기로 한 대가를 의미한다(매출채권, 미수금, 대여금 등).

2. 매출채권의 인식과 측정

(1) 매출환입

매출환입은 고객에게 판매한 상품이 하자 등의 이유로 반품되는 것을 말하며, 매출 및 매출채권에서 차감하여 표시한다.

(2) 매출에누리

매출에누리는 고객이 제품을 구입한 이후에 제품에 파손이나 결함 등이 발견될 경우 가격을 할인하여 주는 것을 말하며, 매출 및 매출채권에서 차감하여 표시한다.

(3) 매출할인

매출할인은 외상매출금을 신속하게 회수하기 위하여 고객이 일정기간 내에 대금을 지불하면 일정금액을 외상매출대금에서 할인하여 주는 것을 말하며, 고객이 매출할인을 받는 시점에서 매출할인을 인식하여 매출액에서 차감하여 표시한다.

3. 매출채권의 평가(대손회계)

(1) 대손의 인식방법

한국채택국제회계기준(K-IFRS)에서는 장래에 대손이 발생할 것으로 예상되는 금액을 추산하여 당해 매출채권의 평가계정인 대손충당금으로 설정함과 동시에 당기비용인 대손상각비로 인식하도록 하고 있다.

(2) 대손 회계처리

① 결산시점

결산시점에서 합리적이고 객관적인 기준에 따라 산출한 대손추산액에서 기말 현재 장부상 대손충당금잔액을 차감한 금액을 대손충당금으로 설정한다. 단, 결산시점에서 산출한 대손추산액이 기말 현재 장부상 대손충당금잔액보다 작은 경우에는 환입처리 한다.

㉠ 대손추산액이 수정 전 대손충당금잔액보다 큰 경우 : 추가 설정

(차) 대손상각비 ××× (대) 대손충당금 ×××

㉡ 대손추산액이 수정 전 대손충당금잔액보다 적은 경우 : 초과액 환입

(차) 대손충당금 ××× (대) 대손충당금환입 ×××

② 대손발생(확정)시점

실제로 대손이 발생한 매출채권은 기 설정된 대손충당금과 상계처리 한다. 단, 실제 대손발생 매출채권이 기 설정되어 있는 대손충당금을 초과하게 되면 그 초과액은 대손상각비로 회계처리 한다.

㉠ 대손충당금이 대손발생액보다 큰 경우

(차) 대손충당금 ××× (대) 매출채권 ×××

㉡ 대손충당금이 대손발생액보다 적은 경우

(차) 대손충당금 ××× (대) 매출채권 ×××
대손상각비 ×××

③ 상각채권 회수시점

거래처의 부도 등으로 이미 대손처리 한 이후에 매출채권금액을 회수하게 되면 회수한 금액만큼 다시 대손충당금을 설정한다.

(차) 현 금 ××× (대) 대손충당금 ×××

(주)가나의 20×1년 12월 31일 재무상태표상의 매출채권과 대손충당금 잔액은 각각 10,000,000원과 500,000원이었다. 다음은 대손과 관련한 20×2년 중의 자료이다.

- 20×2년 5월 : 매출채권 600,000원이 대손확정 됨
- 20×2년 8월 : 20×1년에 대손처리 한 400,000원이 회수됨
- 20×2년 말 : 매출채권 잔액 8,000,000원 중 300,000원이 대손확정 됨
- 20×2년 말 : 매출채권 잔액의 5%를 대손으로 추정함

다음 물음에 답하시오(단위 : 원).

(1) 20×2년 포괄손익계산서에 계상될 대손상각비는 얼마인가?

(2) 20×2년 말 매출채권 잔액의 1%를 대손으로 추정하였을 경우 20×2년 말 회계처리를 하시오.

[풀 이]

(1) **20×2년 포괄손익계산서에 계상될 대손상각비**

- 20×2년 5월

(차) 대손충당금	500,000	(대) 매출채권	600,000
대손상각비	100,000		

- 20×2년 8월

(차) 현 금	400,000	(대) 대손충당금	400,000

- 20×2년 말

(차) 대손충당금	300,000	(대) 매출채권	300,000
(차) 대손상각비	285,000	(대) 대손충당금	285,000

대손상각비 = 100,000원 + 285,000원 = 385,000원

(2) **20×2년 말 매출채권 잔액의 1%를 대손으로 추정하였을 경우**

(차) 대손충당금	300,000	(대) 매출채권	300,000
(차) 대손충당금	23,000	(대) 대손충당금환입	23,000

예제 2

12월 말 결산법인인 (주)가나의 20×1년 12월 31일 재무상태표상의 매출채권 및 대손충당금계정의 잔액은 각각 25,000,000원과 500,000원이었다. 한편 20×2년 중의 관련 자료는 다음과 같다.

- 20×2년 6월 매출채권 540,000원이 회수불능으로 판명됨
- 20×2년 9월 20×1년에 회수불능 처리된 매출채권 360,000원을 현금으로 회수함
- 20×2년 12월 31일 매출채권 잔액 10,000,000원 중 250,000원이 회수불능 판명됨
- 20×2년 말 매출채권 잔액의 5%를 대손으로 추정함

(주)가나의 20×8년 포괄손익계산서에 계상될 대손상각비를 구하시오(단위 : 원).

풀 이

20×2년 6월	(차) 대손충당금	500,000	(대) 매출채권	540,000
	대손상각비	40,000		
20×2년 9월	(차) 현 금	360,000	(대) 대손충당금	360,000
20×2년 말	(차) 대손충당금	250,000	(대) 매출채권	250,000
	(차) 대손상각비	377,500	(대) 대손충당금	377,500

20×2년 결산 전 대손충당금 잔액 = 500,000원 − 500,000원 + 360,000원 − 250,000원 = 110,000원
당기 말 대손충당금 추정액 = (10,000,000원 − 250,000원) × 5% = 487,500원
결산시 대손상각비 = 487,500원 − 110,000원 = 377,500원
20×2년 대손상각비 = 40,000원 + 377,500원 = 417,500원

예제 3

(주)가나는 매출채권에 대하여 대손예상액을 추정하여 당기의 대손상각비를 계상하고 있다. 다음 자료에 따라 20×3년 말 결산시 대손상각비로 계상할 금액을 구하시오.

- 20×3년 12월 31일 현재의 매출채권 잔액 2,000,000원에는 발생시점이 20×1년인 매출채권 230,000원과 20×2년인 500,000원이 포함되어 있으며, 나머지는 모두 20×3년에 발생한 것이다.
- (주)가나의 매출채권 잔액에 대하여 회수가능액을 추정한 결과 계상해야 할 대손충당금 금액은 492,700원이다.
- 20×2년 말 대손충당금 잔액은 510,000원이고, 20×3년도 당기 중에 대손이 확정되어 대손충당금과 상계된 매출채권은 100,000원이다.

풀 이

결산 전 대손충당금 잔액 = 510,000원 − 100,000원 = 410,000원
당기 말 대손충당금 추정금액 = 492,700원
결산시 대손상각비 = 492,700원 − 410,000원 = 82,700원

4. 어음할인

(1) 금융자산 제거요건

매출채권을 포함한 금융자산을 타인에게 양도하는 경우에는 법적 형식이 아닌 경제적 실질에 따라 금융자산 제거요건을 충족시키는 거래와 충족시키지 못하는 거래로 구분하여 회계처리를 한다.

① 금융자산(매출채권) 제거요건을 충족시키는 경우(매각거래)

금융자산(매출채권)의 소유에 따른 위험과 보상이 대부분 이전되는 경우를 말하는 것으로 매각거래로 보아 금융자산(매출채권)을 제거하며, 금융자산처분손익(매출채권처분손익)을 인식한다.

(차) 현 금	×××	(대) 매출채권 ×××
매출채권처분손실	×××	

② 금융자산 제거요건을 충족시키지 못하는 경우(차입거래)

금융자산(매출채권)의 소유에 따른 위험과 보상이 대부분 이전되지 않는 경우를 말하는 것으로 금융자산(매출채권)을 담보로 자금을 차입한 차입거래로 보아 금융자산(매출채권)을 제거하지 아니하며, 금융자산처분손익(매출채권처분손익) 대신 이자비용으로 인식한다.

(차) 현 금	×××	(대) 차입금 ×××
이자비용	×××	

(2) 어음할인

어음할인이란 받을어음(매출채권)을 금융기관에 양도하고 자금을 조달하는 것을 말하며, 어음할인 또한 마찬가지로 경제적 실질에 따라 금융자산 제거요건을 충족시키는 거래와 충족시키지 못하는 거래로 구분하여 회계처리를 한다.

어음할인시 회사는 어음의 만기가치에서 수수료(할인료)를 차감한 금액만큼만 현금으로 수령하며, 어음할인시의 어음의 가치와 현금수령액과의 차액만큼을 매출채권처분손실(차입거래인 경우에는 이자비용)로 인식한다.

어음할인의 구조는 다음과 같다.

① 어음의 만기가치 = 액면가액 + 만기시 액면이자

② 수수료(할인료) = 어음의 만기가치 × 할인율(수수료율) × 할인월수 / 12

③ 어음할인시 현금수령액 = 어음의 만기가치 − 수수료(할인료)

④ 매출채권처분손실(차입거래인 경우 이자비용)
= 할인시의 어음가치(액면가액 + 할인시까지의 경과이자) − 어음할인시 현금수령액

예제 1

(주)가나는 20×1년 4월 1일에 6개월 만기인 액면가 100,000원의 받을어음을 금융회사에서 할인하였다. 어음의 발행일은 20×1년 1월 1일이고 어음의 표시이자율은 연 10%이다. 금융회사에 적용한 어음의 할인율은 연 12%이며 할인료는 월할 계산한다. 어음할인이 금융자산 제거요건을 충족한다고 할 때 다음 물음에 답하시오.

(1) 어음할인으로 인한 현금수령액은 얼마인가?

(2) 어음할인으로 인한 매출채권처분손실은 얼마인가?

(3) 어음할인으로 인해 당기손익에 미치는 영향은 얼마인가?

[풀 이]

(1) **현금수령액**

어음의 만기가치 = 100,000원 + (100,000원 × 10% × 6 / 12) = 105,000원

수수료(할인료) = 105,000원 × 12% × 3 / 12 = 3,150원

∴ 현금수령액 = 105,000원 − 3,150원 = 101,850원

(2) **매출채권처분손실**

매출채권처분손실 = 할인시의 현금수령액 − 할인시의 어음가치

= 101,850원 − [100,000원 + (100,000원 × 10% × 3 / 12)] = (650원)

(3) **당기손익에 미치는 영향**

당기손익에 미치는 영향 = 매출채권처분손실 (650원) + 이자수익 2,500원 = 1,850원

예제 2

(주)가나는 20×1.1.1.에 상품판매대가로 이자부 약속어음(6개월 만기, 액면 10,000원, 표시이자율 연 6%)을 받았고, 4개월 후인 5월 1일에 은행에서 연 12%의 이자율로 할인하였다. 받을어음의 할인이 금융자산 제거요건을 충족한다면, 어음의 할인으로 인해 (주)가나가 20×1.5.1.에 인식할 매출채권처분손실은 얼마인가?

[풀 이]

어음의 만기가치 = 10,000원 + (10,000원 × 6% × 6 / 12) = 10,300원

수수료(할인료) = 10,300원 × 12% × 2 / 12 = 206원

현금수령액 = 10,300원 − 206원 = 10,094원

매출채권처분손실 = 할인시의 현금수령액 − 할인시의 어음가치

= 10,094원 − (10,000원 + 10,000원 × 6% × 4 / 12) = (106원)

예제 3

20×1년 8월 1일 (주)가나는 보유하고 있는 다음의 받을어음을 은행으로부터 연 18%의 할인율로 할인받았다. 20×1년 8월 1일에 (주)가나가 은행으로부터 수령할 현금은 얼마인가? 단, 할인료는 월할 계산한다.

- 어음발행일 : 20×1년 7월 1일
- 액면금액 : 5,000,000원
- 표시이자율 : 연 12%
- 만기 : 3개월

[풀이]

어음의 만기가치 = 5,000,000원 + (5,000,000원 × 12% × 3 / 12) = 5,150,000원
할인료(수수료) = 5,150,000원 × 18% × 2 / 12 = 154,500원
현금수령액 = 어음의 만기가치 − 할인료
　　　　　 = 5,150,000원 − 154,500원 = 4,995,500원

03 수 익

1. 수익의 인식과 측정

(1) 수익의 인식시점

수익은 가득요건(재화의 인도, 용역의 제공 등)과 실현요건(수익금액을 신뢰성 있게 측정할 수 있는 것)이 모두 충족되었을 때 인식하는데, 이러한 인식기준을 실현주의라고 한다.

(2) 비용의 인식시점

① **직접대응**

수익을 인식할 때 직접 대응하여 비용을 인식하는 방법으로 매출의 인식시점에 매출원가를 인식하는 것 등이 그 예이다.

② **간접대응(합리적이고 체계적인 방법으로 대응)**

수익과 비용이 직접대응은 안되지만 자산으로부터 제공된 효익의 기간을 합리적으로 추정 가능할 경우 인식하는 방법으로 유형자산의 감가상각비 등이 그 예이다.

③ **기간비용(즉시 비용처리)**

미래경제적 효익의 유입가능성이 낮거나 관련 효익의 제공기간을 합리적으로 추정하는 것이 불가능할 경우 인식하는 방법으로 광고선전비 등이 그 예이다.

2. 수익인식의 5단계

기업이 수익을 인식하는 경우 한국채택국제회계기준서 제1115호(고객과의 계약에서 생기는 수익)의 규정을 따라야 한다. 이에 따르면 수익인식의 핵심원칙은 기업이 고객에게 약속한 재화나 용역이 고객에게 이전되는 것을 나타내도록 재화나 용역의 이전대가로 고객으로부터 받을 권리를 반영한 금액으로 수익을 인식해야 한다는 것이다. 기업이 위의 핵심원칙에 따라 수익을 인식하기 위해서는 다음과 같은 5단계를 단계적으로 적용해야 한다.

① 1단계(계약식별) : 계약서나 세금계산서 등의 판매증빙을 통하여 고객과의 계약을 식별한다.
② 2단계(수행의무식별) : 재화의 인도 또는 용역의 제공 등 고객에게 수행할 의무를 식별한다.
③ 3단계(거래가격산정) : 재화의 인도 또는 용역의 제공 등의 대가, 즉 의무이행의 대가로 받을 권리를 측정한다.
④ 4단계(거래가격배분) : 산정된 거래가격을 재화 또는 용역의 각각의 금액비율에 따라 계약 내 재화 또는 용역의 수행의무에 배분한다.
⑤ 5단계(수익인식) : 재화의 인도는 인도시점에서, 용역의 제공은 제공되는 기간에 걸쳐 수익으로 인식한다. 즉 고객에 대한 수행의무를 이행할 때 수익을 인식한다.

3. 재화의 판매

(1) 수익인식요건

재화의 판매로 인한 수익은 일반적으로 재화가 인도되는 시점에서 인식한다.

(2) 거래유형별 수익 인식시기

① 할부판매

할부판매의 경우 수익은 기간의 장단을 불문하고 재화가 인도되는 시점에서 인식한다. 특히 장기할부판매의 경우에는 재화의 인도일에 현재가치로 수익을 인식하고 장기할부판매로 발생하는 채권의 명목금액과 현재가치의 차액은 현재가치할인차금의 과목으로 하여 장기성매출채권의 차감계정으로 표시한다. 이때 현재가치할인차금은 채권의 회수기간에 걸쳐 유효이자율법에 따라 이자수익으로 인식된다.

예제 1

(주)가나는 20×1.1.1.에 (주)명문에 상품을 할부 판매하였다. 판매에 관한 사항은 다음과 같을 때 아래 물음에 답하시오.

- 상품의 원가 : 4,000,000원
- 할부금 회수방법 : 매년 말에 2,000,000원씩 3년간
- 판매시의 시장이자율 : 연 12%
- 12%, 3년 연금현가계수 : 2.40183

(1) (주)가나의 20×1년 말, 20×2년 말 매출채권의 장부금액은 얼마인가?

(2) (주)가나의 각 연도 당기순익에 미치는 영향은 얼마인가?

풀이

장기성매출채권의 현재가치 = 2,000,000원 × 2.40183 = 4,803,660원
현재가치할인차금 = 6,000,000원 − 4,803,660원 = 1,196,340원

(1) **20×1년 말, 20×2년 말 매출채권의 장부금액**

20×1년 말 장부금액 = 4,803,660원 × 1.12 − 2,000,000원 = 3,380,099원
20×2년 말 장부금액 = 3,380,099원 × 1.12 − 2,000,000원 = 1,785,711원

(2) **각 연도 당기손익에 미치는 영향**

20×1년도 당기손익에 미치는 영향 = 매출총이익 + 이자수익
= (4,803,660원 − 4,000,000원) + 576,435원 = 1,380,099원

20×2년도 당기손익에 미치는 영향 = 이자수익 405,612원
20×3년도 당기손익에 미치는 영향 = 이자수익 214,285원

예제 2

상장법인인 (주)가나는 20×1.1.1. (주)명문에 상품을 할부로 판매하였다. 상품의 원가는 2,000,000원이며, 할부대금은 매년 말 1,000,000원씩 3년간 회수하기로 하였다(시장이자율 12%, 3년 연금현가계수 2.40183).

다음 물음에 답하시오.

(1) 위 할부매출과 관련하여 (주)가나가 20×1년에 인식할 매출총이익과 이자수익은 각각 얼마인가?

(2) (주)가나의 20×2년 말 장기성매출채권의 장부금액은 얼마인가?

풀 이

(1) **매출총이익과 이자수익**

20×1년 매출총이익 = 매출 − 매출원가 = (1,000,000원 × 2.40183) − 2,000,000원 = 401,830원

20×1년 이자수익 = 2,401,830원 × 12% = 288,220원

(2) **20×2년 말 장기성매출채권의 장부금액**

20×1년 말 장부금액 = 2,401,830원 × 1.12 − 1,000,000원 = 1,690,050원

20×2년 말 장부금액 = 1,690,050원 × 1.12 − 1,000,000원 = 892,856원

② 선수금에 포함된 유의적인 금융요소

할부판매와 달리 대가를 먼저 수취하고 재화를 나중에 고객에게 이전하는 경우도 있는데, 대가의 수취시점과 재화의 이전 사이의 기간이 1년 이상 장기인 경우에는 유의적인 금융요소가 포함된 것이므로 거래가격에서 이를 조정하여야 한다.

기업은 먼저 고객과의 계약을 체결하고 대가를 수취한 시점에 계약부채로 인식한다. 계약부채는 재화를 이전하는 시점까지 유효이자율법을 적용하여 이자비용을 인식하고 장부금액에 가산하며, 재화의 이전시점에 수익으로 인식한다.

(주)가나는 20×1.1.1.에 (주)명문에 제품판매계약을 체결하고 계약체결시점에 현금 1,000,000원을 수령하였다. (주)가나는 그 제품을 20×2.12.31.에 이전하기로 한 경우 회계처리를 하시오. 단, 시장이자율은 10%라고 가정한다(단위 : 원).

풀이

(1) 20×1.1.1.

(차) 현 금	1,000,000	(대) 계약부채	1,000,000

(2) 20×1.12.31.

(차) 이자비용	100,000	(대) 계약부채	100,000

(3) 20×2.12.31.

(차) 이자비용	110,000	(대) 계약부채	110,000
(차) 계약부채	1,210,000	(대) 매 출	1,210,000

③ 위탁판매

위탁판매란 위탁자가 수탁자에게 상품(적송품)을 위탁하고 수탁자는 상품을 대행판매한 후 위탁자로부터 수수료를 수령하는 판매형태를 말한다. 이 경우 위탁자는 수탁자에게 상품을 적송한 시점이 아닌 수탁자가 소비자에게 상품을 판매한 시점에 수익을 인식한다.

(주)가나는 20×1.1.1.에 (주)명문에게 매출액의 5%를 수수료로 지급하는 스마트폰 위탁판매계약을 체결하였다. (주)가나는 스마트폰 100개를 단위당 100,000원에 매입하여 (주)명문에게 적송하였으며, 이 과정에서 적송운임이 100,000원 발생하였다. (주)명문은 20×1.12.31. 현재 80개의 스마트폰을 단위당 200,000원에 판매하였으며, 판매에 따른 운임이 50,000원 발생하였다.

다음 물음에 답하시오.

(1) (주)가나의 당기손익에 미치는 영향은 얼마인가?

(2) (주)명문의 당기손익에 미치는 영향은 얼마인가?

풀이

(1) (주)가나의 당기손익에 미치는 영향

당기손익에 미치는 영향 = 16,000,000원 − 8,080,000원 − 800,000원 − 50,000원 = 7,070,000원

(2) (주)명문의 당기손익에 미치는 영향

당기손익에 미치는 영향 = 매출(판매수수료) 800,000원

④ 상품권판매

상품권과 관련한 수익은 상품권을 발행(판매)하고 현금을 수령하는 시점에서는 선수금(부채)으로 계상하였다가 상품권을 회수하고 재화나 용역을 제공하는 시점에서 수익으로 인식한다.

예제 1

(주)가나는 20×1.1.1. 액면가액 1,000,000원의 상품권 10매를 고객에게 발행하였다. 상품권은 액면 가의 20%에 해당하는 금액을 할인하여 800,000원에 발행하였다. 상품권의 유효기간은 6개월로 유효기간 내에 사용된 상품권은 8매이며 판매한 상품과의 차액에 해당하는 금액으로 환불한 금액은 100,000원이다. 유효기간 내에 사용되지 않은 상품권 2매는 유효기간 경과시 액면가액의 40%에 해당하는 금액을 반환하고 권리가 소멸된다. 이 경우 (주)가나의 20×1년 매출액은 얼마인가?(단위 : 원)

[풀 이]

상품권 발행시

(차) 현 금	8,000,000	(대) 선수금	8,000,000

상품권 회수시

(차) 선수금	6,400,000	(대) 매 출	6,300,000
		현 금	100,000

유효기간 경과시

(차) 선수금	1,600,000	(대) 현 금	800,000
		기타수익	800,000

20×1년 매출액 = 800,000원/매 × 8매 − 100,000원 = 6,300,000원

예제 2

(주)가나는 20×1.7.1.에 액면가액 100,000원의 상품권 1,000매를 한 매당 95,000원에 발행하였다. 고객은 상품권금액의 80% 이상을 사용하면 잔액을 현금으로 돌려받을 수 있다. 상품권의 만기는 발행일로부터 5년이다. 20×1.12.31.까지 상품권사용에 의한 매출로 200매가 회수되었으며, 매출과 정에서 거스름돈으로 2,500,000원이 지급되었다. 20×1년에 (주)가나가 상품권과 관련하여 수익(순 매출액)으로 인식할 금액은?

[풀 이]

수익(순매출액) = 매출액 − 거스름돈
= 19,000,000원(= 95,000원/매 × 200매) − 2,500,000원 = 16,500,000원

⑤ 반품조건부판매

　　㉠ 반품가능성을 예측할 수 있는 경우

　　　반품이 예상되지 않는 부분에 대해서는 고객에게 수행의무를 이행한 것으로 볼 수 있으므로 재화에 대한 통제를 이전할 때 수익을 인식하고, 반품이 예상되는 부분에 대해서는 고객에게 수행의무를 이행한 것으로 볼 수 없으므로 수익으로 인식하지 않고 환불부채로 인식하며 매출원가도 인식하지 않는다. 제품을 회수할 권리에 대해서는 별도 자산인 반환제품회수권으로 인식하고, 이를 환불부채에서 차감하지 않으며 환불부채와는 구분하여 표시하여야 한다.

　　㉡ 반품가능성을 예측할 수 없는 경우

　　　이 경우 고객에게 제품에 대한 통제를 이전한 경우에도 수익을 인식할 수 없으며, 반품권이 소멸되는 시점에 수익을 인식한다.

예제

(주)가나는 20×1.5.8. 거래처인 (주)명문에 800,000원(원가 560,000원)의 제품을 판매하면서 제품의 인도시점에 (주)명문에게 반품권을 부여하였다. 이 경우 다음 질문에 답하시오(단위 : 원).

(1) 반품가능성이 10%로 예상되는 경우 20×1년에 매출로 인식할 금액을 계산하시오.

(2) (1)의 경우에서 20×2년에 실제로 10%의 반품이 이루어진 경우 회계처리를 하시오.

(3) 반품가능성을 예측할 수 없는 경우 20×1년에 매출로 인식할 금액을 계산하시오.

(4) (3)의 경우에서 20×2년에 실제로 10%의 반품이 확정된 경우 회계처리를 하시오.

[풀 이]

(1) 반품가능성을 예측할 수 있는 경우

　　매출 = 800,000원 × (1 − 10%) = 720,000원

(2) (1)의 경우에서 20×2년에 실제로 반품이 이루어진 경우

　　• 20×1년 판매시

(차) 현 금	800,000	(대) 매 출	800,000
(차) 매출원가	560,000	(대) 재고자산	560,000

　　• 20×1.12.31. 결산시

(차) 매 출	80,000	(대) 환불부채	80,000
(차) 반환제품회수권	56,000	(대) 매출원가	56,000

　　• 20×2년 반품시

(차) 환불부채	80,000	(대) 현 금	80,000
(차) 재고자산	56,000	(대) 반환제품회수권	56,000

(3) 반품가능성을 예측할 수 없는 경우 : 매출 = 0원

(4) (3)의 경우에서 20×2년에 실제로 10%의 반품이 확정된 경우
  • 20×1년 판매시

(차)	현 금	800,000	(대)	환불부채	800,000
(차)	반환제품회수권	560,000	(대)	재고자산	560,000

  • 20×1.12.31. 결산시 : 회계처리 없음
  • 20×2년 반품시

(차)	환불부채	800,000	(대)	매 출	720,000
				현 금	80,000
(차)	매출원가	504,000	(대)	반환제품회수권	560,000
	재고자산	56,000			

⑥ 검사조건부 판매
  ㉠ 재화나 용역이 합의된 규격에 부합하는지 객관적으로 판단할 수 있는 경우
    고객의 인수는 형식적인 것이므로 고객의 인수 여부와 관계없이 재화나 용역이 이전되는
    시점에서 수익을 인식한다.
  ㉡ 재화나 용역이 합의된 규격에 부합하는지 객관적으로 판단할 수 없는 경우
    고객이 인수하는 시점에서 수익을 인식한다.

⑦ 설치수수료
  ㉠ 설치용역이 재화와 구별되는 경우
    별도의 수행의무로 보아 각각 수익을 인식한다.
  ㉡ 설치용역이 재화와 구별되지 않는 경우
    재화와 용역을 단일 수행의무로 보아 재화의 통제가 이전되는 시점에서 수익을 인식한다.

예제

(주)가나는 20×1년 12월 10일 제철설비를 (주)명문에 1,410,000원에 판매하고, 동 설비를 사용가능
한 상태로 설치해주기로 하였다. 설치수수료 총 계약금액은 450,000원이고, 20×1년도에 진행된
설비설치비율은 20%이다. (주)가나가 20×1년도에 수익으로 인식할 설치수수료는 얼마인가?

풀이

설치수수료는 진행률에 따라 수익으로 인식하므로, 450,000원 × 20% = 90,000원

⑧ 시용판매
  시용판매에서는 고객의 매입의사표시가 수익창출과정에서 가장 결정적인 사건이므로 고객이
  상품(시송품)의 매입의사를 표시한 시점에서 수익을 인식한다.

⑨ 판매 후 재매입약정

재매입약정은 자산을 판매하고 그 자산을 다시 사기로 약속하거나 다시 살 수 있는 선택권을 갖는 계약이다. 이러한 재매입약정에는 선도계약(자산을 다시 사야하는 기업의 의무), 콜옵션계약(자산을 다시 살 수 있는 기업의 권리), 풋옵션계약(고객이 요청하면 자산을 다시 사야하는 기업의 의무)의 세 가지 형태가 있다.

이와 같이 판매 후 재매입약정계약의 경우에는 ㉠ 재매입약정의 결과로 기업에게 자산을 다시 사야하는 선도의무나 다시 살 수 있는 콜옵션권리가 있다면 고객은 자산을 통제하지 못하므로 이 경우 기업은 수익을 인식하지 못하는 반면에 ㉡ 재매입약정의 결과로 고객이 기업에 자산을 다시 판매할 수 있는 풋옵션권리가 있다면 고객이 해당자산을 통제하고 있는 것이므로 상황에 따라 기업은 수익을 인식할 수도 있다.

⑩ 재화나 용역간의 교환

㉠ 성격과 가치가 유사한 재화나 용역간의 교환

이 경우는 상업적 실질이 없는 계약이므로 수익을 발생시키는 거래로 보지 않는다.

㉡ 성격과 가치가 상이한 재화나 용역간의 교환

이 경우는 상업적 실질이 있는 계약이므로 수익을 발생시키는 거래로 보며, 이때 수익은 제공받은 비현금대가의 공정가치로 측정한다. 만일 제공받은 비현금대가의 공정가치를 합리적으로 추정할 수 없는 경우에는 그 대가와 교환하여 고객에게 이전한 재화나 용역의 개별판매가격을 참조하여 간접적으로 그 대가를 측정한다.

⑪ 정기간행물 구독료

정기간행물 구독료는 판매가격이 매기 비슷한 경우 발송기간에 걸쳐 정액기준으로 수익을 인식한다. 그러나 판매가격이 기간별로 다른 경우에는 발송된 정기간행물의 판매가격이 구독신청을 받은 모든 정기간행물의 추정 총판매가격에서 차지하는 비율에 따라 수익을 인식한다.

⑫ 미인도청구약정

미인도청구약정은 기업이 고객에게 제품의 대가를 청구하지만 미래의 어느 시점에 고객에게 제품을 이전할 때까지 기업이 제품을 물리적으로 점유하는 계약을 말한다.

이와 같이 기업이 제품을 물리적으로 점유하고 있더라도 고객이 제품을 통제하는 경우 기업은 수행의무를 이행한 것이 되므로 수익을 인식해야 한다.

⑬ 기타 재화의 판매

㉠ 인도결제판매

인도결제판매는 재화의 인도가 완료되고 판매자나 그 대리인이 현금을 수취할 때 수익을 인식한다.

㉡ 완납인도 예약판매

완납인도 예약판매란 구매자가 최종할부금을 지급한 경우에만 재화가 인도되는 판매를 말하며, 이 경우 재화를 인도하는 시점에서 수익을 인식한다.

© 중간상에 대한 판매

유통업자 등의 중간상에 대한 판매는 재화에 대한 통제권이 이전되는 시점에서 수익을 인식한다. 그러나 구매자가 실질적으로 대리인 역할만 한다면 위탁판매로 처리하여야 한다.

② 재고가 없는 재화의 판매

현재 재고가 없는 재화를 인도하기 전에 판매대금의 전부 또는 일부를 수취하는 주문의 경우 고객에게 재화를 인도한 시점에서 수익을 인식한다.

4. 용역의 제공

(1) 수익인식 요건

용역의 제공으로 인한 수익은 원칙적으로 진행기준에 따라 인식한다.

(2) 거래유형별 수익인식기준

① 광고수수료

광고매체수수료는 광고 또는 상업방송이 대중에게 전달될 때 인식하고, 광고제작수수료는 광고제작의 진행률에 따라 수익을 인식한다.

② 입장료

예술공연, 축하연 기타 특별공연 등에서 발생하는 수익은 그 행사가 개최되는 시점에서 수익을 인식한다. 하나의 입장권으로 여러 행사에 참여할 수 있는 경우의 입장료수익은 각각의 행사를 위한 용역의 수행된 정도가 반영된 기준에 따라 각 행사에 배분하여 인식한다.

③ 수강료

수강료는 강의기간에 걸쳐 발생주의에 따라 수익을 인식한다.

④ 환불되지 않는 선수수수료(입회비 및 회원가입비)

입회비 및 회원가입비 등은 재화나 용역에 대한 선수금이므로 그 재화나 용역을 제공할 때 수익으로 인식한다.

⑤ 주문형 소프트웨어 개발수수료

주문개발 소프트웨어에 대한 개발수수료는 진행기준에 따라 수익을 인식한다.

⑥ 보험대리수수료

보험대리수수료는 보험대리인이 추가로 용역을 제공할 필요가 없는 경우에는 대리인이 받았거나 받을 수수료를 해당보험의 효과적인 개시일 또는 갱신일에 수익으로 인식한다. 그러나 보험대리인이 보험계약기간에 추가로 용역을 제공할 가능성이 높은 경우에는 수수료의 전부 또는 일부를 이연하여 보험계약기간에 걸쳐 수익으로 인식한다.

⑦ 기타수익의 인식

㉠ 이자수익 : 유효이자율을 적용하여 발생기준에 따라 수익을 인식

㉡ 배당금수익 : 배당금을 받을 권리가 확정되는 시점에서 수익을 인식(주주총회일)

㉢ 로열티수익 : 관련 계약의 경제적 실질을 반영하여 발생기준에 따라 수익을 인식

04 건설계약

1. 건설계약의 의의

건설계약은 단일자산의 건설이나 복수자산의 건설을 위해 구체적으로 협의된 계약을 의미한다. 이러한 건설계약은 정액계약과 원가보상계약으로 구분된다. 정액계약은 계약금액을 정액으로 하거나 산출물 단위당 가격을 정액으로 하는 건설계약을 의미하고, 원가보상계약은 원가의 일정비율이나 정액의 수수료를 원가에 가산하여 보상받는 건설계약을 의미한다.

2. 계약수익과 비용의 인식

(1) 인식기준

① 건설계약의 결과를 신뢰성 있게 추정할 수 있는 경우에는 건설계약과 관련한 계약수익과 계약원가는 보고기간 말 현재 계약활동의 진행률을 기준으로 각각 수익과 비용으로 인식한다.

② 건설계약의 결과를 신뢰성 있게 추정할 수 없는 경우에는 진행기준을 적용하여 수익을 인식할 수 없고, 이 경우에는 발생한 계약원가의 범위 내에서 회수 가능한 금액을 수익으로 인식하고 계약원가는 발생한 기간의 비용으로 인식한다.

(2) 진행률의 산정

진행기준하에서는 매 회계기간마다 누적적으로 계약수익과 계약원가를 추정하므로 공사진행률도 당기까지 수행된 누적공사진행률을 산정해야 한다.

> 누적공사진행률 = 당기 말까지 발생된 계약원가누적액 / 당기 말 현재 추정총계약원가

(3) 진행기준적용의 회계처리

① 당기계약수익

= 당기누적계약수익 − 전기누적계약수익

= (당기 말 계약금액 × 당기진행률) − (전기 말 계약금액 × 전기진행률)

② 당기계약원가

= 당기누적계약원가 − 전기누적계약원가

= (당기 말 추정총계약원가 × 당기진행률) − (전기 말 추정총계약원가 × 전기진행률)

예제 1

(주)가나건설은 20×1년 초 영등포문화센터공사를 120,000,000원에 수주하였다. 공사계약금액은 120,000,000원이며, 공사는 20×3년 말 완공예정이다. 건설과 관련된 회계자료는 다음과 같다(단, 회사는 공사진행률 계산을 누적발생계약원가에 기초하여 측정한다). 각 연도별 계약수익, 계약원가, 계약이익을 계산하시오(단위 : 원).

	20×1년	20×2년	20×3년
당기발생원가	20,000,000	35,000,000	50,000,000
누적발생원가	20,000,000	55,000,000	105,000,000
추정총계약원가	100,000,000	110,000,000	105,000,000
공사대금 청구액	35,000,000	35,000,000	50,000,000
공사대금 회수액	30,000,000	30,000,000	60,000,000

풀 이

	20×1년	20×2년	20×3년
총공사계약금액	120,000,000	120,000,000	120,000,000
누적발생원가	20,000,000	55,000,000	105,000,000
추정총계약원가	100,000,000	110,000,000	105,000,000
진행률	20%	50%	100%
누적계약수익	24,000,000	60,000,000	120,000,000
전기누적계약수익	–	24,000,000	60,000,000
당기계약수익	24,000,000	36,000,000	60,000,000
당기계약원가	(20,000,000)	(35,000,000)	(50,000,000)
계약이익	4,000,000	1,000,000	10,000,000

(주)가나건설은 20×1년 초 여의도관광호텔공사를 120,000,000원에 수주하였다. 최초 공사계약금액은 120,000,000원이었으나 20×2년 공사 중 발주자가 공사변경을 승인하여 계약금액을 140,000,000원으로 증액시켰다. 공사는 20×3년 말 완공예정이며, 건설관련 회계자료는 다음과 같다(단, 회사는 공사진행률 계산을 누적발생계약원가에 기초하여 측정한다). 각 연도별 계약수익, 계약원가, 계약이익을 계산하시오(단위 : 원).

	20×1년	20×2년	20×3년
당기발생원가	20,000,000	35,000,000	5,000,000
누적발생원가	20,000,000	55,000,000	105,000,000
추정총계약원가	100,000,000	110,000,000	105,000,000
공사대금청구액	35,000,000	25,000,000	80,000,000
공사대금회수액	30,000,000	30,000,000	80,000,000

풀 이

	20×1년	20×2년	20×3년
총공사계약금액	120,000,000	140,000,000	140,000,000
누적발생원가	20,000,000	55,000,000	105,000,000
추정총계약원가	100,000,000	110,000,000	105,000,000
진행률	20%	50%	100%
누적계약수익	24,000,000	70,000,000	140,000,000
전기누적계약수익	–	24,000,000	70,000,000
당기계약수익	24,000,000	46,000,000	70,000,000
당기계약원가	(20,000,000)	(35,000,000)	(50,000,000)
계약이익	4,000,000	11,000,000	20,000,000

예제 3

(주)가나는 20×1년도에 (주)명문으로부터 컨설팅용역을 수주하고 진행기준을 적용하여 회계처리를 하고 있다. 컨설팅용역은 20×3년도 말까지 계속 제공될 예정이며, 총 계약금액은 50,000원이다. 진행기준을 적용함에 있어서 진행률은 발생누적원가를 총 추정원가로 나눈 비율을 사용하며, 3개년 동안 발생한 컨설팅용역과 관련된 자료는 다음과 같다.

	20×1년	20×2년	20×3년
당기발생 용역원가	10,000	15,000	20,000
용역완료시까지 추가소요원가	30,000	25,000	—

20×2년도 (주)가나의 용역손익은 얼마인가?(단위 : 원)

풀 이

	20×1년	20×2년	20×3년
총공사계약금액	50,000	50,000	50,000
누적발생원가	10,000	25,000	45,000
추정총계약원가	40,000	50,000	45,000
진행률	25%	50%	100%
누적계약수익	12,500	25,000	50,000
전기누적계약수익	—	12,500	25,000
당기계약수익	12,500	12,500	25,000
당기계약원가	(10,000)	(15,000)	(20,000)
계약이익	2,500	(2,500)	5,000

예제 4

(주)가나는 20×1년 상반기에 총 계약금액이 24,000,000원인 건설계약을 수주하여 20×2년 중에 완료하였으며, 동 건설계약에 대하여 진행기준으로 수익을 인식하였다. 동 건설계약에 대한 추가적인 자료는 다음과 같다.

	20×1년	20×2년
해당 연도에 발생한 원가	4,000,000	12,250,000
연도 말 예상추정원가	12,000,000	—
청구금액	4,500,000	18,000,000
수령금액	3,000,000	19,500,000

20×2년도 (주)가나의 용역손익은 얼마인가?(단위 : 원)

	20×1년	20×2년
총공사계약금액	24,000,000	24,000,000
누적발생원가	4,000,000	16,250,000
추정총계약원가	16,000,000	16,250,000
공사진행률	25%	100%
누적계약수익	6,000,000	24,000,000
전기누적계약수익	–	(6,000,000)
계약수익	6,000,000	18,000,000
계약원가	(4,000,000)	(12,250,000)
계약이익	2,000,000	5,750,000

05 재고자산

1. 재고자산의 의의

재고자산이란 정상적인 영업과정에서 판매를 위하여 보유중인 자산(상품, 제품), 정상적인 영업과정에서 판매를 위하여 생산 중인 자산(재공품, 미완성제품) 및 생산이나 용역제공에 사용될 원재료나 소모품(원재료, 저장품) 등을 말한다.

2. 재고자산의 취득원가의 결정

(1) 매입원가(상품매매기업)

재고자산의 매입원가는 매입가격에 수입관세, 제세공과금, 매입운임, 하역료 및 완제품, 원재료, 용역의 취득과정에 직접 관련된 기타원가를 가산한 금액이다.

> 재고자산의 매입원가 = 매입가격 + 취득부대비용 − 매입할인 − 매입에누리 − 매입환출 − 리베이트

예제

다음은 (주)가나의 20×1년 중 재고자산과 관련된 내용들이다.

• 기초재고자산	200,000	• 당기매입	2,000,000
• 보험료	10,000	• 하역료	20,000
• 매입에누리	30,000	• 매입할인	5,000
• 관 세	50,000	• 관세환급금	30,000
• 매입운임	40,000	• 판매운임	20,000
• 매출액	2,500,000	• 매입리베이트	20,000
• 기말재고자산	150,000		

(주)가나의 20×1년 당기 매출원가는 얼마인가?(단위 : 원)

풀 이

	판매가능재고
기초재고자산	200,000
당기매입	2,000,000
보험료	10,000
하역료	20,000
매입에누리	(30,000)
매입할인	(5,000)
관 세	50,000
관세환급금	(30,000)
매입운임	40,000
매입리베이트	(20,000)
판매가능재고	2,235,000

매출원가 = 판매가능재고 − 기말재고자산 = 2,235,000원 − 150,000원 = 2,085,000원

＊ 판매운임은 판매관리비로 처리

(2) 전환원가(제조기업)

재고자산의 제조원가 = 매입원가 + 전환원가
= 직접재료원가 + 직접노무원가 + 제조간접원가

3. 기말재고자산 포함 여부

(1) 미착상품(운송 중인 상품)

운송 중인 상품 중 선적지인도기준(F.O.B. shipping point)에 의한 구입의 경우에는 상품을 선적하는 시점에 소유권이 판매자로부터 구매자에게로 이전되므로 구매자의 재고자산에 포함되며, 도착지인도기준(F.O.B. destination)에 의한 구입의 경우에는 도착지에 도착하였을 때 상품의 소유권이 구매자에게로 이전되므로 상품이 지정된 도착지에 도착되기 전까지는 판매자의 재고자산에 포함된다.

(2) 적송품(위탁판매)

적송품은 수탁자가 제3자에게 판매하기 전까지는 단순히 보관하고 있는 것에 불과하므로 위탁자의 재고자산에 포함한다.

(3) 시송품(시용판매)

시용판매의 경우 구매자가 매입의사를 표시하기 전까지는 수익으로 인식하지 않으므로 해당 재고자산은 판매자의 재고자산에 포함한다.

(4) 반품률이 높은 재고자산

① 반품가능성을 합리적으로 예측할 수 있는 경우

상품 인도시점에 수익을 인식하고, 판매자의 재고자산에서 제외한다. 반품이 예상되는 부분의 재고자산은 반환제품회수권으로 계정대체 한다.

② 반품가능성을 합리적으로 예측할 수 없는 경우

구매자가 공식적으로 재화의 인수를 수락하거나 반품기간이 종료되는 시점에 수익을 인식하고, 판매자의 재고자산에서 제외한다. 관련 재고자산은 반환제품회수권으로 계정대체 한다.

(5) 할부판매상품

대금의 회수 여부와 관계없이 상품의 인도시점에 판매자의 재고자산에서 제외한다.

(6) 저당상품

저당상품은 저당권이 실행되기 전까지는 담보제공자가 소유권을 가지고 있으므로 저당권이 실행되어 소유권이 이전되기 전까지는 담보제공자의 재고자산에 포함한다.

[상품종류별 기말재고자산 포함 여부]

구 분		수익인식 여부	기말재고자산 포함 여부
미착상품	선적지인도기준(판매자 입장)	인식 ○	포함 ×
	도착지인도기준(판매자 입장)	인식 ×	포함 ○
적송품	수탁자 미판매분	인식 ×	포함 ○
	수탁자 판매분	인식 ○	포함 ×
시송품	구매의사 표시 ○	인식 ○	포함 ×
	구매의사 표시 ×	인식 ×	포함 ○
반품률이 높은 재고자산	반품가능성 예측가능	인식 ○	포함 ×
	반품가능성 예측불능	인식 ×	포함 ○
할부판매상품		인식 ○	포함 ×
저당상품		인식 ×	포함 ○

예제

20×1년 말 (주)가나의 창고에 있는 재고자산 실사결과 재고자산금액은 8,000,000원이다. 다음 사항을 고려할 때 (주)가나의 기말 재무상태표상의 재고자산금액은 얼마인가?(단위 : 원)

① 당기에 매입한 상품 중 미착상품 100,000원이 있다. 이는 기말 현재 운송 중에 있으며 계약조건은 선적지인도조건이다.

② 당기에 판매한 상품 중 미착상품 200,000원이 있다. 이는 기말 현재 운송 중에 있으며 계약조건은 도착지인도조건이다.

③ 회사는 위탁판매를 하고 있으며 수탁자에게 원가 300,000원의 상품을 발송하였다. 기말 현재 수탁자는 원가 200,000원의 상품을 판매하였다.

④ 기말 현재 구매자가 매입의사를 표시하지 않은 원가 400,000원의 상품이 있다.

⑤ 반품조건부로 판매한 원가 500,000원의 상품에 대하여 반품률을 합리적으로 추정할 수 없는 상태이다.

⑥ 당기에 할부로 판매한 원가 200,000원의 상품에 대하여 대금은 전혀 수령하지 못한 상태이다.

⑦ 기말 현재 저당상품 300,000원이 있으며, 이는 기말 재고자산실사액에 포함되어 있지 않다.

⑧ 기말 현재 미인도청구판매액(판매가 완료되었으나 구매자의 요구로 판매자의 창고에 보관 중인 재고금액) 500,000원이 있다.

	기말재고자산금액
실사시 재고자산금액	8,000,000
① 선적지인도조건 매입상품	+ 100,000
② 도착지인도조건 판매상품	+ 200,000
③ 적송품(위탁판매)	+ 100,000
④ 시송품(시용판매)	+ 400,000
⑤ 반품조건부 판매	+ 500,000
⑥ 할부판매	−
⑦ 저당상품	+ 300,000
⑧ 미인도청구판매액	− 500,000
재무상태표상 기말재고자산금액	9,100,000

4. 재고자산의 수량결정

(1) 계속기록법

계속기록법이란 상품의 입·출고시마다 수량을 계속적으로 기록하는 방법으로 장부상 재고잔량을 기말재고수량으로 결정하는 방법이다.

기말재고수량 = 기초재고수량 + 당기매입수량 − 당기판매수량

(2) 실지재고조사법

실지재고조사법이란 정기적인 실지재고조사를 통하여 재고수량을 파악하는 방법으로 기초재고수량과 당기매입수량만 기록하고 당기판매수량은 기말에 실지재고조사를 한 후에 일괄적으로 파악하는 방법이다.

당기판매수량 = 기초재고수량 + 당기매입수량 − 기말실지재고수량

(3) 혼합법(병행법)

혼합법이란 기중에는 계속기록법과 같이 재고자산의 판매수량을 실시간으로 파악하고, 기말에는 실지재고조사를 통해 기말재고수량을 파악하여 재고자산의 감모수량(장부상의 재고수량과 실지재고수량의 차이)을 파악하는 방법을 말한다.

예제

기초재고수량이 100개, 당기매입수량이 1,000개, 당기판매수량이 800개, 기말실지재고수량이 250개인 경우 다음 물음에 답하시오(단, 재고자산 매입단가는 1,000원이다).

(1) 계속기록법에 의한 매출원가와 기말재고금액을 구하시오.

(2) 실지재고조사법에 의한 매출원가와 기말재고금액을 구하시오.

(3) 혼합법(병행법)에 의한 매출원가와 기말재고금액을 구하시오.

[풀이]

(1) **계속기록법에 의한 매출원가와 기말재고금액**

$$\underset{100개}{\text{기초재고수량}} + \underset{1,000개}{\text{당기매입수량}} - \underset{800개}{\text{당기판매수량}} = \underset{300개}{\text{기말재고수량}}$$

매출원가 = 800개 × 1,000원/개 = 800,000원

기말재고금액 = 300개 × 1,000원/개 = 300,000원

※ 계속기록법에서는 재고감모분이 기말재고자산에 포함되므로 재고자산이 과대평가되는 문제점이 있다.

(2) **실지재고조사법에 의한 매출원가와 기말재고금액**

$$\underset{100개}{\text{기초재고수량}} + \underset{1,000개}{\text{당기매입수량}} - \underset{250개}{\text{기말실지재고수량}} = \underset{850개}{\text{당기판매수량}}$$

기말재고금액 = 250개 × 1,000원/개 = 250,000원

매출원가 = 850개 × 1,000원/개 = 850,000원

※ 실지재고조사법에서는 재고감모분이 매출원가에 포함되므로 매출원가가 과대평가되는 문제점이 있다.

(3) **혼합법(병행법)에 의한 매출원가와 기말재고금액**

매출원가 = 800개 × 1,000원/개 = 800,000원

기말재고금액 = 250개 × 1,000원/개 = 250,000원

재고자산감모손실 = (300개 − 250개) × 1,000원/개 = 50,000원

5. 재고자산의 취득단가 결정

(1) 선입선출법

선입선출법은 물량의 실제흐름과는 관계없이 먼저 구입한 상품이 먼저 사용되거나 판매된 것으로 가정하여 기말재고액을 결정하는 방법이다.

선입선출법을 적용하여 기말재고자산을 파악하는 경우에는 실지재고조사법 또는 계속기록법 중 어느 방법을 적용하더라도 한 회계기간에 계상되는 기말재고자산 및 매출원가의 금액은 동일하게 된다.

(주)가나의 20×1년 중 재고자산의 거래내역은 다음과 같다.

(단위 : 원)

구 분	단위(개)	단위원가	총원가
기초재고(1.1.)	1,000	80	80,000
매입(3.15.)	200	110	22,000
매입(5.16.)	1,200	145	174,000
매입(11.23.)	400	147	58,800
판매가능재고	2,800		334,800
매출(4.22.)	800		
매출(9.18.)	900		
판매수량	1,700		
기말재고(12.31.)	1,100		

다음 물음에 답하시오.

(1) 실지재고조사법하의 선입선출법에 의하여 기말재고금액과 매출원가를 계산하시오.

(2) 계속기록법하의 선입선출법에 의하여 매출원가와 기말재고금액을 계산하시오.

[풀 이]

(1) 실지재고조사법하의 선입선출법에 의한 기말재고금액과 매출원가

　① 기말재고금액

　　11월 23일분 : 400개 × 147원/개 = 58,800원

　　5월 16일분 : 700개 × 145원/개 = 101,500원

　　기말재고금액 = 58,800원 + 101,500원 = 160,300원

　② 매출원가 = 판매가능재고 − 기말재고금액 = 334,800원 − 160,300원 = 174,500원

(2) 계속기록법하의 선입선출법에 의한 매출원가와 기말재고금액

　① 매출원가

　　4월 22일 판매분 : 1월 1일분 800개 × 80원/개 = 64,000원

　　9월 18일 판매분 : 1월 1일분 200개 × 80원/개 = 16,000원

　　　　　　　　　　3월 15일분 200개 × 110원/개 = 22,000원

　　　　　　　　　　5월 15일분 500개 × 145원/개 = 72,500원

　　매출원가 = 64,000원 + 16,000원 + 22,000원 + 72,500원 = 174,500원

　② 기말재고금액 = 판매가능재고 − 매출원가 = 334,800원 − 174,500원 = 160,300원

(2) 가중평균법

　　가중평균법은 기초재고자산과 회계기간 중에 매입한 재고자산의 원가를 가중평균하여 재고자산의 취득원가를 결정하는 방법이다. 이러한 가중평균법에는 계속기록법하의 평균법(이동평균법)과 실지재고조사법하의 평균법(총평균법)이 있다.

예제

(주)가나의 20×1년 중 재고자산의 거래내역은 다음과 같다.

(단위 : 원)

구 분	단위(개)	단위원가	총원가
기초재고(1.1.)	1,000	80	80,000
매입(3.15.)	200	110	22,000
매입(5.16.)	1,200	145	174,000
매입(11.23.)	400	147	58,800
판매가능재고	2,800		334,800
매출(4.22.)	800		
매출(9.18.)	900		
판매수량	1,700		
기말재고(12.31.)	1,100		

다음 물음에 답하시오.

(1) 실지재고조사법하의 평균법에 의하여 기말재고금액과 매출원가를 계산하시오.

(2) 계속기록법하의 평균법에 의하여 기말재고금액과 매출원가를 계산하시오(단, 단가는 소수점 셋째자리에서 반올림한다).

풀 이

(1) 실지재고조사법하의 평균법(총평균법)

평균단가 = 334,800원 / 2,800개 = 119.57원/개

기말재고금액 = 1,100개 × 119.57원/개 = 131,527원

매출원가 = 판매가능금액 − 기말재고금액 = 334,800원 − 131,527원 = 203,273원

(2) 계속기록법하의 평균법(이동평균법)

(단위 : 원)

구 분	단 위			단위원가			총원가		
	수 량	단 가	금 액	수 량	단 가	금 액	수 량	단 가	금 액
기 초	1,000	80	80,000				1,000	80	80,000
3.15.	200	110	22,000				1,200	85	102,000
4.22.				800	85	68,000	400	85	34,000
5.16.	1,200	145	174,000				1,600	130	208,000
9.18.				900	130	117,000	700	130	91,000
11.23.	400	147	58,800				1,100	136.18	149,800
합 계	2,800		334,800	1,700		185,000	1,100		149,800

매출원가 = 68,000원 + 117,000원 = 185,000원

기말재고금액 = 1,100개 × (91,000원 + 58,800원) / 1,100개 = 149,800원

6. 재고자산감모손실과 재고자산평가손실

(1) 재고자산감모손실

재고자산감모손실은 재고자산의 실지재고수량과 장부수량과의 차이에 재고자산의 취득단가를 곱한 금액을 의미하며, 모든 재고자산감모손실은 발생한 기간에 비용으로 인식한다.

(2) 재고자산평가손실

① 재고자산평가손실의 인식

재고자산의 순실현가능가치가 취득원가 이하로 하락하여 재고자산의 원가를 회수하기 어려운 경우에는 순실현가능가치로 감액하여야 한다. 재고자산평가손실은 발생한 기간에 비용으로 인식하고, 동 금액은 재고자산평가충당금의 과목으로 하여 재고자산의 차감계정으로 표시하여야 한다.

(차) 재고자산평가손실	×××	(대) 재고자산평가충당금	×××
(매출원가에 가산)		(재고자산 차감계정)	

② 재고자산평가손실의 환입

재고자산의 감액을 초래했던 상황이 해소되거나 경제상황의 변동 등으로 순실현가능가치가 상승한 명백한 증거가 있는 경우에는 최초의 장부금액을 초과하지 않는 범위 내에서 재고자산평가손실을 환입한다.

(차) 재고자산평가충당금	×××	(대) 재고자산평가충당금환입	×××
		(매출원가에서 차감)	

③ 재고자산감모손실과 재고자산평가손실의 인식순서

재고자산감모손실과 재고자산평가손실이 동시에 발생하는 경우에는 재고자산감모손실을 먼저 인식하고 재고자산평가손실을 나중에 인식하여야 한다.

예제 1

(주)가나의 기초상품재고액은 5,000,000원이며, 당기매입액은 65,000,000원이다. 회사는 감모수량의 60%를 정상감모로 인식하였으며, 기말재고자산의 실사결과는 다음과 같다(단, 정상감모손실은 매출원가에 가산하고, 비정상감모손실은 기타비용으로 처리하며, 재고자산평가손실은 매출원가에 가산한다).

장부상 수량	실제수량	단위당 원가	판매단가	단위당 추정판매비
1,000개	900개	10,000원	9,500원	500원

위의 자료를 이용하여 재고자산감모손실, 재고자산평가손실, 기말재고금액, 매출원가 및 총비용금액을 구하시오.

풀 이

① 재고자산감모손실 = (1,000개 - 900개) × 10,000원/개 = 1,000,000원
② 재고자산평가손실 = 900개 × (10,000 - 9,000)원/개 = 900,000원
③ 기말재고금액 = 900개 × (9,500 - 500)원/개 = 8,100,000원
④ 매출원가 = 기초재고금액 + 당기매입금액 - 기말재고금액 - 비정상감모손실
= 5,000,000원 + 65,000,000원 - 8,100,000원 - 400,000원 = 61,500,000원
⑤ 당기총비용 = 70,000,000원 - 8,100,000원 = 61,900,000원

예제 2

(주)가나의 20×1년도 상품A의 재고자산과 관련된 자료가 다음과 같을 때 20×1년도에 포괄손익계산서에 비용으로 보고되는 금액은 얼마인가?

- 기초재고   700,000원(재고자산평가충당금 0원)
- 매입액   6,000,000원
- 매출액   8,000,000원
- 기말재고   장부수량 3,000개 / 실사수량 2,500개
                개당 취득원가 200원 / 개당 순실현가능가치 240원

※ 단, 재고자산감모분 중 50%는 정상감모로 인식하여 매출원가에 가산하고, 나머지 50%는 비정상감모로 기타비용으로 처리한다.

풀 이

① 재고자산감모손실 = 500개(= 3,000개 - 2,500개) × 200원/개 = 100,000원
② 재고자산평가손실 = 0원(원가보다 시가가 크므로 평가손실 없음)
③ 기말재고금액 = 2,500개 × 200원/개 = 500,000원
④ 매출원가 = 700,000원 + 6,000,000원 - 500,000원 - 50,000원 = 6,150,000원
⑤ 당기총비용 = 6,700,000원 - 500,000원 = 6,200,000원

④ 재고자산의 순실현가능가치

재고자산을 저가법으로 평가하는 경우 정상적인 예상판매가격에서 예상판매비용을 차감한 금액을 순실현가능가치라고 한다.

완성될 제품이 원가 이상으로 판매될 것으로 예상하는 경우에는 그 생산에 투입하기 위해 보유하는 원재료 및 기타 소모품을 감액하지 않고, 원재료가격이 하락하여 제품의 원가가 순실현가능가치를 초과할 것으로 예상되는 경우에는 해당 원재료를 순실현가능가치로 감액하여야 한다.

(주)가나의 기말재고자산 현황은 다음과 같다. 기업회계기준에 따라 저가법을 적용할 경우 다음 물음에 답하시오(단, 원재료A를 투입하여 제품A가 생산되고, 원재료B를 투입하여 제품B가 생산된다).

(단위 : 원)

항 목	취득원가	순실현가능가치(제품)	현행대체원가(원재료)
원재료A	200,000	150,000	160,000
제품A	260,000	240,000	300,000
원재료B	160,000	150,000	140,000
제품B	220,000	250,000	230,000

위의 자료를 이용하여 기말재고자산금액 및 재고자산평가손실을 구하시오.

풀 이

(1) **기말재고자산금액**

기말재고자산금액 = 제품A 240,000원 + 원재료A 150,000원 + 제품B 220,000원 + 원재료B 160,000원
= 780,000원

(2) **재고자산평가손실**

재고자산평가손실 = 취득원가 - 순실현가능가치 = 840,000원 - 780,000원 = 60,000원

* 제품A는 평가손실이 발생하므로 원재료A는 저가법을 적용하여 평가하여야 하고, 제품B는 평가손실이 발생하지 않았으므로 원재료B에 대해서는 저가법을 적용하지 않는다.
* 원재료에 대한 평가손실 여부를 판단할 때에는 현행대체원가를 그 기준으로 한다.

(주)가나의 기말 현재 재고자산에 대한 자료는 다음과 같다. (주)가나가 20×1년 말 보유하고 있는 상품A 중 400단위는 20×2년 1월 1일에 (주)명문에게 단위당 260원에 판매하기로 계약이 확정되어 있으며, 이에 대한 예상판매비용은 20원이다. (주)가나가 20×1년도에 인식할 재고자산평가손실은 얼마인가?

(단위 : 원)

항 목	수 량	장부상 단가	단위당 예상판매가격	단위당 예상판매비용
A	2,000개	200	220	60
B	1,000개	300	350	70

(단위 : 원)

항 목	수 량	장부상 단가	단위당 순실현가능가치	단위당 재고자산평가손실
A(확정계약분)	400개	200	240	–
A(미계약분)	1,600개	200	160	40
B	1,000개	300	280	20

재고자산평가손실 = 상품A (1,600개 × 40원/개) + 상품B (1,000개 × 20원/개) = 84,000원

7. 재고자산의 추정

(1) 매출총이익률법

매출총이익률법은 과거의 매출총이익률이 당기와 유사할 것이라는 가정하에 매출총이익률을 이용하여 매출원가와 기말재고자산금액을 추정하는 방법이다.

이 방법은 화재 등으로 인해 회계장부가 소실된 경우 대안으로 사용될 수는 있으나, 기업회계기준에서는 인정하지 않는 방법이다.

> 매출총이익률 = (매출 − 매출원가) / 매출 × 100%
> 매출원가율 = 1 − 매출총이익률

예제 1

(주)가나는 20×1.12.31. 창고에 화재가 발생하여 재고자산의 대부분이 소실되고 재고자산 중 200,000원은 소실되지 않았다. (주)가나의 20×1.1.1. 현재 기초재고자산금액은 300,000원이며, 20×1년 중 상품매입액은 1,500,000원이다. 또한 20×1년 중 매출액은 1,920,000원이며, (주)가나의 과거 평균매출총이익률은 30%이다. 20×1.12.31. 화재로 소실된 재고자산금액은 얼마인가?

풀 이

매출원가 = 1,920,000원 × (100% − 30%) = 1,344,000원
장부상 기말재고 = 300,000원 + 1,500,000원 − 1,344,000원 = 456,000원
∴ 화재로 소실된 재고자산금액 = 456,000원 − 200,000원 = 256,000원

예제 2

(주)가나는 20×1년 12월 1일에 창고에서 발생한 화재로 인하여 재고자산 전부와 회계장부 일부를 소실하였다. 기초재고자산이 360,000원, 당기순매입액이 900,000원, 당기순매출액이 1,200,000원 이었고, 과거 3년간의 평균매출총이익률이 30%라고 할 때, 화재 직전에 창고에 남아 있었던 재고자산은 얼마인가?

풀 이

매출원가 = 1,200,000원 × (1 − 0.3) = 840,000원
∴ 화재 직전 남아 있었던 재고자산 = 360,000원 + 900,000원 − 840,000원 = 420,000원

(2) 소매재고법(매출가격환원법)

소매재고법은 판매가로 표시된 기말재고자산금액에 원가율을 곱하여 기말재고자산의 원가를 산정한 다음 이를 이용하여 매출원가를 구하는 재고자산추정방식으로 매출가격환원법이라고도 한다. 소매재고법은 매출총이익률법과 달리 원가율을 당기원가율을 적용하므로 기업회계기준에서도 인정하는 방법이다.

① 기말재고자산 추정절차
　[1단계] 원가율 산정
　[2단계] 소매가로 표시된 기말재고자산을 산정
　[3단계] 원가로 표시된 기말재고자산을 산정

> 기말재고자산의 추정원가 = 소매가로 표시된 기말재고자산 × 원가율

　[4단계] 매출원가를 산정

② 원가율 산정방법
　㉠ 평균원가 소매재고법
　　기초재고액과 당기매입액이 평균적으로 판매된다는 가정 아래 원가율을 산정한다.

> 원가율 = (기초재고 + 당기매입원가) / (기초재고 + 당기매입 + 순인상액 − 순인하액 매가)

　㉡ 선입선출 소매재고법
　　원가율 산정시 기초재고자산을 고려하지 않는 방법이다.

> 원가율 = 당기매입원가 / (당기매입 + 순인상액 − 순인하액 매가)

ⓒ 저가기준 소매재고법(전통적 소매재고법)

원가율 산정시 순인하액을 제외하고 계산하는 방법이다.

> 원가율 = (기초재고 + 당기매입원가) / (기초재고 + 당기매입 + 순인상액 매가)

예제

(주)가나는 재고자산평가방법으로 매출가격환원법을 사용하고 있으며, 재고자산과 관련된 자료는 다음과 같다. 다음 물음에 답하시오(단위 : 원).

	원 가	매 가
기초재고	240,000	400,000
당기매입액	1,360,000	1,560,000
순인상액(＋)		540,000
순인하액(－)		500,000
당기매출		1,700,000

(1) 평균원가 소매재고법에 따라 기말재고자산과 매출원가를 구하시오.

(2) 선입선출 소매재고법에 따라 기말재고자산과 매출원가를 구하시오.

(3) 저가기준 소매재고법에 따라 기말재고자산과 매출원가를 구하시오.

풀 이

(1) 평균원가 소매재고법에 따른 기말재고자산과 매출원가
　　원가율 = 1,600,00원 / 2,000,000원 = 80%
　　기말재고자산 = (2,000,000원 － 1,700,000원) × 80% = 240,000원
　　매출원가 = 1,600,000원 － 240,000원 = 1,360,000원

(2) 선입선출 소매재고법에 따른 기말재고자산과 매출원가
　　원가율 = 1,360,000원 / 1,600,000원 = 85%
　　기말재고자산 = (2,000,000원 － 1,700,000원) × 85% = 255,000원
　　매출원가 = 1,600,000원 － 255,000원 = 1,345,000원

(3) 저가기준 소매재고법에 따른 기말재고자산과 매출원가
　　원가율 = 1,600,000원 / 2,500,000원 = 64%
　　기말재고자산 = (2,000,000원 － 1,700,000원) × 64% = 192,000원
　　매출원가 = 1,600,000원 － 192,000원 = 1,408,000원

06 유형자산

1. 유형자산의 의의

유형자산이란 재화나 용역의 생산이나 제공, 타인에 대한 임대 또는 관리활동에 사용할 목적으로 보유하는 물리적 형태가 있는 자산으로서 한 회계기간을 초과하여 사용될 것이 예상되는 자산을 의미한다. 이러한 유형자산에는 토지, 건물, 구축물, 기계장치, 건설 중인 자산(취득 중인 자산), 차량운반구, 선박, 비품, 공기구 등이 모두 포함된다.

2. 유형자산의 취득원가

(1) 토지와 건물의 취득

① 토지의 취득원가

토지의 취득원가는 구입가격에 중개수수료, 취득세, 등록세 및 법률비용 등 취득부대비용을 가산한 금액으로 한다. 다만, 보유와 관련하여 부담하는 재산세 등의 세금은 취득원가에 포함하지 않고 당기비용으로 처리한다.

한편 토지를 취득하면서 발생하는 진입도로개설원가, 도로포장공사원가 및 조경공사원가 등은 내용연수의 제한정도나 유지보수책임의 귀속주체에 따라 회계처리가 달라진다. 즉 내용연수가 영구적인 경우나 내용연수에 제한이 있더라도 기업에 유지보수책임이 없는 경우(국가나 지방자치단체에 유지보수책임이 있는 경우)에는 토지의 취득원가에 포함되지만, 내용연수가 있으면서 기업에 유지보수책임이 있는 경우에는 토지의 원가에 포함될 수 없으며 구축물계정으로 계상하고 감가상각을 하여야 한다.

[진입도로, 도로포장, 조경공사 등의 회계처리]

내용연수/유지보수책임		회계처리
내용연수가 영구적인 경우		토지의 취득원가에 가산
내용연수가 제한적인 경우	기업에 유지보수책임	구축물로 계상하고 감가상각
	국가, 지방자치단체에 유지보수책임	토지의 취득원가에 가산

② 토지와 건물의 일괄구입

　㉠ 토지와 건물을 모두 사용할 목적으로 취득한 경우에는 토지와 건물의 취득원가는 각각의
　　공정가치비율로 안분하여 산정한다.

　㉡ 토지만 사용할 목적으로 토지와 건물을 일괄 구입하는 경우에는 일괄구입대가를 모두 토지
　　의 취득원가로 처리한다. 그리고 일괄구입 후 건물을 철거할 때 발생하는 건물철거비용은
　　토지의 원가에 가산하고, 건물철거로 인한 폐자재 처분수입은 토지의 원가에서 차감한다.

[토지와 건물의 일괄구입시의 회계처리]

구입목적	토지원가	건물원가
모두 사용	일괄구입가격을 각각의 공정가치비율에 따라 안분	
토지만 사용	일괄구입가격 (건물의 철거비용은 포함하고, 폐자재 처분수입은 차감)	없 음

예제

(주)가나는 건물이 있는 공장신축용 부지를 구입하여 공장건물을 신축하였고, 이와 관련한 지출은 다음과 같다. 단, 진입도로포장공사비는 회사가 부담하였으나 유지보수책임은 지방자치단체가 부담하기로 하였다. 토지와 건물의 취득원가는?(단위 : 원)

• 토지의 구입대금	2,000,000
• 토지의 취등록세	100,000
• 토지취득관련 중개수수료	50,000
• 기존건물철거비용	300,000
• 기존건물철거시 폐자재판매수익	50,000
• 공장건축허가비용	20,000
• 신축공장건물설계비용	150,000
• 토지의 정지 및 측량비용	60,000
• 건물신축을 위한 토지굴착비용	100,000
• 건물공사원가(재료원가, 노무원가, 제조간접원가)	5,000,000
• 진입도로포장공사비(내용연수 – 제한적)	70,000
• 울타리와 주차장공사비(내용연수 – 제한적)	30,000
• 건물완공 후 조경공사비(내용연수 – 영구적)	40,000

	토 지	건 물
• 토지의 구입대금	2,000,000	–
• 토지의 취등록세	100,000	–
• 토지취득관련 중개수수료	50,000	–
• 기존건물철거비용	300,000	–
• 기존건물철거시 폐자재판매수익	(50,000)	–
• 공장건축허가비용	–	20,000
• 신축공장건물설계비용	–	150,000
• 토지의 정지 및 측량비용	60,000	–
• 건물신축을 위한 토지굴착비용	–	100,000
• 건물공사원가(재료원가, 노무원가, 제조간접원가)	–	5,000,000
• 진입도로포장공사비(내용연수 – 제한적)	70,000	–
• 울타리와 주차장 공사비(내용연수 – 제한적)	–	–
• 건물완공 후 조경공사비(내용연수 – 영구적)	40,000	–
	2,570,000	5,270,000

* 내용연수가 영구적인 경우에는 토지의 취득원가로 처리

* 내용연수가 제한적인 경우에는 회사에 유지보수책임이 있으면 구축물로 처리하고, 회사에 유지보수책임이 없으면 토지의 취득원가로 처리

(2) 복구비용(원가)

복구비용이란 해당 유형자산의 사용이 종료된 후에 원상회복을 위하여 그 자산을 제거, 해체하거나 부지를 복원하는데 소요될 것으로 추정되는 비용을 말한다. 이와 같은 복구비용은 유형자산의 취득을 위하여 불가피하게 지출된 금액이므로 취득부대비용으로 보아 유형자산의 취득원가에 가산하여야 한다.

예제 1

(주)가나는 20×1년 초 해저유전을 탐사할 목적으로 해양구조물을 설치하였으며, 설치비용으로 1,000,000원을 지출하였다. 해양구조물의 내용연수는 5년으로 내용연수 종료시점의 잔존가치는 없으며, 정액법으로 감가상각을 한다. 해양구조물은 내용연수 종료 후 원상복구의무가 있으며, 내용연수 종료시점에 예상되는 복구비용은 200,000원이다. 복구충당부채 산정시 적용한 이자율은 10%이다(단, 10%, 5기간, 1원의 현재가치계수는 0.6209이다).

다음 물음에 답하시오(단위 : 원).

(1) 취득한 해양구조물의 취득원가를 계산하시오.

(2) 20×1년도의 회계처리를 하시오.

(3) 취득한 해양구조물이 20×1년도의 당기손익에 미치는 영향을 계산하시오.

풀 이

(1) **해양구조물의 취득원가**

취득원가 = 1,000,000원 + (200,000원 × 0.6209) = 1,124,180원

(2) **20×1년도의 회계처리**

- 20×1.1.1.

(차) 해양구조물	1,124,180	(대) 현 금	1,000,000
		복구충당부채	124,180

- 20×1.12.31.

(차) 감가상각비	224,836	(대) 감가상각누계액	224,836
이자비용	12,418	복구충당부채	12,418

* 감가상각비 = (1,124,180원 − 0) / 5년 = 224,836원

* 이자비용 = 124,180원 × 10% = 12,418원

(3) **20×1년 당기손익에 미치는 영향**

당기손익에 미치는 영향 = 224,836원 + 12,418원 = 237,254원

예제 2

(주)가나는 내용연수가 종료되면 원상복구를 해야 하는 구축물을 20×1.1.1.에 취득하였다. 구축물의 취득원가는 4,000,000원이고, 감가상각은 정액법(내용연수는 5년, 잔존가치는 200,000원)을 사용하기로 하였다. 복구원가와 관련된 예상현금흐름의 현재가치는 376,000원(할인율 8%)으로 추정되었다. 다음 물음에 답하시오.

(1) 복구공사시점인 20×6.1.1.에 실제복구비가 600,000원 소요된 경우 복구공사손실은 얼마인가?[단, 계산금액은 소수점 첫째자리에서 반올림하고, 기간 말 단일금액의 미래가치계수(5기간, 8%)는 1.4693이다]

(2) 20×1년도의 당기손익에 미치는 영향은 얼마인가?

풀 이

(1) **복구공사손실**

내용연수 종료시점 복구예상액 = 376,000원 × 1.4693 = 552,457원

복구공사손실 = 600,000원 − 552,457원 = 47,543원

(2) **당기손익에 미치는 영향**

구축물의 취득원가 = 4,000,000원 + 376,000원 = 4,376,000원

20×1년 말 감가상각비 = (4,376,000원 − 200,000원) / 5년 = 835,200원

20×1년 말 이자비용 = 376,000원 × 8% = 30,080원

당기손익에 미치는 영향 = 835,200원 + 30,080원 = 865,280원

(3) 교환에 의한 취득

① 상업적 실질이 있는 경우

　　교환거래에서 상업적 실질이 있는 경우에는 취득한 자산의 공정가치가 더 명확한 경우를 제외하고는 제공한 자산의 공정가치를 취득한 자산의 취득원가로 측정한다.

② 상업적 실질이 결여된 경우

　　교환거래에서 상업적 실질이 결여되어 있다면 제공한 자산의 장부금액으로 취득한 자산의 취득원가를 측정한다.

예제 1

(주)가나는 사용 중이던 기계장치A를 (주)명문의 기계장치B와 교환하였다.

	기계장치A	기계장치B
취득원가	2,000,000	4,000,000
감가상각누계액	800,000	3,120,000
공정가치	1,000,000	1,100,000

다음의 각 경우에 있어서의 (주)가나의 회계처리를 하시오(단위 : 원).

(1) 거래의 상업적 실질이 있고, 제공한 자산의 공정가치가 더 명확한 경우

(2) 거래의 상업적 실질이 있고, 취득한 자산의 공정가치가 더 명확한 경우

(3) 거래의 상업적 실질이 결여된 경우

풀이

(1) 거래의 상업적 실질이 있고, 제공한 자산의 공정가치가 더 명확한 경우

(차)	기계장치B	1,000,000	(대) 기계장치A	2,000,000
	감가상각누계액	800,000		
	유형자산처분손실	200,000		

(2) 거래의 상업적 실질이 있고, 취득한 자산의 공정가치가 더 명확한 경우

(차)	기계장치B	1,100,000	(대) 기계장치A	2,000,000
	감가상각누계액	800,000		
	유형자산처분손실	100,000		

(3) 거래의 상업적 실질이 결여된 경우

(차)	기계장치B	1,200,000	(대) 기계장치A	2,000,000
	감가상각누계액	800,000		

(주)가나는 사용 중이던 기계장치A를 (주)명문의 기계장치B와 교환하였다. 이 교환과 관련하여 (주)가나는 공정가치 차액 200,000원 중 100,000원을 현금으로 지급하였다.

	기계장치A	기계장치B
취득원가	2,000,000	4,000,000
감가상각누계액	800,000	3,120,000
공정가치	1,000,000	1,200,000

다음의 각 경우에 있어서의 (주)가나의 회계처리를 하시오(단위 : 원).

(1) 거래의 상업적 실질이 있고, 제공한 자산의 공정가치가 더 명확한 경우

(2) 거래의 상업적 실질이 있고, 취득한 자산의 공정가치가 더 명확한 경우

(3) 거래의 상업적 실질이 결여된 경우

풀 이

(1) 거래의 상업적 실질이 있고, 제공한 자산의 공정가치가 더 명확한 경우

(차) 기계장치B	1,100,000	(대) 기계장치A	2,000,000
감가상각누계액	800,000	현 금	100,000
유형자산처분손실	200,000		

(2) 거래의 상업적 실질이 있고, 취득한 자산의 공정가치가 더 명확한 경우

(차) 기계장치B	1,200,000	(대) 기계장치A	2,000,000
감가상각누계액	800,000	현 금	100,000
유형자산처분손실	100,000		

(3) 거래의 상업적 실질이 결여된 경우

(차) 기계장치B	1,300,000	(대) 기계장치A	2,000,000
감가상각누계액	800,000	현 금	100,000

(주)가나는 사용 중이던 기계장치A를 (주)명문의 기계장치B와 교환하였다. 이 교환과 관련하여 (주)가나는 공정가치 차액 200,000원 중 100,000원을 현금으로 수취하였다.

	기계장치A	기계장치B
취득원가	2,000,000	4,000,000
감가상각누계액	800,000	3,120,000
공정가치	1,400,000	1,200,000

다음의 각 경우에 있어서의 (주)가나의 회계처리를 하시오(단위 : 원).

(1) 거래의 상업적 실질이 있고, 제공한 자산의 공정가치가 더 명확한 경우

(2) 거래의 상업적 실질이 있고, 취득한 자산의 공정가치가 더 명확한 경우

(3) 거래의 상업적 실질이 결여된 경우

[풀 이]

(1) 거래의 상업적 실질이 있고, 제공한 자산의 공정가치가 더 명확한 경우

(차) 기계장치B	1,300,000	(대) 기계장치A	2,000,000
감가상각누계액	800,000	유형자산처분이익	200,000
현 금	100,000		

(2) 거래의 상업적 실질이 있고, 취득한 자산의 공정가치가 더 명확한 경우

(차) 기계장치B	1,200,000	(대) 기계장치A	2,000,000
감가상각누계액	800,000	유형자산처분이익	100,000
현 금	100,000		

(3) 거래의 상업적 실질이 결여된 경우

(차) 기계장치B	1,100,000	(대) 기계장치A	2,000,000
감가상각누계액	800,000		
현 금	100,000		

(4) 정부보조금에 의한 취득

정부보조금이란 기업의 영업활동과 관련하여 과거나 미래에 일정한 조건을 충족하였거나 충족할 경우 기업에 자원을 이전하는 형식의 정부지원을 말한다.

① 자산차감법

정부보조금을 관련 자산의 장부금액에서 차감하여 표시하며, 자산의 내용연수에 걸쳐 감가상각비를 감소시키는 방식으로 당기손익을 인식하는 방법이다.

② 이연수익법

정부보조금을 이연수익(부채)으로 표시하며, 자산의 내용연수에 걸쳐 정부보조금수익을 인식하는 방식으로 당기손익을 인식하는 방법이다.

예제 1

(주)가나는 20×1.1.1.에 기계장치를 2,000,000원에 취득하면서 정부로부터 1,000,000원의 보조금을 수령하였다. 기계장치의 감가상각은 정액법(내용연수 4년, 잔존가치 0원)으로 한다. 그리고 20×2.1.1.에 동 기계를 900,000원에 매각하였다.

다음 물음에 답하시오.

(1) 자산차감법과 이연수익법에 의한 유형자산처분이익을 구하시오.

(2) 20×1년, 20×2년 당기손익에 미치는 영향은 각각 얼마인가?

풀 이

(1) 유형자산처분이익

유형자산처분이익 = 처분가액 − 장부금액

= 900,000원 − 750,000원 = 150,000원(처분이익)

* 장부금액 = (2,000,000원 − 0원 − 1,000,000원) × 3 / 4 = 750,000원
* 자산차감법과 이연수익법 모두 유형자산처분이익 동일

(2) 20×1년, 20×2년 당기손익에 미치는 영향

(단위 : 원)

구입목적	20×1년	20×2년
• 자산차감법		
감가상가비	(250,000)	
유형자산처분이익		150,000
당기손익에 미치는 영향	(250,000)	150,000
• 이연수익법		
감가상각비	(500,000)	
정부보조금수익	250,000	
유형자산처분이익		150,000
당기손익에 미치는 영향	(250,000)	150,000

* 자산차감법과 이연수익법 모두 당기손익에 미치는 영향 동일

예제 2

(주)가나는 20×1년 1월 1일 산업합리화정책의 일환으로 정부로부터 설비자금의 일부를 지원받았다. 설비의 취득원가는 500,000원이고, 정부보조금은 200,000원으로 설비취득일에 전액 수령하였다. 동 설비의 내용연수는 5년, 잔존가치는 20,000원이며, 감가상각은 정액법으로 한다. (주)가나가 동 설비를 20×2년 1월 1일에 150,000원에 처분하였다고 했을 때 유형자산의 처분손익은 얼마인가? (단, 동 설비에 대하여 원가모형을 적용하고 있고, 정부보조금은 상환의무가 없으며, 관련자산을 차감하는 방법으로 회계처리를 하고 있다)

풀 이

장부금액 = 300,000원 − (300,000원 − 20,000원) × 3년 / 5년 = 132,000원
유형자산처분이익 = 처분대가 − 장부금액 = 150,000원 − 132,000원 = 18,000원

3. 감가상각

(1) 감가상각의 기본요소

감가상각이란 유형자산의 감가상각대상금액을 그 자산의 내용연수에 걸쳐 체계적이고 합리적인 방법에 의하여 각 회계기간에 배분하는 것을 말한다. 즉 감가상각은 유형자산을 구입 즉시 비용처리하지 않고 수익과 비용의 대응원칙에 따라 수익을 창출하는 기간에 걸쳐 비용을 배분하는 과정이라 할 수 있다.

따라서 감가상각을 하기 위해서는 감가상각대상금액(취득원가 − 잔존가치), 내용연수(자산의 경제적 수명), 감가상각방법(정액법, 정률법, 연수합계법, 생산량비례법) 등이 결정되어 있어야 한다.

(2) 감가상각비 계산방법

① 정액법

> 감가상각비 = (취득원가 − 잔존가치) / 내용연수

② 정률법

> 감가상각비 = 미상각잔액(취득원가 − 감가상각누계액) × 상각률

③ 연수합계법

> 상각률 = 기초 잔존내용연수 / 내용연수의 합계
> 감가상각비 = (취득원가 − 잔존가치) × 상각률

④ 생산량비례법

$$감가상각비 = (취득원가 - 잔존가치) \times 당기생산량 / 예정총생산량$$

예제

(주)가나는 20×1.1.1. 내용연수 5년, 잔존가치 5,000,000원인 기계장치를 50,000,000원에 취득하였다. 정액법, 정률법, 연수합계법, 생산량비례법 각각의 방법에 따른 (주)가나의 20×2년도 감가상각비를 계산하시오.

풀이

(1) **정액법에 의한 감가상각비**
   20×1년 감가상각비 = (50,000,000원 - 5,000,000원) / 5년 = 9,000,000원
   20×2년 감가상각비 : 20×1년과 동일

(2) **정률법에 의한 감가상각비(정률 : 0.451)**
   20×1년 감가상각비 = 50,000,000원 × 0.451 = 22,550,000원
   20×2년 감가상각비 = (50,000,000원 - 22,550,000원) × 0.451 = 12,379,950원

(3) **연수합계법에 의한 감가상각비**
   20×1년 감가상각비 = (50,000,000원 - 5,000,000원) × 5년 / 15년 = 15,000,000원
   20×2년 감가상각비 = (50,000,000원 - 5,000,000원) × 4년 / 15년 = 12,000,000원

(4) **생산량비례법에 의한 감가상각비**
   추정총생산량 6,000개, 20×1년 생산량 1,500개, 20×2년 생산량 3,000개인 경우
   20×1년 감가상각비 = (50,000,000원 - 5,000,000원) × 1,500개 / 6,000개 = 11,250,000원
   20×2년 감가상각비 = (50,000,000원 - 5,000,000원) × 3,000개 / 6,000개 = 22,500,000원

4. 유형자산의 손상

(1) 자산손상의 식별

기업은 매 보고기간 말마다 자산손상을 시사하는 징후가 있는지를 검토하고 그러한 징후가 있다면 당해 자산의 회수가능액을 추정하여 회수가능액이 장부금액에 미달하는 경우에는 손상차손을 인식한다.

(2) 손상차손의 인식

$$손상차손 = 자산의 장부금액 - 회수가능액$$
$$회수가능액 = 순공정가치와 사용가치 중 더 큰 금액$$

(3) 손상차손의 환입

매 보고기간말마다 과거에 인식한 손상차손이 더 이상 존재하지 않거나 감소된 것을 시사하는 징후가 있는지를 검토하고, 만약 그러한 징후가 있다면 당해자산의 회수가능액을 측정하여 회수가능액이 장부금액보다 큰 경우에는 손상차손환입을 인식한다. 단, 손상차손환입으로 증가된 장부금액은 손상차손을 인식하기 전 장부금액의 감가상각 후 잔액을 초과할 수 없다.

> **손상차손환입**
> = 회수가능액과 손상차손을 인식하지 않았을 경우의 장부금액 중 적은 금액 − 장부금액
> * 회수가능액 = max(순공정가치, 사용가치)

예제 1

(주)가나는 20×1.1.1. 현금 10,000원을 지급하고 건물을 취득하였다. (주)가나는 동 건물에 대하여 내용연수는 10년, 잔존가치는 없으며 감가상각방법은 정액법을 사용하기로 하였다. 20×2년 말 동 건물의 시장가치가 현저히 허락하여 (주)가나는 자산손상을 인식하기로 하였고, 20×2년 말 건물의 회수가능액은 6,400원이다. 이후 동 건물의 회수가능액은 20×4년 말 7,000원으로 다시 상승하였다 (단, 회사는 원가모형을 선택하여 회계처리하고 있다).

다음 물음에 답하시오.

(1) 20×2년 말에 인식할 손상차손은 얼마인가?

(2) 20×2년에 당기손익에 미치는 영향은 얼마인가?

(3) 20×4년 말에 인식할 손상차손환입액은 얼마인가?

(4) 20×4년에 당기손익에 미치는 영향은 얼마인가?

풀이

(1) **20×2년 말에 인식할 손상차손**
　　20×2년 말 장부금액 : 10,000원 − (10,000원 − 0원) × 2 / 10 = 8,000원
　　20×2년 말 손상차손 : 8,000원 − 6,400원 = 1,600원

(2) **20×2년에 당기손익에 미치는 영향**
　　당기손익에 미치는 영향 = 감가상각비 (1,000원) + 손상차손 (1,600원) = (2,600원)

(3) **20×4년 말에 인식할 손상차손환입액**
　　20×2년 말 손상 전 장부금액 = 6,400원 − (6,400원 − 0원) × 2 / 8 = 4,800원
　　20×4년 말 손상차손환입액 = min[7,000원, 10,000원 − (10,000원 − 0원) × 4 / 10] − 4,800원 = 1,200원

(4) **20×4년에 당기손익에 미치는 영향**
　　당기손익에 미치는 영향 = 감가상각비 (800원) + 손상차손환입 1,200원 = 400원

예제 2

다음은 (주)가나의 기계장치에 관한 자료이다. 20×3년도 감가상각비(A), 손상차손환입액(B)은 각각 얼마인가?(단, 회사는 기계장치에 대하여 원가모형을 채택하고 있다고 가정한다).

- 20×1.1.1.에 취득원가 10,000,000원(내용연수 5년, 잔존가치 0원, 정액법 상각)인 기계장치를 취득하였다.
- 20×2년 말에 기계장치를 이용하여 생산한 제품의 수요가 급감하고 시장가격이 급락하였다. 20×2년 말 기계장치의 매각가격은 3,000,000원, 매각수수료는 200,000원으로 추정되고, 계속사용가치는 3,720,000원으로 추정되었다.
- 20×3년 말에 기계장치를 이용하여 생산한 제품의 수요와 시장가격이 유의적으로 회복될 것으로 기대되어 기계장치의 회수가능액이 3,000,000원으로 추정되었다.

풀 이

20×2년 말 장부금액 = 10,000,000원 − (10,000,000원 − 0원) × 2 / 5 = 6,000,000원
20×2년 말 손상차손 = 6,000,000원 − max[2,800,000원, 3,720,000원] = 2,280,000원
20×3년 감가상각비(A) = 3,720,000원 × 1 / 3 = 1,240,000원
20×3년 말 손상 전 장부금액 = 3,720,000원 − 1,240,000원 = 2,480,000원
20×3년 말 손상차손환입(B) = min[3,000,000원, 10,000,000원 − (10,000,000원 − 0원) × 3 / 5] − 2,480,000원
= 520,000원

5. 재평가모형

(1) 재평가모형의 의의

재평가모형은 취득일 이후 재평가일의 공정가치로 해당 자산의 금액을 수정하고, 당해 공정가치에서 재평가일 이후의 감가상각누계액과 손상차손누계액을 차감한 금액을 장부금액으로 공시하는 방법이다. 반면에 원가모형은 유형자산을 재평가하지 않는 모형으로 취득일 이후 취득원가에서 감가상각누계액과 손상차손누계액을 차감한 금액을 장부금액으로 공시하는 방법이다.

(2) 재평가손익의 회계처리

① 재평가이익이 발생한 경우

재평가로 인하여 장부금액이 증가된 경우 그 증가분은 기타포괄이익으로 인식하고 기타포괄손익누계액(자본)에 가산한다. 다만, 당기손실로 인식한 재평가손실이 있는 경우에는 그 금액만큼 당기이익으로 인식하고 그 초과분은 기타포괄이익으로 인식한다.

② 재평가손실이 발생한 경우

재평가로 인하여 장부금액이 감소된 경우 그 감소액은 당기손실로 인식한다. 다만, 기타포괄이익으로 인식한 재평가잉여금이 있는 경우에는 그 금액만큼 기타포괄손실로 인식하고 그 초과분은 당기손실로 인식한다.

(3) 비상각자산(토지)의 재평가

① 재평가이익 인식 후 재평가손실이 발생한 경우

재평가이익 인식 후 재평가손실이 발생한 경우 이전의 재평가잉여금과 우선 상계처리하고 동
금액을 기타포괄손익으로 인식한다. 나머지 잔액은 당기손익에 반영한다.

예제

(주)가나는 20×1년 초에 토지를 1,000,000원에 취득하였으며, 토지에 대해서 재평가모형을 적용하
고 있다. 이 토지는 20×1년 말에 1,200,000원으로 재평가되었고, 20×2년 말에는 800,000원으로
재평가되었다.

다음 물음에 답하시오(단위 : 원).

(1) 매 시점의 회계처리를 하시오.

(2) 다음 빈칸을 채우시오.

구 분	20×1년	20×2년
당기손익에 미치는 영향		
기타포괄손익에 미치는 영향		
총포괄손익에 미치는 영향		

풀 이

(1) **매 시점의 회계처리**

- 20×1년 초

(차) 토 지	1,000,000	(대) 현 금	1,000,000

- 20×1년 말

(차) 토 지	200,000	(대) 재평가잉여금(기타)	200,000

- 20×2년 말

(차) 재평가잉여금(기타)	200,000	(대) 토 지	400,000
재평가손실(당기)	200,000		

(2) **빈칸 채우기**

(단위 : 원)

구 분	20×1년	20×2년
당기손익에 미치는 영향	0	(200,000)
기타포괄손익에 미치는 영향	200,000	(200,000)
총포괄손익에 미치는 영향	200,000	(400,000)

② 재평가손실 인식 후 재평가이익이 발생한 경우

재평가손실 인식 후 재평가이익이 발생한 경우 이전의 재평가손실과 우선 상계처리하고 동 금액을 당기손익으로 인식한다. 나머지 잔액은 기타포괄손익에 반영하고 누적액은 기타포괄손익누계액으로 자본에 반영한다.

예제

(주)가나는 20×1년 초에 토지를 1,000,000원에 취득하였으며, 토지에 대해서 재평가모형을 적용하고 있다. 토지는 20×1년 말에 800,000원으로 재평가되었고, 20×2년 말에는 1,200,000원으로 재평가되었으며, 20×3년 말에는 1,100,000원으로 재평가되었다.

다음 물음에 답하시오(단위 : 원).

(1) 매 시점의 회계처리를 하시오.

(2) 다음 빈칸을 채우시오.

구 분	20×1년	20×2년	20×3년
당기손익에 미치는 영향			
기타포괄손익에 미치는 영향			
총포괄손익에 미치는 영향			

풀 이

(1) 매 시점의 회계처리
- 20×1년 초

  (차) 토 지　　　　　1,000,000　　(대) 현 금　　　　　1,000,000
- 20×1년 말

  (차) 재평가손실(당기)　　200,000　　(대) 토 지　　　　　200,000
- 20×2년 말

  (차) 토 지　　　　　400,000　　(대) 재평가손실(당기)　　200,000
  　　　　　　　　　　　　　　　　　재평가잉여금(기타)　　200,000
- 20×3년 말

  (차) 재평가잉여금(기타)　　100,000　　(대) 토 지　　　　　100,000

(2) 빈칸 채우기

(단위 : 원)

구 분	20×1년	20×2년	20×3년
당기손익에 미치는 영향	(200,000)	200,000	0
기타포괄손익에 미치는 영향	0	200,000	(100,000)
총포괄손익에 미치는 영향	(200,000)	400,000	(100,000)

(4) 상각자산의 재평가

① 재평가이익 인식 후 재평가손실이 발생한 경우
재평가이익 인식 후 재평가손실이 발생한 경우 이전의 재평가잉여금과 우선 상계처리하고 동 금액을 기타포괄손익으로 인식한다. 나머지 잔액은 재평가손실로 당기손익에 반영한다.

② 재평가손실 인식 후 재평가이익이 발생한 경우
재평가손실 인식 후 재평가이익이 발생한 경우 이전의 재평가손실과 우선 상계처리하고 동 금액을 당기손익으로 인식한다. 나머지 잔액은 재평가잉여금으로 기타포괄손익에 반영하고 누적액은 기타포괄손익누계액으로 자본에 반영한다.

예제 1

(주)가나는 20×1년 초에 건물을 1,000,000원에 취득하였다. 건물의 내용연수는 5년, 잔존가치는 없고 정액법으로 상각하며 건물에 대해서 재평가모형을 적용하고 있다. 이 건물은 20×1년 말에 1,200,000원으로 재평가되었고, 20×2년 말에는 480,000원으로 재평가되었으며, 20×3년 말에는 600,000원으로 재평가되었다(단, 회사는 재평가잉여금을 자산이 제거될 때 일괄적으로 이익잉여금으로 대체하는 회계처리를 한다고 가정한다).

다음 물음에 답하시오(단위 : 원).

(1) 매 시점의 회계처리를 하시오.

(2) 다음 빈칸을 채우시오.

구 분	20×1년	20×2년	20×3년
당기손익에 미치는 영향			
기타포괄손익에 미치는 영향			
총포괄손익에 미치는 영향			

풀 이

(1) 매 시점의 회계처리
- 20×1년 초

(차) 토 지	1,000,000	(대) 현 금	1,000,000

- 20×1년 말

(차) 감가상각비	200,000	(대) 감가상각누계액	200,000
건 물	400,000	재평가잉여금(기타)	400,000

- 20×2년 말

(차) 감가상각비	300,000	(대) 감가상각누계액	300,000
재평가잉여금(기타)	400,000	건 물	420,000
재평가손실(당기)	20,000		

- 20×3년 말

(차) 감가상각비	160,000	(대) 감가상각누계액	160,000
건 물	280,000	재평가손실(당기)	20,000
		재평가잉여금(기타)	260,000

(2) 빈칸 채우기

(단위 : 원)

구 분	20×1년	20×2년	20×3년
당기손익에 미치는 영향	(200,000)	(320,000) = (300,000) + (20,000)	(140,000) = (160,000) + 20,000
기타포괄손익에 미치는 영향	400,000	(400,000)	260,000
총포괄손익에 미치는 영향	200,000	(720,000)	120,000

예제 2

20×1.1.1. 설립된 (주)가나는 유형자산에 대해 재평가모형을 사용하여 공정가치로 후속측정을 하고 있다. 20×1.1.1. 취득한 토지와 기계장치(내용연수 5년, 잔존가치 0원, 정액법 상각)의 공정가치 변동내역은 아래와 같다. (주)가나의 토지 및 기계장치의 감가상각과 재평가와 관련된 회계처리가 20×2년도의 당기순이익에 미치는 영향은 얼마인가?(단, 유형자산에 대한 손상은 발생하지 않았으며, 재평가잉여금을 사용함에 따라 이익잉여금에 대체하지 않는다).

(단위 : 원)

구 분	20×1.1.1.	20×1.12.31.	20×2.12.31.
토 지	5,000,000	5,500,000	4,800,000
기계장치	3,000,000	2,000,000	2,100,000

풀 이

(1) 토 지

(단위 : 원)

구 분	20×1년	20×2년
당기손익에 미치는 영향	0	(200,000)
기타포괄손익에 미치는 영향	500,000	(500,000)
총포괄손익에 미치는 영향	500,000	(700,000)

(2) 기 계

(단위 : 원)

구 분	20×1년	20×2년
당기손익에 미치는 영향	(1,000,000) = (600,000) + (400,000)	(100,000) = (500,000) + 400,000
기타포괄손익에 미치는 영향	0	200,000
총포괄손익에 미치는 영향	(1,000,000)	100,000

20×2년 당기손익에 미치는 영향 = (200,000원) + (100,000원) = (300,000원)

③ 상각자산의 재평가시 회계처리

상각자산의 경우 유형자산을 재평가할 때 재평가시점에서 비례수정법 또는 누계액제거법 중 하나의 방법으로 회계처리를 한다.

비례수정법은 재평가 후 자산의 장부금액이 재평가금액과 일치하도록 감가상각누계액과 총장부금액을 비례적으로 수정하는 방법이고, 누계액제거법은 총장부금액에서 기존의 감가상각누계액의 전부를 제거하여 자산의 순장부금액이 재평가금액이 되도록 수정하는 방법이다.

예제

(주)가나는 20×1년 초에 기계장치 1대를 10,000원에 구입하였다. 동 기계장치의 내용연수는 5년이고, 잔존가치는 없으며 감가상각방법은 정액법이다. 회사는 기계장치에 대하여 재평가모형을 이용하여 회계처리하고 있으며, 20×1년 말의 기계장치의 공정가치는 16,000원이다.

다음 각각의 방법에 의하여 20×1년 말의 재평가와 관련한 회계처리를 하시오(단위 : 원).

(1) 비례수정법

(2) 누계액제거법

풀 이

(1) 비례수정법

기계장치	10,000	→	기계장치	20,000
감가상각누계액	2,000	→	감가상각누계액	4,000
평가 전 장부금액	8,000	→	재평가금액	16,000

* 평가 전 장부금액 8,000원이 재평가금액 16,000원으로 2배 증가하였으므로 기계장치가액과 감가상각누계액을 각각 2배씩 증가시킨다.

(2) 누계액제거법

기계장치	10,000	→	기계장치	16,000
감가상각누계액	2,000	→	감가상각누계액	0
평가 전 장부금액	8,000	→	재평가금액	16,000

* 기존의 감가상각누계액 전부를 제거하여 기계장치의 장부금액이 재평가금액이 되도록 수정한다.

④ 재평가잉여금의 이익잉여금으로의 대체(상각자산)

상각자산의 재평가잉여금은 다음의 방법 중 하나를 선택하여 처리할 수 있다. 즉, ㉠ 그 자산이 제거될 때 일괄적으로 이익잉여금으로 대체하거나 ㉡ 그 자산을 사용함에 따라 재평가잉여금의 일부를 이익잉여금으로 대체(그 자산을 보유하고 있는 기간 동안 잔여내용연수에 걸쳐 이익잉여금으로 대체)할 수 있다. 두 가지 방법 모두 재평가잉여금이 대체되는 경우, 당기손익으로 인식하지 않고 직접 이익잉여금으로 대체된다. 즉, 재평가잉여금은 기타포괄손익누계액 중 재분류조정대상이 아닌 항목이다.

예제 1

(주)가나는 20×1.1.1.에 사무용비품(내용연수 5년, 잔존가치 0원, 정액법 상각)을 200,000원에 취득하여 사용하고 있다. (주)가나는 매년 말 주기적으로 유형자산에 대해 재평가를 수행하고 있으며, 장부금액을 재평가금액으로 수정할 때 감가상각누계액을 우선 제거하는 방법을 사용한다. 20×1년 말과 20×2년 말 사무용비품의 공정가치는 각각 180,000원과 60,000원이다.

다음 물음에 답하시오(단위 : 원).

(1) 자산을 사용함에 따라 재평가잉여금의 일부를 이익잉여금으로 대체하는 경우 매 시점의 회계처리를 하시오.

(2) 다음 빈칸을 채우시오(재평가잉여금을 일괄적으로 이익잉여금으로 대체하는 경우).

구 분	20×1년	20×2년
당기손익에 미치는 영향		
기타포괄손익에 미치는 영향		
총포괄손익에 미치는 영향		

풀 이

(1) 매 시점의 회계처리
- 20×1년 초

(차) 비 품	200,000	(대) 현 금	200,000

- 20×1년 말

(차) 감가상각비	40,000	(대) 감가상각누계액	40,000
(차) 감가상각누계액	40,000	(대) 비 품	20,000
		재평가잉여금(기타)	20,000

- 20×2년 말

(차) 감가상각비	45,000	(대) 감가상각누계액	45,000
(차) 재평가잉여금(기타)	15,000	(대) 비 품	120,000
재평가손실(당기)	60,000		
감가상각누계액	45,000		

(2) 빈칸 채우기

(단위 : 원)

구 분	20×1년	20×2년
당기손익에 미치는 영향	(40,000)	(105,000)*
기타포괄손익에 미치는 영향	20,000	(15,000)**
총포괄손익에 미치는 영향	(20,000)	(120,000)

(105,000원)* = 감가상각비(45,000원) + 재평가손실(60,000원)
(15,000원)** = 재평가손실(75,000원 − 60,000원) ※ 20,000원 / 4 = 5,000원, 이익잉여금으로 대체

예제 2

(주)가나는 20×1.1.1.에 사무용비품(내용연수 5년, 잔존가치 0원, 정액법 상각)을 300,000원에 취득하여 사용하고 있다. (주)가나는 매년 말 주기적으로 유형자산에 대해 재평가를 수행하고 있으며, 장부금액을 재평가금액으로 수정할 때 감가상각누계액을 우선 제거하는 방법을 사용한다. 20×1년 말과 20×2년 말 사무용비품의 공정가치는 각각 280,000원과 160,000원이다.

다음 물음에 답하시오(단위 : 원).

(1) 자산을 사용함에 따라 재평가잉여금의 일부를 이익잉여금으로 대체하는 경우 매 시점의 회계처리를 하시오.

(2) 다음 빈칸을 채우시오(재평가잉여금을 일괄적으로 이익잉여금으로 대체하는 경우).

구 분	20×1년	20×2년
당기손익에 미치는 영향		
기타포괄손익에 미치는 영향		
총포괄손익에 미치는 영향		

풀 이

(1) 매 시점의 회계처리
　• 20×1년 초

(차) 비 품	300,000	(대) 현 금	300,000

　• 20×1년 말

(차) 감가상각비	60,000	(대) 감가상각누계액	60,000
(차) 감가상각누계액	60,000	(대) 비 품	20,000
		재평가잉여금(기타)	40,000

　• 20×2년 말

(차) 감가상각비	70,000	(대) 감가상각누계액	70,000
(차) 재평가잉여금(기타)	30,000	(대) 비 품	120,000
재평가손실(당기)	20,000		
감가상각누계액	70,000		

(2) 빈칸 채우기

(단위 : 원)

구 분	20×1년	20×2년
당기손익에 미치는 영향	(60,000)	(90,000)*
기타포괄손익에 미치는 영향	40,000	(30,000)**
총포괄손익에 미치는 영향	(20,000)	(120,000)

(90,000원)* = 감가상각비(70,000원) + 재평가손실(20,000원)

(30,000원)** = 재평가손실(50,000원 − 20,000원)   ※ 40,000원 / 4 = 10,000원, 이익잉여금으로 대체

07 무형자산

1. 무형자산의 의의

무형자산이란 물리적 형태는 없지만 식별가능한 비화폐성 자산을 말하며, 무형자산이 되기 위해서는 식별가능성, 통제가능성 및 미래경제적 효익이 있어야 한다.

무형자산에는 영업권, 개발 중인 무형자산, 산업재산권(특허권, 실용신안권, 의장권, 상표권, 저작권 등), 컴퓨터소프트웨어, 라이선스와 프랜차이즈, 임차권리금 등이 있다.

2. 무형자산의 인식과 측정

(1) 무형자산의 인식

무형자산으로 인식되기 위해서는 ① 무형자산의 정의(식별가능성, 통제가능성, 미래경제적 효익)를 충족하고, ② 자산으로부터 발생하는 미래경제적 효익이 기업에 유입될 가능성이 높으며, ③ 자산의 원가를 신뢰성 있게 측정할 수 있어야 한다.

이와 같은 요건을 모두 충족하는 경우에는 무형자산으로 인식하지만, 충족시키지 못할 경우에는 발생시점에 비용으로 인식한다. 또한 최초에 비용으로 인식한 무형자산의 경우에는 이후 상기조건을 모두 충족하더라도 무형자산으로 인식할 수 없다.

(2) 무형자산의 측정

무형자산을 최초로 인식할 때에는 원가(cost)로 측정한다.

3. 무형자산의 상각, 손상, 재평가

(1) 무형자산의 상각

내용연수가 유한한 무형자산은 상각을 하지만, 내용연수가 비한정인 무형자산은 상각을 하지 않는다.

(2) 무형자산의 손상

무형자산이 손상되어 회수가능금액이 장부금액에 미달되는 경우에는 손상차손(비용)으로 회계처리하고, 손상차손을 인식한 이후에 회수가능액이 회복된 경우에는 당해 무형자산이 손상되기 전 장부금액의 상각 후 금액을 한도로 하여 손상차손환입액(수익)을 인식한다. 단, 무형자산 중 영업권은 손상차손환입을 인식할 수 없다.

> ### 손상차손 = 무형자산의 장부금액 − 회수가능액
> * 손상차손환입 = min(회수가능액, 손상차손을 인식하지 않았을 경우의 장부금액) − 장부금액
> * 회수가능액 = max(순공정가치, 사용가치)

4. 연구비와 개발비

(1) 연구단계

연구단계에서 발생한 지출은 무형자산으로 인식할 수 없고 발생한 기간의 비용으로 인식한다.

① 새로운 지식을 얻고자 하는 활동
② 연구결과 또는 기타 지식을 탐색, 평가, 최종 선택 및 응용하는 활동
③ 재료, 장치, 제품, 공정, 시스템, 용역 등에 대한 여러 가지 대체안을 탐색하는 활동
④ 새롭거나 개선된 재료, 장치, 제품, 공정, 시스템, 용역 등에 대한 여러 가지 대체안을 제안, 설계, 평가 및 최종 선택하는 활동

(2) 개발단계

개발단계에서 발생한 지출은 자산인식요건을 충족하는 경우에는 무형자산으로 인식하고, 그 외의 경우에는 경상개발비의 과목으로 발생한 기간에 비용으로 처리한다.

① 생산이나 사용 전의 시제품과 모형을 설계, 제작, 시험하는 활동
② 새로운 기술과 관련된 공구, 지그, 주형, 금형 등을 설계하는 활동
③ 상업적 생산목적으로 실현가능한 경제적 규모가 아닌 시험공장을 설계, 건설, 가동하는 활동
④ 신규 또는 개선된 재료, 장치, 제품, 공정, 시스템, 용역에 대하여 최종적로 선정된 안을 설계, 제작, 시험하는 활동

예 제

다음은 (주)가나의 20×1년도 연구 및 개발활동 지출내역이다(단위 : 원).

- 새로운 지식을 얻고자 하는 활동 : 100,000
- 생산이나 사용 전의 시제품과 모형을 제작하는 활동 : 150,000
- 시험공장을 건설하는 활동 : 200,000
- 연구결과나 기타 지식을 응용하는 활동 : 300,000

(주)가나가 20×1년도 연구활동으로 분류해야 하는 금액은 얼마인가?

풀 이

연구활동 = 새로운 지식을 얻고자 하는 활동 + 연구결과나 기타 지식을 응용하는 활동
        = 100,000원 + 300,000원 = 400,000원

5. 영업권

(1) 영업권의 의의

영업권이란 특별한 기술이나 지식, 고도의 경영능력, 독점적 지위, 양질의 고객관계, 유리한 입지조건 등으로 인하여 장차 해당 기업에 경제적 이익으로 공헌하리라고 기대되는 초과수익력을 말한다.

영업권은 기업 내부적으로 창출한 영업권과 외부에서 구입한 영업권으로 구분할 수 있다. 기업 내부적으로 창출한 영업권은 무형자산으로 인식하지 않으며, 외부구입영업권은 합병, 영업양수 등 사업결합의 결과로 기업실체 외부에서 유상으로 취득한 영업권으로 신뢰성 있는 측정이 가능하기 때문에 무형자산으로 인식한다.

(2) 영업권의 측정방법

① 종합평가계정법

종합평가계정법이란 사업결합의 매수대가가 피매수회사의 순자산 공정가치를 초과하여 지급한 금액을 영업권이라는 무형자산으로 인식하는 방법이다.

> 영업권 = 합병 등의 대가로 지급한 금액 − 피매수회사의 순자산 공정가치

다만, 사업결합의 매수대가가 피매수회사의 순자산 공정가치에 미달하게 지급한 경우에는 염가매수차익이라는 당기손익(수익)으로 회계처리를 한다.

(주)가나는 20×1년 초 (주)명문을 흡수합병하기로 하고, (주)명문의 주주들에게 매수대가로 55,000,000원을 지급하였다. 합병시점에서 (주)명문의 식별가능한 자산과 부채의 장부금액 및 공정가치는 다음과 같다(단위 : 원).

	장부금액	공정가치
비유동자산	27,000,000	31,000,000
유동자산	8,000,000	9,000,000
비유동부채	5,000,000	6,000,000
유동부채	6,000,000	6,000,000

이 합병을 통해 (주)가나가 인식할 영업권은 얼마인가?

[풀 이]

영업권 = 합병대가 − 피매수회사의 순자산 공정가치
　　　 = 55,000,000원 − (31,000,000원 + 9,000,000원 − 6,000,000원 − 6,000,000원) = 27,000,000원

만일 매수대가로 25,000,000원을 지급하였다면,
3,000,000원(= 28,000,000원 − 25,000,000원)의 염가매수차익(당기손익)이 발생한다.

② 초과이익환원법

초과이익환원법에서는 영업권을 특정기업이 동종업종의 다른 기업보다 더 많은 이익을 얻을 수 있는 초과이익으로 간주한다. 따라서 이 방법에서는 영업권을 기업이 정상적인 이익을 초과하여 얻는 이익으로 측정한다.

> **초과이익 = 미래예상이익 − 정상이익**

초과이익환원법은 이러한 초과이익의 현재가치를 계산하여 영업권을 측정하는 방법으로, 이 방법을 통한 영업권의 계산절차는 다음과 같다.

㉠ 미래예상이익의 계산 :
　　미래예상이익 = 연평균 당기순이익 − 연평균 중단사업이익
　　또는 미래예상이익 = 연평균 당기순이익 + 연평균 중단사업손실
㉡ 정상이익의 계산 : 정상이익 = 순자산공정가치 × 정상이익률
㉢ 초과이익의 계산 : 초과이익 = 미래예상이익 − 정상이익
㉣ 영업권의 계산
　　ⓐ 한시적인 경우 : 영업권 = 초과이익 × 연금의 현가계수(초과이익의 현재가치)
　　ⓑ 영구적인 경우 : 영업권 = 초과이익 / 영업권계산에 적용되는 할인율
　　※ 매수금액 = 순자산공정가치 + 영업권

(주)가나는 기존 영업부문의 매출이 정체되어 새로운 시장을 개척할 목적으로 (주)명문을 인수하려고 한다. (주)명문의 자산의 공정가치는 5,000,000원이고, 부채의 공정가치는 3,000,000원이다. (주)명문의 과거 3년간의 당기순이익은 연평균 500,000원이며, 동 금액에는 3년간의 세후 중단사업손실 60,000원이 포함되어 있다. (주)명문의 동종업계의 정상이익률을 검토한 결과 연 12%인 것으로 확인되었으며, 영업권계산에 적용되는 할인율은 20%라고 가정한다.

다음 물음에 답하시오.

(1) 초과이익이 5년간 지속되는 경우 (주)가나의 (주)명문에 대한 매수금액은 얼마인가?
　　(단, 20%, 5기간, 1원의 연금현가계수는 2.99061이다)

(2) 초과이익이 영구히 지속되는 경우 (주)가나의 (주)명문에 대한 매수금액은?

풀 이

(1) **초과이익이 5년간 지속되는 경우 매수금액**
　　미래예상이익 = 연평균 당기순이익 + 연평균 중단사업손실
　　　　　　　　 = 500,000원 + 60,000원 / 3년 = 520,000원
　　정상이익 = 순자산공정가치 × 정상이익률
　　　　　　 = (5,000,000원 − 3,000,000원) × 12% = 240,000원
　　초과이익 = 미래예상이익 − 정상이익
　　　　　　 = 520,000원 − 240,000원 = 280,000원
　　영업권 = 초과이익 × 연금현가계수 = 280,000원 × 2.99061 = 837,371원
　　매수금액 = 순자산공정가치 + 영업권
　　　　　　 = (5,000,000원 − 3,000,000원) + 837,371원 = 2,837,371원

(2) **초과이익이 영구히 지속되는 경우 매수금액**
　　영업권 = 초과이익 / 할인율 = 280,000원 / 0.2 = 1,400,000원
　　매수금액 = 순자산공정가치 + 영업권
　　　　　　 = (5,000,000원 − 3,000,000원) + 1,400,000원 = 3,400,000원

(주)가나는 20×6년 초에 (주)명문을 매수하기로 하였다. 다음 자료를 이용하여 초과이익을 고려한 (주)가나의 (주)명문에 대한 매수금액은 얼마인가?

- (주)명문의 20×5년 말 자산의 공정가치는 1,500,000원이고, 부채의 공정가치는 200,000원이다.
- (주)명문의 과거 5년간의 당기순이익은 다음과 같으며, 20×3년도 당기순이익에는 중단사업이익 200,000원이 포함되어 있다.
  20×1년 150,000원, 20×2년 100,000원, 20×3년 300,000원, 20×4년 240,000원, 20×5년 120,000원, 5년간의 연평균 당기순이익 182,000원
- 정상이익률은 동일업종의 평균이익률인 10%이고, 영업권계산에 적용되는 할인율은 20%이다.
- 초과이익은 영구적으로 지속된다고 가정한다.

풀 이

미래예상이익 = 연평균 당기순이익 − 연평균 중단사업이익
         = 182,000원 − 200,000원 / 5년 = 142,000원
정상이익 = 순자산공정가치 × 정상이익률
         = (1,500,000원 − 200,000원) × 10% = 130,000원
초과이익 = 미래예상이익 − 정상이익
         = 142,000원 − 130,000원 = 12,000원
영업권 = 초과이익 / 할인율 = 12,000원 / 0.2 = 60,000원
매수금액 = 순자산공정가치 + 영업권
         = (1,500,000원 − 200,000원) + 60,000원 = 1,360,000원

(3) 영업권의 상각 및 손상

영업권은 손상차손을 인식한 이후에 회수가능액이 회복되더라도 손상차손환입을 인식할 수 없다.

08 충당부채

1. 충당부채, 우발부채, 우발자산의 인식

구 분	신뢰성 있게 금액추정 가능	신뢰성 있게 금액추정 불가능
자원유출가능성이 높음	충당부채로 인식	우발부채로 주석공시
자원유출가능성이 어느 정도 있음	우발부채로 주석공시	
자원유출가능성이 아주 낮음	공시하지 않음	공시하지 않음

2. 제품보증충당부채

기업이 보증판매로 인하여 발생한 의무가 존재하고 보증판매로 인한 자원의 유출가능성이 높은 경우에는 제품보증비용에 대한 최선의 추정치를 제품보증충당부채로 인식하여야 한다.

예제 1

(주)가나전자는 게임기를 판매하고 있으며, 모든 판매에 대해 3년간 제품보증을 제공한다. 20×1년에 2,000대, 20×2년에 3,000대를 단위당 10,000원에 외상 판매하였으며, 판매된 제품수량의 1%를 제품보증비로 지출할 것으로 예상하고 있다. 보증비용은 모두 현금으로 지출되며, 단위당 100원이 발생한다. 실제로 20×1년에 6대, 20×2년에 12대의 제품보증이 발생하였다.

다음 물음에 답하시오(단위 : 원).

(1) 20×1년 재무상태표에 계상될 제품보증충당부채는 얼마인가?

(2) 20×2년 재무상태표에 계상될 제품보증충당부채는 얼마인가?

(3) 20×1년과 20×2년의 제품보증과 관련한 회계처리를 하시오.

(4) 20×1년 포괄손익계산서에 계상될 제품보증비는 얼마인가?

(5) 20×2년 포괄손익계산서에 계상될 제품보증비는 얼마인가?

풀 이

(1) 20×1년도 제품보증충당부채

제품보증충당부채 = (2,000대 × 1% − 6대) × 100원/대 = 1,400원

(2) 20×2년도 제품보증충당부채

제품보증충당부채 = [(2,000대 + 3,000대) × 1% − (6대 + 12대)] × 100원/대 = 3,200원

(3) 20×1년과 20×2년의 회계처리

• 20×1년 보증비용 발생시

(차) 제품보증비 600 (대) 현 금 600

• 20×1년 결산시

(차) 제품보증비 1,400 (대) 제품보증충당부채 1,400

  * 20×1년 말 재무상태표상 제품보증충당부채 = (2,000대 × 1% - 6대) × 100원/대 = 1,400원

• 20×2년 보증비용 발생시

(차) 제품보증충당부채 1,200 (대) 현 금 1,200

• 20×2년 결산시

(차) 제품보증비 3,000 (대) 제품보증충당부채 3,000

  * 20×2년 말 재무상태표상 제품보증충당부채 = [(2,000대 + 3,000대) × 1% - (6대 + 12대)] × 100원/대
    = 3,200원

  * 20×2년에 추가설정 제품보증충당부채 = 3,200원 - 200원 = 3,000원

(4) 20×1년 포괄계산서에 계상될 제품보증비

제품보증비 = 600원 + 1,400원 = 2,000원

(5) 20×2년 포괄손익계산서에 계상될 제품보증비

제품보증비 = 3,000원

예제 2

(주)가나전자는 선풍기를 판매하고 있는데 모든 판매에 대해 2년간 제품보증을 제공한다. 추정되는 제품보증비용은 판매한 연도에 매출액의 2%, 그 다음연도에 4%가 발생할 것으로 기대한다. 모든 판매는 신용매출이며, 제품보증비용은 모두 현금으로 지출된다. (주)가나전자의 첫 2개 연도에 대한 관련 정보는 다음과 같다.

(단위 : 원)

구 분	매 출	실제보증비용발생
1차 연도	600,000	12,000
2차 연도	750,000	40,000

(주)가나전자가 2차 연도 재무상태표에 계상할 제품보증충당부채 및 포괄손익계산서에 계상할 제품보증비용은 각각 얼마인가?

풀 이

• 1차 연도 보증비용 발생시

(차) 제품보증비 12,000 (대) 현 금 12,000

• 1차 연도 결산시

(차) 제품보증비 24,000 (대) 제품보증충당부채 24,000

  * 1차 연도 제품보증충당부채 = 600,000원 × (2% + 4%) - 12,000원 = 24,000원

- 2차 연도 보증비용 발생시

(차) 제품보증충당부채	24,000	(대) 현 금	40,000
제품보증비	16,000		

- 2차 연도 결산시

(차) 제품보증비	29,000	(대) 제품보증충당부채	29,000

* 2차 연도 제품보증충당부채 = (600,000원 + 750,000원) × (2% + 4%) − (12,000원 + 40,000원) = 29,000원
* 2차 연도 제품보증비 = 16,000원 + 29,000원 = 45,000원

09 금융부채와 사채

1. 금융부채

(1) 금융상품의 정의

금융상품이란 거래당사자 일방에게 금융자산을 발생시키는 동시에 다른 거래상대방에게 금융부채나 지분상품을 발생시키는 모든 계약을 말한다. 즉 보유자 입장에서 금융자산으로 인식한 금융상품에 대하여 발행자 입장에서는 금융부채 또는 지분상품으로 인식하게 된다.

예컨대 회사가 회사채를 발행한 경우 발행자 입장에서는 회사채라는 금융부채가 발생하며, 투자자 입장에서는 채무증권이라는 금융자산이 발생한다. 또한 회사가 주식을 발행한 경우 발행자 입장에서는 자본이라는 지분상품이 발생하며, 투자자 입장에서는 지분증권이라는 금융자산이 발생한다.

(2) 금융부채의 분류

금융부채는 당기손익 − 공정가치 측정 금융부채와 상각 후 원가 측정 금융부채 등으로 분류한다.

(3) 금융부채의 최초인식

금융부채는 금융상품의 계약당사자가 되는 때에만 재무상태표에 인식하며, 최초 인식시 공정가치로 측정한다. 금융부채의 발행과 직접 관련되는 거래원가는 상각 후 원가 측정 금융부채의 경우 최초 인식하는 공정가치에서 차감하여 측정하고, 당기손익 − 공정가치 측정 금융부채의 발행과 관련된 거래원가는 당기비용으로 인식한다.

(4) 금융부채의 후속측정

당기손익 − 공정가치 측정 금융부채는 최초 인식 후 공정가치로 측정하고, 공정가치의 변동에 따른 손익은 당기손익으로 인식한다.

반면 상각 후 원가 측정 금융부채는 유효이자율법을 적용하여 상각 후 원가로 측정한다.

2. 사 채

(1) 사채의 가격결정

사채란 발행자가 약정에 따라 일정기간 동안 표시이자를 지급하고 만기일에는 원금을 상환하기로 한 채무증권을 말한다.

사채를 발행하면 발행회사는 미래에 채무를 상환하여야 할 의무가 있으므로 사채의 가격은 미래에 지급될 것으로 기대되는 현금유출액, 즉 액면금액과 이자의 현재가치로 결정되어야 한다.

(2) 사채의 발행

① 사채의 할인발행

사채의 할인발행이란 사채의 액면이자율이 시장이자율보다 낮은 경우에 발행가액을 액면가액보다 낮게 하여 발행하는 것을 말한다.

예제 1

(주)가나는 20×1.1.1.에 20×3.12.31.에 만기가 도래하는 사채(액면금액 500,000원, 표시이자율 10%)를 발행하였다. 이자지급일은 매년 12월 31일이며, 시장이자율은 18%이다(단, 18%, 3년, 1원의 현가계수는 0.60863, 1원의 연금현가계수는 2.17427이다).

다음 물음에 답하시오.

(1) 회사채의 발행가액은 얼마인가?

(2) 20×1년 말, 20×2년 말 사채의 장부금액은 각각 얼마인가?

(3) 20×1년, 20×2년에 이자비용으로 인식할 금액은 각각 얼마인가?

(4) 만기까지 인식할 총이자비용은 얼마인가?

풀 이

(1) **회사채의 발행가액**

발행가액 = (500,000원 × 0.60863) + (50,000원 × 2.17427) = 413,029원

(2) **20×1년 말, 20×2년 말 사채의 장부금액**

20×1년 말 장부가액 = 413,029원 × 1.18 − 50,000원 = 437,374원
20×2년 말 장부가액 = 437,374원 × 1.18 − 50,000원 = 466,101원

(3) **20×1년, 20×2년에 이자비용으로 인식할 금액**

20×1년 이자비용 = 413,029원 × 0.18 = 74,345원
20×2년 이자비용 = 437,374원 × 0.18 = 78,727원

(4) **만기까지 인식할 총이자비용**

총 이자비용 = 총현금지급액 − 총현금수령액(발행가액)
= 500,000원 + (500,000원 × 10% × 3) − 413,029원 = 236,971원

예제 2

(주)가나는 20×1년 초에 액면금액 100,000원(액면이자율 연 10%, 만기 3년, 매년 말 이자지급조건)인 사채를 발행하였다. 이 회사는 사채발행차금을 유효이자율법으로 회계처리하고 있다. 사채발행일의 시장이자율은 연 12%라 할 때, (주)가나가 동 사채와 관련하여 3년간 포괄손익계산서에 인식할 총이자비용은 얼마인가?(단, 사채발행일의 시장이자율과 유효이자율은 일치하며, 3기간, 12%, 단일금액 1원과 정상연금 1원의 현가계수는 각각 0.7118과 2.4018이다).

[풀 이]

20×1년 초 사채발행가액 = (100,000원 × 0.7118) + (100,000원 × 10% × 2.4018) = 95,198원
총이자비용 = 총현금지급액 − 총현금수령액(발행가액)
        = 100,000원 + (100,000원 × 10% × 3) − 95,198원 = 34,802원

예제 3

(주)가나는 사채권면상 발행일이 20×1.1.1.인 액면금액 20,000,000원의 사채를 20×1.7.1.에 발행하였다. 사채의 액면이자율은 연 10%(매년 말 후급)이고, 사채의 만기일은 20×3.12.31.이다. 사채권면상 발행일과 실제발행일의 시장이자율이 각각 연 12%로 동일하다면, 이 사채와 관련하여 (주)가나가 20×1년 포괄손익계산서에 인식할 이자비용은 얼마인가?(단, 사채의 발행과 관련한 거래비용은 없으며, 3기간, 12%, 단일금액 1원과 정상연금 1원의 현가계수는 각각 0.7118과 2.4018이다).

[풀 이]

20×1년 초 사채발행가액 = (20,000,000원 × 0.7118) + (2,000,000원 × 2.4018) = 19,039,600원
20×1년 이자비용 = 19,039,600원 × 12% × 6 / 12 = 1,142,376원

예제 4

(주)가나는 20×1년 초 액면금액 1,000,000원의 사채를 12%의 유효이자율로 발행하였다(만기 3년, 액면이자율 10%, 이자는 매년 말 지급). (주)가나는 액면금액의 50%인 500,000원을 20×3년 6월 30일에 경과이자를 포함하여 525,000원에 조기상환하였다. 사채의 조기상환손익을 구하시오(단, 3기간, 12%, 단일금액 1원과 정상연금 1원의 현가계수는 각각 0.7118과 2.4018이며, 계산금액은 소수점 첫째자리에서 반올림하고 단수차이가 있으면 가장 근사치를 선택한다).

20×1년 초 발행가액 = (1,000,000원 × 0.7118) + (100,000원 × 2.4018) = 951,980원
20×1년 말 장부금액 = 951,980원 × 1.12 − 100,000원 = 966,218원
20×2년 말 장부금액 = 966,218원 × 1.12 − 100,000원 = 982,164원
20×3년 6월 30일 장부금액(기간경과이자 포함) = 982,164원 × (1 + 12% × 6 / 12) = 1,041,094원
사채상환손익 = (1,041,094원 × 50%) − 525,000원 = 520,547원 − 525,000원
　　　　　　 = (4,453원)(사채상환손실)

예제 5

(주)가나는 20×1.1.1.에 액면금액 10,000원의 사채를 2년 만기, 표시이자율 8%(이자는 연말 후급)의 조건으로 9,502원에 발행하였다. 사채발행 당시 유효이자율은 10%이었고, 사채할인발행차금은 유효이자율법으로 상각한다. (주)가나가 사채를 20×2.7.1.에 경과이자를 포함하여 10,087원에 상환하였다면 조기상환에 따른 사채상환손익은 얼마인가?(단, 계산금액은 소수점 첫째자리에서 반올림하고, 단수차이로 인한 오차가 있으면 가장 근사치를 선택한다).

20×1년 말 장부금액 = 9,502원 × 1.1 − 800원 = 9,652원
20×2년 7월 1일 장부금액(기간경과이자 포함) = 9,652원 × (1 + 10% × 6 / 12) = 10,135원
사채상환손익 = 10,135원 − 10,087원 = 48원(사채상환이익)

② 사채의 할증발행

사채의 할증발행이란 사채의 액면이자율이 시장이자율보다 높은 경우에 발행가액을 액면가액보다 높게 하여 발행하는 것을 말한다.

예제

(주)가나는 20×1.1.1.에 20×3.12.31.에 만기가 도래하는 사채(액면금액 1,000,000원, 표시이자율 12%)를 발행하였다. 이자지급일은 매년 말이며, 시장이자율은 10%이다(단, 10%, 3년, 1원의 현가계수는 0.75131, 1원의 연금현가계수는 2.48685이다).

다음 물음에 답하시오.

(1) 회사채의 발행가액은 얼마인가?

(2) 20×1년 말, 20×2년 말 사채의 장부금액은 각각 얼마인가?

(3) 20×1년, 20×2년에 이자비용으로 인식할 금액은 각각 얼마인가?

(4) 만기까지 인식할 총 이자비용은 얼마인가?

> **풀 이**
>
> **(1) 회사채의 발행가액**
>
> 발행가액 = (1,000,000원 × 0.75131) + (120,000원 × 2.48685) = 1,049,732원
>
> **(2) 20×1년 말, 20×2년 말 사채의 장부금액**
>
> 20×1년 말 장부가액 = 1,049,732원 × 1.1 − 120,000원 = 1,034,705원
>
> 20×2년 말 장부가액 = 1,034,705원 × 1.1 − 120,000원 = 1,018,176원
>
> **(3) 20×1년, 20×2년에 이자비용으로 인식할 금액**
>
> 20×1년 이자비용 = 1,049,732원 × 0.1 = 104,973원
>
> 20×2년 이자비용 = 1,034,705원 × 0.1 = 103,471원
>
> **(4) 만기까지 인식할 총이자비용**
>
> 총이자비용 = 총현금지급액 − 최초 발행가액
>
> = 1,000,000원 + (1,000,000원 × 12% × 3) − 1,049,732원 = 310,268원

(3) 특수한 경우의 사채

① 사채의 중도발행

사채의 중도발행이란 사채권면상에 표시된 사채발행일이 아닌 다른 일자에 발행되는 것을 말한다. 사채의 중도발행은 다음과 같은 사항에 주의하여야 한다.

㉠ 사채발행시 수취하는 현금 = 사채권면상 발행일의 발행가액 + 사채권면상 발행일로부터 실제발행일까지의 유효이자

㉡ 사채의 순수발행가 = 사채의 장부금액 = 사채발행시 수취하는 현금 − 미지급이자

㉢ 사채의 상각표는 실제발행일이 아닌 권면상의 사채발행일 기준으로 작성

㉣ 사채의 유효이자율은 권면발행일이 아닌 실제발행일 기준의 유효이자율을 적용

> **예제**
>
> (주)가나는 20×1.4.1.에 다음과 같은 조건의 사채를 발행하였다. 이때의 시장이자율은 12%이다(단, 12%, 3년, 1원의 현가계수는 0.71178, 1원의 연금현가계수는 2.40183이다).
>
> - 액면발행일 : 20×1.1.1.
> - 액면금액 : 1,000,000원
> - 사채만기일 : 20×3.12.31.
> - 표시이자율 : 10%(매년 말 후급)
>
> 다음 물음에 답하시오.
>
> (1) 20×1.4.1. 사채발행시 수취할 현금은 얼마인가?
>
> (2) 20×1.4.1. 사채의 순수발행가액(장부금액)은 얼마인가?

(3) 20×1년, 20×2년에 이자비용으로 인식할 금액은 각각 얼마인가?

(4) 만기까지 인식할 총이자비용은 얼마인가?

[풀 이]

(1) 20×1.4.1. 사채발행시 수취할 현금

20×1년 초 장부금액 = (1,000,000원 × 0.71178) + (100,000원 × 2.40183) = 951,963원

20×1.4.1. 사채발행시 수취할 현금 = 951,963원 × (1 + 12% × 3 / 12) = 980,522원

(2) 20×1.4.1. 사채의 순수발행가액(장부금액)

사채의 순수발행가액 = 사채발행시 수취하는 현금 − 미지급이자

경과이자(미지급이자) = 1,000,000원 × 10% × 3 / 12 = 25,000원

사채의 순수발행가액 = 980,522원 − 25,000원 = 955,522원

(3) 20×1년, 20×2년에 이자비용으로 인식할 금액

20×1년 이자비용 = 951,963원 × 12% × 9 / 12 = 85,677원

20×2년 이자비용 = 966,199원 × 12% = 115,944원

(4) 만기까지 인식할 총이자비용

총이자비용 = 총현금지급액 − 최초 발행가액(또는 현금수령액)

= 1,000,000원 + 1,000,000원 × 12% × (9 / 12 + 2) − 955,522원 = 319,478원

또는 1,300,000원 − 980,522원 = 319,478원

② 사채의 조기상환

사채의 조기상환이란 사채발행회사의 자금사정이 좋아져 만기일 전에 사채를 상환하는 것을 말한다.

예제 1

(주)가나는 20×1.1.1.에 20×3.12.31.에 만기가 도래하는 사채(액면금액 200,000원, 표시이자율 15%)를 186,954원에 발행하였다. 이자는 매년 말에 지급되며, 유효이자율은 18%이다. 회사는 20×3.7.1.에 기간경과이자를 포함하여 현금 203,000원을 지급하고 사채를 조기상환하였다.

다음 물음에 답하시오.

(1) 사채상환손익을 계산하시오.

(2) 상기 거래가 20×3년도 당기손익에 미치는 영향은 얼마인가?

> **풀 이**

(1) **사채상환손익**

20×1년 말 장부금액 = 186,954원 × 1.18 − 30,000원 = 190,606원

20×2년 말 장부금액 = 190,606원 × 1.18 − 30,000원 = 194,915원

20×3.6.30. 장부금액 = 194,915원 × (1 + 18% × 6 / 12) = 212,457원

∴ 사채상환손익 = 212,457원 − 203,000원 = 9,457원(사채상환이익)

(2) **상기 거래가 20×3년도 당기손익에 미치는 영향**

당기손익에 미치는 영향 = 사채상환이익 + (이자비용)

= 9,457원 + (17,542원) = (8,085원)

* 이자비용 = 194,915원 × 18% × 6 / 12 = 17,542원

예제 2

(주)한국은 20×1.1.1.에 20×3.12.31.에 만기가 도래하는 사채(액면금액 1,000,000원, 표시이자율 8%)를 950,244원에 발행하였다. 이자는 매년 말에 지급되며, 유효이자율은 10%이다. (주)한국은 자산매각을 통하여 발생한 자금으로 20×1.7.1.에 기간 경과이자를 포함하여 액면금액의 50%를 현금 500,000원을 지급하고 사채를 조기상환 하였다. 다음 물음에 답하시오.

(1) 사채상환손익을 계산하시오.

(2) 상기 거래가 20×1년도 당기손익에 미치는 영향은 얼마인가?

> **풀 이**

(1) **사채상환손익**

20×1년 7월 1일 장부금액 = 950,244원 × 1.05 = 997,756원

사채상환손익 = 498,878원(= 997,756원 × 0.5) − 500,000원 = (1,122원)(상환손실)

(2) **상기 거래가 20×1년도 당기손익에 미치는 영향**

이자비용 = 950,244원 × 0.05 = (47,512원)

상환 후 잔액에 대한 이자비용 = 950,244원 × (1 − 0.5) × 0.05 = (23,756원)

20×1년 당기손익에 미치는 영향

= 사채상환손익 + 상환시까지의 이자비용 + 상환 후의 잔액에 대한 이자비용

= (1,122원) + (47,512원) + (23,756원) = (72,390원) (감소)

10 금융자산과 유가증권

1. 금융자산

(1) 금융자산의 분류

① **상각 후 원가 측정 금융자산(AC 금융자산)**

금융자산을 보유하는 기간 동안 원리금 지급만으로 구성되어 있는 현금흐름이 발생하며, 계약상 현금흐름을 수취하는 것을 목적으로 하는 사업모형하에서 해당 금융자산을 보유하는 경우에는 상각 후 원가 측정 금융자산으로 분류한다.

※ AC 금융자산 : Armotized Cost Financial Assets

② **기타포괄손익 - 공정가치 측정 금융자산(FVOCI 금융자산)**

금융자산을 보유하는 기간 동안 원리금 지급만으로 구성되어 있는 현금흐름이 발생하며, 계약상 현금흐름을 수취하면서 동시에 매도하는 것을 목적으로 하는 사업모형하에서 해당 금융자산을 보유하는 경우에는 기타포괄손익 - 공정가치 측정 금융자산으로 분류한다.

※ FVOCI 금융자산 : Fair Value through Other Comprehensive Income Financial Assets

③ **당기손익 - 공정가치 측정 금융자산(FVPL 금융자산)**

금융자산을 상각 후 원가로 측정하거나 기타포괄손익 - 공정가치로 측정하는 경우가 아니면 당기손익 - 공정가치 측정 금융자산으로 분류한다. 한편, 예외적으로 채무상품 중 상각 후 원가 측정 금융자산과 기타포괄손익 - 공정가치 측정 금융자산은 당기손익인식을 지정할 수 있으며, 지분상품 중 단기매매항목이 아닌 금융자산은 기타포괄손익인식을 선택할 수 있다.

※ FVPL 금융자산 : Fair Value through Profit or Loss Financial Assets

(2) 금융자산의 최초 인식과 측정

금융자산은 최초 인식일과 후속측정시에 모두 공정가치로 측정할 것을 원칙으로 한다. 또한 금융자산의 취득과 관련하여 거래원가(취득부대비용)가 발생하는 경우 당해 거래원가는 최초 인식 공정가치에 가산하여 측정한다. 다만 당기손익 - 공정가치 측정 금융자산의 취득을 위한 거래원가는 당기비용으로 인식한다.

(3) 금융자산의 후속측정

① **상각 후 원가 측정 금융자산**

상각 후 원가 측정 금융자산은 공정가치법을 적용하지 않으며, 유효이자율법을 적용하여 상각 후 원가로 측정한다.

② **기타포괄손익 - 공정가치 측정 금융자산**

기타포괄손익 - 공정가치 측정 금융자산은 최초 인식 후 공정가치로 재측정한다. 이때 공정가치 평가손익은 기타포괄손익으로 인식한다.

③ **당기손익 - 공정가치 측정 금융자산**

당기손익 - 공정가치 측정 금융자산은 최초 인식 후 공정가치로 재측정하며, 공정가치 평가손익은 당기손익으로 인식한다.

2. 지분상품

투자목적으로 취득한 지분상품은 모두 당기손익 – 공정가치 측정 금융자산으로 분류하는 것이 원칙이다. 다만, 단기매매 이외의 목적으로 취득한 지분상품 중 후속적인 공정가치의 변동을 기타포괄손익으로 인식하기로 선택한 경우에는 기타포괄손익 – 공정가치 측정 금융자산으로 분류할 수 있다. 이러한 선택은 최초 인식시점에서만 가능하다.

(1) 당기손익 – 공정가치 측정 금융자산

① 취 득

당기손익 – 공정가치 측정 금융자산의 취득원가는 취득일 현재의 공정가치로 측정하고, 취득과정에서 발생한 거래원가(취득부대비용)은 당기비용으로 처리한다.

② 평 가

당기손익 – 공정가치 측정 금융자산은 보고기간 말 공정가치로 평가하며, 평가에 따른 손익은 당기손익으로 인식한다.

> 당기손익 – 공정가치 측정 금융자산처분손익 = 보고기간 말 공정가치 – 평가 전 장부금액

③ 처 분

당기손익 – 공정가치 측정 금융자산을 처분하는 경우 처분대가와 처분 전 장부금액과의 차이는 당기손익 – 공정가치 측정 금융자산처분손익으로 당기손익에 반영한다.

> 당기손익 – 공정가치 측정 금융자산처분손익 = 처분대가 – 처분 전 장부금액

예제 1

(주)가나는 20×1.1.1.에 단기매매차익을 목적으로 (주)명문전자의 주식 100주를 주당 2,000원에 취득하였고, 취득과정에서 수수료 4,000원을 지급하였다. 20×1.12.31. 주식의 공정가치는 주당 2,400원이며, 20×2.12.31. 주식의 공정가치는 주당 1,800원이다. 회사는 20×3.5.8.에 주식 100주를 주당 2,100원에 처분하였다. 각 연도 당기손익에 미치는 영향은 얼마인가?

풀 이

20×1년 당기손익에 미치는 영향 = 40,000원(단기손익금융자산평가이익) – 4,000원(수수료비용) = 36,000원
20×2년 당기손익에 미치는 영향 = –60,000원(단기손익금융자산평가손실)
20×3년 당기손익에 미치는 영향 = 30,000원(단기손익금융자산처분이익)

(주)가나는 20×1년 중에 10,100원을 지급하고 지분상품을 취득하였는데, 지급액 중 100원은 매매수수료이다. 20×1년 말 현재 지분상품의 공정가치는 11,000원이며, (주)가나는 20×2년 초에 지분상품 전체를 11,200원에 처분하였다. (주)가나가 이 지분상품을 당기손익 – 공정가치 측정 금융자산으로 인식할 경우 20×1년과 20×2년 당기순이익에 미치는 영향은 얼마인가?

풀 이

20×1년 당기손익에 미치는 영향 = 매매수수료 (100원) + 평가이익 1,000원 = 900원
20×2년 당기손익에 미치는 영향 = 처분이익 = 11,200원 − 11,000원 = 200원

(2) 기타포괄손익 – 공정가치 측정 금융자산

① 취 득

기타포괄손익 – 공정가치 측정 금융자산의 취득원가는 취득일 현재의 공정가치로 측정하고, 취득과정에서 발생한 거래원가(취득부대비용)는 최초 인식하는 공정가치에 가산하여 측정한다.

② 평 가

기타포괄손익 – 공정가치 측정 금융자산은 원칙적으로 보고기간 말 공정가치로 평가하며, 평가에 따른 손익은 기타포괄손익으로 인식한다. 기타포괄손익 – 공정가치 측정 금융자산평가손익은 보고기간 말 다음과 같이 측정되며, 포괄손익계산서에 기타포괄손익으로 표시된다.

> 기타포괄손익 – 공정가치 측정 금융자산평가손익(포괄손익계산서)
> = 보고기간 말 공정가치 – 평가직전 장부금액

한편 매 보고기간 말에 발생한 기타포괄손익 – 공정가치 측정 금융자산평가손익은 실현되기 전까지는 재무상태표에 기타포괄손익누계액으로 표시되며, 다음과 같이 측정된다.

> 기타포괄손익 – 공정가치 측정 금융자산평가손익(재무상태표)
> = 보고기간 말 공정가치 – 취득원가

③ 처 분

평가손익을 공정가치로 측정하는 기타포괄손익 – 공정가치 측정 금융자산을 처분하는 경우 처분대가와 처분 전 장부금액과의 차이는 기타포괄손익으로 인식하고, 기인식 기타포괄손익누계액은 해당 금융자산을 처분하는 시점에 이익잉여금으로 대체할 수 있다.

결과적으로 기타포괄손익 – 공정가치 측정 금융자산의 처분시 이익잉여금대체액은 당해 금융자산의 처분대가와 취득원가의 차액으로 측정된다.

기타포괄손익 – 공정가치 측정 금융자산처분시 이익잉여금대체액
= 처분대가 – 취득원가

예제 1

(주)가나는 20×1.1.1.에 단기매매 이외의 목적으로 (주)명문전자의 주식 100주를 주당 2,000원에 취득하였고, 취득과정에서 수수료 4,000원을 지급하였다. 20×1.12.31. 주식의 공정가치는 주당 2,400원이며, 20×2.12.31. 주식의 공정가치는 주당 1,800원이다. 회사는 20×3.5.8.에 주식 100주를 주당 2,100원에 처분하였다. (주)가나는 (주)명문전자 주식의 공정가치변동에 대하여 기타포괄손익으로 인식하는 정책을 선택하였다. 다음 빈칸을 채우시오.

(단위 : 원)

구 분		20×1년	20×2년	20×3년
I/S에 미치는 영향	당기손익			
	기타포괄손익			
	총포괄손익			
B/S에 미치는 영향	기타포괄손익누계액			
	이익잉여금			

풀 이

(단위 : 원)

구 분		20×1년	20×2년	20×3년
I/S에 미치는 영향	당기손익	0	0	0
	기타포괄손익	36,000	(60,000)	30,000
	총포괄손익	36,000	(60,000)	30,000
B/S에 미치는 영향	기타포괄손익누계액	36,000	(24,000)	0
	이익잉여금	0	0	6,000

* 미처분이익잉여금 = 처분대가 210,000원 – 취득원가 204,000원 = 6,000원

(주)가나는 20×1년 초 A주식 1,000주를 주당 2,000원에 취득하였으며, 20×1년 말 현재 A주식의 주당 공정가치는 2,400원이다. 20×2년에 보유중인 A주식 500주를 주당 2,200원에 처분하였다. (주)가나가 A주식을 당기손익 – 공정가치 측정 금융자산으로 분류한 경우와 기타포괄손익 – 공정가치 측정 금융자산으로 분류한 경우의 처분손익은 각각 얼마인가?

풀이

(1) 당기손익 – 공정가치 측정 금융자산처분손익

　　금융자산처분손익 = 처분대가 − 처분직전 장부금액

　　　　　　　　　　　 = 500주 × (2,200원/주 − 2,400원/주) = (100,000원)

(2) 기타포괄손익 – 공정가치 측정 금융자산처분손익

　　금융자산처분손익 = 항상 0원(금융자산 처분시 처분손익은 존재하지 않고 평가손익으로 인식하며, B/S에 미처분이익잉여금으로 대체됨)

4. 채무상품

투자목적으로 취득한 채무상품은 계약상 현금흐름이 원리금으로만 구성되어 있으며, 원리금을 수취할 목적으로만 취득하는 경우에는 상각 후 원가 측정 금융자산으로 분류한다. 한편 계약상 현금흐름이 원리금으로만 구성되어 있으며, 원리금을 수취하면서 동시에 해당 채무상품을 매도할 목적으로 취득하는 경우에는 기타포괄손익 – 공정가치 측정 금융자산으로 분류한다. 그 외에는 모두 당기손익 – 공정가치 측정 금융자산으로 분류한다.

(1) 당기손익 – 공정가치 측정 금융자산

① 취득

　당기손익 – 공정가치 측정 금융자산의 취득원가는 취득일 현재의 공정가치로 측정하고, 취득과정에서 발생한 거래원가(취득부대비용)은 당기비용으로 처리한다.

② 이자수익

　당기손익 – 공정가치 측정 금융자산은 중요성의 측면에서 유효이자가 아닌 표시이자만을 이자수익으로 인식한다.

③ 평가

　당기손익 – 공정가치 측정 금융자산은 보고기간 말 공정가치로 평가하며, 평가에 따른 손익은 당기손익으로 인식한다.

> 당기손익 – 공정가치 측정 금융자산평가손익 = 보고기간 말 공정가치 − 평가 전 장부금액

④ 처 분

당기손익 – 공정가치 측정 금융자산을 처분하는 경우 처분대가와 처분 전 장부금액과의 차이는 당기손익 – 공정가치 측정 금융자산처분손익으로 당기손익에 반영한다.

> 당기손익 – 공정가치 측정 금융자산처분손익 = 처분대가 – 처분 전 장부금액

⑤ 기중처분

당기손익 – 공정가치 측정 금융자산을 기중에 처분하는 경우에는 처분일까지의 이자수익을 인식한 후 당기손익 – 공정가치 측정 금융자산처분손익을 측정한다. 처분일까지의 이자수익은 1년간의 이자수익을 월할 계산한 금액이다.

> 당기손익 – 공정가치 측정 금융자산처분손익
> = 처분대가 – 처분일까지의 경과이자를 포함한 장부금액

예제

(주)가나는 20×1.1.1.에 단기매매목적으로 (주)명문전자의 채권을 980,000원에 취득하였다. 채권의 만기는 20×3.12.31.이며, 액면금액 1,000,000원, 표시이자율은 10%(후급조건)이다. 20×1.12.31. (주)명문전자 채권의 공정가치는 990,000원이며, (주)가나는 20×2.4.1.에 해당 채권을 미수이자를 포함하여 1,030,000원에 처분하였다.

다음 물음에 답하시오.

(1) 당기손익 – 공정가치 측정 금융자산평가손익을 계산하시오.

(2) 당기손익 – 공정가치 측정 금융자산처분손익을 계산하시오.

(3) 각 연도의 당기손익에 미치는 영향은 얼마인가?

풀 이

(1) **당기손익 – 공정가치 측정 금융자산평가손익**

금융자산평가손익 = 공정가치 – 평가 전 장부금액
= 990,000원 – 980,000원 = 10,000원(평가이익)

(2) **당기손익 – 공정가치 측정 금융자산처분손익**

금융자산처분손익 = 처분대가 – 처분 전 장부금액
= 1,030,000원 – (990,000원 + 1,000,000원 × 10% × 3 / 12)
= 1,030,000원 – 1,015,000원 = 15,000원(처분이익)

(3) **각 연도의 당기손익에 미치는 영향**

20×1년도 당기손익에 미치는 영향 = 이자수익 100,000원 + 평가이익 10,000원 = 110,000원
20×2년도 당기손익에 미치는 영향 = 이자수익 25,000원 + 처분이익 15,000원 = 40,000원

⑥ 기중취득

　당기손익 – 공정가치 측정 금융자산을 기중에 취득하는 경우에 금융자산의 취득원가는 채권취득시 지급하는 현금에서 미수이자를 차감하여 계산한다. 그 이유는 채권 취득시 지급하는 현금에 경과이자(미수이자)가 포함되어 있기 때문이다.

> 당기손익 – 공정가치 측정 금융자산의 취득원가 = 채권 취득시 현금지급액 – 미수이자

예제

(주)가나증권은 20×1.4.1.에 단기매매목적으로 (주)명문전자의 채권을 기간경과이자를 포함하여 101,000원에 취득하였다. 채권의 만기는 20×3년.12.31.이며, 액면금액은 100,000원, 표시이자율은 10%(후급조건)이다. 20×1.12.31. (주)명문전자 채권의 공정가치는 99,000원이며, (주)가나증권은 20×2.4.1.에 해당채권을 미수이자를 포함하여 103,000원에 처분하였다.

다음 물음에 답하시오.

(1) 당기손익 – 공정가치 측정 금융자산평가손익을 계산하시오.

(2) 당기손익 – 공정가치 측정 금융자산처분손익을 계산하시오.

(3) 각 연도의 당기손익에 미치는 영향은 얼마인가?

풀이

(1) 당기손익 – 공정가치 측정 금융자산평가손익

　금융자산평가손익 = 공정가치 – 평가 전 장부금액

　　　　　　　　　 = 99,000원 – (취득원가 101,000원 – 미수이자 2,500원) = 500원(평가이익)

(2) 당기손익 – 공정가치 측정 금융자산처분손익

　금융자산처분손익 = 처분대가 – 처분 전 장부금액

　　　　　　　　　 = 103,000원 – (99,000원 + 100,000원 × 10% × 3 / 12)

　　　　　　　　　 = 103,000원 – 101,500원 = 1,500원(처분이익)

(3) 각 연도의 당기손익에 미치는 영향

　20×1년도 당기손익에 미치는 영향 = 이자수익 7,500원 + 평가이익 500원 = 8,000원

　20×2년도 당기손익에 미치는 영향 = 이자수익 2,500원 + 처분이익 1,500원 = 4,000원

(2) 기타포괄손익 – 공정가치 측정 금융자산

① 취 득

기타포괄손익 – 공정가치 측정 금융자산의 취득원가는 취득일 현재의 공정가치로 측정하고, 취득과정에서 발생한 거래원가(취득부대비용)는 최초 인식하는 공정가치에 가산하여 측정한다.

② 평 가

기타포괄손익 – 공정가치 측정 금융자산은 원칙적으로 보고기간 말 공정가치로 평가하며, 평가에 따른 손익은 기타포괄손익으로 인식한다. 평가손익은 미실현손익이기 때문에 해당 금융자산이 처분되는 과정에서 실현손익으로 재분류된다.

> 기타포괄손익 – 공정가치 측정 금융자산평가손익(포괄손익계산서)
> = 보고기간 말 공정가치 – 평가 전 장부금액
> = 당기 말 평가손익누계액 – 전기 말 평가손익누계액

한편 매 보고기간 말에 발생한 기타포괄손익 – 공정가치 측정 금융자산평가손익은 실현되기 전까지는 재무상태표에 기타포괄손익누계액으로 표시되는데, 이 금액은 다음과 같이 측정된다.

> 기타포괄손익 – 공정가치 측정 금융자산평가손익(재무상태표)
> = 보고기간 말 공정가치 – 상각 후 원가

③ 처 분

공정가치로 측정하는 기타포괄손익 – 공정가치 측정 금융자산을 처분하는 경우 처분대가와 처분 전 장부금액과의 차이는 기타포괄손익 – 공정가치 측정 금융자산처분손익으로 당기손익에 반영한다. 또한 기타포괄손익누계액에 누적된 기타포괄손익 – 공정가치 측정 금융자산평가손익누계액도 처분시점에 일괄하여 당기손익으로 실현된다. 따라서 결과적으로 기타포괄손익 – 공정가치 측정 금융자산처분손익은 당해 금융자산의 처분대가와 상각 후 원가와의 차액으로 측정된다.

> 기타포괄손익 – 공정가치 측정 금융자산처분손익
> = 처분대가 – (처분 전 장부금액 ± 기타포괄손익 – 공정가치 측정 금융자산평가손익)
> = 처분대가 – 상각 후 원가

예제 1

(주)가나는 20×1.1.1.에 20×3.12.31.에 만기가 도래하는 사채(액면금액 500,000원, 표시이자율 10%)를 공정가치에 취득하고 기타포괄손익 – 공정가치 측정 금융자산으로 분류하였다. 사채의 이자 지급일은 매년 12월 31일이며 시장이자율은 18%이다(단, 18%, 3년, 1원의 현가계수는 0.60863, 1원의 연금현가계수는 2.17427이다). 20×1년 말 해당 채권의 공정가치는 450,000원, 20×2년 말 공정가치는 460,000원이다. (주)가나는 20×3년 초에 채권을 480,000원에 처분하였다.

다음 물음에 답하시오.

(1) 금융자산의 취득원가는 얼마인가?

(2) 20×1년 말, 20×2년 말 금융자산의 장부금액은 얼마인가?

(3) 20×1년도, 20×2년도 이자수익으로 인식할 금액은 얼마인가?

(4) 만기까지 인식할 총이자수익은 얼마인가?

(5) 20×3년 초 금융자산의 처분손익은 얼마인가?

(6) 다음 빈칸을 채우시오.

(단위 : 원)

구 분	20×1년	20×2년	20×3년
당기손익에는 미치는 영향			
기타포괄손익에 미치는 영향			
총포괄손익에 미치는 영향			
기타포괄손익누계액(재무상태표)			

풀 이

(1) **채권의 취득원가**

취득원가 = (500,000원 × 0.60863) + (50,000원 × 2.17427) = 413,029원

(2) **20×1년 말, 20×2년 말 채권의 장부금액**

20×1년 말 채권의 장부금액 : 450,000원(공정가치)

20×2년 말 채권의 장부금액 : 460,000원(공정가치)

(3) **20×1년도, 20×2년도 이자수익**

20×1년 초 장부금액 = (500,000원 × 0.60863) + (50,000원 × 2.17427) = 413,029원

20×1년도 이자수익 = 413,029원 × 0.18 = 74,345원

20×1년 말 장부금액 = 413,029원 × 1.18 − 50,000원 = 437,374원

20×2년도 이자수익 = 437,374원 × 0.18 = 78,727원

(4) 만기까지 인식할 총이자수익

총이자수익 = 총현금수취액 − 취득원가

$\qquad$ = 500,000원 + (500,000원 × 10% × 3) − 413,029원 = 236,971원

(5) 20×3년 초 금융자산의 처분손익

처분대가 = 480,000원

20×2년 말 장부금액 = 437,374원 × 1.18 − 50,000원 = 466,101원

금융자산의 처분손익 = 처분대가 − 상각 후 원가

$\qquad$ = 480,000원 − 466,101원 = 13,899원(처분이익)

(6) 빈칸 채우기

(단위 : 원)

구 분	20×1년	20×2년	20×3년
당기손익에는 미치는 영향	74,345	78,727	13,899
기타포괄손익에 미치는 영향	12,626 = 450,000 − 437,374	(18,727) = (12,626) + (6,101)	6,101
총포괄손익에 미치는 영향	86,971	60,000	20,000
기타포괄손익누계액(재무상태표)	12,626	(6,101)	0

예제 2

20×1년 초 (주)가나는 4년 만기의 사채(액면이자율 연 12%, 액면금액 500,000원)를 공정가치인 531,694원(유효이자율 연 10%)에 취득하고 기타포괄손익 − 공정가치 측정 금융자산으로 분류하였다. 20×1년 말 이 사채의 공정가치는 520,000원이었다. 위 사채와 관련하여 (주)가나의 20×1년도 총포괄손익에 미치는 영향은?

풀 이

20×1년 총포괄손익에 미치는 영향

= 이자수익 + 기타포괄손익 − 공정가치 측정 금융자산평가손익(공정가치 − 상각 후 원가)

= (531,694원 × 10%) + [520,000원 − (531,694원 × 1.1 − 60,000원)]

= 53,169원 + (4,863원) = 48,306원

예제 3

(주)가나는 20×1년 초에 (주)명문이 발행한 다음의 사채를 취득하여 기타포괄손익 – 공정가치 측정 금융자산으로 분류하였다.

- 사채발행일 : 20×1년 1월 1일
- 표시이자율 : 연 10%
- 만기 : 20×3년 12월 31일
- 액면금액 : 1,000,000원
- 이자지급 : 매년 말 후급

취득 당시 시장이자율은 연 12%, 20×1년 말 시장이자율은 9%였다. 각 이자율하의 현가계수는 다음과 같다.

기간	기간 말 1원의 현재가치		정상연금 1원의 현재가치	
	9%	12%	9%	12%
1	0.91743	0.89286	0.91743	0.89286
2	0.84168	0.79719	1.75911	1.69005
3	0.77218	0.71178	2.53129	2.40183

다음 물음에 답하시오.

(1) 20×1년 초 (주)가나가 취득한 금융자산의 취득원가는 얼마인가?

(2) 20×1년도 포괄손익계산서의 기타포괄손익에 미치는 영향은 얼마인가?

풀이

(1) **금융자산의 취득원가**

금융자산의 취득원가 = (1,000,000원 × 0.71178) + (100,000원 × 2.40183) = 951,963원

(2) **기타포괄손익에 미치는 영향**

20×1년 말 사채의 공정가치 = (1,000,000원 × 0.84168) + (100,000원 × 1.75911) = 1,017,591원

20×1년 말 사채의 상각 후 원가 = 951,963원 × 1.12 − 100,000원 = 966,199원

기타포괄손익 – 공정가치 측정 금융자산평가이익 = 1,017,591원 − 966,199원 = 51,392원

④ 손 상
  ⊙ 신용위험이 발생한 경우
    금융자산의 신용위험이 유의적으로 증가하지 않는 경우에는 12개월 기대신용손실에 해당하는 금액을 손상차손으로 인식하고, 신용위험이 유의적으로 증가한 경우에는 전체기간 기대신용손실에 해당하는 금액을 손상차손으로 하여 당기손익으로 인식한다. 이때 신용위험이 발생한 금융자산의 기대신용손실은 신용손실추정액에 채무불이행확률을 고려하여 측정한다. 손상차손 인식 후 이자수익은 손상 전 상각 후 원가인 총장부금액에 유효이자율을 적용해서 계산한다. 회계처리의 경우 손상차손을 인식하기 전에 공정가치변동손익을 기타포괄손익으로 인식한다. 이후 기타포괄손익 중 신용위험으로 인한 손상차손효과는 당기손익으로 대체한다.
  ⓛ 신용이 손상된 경우
    금융자산의 신용이 손상된 경우에는 전체기간 기대신용손실에 해당하는 금액을 손상차손으로 하여 당기손익으로 인식한다. 이때 신용손상이 발생한 금융자산의 기대신용손실은 해당 자산의 총장부금액과 추정미래현금흐름을 최초의 유효이자율로 할인한 현재가치의 차이로 측정한다. 손상차손 인식 후 이자수익은 손상 후 상각 후 원가인 순장부금액에 유효이자율을 적용해서 계산한다. 회계처리의 경우 손상차손을 인식하기 전에 공정가치변동손익을 기타포괄손익으로 인식한다. 이후 기타포괄손익 중 신용손상으로 인한 손상차손효과는 당기손익으로 대체한다.

예제 1

(주)대한은 (주)민국이 다음과 같이 발행한 사채를 20×1년 1월 1일에 발행가액으로 현금 취득(취득시 신용이 손상되어 있지 않음)하고, 기타포괄손익 – 공정가치로 측정하는 금융자산(FVOCI)으로 분류하였다.

- 사채발행일 : 20×1년 1월 1일
- 액면금액 : 1,000,000원
- 만기일 : 20×3년 12월 31일(일시상환)
- 표시이자율 : 연 10%(매년 12월 31일에 지급)
- 사채발행시점의 유효이자율 : 연 12%

20×1년 말 (주)대한은 동 금융자산의 이자를 정상적으로 수취하였으나, (주)민국의 신용이 손상되어 만기일에 원금은 회수가능 하지만 20×2년부터는 연 6%(표시이자율)의 이자만 매년 말 수령할 것으로 추정하였다. 20×1년 말 현재 동 금융자산의 공정가치가 800,000원인 경우, (주)대한의 20×1년도 포괄손익계산서의 당기손익과 기타포괄손익에 미치는 영향은 각각 얼마인가?(단, 단수차이로 인해 오차가 있다면 가장 근사치를 선택한다)

기 간	12%	
	현가계수	연금현가계수
1	0.8929	0.8929
2	0.7972	1.6901
3	0.7118	2.4019

풀 이

20×1년 초 취득원가 = (1,000,000원 × 0.7118) + (100,000원 × 2.4019) = 951,990원
20×1년 말 장부금액 = 951,990원 × 1.12 − 100,000원 = 966,229원
20×1년 말 기대장부금액 = (1,000,000원 × 0.7972) + (60,000원 × 1.6901) = 898,606원
20×1년 말 공정가치 : 800,000원
20×1년 말 이자수익 = 951,990원 × 0.12 = 114,239원
20×1년 말 기대신용손실(손상차손) = 기대장부금액 − 손상 전 장부금액
　　　　　　　　　　　　　　= 898,606원 − 966,229원 = − 67,623원
※ 기대신용손실은 손상차손으로 당기손익으로 인식한다.
20×1년 말 당기손익에 미치는 영향 = 114,239원(이자수익) − 67,623원(손상차손)
　　　　　　　　　　　　　　= 46,616원(증가)
20×1년 말 기타포괄손익에 미치는 영향 = (800,000원 − 966,229원) − (898,606원 − 966,229원)
　　　　　　　　　　　　　　= − 166,229원 + 67,623원 = − 98,606원(감소)
※ 기대신용손실 (67,623원)은 당기손익으로 처리하므로 기타포괄손익에서는 제외한다.

<**예제 2**>

예제 2

(주)가나는 20×1.1.1.에 다음과 같은 조건으로 (주)명문이 발행한 사채를 원리금을 수취하면서 매도할 목적으로 취득하였다.

[사채내역]
• 발행일 : 20×1.1.1.
• 액면금액 : 1,000,000원
• 만기일 : 20×3.12.31.
• 표시이자율 : 10%(후급조건)
• 취득원가 : 951,963원(시장이자율 12%)

---

(1) 20×1년 말 표시이자는 정상적으로 수령하였다. 20×1년 말 신용위험이 발생하였지만 해당 위험이 유의적으로 증가하지는 않았다. 기대신용손실을 추정한 결과 12개월 기대신용손실은 7,175원이며, 전체기간 기대신용손실은 9,566원이다. 한편 20×1년 말 채무상품의 공정가치는 950,000원이다.

(2) 20×2년 말 표시이자는 정상적으로 수령하였다. 하지만 20×2년 말 신용위험이 유의적으로 증가하였다. 기대신용손실을 추정한 결과 전체기간 기대신용손실은 18,750원이다. 한편 20×2년 말 채무상품의 공정가치는 930,000원이다.

(3) 20×3년 말 표시이자와 액면금액은 정상적으로 회수하였으며, 만기시점에 채무상품의 공정가치는 액면금액과 동일한 1,000,000원이다.

(4) 관련 현가계수는 다음과 같다.

기 간	12%	
	현가계수	연금현가계수
1	0.89286	0.89286
2	0.79719	1.69009
3	0.71178	2.40183

다음 빈칸을 채우시오.

(단위 : 원)

구 분	20×1년	20×2년	20×3년
당기손익에 미치는 영향			
기타포괄손익에 미치는 영향			
총포괄손익에 미치는 영향			
기타포괄손익누계액			

(단위 : 원)

구 분	20×1년	20×2년	20×3년
당기손익에 미치는 영향	107,061	104,369	136,607
기타포괄손익에 미치는 영향	(9,024)	(24,369)	33,393
총포괄손익에 미치는 영향	98,037	80,000	170,000
기타포괄손익누계액	(9,024)	(33,933)	0

* 107,061원 = 114,236원(= 951,963원 × 0.12) − 7,175원
* (9,024원) = 평가손실 (16,199원) − 손상차손 (7,175원) / (16,199원) = 950,000원 − 966,199원
* 104,369원 = 115,944원(= 966,199원 × 0.12) − 11,575원(= 18,750원 − 7,175원)
* (24,369원) = (52,143원) − (16,199원 + 11,575원) / (52,143원) = 930,000원 − 982,143원
* 136,607원 = 117,857원(= 982,143원 × 0.12) + 18,750원(손상차손환입액)
* 33,383원 = 평가손실상각액 52,143원 − 18,750원(손상차손환입액)

(3) 상각 후 원가 측정 금융자산

① 취 득

상각 후 원가 측정 금융자산의 취득원가는 취득일 현재의 공정가치로 측정하고, 취득과정에서 발생한 거래원가(취득 부대비용)는 최초 인식하는 공정가치에 가산하여 측정한다.

② 평 가

상각 후 원가 측정 금융자산은 투자목적이 매매차익이 아니므로 보고기간 말 공정가치로 평가하지 않으며, 유효이자율법으로 이자수익을 인식하고 상각 후 원가로 재무상태표에 표시한다.

③ 처 분

상각 후 원가 측정 금융자산을 처분하는 경우 처분대가와 처분 전 상각 후 원가와의 차이를 당기손익에 반영한다.

상각 후 원가 측정 금융자산처분손익 = 처분대가 − 처분 전 상각 후 원가

(주)가나는 20×1.1.1.에 20×3.12.31.에 만기가 도래하는 사채(액면금액 500,000원, 표시이자율 10%)를 공정가치로 취득하고 상각 후 원가 측정 금융자산으로 분류하였다. 이자지급일은 매년 12월 31일이며, 시장이자율은 18%이다(단, 18%, 3년, 1원의 현가계수는 0.60863, 1원의 연금현가계수는 2.17427이다). 그 후 채권을 20×3년 초에 490,000원에 처분하였다.

다음 물음에 답하시오.

(1) 금융자산의 취득원가는 얼마인가?

(2) 20×1년 말, 20×2년 말 금융자산의 장부금액은 각각 얼마인가?

(3) 20×1년도, 20×2년도 이자수익으로 인식할 금액은 각각 얼마인가?

(4) 만기까지 인식할 총이자수익은 얼마인가?

(5) 20×3년 초 금융자산처분손익은 얼마인가?

풀이

(1) 금융자산의 취득원가

취득원가 = (500,000원 × 0.60863) + (50,000원 × 2.17427) = 413,029원

(2) 20×1년 말, 20×2년말 금융자산의 장부금액

20×1년 말 장부금액 = 413,029원 × 1.18 − 50,000원 = 437,374원
20×2년 말 장부금액 = 437,374원 × 1.18 − 50,000원 = 466,101원

(3) 20×1년도, 20×2년도 이자수익

20×1년도 이자수익 = 413,029원 × 0.18 = 74,345원
20×2년도 이자수익 = 437,374원 × 0.18 = 78,727원

(4) 만기까지 인식할 총이자수익

총이자수익 = 총현금수취액 − 취득원가
= 500,000원 + (500,000원 × 10% × 3) − 413,029원 = 236,971원

(5) 20×3년 초 금융자산처분손익

금융자산처분손익 = 처분대가 − 처분 전 상각 후 원가
= 490,000원 − 466,101원 = 23,899원

④ 손 상
　　㉠ 신용위험이 발생한 경우
　　　금융자산의 신용위험이 유의적으로 증가하지 않는 경우에는 12개월 기대신용손실에 해당하는 금액을 손상차손으로 인식하며, 신용위험이 유의적으로 증가한 경우에는 전체기간 기대신용손실에 해당하는 금액을 손상차손으로 하여 당기손익으로 인식한다. 이때 신용위험이 발생한 금융자산의 기대신용손실은 신용손실추정액에 채무불이행 발생확률을 고려하여 측정한다. 또한 손상차손 인식 후 이자수익은 손상 전 상각 후 원가인 총장부금액에 유효이자율을 적용해서 계산한다.
　　㉡ 신용이 손상된 경우
　　　금융자산의 신용이 손상된 경우에는 전체기간 기대신용손실에 해당하는 금액을 손상차손으로 하여 당기손익으로 인식한다. 이때 신용손상이 발생한 금융자산의 기대신용손실은 해당 자산의 총장부금액과 추정미래현금흐름을 최초의 유효이자율로 할인한 현재가치의 차이로 측정한다. 또한 손상차손 인식 후 이자수익은 손상 후 상각 후 원가인 순장부금액에 유효이자율을 적용해서 계산한다.

예제 1

(주)가나는 20×1.1.에 다음과 같은 조건으로 (주)명문이 발행한 사채를 원리금만을 수취할 목적으로 취득하였다.

[사채내역]
- 발행일 : 20×1년 1월 1일
- 액면금액 : 1,000,000원
- 만기일 : 20×4년 12월 31일
- 표시이자율 : 5%(후급조건)
- 취득원가 : 900,636원(유효이자율 8%)

[20×2년 말의 기대미래현금흐름]
- 20×3년 12월 31일 : 표시이자 30,000원
- 20×4년 12월 31일 : 표시이자 30,000원, 액면금액 500,000원

[현행시장이자율]
20×2년 12월 31일 : 10%

[관련 현가계수]

기 간	8%		10%	
	현가계수	연금현가계수	현가계수	연금현가계수
1	0.92593	0.92593	0.90909	0.90909
2	0.85734	1.78326	0.82645	1.73554
3	0.79383	2.57710	0.75131	2.48685
4	0.73503	3.31213	0.68301	3.16987

20×3년 말 신용손상이 일부 회복되어 기대미래현금흐름이 20×4년 말에는 만기원금상환액 700,000원과 표시이자 70,000원으로 추정되었다. 한편 동 시점의 현행이자율은 13%이다.

다음 물음에 답하시오(단위 : 원).

(1) 20×1년 말 ~ 20×3년 말까지의 상각 후 원가를 계산하시오.

(2) 20×2년 말 금융자산의 손상차손은 얼마인가?

(3) 20×3년 말 금융자산의 손상차손환입액은 얼마인가?

(4) 상기 거래가 20×1년 ~ 20×4년 당기손익에 미치는 영향은 얼마인가?

풀 이

(1) 20×1년 말, 20×2년 말, 20×3년 말 상각 후 원가
   20×1년 말 : 900,636원 × 1.08 − 50,000원 = 922,687원
   20×2년 말 : (500,000원 × 0.85734) + (30,000원 × 1.78326) = 482,168원
   20×3년 말 : (700,000원 + 70,000원) × 0.92593 = 712,966원

(2) 20×2년 말 금융자산손상차손
   20×2년 말 회수가능금액 = (500,000원 × 0.85734) + (30,000원 × 1.78326) = 482,168원
   20×2년 말 장부금액 = 922,687원 × 1.08 − 50,000원 = 946,502원
   손상차손 = 손상 전 장부금액 − 회수가능액 = 946,502원 − 482,168원 = 464,334원

(3) 20×3년 말 금융자산의 손상차손환입액
   20×3년 말 회수가능금액 = (700,000원 + 70,000원) × 0.92593 = 712,966원
   20×3년 말 환입 전 장부금액 = 482,168원 × 1.08 − 30,000원 = 490,741원
   손상차손환입액 = 712,966원 − 490,741원 = 222,225원

(4) 20×1년 ~ 20×4년 당기손익에 미치는 영향
   20×1년 : 900,636원 × 0.08 = 72,051원
   20×2년 : 73,815원(= 922,687원 × 0.08) + (464,334원) = (390,519원)
   20×3년 : 38,573원(= 482,168원 × 0.08) + 222,225원 = 260,798원
   20×4년 : 712,966원 × 0.08 = 57,037원

(주)가나는 20×1.1.1.에 다음과 같은 조건으로 (주)명문이 발행한 사채를 원리금만을 수취할 목적으로 취득하였다.

[사채내역]
- 발행일 : 20×1.1.1.
- 액면금액 : 1,000,000원
- 만기일 : 20×3.12.31.
- 표시이자율 : 10%(후급조건)
- 취득원가 : 951,963원(시장이자율 12%)

① 20×1년 말 표시이자는 정상적으로 수령하였다. 20×1년 말 신용위험이 발생하였지만 해당위험이 유의적으로 증가하지는 않았다. 기대신용손실을 추정한 결과 12개월 기대신용손실은 7,175원이며, 전체기간 기대신용손실은 9,566원이다. 한편 20×1년 말 채무상품의 공정가치는 950,000원이다.

② 20×2년 말 표시이자는 정상적으로 수령하였다. 하지만 20×2년 말 신용손상이 발생하였으며, 기대미래현금흐름은 20×3년 말에 표시이자 80,000원과 만기원금상환액 800,000원으로 추정되었다. 한편 동 시점의 현행이자율은 13%이다.

③ 관련 현가계수는 다음과 같다.

기 간	12%	
	현가계수	연금현가계수
1	0.89286	0.89286
2	0.79719	1.69009
3	0.71178	2.40183

다음 물음에 답하시오.

(1) 20×1년 말 ~ 20×2년 말까지의 상각 후 원가를 계산하시오.

(2) 20×2년 말 금융자산의 손상차손은 얼마인가?

(3) 상기 거래가 20×1년 ~ 20×3년 당기손익에 미치는 영향은 얼마인가?

풀 이

(1) 20×1년 말, 20×2년 말 상각 후 원가

20×1년 말 : 951,963원 × 1.12 − 100,000원 = 966,199원

20×2년 말 : (800,000원 + 80,000원) × 0.89286 = 785,717원

(2) 20×2년 말 금융자산손상차손

20×2년 말 장부금액 = 966,199원 × 1.12 − 100,000원 = 982,143원

20×2년 말 회수가능금액 = (800,000원 + 80,000원) × 0.89286 = 785,717원

20×1년 말 금융자산손상차손 = 7,175

금융자산손상차손 = 손상 전 장부금액 − 회수가능액 − 전년도 누적손상차손

= 196,426원(= 982,143원 − 785,717원) − 7,175원 = 189,251원

(3) 20×1년, 20×2, 20×3년 당기손익에 미치는 영향

20×1년 : 114,236원(= 951,963원 × 0.12) − 7,175원 = 107,061원

20×2년 : 115,944원(= 966,199원 × 0.12) − 189,251원(= 196,426원 − 7,175원) = (73,307원)

20×3년 : 785,717원 × 0.12 = 94,286원

※ 상각 후 원가 측정 금융자산은 원리금만을 수취할 목적으로 취득하는 자산, 즉 공정가치 측정 금융자산이 아니므로 취득시
적용한 시장이자율을 만기까지 동일하게 적용한다.

---

11 자 본

1. 자본의 정의

자본이란 기업의 자산에서 부채를 차감한 잔여지분을 말하는 것으로 주주지분이라고도 한다. 자본
은 자산총액에서 부채총액을 차감한 잔액으로 측정된다.

> 자산 = 부채 + 자본 = 채권자지분 + 주주지분
> 자본 = 자산 − 부채 = 잔여지분 = 주주지분 = 순자산의 장부금액

2. 자본관련 거래

(1) 자본거래

자본거래란 기업과 현재 또는 잠재적 주주와의 거래를 말하며, 자본거래에는 증자, 감자, 자기주식
의 취득 또는 처분 등이 있다. 자본거래로 인한 자본의 변동은 자본항목 중 자본금, 자본잉여금,
자본조정에 반영된다.

자본금	발행주식수 × 액면가액
자본잉여금	자본거래로 인한 이익 예 주식발행초과금, 감자차익, 자기주식처분이익 등
자본조정	자본거래로 인한 손실 예 주식할인발행차금, 감자차손, 자기주식처분손실, 자기주식, 미교부주식배당금 등

① 증자거래

　㉠ 유상증자(실질적 증자)

　　유상증자란 기업이 주식을 발행하고, 이에 대한 대가로 주주로부터 현금을 납입 받는 자본거래를 말한다. 기업이 유상증자를 하게 되면 그 기업의 순자산(자본)이 증가하게 되는 것이므로 이를 실질적 증자라고 한다.

　　유상증자는 발행형태에 따라 액면발행, 할증발행, 할인발행으로 구분된다. 액면발행은 주식의 액면가액과 발행가액이 동일한 경우를, 할증발행은 주식의 액면가액보다 발행가액이 높은 경우를, 그리고 할인발행은 주식의 액면가액보다 발행가액이 적은 경우를 말한다. 할증발행은 주식발행초과금(자본잉여금, 납입자본)이 생기고, 할인발행은 주식할인발행차금(자본조정, 기타자본구성요소)이 생긴다. 주식발행초과금과 주식할인발행차금은 서로 상계하여 재무상태표에 표시하여야 한다.

　　주식발행비(주권인쇄비, 광고비, 수수료 등)는 주식발행초과금에서 차감하거나 주식할인발행차금에 가산하여 나타내며, 비용으로 인식하지 않는다.

　㉡ 무상증자(형식적 증자)

　　무상증자란 기업의 자본잉여금이나 법정적립금을 재원으로 하여 주식을 발행하는 것을 말한다. 무상증자는 자본잉여금이나 법정적립금을 자본금계정에 대체하는 것에 불과한 것으로 기업의 순자산의 증감에는 변동이 없다. 따라서 이를 형식적 증자라고 한다.

② 감자거래

　㉠ 유상감자

　　유상감자란 기업이 이미 발행한 주식을 법적으로 소멸시키고, 이에 대한 대가를 지급하는 자본거래를 말한다. 유상감자를 하면 기업의 순자산이 감소하게 되므로 이를 실질적 감자라고 한다.

　　유상감자를 하면 감자차익(자본잉여금, 납입자본) 또는 감자차손(자본조정, 기타자본요소)이 발생하게 되는데, 이들은 서로 상계하여 재무상태표에 표시하여야 한다.

　㉡ 무상감자

　　무상감자란 기업이 이미 발행한 주식을 법적으로 소멸시키고, 이에 대한 대가를 지급하지 않는 자본거래를 말한다. 무상감자를 하면 기업의 순자산에 변동을 가져오는 것이 아니므로 이를 형식적 감자라고 한다.

　　무상감자를 하면 감자차익이 발생하게 되는데, 이 감자차익과 결손금을 상계하여 결손금을 보전하려는 차원에서 무상감자를 실시하게 된다.

③ 자기주식거래

자기주식이란 기업이 발행한 주식을 소각목적 또는 매각목적으로 재취득한 주식을 말한다. 자기주식의 취득은 그러한 취득목적과는 관계없이 자본의 차감항목(자본조정, 기타자본요소)으로 기재한다.

자기주식의 취득은 다른 자산의 취득에 관한 회계처리와 마찬가지로 원가법에 따라 그 취득원가를 자기주식계정에 계상하는 방법으로 처리한다. 또한 자기주식을 처분하면 자기주식처분이익(자본잉여금, 납입자본) 또는 자기주식처분손실(자본조정, 기타자본요소)이 발생하게 되는데, 이들은 서로 상계하여 재무상태표에 표시하여야 한다.

④ 주식분할과 주식병합

주식분할이란 하나의 주식을 여러 개의 주식으로 분할하여 액면가액을 감소시키는 자본거래를 말하고, 주식병합이란 여러 개의 주식을 하나로 병합하여 액면가액을 증가시키는 자본거래를 말한다. 주식분할과 주식병합은 주식수에만 변동이 있을 뿐 자본금 자체에는 변동이 없으므로 별도의 회계처리는 필요 없다.

(2) 손익거래

손익거래란 자본거래 이외의 모든 거래를 말하는 것으로 이에는 생산, 판매, 자산의 취득과 처분 등이 있다. 손익거래로 인한 자본의 변동은 자본항목 중 기타포괄손익누계액과 이익잉여금에 반영된다.

기타포괄손익누계액	손익거래 중 미실현손익인 기타포괄손익의 누적액 예 재평가잉여금, 기타포괄손익 – 공정가치 측정 금융자산 평가손익 등
이익잉여금	손익거래 중 실현손익인 당기순손익의 누적액

한편 한국채택국제회계기준에서는 자본을 납입자본, 기타자본요소, 이익잉여금으로 구분하고 있다. 여기에서 납입자본은 자본금과 자본잉여금을 말하고, 기타자본요소는 자본조정과 기타포괄손익누계액을 말한다.

① 기타포괄손익누계액

포괄손익계산서의 미실현손익을 의미하는 기타포괄손익은 재무상태표의 기타포괄손익누계액에 집계된다. 기타포괄손익은 손익거래임에도 불구하고 당기손익으로 인식하지 않는 수익과 비용항목을 말하며, 이에는 재평가잉여금, 매도가능금융자산평가손익 등이 있다.

② 이익잉여금(Retained Earnings)

㉠ 이익잉여금의 분류

이익잉여금이란 영업활동 등 기업의 이익창출활동에 의해 획득한 이익으로 사외에 유출되지 않고 사내에 유보된 부분을 말한다. 따라서 이익잉여금을 유보이익이라고 한다. 이익잉여금은 법정적립금, 기타법정적립금, 임의적립금 및 미처분이익잉여금으로 분류된다.

ⓐ 법정적립금 : 법정적립금은 상법의 규정에 의하여 주식회사가 강제적으로 기업 내부에 유보하여야 하는 이익준비금을 말한다. 주식회사는 그 자본금의 1 / 2에 달할 때까지 매 결산기의 현금배당액의 1 / 10 이상의 금액을 이익준비금으로 적립하여야 한다.

ⓑ 기타법정적립금 : 상법 이외의 법령에 의해 적립된 금액(재무구조개선적립금 등)

ⓒ 임의적립금 : 임의적립금은 사업확장적립금, 감채적립금, 결손보전적립금 등 정관 또는 주주총회의 결의에 의해 사내에 유보된 적립금을 말한다. 임의적립금의 경우에는 적립 후에도 이입(적립의 취소)이 가능하다.

ⓓ 미처분이익잉여금 : 미처분이익잉여금은 이익금 중 배당금지급 또는 다른 목적으로 적립 한 후 남아 있는 잉여금을 말하며, 향후 배당의 재원으로 활용된다.

Ⓛ 이익잉여금의 처분

ⓐ 배당(현금배당, 주식배당)

- 현금배당
  - 배당기준일 : 배당을 받을 권리가 있는 주주들이 결정되는 날(회계처리 없음)
  - 배당결의일 : 주주총회에서 이익잉여금을 배당으로 승인한 날(유동부채 계상)

미처분이익잉여금	×××	미지급배당금(유동부채)	×××

  - 배당금지급일 : 실제 배당금을 지급한 날(유동부채를 현금지급액과 상계처리)

미지급배당금(유동부채)	×××	현 금	×××

- 주식배당
  - 주식배당기준일 : 회계처리 없음
  - 주식배당결의일

미처분이익잉여금	×××	미교부주식배당금(기타자본요소)	×××

  - 주식교부일

미교부주식배당금	×××	자본금	×××

ⓑ 적립금의 적립

미처분이익잉여금	×××	법정적립금	×××
		임의적립금	×××

ⓒ 이익잉여금처분에 의한 상각

미처분이익잉여금	×××	주식할인발행차금	×××
		자기주식처분손실	×××
		감자차손	×××

3. 주식의 종류

기업은 이익이나 잔여재산의 분배에 관하여 내용이 서로 다른 여러 종류의 주식을 발행할 수 있으며, 이러한 주식에는 보통주와 우선주가 있다.

(1) 보통주

보통주는 이익이나 잔여재산배분 등의 재산적 내용에 있어서 표준이 되는 주식을 말하는데, 이러한 보통주는 의사결정에 참여할 수 있는 의결권을 갖는다.

(2) 우선주

우선주는 이익이나 잔여재산배분 등의 재산적 내용에 있어서 보통주에 비해 우선적인 권리가 부여된 주식을 말한다. 이러한 우선주는 의사결정에 참여할 수 있는 의결권이 없으며, 이에는 이익배당우선주, 전환우선주, 상환우선주 등이 있다.

이 가운데 이익배당우선주에는 누적적, 비누적적, 비참가적, 완전참가적, 부분참가적 우선주가 있다.

예제

(주)가나는 2016.1.1. 회사설립시에 보통주와 우선주를 모두 발행하였다. 설립일 이후 자본금의 변동은 없었으며, 2018.12.31. 현재의 보통주자본금과 우선주자본금은 다음과 같다.

• 보통주자본금(액면 100원, 발행주식수 10,000주)	1,000,000원
• 우선주자본금(액면 100원, 발행주식수 5,000주)	500,000원

(주)가나는 설립회계연도부터 2017.12.31.로 종료되는 회계연도까지 배당이 없었으며, 2018.12.31. 로 종료되는 회계연도의 정기주주총회일에 150,000원의 현금배당을 선언할 예정이다. (주)가나가 발행한 우선주가 다음과 같은 경우 다음 각 상황별로 보통주와 우선주에 대한 배당액을 계산하시오 (단위 : 원).

(1) 5%, 비누적적, 비참가적 우선주

(2) 5%, 누적적, 비참가적 우선주

(3) 5%, 비누적적, 완전참가적 우선주

(4) 5%, 누적적, 완전참가적 우선주

(5) 5%, 누적적, 부분참가적(6%) 우선주

(6) 5%, 누적적, 부분참가적(8%) 우선주

[풀 이]

(1) 5%, 비누적적, 비참가적 우선주

구 분	우선주배당금	보통주배당금
2016년분	‒	
2017년분	‒	
2018년분	500,000 × 5% = 25,000	150,000 ‒ 25,000 = 125,000
합 계	25,000	125,000

(2) 5%, 누적적, 비참가적 우선주

구 분	우선주배당금	보통주배당금
2016년분	500,000 × 5% = 25,000	
2017년분	500,000 × 5% = 25,000	
2018년분	500,000 × 5% = 25,000	150,000 ‒ 75,000 = 75,000
합 계	75,000	75,000

(3) 5%, 비누적적, 완전참가적 우선주

구 분	우선주배당금	보통주배당금
2016년분	‒	
2017년분	‒	
2018년분	100,000 × 500,000 / 1,500,000 = 50,000	100,000 ‒ 50,000 = 100,000
합 계	50,000	100,000

(4) 5%, 누적적, 완전참가적 우선주

구 분	우선주배당금	보통주배당금
2016년분	500,000 × 5% = 25,000	
2017년분	500,000 × 5% = 25,000	
2018년분	100,000 × 500,000 / 1,500,000 = 33,333	150,000 ‒ 83,333 = 66,667
합 계	83,333	66,667

(5) 5%, 누적적, 부분참가적(6%) 우선주

구 분	우선주배당금	보통주배당금
2016년분	500,000 × 5% = 25,000	
2017년분	500,000 × 5% = 25,000	
2018년분	100,000 × 500,000 / 1,500,000 = 33,333 우선주자본금의 6% 한도 : 30,000	150,000 ‒ 80,000 = 70,000
합 계	80,000	70,000

(6) 5%, 누적적, 부분참가적(8%) 우선주

구 분	우선주배당금	보통주배당금
2016년분	500,000 × 5% = 25,000	
2017년분	500,000 × 5% = 25,000	
2018년분	100,000 × 500,000 / 1,500,000 = 33,333 우선주자본금의 8% 한도 : 33,333	150,000 − 83,333 = 66,667
합 계	83,333	66,667

4. 자본의 증감분석

자본이 변동하는 원인은 손익거래와 자본거래로 구분할 수 있다. 따라서 기초자본에 비해 기말자본
이 증가 또는 감소하는 원인 또한 손익거래 또는 자본거래의 변동에 기인한다고 할 수 있다.

> 기말자본 = 기초자본 ± 손익거래 ± 자본거래

예제 1

(주)가나의 2016년 말 현재 재무상태표의 납입자본과 이익잉여금은 각각 200,000원과 100,000원
이며, 자본의 합계는 300,000원이다. (주)가나의 2017년도 당기순이익은 50,000원이며, 2017년
중에 현금배당이 20,000원 있었다. 한편 (주)가나는 2017년 중에 주식을 추가로 발행하여 100,000
원의 현금을 조달하였다. (주)가나의 2017년도 말 재무상태표의 자본합계는 얼마인지 구하시오.

풀 이

기말자본 = 기초자본 ± 손익거래 ± 자본거래
= 300,000원 + 50,000원 − 20,000원 + 100,000원 = 430,000원

예제 2

(주)가나의 자본은 2016년 초와 말에 각각 100억원과 150억원이었다. (주)가나는 2016년 중 10억원을
유상증자를 통해 조달하였고, 3억원의 현금배당을 실시하였다고 할 때 (주)가나의 2016년도 총포괄손
익은 얼마인지 계산하시오. 단, 위 거래를 제외한 주주와의 자본거래는 없다.

풀 이

기말자본 = 기초자본 ± 손익거래 ± 자본거래
= 100억원 + 10억원 − 3억원 + 총포괄손익 = 150억원
총포괄손익 = 150억원 − 107억원 = 43억원(총포괄이익)

예제 3

(주)가나의 2016년 초 자산총계와 부채총계는 각각 40,000원과 10,000원이고, 2016년 말 자산총계와 부채총계는 각각 60,000원과 20,000원이다. 한편 (주)가나는 2016년 중에 2,000원의 현금배당을 실시하였으며, 2016년도 당기순이익으로 5,000원을 보고하였다. (주)가나가 2016년도 포괄손익계산서에 인식한 기타포괄손익과 총포괄손익은 얼마인지 구하시오. 단, 2016년 중 현금배당 이외의 자본거래는 없다.

풀 이

기말자본 = 기초자본 ± 손익거래 ± 자본거래
    = 60,000원 − 20,000원 = 40,000원 − 10,000원 − 2,000원 + 5,000원 + 기타포괄손익
기타포괄손익 = 40,000원 − 33,000원 = 7,000원(기타포괄이익)
총포괄손익 = 5,000원 + 7,000원 = 12,000원(총포괄이익)

예제 4

다음은 2016년도 (주)가나의 기초와 기말의 재무상태에 관한 자료이다.

(단위 : 원)

구 분	기 초	기 말
자산총계	25,000	27,000
부채총계	16,000	15,000

당기 중에 현금배당 400원과 주식교부(100원)가 있었고, 유형자산재평가이익이 100원 발생하였다면 (주)가나의 2016년도 당기순이익은 얼마인지 구하시오.

풀 이

기말자본 = 기초자본 ± 손익거래 ± 자본거래
    = 27,000원 − 15,000원 = 25,000원 − 16,000원 − 400원 + 100원 + 당기순손익
당기순손익 = 12,000원 − 8,700원 = 3,300원(당기순이익)

예제 5

(주)가나의 자본변동에 관한 다음 자료를 이용하여 자본총계에 미치는 영향은 얼마인지 구하시오.
단, 거래는 서로 독립적이라고 가정한다.

① 주당 액면 5,000원인 주식을 액면 1,000원인 주식 5주로 분할하였다.
② 기존 주주들에게 10%의 주식배당을 실시하고 즉시 신주를 발행, 교부하였다.
③ 주당 액면 5,000원인 주식 100주를 주당 4,000원에 할인 발행하였다.
④ 주당 200원에 취득하여 보유하고 있던 자기주식 10주를 주당 250원에 처분하였다.
⑤ 수정 전 시산표상에 10,000원으로 기록되어 있는 기타포괄손익 – 공정가치 측정 금융자산(지분상품)의 보고기간 말 현재의 공정가치는 8,000원이다.

풀 이

① 자본변동 없음(회계처리 필요 없음)
② 자본변동 없음(미처분이익잉여금이 감소하고 자본금이 증가하는 거래임)
③ 자본증가(현금유입) : 100주 × 4,000원/주 = 400,000원
④ 자본증가(현금유입) : 10주 × 250원/주 = 2,500원
⑤ 자본감소(평가손실) : 8,000원 − 10,000원 = (2,000원)
　　자본총계에 미치는 영향 = 400,000원 + 2,500원 − 2,000원 = 400,500원

예제 6

(주)가나의 20×1년 초 재무상태표에 보고된 자본에 관한 다음 자료를 보고 아래의 질문에 답하시오
(단위 : 원).

	20×1년 초
자본금	10,000,000
주식발행초과금	4,000,000
자기주식처분이익	25,000
자기주식	(300,000)
이익준비금	2,000,000
미처분이익잉여금	6,000,000
자본총계	21,725,000

(주)가나는 20×1년 6월 7일 보유하고 있던 자기주식 전부를 260,000원에 처분하였다. 그리고 (주)가나의 20×1년도 당기순이익과 총포괄이익이 각각 800,000원과 920,000원일 때 20×1년 말 재무상태표에 보고할 자본총계는 얼마인지 구하시오. 단, 자기주식은 원가법으로 회계처리 하였다.

풀 이

20×1년 말 자본총계
= 20×1년 초 자본총계 21,725,000원 + 자기주식처분 260,000원 + 총포괄이익 920,000원
= 22,905,000원

※ 자본의 분류

납입자본	자본금	발행주식수 × 액면가액
	자본잉여금	자본거래로 인한 이익 예 주식발행초과금, 감자차익, 자기주식처분이익 등
기타자본요소	자본조정	자본거래로 인한 손실 예 주식할인발행차금, 감자차손, 자기주식처분손실, 자기주식, 미교부주식배당금 등
	기타포괄손익 누계액	손익거래 중 미실현손익인 기타포괄손익의 누적액 예 재평가잉여금, 기타포괄손익 – 공정가치측정금융자산평가손익 등
이익잉여금	이익잉여금	손익거래 중 실현이익인 당기순손익의 누적액

※ 기말자본 = 기초자본 ± 자본거래 ± 손익거래
※ 손익거래 = 기타포괄손익 + 당기순손익 = 총포괄손익

12 복합금융상품

1. 복합금융상품의 개념

한국채택국제회계기준(K-IFRS)에서 규정하고 있는 복합금융상품은 부채요소와 자본요소를 모두 가지고 있는 금융상품을 의미한다. 즉 법적인 형식은 부채이지만 경제적 실질로 볼 때는 잠재적인 보통주이다.

복합금융상품은 형식적으로는 하나의 상품이지만 실질적으로는 둘 이상의 금융상품을 복합하여 만들어진 신종금융상품으로 전환사채가 대표적인 상품이다. 전환사채는 당해 증권의 투자자가 보통주청구에 대한 권리를 행사하면 보통주가 추가로 발행되는 금융상품을 말한다. 그 외에 신주인수권부사채, 전환우선주 등이 있다.

2. 전환사채

전환사채는 전환사채투자자가 일정한 조건하에서 전환권을 행사할 수 있는 사채를 말한다. 즉 투자자가 권리를 행사하면 보통주로 전환되는 사채를 말한다.

전환사채는 일반사채보다 낮은 표면금리로 발행할 수 있는데, 그 이유는 투자자에게 일정한 조건하에 선택에 따라 사채를 주식으로 전환할 수 있는 전환권이 보장되어 있기 때문이다.

(1) 전환사채의 발행

① 상환할증금이 없는 경우(액면상환조건)

전환사채의 발행가액 중 사채의 공정가치에 해당하는 금액은 부채로 인식하고, 전환권가치에 해당하는 금액은 전환권대가(자본)로 인식한다. 이러한 전환권대가는 자본항목으로 분류한 후 전환권이 행사되어 추가로 주식을 발행하는 시점에서 주식발행초과금으로 대체된다.

또한 전환권조정은 사채할인발행차금과 동일한 성격을 가지고 있으므로 전환사채의 차감계정으로 표시되며, 상환기간 동안 유효이자율법을 적용하여 상각하고 상각된 금액은 이자비용으로 인식한다.

② 상환할증금이 있는 경우(상환할증금 지급조건)

상환할증금 지급조건에서는 발행시점에서 상환할증금을 인식하고, 동 금액을 전환사채의 액면금액에 가산하여 재무제표에 표시한다.

전환사채발행일에는 상환할증금과 전환권대가의 합계액을 전환권조정으로 인식하고, 전환권조정은 전환사채의 차감계정으로 표시하고 상환기간에 걸쳐 유효이자율법으로 상각하여 이자비용으로 인식한다.

> 전환권조정 = 상환할증금 + 전환권대가
> 상환할증금 = 전환사채의 액면금액 × 상환할증률(= 상환할증금 / 전환사채의 액면금액)
> 전환권대가 = 전환사채의 발행금액 − 일반사채의 공정가치
> 일반사채의 공정가치 = 미래현금흐름(= 액면금액 + 액면이자 + 상환할증금)을 일반사채의 시장
> 이자율로 할인한 현재가치

(2) 전환사채의 전환

전환권이 행사되는 경우 전환사채는 소멸하고 그 대가로 보통주가 발행되어 교부된다. 즉 전환권행사시 발행자 입장에서는 부채가 감소하고 자본이 증가하게 된다. 한국채택국제회계기준에서는 주식의 발행가액을 전환권을 행사한 부분에 해당하는 전환사채의 장부금액과 전환권대가의 합계금액으로 측정하도록 하고 있다.

> 주식의 발행가 = (전환사채 장부금액 + 전환권대가) × 전환비율

예제 1

(주)가나는 20×1년 1월 1일 만기 3년, 표시이자율 7%, 이자는 매년 말에 지급하는 액면 2,000,000원의 전환사채를 액면발행 하였다. (주)가나는 전환사채의 만기일에 액면금액의 13%를 할증금으로 지급하기로 하였다. 일반사채의 시장이자율이 12%라고 가정할 때 발행시점에 계상할 (1) 전환권대가와 (2) 전환권조정은 각각 얼마인가?(단, 12%, 3기간의 현재가치계수는 0.7118이고, 12%, 3기간의 연금의 현재가치계수는 2.4018이다)

풀 이

(1) **전환권대가**

전환권대가 = 전환사채의 발행금액 − 일반사채의 가치

= 2,000,000원 − [(2,000,000원 × 1.13 × 0.7118) + (140,000원 × 2.4018)] = 55,080원

(2) **전환권조정**

전환권조정 = 전환권대가 + 상환할증금

= 55,080원 + 260,000원 = 315,080원

예제 2

(주)가나는 2016.1.1. 다음과 같은 전환사채를 발행하였다(단, 시장이자율은 15%, 기간은 3년, 1원의 현가계수는 0.6575, 1원의 연금현가계수는 2.2832이다).

- 액면금액 : 1,000,000원
- 발행금액 : 1,000,000원
- 표시이자율 : 연 7%
- 일반사채 시장수익률 : 연 15%
- 이자지급방법 : 매년 말 후급 조건
- 상환기일(만기) : 2018.12.31.
- 전환조건 : 전환에 의해 발행되는 주식 1주(액면 : 5,000원)에 대해 요구되는 사채발행금액은 20,000원으로 함
- 원금상환방법 : 상환기일에 액면금액을 일시상환

위 전환사채와 관련하여 (1) 전환권대가, 2018.1.1. 전환사채의 50%를 전환하였을 경우의 (2) 회계처리 및 (3) 자본증가액을 구하시오.

> 풀 이

(1) 전환권대가

전환권대가 = 발행가액 - 일반사채의 공정가치

= 1,000,000원 - (1,000,000원 × 0.6575 + 70,000원 × 2.2832) = 182,676원

(2) 2018.1.1. 전환사채의 50%를 전환하였을 경우의 회계처리

(차)	전환사채	500,000	(대)	자본금	125,000
	전환권대가	91,338		주식발행초과금	431,543
				전환권조정	34,795

전환권대가상각 = 182,676원 × 50% = 91,338원

자본금 = 500,000원 / 20,000원 × 5,000원 = 125,000원

전환권조정상각 = [182,676원 - (817,324원 × 15% - 70,000원) - (869,923원 × 15% - 70,000원)] × 50%

= (182,676원 - 52,599원 - 60,488원) × 50% = 69,589원 × 50% = 34,795원

주식발행초과금 431,543원은 대차차액

(3) 2018.1.1. 전환사채의 50%를 전환하였을 경우의 자본증가액

자본증가액 = 전환일 현재 전환사채의 장부금액 × 50%

= 930,411원 × 50% = 465,205원

예제 3

(주)가나는 2016.1.1. 다음과 같은 전환사채를 발행하였다(단, 시장이자율은 15%, 기간은 3년, 1원의 현가계수는 0.6575, 1원의 연금현가계수는 2.2832이다).

- 액면금액 : 1,000,000원
- 발행금액 : 1,000,000원
- 표시이자율 : 연 7%
- 일반사채 시장수익률 : 연 15%
- 이자지급방법 : 매년 말 후급 조건
- 상환기일(만기) : 2018.12.31.
- 전환조건 : 전환에 의해 발행되는 주식 1주(액면 : 5,000원)에 대해 요구되는 사채발행금액은 20,000원으로 함
- 원금상환방법 : 상환기일에 액면금액의 116.86%를 일시상환

위 전환사채와 관련하여 (1) 전환권대가, 2018.1.1. 전환사채의 50%를 전환하였을 경우의 (2) 회계처리 및 (3) 자본증가액을 구하시오.

풀이

(1) **전환권대가**

전환권대가 = 발행가액 − 일반사채의 공정가치

= 1,000,000원 − (1,168,600원 × 0.6575 + 70,000원 × 2.2832) = 71,821원

(2) **2018.1.1. 전환사채의 50%를 전환하였을 경우의 회계처리**

(차) 전환사채	500,000	(대) 자본금	125,000
상환할증금	84,300	주식발행초과금	449,419
전환권대가	35,911	전환권조정	45,792

전환권대가상각 = 71,821원 × 50% = 35,911원

자본금 = 500,000원 / 20,000원 × 5,000원 = 125,000원

전환권조정 = 71,821원 + (1,000,000원 × 16.86%) = 71,821원 + 168,600원 = 240,421원

전환권조정상각 = [240,421원 − (928,179원 × 15% − 70,000원) − (997,406원 × 15% − 70,000원)] × 50%

= (182,676원 − 69,227원 − 79,611원) × 50% = 91,583원 × 50% = 45,792원

주식발행초과금 449,419원은 대차차액

(3) **2018.1.1. 전환사채의 50%를 전환하였을 경우의 자본증가액**

자본증가액 = 전환일 현재 전환사채의 장부금액 × 50%

= 1,077,017원 × 50% = 538,508원

예제 4

(주)가나는 2016.1.1. 만기 3년, 액면 10,000원의 전환사채를 발행하였다. 전환사채의 표시이자율은 연 7%이고, 이자는 매년 말에 지급한다.

[전환조건]
- 사채액면 10원당 1주의 보통주로 전환(주식의 액면금액은 5원)
- 전환권이 행사되지 않은 부분에 대해서는 액면금액의 110%를 일시 상환

발행시점에 전환권이 부여되지 않은 동일한 조건의 일반사채 시장이자율은 연 11%이었다. 2017.1.1. 사채액면금액의 35%가 전환되었을 경우 전환권행사가 2017.1.1. (주)가나의 재무상태표상 자본총액에 미치는 영향은 얼마인가?(단, 시장이자율 11%의 3년에 대한 1원의 현가계수는 0.7312, 1원의 연금현가계수는 2.4437이다)

풀이

2016년 초 전환사채 장부금액 = (11,000원 × 0.7312) + (700원 × 2.4437) = 9,754원

2017.1.1. 전환사채의 35%를 전환하였을 경우 자본증가액 = 전환일 현재 전환사채 장부금액 × 전환비율

= (9,754원 × 1.11 − 700원) × 35% = 3,544원

13 주당이익(Earnings Per Share)

1. 주당이익의 의의

주당이익(EPS)이란 주식 1주당 이익(또는 손실)의 정도를 나타내는 수치로서, 주식 1주에 귀속되는 이익(또는 손실)을 말한다.

투자자 입장에서는 1주당 몫을 파악하는 것이 중요하므로 주당이익은 투자에 대한 의사결정에 유용한 정보를 제공하는 자료이다.

2. 기본주당이익의 산정

(1) 기본주당이익의 산정방법

기본주당이익은 보통주 1주당 이익을 말하는 것으로, 지배기업의 보통주에 귀속되는 특정회계기간의 당기순손익을 그 기간에 유통된 보통주식수를 가중평균한 주식수로 나누어 계산되며, 기본주당순이익과 기본주당계속영업이익으로 구분된다.

> 기본주당순이익 = 보통주귀속 당기순이익 / 가중평균유통보통주식수
> 보통주귀속 당기순이익 = 당기순이익 - 우선주배당금
>
> 기본주당계속영업이익 = 보통주귀속 계속영업이익 / 가중평균유통보통주식수
> 보통주귀속 계속영업이익 = 보통주귀속 계속영업이익 - 우선주배당금

(2) 가중평균유통보통주식수의 산정방법

① 기산일

유상신주의 배당기산일은 납입한 때, 무상신주의 배당기산일은 원구주에 따른다.

② 자기주식의 처리

자기주식을 취득하는 경우에는 보통주식수에서 차감하고, 재발행시에는 보통주식수에 포함하여 계산한다.

③ 무상증자, 주식배당, 주식분할 및 주식병합의 처리

무상증자, 주식배당, 주식분할 및 주식병합이 실시된 경우에는 자본이 증가하지 않으면서 유통보통주식수에 변동이 발생한다. 이 경우 무상증자 등이 기초에 실시된 것으로 간주하여 가중평균유통보통주식수를 증가 또는 감소시키면 된다.

기중에 유상증자 등으로 발행된 신주에 무상증자 등이 실시된 경우에는 당해 유상신주의 납입일에 실시된 것으로 간주하여 가중평균유통보통주식수를 조정하면 된다.

④ 유상증자
  ㉠ 공정가치기준의 유상증자
    유상증자로 보통주가 발행된 경우에는 납입일을 기준으로 가중평균하여 주식수를 조정한다.
  ㉡ 공정가치 미만의 유상증자
    공정가치 미만으로 유상증자를 실시한 경우에는 보통주를 공정가치기준의 유상증자와 무상
    증자부분으로 구분하고, 이 경우 무상증자비율은 공정가치기준의 유상증자가 먼저 실시되고
    무상증자는 나중에 실시된 것으로 간주하여 계산한다.

> 무상증자비율
> = 무상증자 주식수 / (유상증자 전 유통주식수 + 공정가치 유상증자시 발행가능 주식수)

예제 1

(주)가나의 20×1년 1월 1일 유통보통주식수는 24,000주이며, 20×1년 중 보통주식수의 변동내역은
다음과 같다. 단, 유상신주의 배당기산일은 납입한 때이며, 무상신주의 배당기산일은 원구주에 따른다.

일 자	보통주식수 변동내역
3월 1일	유상증자를 통해 12,000주 발행
5월 1일	자기주식 6,000주 취득
9월 1일	자기주식 3,000주 재발행
10월 1일	자기주식 1,000주 재발행

20×1년 3월 1일 유상증자시 주당 발행가격은 1,000원으로 권리락 직전일의 종가인 1,500원보다
현저히 낮았다. (주)가나의 20×1년도 기본주당순이익의 계산을 위한 가중평균유통보통주식수를 구
하시오(단, 가중평균유통보통주식수는 월할 계산한다).

[풀 이]

공정가치 유상증자 = 12,000주 × 1,000원 / 1,500원 = 8,000주
무상증자 = 12,000주 − 8,000주 = 4,000주
무상증자비율 = 4,000주 / (24,000주 + 8,000주) = 12.5%
가중평균유통보통주식수
= (24,000주 + 8,000주 × 10 / 12) × 1.125 − 6,000주 × 8 / 12 + 3,000주 × 4 / 12 + 1,000주 × 3 / 12
= 31,750주

예제 2

다음은 (주)가나의 2016년 회계연도(2016.1.1.~2016.12.31.)의 당기순이익 및 자본금변동사항에 대한 자료이다(단위 : 원). 단, 유상신주의 배당기산일은 납입한 때이며, 무상신주의 배당기산일은 원구주에 따른다.

당기순이익   500,000,000
자본금변동사항(주식액면 5,000)

	보통주자본금		우선주자본금	
• 기 초	100,000주	500,000,000	20,000주	100,000,000
• 기 중				
4.1. 유상증자 20%	20,000주	100,000,000		
7.1. 무상증자 10%	12,000주	60,000,000		
10.1. 자기주식구입	(4,000주)	(20,000,000)		
• 기 말	128,000주	640,000,000	20,000주	100,000,000

- 4.1. 유상증자분은 전액 공정가치로 발행되었다.
- 2016년 회계연도 이익에 대한 현금배당
  보통주 : 10%, 우선주 : 20%

(주)가나의 2016년도 기본주당순이익을 구하시오.

풀 이

가중평균유통보통주식수 $= (100,000주 \times 1.1) + (20,000주 \times 1.1 \times 9 / 12) - (4,000주 \times 3 / 12)$
$= 125,500주$
∴ 기본주당순이익 $= (500,000,000원 - 100,000,000원 \times 20\%) / 125,500주 = 3,825원/주$

(주)가나의 2016년 회계연도의 당기순이익과 자본금변동사항은 다음과 같다(단위 : 원). 단, 유상신주의 배당기산일은 납입한 때이며, 무상신주의 배당기산일은 원구주에 따른다.

	법인세차감 후 계속영업이익	500,000,000		
	당기순이익	600,000,000		

자본금변동사항(주식액면 5,000)

	보통주자본금		우선주자본금	
• 기 초	100,000주	500,000,000	20,000주	100,000,000
• 기 중				
7.1. 유상증자 20%	20,000주	100,000,000		
8.15. 무상증자 10%	12,000주	60,000,000	2,000주	100,000,000
11.1. 자기주식구입	(1,000주)	(5,000,000)		
• 기 말	131,000주	655,000,000	22,000주	110,000,000

- 7.1. 유상증자분은 전액 공정가치로 발행되었다.
- 2016년 회계연도 이익에 대한 현금배당
  보통주 : 9%, 우선주 : 10%

(주)가나의 2016년도 기본주당순이익, 기본주당계속영업이익을 구하시오.

풀 이

가중평균유통보통주식수 = (100,000주 × 1.1) + (20,000주 × 1.1 × 6 / 12) − (1,000주 × 2 / 12)

= 120,833주

∴ 기본주당순이익 = (600,000,000원 − 110,000,000원 × 10%) / 120,833주 = 4,874원/주

∴ 기본주당계속영업이익 = (500,000,000원 − 110,000,000원 × 10%) / 120,833주 = 4,047원/주

예제 4

(주)가나의 2016년도 기중 보통주식수의 변동내역은 다음과 같다.

• 기 초	32,000주
• 기 중	
4.1. 유상증자	12,000주
• 기 말	44,000주

(주)가나가 4.1.에 실시한 유상증자는 공정가치 미만으로 실시되었다. 유상증자 권리행사일 전의 공정가치는 주당 300원, 유상증자시의 주당발행가액은 200원이다. (주)가나의 2016년도 가중평균유통보통주식수를 구하시오.

[풀 이]

공정가치 유상신주 = 12,000주 × 200원 / 300원 = 8,000주
무상증자 주식수 = 12,000주 − 8,000주 = 4,000주
무상증자비율 = 4,000주 / (32,000주 + 8,000주) = 10%
∴ 가중평균유통보통주식수 = (32,000주 × 1.1) + (8,000주 × 1.1 × 9 / 12) = 41,800주

예제 5

(주)가나의 2016년 회계연도 당기순이익과 자본금 변동사항은 다음과 같다(단위 : 원). 2016년 회계연도 이익에 대한 우선주배당은 현금배당으로 10%이며, 동 우선주는 비누적적, 비참가적 우선주이다. 단, 유상신주의 배당기산일은 납입한 때이며, 무상신주의 배당기산일은 원구주에 따른다.

당기순이익　　　　　　　　　　　　600,000,000
자본금 변동사항(주식액면 5,000)

	보통주자본금		우선주자본금	
• 기 초	90,000주	450,000,000	26,400주	132,000,000
• 기 중				
7.1. 유상증자 20%	20,000주	100,000,000		
8.15. 무상증자 10%	11,000주	55,000,000		
11.1. 자기주식구입	(1,000주)	(6,000,000)		
• 기 말	120,000주	600,000,000	26,400주	132,000,000

2016년 7월 1일 유상증자 전일의 보통주식의 종가는 주당 20,000원이며, 유상증자시 주당 발행가액은 10,000원이다. 이와 같은 상황에서 (주)가나의 2016년 회계연도 가중평균유통보통주식수 및 기본주당순이익을 구하시오.

[풀 이]

가중평균유통보통주식수 = (90,000주 + 10,000주 × 6 / 12) × 1.1 × 1.1 − (1,000주 × 2 / 12)

               = 114,783주

기본주당순이익 = (600,000,000원 − 132,000,000원 × 10%) / 114,783주

               = 5,112원/주

14 투자부동산

1. 투자부동산의 의의

투자부동산이란 임대수익이나 시세차익 또는 두 가지 모두를 얻기 위하여 소유자나 금융리스의 이용자가 보유하고 있는 부동산을 말한다. 따라서 재화의 생산, 용역의 제공 또는 관리목적으로 부유하고 있는 유형자산이나 정상적인 영업과정에서의 판매목적으로 보유하고 있는 재고자산은 투자부동산에서 제외된다.

2. 투자부동산의 최초 인식 및 측정

투자부동산은 최초 인식시점에 원가로 측정한다. 투자부동산의 원가에는 구입금액과 구입과 직접적으로 관련이 있는 지출, 즉 전문가에게 지급하는 수수료, 구입관련 세금 및 그 밖의 거래원가 등을 포함한다.

3. 투자부동산의 최초 인식 후의 측정

(1) 원가모형

투자부동산을 최초 인식 후 원가모형으로 평가하는 경우에는 유형자산의 원가모형에 따라 측정한다. 따라서 투자부동산이 감가상각대상 자산인 경우에는 감가상각비를 인식한다.

(2) 공정가치(교환가치)모형

투자부동산을 최초 인식 후 공정가치모형으로 평가하는 경우에는 모든 투자부동산을 공정가치(교환가치)로 측정하고, 공정가치의 변동으로 발생하는 손익은 발생한 기간의 당기손익에 반영한다. 따라서 투자부동산이 감가상각대상 자산인 경우에도 감가상각은 하지 않는다.

예제 1

(주)가나는 2016년 초에 임대수익 및 시세차익 등을 목적으로 본사건물을 10,000,000원에 취득하였다. 건물의 취득 당시의 내용연수는 10년, 잔존가치는 0원이며, 감가상각방법은 정액법을 사용하고 있다. 각 시점별 건물의 공정가치는 다음과 같다.

- 2016년 말 6,000,000원
- 2017년 말 8,000,000원

원가모형을 적용할 경우와 공정가치모형을 적용할 경우 각각의 처리방법에 대해 설명하시오.

풀 이

(1) 원가모형을 적용하는 경우

원가모형을 적용하는 경우에는 유형자산의 평가방법에 따라 최초 인식한 취득원가 10,000,000원에 대해 내용연수 10년에 걸쳐 매년 말 1,000,000원씩 감가상각을 하면 된다. 공정가치(교환가치)는 원가모형에서는 고려할 필요가 없다.

(2) 공정가치모형을 적용하는 경우

공정가치모형을 적용하는 경우에는 감가상각은 따로 하지 않고, 매년 말 공정가치로 평가하고 평가손익은 당기손익으로 인식한다.
따라서 2016년 말에는 평가손실이 4,000,000원(=10,000,000원 − 6,000,000원) 발생하고, 2017년 말에는 다시 평가이익이 2,000,000원(=8,000,000원 − 6,000,000원) 발생한다.

예제 2

(주)가나는 20×1년 초에 임대수익을 얻을 목적으로 건물을 150,000,000원에 취득하였다. 건물의 내용연수는 10년이고, 잔존가치는 없는 것으로 추정하였다. 20×1년 말 건물의 공정가치가 140,000,000원이고, (주)가나가 이 건물에 대해 공정가치모형을 적용하는 경우 20×1년에 평가손익으로 인식할 금액은 얼마인가? 단, (주)가나는 건물에 대해 정액법으로 감가상각을 한다.

풀 이

평가손익 = 140,000,000원 − 150,000,000원 = (10,000,000원)(평가손실)
※ 공정가치모형을 적용하는 경우에는 감가상각을 하지 않는다.

15 회계변경과 오류수정

1. 회계변경

회계변경이란 새로운 사실의 발생 또는 기업의 경제적, 사회적 환경의 변화 등에 따라 기존에 적용했던 회계처리방법을 다른 회계처리방법으로 변경하는 것을 말한다.

(1) 회계정책의 변경

기업이 재무제표를 작성, 표시하기 위하여 적용하는 구체적인 원칙, 근거, 관습, 규칙 및 관행을 회계정책이라 하는데, 이와 같이 재무제표의 작성과 보고에 적용하던 기존의 회계정책을 다른 회계정책으로 변경하는 것을 회계정책의 변경이라 한다.

회계정책의 변경 예로는 ① 재고자산 원가흐름의 가정 변경(선입선출법에서 총평균법으로 변경), ② 유형자산과 무형자산의 측정기준 변경(원가모형에서 재평가모형으로 변경) 등이 있다.

예제 1

(주)가나는 2017년도에 재고자산평가방법을 선입선출법에서 평균법으로 변경하였다. 선입선출법을 적용한 경우의 기말재고자산금액은 다음과 같다.

(단위 : 원)

구 분	2016년	2017년
기초상품재고액	0	2,000,000
당기매입액	5,000,000	8,000,000
판매가능상품재고액	5,000,000	10,000,000
기말상품재고액	(2,000,000)	(1,000,000)
매출원가	3,000,000	9,000,000

(주)가나가 평균법을 적용하는 경우 2016년 기말재고자산은 2,200,000원이며, 2017년 기말재고자산은 1,150,000원이다. 회계변경 후 2016년과 2017년의 매출원가는 얼마인지 계산하시오.

풀 이

(단위 : 원)

구 분	2016년	2017년
기초상품재고액	0	2,200,000
당기매입액	5,000,000	8,000,000
판매가능상품재고액	5,000,000	10,200,000
기말상품재고액	(2,200,000)	(1,150,000)
매출원가	2,800,000	9,050,000

예제 2

(주)가나는 설립일 이후 재고자산 단위원가 결정방법으로 가중평균법을 사용하여 왔다. 그러나 실제 재고자산의 흐름을 살펴보았을 때 선입선출법이 보다 신뢰성 있고 목적 적합한 정보를 제공하는 것으로 판단되어 20×2년 초에 재고자산 단위원가 결정방법을 선입선출법으로 변경하였다. 각 방법하에서의 20×1년 초와 20×1년 말의 재고자산의 가액은 다음과 같으며, 가중평균법으로 인식한 20×1년도의 포괄손익계산서상의 매출원가는 400,000원이다.

(단위 : 원)

구 분	20×1년 초	20×1년 말
가중평균법	20,000	35,000
선입선출법	25,000	38,000

(주)가나가 20×2년도에 선입선출법을 소급적용하는 경우 20×2년도 포괄손익계산서에 비교정보로 공시되는 20×1년도 매출원가는 얼마인가?

풀 이

(단위 : 원)

구 분	20×0년 말	20×1년 말
20×0년 말 재고자산	5,000	(5,000)
20×1년 말 재고자산	–	3,000
당기손익에 미치는 영향	5,000	(2,000)
이익잉여금에 미치는 영향	5,000	3,000

회계정책변경 후 20×1년도 당기손익에 미치는 영향이 (2,000원)이므로
매출원가 = 400,000원 + 2,000원 = 402,000원

※ 매출원가 = 기초재고 + 당기매입액 − 기말재고
　400,000원 = 20,000원 + 당기매입액 − 35,000원,　당기매입액 = 415,000원
　매출원가 = 25,000원 + 415,000원 − 38,000원 = 402,000원

(2) 회계추정의 변경

회계추정의 변경이란 기업환경의 변화, 새로운 정보의 획득 또는 경험의 축적에 따라 지금까지 사용해오던 회계적 추정치의 근거와 방법 등을 변경하는 것을 말한다.

회계추정의 변경 예로는 ① 대손추정율의 변경, ② 감가상각자산의 내용연수, 감가상각방법, 잔존가치 추정치의 변경, ③ 판매보증충당부채의 보증비율 추정치의 변경, ④ 건설계약에서 총공사예정원가 추정치의 변경 등이 있다.

당기에 미치는 회계추정의 변경 효과는 당기손익으로 인식하고, 미래기간에 영향을 미치는 회계추정의 변경 효과는 해당 미래기간의 손익으로 인식한다.

예제 1

(주)가나는 2016.1.1.에 취득한 내용연수 5년의 기계장치 100,000원을 정률법으로 상각하여 오던 중 2018.1.1.에 감가상각법을 정액법으로 변경하기로 하였다. (주)가나가 취득한 기계장치의 내용연수 종료시점의 잔존가치는 없다(단, 정률법의 상각률은 40%라고 가정한다).

(주)가나가 회계변경으로 인해 2018년에 인식할 감가상각비를 계산하시오.

[풀 이]

변경 전 방법에 의한 기초 장부금액

(단위 : 원)

구 분	2016년	2017년	합 계
감가상각비	40,000	24,000	64,000

2016년도 감가상각비 = 100,000원 × 40% = 40,000원
2017년도 감가상각비 = (100,000원 − 40,000원) × 40% = 24,000원
2018년도 감가상각비 = (100,000원 − 40,000원 − 24,000원) / 3(잔여내용연수) = 12,000원

예제 2

(주)가나는 2002.1.1.에 내용연수 6년, 잔존가치 30,000원으로 추정되는 기계를 330,000원에 구입하였다. (주)가나는 이 기계를 2007.1.1.에 점검한 결과 경제적 사용은 2010.12.31.까지 가능하고, 추정잔존가치는 20,000원이 될 것으로 판단하였다. (주)가나가 이 기계를 정액법으로 상각하고 있다면, 2007.12.31.로 마감되는 포괄손익계산서에 보고할 감가상각비는 얼마인가?

[풀 이]

2006년 12월 31일까지의 감가상각비 = (330,000원 − 30,000원) × 5 / 6 = 250,000원
2007년 초 장부금액 = 330,000원 − 250,000원 = 80,000원
2007년 감가상각비 = (80,000원 − 20,000원) / 4 = 15,000원

예제 3

(주)가나는 20×1년 7월 1일에 건물을 500,000원에 취득하고, 20×1년 말에 정액법으로 감가상각을 하였다. 이 건물의 내용연수는 5년이고, 잔존가치는 100,000원이다. 그런데 (주)가나는 건물에 내재된 미래경제적 효익의 예상되는 소비형태의 유의적인 변동을 반영하기 위하여 20×2년 초부터 감가상각법을 연수합계법으로 변경하고 잔존내용연수는 3년, 잔존가치는 없는 것으로 재추정하였다. 20×2년 말 이 건물의 장부금액은 얼마인가? 단, 감가상각은 월할 상각하며, 건물에 대한 손상차손누계액은 없는 것으로 한다.

[풀 이]

20×1년 감가상각비 = (500,000원 − 100,000원) / 5 × 6 / 12 = 40,000원
20×2년 초 장부금액 = 500,000원 − 40,000원 = 460,000원
20×2년 감가상각비 = (460,000원 − 0원) × 3 / (1 + 2 + 3) = 230,000원

2. 오류의 수정

재무상태표 또는 포괄손익계산서의 어느 한 쪽에만 영향을 미치는 오류는 당기순이익에 영향을 미치지 않지만, 양쪽 모두에 영향을 미치는 오류는 당기순이익에 영향을 미친다. 당기순이익에 영향을 미치는 오류는 자동조정오류와 비자동조정오류로 구분된다.

(1) 자동조정오류

자동조정오류란 2 회계기간을 통하여 오류의 영향이 자동적으로 조정되는 오류를 말하며, 재고자산오류, 선급비용, 미지급비용, 미수수익, 선수수익 관련 오류가 있다.

예제 1

(주)가나의 2016년 말 회계감사과정에서 발견된 기말재고자산관련 오류사항은 다음과 같다.

(단위 : 원)

구 분	2014년 말	2015년 말	2016년 말
수정 전 재고자산	12,000	15,000	18,000
수정 후 재고자산	10,000	16,000	13,000

(주)가나는 2014년, 2015년, 2016년 당기순이익을 각각 10,000원, 30,000원, 50,000원으로 보고하였고, 2016년 말의 이익잉여금은 90,000원으로 보고하였다. 오류수정 후 (1) 각 연도의 당기순이익, (2) 각 연도의 당기손익에 미치는 영향, (3) 2016년 말의 이익잉여금을 계산하시오.

(단위 : 원)

구 분		2014년 말	2015년 말	2016년 말
수정 전 당기순이익		10,000	30,000	50,000
수정사항	2014년 말 재고자산	(2,000)	2,000	
	2015년 말 재고자산		1,000	(1,000)
	2016년 말 재고자산			(5,000)
수정 후 당기순이익		8,000	33,000	44,000
당기손익에 미치는 영향		(2,000)	3,000	(6,000)
이익잉여금에 미치는 영향		(2,000)	1,000	(5,000)

(1) **각 연도의 당기순이익**

2014년도 8,000원, 2015년도 33,000원, 2016년도 44,000원

(2) **각 연도의 당기손익에 미치는 영향**

2014년도 (2,000원), 2015년도 3,000원, 2016년도 (6,000원)

(3) **각 연도의 이익잉여금에 미치는 영향**

2014년도 (2,000원), 2015년도 1,000원, 2016년도 (5,000원)

※ 2016년 말의 이익잉여금 = 90,000원 + (5,000원) = 85,000원

예제 2

(주)가나의 회계감사인은 2016년 회계감사시에 2015.7.1.부터 2016.6.30.까지의 1년분 자동차 보험료 1,200,000원이 전액 2015년의 비용으로 처리되었음을 발견하였다. (주)가나는 2015년과 2016년의 당기순이익을 각각 20,000,000원과 30,000,000원으로 보고하였고, 2016년 말의 이익잉여금은 70,000,000원으로 보고하였다.

오류수정 후 (1) 각 연도의 당기순이익, (2) 각 연도의 당기손익에 미치는 영향, (3) 2016년 말의 이익잉여금을 계산하시오.

(단위 : 원)

구 분		2015년 말	2016년 말
수정 전 당기순이익		20,000,000	30,000,000
수정사항	선급비용	600,000	(600,000)
수정 후 당기순이익		20,600,000	29,400,000
당기손익에 미치는 영향		600,000	(600,000)
이익잉여금에 미치는 영향		600,000	0

(1) 각 연도의 당기순이익

2015년도 20,600,000원, 2016년도 29,400,000원

(2) 각 연도의 당기손익에 미치는 영향

2015년도 600,000원, 2016년도 (600,000원)

(3) 각 연도의 이익잉여금에 미치는 영향

2015년도 600,000원, 2016년도 0원

※ 2016년 말의 이익잉여금 = 70,000,000원 + 0원 = 70,000,000원

예제 3

(주)가나의 회계감사인은 2016년 회계감사시에 2015.7.1.부터 2016.6.30.까지의 1년분 이자비용 1,000,000원이 전액 2016년의 비용으로 처리되었음을 발견하였다. (주)가나는 2015년과 2016년의 당기순이익을 각각 9,000,000원과 10,000,000원으로 보고하였고, 2016년 말의 이익잉여금은 30,000,000원으로 보고하였다.

오류수정 후 (1) 각 연도의 당기순이익, (2) 각 연도의 당기손익에 미치는 영향, (3) 2016년 말의 이익잉여금을 계산하시오.

풀 이

(단위 : 원)

구 분		2015년 말	2016년 말
수정 전 당기순이익		9,000,000	10,000,000
수정사항	미지급비용	(500,000)	500,000
수정 후 당기순이익		8,500,000	10,500,000
당기손익에 미치는 영향		(500,000)	500,000
이익잉여금에 미치는 영향		(500,000)	0

(1) 각 연도의 당기순이익

2015년도 8,500,000원, 2016년도 10,500,000원

(2) 각 연도의 당기손익에 미치는 영향

2015년도 (500,000원), 2016년도 500,000원

(3) 각 연도의 이익잉여금에 미치는 영향

2015년도 (500,000원), 2016년도 0원

※ 2016년 말의 이익잉여금 = 30,000,000원 + 0원 = 30,000,000원

(주)가나의 20×1년도 재무제표에는 기말재고자산이 750원 과소계상되어 있으나 20×2년도 기말재고자산은 정확하게 계상되어 있다. 동 재고자산의 오류가 수정되지 않은 (주)가나의 20×1년도와 20×2년도의 당기순이익은 각각 3,800원과 2,700원이다. (주)가나는 오류를 수정하여 비교재무제표를 재작성하고자 한다.

20×1년 초 이익잉여금이 11,500원인 경우 20×2년 말 이익잉여금은 얼마인가?

풀 이

(단위 : 원)

구 분	20×1년 말	20×2년 말
20×1년 말 재고자산	750	(750)
당기손익에 미치는 영향	750	(750)
이익잉여금에 미치는 영향	750	0

20×2년 말 이익잉여금
= 11,500원 + 4,550원(= 3,800원 + 750원) + 1,950원(= 2,700원 − 750원)
= 18,000원

(2) 비자동조정오류

비자동조정오류는 2 회계기간의 경과만으로 오류가 조정되지 않는 오류를 말하며, 그 대표적인 예로는 감가상각비관련 오류 등이 있다.

예제 1

(주)가나는 2015년 초에 건물을 구입하였다. 건물의 취득원가는 95,000,000원이고, 내용연수는 10년, 잔존가치는 0원이며, 정액법으로 상각을 하였다. (주)가나는 이 건물의 취득세 및 등록세 5,000,000원을 취득원가에 가산하지 않고 세금공과로 하여 당기비용으로 처리하였다. (주)가나의 회계감사인은 2016년 말 회계감사시에 이 오류를 발견하였다. (주)가나는 2015년과 2016년의 당기순이익을 각각 10,000,000원과 20,000,000원으로 보고하였고, 2016년 말의 이익잉여금은 50,000,000원으로 보고하였다.

오류수정 후 (1) 각 연도의 당기순이익, (2) 각 연도의 당기손익에 미치는 영향, (3) 2016년 말의 이익잉여금을 계산하시오.

풀 이

(단위 : 원)

구 분		2015년 말	2016년 말
수정 전 당기순이익		10,000,000	20,000,000
수정사항	세금공과	5,000,000	
	감가상각비	(500,000)	(500,000)
수정 후 당기순이익		14,500,000	19,500,000
당기손익에 미치는 영향		4,500,000	(500,000)
이익잉여금에 미치는 영향		4,500,000	4,000,000

(1) **각 연도의 당기순이익**

2015년도 14,500,000원, 2016년도 19,500,000원

(2) **각 연도의 당기손익에 미치는 영향**

2015년도 4,500,000원, 2016년도 (500,000원)

(3) **각 연도의 이익잉여금에 미치는 영향**

2015년도 4,500,000원, 2016년도 4,000,000원

※ 2016년 말의 이익잉여금 = 50,000,000원 + 4,000,000원 = 54,000,000원

예제 2

(주)가나는 20×1년 초 기계장치를 구입하면서 취득세와 등록세 100,000원을 지출하였는데, 이를 취득원가에 가산하지 않고 세금공과로 처리하였다. 기계장치의 내용연수는 4년이고, 잔존가치는 없으며, 정액법으로 감가상각을 하였다. 20×1년과 20×2년의 당기순이익은 각각 200,000원과 100,000원으로 보고되었다. 상기 오류를 수정한 효과가 (1) 20×1년 말의 당기순이익과 (2) 20×2년 말의 이익잉여금에 미치는 영향은 각각 얼마인가?

풀 이

(단위 : 원)

구 분	20×1년 말	20×2년 말
세금공과	100,000	—
감가상각비	(25,000)	(25,000)
당기손익에 미치는 영향	75,000	(25,000)
이익잉여금에 미치는 영향	75,000	50,000

(1) **20×1년 말의 당기순이익에 미치는 영향** : 75,000원

(2) **20×2년 말의 이익잉여금에 미치는 영향** : 50,000원

16 현금흐름표

1. 현금흐름의 유형

현금흐름표에서는 기업의 경영활동에 따른 현금흐름을 영업활동, 투자활동, 재무활동 등으로 구분하고 있으며, 이는 재무상태표의 현금 이외의 자산, 부채, 자본의 변동원인이 3가지 활동 중 하나에 속한다는 의미이다.

[재무상태표와 현금흐름]

자 산	부채 및 자본
현금 및 현금성자산	유동부채(주로 영업활동 관련)
유동자산(주로 영업활동 관련)	비유동부채(주로 재무활동 관련)
비유동자산(주로 투자활동 관련)	자본(주로 재무활동 관련)

(1) 영업활동현금흐름

영업활동현금흐름은 주로 기업의 주요 수익창출활동에서 발생하며, 당기순손익의 결정에 영향을 미치는 거래나 그 밖의 사건의 결과로 발생하기도 한다.

현금유입	현금유출
• 현금매출 • 매출채권의 현금회수 • 이자수익, 배당금수익의 현금수령(투자·재무활동으로 분류하지 않을 경우) • 당기손익 – 공정가치 측정 금융자산의 현금처분 • 투자·재무활동에 속하지 않는 기타거래에서 발생한 현금수령	• 현금매입 • 매입채무의 현금지급 • 이자비용, 배당금, 법인세의 현금지급(투자·재무활동으로 분류하지 않을 경우) • 당기손익 – 공정가치 측정 금융자산의 현금취득 • 판매비와 관리비의 현금지급 • 투자·재무활동에 속하지 않는 기타거래에서 발생한 현금지급

(2) 투자활동현금흐름

투자활동현금흐름은 주로 장기성자산 및 현금성자산에 속하지 않는 기타투자자산의 취득과 처분에 관련된 활동에서 발생한다.

현금유입	현금유출
• 투자, 유형 및 무형자산의 현금처분 • 장·단기대여금의 회수	• 투자, 유형 및 무형자산의 현금취득 • 장·단기대여금의 대여

(3) 재무활동현금흐름

재무활동현금흐름은 기업의 납입자본과 차입금의 크기 및 구성내용에 변동을 가져오는 활동에서 발생한다.

현금유입	현금유출
• 장·단기차입금의 차입 • 사채의 발행 • 유상증자 • 자기주식의 처분	• 장·단기차입금의 상환 • 사채의 상환 • 유상감자 • 자기주식의 취득 • 현금배당금의 지급

2. 유형별 현금흐름의 계산

(1) 영업활동현금흐름

① 직접법

직접법이란 재화의 판매, 용역의 제공 등 영업활동거래의 원천별로 영업활동현금흐름을 계산하는 방법이다. 즉 총현금유입과 총현금유출을 주요항목별로 구분하여 표시하는 방법이다.

직접법은 간접법에 비해 영업거래의 다양한 원천별 현금흐름내역을 일목요연하게 제시해 줌으로써 진정한 의미에서의 현금흐름을 파악할 수 있는 방법이라 할 수 있다. 따라서 직접법은 간접법에 비해 미래의 현금흐름을 추정하는데 보다 유용한 정보를 제공한다.

현금흐름을 계산하는 방법 중 대표적인 것이 대차평균원리법인데, 이는 차변의 합계는 대변의 합계와 같다는 원리를 이용하여 현금흐름을 계산하는 방법이다. 이에 따르면 현금흐름은 차변증가항목은 차감하고, 대변증가항목은 가산하여 계산한다.

ⓐ 포괄손익계산서 관련 계정의 인식

비용의 발생 : 차변에 회계처리 / 수익의 발생 : 대변에 회계처리

ⓑ 재무상태표 관련 계정의 인식

자산의 증가 : 차변에 회계처리 / 자산의 감소 : 대변에 회계처리

부채의 증가 : 대변에 회계처리 / 부채의 감소 : 차변에 회계처리

자본의 증가 : 대변에 회계처리 / 자본의 감소 : 차변에 회계처리

ⓒ 대차차액

차변에 현금이 계상되는 경우 : 현금유입액

대변에 현금이 계상되는 경우 : 현금유출액

예제 1

(주)가나의 모든 매출은 외상으로 이루어진다. 다음의 자료를 이용하여 (주)가나의 2016년도 현금유입액을 계산하시오(단위 : 원).

[재무상태표]

구 분	2016년 초	2016년 말
매출채권	10,000	20,000
대손충당금	(300)	(470)

[포괄손익계산서]
- 대손상각비   600
- 매출액   560,000

풀 이

매 출	560,000원
매출채권증가액	−10,000원
대손충당금증가액	+170원
대손상각비	−600원
현금유입액	549,570원

예제 2

다음은 (주)가나의 재무상태표에서 발췌한 자료이다(단위 : 원).

구 분	2016년 초	2016년 말
매입채무	300,000	375,000
재고자산	850,000	820,000

이 기간 중 매출원가가 1,155,000원일 경우, (주)가나가 재고자산의 매입을 위해 공급자에게 지급한 현금은 얼마인가 계산하시오(단, 재고자산 매입거래는 모두 외상매입이며, 재고자산평가손실 및 감모손실은 없는 것으로 가정함).

풀 이

매출원가	−1,155,000원
매입채무증가액	+75,000원
재고자산감소액	+30,000원
현금유출액	−1,050,000원

예제 3

다음은 (주)가나의 2017년도 재무제표에서 발췌한 자료이다(단위 : 원).

구 분	2016년 말	2017년 말
선급보험료	2,000	2,500
선수임대료	4,000	5,000

포괄손익계산서에는 보험료 1,000원과 임대료 2,700원이 계상되어 있다. 2017년도에 보험료 및 임대료와 관련하여 발생한 현금흐름을 계산하시오.

풀 이

• 보험료와 관련한 현금흐름 : 보험료 − 1,000원 + 선급보험료증가액 − 500원 = − 1,500원
• 임대료와 관련한 현금흐름 : 임대료 2,700원 + 선수임대료증가액 1,000원 = + 3,700원

예제 4

(주)가나는 2016년 말에 재고자산이 20,000원 증가하였고, 매입채무는 15,000원 감소되었으며, 매출채권은 22,000원 증가되었다. 2016년도 매출채권 현금회수액이 139,500원이고, 매입채무 현금지급액이 118,000원일 때 2016년도 매출총이익은 얼마인지 계산하시오.

풀 이

• 매입과 관련된 현금유출액

매출원가를 x 라 하면

매출원가	$-x$
재고자산증가액	−20,000원
매입채무감소액	−15,000원
현금유출액	−118,000원

∴ 매출원가 x = 118,000원 − 20,000원 − 15,000원 = 83,000원

• 매출과 관련된 현금유입액

매출을 y 라 하면

매 출	$+y$
매출채권증가액	−22,000원
현금유입액	+139,500원

∴ 매출 y = 139,500원 + 22,000원 = 161,500원
∴ 매출총이익 = 161,500원 − 83,000원 = 78,500원

② 간접법

간접법은 손익계산서상의 법인세차감전순이익(당기순이익)에서 영업활동과 무관한 수익과 비용, 즉 투자 및 재무활동 관련 손익을 제거하고 영업활동과 관련된 자산과 부채의 변동을 가감하여 영업활동현금흐름을 산출하는 방법이다.

ⓐ 영업활동과 무관한 손익의 제거(수익 차감, 비용 가산)
- 투자활동 관련 손익제거 : 감가상각비, 무형자산상각비, 유형자산처분손익 등
- 재무활동 관련 손익제거 : 사채상환손익 등

ⓑ 영업활동 관련 자산, 부채의 증감(차변증가항목 차감, 대변증가항목 가산)
- 매출 관련 항목 : 매출채권, 대손충당금, 선수금 등
- 매입 관련 항목 : 매입채무, 재고자산, 선급금 등
- 기타수익 관련 비용 : 미수수익, 선수수익 등
- 기타비용 관련 항목 : 선급비용, 미지급비용 등
- 당기손익 – 공정가치 측정 금융자산의 증감

※ 간접법으로 영업활동현금흐름을 작성하더라도 이자, 배당금 및 법인세 관련 현금흐름은 직접법을 적용한 것처럼 별도로 표시하여야 한다.

예제 1

(주)가나는 2016년도 법인세차감전순이익을 200,000원으로 보고하였다. 당기의 재무상태표와 포괄손익계산서에서 발췌한 다음의 자료를 이용하여 (주)가나의 2016년도 영업활동현금흐름을 간접법으로 계산하시오(단위 : 원).

감가상각비	50,000
사채상환손실	4,000
유형자산처분이익	12,000
무형자산상각비	70,000
단기손익 – 공정가치 측정 금융자산처분이익	5,000
매출채권의 감소	30,000
재고자산의 증가	4,000
매입채무의 감소	15,000
단기손익 – 공정가치 측정 금융자산의 감소	20,000

풀 이

법인세차감전순이익	200,000원
감가상각비	+ 50,000원
사채상환손실	+ 4,000원

유형자산처분이익	− 12,000원
무형자산상각비	+ 70,000원
매출채권의 감소	+ 30,000원
재고자산의 증가	− 4,000원
매입채무의 감소	− 15,000원
단기손익 − 공정가치 측정 금융자산의 감소	+ 20,000원
영업활동으로 인한 현금흐름	343,000원

※ 단기손익 − 공정가치 측정금융자산처분손익과 관련된 계정과목은 영업활동으로 분류되므로 영업활동현금흐름을 계산할 때 영업활동현금흐름에 가감하지 아니한다.

예제 2

2016년도 (주)가나의 다음 자료를 이용하여 계산된 2016년도 당기순이익은 얼마인가? 단, 이자지급 및 법인세납부는 영업활동으로 분류한다(단위 : 원).

영업활동현금흐름	182,000
사채상환손실	15,000
이자비용	10,000
감가상각비	5,000
법인세비용	8,000
매출채권의 증가	20,000
재고자산의 감소	10,000
매입채무의 증가	15,000
미지급비용의 감소	50,000

풀 이

당기순이익	x
사채상환손실	+ 15,000원
감가상각비	+ 5,000원
매출채권의 증가	− 20,000원
재고자산의 감소	+ 10,000원
매입채무의 증가	+ 15,000원
미지급비용의 감소	− 50,000원
영업활동현금흐름	182,000원

∴ 당기순이익 x = 182,000원 + 25,000원 = 207,000원

(2) 투자 및 재무활동

영업활동현금흐름과는 달리 투자 및 재무활동 현금흐름은 항상 직접법으로 작성하여야 한다. 투자 및 재무활동 현금흐름은 대차평균원리법을 이용하면 기중에 발생한 모든 거래에 대해 회계처리를 하지 않더라도 계산할 수 있다.

예제 1

(주)가나의 2016년 건물과 관련된 자료는 다음과 같다(단위 : 원).

구 분	2016년 초	2016년 말
건 물	250,000	280,000
감가상각누계액	(130,000)	(150,000)

[기타자료]
- 유형자산처분이익   22,000
- 감가상각비   50,000
- 건물의 당기취득액   88,000

상기 자료들을 이용하여 (1) 건물과 관련된 투자활동현금흐름 및 (2) 건물처분으로 인한 투자활동현금유입액을 계산하시오.

[풀 이]

(1) **투자활동현금흐름**

유형자산처분이익	+22,000원
감가상각비	−50,000원
건물증가액	−30,000원
감가상각누계액증가액	+20,000원
투자활동현금흐름	−38,000원

(2) **투자활동현금유입액**

투자활동으로 인한 현금유입 : x

투자활동으로 인한 현금유출 : −88,000원

투자활동으로 인한 현금흐름 : x − 88,000원 = −38,000원

∴ 투자활동으로 인한 현금유입 x = 50,000원

예제 2

다음은 (주)가나의 건물과 관련된 재무상태표의 부분자료이다(단위 : 원).

구 분	20×4.12.31.	20×5.12.31.
건 물	3,200	3,500
감가상각누계액	(800)	(900)

(주)가나는 20×5년 건물분 감가상각비로 350원을 계상하였다. 20×5년 중 건물처분이익은 190원이 발생하였으며, 같은 기간 중 새 건물을 700원에 구입하였다. (주)가나의 건물과 관련된 투자활동에서 유입된 현금은 얼마인가? 단, 건물의 처분대가는 현금이다.

[풀 이]

(1) **투자활동으로 인한 현금흐름**

감가상각비	−350원
건물처분이익	+190원
건물증가액	−300원
감가상각누계액증가액	+100원
	−360원

(2) **투자활동현금유입액**

투자활동으로 인한 현금유입 : x원
투자활동으로 인한 현금유출 : −700원
투자활동으로 인한 현금흐름 : $x - 700$원 $= -360$원
∴ 투자활동으로 인한 현금유입 $x = 340$원

예제 3

(주)가나의 2016년 사채와 관련된 자료는 다음과 같다(단위 : 원).

구 분	2016년 초	2016년 말
사 채	3,000,000	4,000,000
사채할인발행차금	(300,000)	(400,000)

[기타자료]

• 2016년 초에 (주)가나는 액면가액 1,000,000원의 사채를 800,000원에 상환하였고, 사채상환이익으로 100,000원을 인식하였다.

• 2016년도 포괄손익계산서에는 이자비용 150,000원이 계상되어 있으며, 이 금액 중에는 사채할인발행차금상각액이 20,000원 포함되어 있다.

상기 자료들을 이용하여 사채와 관련된 (1) 재무활동현금흐름 및 (2) 재무활동현금유입액을 계산하시오.

풀이

(1) **재무활동현금흐름**

이자비용	−150,000원
사채할인발행차금상각액	+20,000원
사채상환이익	+100,000원
사채증가액	+1,000,000원
사채할인발행차금증가액	−100,000원
재무활동현금흐름	+870,000원

(2) **재무활동현금유입액**

재무활동으로 인한 현금유입 : x

재무활동으로 인한 현금유출 : −800,000원

재무활동으로 인한 현금흐름 : x − 800,000원 = 870,000원

∴ 재무활동으로 인한 현금유입 x = 1,670,000원

예제 4

다음은 (주)가나의 이자비용과 관련된 재무상태표의 부분자료이다(단위 : 원).

구 분	20×4.1.1.	20×4.12.31.
미지급이자	30,000	28,000
선급이자	25,000	32,000

한편 20×4년도 포괄손익계산서에는 이자비용 150,000원이 계상되어 있으며, 이 금액 중에는 사채할인발행차금상각액 20,000원이 포함되어 있다. 이와 같은 상황에서 (주)가나의 이자비용으로 인한 현금유출액을 구하시오.

풀이

이자비용으로 인한 현금유출액

이자비용	−150,000원
사채할인발행차금상각액	+20,000원
미지급이자감소액	−2,000원
선급이자증가액	−7,000원
이자비용으로 인한 현금유출액	−139,000원

17 재무비율

1. 유동성비율

(1) 유동비율

유동비율은 기업의 단기채무에 대한 지급능력을 측정하는 비율로서, 이 비율이 높을수록 기업의 유동성이 좋고 단기채무의 지급능력이 좋다는 의미이다.

유동비율 = 유동자산 / 유동부채 = (재고자산 + 당좌자산) / 유동부채

(2) 당좌비율

당좌비율은 유동자산 중 재고자산을 제외한 당좌자산을 유동부채로 나누어 산정한다. 당좌비율 역시 기업의 단기채무에 대한 지급능력을 측정하는 비율이며, 유동비율보다 보수적인 유동성 평가 비율이다.

당좌비율 = 당좌자산 / 유동부채

2. 안정성비율

(1) 부채비율

부채비율은 자기자본(자본)에 대한 타인자본(부채)의 비율로서, 이 비율이 낮을수록 재무적 안정성이 좋다는 의미이다.

부채비율 = 부채 / 자기자본

(2) 자기자본비율

자기자본비율은 총자본(= 자본 + 부채)에서 자기자본이 차지하는 비율로서, 이 비율이 높을수록 재무적 안정성이 좋다는 의미이다.

자기자본비율 = 자기자본 / 총자본

3. 수익성비율

(1) 매출액순이익률

매출액순이익률은 매출액에 대해 당기순이익이 차지하는 비율로서, 이 비율이 높을수록 수익성이 좋다는 의미이다.

> 매출액순이익률 = 당기순이익 / 매출액

(2) 총자본순이익률

총자본순이익률은 총자본에 대한 수익성을 의미하는 것으로, 총자산순이익률이라고도 한다. 이 비율은 총자본(자산)을 활용하여 얼마만큼의 이익을 얻었는가를 나타내는 것으로, 이 비율이 높을수록 자산의 수익성이 좋다는 의미이다.

> 총자본순이익률 = 당기순이익 / 평균총자본
> ※ 평균총자본 = (기초총자본 + 기말총자본) / 2

(3) 자기자본순이익률

자기자본순이익률은 자기자본에 대해 당기순이익이 차지하는 비율로서, 주주 입장에서의 수익성비율이다. 이 비율은 자본을 활용하여 얼마만큼의 이익을 얻었는가를 나타내는 것으로, 이 비율이 높을수록 자본의 수익성이 좋다는 의미이다.

> 자기자본순이익률 = 당기순이익 / 평균자기자본
> ※ 평균자기자본 = (기초자본 + 기말자본) / 2

(4) 주당순이익

주당순이익은 기업의 순이익(당기순이익)을 유통주식수로 나눈 수치를 말한다.

> 주당순이익 = 보통주귀속 당기순이익 / 가중평균유통보통주식수

(5) 주가수익률(PER)

주가수익률은 주가와 주당이익간의 관계를 나타내는 비율을 의미한다.

> 주가수익률 = 주가 / 주당순이익

4. 활동성비율

(1) 총자산회전율

총자산회전율은 총자산의 효율적인 활용정도를 나타내는 것으로, 이 비율이 높을수록 자산을 효율적으로 활용한다는 의미이다.

> **총자산회전율 = 매출 / 평균총자산**
> ※ 평균총자산 = (기초자산 + 기말자산) / 2

(2) 매출채권회전율

매출채권회전율은 매출채권이 현금화되는 속도를 나타내는 것으로, 이 비율이 높을수록 매출채권이 빠르게 회수됨을 의미한다.

> **매출채권회전율 = 매출 / 평균매출채권**
> ※ 평균매출채권 = (기초매출채권 + 기말매출채권) / 2

한편 매출채권회수기간은 365일을 매출채권회전율로 나누면 구할 수 있는데, 이는 매출채권을 현금으로 회수하는데 걸리는 평균기간을 의미한다.

> **매출채권회수기간 = 365일 / 매출채권회전율**

(3) 재고자산회전율

재고자산회전율은 재고자산의 판매속도를 나타내는 것으로, 이 비율이 높을수록 재고자산이 빠르게 팔리고 있음을 의미한다.

> **재고자산회전율 = 매출원가 / 평균재고자산**
> ※ 평균재고자산 = (기초재고자산 + 기말재고자산) / 2

한편 재고자산회전기간은 365일을 재고자산회전율로 나누면 구할 수 있는데, 이는 재고자산이 팔리는데 걸리는 평균기간을 의미한다.

> **재고자산회전기간 = 365일 / 재고자산회전율**

예제 1

(주)가나의 2016년 재무관련 자료는 다음과 같다. 이 자료를 이용하여 (주)가나의 매출액순이익률을 구하시오.

자산총액	900억원
자기자본순이익률	15%
총자산회전율	0.5회
부채비율	200%

* 기초자산과 기말자산은 동일하고, 기초자본과 기말자본은 동일하다고 가정한다.

풀 이

총자산회전율 = 매출 / 총자산 = 매출 / 900억원 = 0.5, 매출 = 450억원

부채비율 = 부채 / 자본 = 200%, 부채 = 600억원, 자본 = 300억원

자기자본순이익률 = 당기순이익 / 300억원 = 15%, 당기순이익 = 45억원

∴ 매출액순이익률 = 당기순이익 / 매출 = 45억원 / 450억원 = 10%

예제 2

다음은 (주)가나의 부분 재무상태이며, 제시금액은 장부금액을 의미한다(단위 : 원).

구 분	2016년 12월 31일	2017년 12월 31일
매출채권	120,000	130,000
재고자산	140,000	160,000

2017년도 (주)가나의 매출채권회전율은 6회, 재고자산회전율은 4회인 경우, (주)한국의 2017년도 매출총이익은 얼마인지 구하시오.

풀 이

매출채권회전율 = 매출액 / 125,000원 = 6, 매출액 = 750,000원

재고자산회전율 = 매출원가 / 150,000원 = 4회, 매출원가 = 600,000원

∴ 매출총이익 = 750,000원 - 600,000원 = 150,000원

원가관리회계

01 원가회계의 기초개념

1. 제조원가의 분류

제조원가란 제조활동에 소요되는 모든 원가로서 일반적으로 직접재료원가, 직접노무원가, 제조간접원가로 분류된다. 그리고 제조간접원가에는 고정제조간접원가와 변동제조간접원가가 모두 포함되어 있다.

2. 제조원가의 구성요소

제조원가를 구성하는 원가요소를 기초원가와 가공원가(전환원가)로 분류하기도 한다. 직접재료원가와 직접노무원가를 합하여 기초원가라 하고, 직접노무원가와 제조간접원가를 합하여 가공원가(전환원가)라 한다.

> 기초원가 = 직접재료원가 + 직접노무원가
> 가공원가(전환원가) = 직접노무원가 + 제조간접원가

3. 제조원가의 계산

(1) 당기총제조원가

당기에 재공품으로 투입된 모든 원가, 즉 제조의 완료 여부와는 무관하게 제조과정에 투입된 모든 제조원가를 말한다.

> 당기총제조원가 = 직접재료원가 + 직접노무원가 + 제조간접원가

(2) 당기제품제조원가

당기제품제조원가란 당기에 완성되어 제품으로 대체된 완성품의 제조원가를 말한다.

> 당기제품제조원가 = 기초재공품재고액 + 당기총제조원가 - 기말재공품재고액

(3) 매출원가

매출원가란 당기에 판매된 제품의 제조원가를 말한다.

> 매출원가 = 기초제품재고액 + 당기제품제조원가 - 기말제품재고액

예제 1

(주)가나의 다음 자료를 이용하여 (1) 당기총제조원가, (2) 당기제품제조원가 및 (3) 매출원가를 구하시오.

(단위 : 원)

구 분	기 초	기 말
원재료	10,000	8,000
재공품	12,000	15,000
제 품	15,000	20,000
재료매입액		20,000
직접노무원가		15,000
제조간접원가		15,500

풀 이

(1) **당기총제조원가**

당기총제조원가 = 직접재료원가 + 직접노무원가 + 제조간접원가
= (10,000원 + 20,000원 - 8,000원) + 15,000원 + 15,500원 = 52,500원

(2) **당기제품제조원가**

당기제품제조원가 = 기초재공품재고액 + 당기총제조원가 - 기말재공품재고액
= 12,000원 + 52,500원 - 15,000원 = 49,500원

(3) **매출원가**

매출원가 = 기초제품재고액 + 당기제품제조원가 - 기말제품재고액
= 15,000원 + 49,500원 - 20,000원 = 44,500원

예제 2

(주)가나의 10월 중 영업 자료에서 추출한 다음의 정보를 이용하여 (1) 당기총제조원가 및 (2) 당기제품제조원가를 구하시오.

(단위 : 원)

노무원가	600
공장설비감가상각비/본사사옥감가상각비	50/100
공장설비보험료/본사사옥보험료	100/200
기타 제조경비	300
기초재료재고/기말재료재고	200/100
당기재료매입금액	400
기초재공품재고/기말재공품재고	1,200/1,000

풀 이

(1) 당기총제조원가

당기총제조원가 = 직접재료원가 + 직접노무원가 + 제조간접원가

= (200원 + 400원 − 100원) + 600원 + (50원 + 100원 + 300원) = 1,550원

(2) 당기제품제조원가

당기제품제조원가 = 기초재공품재고액 + 당기총제조원가 − 기말재공품재고액

= 1,200원 + 1,550원 − 1,000원 = 1,750원

※ 본사건물 감가상각비, 본사사옥 보험료, 영업직원의 급여, 판매수수료 등 제품제조와 직접적으로 관련이 없는 항목은 제조원가 산정시 제외된다.

예제 3

(주)가나가 A제품 1,000개를 생산하기 위해서는 단위당 기초원가 3,500원, 단위당 가공원가 5,500원, 기계설비의 감가상각비를 비롯한 고정제조간접원가는 1,000,000원이 발생한다. 기초원가의 60%가 직접노무원가일 경우에 제품단위당 제조원가를 구하시오.

풀 이

직접노무원가 = 기초원가 × 60% = 3,500원 × 60% = 2,100원

직접재료원가 = 기초원가 − 직접노무원가 = 3,500원 − 2,100원 = 1,400원

간접제조원가 = 가공원가 − 직접노무원가 = 5,500원 − 2,100원 = 3,400원

∴ 제품단위당 제조원가 = 1,400원 + 2,100원 + 3,400원 = 6,900원

(주)가나의 2016년 기초재고 및 기말재고는 다음과 같다.

(단위 : 원)

구 분	2016년 초	2016년 말
원재료	300,000	400,000
재공품	200,000	400,000
제 품	500,000	?

2016년 중 (주)가나의 원재료매입액은 1,500,000원이었으며, 제조간접원가는 가공원가의 50%인 2,500,000원이 발생하였다. (주)가나의 2016년도 매출액은 7,200,000원이고, 이는 매출원가의 120%에 해당하는 금액이다. (주)가나의 2016년 말 제품재고액은 얼마인지 구하시오.

풀 이

제조간접원가 = 가공원가(= 직접노무원가 + 제조간접원가) × 50% = 2,500,000원
직접노무원가 = 가공원가 − 제조간접원가 = 5000,000원 − 2,500,000원 = 2,500,000원
당기총제조원가 = (300,000원 + 1,500,000원 − 400,000원) + 5,000,000원 = 6,400,000원
당기제품제조원가 = 200,000원 + 6,400,000원 − 400,000원 = 6,200,000원
매출원가 = 7,200,000원 / 1.2 = 6,000,000원
기말제품재고액을 x라 하면,
6,000,000원 = 500,000원 + 6,200,000원 − x
∴ 기말제품재고액 x = 700,000원

(주)가나는 성격별로 비용을 표시하는 포괄손익계산서를 다음과 같이 작성하였다.

포괄손익계산서	
영업수익(매출액)	15,000,000원
영업비용	
재공품과 제품의 변동	(2,500,000원)
원재료사용액	(?)
−	−
−	−

(주)가나의 기초원재료액과 기말원재료액은 각각 500,000원과 800,000원이다. 그리고 직접노무원가와 제조간접원가는 각각 2,800,000원과 2,200,000원이며, 간접재료원가와 간접노무원가는 존재하지 않는다고 가정한다. (주)가나의 기능별로 비용을 표시하는 포괄손익계산서에 11,200,000원의 매출원가가 표시될 경우 (주)가나의 당기 원재료구입액은 얼마인가?

재공품과 제품을 하나로 보고 기말재고가 없다고 가정하면, 당기총제조원가와 당기제품제조원가가 동일하게 된다.

매출원가 11,200,000원 = 재공품과 제품의 변동액 2,500,000원 + 당기총제조원가

당기총제조원가 8,700,000원 = 직접재료원가 + 직접노무원가 2,200,000원 + 직접노무원가 2,800,000원

직접재료원가 3,700,000원 = 기초원재료액 500,000원 + 당기원재료구입액 − 기말원재료액 800,000원

∴ 당기원재료구입액 = 3,700,000원 + 300,000원 = 4,000,000원

02 원가배분

1. 보조부문원가의 배분

(1) 의 의

제품은 보조부문을 직접 통과하지 않으므로 보조부문은 제조활동에 직접 기여하지는 않지만, 궁극적으로는 제조활동을 보조하는 것이므로 보조부문에서 발생하는 모든 지출은 제품의 제조원가를 구성하는 것으로 보아야 한다. 따라서 보조부문원가의 제조부문배분은 제품의 원가를 계산하기 위한 사전작업에 해당한다.

(2) 배분방법

① 직접배분법

직접배분법이란 보조부문 상호간에 행해지는 용역의 수수를 완전히 무시하고 보조부문원가를 각 제조부문이 사용한 상대적 비율에 따라 제조부문에 직접 배분하는 방법으로, 이는 보조부문 상호간의 용역제공이 미미할 경우에 사용하는 방법이다.

② 단계배분법

단계배분법이란 보조부문원가의 배분순서를 정하여 그 순서에 따라 단계적으로 보조부문원가를 다른 보조부문과 제조부문에 배분하는 방법이다. 따라서 단계배분법에서는 한 보조부문원가를 다른 보조부문에는 배분하게 되지만, 먼저 배분된 보조부문에는 다른 보조부문의 원가가 배분되지 않는다. 따라서 이 방법은 보조부문 중 다른 보조부문에 대한 용역제공비율이 중요하여 직접배분법을 사용하기가 부적절한 경우에 사용되는 방법이다.

③ 상호배분법

상호배분법이란 보조부문간의 용역제공을 완벽하게 고려하는 배분방법이다. 이 방법은 보조부문 상호간의 용역제공비율이 중요한 경우에 사용된다.

> 배분대상 보조부문원가(보조부문 상호배분 후의 원가)
> = 보조부문 자체원가 + 다른 보조부문으로부터 배분된 원가
>
> 다른 보조부문으로부터 배분된 원가
> = 다른 보조부문원가 × 다른 보조부문으로부터의 용역제공비율

2. 활동기준원가계산

(1) 의 의

활동기준원가계산이란 정확한 원가계산을 위해 기업의 여러 가지 활동들을 원가대상으로 삼아 원가를 집계하고, 원가대상들(제품, 고객, 서비스 등)에 대한 원가계산도 이들이 소비한 활동별로 파악된 원가에 의해 계산하는 방법이다. 즉 활동기준원가계산은 다양한 원인으로 발생하는 제조간접원가를 발생 원인별로 집계하여 다양한 배부기준으로 제조간접원가를 배분하는 계산방법이다.

활동기준원가계산제도는 개별원가계산을 사용하는 기업은 물론 종합원가계산을 사용하는 기업에서도 적용할 수 있고, 제조업뿐만 아니라 서비스업 등의 업종에서도 적용이 가능하다.

(2) 원가계산절차

[1단계] 활동분석

단위수준활동(직접노무활동, 기계작업활동 등), 묶음(batch)수준활동(운송활동, 품질검사활동, 구매주문활동 등), 제품수준활동(특정제품의 설계, 연구개발 및 A/S활동 등), 설비수준활동(공장관리활동, 건물관리활동, 안전유지활동 등) 등 기업의 기능을 여러 가지 활동으로 구분하여 분석한다.

[2단계] 각 활동별로 제조간접원가를 집계

[3단계] 활동별 원가동인(배부기준)의 결정

[4단계] 활동별 제조간접원가 배부율의 결정

> 활동별 제조간접원가 배부율 = 활동별 제조간접원가 / 활동별 배부기준(원가요인)

[5단계] 원가대상(제품, 고객, 서비스 등)별 원가계산

> 원가대상별 배부액 = Σ(소비된 활동수 × 활동별 제조간접원가 배부율)

예제 1

(주)가나는 활동기준원가계산을 하고 있으며, 작업활동별 예산자료와 생산관련 자료는 다음과 같다. 이 자료를 이용하여 일반형제품 및 특수형제품의 단위당 제조원가를 구하시오.

	작업활동	배부기준	원가발생액
작업활동별 예산자료	재료처리	부품의 수	2,700,000원
	절삭	부품의 수	3,600,000원
	조립	직접작업시간	1,800,000원
	포장	포장된 제품의 수	2,700,000원
	제품	**일반형**	**특수형**
생산관련 자료	생산수량	6,000개	3,000개
	직접재료원가	6,000,000원	6,000,000원
	직접작업시간	6,000시간	6,000시간
	직접노무원가	3,000,000원	3,000,000원
	부품의 수	90,000개	90,000개

풀이

(1) 활동별 원가배분율

활동중심점	활동별 원가	배부기준	활동별 원가배분율
재료처리	2,700,000원	180,000개	15원/개
절삭	3,600,000원	180,000개	20원/개
조립	1,800,000원	12,000시간	150원/시간
포장	2,700,000원	9,000개	300원/개

(2) 제품별 제조간접원가 배분

구분	일반형	특수형
재료처리	90,000개 × 15원/개 = 1,350,000원	90,000개 × 15원/개 = 1,350,000원
절삭	90,000개 × 20원/개 = 1,800,000원	90,000개 × 20원/개 = 1,800,000원
조립	6,000시간 × 150원/시간 = 900,000원	6,000시간 × 150원/시간 = 900,000원
포장	6,000개 × 300원/개 = 1,800,000원	3,000개 × 300원/개 = 900,000원
합계	5,850,000원	4,950,000원

(3) 단위당 제조원가

구분	일반형	특수형
직접재료원가	6,000,000원	6,000,000원
직접노무원가	3,000,000원	3,000,000원
제조간접원가	5,850,000원	4,950,000원
총제조원가	14,850,000원	13,950,000원
생산량	6,000개	3,000개
단위당 제조원가	2,475원	4,650원

(주)가나는 컴퓨터와 프린터의 두 종류의 제품을 생산하고 있다. (주)가나의 제조활동 및 활동별 제조간접원가와 관련된 자료는 다음과 같다.

활 동	원가동인	연간 원가동인의 수	연간 활동별 제조간접원가
생산준비	생산준비시간	600시간	900,000원
재료이동	재료이동횟수	1,800회	1,080,000원
기계사용	기계작업시간	400시간	1,200,000원
수선유지	기계작업시간	400시간	800,000원

컴퓨터에 대한 생산량 및 원가자료가 다음과 같을 때 활동기준원가계산에 의한 컴퓨터의 단위당 제조원가를 구하시오.

생산량	2,000단위
생산준비시간	300시간
재료이동횟수	1,170회
기계작업시간	250시간
단위당 직접재료원가	3,000원
단위당 직접노무원가	4,000원

풀 이

(1) 활동별 배분율

생산준비	900,000원 / 600시간 = 1,500원/시간
재료이동	1,080,000원 / 1,800회 = 600원/회
기계사용	1,200,000원 / 400시간 = 3,000원/시간
수선유지	800,000원 / 400시간 = 2,000원/시간

(2) 컴퓨터의 단위당 제조원가

생산준비	300시간 × 1,500원/시간 = 450,000원
재료이동	1,170회 × 600원/회 = 702,000원
기계사용	250시간 × 3,000원/시간 = 750,000원
수선유지	250시간 × 2,000원/시간 = 500,000원
총제조간접원가	2,402,000원
단위당 제조간접원가	2,402,000원 / 2,000 = 1,201원
단위당 제조원가	3,000원 + 4,000원 + 1,201원 = 8,201원

03 개별원가계산

1. 개별원가계산의 의의

개별원가계산(job-order costing)이란 일반적으로 종류를 달리하는 제품 또는 프로젝트를 개별적으로 생산 또는 제작하는 형태에 적용하는 원가계산방법으로 조선업, 기계제작업, 플랜트건설업 등과 같이 수요자의 주문에 기초하여 수요자의 요구에 따라 개별적으로 제품을 생산하는 업종에서 주로 사용하고 있다.

제조원가 중 직접원가인 직접재료원가나 직접노무원가는 해당 제품 또는 해당 공정으로 직접 추적할 수 있기 때문에 발생된 원가를 그대로 집계하면 되지만, 간접원가인 제조간접원가는 해당 제품 또는 해당 공정에 직접 대응하는 것이 불가능하므로 기말에 일정한 기준을 사용하여 배부하여야 한다.

2. 개별원가계산의 절차

(1) 제1단계

원가의 직접대상이 되는 개별작업을 파악한다.

(2) 제2단계

개별작업에 대한 직접원가를 계산하여 개별작업에 직접 부과한다.

(3) 제3단계

개별작업에 직접 대응되지 않는 간접원가를 파악한다.

(4) 제4단계

제3단계에서 집계된 간접원가를 배부하기 위한 배부기준을 설정한다.

(5) 제5단계

원가배부기준에 따라 간접원가배부율을 계산하여 개별작업에 배부한다.

> 제조간접원가 배부율 = 총제조간접원가 / 배부기준(조업도)

(주)가나는 당기에 영업을 개시하였으며, 아래의 세 가지 작업에 대한 제조원가 및 기타의 자료는 다음과 같다.

	여객선	화물선	군 함	합 계
직접재료비	300,000원	450,000원	250,000원	1,000,000원
직접노무비	120,000원	220,000원	160,000원	500,000원
기계가동시간	80시간	100시간	70시간	250시간
직접노동시간	120시간	220시간	160시간	500시간

당기 중에 발생한 제조간접비는 300,000원이다. 다음 물음에 답하시오.

(1) 제조간접비를 기계가동시간을 기준으로 배부할 경우 제조간접비 배부율을 계산하고, 그에 따라 제조간접비를 배분하여 각 작업별 제조원가를 계산하시오.

(2) 제조간접비를 직접노동시간을 기준으로 배부할 경우 제조간접비 배부율을 계산하고, 그에 따라 제조간접비를 배분하여 각 작업별 제조원가를 계산하시오.

풀 이

(1) 기계가동시간기준 제조간접비 배부율 및 작업별 제조원

① 제조간접비 배부율 = 300,000원 / 250시간 = 1,200원/시간

② 작업별 제조원가

	여객선	화물선	군 함	합 계
직접재료비	300,000원	450,000원	250,000원	1,000,000원
직접노무비	120,000원	220,000원	160,000원	500,000원
제조간접비	96,000원	120,000원	84,000원	300,000원
합 계	516,000원	790,000원	494,000원	1,800,000원

(2) 직접노동시간기준 제조간접비배부율 및 작업별 제조원가

① 제조간접비 배부율 = 300,000원 / 500시간 = 600원/시간

② 작업별 제조원가

	여객선	화물선	군 함	합 계
직접재료비	300,000원	450,000원	250,000원	1,000,000원
직접노무비	120,000원	220,000원	160,000원	500,000원
제조간접비	72,000원	132,000원	96,000원	300,000원
합 계	492,000원	802,000원	506,000원	1,800,000원

3. 정상원가계산

(1) 정상원가계산의 의의

정상원가계산은 기본원가(직접재료원가와 직접노무원가)는 실제원가를 집계하고, 제조간접원가는 예정배부하는 원가계산방법으로 개별원가계산과 결합되어 자주 사용된다.

(2) 정상개별원가계산과 실제개별원가계산의 차이

① 제조간접원가 배부율차이
   ㉠ 실제개별원가 제조간접원가 배부율
      실제 제조간접원가 배부율 = 실제 제조간접원가 / 실제조업도
   ㉡ 정상개별원가 제조간접원가 배부율
      제조간접원가 예정배부율 = 제조간접원가 예산 / 예정조업도

② 제조간접원가 배부차이

실제개별원가계산에서는 실제제조간접원가 배부율에 실제조업도를 곱한 금액을 재공품계정 차변에 배부하므로 제조간접원가 배부액과 실제제조간접원가 총액이 일치한다. 반면에 정상개별원가계산에서는 사전에 결정된 제조간접원가 예정배부율에 실제조업도를 곱한 금액을 재공품계정 차변에 배부하므로 제조간접원가 배부액과 실제제조간접원가 총액이 일치하지 않는다.

> **예제**
>
> (주)가나는 정상원가제도를 채택하고 있다. 20×1년에 제품 2,350개를 생산하였으며, 이때 실제발생한 제조간접비는 176,000원이었다. 직접노무시간을 제조간접비 배부기준으로 사용하고 있으며, 월간 예상조업수준은 20,000 직접노무시간, 월간 예상제조간접비는 160,000원이다. 제품단위당 실제 직접노무시간이 10시간일 때 제조간접비 배부차이는 얼마인가?
>
> 풀이
>
> 예정배부율 = 160,000원 / 20,000시간 = 8원/시간
> 예정배부액 = 2,350개 × 10시간/개 × 8원/시간 = 188,000원
> 제조간접비 배부차이 = 188,000원 − 176,000원 = 12,000원(과대배부)

③ 제조간접원가 배부차이 조정방법
   ㉠ 매출원가조정법
      매출원가조정법은 제조간접원가 배부차이를 매출원가계정에서만 조정하는 방법으로 배부차이 금액이 미미하거나 기말재공품과 기말제품금액이 매출원가에 비해 상대적으로 미미한 경우에 사용하는 방법이다. 매출원가조정법의 경우 과대배부차이는 매출원가에서 차감하고 과소배부차이는 매출원가에 가산한다.

ⓛ 비례배분법

비례배분법은 제조간접원가 배부차이를 기말재공품, 기말제품, 매출원가의 금액에 비례하여 안분 조정하는 방법으로 제조간접원가 배부차이의 금액이 크거나 중요한 경우에 사용하는 방법이다. 비례배분법의 경우 유리한 차이는 기말재공품, 기말제품 및 매출원가에서 차감하며, 불리한 차이는 기말재공품, 기말제품 및 매출원가에 가산한다.

예제 1

(주)가나는 정상개별원가계산제도를 채택하고 있으며, 20×1년도 원가계산 자료는 다음과 같다. 작업1은 완성되어 판매되었고, 작업2는 완성되었으나 판매되지 않았으며, 작업3은 미완성되었다.

원가항목	작업1	작업2	작업3
기초재공품	20,000원	15,000원	-
직접재료비	40,000원	10,000원	5,000원
직접노무비	30,000원	25,000원	15,000원

제조간접비는 직접노비의 200%를 예정배부하며, 20×1년도에 발생한 실제 총제조간접비는 110,000원이다.

다음 물음에 답하시오.

(1) 제조간접비의 배부차이를 매출원가에서 전액 조정한다고 할 때 제조간접비 배부차이를 조정하시오(매출원가조정법).

(2) 제조간접비의 배부차이를 총원가기준으로 조정한다고 할 때 제조간접비 배부차이를 조정하시오(총원가 비례배분법).

풀 이

(1) 매출원가조정법
 ① 제조간접비 예정배부액 = (30,000원 + 25,000원 + 15,000원) × 200% = 140,000원
 ② 배부차이 = 140,000원 - 110,000원 = 30,000원(과대배부)
 ③ 배부차이 조정

원가항목	작업1 (매출원가)	작업2 (기말제품)	작업3 (기말재공품)	합 계
기초재공품	20,000원	15,000원	-	35,000원
직접재료비	40,000원	10,000원	5,000원	55,000원
직접노무비	30,000원	25,000원	15,000원	70,000원
제조간접비	60,000원	50,000원	30,000원	140,000원
배부 전 총원가	150,000원	100,000원	50,000원	300,000원
배부차이조정	(30,000원)	-	-	(30,000원)
배부 후 총원가	120,000원	100,000원	50,000원	270,000원

(2) **총원가 비례배분법**

① 제조간접비 예정배부액 = (30,000원 + 25,000원 + 15,000원) × 200% = 140,000원

② 배부차이 = 140,000원 - 110,000원 = 30,000원(과대배부)

③ 배부차이 조정

원가항목	작업1 (매출원가)	작업2 (기말제품)	작업3 (기말재공품)	합 계
기초재공품	20,000원	15,000원	-	35,000원
직접재료비	40,000원	10,000원	5,000원	55,000원
직접노무비	30,000원	25,000원	15,000원	70,000원
제조간접비	60,000원	50,000원	30,000원	140,000원
배부 전 총원가	150,000원 (50%)	100,000원 (33.33%)	50,000원 (16.67%)	300,000원
배부차이조정	(15,000원)	(10,000원)	(5,000원)	(30,000원)
배부 후 총원가	135,000원	90,000원	45,000원	270,000원

04 종합원가계산

1. 종합원가계산의 의의

종합원가계산(process costing)이란 단일종류의 제품을 연속적으로 대량생산하는 업종에 적합한 원가계산방법으로, 이는 원가를 개별작업별로 집계하는 개별원가계산과는 달리 공정이나 부문별로 원가를 집계한 다음 집계한 원가를 각 공정이나 부문에서 생산한 총산출물의 수량으로 나누어 산출물의 단위당 원가를 구하는 평균화과정에 기초하고 있는 방법이다. 여기서 평균화과정이란 동일한 과정을 거쳐서 생산된 제품은 동질적이기 때문에 각 제품의 단위당 원가 역시 동일하다고 가정하는 것을 말한다.

2. 개별원가계산과의 차이

(1) **적용 생산형태**

개별원가계산은 고객의 주문에 따라 제품을 생산하는 주문생산형태에 적용되고, 종합원가계산은 표준규격제품을 연속적으로 대량생산하는 형태에 적용된다.

(2) 적용 생산형태의 특징

개별원가계산은 제조과정을 통하여 특정제품이 다른 제품과 구분되어 가공되므로 동일한 제품이 재생산되는 경우가 없는 반면에 종합원가계산은 생산되는 제품의 규격이 동일하기 때문에 제조과정을 통하여 동일하게 가공되므로 동일규격의 제품이 반복하여 생산된다.

(3) 원가보고서의 작성

개별원가계산은 각 작업별로 원가보고서를 작성하지만, 종합원가계산은 각 공정별로 원가보고서를 작성한다.

3. 종합원가계산의 절차

(1) 1단계 : 각 공정의 물량흐름의 파악

당기투입량 = 당기완성품수량 + 기말재공품수량

(2) 2단계 : 원가요소별 완성품환산량의 계산

완성품환산량 = 물량 × 완성도
완성품총환산량 = 당기완성품수량 + 기말재공품 완성품환산량(= 기말재공품수량 × 완성도)

예제

(주)가나는 단일공정에서 단일제품을 대량으로 생산하고 있다. 직접재료는 공정의 착수시점에 전액 투입하며, 가공원가는 공정 전반에 걸쳐 균등하게 발생한다. 공정에 대한 자료는 다음과 같다.

기초재공품	없 음
당기투입량	150,000개
당기투입원가	
직접재료원가	1,500,000원
가공원가	1,485,000원
당기완성량	120,000개
기말재공품	
수 량	30,000개
가공원가의 완성도	50%

직접재료원가와 가공원가 각각에 대하여 완성품환산량을 구하시오.

> **풀이**
>
> 직접재료원가 완성품환산량 = 당기완성품수량 + 기말재공품수량
>
> $\qquad\qquad\qquad\qquad\quad$ = 120,000개 + 30,000개 = 150,000개
>
> 가공원가 완성품환산량 = 당기완성품수량 + (기말재공품수량 × 완성도)
>
> $\qquad\qquad\qquad\qquad\quad$ = 120,000개 + (30,000 × 50%) = 135,000개
>
> ※ 기말재공품의 가공원가의 완성도는 50%이지만, 직접재료는 공정 착수시점에 전액 투입되었으므로 직접재료원가의 완성도는 100%이다.

(3) 3단계 : 원가요소별 원가배분대상액의 파악

당기의 완성품과 기말재공품에 배분될 원가를 계산하는 단계로, 기초재공품이 없는 경우에는 당기에 투입된 원가의 총계가 원가배분대상액이 된다. 다만, 재공품계정의 직접재료원가와 가공원가의 완성도가 다르기 때문에 원가배분대상액 파악시 재료원가와 가공원가는 분리해야 한다.

(4) 4단계 : 원가요소별 완성품환산량 단위당 원가계산

완성품환산량 단위당 직접재료원가 = 총직접재료원가 / 직접재료원가 완성품환산량

완성품환산량 단위당 가공원가 = 총가공원가 / 가공원가 완성품환산량

(5) 5단계 : 원가요소별 완성품원가와 기말재공품원가의 계산

완성품원가 = $\sum$(당기완성품수량 × 완성품환산량 단위당 원가)

기말재공품원가 = $\sum$(기말재공품 완성품환산량 × 완성품환산량 단위당 원가)

예제

(주)가나는 단일공정에서 단일제품을 대량으로 생산하고 있다. 직접재료는 공정의 착수시점에 전액 투입하며, 가공원가는 공정 전반에 걸쳐 균등하게 발생한다. 공정에 대한 자료는 다음과 같다.

기초재공품	없 음
당기투입량	150,000개
당기투입원가	
직접재료원가	1,500,000원
가공원가	1,485,000원
당기완성량	120,000개
기말재공품	
수 량	30,000개
가공원가의 완성도	50%

완성품원가와 기말재공품원가를 계산하시오.

풀 이

[1단계] 각 공정의 물량흐름

      당기투입량 = 당기완성품수량 + 기말재공품수량

           = 120,000개 + 30,000개 = 150,000개

[2단계] 원가요소별 완성품환산량

      직접재료원가 완성품환산량 = 당기완성수량 + 기말재공품수량

              = 120,000개 + 30,000개 = 150,000개

      가공원가 완성품환산량 = 당기완성수량 + 기말재공품 완성품환산량(= 기말재공품수량 × 완성도)

              = 120,000개 + (30,000개 × 50%) = 135,000개

[3단계] 원가요소별 원가배분대상액

      직접재료원가 1,500,000원, 가공원가 1,485,000원

[4단계] 원가요소별 완성품환산량 단위당 원가

      완성품환산량 단위당 직접재료원가 = 총직접재료원가 / 직접재료원가 완성품환산량

              = 1,500,000원 / 150,000개 = 10원/개

      완성품환산량 단위당 가공원가 = 총가공원가 / 가공원가 완성품환산량

              = 1,485,000원 / 135,000개 = 11원/개

[5단계] 원가요소별 완성품원가와 기말재공품원가

      완성품원가 = Σ(당기완성품수량 × 완성품환산량 단위당 원가)

           = (120,000개 × 10원/개) + (120,000개 × 11원/개) = 2,520,000원

      기말재공품원가 = Σ(기말재공품 완성품환산량 × 완성품환산량 단위당 원가)

           = (30,000개 × 10원/개) + (30,000개 × 50% × 11원/개) = 465,000원

4. 종합원가계산의 방법

(1) 평균법

① 평균법의 의의

평균법(weighted average method)이란 기초재공품원가와 당기제조원가를 구별하지 않고 이를 가중평균하여 당기완성품과 기말재공품원가를 계산하는 방법을 말한다. 평균법에 의하면 당기 이전에 이미 제조에 착수한 기초재공품을 당기에 착수하였다고 가정하므로 전기에 발생되어 기초재공품에 이미 배부되어 있는 기초재공품원가와 당기제조원가를 합한 총원가를 기말현재 완성된 총완성품환산량으로 나누어 완성품환산량 단위당 원가를 계산한 다음 총원가를 완성품과 기말재공품에 배분하게 된다.

② 평균법의 절차

㉠ 1단계 : 각 공정의 물량흐름의 파악

> 기초재공품수량 + 당기투입량 = 당기완성품수량 + 기말재공품수량

㉡ 2단계 : 원가요소별 완성품환산량의 계산

> 완성품환산량 = 당기완성품수량 + 기말재공품 완성품환산량(= 기말재공품수량 × 완성도)

㉢ 3단계 : 원가요소별 원가배분대상액의 파악

> 총원가 = 기초재공품원가 + 당기투입원가

㉣ 4단계 : 원가요소별 완성품환산량 단위당 원가계산

> 원가요소별 완성품환산량 단위당 원가
> = (원가요소별 기초재공품원가 + 원가요소별 당기투입원가) / 원가요소별 총완성품환산량

㉤ 5단계 : 원가요소별 완성품원가와 기말재공품원가의 계산

> 완성품원가 = Σ(원가요소별 완성품환산량 단위당 원가 × 완성품수량)
> 기말재공품원가
> = Σ(원가요소별 완성품환산량 단위당 원가 × 기말재공품의 원가요소별 완성품환산량)

(주)가나는 종합원가계산제도를 채택하고 있으며, 물량흐름 및 원가 관련 정보는 다음과 같다. 직접재료는 공정 착수시점에 투입되고 가공원가는 전체공정을 통하여 균등하게 발생한다고 가정한다.

기초재공품	2,000개(완성도 80%)
당기착수량	18,000개
당기완성품	15,000개
기말재공품	5,000개(완성도 60%)
당기발생원가	
재료원가	245,000원
가공원가	186,000원
기초재공품원가	
재료원가	15,000원
가공원가	30,000원

원가흐름의 가정이 평균법이라고 가정할 때 당기완성품원가와 기말재공품원가를 계산하시오.

풀 이

[1단계] 각 공정의 물량흐름

    기초재공품수량 + 당기투입량 = 당기완성품수량 + 기말재공품수량

            = 2,000개 + 18,000개 = 15,000개 + 5,000개 = 20,000개

[2단계] 원가요소별 완성품환산량

    직접재료원가 완성품환산량 = 당기완성품수량 + 기말재공품수량

            = 15,000개 + 5,000개 = 20,000개

    가공원가 완성품환산량

    = 당기완성품수량 + 기말재공품 완성품환산량(= 기말재공품수량 × 완성도)

    = 15,000개 + (5,000개 × 60%) = 18,000개

[3단계] 원가요소별 원가배분대상액

    총직접재료원가 = 기초재공품원가 + 당기투입원가

            = 245,000원 + 15,000원 = 260,000원

    총가공원가 = 기초재공품원가 + 당기투입원가

            = 186,000원 + 30,000원 = 216,000원

[4단계] 원가요소별 완성품환산량 단위당 원가

    완성품환산량 단위당 직접재료원가 = 총직접재료원가 / 직접재료원가 완성품환산량

            = 260,000원 / 20,000개 = 13원/개

    완성품환산량 단위당 가공원가 = 총가공원가 / 가공원가 완성품환산량

            = 216,000원 / 18,000개 = 12원/개

[5단계] 원가요소별 완성품원가와 기말재공품원가

완성품원가 = Σ(당기완성품수량 × 완성품환산량 단위당 원가)

= (15,000개 × 13원/개) + (15,000개 × 12원/개) = 375,000원

기말재공품원가 = Σ(기말재공품 완성품환산량 × 완성품환산량 단위당 원가)

= (5,000개 × 13원/개) + (5,000개 × 60% × 12원/개) = 101,000원

(2) 선입선출법

① 선입선출법의 의의

선입선출법(first-in first-out ; FIFO)이란 기초재공품을 먼저 가공하여 제품을 완성시킨 후에 당기착수량을 가공하여 제품을 완성시킨다는 가정에 따라 당기완성품과 기말재공품원가를 계산하는 방법을 말한다.

② 선입선출법의 절차

㉠ 1단계 : 각 공정의 물량흐름의 파악

기초재공품수량 + 당기투입량 = 당기완성품수량 + 기말재공품수량

㉡ 2단계 : 원가요소별 완성품환산량의 계산

완성품환산량

= 기초재공품수량 × (1 − 전기완성도) + 당기착수완성품수량 + 기말재공품 완성품환산량(= 기말재공품수량 × 완성도)

㉢ 3단계 : 원가요소별 원가배분대상액의 파악

기초재공품원가는 총액으로 완성품원가에 우선적으로 포함되는 반면에 당기투입원가는 원가요소별로 완성품과 기말재공품에 배분되어야 하므로 기초재공품원가는 총액으로 당기투입원가는 원가요소별로 파악한다.

㉣ 4단계 : 원가요소별 완성품환산량 단위당 원가계산

원가요소별 완성품환산량 단위당 원가

= 원가요소별 당기투입총원가 / 원가요소별 총완성품환산량

⑩ 5단계 : 완성품원가와 기말재공품원가의 계산

> 완성품원가
> = 기초재공품원가 + Σ(원가요소별 당기투입완성품환산량 단위당 원가 × 완성품의 원가요소별 완성품환산량)
> 기말재공품원가
> = Σ(원가요소별 완성품환산량 단위당 원가 × 기말재공품의 원가요소별 완성품환산량)

예제

(주)가나는 종합원가계산제도를 채택하고 있으며, 물량흐름 및 원가 관련 정보는 다음과 같다. 직접재료는 공정 착수시점에 투입되고 가공원가는 전체공정을 통하여 균등하게 발생한다고 가정한다.

기초재공품	2,000개(완성도 60%)
당기착수량	18,000개
당기완성품	15,000개
기말재공품	5,000개(완성도 60%)
당기발생원가	
재료원가	245,000원
가공원가	186,000원
기초재공품원가	
재료원가	15,000원
가공원가	39,600원

원가흐름의 가정이 선입선출법이라고 가정할 때 당기완성품원가와 기말재공품원가를 계산하시오.

[풀이]

[1단계] 각 공정의 물량흐름

기초재공품수량 + 당기투입량 = 당기완성품수량 + 기말재공품수량

= 2,000개 + 18,000개 = 15,000개 + 5,000개 = 20,000개

[2단계] 원가요소별 완성품환산량

직접재료원가 완성품환산량 = 당기완성품수량 + 기말재공품수량

= 15,000개 + 5,000개 = 20,000개

가공원가 완성품환산량

= 기초재공품수량 × (1 - 전기완성도) + 당기완성품수량 + 기말재공품 완성품환산량(= 기말재공품 수량 × 완성도)

= 2,000개 × (1 - 0.6) + 15,000개 + (5,000개 × 60%) = 18,800개

[3단계] 원가요소별 원가배분대상액

총직접재료원가 = 기초재공품원가 + 당기투입원가

= 245,000원 + 15,000원 = 260,000원

총가공원가 = 기초재공품원가 + 당기투입원가

= 186,000원 + 39,600원 = 225,600원

[4단계] 원가요소별 완성품환산량 단위당 원가

완성품환산량 단위당 직접재료원가 = 총직접재료원가 / 직접재료원가 완성품환산량

= 260,000원 / 20,000개 = 13원/개

완성품환산량 단위당 가공원가 = 총가공원가 / 가공원가 완성품환산량

= 225,600원 / 18,800개 = 12원/개

[5단계] 원가요소별 완성품원가와 기말재공품원가

완성품원가 = 기초재공품원가 + Σ(당기완성품수량 × 완성품환산량 단위당 원가)

= 54,600원 + (15,000개 × 13원/개) + (15,000개 × 12원/개) = 429,600원

기말재공품원가 = Σ(기말재공품 완성품환산량 × 완성품환산량 단위당 원가)

= (5,000개 × 13원/개) + (5,000개 × 60% × 12원/개) = 101,000원

05 결합원가계산

1. 의 의

결합원가는 결합제품별로 추적할 수 없는 공통원가에 해당하므로 일정한 기준에 따라 결합제품에 배분해주어야 한다. 이와 같이 분리점 이후 결합제품의 제품원가를 계산하기 위해 결합원가를 각 결합제품으로 배분하는 절차를 결합원가계산이라고 한다.

2. 결합원가의 배분방법

(1) 물량기준법

물량기준법은 분리점 이후의 결합제품의 물량(수량, 개수 등)을 기준으로 결합원가를 배분하는 방법이다.

(2) 상대적 판매가치법

상대적 판매가치법은 결합제품이 분리점에서 판매가치를 가지는 경우 결합원가를 분리점에서의 상대적 판매가치에 비례해서 배분하는 방법이다.

(3) 순실현가치법

순실현가치법은 결합공정을 통해 생산되는 결합제품의 최종적인 순실현가치를 기준으로 결합원가를 배분하는 방법이다.

> 순실현가치 = 최종판매가치 − 추가비용(= 추가가공원가 + 추가판매비)

(4) 균등이익률법

균등이익률법은 동일공정을 통해 생산되는 결합제품은 수익성이 비슷할 것이라는 가정하에 결합제품별 매출총이익률이 동일해지도록 결합원가를 배분하는 방법이다.

> 기업전체 매출총이익률 = 개별제품별 매출총이익률

3. 추가가공과 관련된 의사결정

결합제품은 분리점에서 즉시 판매하거나 또는 추가가공하여 더 높은 가격으로 판매할 수도 있다. 이때 주의할 점은 이미 발생한 결합원가는 매몰원가로서 의사결정과 관련이 없는 비관련원가라는 점이다.

결합제품의 추가가공 여부에 대한 의사결정은 증분수익(추가가공 후의 판매가치에서 분리점에서의 판매가치를 뺀 금액)과 증분비용(추가가공원가)을 고려하여 결정한다.

> 증분수익 > 증분비용 → 추가가공하여 판매
> 증분수익 < 증분비용 → 분리점에서 판매

예제 1

(주)가나는 원유를 정제하여 휘발유와 경유를 생산한다. 휘발유는 다시 추가가공을 통해 고급휘발유로 만들어지고, 경유는 추가가공을 통해 고급경유로 만들어진다. 원가발생내역이 다음과 같을 때 상대적 판매가치법 및 순실현가치법에 의해 결합원가를 배분하고, 제품별로 추가가공 여부에 대한 의사결정을 나타내시오.

(단위 : 원)

구 분	결합공정	휘발유 추가가공공정	경유추가가공공정	합 계
원 가	900,000	800,000	200,000	1,900,000

원유는 1,000리터를 가공하면 휘발유 600리터와 경유 400리터가 생산되고, 추가가공된 고급휘발유는 리터당 2,500원, 고급경유는 1,250원에 판매된다. 추가가공 전 휘발유는 리터당 2,000원, 경유는 1,000원에 판매된다.

풀 이

(1) 상대적 판매가치법에 의한 결합원가의 배분

(단위 : 원)

제 품	상대적 판매가치	배분비율	결합원가의 배분
휘발유	600 × 2,000 = 1,200,000	75%	675,000
경 유	400 × 1,000 = 400,000	25%	225,000
합 계	1,600,000	100%	900,000

(2) 순실현가치법에 의한 결합원가의 배분

(단위 : 원)

제 품	순실현가치	배분비율	결합원가의 배분
휘발유	600 × 2,500 − 800,000 = 700,000	70%	630,000
경 유	400 × 1,250 − 200,000 = 300,000	30%	270,000
합 계	1,000,000	100%	900,000

(3) 제품별 추가가공 여부에 대한 의사결정

(단위 : 원)

제 품	추가가공시의 증분이익	의사결정
휘발유	600 × 500 − 800,000 = − 500,000	추가가공 포기
경 유	400 × 250 − 200,000 = − 100,000	추가가공 포기

2016년에 설립된 (주)가나는 제1공정에서 원재료 1,000kg을 가공하여 중간제품A와 제품B를 생산한다. 제품B는 분리점에서 즉시 판매될 수 있으나, 중간제품A는 분리점에서 판매가치가 형성되어 있지 않아 제2공정에서 추가가공하여 제품C로 판매한다. 제1공정에서 발생한 결합원가는 1,200,000원이었고, 중간제품A를 제품C로 가공하는데 추가된 원가는 170,000원이었다. 제품별 생산량 및 판매량이 다음과 같을 때, 회사가 결합원가를 순실현가치에 비례하여 제품에 배부하는 경우 제품B 및 제품C에 배부되는 총제조원가를 구하시오.

(단위 : 원)

제 품	생산량 및 판매량	kg당 판매가격
중간제품A	600kg	−
제품B	400kg	500
제품C	600kg	450

풀 이

(단위 : 원)

구 분	순실현가치	배분율	결합원가배분	총제조원가
제품B	400kg × 500 = 200,000	2 / 3	800,000	800,000
제품C	600kg × 450 − 170,000 = 100,000	1 / 3	400,000	570,000
합 계	300,000	100%	1,200,000	1,370,000

06 표준원가계산

1. 표준원가계산의 의의

표준원가계산제도(standard costing system)란 특정제품을 생산하는데 발생할 것으로 예상되는 원가를 가격표준과 수량표준을 사용하여 사전에 결정한 표준원가를 기초로 하여 원가계산을 하는 제도를 말하는 것으로, 모든 원가요소에 대해 표준이 되는 원가를 미리 산정하고 이를 실제 발생원가와 비교하여 그 차이를 분석함으로써 원가통제에 도움이 되도록 하는 원가계산방법이다.

2. 원가차이분석의 기초

(1) 유리한 차이와 불리한 차이

> 유리한 차이(F) : 실제원가 < 표준원가
> 불리한 차이(U) : 실제원가 > 표준원가

(2) 가격차이, 능률차이 및 총차이

① 가격차이

> 실제발생액(AQ × AP) − 실제투입량(AQ) × 표준가격(SP)

② 능률차이

> 실제투입량(AQ) × 표준가격(SP) − 표준투입량(SQ) × 표준가격(SP)

③ 총차이

> 실제발생액(AQ × AP) − 표준투입량(SQ) × 표준가격(SP)

* AQ : Actual Quantity(실제투입량)
* AP : Actual Price(실제가격)
* SQ : Standard Quantity(실제산출량에 허용된 표준투입량)
* SP : Standard Price(표준가격)

3. 원가요소별 차이분석

(1) 직접재료원가 차이

① 가격차이

ㄱ 구입시점에서 분리하는 경우

> 가격차이 = 실제구입원가(AQ × AP) − 실제구입량(AQ) × 표준가격(SP)

* AQ : 실제구입량
* AP : 단위당 실제구입가격
* SP : 단위당 표준가격

ㄴ 사용시점에서 분리하는 경우

> 가격차이 = 실제발생액(AQ × AP) − 실제투입량(AQ) × 표준가격(SP)

* AQ : 실제사용량

② 능률차이

> 실제사용량(AQ) × 표준가격(SP) − 표준투입량(SQ) × 표준가격(SP)

* SQ : 실제산출량에 허용된 표준투입량

③ 총차이

ㄱ 구입시점에서 분리하는 경우

> 총차이 = 실제구입원가(AQ × AP) − 표준투입량(SQ) × 표준가격(SP)

ㄴ 사용시점에서 분리하는 경우

> 총차이 = 실제발생액(AQ × AP) − 표준투입량(SQ) × 표준가격(SP)

(주)가나는 표준원가계산제도를 채택하고 있으며, 생산활동에 대한 직접재료비 자료는 다음과 같다.

• 예산제품생산량	1,000개	• 실제품생산량	950개
• 원재료구입량	10,000kg	• 기초원재료 재고수량	1,000kg
• 기말원재료 재고수량	2,000kg	• kg당 실제재료비	110원
• 제품단위당 원재료 표준투입량	10kg	• kg당 직접재료비 표준구입가격	100원

다음 물음에 답하시오.

(1) 직접재료비의 가격차이를 재료의 사용시점에서 분리한다고 가정할 때 직접재료비의 가격차이와 능률차이를 구하시오.

(2) 직접재료비의 가격차이를 재료의 구입시점에서 분리한다고 가정할 때 직접재료비의 가격차이와 능률차이를 구하시오.

풀이

(1) 직접재료비 가격차이를 사용시점에서 분리하는 경우
① AQ × AP = 9,000kg × 110원/kg = 990,000원
② AQ × SP = 9,000kg × 100원/kg = 900,000원
③ SQ × SP = 9,500kg(= 950개 × 10kg/개) × 100원/kg = 950,000원

가격차이 = ② − ① = 900,000원 − 990,000원 = (−)90,000(불리)
능률차이 = ③ − ② = 950,000원 − 900,000원 = (+)50,000원(유리)
총차이 = (−)90,000원 + (+)50,000원 = (−)40,000원(불리)

* 실제투입량(AQ)
  = 기초재고수량 1,000kg + 당기구입수량 10,000kg − 기말재고수량 1,000kg = 9,000kg

(2) 직접재료비 가격차이를 구입시점에서 분리하는 경우
① AQ(구입) × AP = 10,000kg × 110원/kg = 1,100,000원
② AQ(구입) × SP = 10,000kg × 100원/kg = 1,000,000원
③ AQ(사용) × SP = 9,000kg × 100원/kg = 900,000원
④ SQ × SP = 9,500kg(950개 × 10kg/개) × 100원/kg = 950,000원

가격차이 = ② − ① = 1,000,000원 − 1,100,000원 = (−)100,000(불리)
능률차이 = ④ − ③ = 950,000원 − 900,000원 = (+)50,000원(유리)
총차이 = (−)100,000원 + (+)50,000원 = (−)50,000원(불리)

(2) 직접노무원가 차이

① 가격차이(임률차이)

> 실제발생액(AQ × AP) − 실제투입시간(AQ) × 표준임률(SP)

* AQ : 실제직접노동시간
* AP : 직접노동시간당 실제임률
* SP : 직접노동시간당 표준임률

② 능률차이

> 실제투입시간 × 표준임률(AQ × SP) − 표준시간(SQ) × 표준임률(SP)

* SQ : 실제산출량에 허용된 표준직접노동시간

③ 총차이

> 실제발생액(AQ × AP) − 표준시간(SQ) × 표준임률(SP)

예제

(주)가나는 표준원가계산제도를 채택하고 있으며, 생산활동에 대한 직접노무비 자료는 다음과 같다. 직접노무비의 가격차이(임률차이)와 능률차이를 구하시오.

표준원가	
제품생산량	1,000개
제품단위당 직접노동시간	5시간
직접노동시간당 임률	12원
실제원가	
제품생산량	900개
제품단위당 직접노동시간	5.2시간
직접노동시간당 임률	11원

풀이

① AQ × AP = 900개 × 5.2시간/개 × 11원/시간 = 51,480원
② AQ × SP = 900개 × 5.2시간/개 × 12원/시간 = 56,160원
③ SQ × SP = 900개 × 5시간/개 × 12원/시간 = 54,000원

가격차이(임률차이) = ② − ① = 56,160원 − 51,480원 = (+)4,680(유리)
능률차이 = ③ − ② = 54,000원 − 56,160원 = (−)2,160원(불리)
총차이 = (+)4,680원 + (−)2,160원 = (+)2,520원(유리)

(3) 변동제조간접원가 차이

① 예산차이(소비차이)

$$실제발생액(AQ \times AP) - 실제조업도(AQ) \times 표준배부율(SP)$$

* AQ : 실제조업도
* AP : 조업도 단위당 실제배부율
* SP : 조업도 단위당 표준배부율

② 능률차이

$$실제조업도 \times 표준배부율(AQ \times SP) - 표준조업도(SQ) \times 표준배부율(SP)$$

* SQ : 실제산출량에 허용된 표준조업도

③ 총차이

$$실제발생액(AQ \times AP) - 표준조업도(SQ) \times 표준배부율(SP)$$

(4) 고정제조간접원가 차이

① 예산차이(소비차이)

$$실제발생액(AQ \times AP) - 고정제조간접원가 예산(AQ' \times SP)$$

* AQ : 실제조업도
* AP : 조업도 단위당 실제배부율
* AQ' : 기준조업도
* SP : 조업도 단위당 표준배부율

② 조업도차이

$$고정제조간접원가예산(AQ' \times SP) - 고정제조간접원가배부액(SQ \times SP)$$

* SQ : 실제산출량에 허용된 표준조업도

③ 총차이

$$실제발생액(AQ \times AP) - 고정제조간접원가배부액(SQ \times SP)$$

(주)가나는 표준원가계산제도를 채택하고 있으며, 생산활동에 대한 제조간접비 자료는 다음과 같다.

변동제조간접비 실제발생액	19,000원
고정제조간접비 실제발생액	27,000원
제품생산량	300단위
직접노동시간	1,200시간

(주)가나가 설정한 예산에 의하면 직접노동시간은 1,500시간, 변동제조간접비는 30,000원, 고정제조간접비는 37,500원이다. 그리고 제품 한 단위 생산에 소요되는 표준직접노동시간은 3.5시간이며, 당월의 제조간접비 배부액은 47,250원이다.

다음 물음에 답하시오.

(1) 변동제조간접비와 고정제조간접비의 표준배부율을 구하시오.

(2) 변동제조간접비의 예산차이(소비차이)와 능률차이를 구하시오.

(3) 고정제조간접비의 예산차이(소비차이)와 조업도차이를 구하시오.

풀 이

(1) 변동제조간접비와 고정제조간접비의 표준배부율
   ① 변동제조간접비 표준배부율 : 30,000원 / 1,500시간 = 20원/시간
   ② 고정제조간접비 표준배부율 : 37,500원 / 1,500시간 = 25원/시간
   ③ 제조간접원가 표준배부율 : 20원/시간 + 25원/시간 = 45원/시간

(2) 변동제조간접비의 예산차이(소비차이)와 능률차이
   ① AQ × AP(실제발생액) = 19,000원
   ② AQ × SP = 1,200시간 × 20원/시간 = 24,000원
   ③ SQ × SP = 1,050시간(= 300단위 × 3.5시간/단위) × 20원/시간 = 21,000원

   예산차이(소비차이) = ② − ① = 24,000원 − 19,000원 = (+)5,000원(유리)
   능률차이 = ③ − ② = 21,000원 − 24,000원 = (−)3,000원(불리)
   총차이 = (+)5,000원 + (−)3,000원 = (+)2,000원(유리)

(3) 고정제조간접비의 예산차이(소비차이)와 조업도차이
   ① AQ × AP(실제발생액) = 27,000원
   ② 예산 = 37,500원
   ③ SQ × SP(배부액) = 1,050시간(= 300단위 × 3.5시간/단위) × 25원/시간 = 26,250원

   예산차이(소비차이) = ② − ① = 37,500원 − 27,000원 = (+)10,500원(유리)
   조업도차이 = ③ − ② = 26,250원 − 37,500원 = (−)11,250원(불리)
   총차이 = (+)10,500원 + (−)11,250원 = (−)750원(불리)

07 변동원가계산

1. 변동원가계산(내부계획과 통제목적)

변동원가계산(variable costing)이란 제조원가를 변동원가와 고정원가로 구분하여 변동원가만을 제품원가에 포함시키고 고정원가는 조업도와 관계없이 기간원가로 처리하는 방법을 말하며, 직접원가에 해당하는 원가(변동원가)만을 제품원가에 포함시키기 때문에 직접원가계산(direct costing)이라고도 한다. 이러한 변동원가계산을 이용하여 작성하는 손익계산서를 공헌이익 손익계산서라고 하며, 그 양식은 다음과 같다.

매출액	공헌이익
− 변동원가	− 고정원가
공헌이익	영업이익

2. 전부원가계산(외부보고목적)

전부원가계산(absorption costing)이란 직접재료원가, 직접노무원가, 변동제조간접원가, 고정제조간접원가 등 제조와 관련된 모든 원가를 제품원가로 보는 방법을 말한다. 이러한 전부원가계산을 이용하여 작성하는 손익계산서를 전통적 손익계산서 또는 기능별 손익계산서라고 하며, 그 양식은 다음과 같다.

매출액	매출총이익
− 매출원가	− 판매비와 관리비
매출총이익	영업이익

3. 변동원가계산과 전부원가계산의 이익차이 조정

변동원가계산과 전부원가계산의 영업이익 차이는 근본적으로 고정제조간접원가의 비용화 시점 때문에 발생하며, 생산량과 판매량이 다를 경우에 그 차이가 생긴다. 이러한 영업이익의 차이를 조정하는 방법은 다음과 같다.

> 변동원가계산에 의한 영업이익
> $+$ 기말재고수량 $\times$ 단위당 고정제조간접원가
> $-$ 기초재고수량 $\times$ 단위당 고정제조간접원가
> $=$ 전부원가계산에 의한 영업이익

예제

(주)가나의 원가구조와 20×1년, 20×2년의 제품 변동내역은 다음과 같다.

단위당 판매가격	100원
단위당 변동제조비	65원
단위당 변동판매관리비	10원
고정제조간접비	600,000원
고정판매관리비	300,000원

물량의 흐름은 선입선출법이 적용된다고 가정하고 다음 물음에 답하시오.

(1) 전부원가계산에 의한 각 연도의 영업이익을 구하시오.

(2) 변동원가계산에 의한 각 연도의 영업이익을 구하시오.

(3) 20×1년과 20×2년의 전부원가계산과 변동원가계산의 이익차이를 조정하시오.

[풀 이]

(1) 전부원가계산에 의한 영업이익

	20×1년	20×2년
매출액	4,000,000원	4,000,000원
매출원가	3,080,000원	3,170,000원
매출총이익	920,000원	830,000원
판매관리비		
변동판매관리비	400,000원	400,000원
고정판매관리비	300,000원	300,000원
영업이익(손실)	220,000원	130,000원

• 20×1년 매출원가

  고정간접비 배부율 = 600,000원 / 50,000개 = 12원/개

  단위당 제품제조원가 = 65원(단위당 변동제조비) + 12원 = 77원

  매출원가 = 40,000개 × 77원/개 = 3,080,000원

- 20×2년 매출원가

  고정간접비 배부율 = 600,000원 / 40,000개 = 15원/개

  단위당 제품제조원가 = 65원(단위당 변동제조비) + 15원 = 80원

  매출원가 = (10,000개 × 77원/개)(기초재고분) + (30,000개 × 80원/개)(당기제조판매분)

  $\qquad$ = 3,170,000원

(2) 변동원가계산에 의한 영업이익

	20×1년	20×2년
매출액	4,000,000원	4,000,000원
변동원가		
변동매출원가	2,600,000원	2,600,000원
변동판매관리비	400,000원	400,000원
공헌이익	1,000,000원	1,000,000원
고정원가		
고정제조간접비	600,000원	600,000원
고정판매관리비	300,000원	300,000원
영업이익(손실)	100,000원	100,000원

- 변동매출원가 = 65원/개(단위당 변동제조비) × 40,000개 = 2,600,000원

(3) 전부원가계산과 변동원가계산의 이익차이 조정

	20×1년	20×2년
변동원가계산에 의한 영업이익	100,000원	100,000원
+ 기말재고자산에 포함된 고정제조간접비	120,000원	150,000원
− 기초재고자산에 포함된 고정제조간접비	−	(120,000원)
전부원가계산에 의한 영업이익	220,000원	130,000원

1. 원가함수의 의의

원가함수란 일정기간 동안 조업도의 변동에 따라 총원가의 변동양상을 함수관계로 나타낸 것을 말하며, 일반적으로 다음과 같이 나타낸다.

$$Y = aX + b \ (Y : 총원가, \ a : 변동비, \ X : 조업도, \ b : 고정비)$$

2. 원가함수의 추정방법

(1) 고저점법

고저점법은 최고조업도와 최저조업도의 원가자료를 직선으로 연결하여 원가함수를 추정하는 방법이다.

예제

(주)가나는 생산량과 직접노무비의 관계에 대하여 다음과 같은 5개월간의 자료를 수집하였다. 다음의 자료를 이용하여 고저점법에 의한 직접노무원가의 원가추정함수를 구하시오.

(단위 : 원)

구 분	생산량	직접노무비
1월	10개	160,000
2월	15개	200,000
3월	20개	290,000
4월	50개	720,000
5월	30개	490,000

풀 이

$Y = aX + b$의 원가함수에서 최고조업도일 때의 값에서 최저조업도일 때의 값을 차감하면 a(단위당 변동비)를 구할 수 있다.

$$720,000 = a \times 50 + b$$
$$-) \ \underline{160,000 = a \times 10 + b}$$
$$560,000 = a \times 40$$

∴ $a = 14,000, \ b = 20,000$

∴ 원가함수 $Y = aX + b = 14,000X + 20,000$

(2) 학습곡선

① 의 의

학습곡선이란 생산량이 증대됨에 따라 경험의 축적과 숙련도로 인해 단위당 평균직접노동시간이 체계적으로 감소하는 비선형의 원가함수를 말한다.

② 학습곡선의 유형

ⓐ 누적평균학습곡선모형

누적평균학습곡선모형이란 누적생산량이 2배가 될 때마다 단위당 평균직접노동시간이 일정비율만큼 감소한다는 모형이다.

ⓑ 증분학습곡선모형

증분학습곡선모형이란 누적생산량이 2배가 될 때마다 최종 한 단위 생산의 직접노동시간이 일정비율만큼 감소한다는 모형이다.

예제 1

항공기제조사인 (주)가나는 대형항공기를 개발하여 시제품 한 대를 생산하였는데, 그에 소요된 직접노무시간은 2,000시간이다. 직접노무시간은 80%의 누적평균학습곡선을 따른다고 할 때 다음 질문에 답하시오.

(1) 2번째 항공기생산에 소요되는 직접노무시간을 구하시오.

(2) 추가로 7대를 생산하는 경우에 추가로 소요되는 직접노무시간을 구하시오.

(3) 1대당 직접재료원가가 10,000원, 직접노무시간당 임률이 20원, 직접노무시간당 변동제조간접원가가 10원, 고정제조간접원가가 30,000원일 때 회사의 총생산량이 8대일 경우 제품단위당 제조원가를 구하시오.

풀 이

누적생산량	평균직접노무시간	총직접노무시간
1	2,000시간	2,000시간
2	1,600시간	3,200시간
4	1,280시간	5,120시간
8	1,024시간	8,192시간

(1) 2번째 항공기생산에 소요되는 직접노무시간

직접노무시간 = 3,200시간 − 2,000시간 = 1,200시간

(2) 추가로 7대를 생산하는 경우의 추가소요 직접노동시간

추가 직접노동시간 = 8,192시간 − 2,000시간 = 6,192시간

(3) 8대를 생산할 경우의 제품단위당 제조원가

직접재료원가	8대 × 10,000원/대 = 80,000원
직접노무원가	8,192시간 × 20원/시간 = 163,840원
변동제조간접원가	8,192시간 × 10원/시간 = 81,920원
고정제조간접원가	30,000원
총제조원가	355,760원
제품단위당 제조원가	355,760원 / 8대 = 44,470원/대

예제 2

2016년도에 설립된 (주)가나는 처음으로 소방용 헬기 4대의 주문을 받았다. (주)가나는 소방용 헬기를 생산할 때 90%의 누적평균학습곡선을 따른다고 할 때 소방용 헬기 4대에 대한 총제품원가를 계산하시오.

1대당 직접재료원가	80,000원
첫 번째 헬기생산 직접작업시간	3,000시간
직접노무원가	직접작업시간당 25원
변동제조간접원가	직접노무원가의 60%

풀 이

누적생산량	평균직접노무시간	총직접노무시간
1대	3,000시간	3,000시간
2대	2,700시간	5,400시간
4대	2,430시간	9,720시간

소방용 헬기 4대를 생산할 때의 총제품원가

직접재료비	4대 × 80,000원/대 = 320,000원
직접노무비	9,720시간 × 25원/시간 = 243,000원
변동제조간접원가	243,000원 × 60% = 145,800원
고정제조간접원가	0원
총제조원가	708,880원

09 CVP(원가 · 조업도 · 이익)분석

1. CVP분석의 개요

CVP분석은 조업도와 원가의 변화가 이익에 어떠한 영향을 미치는가를 분석하는 기법으로서 기업의 의사결정과 관련된 문제에 광범위하게 사용된다.

2. CVP분석의 가정

첫째, 모든 원가는 변동원가와 고정원가로 분류할 수 있다고 가정한다. 그러므로 조업도의 변동과 관련된 원가행태에 대한 정확한 정보가 필수적이다.

둘째, 수익과 원가의 행태는 관련범위 내에서 선형이라고 가정한다. 즉 단위당 판매단가는 매출수량의 변동과 관계없이 일정하고, 단위당 변동원가 역시 조업도의 변동과 관계없이 항상 일정하다고 가정한다.

셋째, 생산량은 판매량과 동일하다고 가정한다. 즉 기초재고와 기말재고는 동일한 수준이라고 가정한다.

넷째, 복수제품인 경우 매출배합은 일정하다고 가정한다. 매출배합이 일정하다는 것은 결국 한 종류의 제품만을 생산하는 것과 동일한 개념이 된다.

다섯째, 화폐의 시간적 가치를 고려하지 않는 단기적인 분석이라는 가정이다. 즉 CVP분석에서는 현재가치의 개념을 사용하지 않고 명목가치로 수익과 비용을 고려하여 의사결정을 한다.

3. CVP분석의 기본개념

(1) 공헌이익(Contribution Margin)

공헌이익이란 매출액에서 변동원가를 차감한 금액을 말하는 것으로, 이는 고정원가를 회수하고 기간이익의 획득에 이바지할 수 있는 금액을 의미한다.

공헌이익 = 매출액 − 변동원가
단위당 공헌이익 = 단위당 판매가격 − 단위당 변동원가

(2) 공헌이익률

공헌이익률이란 공헌이익을 비율개념으로 나타낸 것으로 총공헌이익을 총매출액으로 나누어서 계산할 수도 있고, 단위당 공헌이익을 단위당 판매가격으로 나누어서 계산할 수도 있다.

> 공헌이익률 = 총공헌이익 / 총매출액 = 단위당 공헌이익 / 단위당 판매가격

(3) 변동비율

변동비율이란 총변동비를 총매출액으로 나눈 개념으로 단위당 변동비를 단위당 판매가격으로 나누어서 계산할 수도 있다.

> 변동비율 = 총변동비 / 총매출액 = 단위당 변동비 / 단위당 판매가격
> 공헌이익률 + 변동비율 = 100%

4. 기본적인 CVP 분석

(1) 손익분기점(Break-even Point ; BEP) 분석

손익분기점은 총매출액이 변동비와 고정비를 포함한 총원가와 같아지는 판매량 또는 매출액, 즉 이익을 0으로 만드는 판매량 또는 매출액을 의미하는 것으로, 달리 표현하면 총공헌이익과 총고정비가 같아지는 판매량 또는 매출액이라고 할 수 있다.

> 손익분기점 계산방법 : 매출액 - 변동비 - 고정비 = 0
> 손익분기점 판매량 = 고정비 / (단위당 판매가격 - 단위당 변동비용) = 고정비 / 단위당 공헌이익
> 손익분기점 매출액 = 고정비 / (1 - 변동비율) = 고정비 / 공헌이익률
> = 손익분기점 판매량 × 단위당 판매가격

(2) 목표이익(Target Net Income) 분석

CVP분석은 목표이익을 달성하기 위한 판매량 또는 매출액을 결정하는 경우에 이용할 수 있다.

> 목표이익 계산방법 : 매출액 - 변동비 - 고정비 = 목표이익

(3) 법인세를 고려한 CVP분석

세후 목표이익이나 세후 목표이익률을 달성하기 위한 판매량 또는 매출액을 파악하기 위해서는 세전 목표이익이나 세전 목표이익률에 법인세를 고려한 CVP분석을 하여야 한다.

> 세전 목표이익 × (1 − 법인세율) = 세후 목표이익
> 세전 목표이익률 × (1 − 법인세율) = 세후 목표이익률

예제 1

(주)가나의 2016년 손익분기점 매출액은 120,000원이었다. 2016년 실제 발생한 총변동원가가 120,000원이고, 총고정원가가 90,000원이었다면 영업이익은 얼마인지 구하시오. 단, 동 기간 동안 생산능력의 변동은 없었다.

[풀이]

매출액 − 변동비 − 고정비 = 0
120,000원 − 변동비 − 90,000원 = 0
변동비 = 30,000원, 변동비율 = 30,000원 / 120,000원 = 0.25
실제매출액을 x 라 하면,
x × 0.25 = 120,000원
실제매출액 x = 120,000원 / 0.25 = 480,000원
변동비도 동일한 비율로 증가하므로,
영업이익 = 480,000원 − (30,000원 / 0.25) − 90,000원 = 270,000원

예제 2

(주)가나특허법무법인은 특허출원에 대한 법률서비스를 제공하려고 한다. 이 서비스의 손익분기점 매출액은 15,000,000원, 공헌이익률은 40%이다. (주)가나특허법무법인이 동 법률서비스를 제공하고 2,000,000원의 이익을 획득하고자 할 때 필요한 매출액을 구하시오.

[풀이]

매출액 − 변동비 − 고정비 = 0
15,000,000원 − (15,000,000원 × 60%) − 고정비 = 0
고정비 = 6,000,000원
실제매출액을 x 라 하면,
x − 0.6x − 6,000,000원 = 2,000,000원
실제매출액 x = 8,000,000원 / 0.4 = 20,000,000원

예제 3

(주)가나는 2016년 초에 설립되어 단일제품을 생산, 판매할 예정에 있으며, 그와 관련된 2016년도 원가관련 자료는 다음과 같다.

- 연간 총고정원가 : 30,000원
- 단위당 변동원가 : 40원

(주)가나는 2016년 동안 1,000개의 제품을 생산하여 전량 판매할 것으로 예상하며, 이를 통해 법인세차감 후 순이익 12,000원을 실현하려고 한다. 이를 위해서는 단위당 판매가격이 얼마가 되어야 하는지 구하시오. 단, 법인세율은 40%이며, 재공품은 없는 것으로 가정한다.

풀 이

(매출액 − 변동비 − 고정비) × (1 − 법인세율) = 법인세차감 후 순이익

[1,000개 × (x − 40원) − 30,000원] × (1 − 0.4) = 12,000원

∴ 목표이익을 달성하기 위한 단위당 판매가격 x = 90원

예제 4

(주)가나의 재물손해사정부 관련 자료는 다음과 같다. 재물손해사정부가 16%의 총자산이익률을 달성하기 위해서는 제품가격을 얼마로 정해야 하는지 구하시오.

- 연간 총고정원가 : 490,000원
- 제품단위당 변동원가 : 140원
- 연간 예상판매량 : 15,000개
- 평균 총자산 : 2,000,000원

풀 이

매출액 − 변동비 − 고정비 = 이익

15,000개 × (x − 140원) − 490,000원 = 2,000,000원 × 0.16

∴ 목표이익달성 제품가격 x = 194원

예제 5

(주)가나의 2016년도 생산 및 판매와 관련된 자료는 다음과 같다.

(단위 : 원)

구 분	금 액
매출액	2,700,000
변동제조원가	1,170,000
고정제조원가	540,000
변동판매관리비	450,000
고정판매관리비	324,000

2017년도의 매출액이 전년도에 비해 15% 증가할 경우 영업이익은 얼마로 예상되는지를 구하시오.

풀 이

(단위 : 원)

구 분	변동 전	변동 후
매출액	2,700,000	2,700,000 × 1.15 = 3,105,000
변동제조원가	1,170,000	1,170,000 × 1.15 = 1,345,000
고정제조원가	540,000	540,000
변동판매관리비	450,000	450,000 × 1.15 = 517,500
고정판매관리비	324,000	324,000
영업이익	216,000	378,000

10 단기의사결정

1. 의사결정의 기초개념

(1) 관련원가(Relevant Cost)와 비관련원가(Irrelevant Cost)

관련원가란 여러 대체안 사이에 차이가 발생하는 차액원가로서 의사결정을 하는데 직접적으로 관련되는 원가를 의미하며, 비관련원가(Irrelevant Cost)란 여러 대체안 사이에 차이가 발생하지 않는 원가로서 의사결정을 하는데 영향을 미치지 않는 원가를 의미한다.

(2) 매몰원가(Sunk Cost)

매몰원가란 경영자가 통제할 수 없는 과거의 의사결정으로부터 이미 발생한 역사적 원가로서 현재 또는 미래의 의사결정과 관련이 없는 원가를 의미한다. 즉 매몰원가는 경영자가 의사결정을 할 때 고려할 필요가 없는 비관련원가이다.

(3) 기회원가(Opportunity Cost)

기회원가란 선택 가능한 여러 대체안 가운데 하나의 대체안을 선택함으로써 포기하게 된 나머지 대체안 가운데 최적 대체안의 가치를 말한다. 기회원가는 회계장부에는 기록되지 않지만, 대체안을 평가하는 의사결정과정에서는 반드시 고려되어야 하는 관련원가이다.

2. 단기의사결정의 유형

(1) 특별주문의 수락 또는 거절

특별주문이란 기존의 거래처가 아닌 고객이 주문을 하거나 또는 기존의 거래처가 정상주문이 아닌 대량구매를 하는 조건으로 가격할인을 요구하는 주문을 말한다. 경영자는 이러한 특별주문의 수락 여부를 고려할 때 기업에 유휴생산능력이 존재하는지 여부에 따라 특별주문의 수락 여부를 판단한다.

① 유휴생산능력이 있는 경우

이 경우에는 특별주문을 수락하더라도 기존 설비능력만으로 특별주문품의 생산이 가능하다. 따라서 이 경우에는 특별주문의 수락으로 인한 기회비용이 발생하지 않으므로 특별주문으로 인하여 추가적으로 증가하는 원가만이 관련원가가 된다.

> 특별주문가격 > 증분원가 : 특별주문의 수락
> 특별주문가격 < 증분원가 : 특별주문의 거절

② 유휴생산능력이 없는 경우

이 경우에는 특별주문을 수락할 경우 기존 설비능력이 부족하기 때문에 특별주문으로 인한 기회 비용이 발생한다. 따라서 이 경우에는 특별주문의 수락으로 인한 증분수익, 증분원가와 함께 기회비용도 고려하여 의사결정을 해야 한다.

> 특별주문가격 > (증분원가 + 기회비용) : 특별주문의 수락
> 특별주문가격 < (증분원가 + 기회비용) : 특별주문의 거절

자동차 에어컨에 들어가는 부품을 생산하는 (주)가나는 내년에 정규판매가격(80원/개)으로 15,000 개의 제품을 판매할 것으로 예상하고 있다. 15,000개의 생산을 가정하여 계산된 원가자료는 다음과 같다.

(단위 : 원)

구 분	단위당 제조원가	총원가
직접재료원가	23	345,000
직접노무원가	16	240,000
변동제조간접원가	10	150,000
고정제조간접원가(배부액)	12	200,000
합 계	61	935,000

이때 외국수입상으로부터 단위당 56원에 4,000개를 구입하겠다는 특별주문을 요청받았다. 이 구입주문을 수락할 경우 부품규격조정으로 인해 고정제조간접원가가 8,000원만큼 증가할 것이다.

다음 물음에 답하시오.

(1) (주)가나의 연간 최대생산능력이 20,000개일 경우 주문의 수락 여부를 결정하시오.

(2) (주)가나의 연간 최대생산능력이 18,000개일 경우 주문의 수락 여부를 결정하시오.

풀 이

(1) 연간 최대생산능력이 20,000개일 경우 주문의 수락 여부
    증분손익의 계산
    증분수익 : 56원/개 × 4,000개 = 224,000원
    증분비용 : (49원/개 × 4,000개) + 8,000원 = 204,000원
    증분이익 : 224,000원 − 204,000원 = 20,000원
    ∴ 증분이익이 20,000원이므로 특별주문을 수락

(2) 연간 최대생산능력이 18,000개일 경우 주문의 수락 여부
    증분손익의 계산
    증분이익 : 20,000원
    기회비용 : 1,000개 × (80 − 49)원/개 = (31,000원)
    증분손실 : 20,000원 − 31,000원 = (11,000원)
    ∴ 증분손실이 11,000원이므로 특별주문을 거절

(주)가나는 2016년에 A제품을 연간 1,500개를 생산하여 단위당 400원에 판매하였다. A제품의 최대 생산량은 2,000개이며, 단위당 원가는 다음과 같다.

(단위 : 원)

직접재료원가	120
직접노무원가	80
변동제조간접원가	20
변동판매관리비	30
고정판매관리비	20
고정제조간접원가	30

2017년 초에 (주)가나는 (주)다라로부터 A제품 800개를 단위당 300원에 구입하겠다는 특별주문을 받았다. (주)가나가 동 주문을 수락하면 단위당 변동판매관리비 중 20원이 발생하지 않으며, 기존시장에서의 판매량 300개를 포기해야 한다. (주)가나가 특별주문수량을 모두 수락할 경우 이익은 얼마나 증가하는지 구하시오(단, 2017년 원가구조는 2016년과 동일함).

[풀 이]

증분손익의 계산

증분수익 : 800개 × (300 − 120 − 80 − 20 − 10)원/개 = 56,000원

기회비용 : 300개 × (400 − 120 − 80 − 20 − 30)원/개 = (45,000)원

증분이익 : 56,000원 − 45,000원 = 11,000원

∴ 특별주문을 수락하면 이익이 11,000원 증가

(주)가나는 단일종류의 제품을 생산, 판매하고 있다. 2016년도 단위당 판매가격은 4,000원, 단위당 변동원가는 3,500원, 연간 총고정원가는 500,000원으로 예상된다. 2016년 중에 특정고객으로부터 제품 100개를 구입하겠다는 특별주문을 받았다. 특별주문을 수락할 경우 단위당 변동원가 중 500원을 절감할 수 있으며, 배송비용은 추가로 10,000원이 발생한다. 특별주문을 수락하더라도 여유설비가 충분하기 때문에 정상적인 영업활동이 가능하다. (주)가나가 위 특별주문을 수락하여 30,000원의 이익을 얻고자 한다면 단위당 판매가격을 얼마로 책정해야 하는지 구하시오.

[풀 이]

증분손익의 계산

증분수익 : 100개 × $(x - 3,000)$원/개 − 10,000원 = 30,000원

기회비용 : 0원

증분이익 : 30,000원 − 0원 = 30,000원

∴ 단위당 판매가격 $x = 3,400$원

(2) 부품의 자가제조 또는 외부구입

기업이 제품 또는 제조에 필요한 부품 등을 자가제조할 것인가 또는 외부에서 구입할 것인가는 자가제조의 관련원가와 외부구입가격을 비교하여 결정한다.

자가제조 관련원가를 분석할 때에는 자가제조와 관련된 변동원가뿐만 아니라 자가제조를 중단하는 경우 회피 가능한 고정원가도 고려하여야 하며, 외부구입가격을 분석할 때에는 기존설비를 다른 용도로 사용함에 따라 발생할 수 있는 기회비용을 함께 고려하여야 한다.

> 외부구입원가 > (회피가능원가 + 기회원가) : 자가제조
> 외부구입원가 < (회피가능원가 + 기회원가) : 외부구입

예제 1

(주)가나의 부품제조에 대한 원가자료는 다음과 같다.

(단위 : 원)

부품단위당 직접재료원가	180
부품단위당 직접노무원가	70
부품단위당 변동제조간접원가	50
고정제조간접원가	300,000
생산량	10,000개

외부의 제조업자가 이 부품을 350원에 납품하겠다고 제의하였다. 부품을 외부에서 구입할 경우 고정제조간접원가의 2 / 3를 회피할 수 있다고 한다.

다음 물음에 답하시오.

(1) (주)가나가 부품을 자가제조할 것인지 또는 외부구입을 할 것인지를 판단하시오.

(2) (주)가나가 최대한 허용할 수 있는 부품의 단위당 구입가격은 얼마인지 구하시오.

풀 이

(1) **자가제조 또는 외부구입 여부**
   증분손익의 계산
   외부구입원가 : 350원/개 × 10,000개 = (3,500,000원)
   변동제조원가 절감액 : 300원/개 × 10,000개 = 3,000,000원
   회피가능 고정원가 : 300,000원 × 2 / 3 = 200,000원
   증분손실 : (3,500,000원) + 3,000,000원 + 200,000원 = (300,000원)
   자가제조가 유리

(2) **최대 허용 가능한 부품단위당 구입가격**

증분손익의 계산

외부구입원가 : $x \times 10,000$개 $= 10,000x$

변동제조원가 절감액 : 300원/개 $\times$ 10,000개 $= 3,000,000$원

회피가능 고정원가 : 300,000원 $\times$ 2 / 3 $= 200,000$원

∴ 허용 가능한 부품단위당 구입가격 $x = 3,200,000$원 / 10,000개 $= 320$원/개

예제 2

(주)가나는 완제품생산에 필요한 부품을 자가제조하고 있다. 부품 10,000개를 제조하는데 소요되는 연간제조원가는 다음과 같다.

(단위 : 원)

직접제조원가	600,000
직접노무원가	150,000
변동제조간접원가	50,000
부품생산용 설비 감가상각비	120,000
고정제조간접원가 배부액	70,000
총 계	990,000

(주)가나는 (주)다라로부터 단위당 85원에 10,000개의 부품을 공급하겠다는 제의를 받았다. 이 제의를 수락하더라도 부품생산용 설비의 감가상각비와 고정제조간접원가는 계속 발생한다. (주)가나가 이 제의를 수락할 경우에는 연간 70,000원에 부품생산용 설비를 임대할 수 있다. (주)가나가 이 제의를 수락하는 경우 (주)가나의 이익에 미치는 영향은 얼마인지 구하시오.

[풀 이]

자가제조시 단위당 변동제조원가 = (600,000원/개 + 150,000원/개 + 50,000원/개) / 10,000개 = 80원

외부구입시의 증분손익의 계산

외부구입원가 : 10,000개 $\times$ 85원/개 $= (850,000$원$)$

변동제조원가 절감액 : 10,000개 $\times$ 80원/개 $= 800,000$원

설비의 임대수입 : 70,000원

증분이익 : 870,000원 $-$ 850,000원 $= 20,000$원

외부구입을 하더라도 이익이 20,000원이 증가

1. 대체가격의 의의

일반적으로 기업은 그 규모가 커짐에 따라 조직을 분권화하여 사업부제로 운영하는 것이 통상적인데, 이 경우 분권화된 각 사업부간에 재화나 용역의 이전이 빈번하게 이루어지게 된다. 이때 각 사업부간에 이루어지는 재화나 용역이 이전되는 가격을 대체가격(transfer price) 또는 이전가격이라고 한다. 그리고 재화나 용역을 제공하는 사업부를 공급사업부, 재화나 용역을 제공받는 사업부를 수요사업부라고 한다.

2. 대체가격의 계산

(1) 공급사업부의 최소대체가격

공급사업부는 자신의 이익을 극대화하기 위하여 생산한 부품을 내부에 대체하든 외부에 판매하든 가능한 높은 가격으로 판매하려고 하므로 공급사업부가 허용할 수 있는 최소대체가격은 손해를 보지 않고 허용할 수 있는 대체가격의 하한선이 된다.

> 단위당 최소대체가격 = 대체시의 단위당 증분지출원가 + 대체시의 단위당 기회원가

여기서 대체시의 단위당 기회원가는 대체품 1단위를 대체할 때 포기해야 하는 이익으로 외부판매시의 공헌이익의 감소분 또는 유휴생산시설을 다른 용도로 사용할 경우 얻을 수 있는 이익의 상실분을 말한다.

예제

(주)가나는 A사업부와 B사업부로 구성되어 있다. B사업부는 A사업부에서 생산되는 부품을 가공하여 완제품을 제조한다. B사업부에서는 A사업부에서 생산되는 부품을 연간 100단위만큼 필요로 한다. A사업부에서 생산되는 부품과 관련된 자료는 다음과 같다.

• 연간최대생산능력	1,000단위
• 단위당 외부시장가격	500원
• 단위당 변동비(변동판매비 포함)	350원
• 단위당 고정비(연간 1,000단위 기준)	100원

다음 각 상황에서 A사업부가 허용할 수 있는 최소대체가격을 구하시오.

(1) 부품의 외부시장수요가 연간 900단위인 경우

(2) 부품의 외부시장수요가 연간 1,000단위인 경우

(3) 부품의 외부시장수요가 연간 1,000단위 이상이며, 내부 대체시에는 단위당 50원의 변동판매비를 절감할 수 있는 경우

풀 이

(1) 부품의 외부시장수요가 연간 900단위인 경우의 최소대체가격

A사업부가 허용할 수 있는 최소대체가격을 x라 하면,

	비대체	대 체
매출액	900개 × 500원 = 450,000원	(900개 × 500원 + 100개 × x) = 450,000원 + 100x
변동원가	900개 × 350원 = 315,000원	1,000개 × 350원 = 350,000원
공헌이익	135,000원	100,000원 + 100x

135,000원 = 100,000원 + 100x 이므로 x = 350원

※ 고정원가는 두 대안간에 차이가 없는 비관련원가이므로 고려할 필요가 없다.

※ 단위당 최소대체가격 = 대체시 단위당 증분지출원가 350원 + 대체시 단위당 기회원가 0원 = 350원

(2) 부품의 외부시장수요가 연간 1,000단위 이상인 경우의 최소대체가격

A사업부가 허용할 수 있는 최소대체가격을 x라 하면,

	비대체	대 체
매출액	1,000개 × 500원 = 500,000원	(900개 × 500원 + 100개 × x) = 450,000원 + 100x
변동원가	1,000개 × 350원 = 350,000원	1,000개 × 350원 = 350,000원
공헌이익	150,000원	100,000원 + 100x

150,000원 = 100,000원 + 100x 이므로 x = 500원

※ 단위당 최소대체가격
  = 대체시 단위당 증분지출원가 350원 + 대체시 단위당 기회원가 150원(= 500원 - 350원)
  = 500원

(3) 부품의 외부시장수요가 연간 1,000단위 이상이며, 내부 대체시에는 단위당 50원의 변동판매비를 절감할 수 있는 경우의 최소대체가격

A사업부가 허용할 수 있는 최소대체가격을 x라 하면,

	비대체	대 체
매출액	1,000개 × 500원 = 500,000원	(900개 × 500원 + 100개 × x) = 450,000원 + 100x
변동원가	1,000개 × 350원 = 350,000원	(900개 × 350원 + 100개 × 300원) = 345,000원
공헌이익	150,000원	105,000원 + 100x

150,000원 = 105,000원 + 100x 이므로 x = 450원

※ 단위당 최소대체가격
  = 대체시 단위당 증분지출원가 300원(= 350원 - 50원) + 대체시 단위당 기회원가 150원(= 500원 - 350원)
  = 450원

(2) 수요사업부의 최대대체가격

수요사업부는 자신의 이익을 극대화하기 위하여 필요한 부품을 내부에서 대체하든 외부에서 구입하든 최대한 낮은 가격으로 조달하려고 하므로 수요사업부가 허용할 수 있는 단위당 최대대체가격은 단위당 외부구입가격이 상한선이 된다.

> 단위당 최대대체가격 = 단위당 외부구입가격

예제

(주)가나는 A사업부와 B사업부로 구성되어 있다. B사업부는 A사업부에서 생산되는 부품을 가공하여 완제품을 제조한다. B사업부에서 부품 한 단위를 완제품으로 만드는데 소요되는 추가가공원가는 450원이며, 완제품의 단위당 판매가격은 1,000원이다. 다음 각 상황에서 B사업부가 허용할 수 있는 최대대체가격을 계산하시오.

(1) 부품의 외부시장가격이 단위당 500원인 경우

(2) 부품의 외부시장가격이 단위당 600원인 경우

풀 이

(1) 부품의 외부시장가격이 단위당 500원인 경우의 최대대체가격

B사업부가 허용할 수 있는 최대대체가격을 x라 하면,

	비대체	대 체
매출액	1,000원	1,000원
변동원가	500원 + 450원	$x + 450$원
공헌이익	50원	$-x + 550$원

50원 $= -x + 550$원이므로 $x = 500$원

* min[단위당 지출가능원가, 단위당 외부구입가격] = min[1,000원 - 450원 = 550원, 500원] = 500원

(2) 부품의 외부시장가격이 단위당 600원인 경우의 최대대체가격

B사업부가 허용할 수 있는 최대대체가격을 x라 하면,

	비대체	대 체
매출액	1,000원	1,000원
변동원가	600원 + 450원	$x + 450$원
공헌이익	0원	$-x + 550$원

0원 $= -x + 550$원이므로 $x = 550$원

* min[단위당 지출가능원가, 단위당 외부구입가격] = min[1,000원 - 450원 = 550원, 600원] = 550원

(3) 기업 전체의 이익에 미치는 영향

① 공급사업부의 최소대체가격이 수요사업부의 최대대체가격보다 낮은 경우

이 경우에는 수요사업부의 최대대체가격과 공급사업부의 최소대체가격의 차이만큼 기업 전체의 관점에서는 증분이익이 발생하는 것이므로 대체가격에 관계없이 대체하는 것이 유리하다.

> 기업 전체의 증분이익
> = 공급사업부의 증분이익 + 수요사업부의 증분이익
> = (대체가격 − 최소대체가격) + (최대대체가격 − 대체가격)

② 공급사업부의 최소대체가격이 수요사업부의 최대대체가격보다 높은 경우

이 경우에는 수요사업부의 최대대체가격과 공급사업부의 최소대체가격의 차이만큼 기업 전체의 관점에서는 증분손실이 발생하는 것이므로 대체가격에 관계없이 대체하지 않는 것이 유리하다.

> 기업 전체의 증분손실
> = 공급사업부의 증분손실 + 수요사업부의 증분손실
> = (최소대체가격 − 대체가격) + (대체가격 − 최대대체가격)

예제

(주)가나는 A사업부와 B사업부로 구성되어 있다. A사업부는 단위당 변동비가 500원인 부품을 생산하고 있는데, 이 부품은 1,000원에 외부에 판매할 수도 있고 추가가공을 위해 B사업부에 대체할 수도 있다. B사업부가 이 부품을 외부에서 구입할 수 있는 가격은 900원이다. 다음의 각 경우에 있어서 기업 전체의 이익을 극대화하기 위하여 B사업부가 부품을 외부로부터 구입해야 하는지 아니면 A사업부로부터 대체구입해야 하는지를 결정하시오.

(1) A사업부에 유휴생산시설이 있는 경우

(2) A사업부에 유휴생산시설이 없는 경우

풀 이

(1) **A사업부에 유휴생산시설이 있는 경우**
   최소대체가격(A) = 500원 + 0원 = 500원
   최대대체가격(B) = 900원이므로 A사업부에서 대체

(2) **A사업부에 유휴생산시설이 없는 경우**
   최소대체가격(A) = 500원 + 500원(= 1,000원 − 500원)(단위당 공헌이익) = 1,000원
   최대대체가격(B) = 900원이므로 외부에서 구입

12 ┃ 책임회계와 성과평가

1. 책임회계제도의 의의

책임회계제도(responsibility accounting system)란 각 책임중심점별로 계획과 실적을 측정하여 통제함으로써 책임중심점 관리자에 대한 성과평가와 조직의 영업성과의 향상을 목적으로 하는 회계제도를 말하는 것으로 관리자 개인을 중심으로 기업의 각 조직단위별로 권한과 책임을 부여하고 이들 각 책임중심점의 성과평가를 통해 책임이행여부를 묻는 제도이다. 여기서 성과평가란 책임중심점에 대한 계획과 실적의 차이를 분석하는 과정을 말하고, 책임중심점이란 경영관리자가 특정활동에 대해 통제할 책임을 지는 조직의 부문을 말한다.

2. 원가의 통제가능성

원가의 통제가능성(controllability)이란 권한을 부여받은 책임범위의 원가항목들에 대해 책임중심점의 관리자가 발휘할 수 있는 영향력의 정도를 말하는 것으로 그 관리자가 원가의 발생 여부를 결정할 수 있다는 것을 의미한다. 책임회계제도하에서는 책임중심점의 관리자가 원가의 발생을 통제할 수 있는 통제가능원가만을 대상으로 성과평가를 하는 것이 합리적이다.

3. 책임중심점의 종류

책임회계제도하에서의 성과평가는 해당 관리자가 직접적인 권한과 통제를 행사할 수 있는 책임중심점별로 이루어지며, 이러한 책임중심점은 책임의 성격 및 범위에 따라 원가중심점, 수익중심점, 이익중심점 및 투자중심점으로 분류된다.

(1) 원가중심점

원가중심점(cost center)이란 통제가능한 원가의 발생에 대해서만 책임을 지는 가장 작은 활동단위로서의 책임중심점으로, 제조부문이 가장 대표적인 원가중심점에 해당한다.

(2) 수익중심점

수익중심점(revenue center)이란 매출액에 대해서만 통제책임을 지는 책임중심점으로, 영업부문이 가장 대표적인 수익중심점에 해당한다.

(3) 이익중심점

이익중심점(profit center)이란 원가와 수익 모두에 대해서 통제책임을 지는 책임중심점으로, 해당 관리자는 이익개념에 의한 관리를 수행함으로써 회사 전체적 입장에서 최적의 의사결정에 근접할 수 있으므로 수익중심점에 비해 유용한 성과평가기준이다.

(4) 투자중심점

투자중심점(investment center)이란 원가 및 수익뿐만 아니라 투자의사결정에 대해서도 책임을 지는 가장 포괄적인 책임중심점으로, 규모가 큰 기업의 분권화된 조직에서 볼 수 있는 사업부가 가장 대표적인 투자중심점에 해당한다.

4. 투자중심점의 성과평가

투자중심점의 성과를 평가할 때에는 각 사업부 경영자에게 배부되는 통제가능한 투자액까지 고려하는 투자수익률과 잔여이익 등을 기준으로 삼아 평가한다.

(1) 투자수익률

투자수익률(return on investment, ROI)이란 영업이익을 투자액으로 나누어 계산한 수익성지표로, 영업자산 대비 영업이익을 나타내는 것이다.

> 투자수익률
> = 영업이익 / 투자중심점의 영업자산 = 영업이익 / 매출액 × 매출액 / 투자중심점의 영업자산
> = 매출액이익률 × 자산회전률

(2) 잔여이익

잔여이익(residual income, RI)이란 투자중심점의 영업자산으로부터 획득해야 할 최소한의 이익을 초과하는 영업이익을 말한다. 잔여이익을 계산하기 위해서는 투자중심점의 영업자산에 대한 최저필수수익률을 결정해야 하는데, 이때 최저필수수익률은 기업 전체의 자본비용을 이용한다.

> 잔여이익 = 투자중심점의 영업이익 − (투자중심점의 영업자산 × 최저필수수익률)

(주)가나는 전자제품을 생산하여 판매하는 회사로서 분권화된 세 개의 제품별 사업부를 운영하고 있다. 이들은 모두 투자중심점으로 설계되어 있고, 회사의 최저필수수익률은 20%이며, 각 사업부의 영업자산, 영업이익 및 매출액에 관한 정보는 다음과 같다.

	에어컨사업부	냉장고사업부	세탁기사업부
평균영업자산	500,000원	250,000원	250,000원
영업이익	160,000원	150,000원	105,000원
매출액	2,000,000원	1,500,000원	1,500,000원

아래 물음에 답하시오.

(1) 각 사업부별로 ① 자산회전율, ② 매출액이익률, ③ 투자수익률을 계산하시오.

(2) 투자수익률을 기준으로 성과평가를 하고 우선순위를 결정하시오.

(3) 잔여이익을 기준으로 성과평가를 하고 우선순위를 결정하시오.

(4) 현재 에어컨사업부는 200,000원을 투자하면 50,000원의 이익을 얻을 수 있는 새로운 투자기회를 검토하고 있다. 새로운 투자에 소요되는 예산은 현재의 자본비용 수준으로 조절할 수 있다. 이 경우 ① 투자수익률기준, ② 잔여이익기준, ③ 기업 전체 입장기준에서의 위 투자안의 채택 여부를 결정하시오.

풀 이

(1) 자산회전율, 매출액이익률, 투자수익률

① 자산회전율

㉠ 에어컨사업부 : 매출액 / 평균영업자산 = 2,000,000원 / 500,000원 = 4회

㉡ 냉장고사업부 : 매출액 / 평균영업자산 = 1,500,0000원 / 250,000원 = 6회

㉢ 세탁기사업부 : 매출액 / 평균영업자산 = 2,000,000원 / 500,000원 = 6회

② 매출액이익률

㉠ 에어컨사업부 : 영업이익 / 매출액 = 160,000원 / 2,000,000원 = 8%

㉡ 냉장고사업부 : 영업이익 / 매출액 = 150,000원 / 1,500,000원 = 10%

㉢ 세탁기사업부 : 영업이익 / 매출액 = 105,000원 / 1,500,000원 = 7%

③ 투자수익률

㉠ 에어컨사업부 : 자산회전율 × 매출액이익률 = 4회 × 8% = 32%

㉡ 냉장고사업부 : 자산회전율 × 매출액이익률 = 6회 × 10% = 60%

㉢ 세탁기사업부 : 자산회전율 × 매출액이익률 = 6회 × 7% = 42%

(2) 투자수익률기준에 의한 성과평가 및 우선순위

① 에어컨사업부 32% : 3순위

② 냉장고사업부 60% : 1순위

③ 세탁기사업부 42% : 2순위

(3) **잔여이익기준에 의한 성과평가 및 우선순위**

① 에어컨사업부 160,000원 − (500,000원 × 20%) = 60,000원 : 2순위

② 냉장고사업부 150,000원 − (250,000원 × 20%) = 100,000원 : 1순위

③ 세탁기사업부 105,000원 − (250,000원 × 20%) = 55,000원 : 3순위

(4) **에어컨사업부의 다음 각각의 기준에 따른 투자안의 채택 여부**

① **투자수익률기준**

현재의 투자수익률(ROI) = 영업이익 / 평균영업자산

= 160,000원 / 500,000원 = 32%

투자 후의 투자수익률 = 영업이익 / 평균영업자산

= 210,000원 / 700,000원 = 30%

투자 후의 투자수익률이 현재의 투자수익률보다 적으므로 투자안을 기각한다.

② **잔여이익기준**

현재의 잔여이익 = 160,000원 − (500,000원 × 20%) = 60,000원

투자 후의 잔여이익 = 210,000원 − (700,000원 × 20%) = 70,000원

투자 후의 잔여이익이 현재의 잔여이익보다 많으므로 투자안을 채택한다.

③ **기업 전체 입장기준**

투자안의 투자수익률 = 50,000원 / 200,000원 = 25%

투자안의 투자수익률이 최저필수수익률(자본비용)을 초과하므로 투자안을 채택한다.

최근 기출문제

01   2014년 시행 제37회 기출문제

※ 아래 문제들에서 특별한 언급이 없는 한 기업의 보고기간(회계기간)은 매년 1월 1일부터 12월 31일까지
이고, 세금은 없다고 가정한다. 또한 기업은 주권상장법인으로서 계속해서 한국채택국제회계기준
(K-IFRS)을 적용해오고 있다고 가정하고, 주어진 내용 이외의 상황은 고려하지 말고 답하시오.

문제 1

다음은 (주)한국의 20×1년 말 토지와 관련된 자료이다(단위 : 원).

• 역사적 원가	5,000
• 현행원가	6,000
• 공정가치	6,500
• 매각하는 경우 부대비용	400
• 취득하는 경우 부대비용	300
• 취득 후 유지비용	500

이 때 20×1년 말 (주)한국이 보유하고 있는 토지의 순실현가능가치는 얼마인가? (5점)

풀 이

토지의 순실현가능가치 = 공정가치 6,500원 − 매각부대비용 400원 = 6,100원

문제 2

다음은 (주)한국의 20×1년도 포괄손익계산서의 일부이다. 아래 물음에 답하시오(단위 : 원). (10점)

• 수 익	60,000
• 비 용	80,000
• 급 여	60,000
• 보험료	1,000
• 임차료	2,000
• 단기매매증권평가손실	7,000
• 감가상각비	10,000
• 당기순손실	(20,000)

기초이익잉여금은 30,000원이고, 기말에 현금배당을 선언하고 즉시 지급한 금액은 9,000원이다.

(1) 모든 비용과 수익 계정을 마감(closing)한 직후의 집합손익계정 잔액은 얼마인가? 대변 혹은 차변 잔액 여부와 그 금액을 밝히시오. (5점)

(2) 기말의 이익잉여금 잔액은 얼마인가? 이익잉여금 혹은 결손금 여부와 그 금액을 밝히시오. (5점)

풀 이

(1) **집합손익계정 잔액**

수 익	60,000	비 용	80,000
집합손익	20,000		

(2) **기말이익잉여금**

기말이익잉여금 = 30,000원 − 9,000원 − 20,000원 = 1,000원

문제 3

(주)한국의 보유 금융자산과 관련된 다음의 자료를 이용하여 아래의 물음에 답하시오. 단, 모든 금융자산은 20×1년에 구입하였고 C 회사채는 발행시 액면가액에 취득한 것으로 가정한다. (10점)

(단위 : 원)

종 목	취득원가	20×1년 말 공정가치	20×2년 중 거래	20×2년 말 공정가치
A주식	100	160	배당 5 수령	170
B주식	150	130	120에 전부 현금매각	–
C회사채	300	310	이자 30 수령	290

(1) 위의 모든 금융자산을 당기손익 – 공정가치 측정 금융자산으로 분류할 경우, 20×2년 중 거래 및 기말 공정가치 평가로 인해 20×2년 당기순이익이 얼마만큼 증가 혹은 감소하였는지를 밝히시오. (5점)

(2) 위의 모든 금융자산을 기타포괄손익 – 공정가치 측정 금융자산으로으로 분류할 경우, 20×2년 중 거래 및 기말 공정가치 평가로 인해 20×2년 당기순이익이 얼마만큼 증가 혹은 감소하였는지를 밝히시오. (5점)

풀 이

(1) 당기손익 – 공정가치 측정 금융자산으로 분류할 경우
 A주식 : 평가이익 10원, 배당수익 5원
 B주식 : 처분손실 10원
 C사채 : 평가손실 20원, 이자수익 30원
 당기순이익 증가 : 15원

(2) 기타포괄손익 – 공정가치 측정 금융자산으로 분류할 경우
 A주식 : 배당수익 5원
 B주식 : 처분손실 0원(처분손익은 언제나 0원)
 C사채 : 이자수익 30원
 당기순이익 증가 : 35원

(주)한국은 회계기말인 매년 12월 말, 기말매출채권의 추정미래현금흐름 현재가치를 매년 기말매출채권 잔액의 90%로 산정하고 있다. 즉, 통상적으로 매년 12월 말 기말매출채권 잔액의 10%를 대손충당금으로 설정하고 있다. 다음 자료를 이용하여 아래의 물음에 답하시오. 단, 20×1년 말 대손충당금 설정 직전 동 계정의 잔액은 없었다고 가정한다. (10점)

A. 20×1년 말 현재 매출채권 잔액 10,000원에 대한 대손충당금을 설정하였다
B. 20×2년 4월, 거래처 갑의 매출채권 600원에 대해 대손을 확정하고 동 채권을 상각하였다.
C. 20×2년 말 현재 매출채권 잔액 15,000원에 대한 대손충당금을 설정하였다.
D. 20×3년 2월, 거래처 을의 매출채권 2,000원에 대해 대손을 확정하고 동 채권을 상각하였다.
E. 이미 상각했던 거래처 을의 매출채권 중 700원을 20×3년 5월에 회수하였다.

(1) 20×2년 포괄손익계산서상의 대손상각비 금액 및 20×2년 말 재무상태표상의 대손충당금 잔액은 각각 얼마인가? (5점)

(2) 20×3년 5월, 채권회수 후 매출채권 및 대손충당금 잔액은 각각 얼마인가? (5점)

풀 이

(1) **대손상각비 및 대손충당금 잔액**

대손상각비 금액 = 1,500원 − (1,000원 − 600원) = 1,100원

20×2년 말 대손충당금 잔액 = 1,500원

(2) **매출채권 및 대손충당금 잔액**

매출채권 잔액 = 15,000원 − 2,000원 = 13,000원

20×3년 대손충당금 잔액 = 700원

문제 5

(주)한국은 20×1년 1월 1일에 기계장치를 1,000,000원에 취득하였다. 동 기계장치의 잔존가치는
100,000원이고, 내용연수는 5년으로 추정되었다. 이때 정률법에 의한 20×2년도 연간 감가상각비
가 정액법에 의한 20×2년도 연간 감가상각비보다 얼마나 큰지 계산하시오. 단, 정률법의 감가상각
률은 40%로 가정한다. (5점)

풀 이

정액법 : 900,000원 / 5 = 180,000원
정률법 : (1,000,000원 − 400,000원) × 40% = 240,000원
따라서 정률법이 60,000원 더 크게 인식된다.

문제 6

(주)한국은 20×1년에 보유하고 있는 토지에 재평가모형을 적용하기로 결정하였다. 동 토지는 유형
자산으로 분류되며, 20×1년 말 재평가 전 토지의 장부가액은 3,000,000원이다. 20×1년 말과
20×2년 말 현재 토지의 공정가치가 각각 3,500,000원과 2,800,000원일 때, 20×2년 말 토지재평
가와 관련하여 포괄손익계산서에 비용으로 계상될 금액은 얼마인가? 단, 20×2년 중 토지의 공정가
치 하락으로 인한 영구적 손상징후는 없었다. (5점)

풀 이

평가손실 = 500,000원(기타포괄손익) − 500,000원(기타포괄손익) − 200,000원
         = (200,000원)

문제 7

한국회사는 20×1년 초에 대한회사를 합병하기 위하여 협상 중에 있다. 합병직전에 대한회사가 보유한 자산과 부채의 공정가치는 다음과 같다(단위 : 원).

대한회사의 자산과 부채의 공정가치			
매출채권	80	매입채무	120
재고자산	140	단기차입금	160
토 지	260	장기차입금	<u>200</u>
건 물	<u>240</u>		
합 계	720	합 계	480

협상이 타결되어 한국회사는 대한회사를 매수하는 대가로 대한회사의 주주들에게 300원을 수표 발행하여 지급하였다. 이 매수합병거래를 통해 한국회사가 계상해야 하는 영업권은 얼마인가? (5점)

풀 이

영업권 = 300원 − (720원 − 480원) = 60원

문제 8

(주)한국은 판매한 컴퓨터에 대해 3년간 제품보증서비스를 제공한다. 과거 경험에 의하면 매출액의 3%가 제품보증비로 지출된다. 다음 자료를 이용하여 20×2년 말 재무상태표에 표시되는 제품보증충당부채 잔액은 얼마인가? (5점)

- 20×1년 말 재무상태표상의 제품보증충당부채는 120원이다.
- 20×2년 중에 제품보증서비스 비용으로 80원을 지출하였다.
- 20×2년 중의 컴퓨터 매출액은 총 5,000원이다.

풀 이

제품보증충당부채 잔액 = 5,000원 × 3% + (120원 − 80원) = 190원

(주)한국은 20×1년 1월 1일에 액면금액 10,000,000원의 사채를 발행하였다. 사채의 액면이자율은 8%이고, 만기 5년, 매년 말에 이자를 지급하는 조건이다. 사채발행일 현재 시장이자율은 10%이다. 다음 현가계수를 이용하여 20×1년 말 (주)한국의 재무상태표상 사채의 장부가액을 계산하시오. 답은 소수점 첫째자리에서 반올림하시오(단위 : 원). (5점)

- 8%, 5년 현가계수 0.68058
- 10%, 5년 현가계수 0.62092
- 8%, 5년 연금현가계수 3.99271
- 10%, 5년 연금현가계수 3.79079

풀 이

20×1년 초 장부가액 = (10,000,000원 × 0.62092) + (800,000원 × 3.79079) = 9,241,832원
20×1년 말 장부가액 = 9,241,832원 × 1.1 − 800,000원 = 9,366,015원

다음 자료를 근거로 재고자산의 기록방법 및 재고자산 원가흐름가정과 관련된 아래의 물음에 답하시오. (10점)

기초재고 10개@10원 = 100원
당기 매출 및 매입활동
　　　　　7.1. 매입 50개@12원 = 600원
　　　　　9.1. 매출 40개@20원 = 800원
　　　　　11.1. 매입 40개@14원 = 560원
　　　　　12.1. 매출 20개@25원 = 500원

(1) 재고자산감모가 없다는 가정하에, 계속기록법하의 선입선출법을 적용할 경우 매출원가 금액을 구하시오. (5점)

위의 자료와 함께, 회계기말인 12월 말의 재고자산 실사에 의해 파악한 실제 재고자산 기말 보유 수량은 35개이다.

(2) 계속기록법하의 선입선출법을 적용할 경우 재고자산감모손실 금액을 구하시오. (5점)

풀 이

(1) 선입선출법 매출원가 = (10개 × 10원) + (50개 × 12원) = 700원
(2) 재고자산감모손실 = (40개 − 35개) × 14원 = 70원

문제 11

(주)한국은 20×1년도 이익처분을 위한 주주총회를 20×2년 3월 25일에 개최하였다. 20×2년 3월 25일 주주총회 결의 후에 (주)한국의 이익잉여금은 1,500원이었으며 이익준비금 1,200원과 배당평균적립금 200원 그리고 미처분이익잉여금 100원으로 구성되어 있었다. 그 후 20×2년도 당기순이익이 500원 발생하였다. 20×2년도 이익처분을 위해 20×3년 3월 30일에 주주총회가 개최되었으며, 여기에서 다음을 결의하였다.

- 이익준비금으로 100원 적립
- 사업확장적립금으로 400원 적립
- 배당평균적립금 200원을 미처분이익잉여금으로 이입
- 현금배당 250원 지급

(주)한국은 20×3년 3월 30일에 주주총회에서 결의된 배당금 250원을 20×3년 4월 30일에 주주들에게 현금으로 지급하였다. (10점)

(1) 결산일인 20×2년말 재무상태표상 미처분이익잉여금은 얼마인가? (5점)

(2) 20×3년 3월 30일의 주주총회 결의 후에 이익잉여금 총액은 얼마인가? (5점)

풀이

(1) 20×2년말 재무상태표상 미처분이익잉여금 = 100원 + 500원 = 600원
(2) 20×3년 3월 30일의 주주총회 결의 후에 이익잉여금 총액 = 1,500원 + 500원 − 250원 = 1,750원

다음은 한국회사의 20×1 회계연도 재무제표에서 발췌한 자료이다(단위 : 원).

- 기초매출채권(순액)   4,400
- 기말매출채권(순액)   3,600
- 기초재고자산   1,700
- 기말재고자산   2,300
- 매출채권회전율   10회
- 재고자산회전율   15회

20×1년 중 한국회사의 모든 매출은 외상으로 이루어졌다. 위의 자료를 이용하여 한국회사의 20×1 회계연도 매출총이익률을 계산하면 얼마인가? (5점)

풀 이

매출채권회전율 = 매출액 / 평균매출채권 = 매출액 / (4,400원 + 3,600원) / 2 = 10회
매출액 = 4,000원 × 10회 = 40,000원
재고자산회전율 = 매출원가 / 평균재고자산 = 매출원가 / (1,700원 + 2,300원) / 2 = 15회
매출원가 = 2,000원 × 15회 = 30,000원
매출총이익률 = 매출총이익 / 매출액 = (40,000원 - 30,000원) / 40,000원 = 25%

(주)한국산업의 20×1년도 원가자료는 다음과 같다(단위 : 원).

• 직접재료원가	900	• 직접노무원가	800
• 간접재료원가	200	• 공장건물 화재보험료	150
• 본사 소모품비	100	• 본사관리부사원 급여	350
• 공장건물 감가상각비	500	• 영업부사원 판매수수료	400
• 공장기계 운용리스료	250	• 본사건물 화재보험료	120
• 본사건물 감가상각비	150	• 간접노무원가	700
• 공장토지 재산세	200	• 본사건물 재산세	175

(주)한국산업의 20×1년도 제조간접원가 총액은 얼마인가? (5점)

풀 이

제조간접원가 총액 = 200원 + 500원 + 250원 + 200원 + 150원 + 700원 = 2,000원

(주)한국제조의 20×1년도 회계자료는 다음과 같다.

(단위 : 원)

구 분	20×1년 1월 1일	20×1년 12월 31일
직접재료	10,000	8,000
재공품	5,000	6,000
제 품	7,000	3,000
직접재료 당기구입액	12,000	
직접노무원가 당기발생액	36,000	
제조간접원가 당기발생액	17,000	

(주)한국제조의 20×1년 매출원가는 얼마인가? (5점)

풀 이

당기총제조원가 = (10,000원 + 12,000원 − 8,000원) + 36,000원 + 17,000원 = 67,000원
당기제품제조원가 = 5,000원 + 67,000원 − 6,000원 = 66,000원
매출원가 = 7,000원 + 66,000원 − 3,000원 = 70,000원

문제 15

(주)한국제조는 현재 단일의 제품을 매월 평균 2,000단위씩 생산, 판매하고 있다. 당사의 제품단위당 판매가격은 50원이며, 원가자료는 다음과 같다(단위 : 원).

- 단위당 직접재료원가   18
- 단위당 직접노무원가   6
- 단위당 변동제조간접원가   4
- 단위당 변동판매관리비   2
- 월간 고정제조간접원가   24,000
- 월간 고정판매관리비   12,000

(주)한국제조가 손익분기점에 도달하기 위한 월 판매량을 구하시오. (5점)

풀 이

판매가 50원, 변동비 30원, 고정비 36,000원
손익분기점 판매량 = 고정비 / 단위당 공헌이익 = 36,000원 / 20원/개 = 1,800개

※ 아래 문제들에서 특별한 언급이 없는 한 기업의 보고기간(회계기간)은 매년 1월 1일부터 12월 31일까지 이고, 세금은 없다고 가정한다. 또한 기업은 주권상장법인으로서 계속해서 한국채택국제회계기준 (K-IFRS)을 적용해오고 있다고 가정하고, 주어진 내용 이외의 상황은 고려하지 말고 답하시오.

문제 1

20×1년 결산일 현재 (주)한국이 가진 다음의 자산 중 재무상태표에 현금 및 현금성자산으로 보고될 금액은 얼마인가?(단위 : 원) (5점)

• 지폐와 동전	60,000
• 당좌예금	40,000
• 수입인지	20,000
• 정기적금(2년 후 만기도래)	60,000
• 우 표	20,000
• 직원가불증	200,000
• 만기가 2개월 이내인 양도성예금증서(20X1년 12월 1일 취득)	240,000

풀 이

현금 및 현금성자산
= 지폐와 동전 60,000원 + 당좌예금 40,000원 + 양도성예금증서 240,000원
= 340,000원

(주)한국은 20×1년 6월 1일에 액면 1,000원의 어음(발행일 20×1년 2월 1일, 만기일 20×1년 7월 31일, 액면이자율 10%)을 A금융회사에서 연 12%의 이자율로 할인받았다. 20×1년 7월 31일에 어음발행인은 어음가액 전부를 은행에 지급하였다. (주)한국이 어음할인대가로 A금융회사에게 지급한 금액은 얼마인가? 단, 어음할인액은 월할 계산한다. (5점)

풀 이

수수료 = (1,000원 + 1,000원 × 10% × 6 / 12) × 12% × 2 / 12 = 21원

(주)한국의 20×1년과 20×2년 결산일 현재 총자산과 총부채 금액이다.

(단위 : 원)

구 분	20×1년	20×2년
자산총계	50,000	70,000
부채총계	20,000	25,000

20×2년 중에 유상증자 7,000원과 현금배당 500원이 있었다. 20×2년 당기순이익은 얼마인가? 단, 기타포괄손익과 다른 자본거래는 없다. (5점)

풀 이

기말자본 = 기초자본 + 유상증자 − 현금배당금 + 당기순이익
(70,000원 − 25,000원) = (50,000원 − 20,000원) + 7,000원 − 500원 + 당기순이익
당기순이익 = 8,500원

(주)한국은 실지재고조사법에 의해 재고자산의 수량을 파악하고 있으며, 6월 중 상품매매와 관련된 자료는 다음과 같다. (주)한국은 재고자산평가손실과 정상적 재고감모손실을 매출원가에 포함하여 회계처리 한다. 아래의 물음에 답하시오. (10점)

(단위 : 원)

일 자	거 래	수 량	단 가	금 액
6월 1일	월초 재고	10개	1,000	10,000
6월 13일	매 입	20개	1,300	26,000
6월 17일	매 출	24개		
6월 22일	매 입	30개	1,500	45,000
6월 28일	매 출	26개		

(1) 재고자산감모손실과 평가손실이 없다는 가정하에, 평균법을 적용할 경우 월말 상품재고자산은 얼마인가? (5점)

(2) 만일 월말 상품의 단위당 순실현가치가 900원이며, 창고에 실제 보관 중인 월말 상품재고수량이 10개라면 매출원가는 얼마인가? (5점)

풀 이

(1) **월말 상품재고자산**

실지재고조사법하에서의 평균법은 총평균법이다.

평균단가 = (10,000원 + 26,000원 + 45,000원) / (10개 + 20개 + 30개) = 1,350원/개

월말 상품재고자산 = (10개 + 20개 + 30개 − 24개 − 26개) × 1,350원/개 = 13,500원

(2) **매출원가**

평가 및 감모손실 반영 전 매출원가 = (24개 + 26개) × 1,350원/개 = 67,500원

재고자산감모손실 = (10개 − 10개) × 1,350원/개 = 0원

재고자산평가손실 = 10개 × (1,350 − 900)원/개 = 4,500원(매출원가에 가산)

평가 및 감모손실 반영 후 매출원가 = 67,500원 + 4,500원 = 72,000원

다음은 (주)한국의 유형자산과 관련된 자료이다. 아래의 물음에 답하시오. (10점)

- (주)한국은 20×1년 5월 1일에 건물이 있는 토지를 5,000,000원에 일괄구입 하였다. 취득 당시 건물의 공정가치는 2,000,000원이며, 토지의 공정가치는 4,000,000원이었다. (주)한국은 토지만 사용할 목적으로 취득했으며, 건물은 구입 즉시 철거하였다. 철거비로 80,000원, 토지정지비로 150,000원이 지출되었다.
- (주)한국은 20×1년 1월 1일 기계장치를 2,000,000원에 취득하였다. 동 기계장치의 내용연수는 10년이고, 잔존가치는 없으며, 정액법으로 감가상각 한다. 20×4년 1월 1일에 성능향상을 위해 400,000원을 지출한 결과 내용연수가 2년 연장되었다. 동 지출은 자산의 인식기준을 충족한다.

(1) 토지의 취득원가는 얼마인가? (5점)

(2) 20×4년 기계장치의 감가상각비는 얼마인가? (5점)

풀 이

(1) 토지의 취득원가

취득원가 = 토지일괄구입가 5,000,000원 + 철거비 80,000원 + 토지정지비 150,000원
= 5,230,000원

(2) 기계장치의 감가상각비

20×3년 말 감가상각누계액 = 2,000,000원 / 10 × 3 = 600,000원

20×3년 말 장부금액 = 2,000,000원 − 600,000원 = 1,400,000원

20×4년 초 장부금액 = 1,400,000원 + 400,000원 = 1,800,000원

20×4년 감가상각비 = 1,800,000원 / (7 + 2) = 200,000원

다음은 (주)한국의 무형자산과 관련된 내용이다. 20×1년 무형자산상각비는 얼마인가? (5점)

- (주)한국은 20×1년 1월 1일 회원권을 2,000,000원에 취득하였다. 회원권과 관련된 모든 요소의 분석에 근거할 때 회원권이 순현금유입을 창출할 것으로 기대되는 기간을 합리적으로 결정할 수 없다. 동 회원권에 대한 손상징후는 없다.
- (주)한국은 20×1년 1월 1일 소프트웨어를 1,000,000원에 취득하였다. 소프트웨어의 내용연수는 10년이며, 잔존가치는 없을 것으로 판단된다. (주)한국은 소프트웨어가 소비되는 형태를 신뢰성 있게 결정할 수 없다.

풀 이

회원권은 비한정내용연수의 자산이므로 무형자산상각비 = 0원
소프트웨어상각비 = 1,000,000원 / 10 = 100,000원
무형자산상각비 = 100,000원

문제 7

(주)한국은 20×1년 중 (주)대한의 발행주식 100주를 주당 10,000원에 취득하였고, 취득시 매매수수료 20,000원을 별도로 지급하였다. (주)한국은 동 금융상품을 기타포괄손익 – 공정가치 측정 금융자산으로 분류하였다. 20×1년 중에 추가취득이나 처분거래는 없었다. 동 금융상품의 20×1년 말 공정가치는 주당 9,650원이었으며, 손상차손이 발생하였다는 객관적인 증거는 없었다. (10점)

(1) 동 금융상품에 대해 20×1년 12월 31일에 인식할 기타포괄손익 – 공정가치 측정 금융자산평가손익은 얼마인가? 평가이익 혹은 평가손실 여부와 그 금액을 밝히시오. (5점)

(2) (주)한국은 20×2년 중에 동 금융상품을 950,000원에 모두 매각하였다. 처분시점에 인식할 기타포괄손익 – 공정가치 측정 금융자산처분손익은 얼마인가? 처분이익 혹은 처분손실 여부와 그 금액을 밝히시오. (5점)

풀 이

(1) **기타포괄손익 – 공정가치 측정 금융자산평가손익**

　　금융자산평가손익 = 공정가치 − 취득원가

　　　　　　　　　 = 100주 × 9,650원/주 − (100주 × 10,000원/주 + 20,000원) = (55,000원)

　　∴ 금융자산평가손실 = 55,000원

(2) **기타포괄손익 – 공정가치 측정 금융자산처분손익**

　　금융자산처분손익은 언제나 0원이다.

　　∴ 금융자산처분손실 = 0원

(주)한국은 20×1년 1월 1일에 액면 1,000,000원의 사채(표시이자율 연 10%, 3년 만기, 매년 말 이자지급)를 1,166,510원에 발행하였다. 발행 당시의 이자율은 연 4%이다. (주)한국이 동 사채를 만기 상환할 경우 만기까지 부담할 총이자비용은 얼마인가? (5점)

풀 이

3년간 총이자비용 = 총현금지급액 − 총현금수령액(발행가액)
= (1,000,000원 + 1,000,000원 × 10% × 3) − 1,166,510원 = 133,490원

다음은 (주)한국의 20×1년 재무자료이다.

(단위 : 원)

	1월 1일	12월 31일
매출채권	4,500	3,450
선수수익	1,050	1,670

(주)한국의 20×1년 발생주의 수익이 120,000원일 때, 20×1년 현금주의 수익은 얼마인가? (5점)

풀 이

수익과 관련한 현금흐름

수익(I/S)	120,000원	(대변증가)
매출채권 감소액	1,050원	(대변증가)
선수수익 증가액	620원	(대변증가)
합 계	121,670원	

현금주의 수익 = 121,670원

다음은 (주)한국의 20×1년 주당순이익을 계산하기 위한 자료이다(단위 : 원).

- 20×1년 1월 1일 유통보통주식수(액면 1,000원)   10,000주
- 20×1년 4월 1일 유상증자(시가발행)   5,000주
- 20×1년 11월 1일 자기주식취득   3,000주

(주)한국은 보통주만 발행하였고, 20×1년 당기순이익은 7,950,000원이다. (주)한국의 20×1년 기본주당순이익은 얼마인가? 단, 가중평균유통보통주식수는 월 단위로 계산한다. (5점)

> **풀 이**
>
> 가중평균유통보통주식수 = 10,000주 + (5,000주 × 9 / 12) − (3,000주 × 2 / 12) = 13,250주
> 기본주당순이익 = 7,950,000원 / 13,250주 = 600원/주

문제 11

(주)한국은 모든 상품을 외상으로 판매하고 있으며, 2/10, n/30의 조건으로 매출할인을 제공하고 있다. 다음은 1월 중 매출채권과 관련된 자료이다. 1월 중에 매출할인이 적용된 매출은 얼마인가? 단, 매출에누리와 환입은 없으며, 어음거래는 존재하지 않았다(단위 : 원). (5점)

• 월초 매출채권 잔액	300
• 월말 매출채권 잔액	260
• 1월 중 외상매출액	1,640
• 1월 중 현금회수액	1,652

풀 이

매출과 관련한 현금흐름

매출(I/S)	1,640원(대변증가)
매출채권 감소액	40원(대변증가)
매출할인	$- x$(차변증가) $\rightarrow$ 매출할인 $= 28$원
합 계	1,652원

매출할인이 적용된 매출(순매출) $= 1,640$원 $- 28$원 $= 1,612$원

(주)한국의 20×1년 재무자료는 다음과 같다. (주)한국은 모든 상품을 외상으로 판매한다. 매출채권 평균회수기간은 얼마인가? 단, 1년은 360일이며, 매출채권과 관련하여 발생한 대손은 없다(단위 : 원). (5점)

• 매출액	15,000
• 기초매출채권	2,000
• 당기회수 매출채권	11,000

풀이

매출과 관련한 현금흐름

매출(I/S)　　　　　15,000원 (대변증가)
매출채권 증가액　　 −4,000원 (차변증가) → 기말매출채권
현금유입　　　　　 11,000원　　　　　 = 기초매출채권 2,000원 + 증가액 4,000원
　　　　　　　　　　　　　　　　　　 = 6,000원

매출채권회전율 = 매출액 / 평균매출채권
　　　　　　 = 15,000원 / (기초매출채권 2,000원 + 기말매출채권 6,000원) / 2 = 3.75회
매출채권 평균회수기간 = 360일 / 매출채권회전율 = 360일 / 3.75회 = 96일

(주)한국의 20×1년 원가자료이다(단위 : 원).

• 기초원재료	500,000
• 당기원재료매입액	2,000,000
• 기말원재료	300,000
• 당기노무원가(미지급금 150,000 포함)	450,000
• 공장 감가상각비	300,000
• 광고선전비	200,000
• 기계장치수선비	70,000

아래의 물음에 답하시오. (10점)

(1) (주)한국의 20×1년 제조간접원가를 계산하시오. (5점)

(2) (주)한국의 20×1년 총제조원가를 계산하시오. (5점)

풀 이

(1) 20×1년 제조간접원가

제조간접원가 = 공장 감가상각비 300,000원 + 기계장치수선비 70,000원 = 370,000원

(2) 20×1년 총제조원가

총제조원가 = 직접재료원가 + 직접노무원가 + 제조간접원가
= (500,000원 + 2,000,000원 − 300,000원) + 450,000원 + (300,000원 + 70,000원)
= 3,020,000원

문제 14

(주)한국은 제조부문 갑에서 제품A와 제품B를 생산하고 있다. 20×1년 갑부문에서 발생된 제조간접원가는 800,000원이다.

(단위 : 원)

구 분	제품A	제품B	합 계
직접재료원가	300,000	400,000	700,000
직접노무원가	500,000	800,000	1,300,000
직접노동시간	600시간	1,000시간	1,600시간
기계작업시간	200시간	200시간	400시간
생산량	1,000개	1,000개	
단위당 판매가격	2,500	3,000	

(주)한국이 직접노동시간을 기준으로 제조간접원가를 배부하는 경우 제품A의 단위당 이익은 얼마인가? (5점)

풀 이

제조간접원가 배부율 800,000원 / 1,600시간 = 500원/시간
제조간접원가 제품에 배부 : 600시간 × 500원/시간 = 300,000원

단위당 제조원가

(단위 : 원)

구 분	금 액
직접재료원가	300,000
직접노무원가	500,000
제조간접원가	300,000
총제조원가	1,100,000
생산량	1,000개
단위당 제조원가	1,100

제품A의 단위당 이익 = 단위당 판매가격 − 단위당 제조원가 = 2,500원 − 1,100원 = 1,400원

다음은 상품매매기업인 (주)한국의 20×1년과 20×2년 결산일 현재 재무상태표의 일부이다.

(단위 : 원)

구 분	20×2년	20×1년
자 산		
현금 및 현금성자산	3,600	1,200
매출채권	1,250	750
재고자산	5,200	5,300
선급금	950	750
토 지	18,000	15,000
기계장치	6,500	7,000
차량운반구	8,650	8,700
무형자산	4,150	4,150
부 채		
매입채무	4,000	3,850
선수금	1,100	1,150
장기차입금	12,000	12,000
퇴직급여충당부채	4,200	4,200
자 본	—	—

다음 물음에 답하시오. (10점)

(1) (주)한국의 20×1년 유동비율을 계산하시오. (5점)

(2) (주)한국의 20×2년도 당기순이익은 4,350원이며, 감가상각비는 800원이다. 20×2년 영업활동 현금흐름을 계산하시오. (5점)

풀 이

(1) 20×1년 유동비율

유동비율 = 유동자산 / 유동부채 × 100%

= (1,200원 + 750원 + 5,300원 + 750원) / (3,850원 + 1,150원) × 100% = 160%

(2) 20×2년 영업활동현금흐름

당기순이익	4,350원
감가상각비(투자활동손익 제거)	800원
매출채권의 증가(차변증가)	(500원)
재고자산의 감소(대변증가)	100원
선급금의 증가(차변증가)	(200원)
매입채무의 증가(대변증가)	150원
선수금의 감소(차변증가)	(50원)
영업활동현금흐름	4,650원

※ 아래 문제들에서 특별한 언급이 없는 한 기업의 보고기간(회계기간)은 매년 1월 1일부터 12월 31일까지이고, 세금은 없다고 가정한다. 또한 기업은 주권상장법인으로서 계속해서 한국재택국제회계기준(K-IFRS)을 적용해오고 있다고 가정하고, 주어진 내용 이외의 상황은 고려하지 말고 답하시오.

문제 1

(주)한국은 20×1년 1월 1일에 다음과 같은 사채를 발행하였다. 현가계수는 아래의 표를 이용하며, 금액은 소수점 첫째자리에서 반올림한다. (10점)

• 사채액면금액	1,000,000원
• 사채발행일	20×1년 1월 1일
• 표시이자율	연 8%
• 유효이자율	연 10%
• 이자지급일	매년 12월 31일
• 사채만기일	20×3년 12월 31일

구 분	단일금액 1원의 현재가치		정상연금 1원의 현재가치	
	8%	10%	8%	10%
1기간	0.9259	0.9090	0.9259	0.9090
2기간	0.8573	0.8265	1.7832	1.7335
3기간	0.7938	0.7513	2.5771	2.4868

(1) 20×1년 1월 1일 사채의 발행가액은 얼마인가? (5점)

(2) 20×1년 12월 31일 사채의 장부금액(상각 후 원가)은 얼마인가? (5점)

풀 이

(1) 20×1년 1월 1일 사채의 발행가액

사채의 발행가액 = (1,000,000원 × 0.7513) + (80,000원 × 2.4868) = 950,244원

(2) 20×1년 12월 31일 사채의 장부금액

사채의 장부금액 = 950,244원 × 1.1 − 80,000원 = 965,268원

(주)한국은 20×1년에 재고자산의 평가방법을 선입선출법에서 평균법으로 변경하였다. 그 결과 20×1년의 기초재고자산과 기말재고자산이 각각 22,000원과 18,000원만큼 감소하였다. 만일 회계 정책을 변경하지 않았다면 (주)한국의 20×1년 매출원가는 100,000원이다. 회계정책 변경 후 (주)한국의 20×1년 매출원가는 얼마인가? (5점)

풀이

회계정책 변경 후 20×1년 매출원가 = 100,000원 − 22,000원 + 18,000원 = 96,000원

※ 매출원가 = 기초재고액 + 당기매입액 − 기말재고액

※ 회계정책 변경 후 매출원가 = 회계정책 변경 전 매출원가 + 기초재고증감액 − 기말재고증감액

(주)한국은 20×1년 1월 1일 구입한 취득원가 290,000원, 내용연수 5년, 잔존가치 40,000원의 기계 장치를 정액법으로 감가상각 하였다. 감가상각방법의 재검토결과 연수합계법이 변동된 소비형태를 더 잘 반영할 것으로 판단하여 20×2년부터 감가상각방법을 연수합계법으로 변경하였다. (10점)

(1) (주)한국이 20×1년 포괄손익계산서에 인식하여야 할 감가상각비는 얼마인가? (5점)

(2) (주)한국이 20×2년 포괄손익계산서에 인식하여야 할 감가상각비는 얼마인가? (5점)

풀이

(1) 20×1년 포괄손익계산서에 인식하여야 할 감가상각비

　　20×1년 감가상각비 = (290,000원 − 40,000원) / 5 = 50,000원

(2) 20×2년 포괄손익계산서에 인식하여야 할 감가상각비

　　20×2년 초 장부금액 = 290,000원 − 50,000원 = 240,000원

　　20×2년 감가상각비 = (240,000원 − 40,000원) × 4 / (1 + 2 + 3 + 4) = 80,000원

문제 4

(주)한국은 20×1년 1월 1일에 건물건설계약(공사기간 3년, 총도급금액 30,000원)을 체결하였다. 건설계약과 관련된 연도별 자료는 다음과 같다. (주)한국은 동 건설계약의 수익을 진행기준으로 인식하며, 발생한 누적계약원가를 기준으로 진행률을 계산한다. (10점)

(단위 : 원)

구 분	20×1년	20×2년	20×3년
실제발생 누적계약원가	6,000	17,500	24,000
연말 예상추가계약원가	14,000	7,500	—
공사대금회수액	7,000	18,000	5,000

(1) 20×1년 말 누적진행률을 계산하시오. (5점)

(2) (주)한국이 20×2년에 인식하는 ① 당기계약수익 및 ② 당기계약이익은 각각 얼마인가? (5점)

풀 이

(단위 : 원)

구 분	20×1년	20×2년
총공사계약금액	30,000	30,000
누적계약발생원가	6,000	17,500
추정총계약원가	20,000	25,000
공사진행률	30%	70%
당기계약수익	9,000	12,000
당기계약원가	(6,000)	(11,500)
당기계약이익	3,000	500

(1) 20×1년 말 누적진행률

누적진행률 = 6,000원 / 20,000원 = 30%

(2) 20×2년도 당기계약수익, 당기계약이익

① 당기계약수익 = 12,000원

② 당기계약이익 = 500원

다음은 (주)한국의 20×1년 말 자산과 부채를 나타낸 것이다(단위 : 원).

(주)한국의 20×1년 당좌비율은 몇 %인가?(5점)

자 산		부 채	
현금 및 현금성자산	180,000	매입채무	120,000
매출채권	360,000	단기차입금	180,000
재고자산	360,000	사채(만기 20×4년 말)	230,000
토 지	150,000	장기차입금	330,000
건 물	30,000		
기계장치	120,000		

풀 이

당좌비율 = 당좌자산 / 유동부채
= (180,000원 + 360,000원) / (120,000원 + 180,000원) = 180%

문제 6

20×1년 사업을 개시한 (주)한국의 상품의 매입과 판매에 관한 자료는 다음과 같다.

(단위 : 원)

연 도	매 입	판 매
20×1	1,500,000	3,000,000
20×2	1,000,000	2,500,000

(주)한국은 상품매입시에 매입대금을 모두 현금으로 지급하며, 상품판매시에는 60%를 당해 연도에 모두 판매한다. (주)한국의 상품거래와 관련하여 20×2년의 (1) 발생주의에 의한 순이익과 (2) 현금주의에 의한 순이익은 각각 얼마인가? (5점)

풀 이

(1) **발생주의에 의한 순이익**
   순이익 = 매출 2,500,000원 − 매출원가 1,000,000원 = 1,500,000원

(2) **현금주의에 의한 순이익**
   순이익 = 매출 (3,000,000원 × 0.4 + 2,500,000원 × 0.6) − 매출원가 1,000,000원
   　　　= 1,700,000원

문제 7

(주)한국의 20×1년 초 자본금과 주식발행초과금은 각각 5,000,000원과 2,500,000원이다. 20×1년 중 (주)한국은 주당 액면금액 500원인 주식을 주당 1,000원에 1,000주 발행하였다. 동 주식발행과 관련하여 (주)한국은 다음과 같은 비용을 현금으로 지급하였다. 동 주식발행 이외에 20×1년 중 자본금과 주식발행초과금에 영향을 주는 거래가 없었다면, 주식발행 후 (주)한국의 (1) 자본금과 (2) 주식발행초과금은 얼마인가? (5점)

• 법률자문료	50,000원
• 주권인쇄비	30,000원

풀 이

(1) **자본금**
   자본금 = 5,000,000원 + 500,000원 = 5,500,000원

(2) **주식발행초과금**
   주식발행초과금 = 2,500,000원 + 500,000원 − 80,000원 = 2,920,000원

다음은 (주)한국의 20×1년 당기제조원가에 관한 자료이다. 주어진 자료를 이용하여 아래의 물음에 답하시오. (10점)

(단위 : 원)

구 분	기 초	기 말
원재료	150,000	70,000
재공품	130,000	60,000
제 품	80,000	90,000
원재료매입액	170,000	
기본원가	320,000	
가공원가	270,000	

(1) (주)한국의 20×1년 당기제품제조원가를 구하시오. (5점)

(2) (주)한국의 20×1년 매출원가를 구하시오. (5점)

풀 이

(1) **당기제품제조원가**

　　당기총제조원가 = 직접재료원가 + 직접노무원가 + 제조간접원가

　　　　　　　　 = 직접재료원가 + 가공원가(전환원가)

　　　　　　　　 = (150,000원 + 170,000원 − 70,000원) + 270,000원 = 520,000원

　　당기제품제조원가 = 기초재공품재고액 + 당기총제조원가 − 기말재공품재고액

　　　　　　　　　 = 130,000원 + 520,000원 − 60,000원 = 590,000원

(2) **매출원가**

　　매출원가 = 기초제품재고액 + 당기제품제조원가 − 기말제품재고액

　　　　　　 = 80,000원 + 590,000원 − 90,000원 = 580,000원

(주)한국은 제품A를 생산하고 있으며, 제품A의 원가에 관한 정보는 다음과 같다.

- 단위당 공헌이익   1,000원
- 월간 고정제조원가와 고정판매관리비   50,000원
- 월간 목표이익   10,000원

목표이익을 달성하기 위한 (주)한국의 월간 판매량은 얼마인가? 단, 법인세는 고려하지 않는다. (5점)

풀 이

매출액 − 변동비 − 고정비 = 목표이익
목표이익달성 판매량을 x 라 하면
$1,000x - 50,000$원 $= 10,000$원
목표이익달성 판매량 $x = 60$개

제1과목

회계원리

다음은 (주)한국의 20×1년 활동원가에 관한 자료이다. (주)한국은 각 활동에 대한 원가동인을 기준으로 제조간접원가를 배부하고 있다. 다음의 자료를 이용하여 각 활동기준(ABC)에 의한 (1) A제품에 배부될 제조간접원가와 (2) B제품에 배부될 제조간접원가는 각각 얼마인가? (5점)

(단위 : 원)

활 동	활동원가	원가동인	A제품	B제품
매입주문활동	280,000	주문횟수	150회	200회
재료처리활동	99,000	처리횟수	180회	150회
품질검사활동	44,100	검사횟수	35회	28회
제품운반활동	114,400	운반횟수	48회	95회
합 계	537,500		—	

풀 이

(단위 : 원)

활 동	A제품	B제품
매입주문활동	280,000 × 150회 / 350회 = 120,000	280,000 × 200회 / 350회 = 120,000
재료처리활동	99,000 × 180회 / 330회 = 54,000	99,000 × 150회 / 330회 = 54,000
품질검사활동	44,100 × 35회 / 63회 = 24,500	44,100 × 28회 / 63회 = 24,500
제품운반활동	114,400 × 48회 / 143회 = 38,400	114,400 × 95회 / 143회 = 38,400
합 계	236,900	300,600

(1) A제품에 배부될 제조간접원가

제조간접원가 = 236,900원

(2) B제품에 배부될 제조간접원가

제조간접원가 = 300,600원

문제 11

(주)한국은 20×1년 사업을 개시하였으며, 재고자산에 대하여 계속기록법과 평균법을 적용하고 있다. 다음은 20×1년 중 (주)한국의 상품매매와 관련된 자료이다. (10점)

(단위 : 원)

일 자	거 래	수 량	단 가	금 액
1월 3일	매 입	30개	10	300
3월 4일	매 출	10개	20	200
7월 10일	매 입	15개	17	255
9월 20일	매 출	20개	22	440

(1) 재고자산감모손실과 재고자산평가손실이 없다는 가정하에 (주)한국의 20×1년 매출원가는 얼마인가? (5점)

(2) 재고자산평가손실은 없으며, 12월 말 재고자산 실사에 의해 파악된 실제수량이 10개인 경우 (주)한국의 20×1년 재고감모손실은 얼마인가? (5점)

풀 이

(1) **매출원가**

계속기록법하의 평균법은 이동평균법을 의미하므로

매출원가 = (10개 × 10원/개) + (20개 × 455원 / 35개) = 360원

(2) **재고자산감모손실**

재고자산감모손실 = (장부상수량 15개 − 실제수량 10개) × 13원/개 = 65원

(주)한국은 20×1년 말 재무상태표에 보고된 매출채권은 40,000원이며, 이에 대한 대손충당금은 1,600원이 설정되어 있다. 다음은 20×2년 매출채권과 관련된 내용이다. 20×2년 말 재무상태표에 표시되는 (1) 매출채권(총액) 및 (2) 대손충당금은 얼마인가? (5점)

- 20×2년 외상매출액은 68,000원이며, 20×2년 대손확정액은 2,000원이다.
- 20×1년 대손확정하였던 매출채권 1,600원을 20×2년 10월에 현금으로 회수하였다.
- 20×2년 11월에 매출채권 28,400원 중 매출할인 400원을 제외하고 현금으로 회수하였다.
- 20×2년 12월 중 대손확정된 채권금액은 800원이다.
- 20×2년 12월 말 개별채권의 예상 미래현금흐름을 분석하여 3,400원이 회수가 불확실할 것으로 추정하였다.

풀 이

(1) **매출채권(총액)**

매출채권(총액) = 40,000원 + 68,000원 − 2,000원 − 28,400원 − 800원 = 76,800원

(2) **대손충당금**

대손충당금 = 1,600원 − 800원 + 2,600원 = 3,400원

문제 13

다음은 20×1년에 사업을 개시한 (주)한국의 20×1년 중 거래와 관련된 자료이다(단위 : 원).

- 9월 1일 광고료 12,000원을 지급하며, 다음과 같이 회계처리 하였다. 이 중 4,000원은 20×2년 2월 방송될 광고와 관련된 금액이다.

  (차) 광고선전비　　　　12,000　　　(대) 현 금　　　　　　　12,000

- 10월 3일 소모품을 20,000원에 구입하면서 다음과 같이 회계처리 하였다. 기말에 남아 있는 소모품은 5,000원이다.

  (차) 소모품　　　　　　20,000　　　(대) 현 금　　　　　　　20,000

- 11월 1일 은행으로부터 1,000,000원을 연 6%에 차입하면서 다음과 같이 회계처리 하였다. 이자의 경우 만기일(20×2년 10월 31일)에 원금과 함께 지급하며, 이자는 월할 계산한다.

  (차) 현 금　　　　　1,000,000　　　(대) 차입금　　　　　1,000,000

- 12월분 임차료 1,000원은 아직 지급하지 않았고, 회계처리도 하지 않았다.

위 거래와 관련하여 20×1년 말에 수행할 수정분개가 당기순이익에 미치는 영향은? 증가 혹은 감소 여부와 그 금액을 밝히시오. (5점)

풀이

수정분개

광 고 료 :	(차) 선급비용	4,000	(대) 광고선전비	4,000
소 모 품 :	(차) 매출원가	15,000	(대) 소모품	15,000
이자비용 :	(차) 이자비용	10,000	(대) 미지급이자	10,000
임 차 료 :	(차) 임차료	1,000	(대) 미지급임차료	1,000

당기순이익에 미치는 영향 = 4,000원 − 15,000원 − 10,000원 − 1,000원 = (22,000원)

다음은 (주)한국이 20×1년 1월 1일에 취득한 금융자산과 관련된 자료이다. (10점)

> • (주)대한이 발행한 주식 10주를 주당 1,000원에 취득하고 당기손익 – 공정가치 측정 금융자산으로 분류하였다. 취득시 매매수수료 100원을 별도로 지급하였다. 20×1년 말 공정가치는 주당 990원이다.
> • (주)민국이 20×1년 1월 1일 발행한 액면금액 1,000,000원의 사채(만기 3년, 표시이자율 10%, 이자는 매년 말 지급)를 취득하면서 상각 후 원가 측정 금융자산으로 분류하였다. 보유기간 동안 동 금융자산과 관련하여 손상이 발생하였다는 객관적인 증거는 없었다.

(1) (주)한국이 당기손익 – 공정가치 측정 금융자산을 20×2년 6월 1일 주당 1,100원에 모두 처분한 경우 20×2년 포괄손익계산서에 인식할 당기손익 – 공정가치 측정 금융자산처분손익은 얼마인가? (5점)

(2) (주)한국이 상각 후 원가 측정 금융자산을 만기까지 보유하면서 보유기간 동안 348,037원의 이자수익을 인식하였다. 상각 후 원가 측정 금융자산의 취득원가는 얼마인가? (5점)

풀 이

(1) 당기손익 – 공정가치 측정 금융자산처분손익

　　금융자산처분손익 = 10주 × (1,100원 − 990)원/주 = 1,100원(처분이익)

　　※ 위 금융자산을 기타포괄손익 – 공정가치 측정 금융자산으로 처리하는 경우, 처분손익 900원
　　　(= 11,000원 − 10,100원)은 평가손익으로 처리하여 이익잉여금에 대체하므로 항상 0원이다. 즉, 이 경우에는 처분손익으로 인식하지 않는다.

(2) 상각 후 원가 측정 금융자산의 취득원가

　　취득원가 = 1,000,000원 + (1,000,000원 × 10% × 3) − 348,037원
　　　　　　 = 951,963원

04 2017년 시행 제40회 기출문제

> ※ 아래 문제들에서 특별한 언급이 없는 한 기업의 보고기간(회계기간)은 매년 1월 1일부터 12월 31일까지
> 이고, 세금은 없다고 가정한다. 또한 기업은 주권상장법인으로서 계속해서 한국재택국제회계기준
> (K-IFRS)을 적용해오고 있다고 가정하고, 주어진 내용 이외의 상황은 고려하지 말고 답하시오.

문제 1

(주)한국은 20×1년 2월 1일에 1장당 액면금액 10,000원의 상품권 3장을 5% 할인한 금액으로 최초
발행하였다. (주)한국은 20×1년 4월 1일에 판매가 18,500원의 상품을 판매하면서 회수된 상품권
2장에 대해 상품인도와 더불어 잔액 1,500원을 현금으로 반환하였다. (주)한국이 위의 거래들과 관
련하여 20X1년도 포괄손익계산서에 인식하게 될 매출액은 얼마인가? (5점)

풀 이

순액법에 따른 회계처리(단위 : 원)

상품권 발행시 :	(차) 현 금	28,500	(대) 선수금	28,500	
상품권 회수시 :	(차) 선수금	19,000	(대) 매 출	17,500	
			현 금	11,500	

20×1년도 매출액 = 19,000원 − 1,500원 = 17,500원

문제 2

(주)한국은 20×1년 12월 31일 고객이 구매 후 1개월 내에 반품할 수 있는 조건으로 취득원가 80,000원의 상품을 100,000원에 외상판매 하였다. 이러한 반품가능판매는 수익인식조건을 충족하며, (주)한국은 과거 경험에 기초하여 판매한 상품의 5%가 반품될 것으로 추정하였다. 동 거래로 인해 20×1년 12월 31일 증가하는 반품추정부채금액은 얼마인가? (5점)

풀이

20×1년 12월 31일 결산시 회계처리(단위 : 원)

(차) 매출채권	100,000	(대) 매 출	100,000
매출원가	80,000	상 품	80,000
(차) 매 출	5,000	(대) 반품추정부채	5,000
반환제품회수권	4,000	매출원가	4,000

20×1년 12월 31일 반품추정부채 증가분 : 5,000원

문제 3

회계정보의 질적 특성이란 재무제표를 통해 제공되는 정보가 이용자에게 유용하기 위해 갖추어야 할 속성을 의미한다. 한국채택국제회계기준의 〈재무보고를 위한 개념 체계〉는 유용한 정보의 근본적 (fundamental), 질적(qualitative) 특성의 두 가지를 규정하고 있다. 이러한 두 가지 근본적 질적 특성은 경우에 따라 서로 상충될 수도 있다. 한편 한국채택국제회계기준은 기업으로 하여금 유형자산에 대하여 원가모형과 재평가모형 중 하나를 회계정책으로 선택할 수 있도록 규정하고 있다.

(주)한국은 유형자산에 대하여 재평가모형의 적용을 고려하고 있다. 재무정보의 근본적, 질적 특성 두 가지의 관점에서 원가모형에 비해 재평가모형이 가진 장점과 단점을 세 줄 이내로 설명하시오. (5점)

풀이

회계정보의 근본적, 질적 특성에는 목적적합성과 표현의 충실성이 있다.

재평가모형의 장점은 목적적합성의 하부속성인 예측가치와 확인가치를 충족시킬 수 있다. 반면에 단점은 재평가 측정치 자체가 주관적이기 때문에 충실한 표현의 하부속성인 중립적인 서술을 충족시킬 수가 없다.

문제 4

(주)한국은 재고자산에 대해 평균법을 적용하고 있다. (주)한국의 20×1년 상품재고자산과 관련된 자료는 다음과 같다. 상호독립적인 다음의 물음에 답하시오. (10점)

일 자	적 요	수 량	단 가
1월 1일	기초재고	400개	100원
3월 8일	매 입	400개	200원
6월 1일	매 출	600개	–
12월 11일	매 입	200개	300원

(1) 20×1년 말 장부상 재고수량과 실사에 의한 기말재고수량은 일치한다. (주)한국이 실지재고조사법을 적용할 경우 기말재고금액은 얼마인가? (5점)

(2) (주)한국은 계속기록법을 적용한다. (주)한국의 장부상 기말재고수량은 400개이며, 실사에 의한 기말재고수량은 380개이다. (주)한국이 20×1년에 인식해야 할 재고자산감모손실금액은 얼마인가? (5점)

풀 이

(1) **실지재고조사법하에서의 가중평균법(총평균법)**

평균단가 = (40,000원 + 80,000원 + 60,000원) / (400개 + 400개 + 200개) = 180원/개

기말재고금액 = 400개 × 180원/개 = 72,000원

(2) **계속기록법하에서의 가중평균법(이동평균법)**

12월 31일 평균단가 = (200개 × 150원/개 + 200개 × 300원/개) / (200개 + 200개) = 225원/개

재고자산감모손실 = (400개 − 380개) × 225원/개 = 4,500원

문제 5

(주)한국은 20×1년 1월 1일 액면금액 1,000,000원, 만기일 20×3년 12월 31일의 사채를 973,250원에 할인발행 하였다. 이자지급일은 매년 12월 31일이며, 발행시점의 동종사채에 대한 시장이자율은 연 6%이다. 이 사채의 20×2년 1월 1일 장부금액이 981,645원이라면, 표시이자율은 얼마인가? (5점)

풀 이

981,645원 = (973,250원 × 1.06) − 표시이자

표시이자 = 50,000원

표시이자율 = 50,000원 / 1,000,000원 = 5%

(주)한국과 (주)대한은 각 기업이 보유하고 있는 기계장치를 교환하였으며, 교환시점에 (주)한국과 (주)대한이 기계장치에 대한 취득원가 및 감가상각누계액은 다음과 같다.

(단위 : 원)

구 분	(주)한국	(주)대한
취득원가	5,000,000	6,000,000
감가상각누계액	(2,500,000)	(3,000,000)
장부금액	2,500,000	3,000,000

(주)한국과 (주)대한이 보유하고 있던 기계장치의 공정가치에 대한 합리적인 측정이 불가능한 경우, (주)한국과 (주)대한이 동 교환을 통해 취득한 기계장치의 취득원가는 각각 얼마인가? (5점)

풀 이

(1) (주)한국

(차) 신기계장치   2,500,000   (대) 구기계장치   5,000,000
    감가상각누계액   2,500,000

(주)한국의 기계장치 취득원가 = 2,500,000원

(2) (주)대한

(차) 신기계장치   3,000,000   (대) 구기계장치   6,000,000
    감가상각누계액   3,000,000

(주)대한의 기계장치 취득원가 = 3,000,000원

(주)한국은 20×1년 초 취득한 취득원가 3,000,000원인 토지에 대하여 20×1년에 재평가모형을 적용하기로 하였다. 20×1년 말과 20×2년 말 동 토지의 공정가치는 각각 2,850,000원과 3,100,000원이다. 20×2년 말 동 토지에 대한 재평가로 인해 증가하는 재평가잉여금은 얼마인가? 단, 재평가모형 적용시 공정가치는 시장에 근거한 증거를 기초로 수행된 평가에 의해 결정되었다고 가정한다. (5점)

풀 이

재평가잉여금 = 250,000원 − 150,000원 = 100,000원

문제 8

(주)한국은 20×1년 (주)대한의 주식 전부를 500원에 인수하였다. 합병일에 (주)대한의 자산의 장부금액과 공정가치는 각각 1,000원과 1,200원이며, 부채의 장부금액과 공정가치는 각각 700원과 750원이다. (주)한국이 (주)대한을 합병함으로써 인식하게 될 영업권은 얼마인가? (5점)

[풀 이]

영업권 = 매수대가 − (자산의 공정가치 − 부채의 공정가치)
　　　= 500원 − (1,200원 − 750원) = 50원

문제 9

다음은 (주)한국의 매출채권총액과 매출채권에 대한 미래현금흐름추정액에 관한 자료이다.

(단위 : 원)

구 분	20×1년 말	20×2년 말
매출채권	1,500,000	2,000,000
미래현금흐름추정액	1,350,000	1,900,000

미래현금흐름추정액의 명목금액과 현재가치의 차이는 중요하지 않으며, 20×1년 초 (주)한국의 대손충당금 잔액은 없다고 가정한다. (10점)

(1) 20×1년 말 (주)한국의 재무상태표에 표시될 대손충당금 잔액은 얼마인가? (5점)

(2) 20×2년에 매출채권 60,000원이 회수불능으로 판단된 경우 20×2년 말 (주)한국이 포괄손익계산서상 비용으로 인식할 손상금액은 얼마인가? (5점)

[풀 이]

20×1년 말 : (차) 대손상각비	150,000	(대) 대손충당금	150,000
20×2년 중 : (차) 대손충당금	60,000	(대) 매출채권	60,000
20×2년 말 : (차) 대손상각비	10,000	(대) 대손충당금	10,000

※ 20×2년 말 대손충당금 10,000원(= 대손상각비 10,000원)
　= 20×2년 말 대손충당금 100,000원 − 대손발생 후 대손충당금 잔액 90,000원

(1) 20×1년 말 대손충당금 = 150,000원

(2) 20×2년 말 대손상각비 = 10,000원

(주)한국은 20×1년 중 (주)대한과 (주)민국 두 회사 주식을 각각 1주씩 취득하였으며, 각 주식의 주가, 수수료, 기말 공정가치는 다음과 같다.

(단위 : 원)

구 분	취득시 주가	매입수수료	20×1년 말 공정가치
(주)대한	2,200,000	300,000	2,500,000
(주)민국	4,700,000	300,000	4,900,000

(주)한국은 (주)대한의 주식을 당기손익 – 공정가치 측정 금융자산, (주)민국의 주식을 기타포괄손익 – 공정가치 측정 금융자산으로 인식하였다. 20×1년 중 (주)대한과 (주)민국에 대한 주식의 추가 취득이나 처분은 없었다. (10점)

(1) 20×1년 말 (주)대한의 주식과 관련하여 (주)한국이 인식할 평가손익 여부와 금액이 얼마인지 계산하고, 평가손익이 당기손익 또는 기타포괄손익에 어떻게 영향을 미치는지 두 줄 이내로 설명하시오. (5점)

(2) 20×1년 말 (주)민국의 주식과 관련하여 (주)한국이 인식할 평가손익 여부와 금액이 얼마인지 계산하고, 평가손익이 당기손익 또는 기타포괄손익에 어떻게 영향을 미치는지 두 줄 이내로 설명하시오. (5점)

풀 이

(1) 당기손익 – 공정가치 측정 금융자산평가손익

금융자산평가손익 = 공정가치 – 취득원가

= 2,500,000원 – 2,200,000원 = 300,000원 → 매입수수료는 별도 비용처리임

20×1년 말 평가손익 = 300,000원, 평가손익 인식

당기손익에 미치는 영향 : 300,000원 증가

(2) 기타포괄손익 – 공정가치 측정 금융자산평가손익

금융자산평가손익 = 공정가치 – 취득원가

= 4,900,000원 – (4,700,000원 + 300,000원) = (100,000원) → 매입수수료는 취득원가에 가산

20×1년 말 평가손익 = (100,000원), 평가손익 인식

기타포괄손익에 미치는 영향 : 100,000원 감소

다음은 (주)한국의 당기 현금흐름표를 작성하기 위한 자료이다.

(단위 : 원)

계정과목	전기 말 잔액	당기 말 잔액
건 물	62	88
건물감가상각누계액	(24)	(18)
개발비	16	20

(주)한국의 추가자료는 다음과 같다.

- 취득원가가 16원인 건물을 당기 중에 8원에 처분하였으며, 이 건물의 처분시점 장부금액은 4원이었다.
- 개발비의 당기상각액은 6원이었다.

(주)한국의 당기 현금흐름표에 표시될 투자활동현금흐름(순액)의 금액이 얼마인지 계산하고, 그 금액이 순유출 혹은 순유입인지를 밝히시오. (5점)

풀 이

(차) 건 물   42   (대) 현 금   42
※ 42원 = 88원 − (62원 − 16원) (당기 중 매입한 건물증가액)

(차) 현 금   8   (대) 건 물   16
    감가상각누계액   12   유형자산처분이익   4
※ 8원 = 장부가액 4원(= 16원 − 12원) + 처분이익 4원

(차) 개발비   10   (대) 현 금   10
※ 10원 = 20원 − (16원 − 6원)

투자활동순현금흐름 = − 42원 + 8원 − 10원 = − 44원(순유출)

다음은 (주)한국의 20×1 회계연도 재무제표에서 발췌한 자료이다.

(단위 : 원)

기초매출채권(순액)	4,400
기말매출채권(순액)	3,600
기초재고자산	1,700
기말재고자산	2,300
매출채권회전율	10회
재고자산회전율	15회

20×1년 중 (주)한국의 모든 매출은 외상으로 이루어졌다. 위의 자료를 이용하여 (주)한국의 20×1년 매출총이익률을 구하시오. (5점)

풀 이

매출채권회전율 = 매출액 / 평균매출채권 = 매출액 / (4,400원 + 3,600원) / 2 = 10회
매출액 = 4,000원 × 10회 = 40,000원
재고자산회전율 = 매출원가 / 평균재고자산 = 매출원가 / (1,700원 + 2,300원) / 2 = 15회
매출원가 = 2,000원 × 15회 = 30,000원
매출총이익률 = 매출총이익 / 매출액 = (40,000원 − 30,000원) / 40,000원 = 25%

문제 13

유통기업인 (주)한국은 활동기준원가계산을 적용하여 고객별 원가계산을 하고 있다.
20×1년 초에 수집한 (주)한국의 연간 예산자료는 다음과 같다.

1. 연간 간접원가

항 목	금 액
급 여	1,200,000원
마케팅비용	400,000원
계	1,600,000원

2. 활동별 간접원가 배부비율

항 목	활 동			계
	정규주문처리	긴급주문처리	고객관계관리	
급 여	20%	50%	30%	100%
마케팅비용	15%	50%	35%	100%

3. 활동별 원가동인과 연간 활동량

활 동	원가동인	활동량
정규주문처리	정규주문횟수	1,000회
긴급주문처리	긴급주문횟수	100회
고객관계관리	고객수	50명

(주)한국은 20×1년에 주요 고객인 (주)대한이 50회의 정규주문과 10회의 긴급주문을 할 것으로 예상하고 있다. (주)대한의 각 주문 1회당 예상 평균매출액은 4,000원이며, 매출원가는 매출액의 80%이다. (주)한국에서는 매출원가를 제외한 어떠한 직접원가도 발생하지 않는다. (10점)

(1) (주)한국이 활동기준원가계산을 적용하여 간접원가를 고객별로 배부하는 경우 20×1년에 (주)대한에 배부될 간접원가총액은 얼마인가? (5점)

(2) (주)한국이 활동기준원가계산을 적용하여 간접원가를 고객별로 배부하는 경우 20×1년에 (주)대한으로부터 얻을 것으로 예상되는 이익 혹은 손실은 얼마인가? (5점)

(1) 20×1년에 (주)대한에 배부될 간접원가총액

① 정규주문처리, 긴급주문처리, 고객관계관리 원가계산

구 분	정규주문처리	긴급주문처리	고객관계관리
급 여	1,200,000원 × 20% = 240,000원	1,200,000원 × 50% = 600,000원	1,200,000원 × 30% = 360,000원
마케팅비용	400,000원 × 15% = 60,000원	400,000원 × 50% = 200,000원	400,000원 × 35% = 140,000원
합 계	300,000원	800,000원	500,000원

② 활동별 원가배분율

활동중심점	활동별 원가	배부기준	활동별 원가배분율
정규주문처리	300,000원	1,000회	300원/회
긴급주문처리	800,000원	100회	8,000원/회
고객관계관리	500,000원	50명	10,000원/명

③ (주)대한에 배부될 간접원가

구 분	(주)대한에 배부될 간접원가
정규주문처리 긴급주문처리 고객관계관리	50회 × 300원/회 = 15,000원 10회 × 8,000원/회 = 80,000원 1명 × 10,000원/명 = 10,000원
합 계	105,000원

(2) 20×1년에 (주)대한으로부터 얻을 것으로 예상되는 이익 혹은 손실

예상손익 = 매출 − 매출원가 − 간접원가 = 매출 × (100% − 80%) − 간접원가

= (50회 + 10회) × 4,000원/회 × (100% − 80%) − 105,000원 = (57,000원)(손실발생)

문제 14

20×1년 초 영업을 개시한 (주)한국은 단일제품 P를 생산, 판매하고 있다. 회사는 20×1년 중 제품 P 8,000단위를 생산하여 그 중 7,000단위를 판매하였으며, 20×1년 말 현재 원재료 및 재공품 재고는 없다. 20×1년 제품 P의 생산 및 판매관련 자료는 다음과 같다.

(단위 : 원)

단위당 판매가격	100
단위당 직접재료원가	30
단위당 직접노무원가	17
단위당 변동제조간접원가	3
단위당 변동판매관리비	5
연간 고정제조간접원가	200,000
연간 고정판매관리비	124,000

전부원가계산과 변동원가계산에 의해 계산한 (주)한국의 20×1년 영업이익(손실)은 각각 얼마인가? (5점)

풀 이

(1) 전부원가계산하의 20×1년 영업이익(손실)

(단위 : 원)

구 분	산출금액
매출액	7,000개 × 100 = 700,000
매출원가	
① 변동제조원가	7,000개 × (30 + 17 + 3) = (350,000)
② 고정제조간접원가	(200,000 / 8,000개) × 7,000개 = (175,000)
판매관리비	
① 변동판매관리비	7,000개 × 5 = (35,000)
② 고정판매관리비	(124,000)
영업이익	16,000

※ 고정제조간접원가는 판매량만큼 반영하고, 고정판매관리비는 판매량 변동과 무관하므로 전액 반영한다.

(2) 변동원가계산하의 20×1년 영업이익(손실)

(단위 : 원)

구 분	산출금액
매출액	7,000개 × 100 = 700,000
변동원가	7,000개 × (30 + 17 + 3 + 5) = (385,000)
고정원가	200,000 + 124,000 = (324,000)
영업손실	(9,000)

(주)한국 반도체사업부의 지난 1년 동안의 영업 관련 자료는 다음과 같다(단위 : 원).

• 매출액	200,000
• 영업이익	40,000
• 평균영업자산	125,000

반도체사업부가 새로운 투자안을 고려하지 않는다면, 동 사업부의 당기영업성과와 평균영업자산은 전기와 동일한 수준을 유지할 것이다. 그러나 당기에 반도체사업부가 고려중인 투자안에 연간 평균 24,000원을 투자하는 경우, 새로운 투자안으로부터 예상되는 연간 영업 관련 자료는 다음과 같다.

• 매출액	40,000
• 총고정원가	12,000
• 공헌이익률	45%

투자안의 채택 여부를 결정할 때 회사전체와 반도체사업부에 적용되는 최저필수수익률은 15%이다.
(10점)

(1) 반도체사업부의 당기 투자수익률(ROI)이 전기 투자수익률에 비해 증가하는 경우에만 동 사업부 경영자는 보너스를 지급받게 된다. 이 경우 동 사업부 경영자가 새로운 투자안을 채택할 것인지를 결정하고, 그 이유를 3줄 이내로 설명하시오. (5점)

(2) 반도체사업부의 당기 잔여이익이 전기 잔여이익에 비해 증가하는 경우에만 동 사업부 경영자는 보너스를 지급받게 된다. 이 경우 동 사업부 경영자가 새로운 투자안을 채택할 것인지를 결정하고, 그 이유를 3줄 이내로 설명하시오. (5점)

풀 이

(1) **투자수익률기준**

현재의 ROI = 40,000원 / 125,000원 = 32%
신규투자안의 ROI = (40,000원 × 45% − 12,000원) / 24,000원 = 25%
신규투자안의 ROI가 현재의 ROI보다 작으므로 신규투자안을 기각한다.

(2) **잔여이익기준**

신규투자안의 잔여이익 = (40,000원 × 45% − 12,000원) − (24,000원 × 15%) = 2,400원
신규투자안의 잔여이익이 0보다 크기 때문에 신규투자안을 채택한다.

05 2018년도 시행 제41회 기출문제

> ※ 아래 문제들에서 특별한 언급이 없는 한 기업의 보고기간(회계기간)은 매년 1월 1일부터 12월 31일까지이고, 세금은 없다고 가정한다. 또한 기업은 주권상장법인으로서 계속해서 한국재택국제회계기준(K-IFRS)을 적용해오고 있다고 가정하고, 주어진 내용 이외의 상황은 고려하지 말고 답하시오.

문제 1

20×1년 1월 1일 (주)한국은 액면가액 1,000,000원, 표시이자율 10%, 만기 3년의 사채를 발행하였다. 사채발행시 시장이자율은 5%이며, 이자는 연 1회 매년 말에 지급한다. 사채발행과 직접 관련된 사채발행비는 발생하지 않았다. 이자율 및 기간별 현가계수는 아래와 같다. (5점)

구 분	1	2	3
5%	0.9524	0.9070	0.8638
10%	0.9091	0.8265	0.7513

(1) 상기 사채의 발행가액을 계산하시오. (3점)

(2) (주)한국이 20×1년 포괄손익계산서에 상기 사채의 이자비용으로 인식할 금액은 얼마인지 계산하시오. (2점)

풀 이

(1) 20×1년 초 사채의 발행가액

사채의 발행가액 = (1,000,000원 × 0.8638) + 100,000원 × (0.9524 + 0.9070 + 0.8638)
= 1,136,120원

(2) 20×1년 사채의 이자비용

사채의 이자비용 = 1,136,120원 × 5% = 56,806원

(주)한국은 상품거래만 하고 있으며, 20×1년 상품재고와 매입 및 매출현황은 아래와 같다. 회사는 20×1년 결산시 기말재고에 대한 평가결과 재고자산평가손실이 발생하였으며, 동 평가손실은 원가성이 인정되는 것으로 판단, 매출원가로 처리하였다. 20×1년 재고자산평가 전 매출총이익률은 22%였으나, 결산 후 20%로 하락하였다. (5점)

• 기초재고액	30,000원
• 당기매입액	250,000원
• 매출액	300,000원

(1) (주)한국의 20×1년 포괄손익계산서상 매출원가는 얼마인가? (2점)

(2) (주)한국의 20×1년 기말재고액은 얼마인가? (3점)

풀 이

(1) 20×1년 포괄손익계산서상 매출원가

매출원가 = 매출액 × 매출원가율 = 300,000원 × 80% = 240,000원

(2) 20×1년 기말재고액

기말재고액 = 판매가능재고(= 기초재고 + 당기매입액) − 매출원가
= 280,000원(= 30,000원 + 250,000원) − 240,000원 = 40,000원

(주)한국은 20×1년 1월 1일에 기계장치(내용연수 15년, 잔존가치 1,000,000원)를 10,000,000원에 취득하였다. (주)한국은 기계장치를 정률법으로 상각하고 있다. (주)한국은 20×6년부터 동 기계장치에 대한 감가상각법을 정액법으로 변경하기로 하고, 20×6년을 포함한 잔존내용연수를 5년, 잔존가치는 500,000원으로 추정하였다. 이러한 감가상각법과 내용연수 등의 변경은 정당한 회계변경으로 인정된다. 20×5년 말 현재 정률법에 의해 계상된 동 기계장치의 감가상각 누계액이 6,300,000원일 때 20×6년에 기계장치의 감가상각비로 인식할 금액은 얼마인가? (5점)

풀 이

20×5년 말 기계장치의 장부금액
= 취득가액 − 감가상각누계액 = 10,000,000원 − 6,300,000원 = 3,700,000원

20×6년 기계장치의 감가상각비 = (3,700,000원 − 500,000원) / 5 = 640,000원

문제 4

아래 자료는 (주)한국의 20×1년 재무제표 항목의 일부이다. (주)한국의 매출액은 전액 재고자산의 판매에서 발생한 것이다(단위 : 원).

〈재무상태표 항목〉 (20×1년 12월 31일 현재)		〈포괄손익계산서 항목〉 (20×1년 1월 1일~12월 31일)	
현금 및 현금성자산	300	순매출액	20,000
순매출채권	2,300	매출원가	16,000
재고자산	3,300	영업이익	1,600
단기대여금	400	당기순이익	600
유형자산	4,500		
매입채무	1,500		
단기차입금	2,000		
장기차입금	1,200		
확정급여채무	1,000		
선수금	100		
미지급비용	400		

주어진 자료를 이용하여 20×1년 (주)한국의 다음 재무비율을 계산하시오. (10점)

(1) 당좌비율 (4점)

(2) 20×1년 초 순매출채권 잔액이 1,700원인 경우 매출채권회전율 (3점)

(3) 20×1년 초 재고자산 잔액이 3,100원인 경우 재고자산회전율 (3점)

풀 이

(1) **당좌비율**

당좌비율 = 당좌자산 / 유동부채

= (300원 + 2,300원 + 400원) / (1,500원 + 2,000원 + 100원 + 400원) = 75%

(2) **매출채권회전율**

매출채권회전율 = 매출액 / 평균매출채권[= (기초매출채권 + 기말매출채권) / 2]

= 20,000원 / [(1,700원 + 2,300원) / 2] = 10회

(3) **재고자산회전율**

재고자산회전율 = 매출원가 / 평균재고자산[= (기초재고자산 + 기말재고자산) / 2]

= 16,000원 / [(3,100원 + 3,300원) / 2] = 5회

(주)한국의 재무상태표상 20×1년 1월 1일 현재 자본금은 보통주자본금 100,000,000원(총 발행주식수 200,000주, 주당 액면금액 500원)이며, 자본금과 이익잉여금을 제외한 기타 자본항목은 없다. (주)한국은 20×1년 중 아래와 같이 두 차례에 걸쳐 유상증자를 실시하였으며, 동 주식발행 이외에 20×1년 중 자본금과 주식발행초과금(또는 주식할인발행차금)에 영향을 주는 거래는 없다. (10점)

(1) (주)한국은 20×1년 7월 1일자로 보통주 20,000주를 주당 600원에 발행하였으며, 동 유상증자와 관련하여 당일에 주식발행비용 1,000,000원을 현금으로 지급하였다. 추가 주식발행 후 (주)한국의 재무상태표상 보통주자본금과 주식발행초과금(또는 주식할인발행차금)은 각각 얼마인가? (5점)

(2) (주)한국은 20×1년 12월 1일자로 보통주 10,000주를 액면금액으로 추가로 발행하였으며, 당일에 주식발행비용 500,000원을 현금으로 지급하였다. 추가 주식발행 후 (주)한국의 재무상태표상 보통주자본금과 주식발행초과금(또는 주식할인발행차금)은 각각 얼마인가? (5점)

풀 이

(1) **보통주자본금과 주식발행초과금**

보통주자본금 = 100,000,000원 + (20,000주 × 500원/주) = 110,000,000원
주식발행초과금 = 20,000주 × (600 − 500)원/주 − 1,000,000원(주식발행비용)
          = 1,000,000원

(2) **보통주자본금과 주식발행초과금**

보통주자본금 = 110,000,000원 + (10,000주 × 500원/주) = 115,000,000원
주식발행초과금 = 1,000,000원 − 500,000원(주식발행비용) = 500,000원

문제 6

(주)한국은 보통주만 발행하였으며, 20×1년 1월 1일 현재 총발행주식수는 14,000주(주당 액면금액 1,000원)이고, 이 중 2,000주를 자기주식으로 보유하고 있다. 회사는 20×1년 12월 1일에 보통주 3,000주를 주당 1,500원에 추가로 발행하였으며, 20×1년 중 자기주식의 추가 취득이나 처분은 없다. 포괄손익계산서상 20×1년의 당기순이익이 3,675,000원일 경우 (주)한국의 20×1년 기본주당순이익은 얼마인가? 단, 가중평균유통보통주식수는 월 단위로 계산한다. (5점)

풀 이

가중평균유통보통주식수 = 14,000주 − 2,000주 + (3,000주 × 1 / 12) = 12,250주
기본주당순이익 = 3,675,000원 / 12,250주 = 300원/주

문제 7

(주)한국은 20×1년 7월 1일에 기계장치(내용연수 5년, 잔존가치 0원)를 500,000원에 취득하였으며, 감가상각법은 정액법이고 원가모형을 적용한다. 20×1년 12월 31일에 기계장치가 손상되어 회수가능액은 360,000원으로 예상된다. 20×2년 12월 31일에 회수가능액은 360,000원으로 예상된다. (주)한국의 20×2년 포괄손익계산서의 당기손익에 미치는 영향을 계산하시오(순액으로 표시하고, 증감을 (+)/(−)로 표시하시오). (10점)

풀 이

20×1년 말 손상 전 장부금액
= 500,000원 − (500,000원 − 0원) / 5 × 6 / 12 = 450,000원
20×1년 손상차손 = 450,000원 − 360,000원 = 90,000원
20×2년 감가상각비 = 360,000원 / 4.5 = 80,000원
20×2년 말 손상 전 장부금액 = 360,000원 − 80,000원 = 280,000원
20×2년 말 손상차손 환입액
= min[360,000원, 500,000원 × 1.5년 / 5년] − 280,000원 = 70,000원
20×2년 당기손익에 미치는 영향
= 감가상각비 (−)80,000원 + 손상차손환입 (+)70,000원 = (−)10,000원

(주)한국은 20×1년 7월 1일에 기계장치(내용연수 5년, 잔존가치 0원)를 50,000원에 취득하였으며, 감가상각법은 정액법이고 재평가모형을 적용한다. 20×1년 말 기계장치의 공정가치는 54,000원이고, 20×2년 말 기계장치의 공정가치는 30,000원이다(단, 재평가잉여금은 자산을 제거할 때 이익잉여금으로 대체한다). (10점)

(1) 20×1년 말 재평가잉여금을 계산하시오. (5점)

(2) 20×2년 포괄손익계산서의 당기손익에 미치는 영향을 계산하시오(순액으로 표시하고, 증감을 (+)/(−)로 표시하시오). (5점)

풀 이

(1) **20×1년 말 재평가잉여금**

20×1년 재평가 전 장부금액 = 50,000원 − (50,000원 − 0원) / 5 × 6 / 12 = 45,000원

20×1년 말 재평가잉여금 = 54,000원 − 45,000원 = 9,000원

(2) **20×2년 당기손익에 미치는 영향**

20×2년 감가상각비 = 54,000원 / 4.5 = 12,000원

20×2년 말 재평가 전 장부금액 = 54,000원 − 12,000원 = 42,000원

20×2년 당기손익에 미치는 영향

= 감가상각비 (−)12,000원 + 재평가손실 (−)3,000원 = (−)15,000원

※ 재평가손실

= 20×2년 말 재평가손실 (−)12,000원 + 20×1년 말 재평가잉여금 (+)9,000원

= (−)3,000원

(주)한국은 20×1년의 현금흐름표를 간접법으로 작성하였다. (주)한국의 영업활동으로 인한 현금흐름이 1,000,000원으로 보고되었을 때 당기순이익은 얼마인가? (5점)

• 매출채권의 증가	40,000원
• 미지급비용의 증가	50,000원
• 매입채무의 감소	40,000원
• 재고자산의 증가	70,000원
• 감가상각비	30,000원

풀 이

영업활동현금흐름 1,000,000원
= 당기순이익 ± 투자 / 재무활동으로 인한 손익(비용은 더하고 수익은 빼고)
  ± 영업활동으로 인한 자산 / 부채의 증감(차변항목은 빼고 대변항목은 더하고)
= 당기순이익 + 30,000원(감가상각비) − 40,000원(매출채권의 증가) − 40,000원(매입채무의 감소)
  − 70,000원(재고자산의 증가) + 50,000원(미지급비용의 증가)

∴ 당기순이익 = 1,000,000원 − 30,000원 + 40,000원 + 40,000원 + 70,000원 − 50,000원
            = 1,070,000원

(주)한국은 20×1년 1월 1일에 (주)대한과 4,000,000원의 교량건설계약을 체결하였다. 계약기간은 3년이며, 발생원가와 관련한 자료는 다음과 같다.

구 분	20×1년	20×2년	20×3년
당기발생원가	1,050,000원	1,400,000원	1,150,000원
총원가추정액	3,500,000원	3,500,000원	3,600,000원

(주)한국이 건설계약과 관련하여 진행기준을 적용할 때 다음 물음에 답하시오. (10점)

(1) 20×2년 누적진행률을 계산하시오. (5점)

(2) 20×2년의 계약손익을 계산하시오. (5점)

풀 이

	20×1년	20×2년	20×3년
공사계약금액	4,000,000원	4,000,000원	4,000,000원
누적계약발생원가	1,050,000원	2,450,000원	3,600,000원
추정총계약원가	3,500,000원	3,500,000원	3,600,000원
공사진행률	30%	70%	100%
계약수익	1,200,000원	1,600,000원	1,200,000원
계약원가	(1,050,000원)	(1,400,000원)	(1,150,000원)
계약이익(손실)	150,000원	200,000원	50,000원

(1) 20×2년 누적진행률 = 70%

(2) 20×2년 계약손익 = 200,000원

문제 11

(주)한국은 20×1년 12월 24일에 제품을 100,000원에 외상으로 판매하였다. 고객은 구매일로부터 10일 이내에 대금을 납부하면 총 구입가격의 2%를 할인받지만, 10일을 넘겨서 지불하면 할인혜택이 없어 송장가격을 지불해야 하고, 구매일로부터 30일 이내에 대금 전액을 납부해야 한다. 20×1년 말까지 외상판매대금의 80%가 현금으로 회수되었고, 나머지 20%는 20×2년 1월 20일에 현금으로 회수되었다. (5점)

(1) (주)한국의 매출채권과 관련한 회계처리를 총액법으로 하는 경우 20×1년의 순매출액을 계산하시오. (3점)

(2) (주)한국의 매출채권과 관련한 회계처리를 순액법으로 하는 경우 20×1년 말의 매출채권 잔액을 계산하시오. (2점)

풀이

(1) **총액법에 의한 20×1년의 순매출액**

순매출액 = (100,000원 × 80% × 98%) + (100,000원 × 20%) = 98,400원

※ 총액법이란 매출 구매자가 매출할인을 받지 않는다는 가정하에 매출시점에서는 총액으로 매출을 인식하고, 매출할인시점에서는 매출할인을 인식하여 매출액에서 차감하는 방법을 말한다.

(2) **순액법에 의한 20×1년 말 매출채권 잔액**

매출채권 잔액 = 100,000원 × 20% × 98% = 19,600원(매출할인으로 계상한 400원은 20×2년 말 매출채권 잔액 20,000원을 회수할 때 이자수익으로 인식)

※ 순액법이란 매출 구매자가 매출할인을 받는다는 가정하에 매출시점에서는 순액으로 매출을 인식하고, 할인기간 내에 매출할인을 받지 않는 경우에는 당해 매출할인액을 이자수익으로 인식하는 방법을 말한다.

(주)한국은 20×1년 1월 1일에 (주)대한의 보통주 200주를 주당 7,500원에 취득하여 당기손익 - 공정가치측정(FVPL) 금융자산으로 분류하였다. 취득과 직접 관련된 거래원가 50,000원을 현금으로 지급하였다. 20×1년 12월 31일에 동 주식의 주당 공정가치는 7,000원이며, 처분하는 경우 발생하는 거래원가는 5,000원이다. 20×2년 3월 1일에 (주)한국은 보유중인 (주)대한의 주식 모두를 주당 7,800원에 처분하였으며, 처분과 직접 관련된 원가 60,000원을 현금으로 지급하였다. (10점)

(1) (주)한국의 20×1년 포괄손익계산서의 당기손익에 미치는 영향을 계산하시오(순액으로 표시하고, 증감을 (+)/(-)로 표시하시오). (5점)

(2) (주)한국의 20×2년 포괄손익계산서의 당기손익에 미치는 영향을 계산하시오(순액으로 표시하고, 증감을 (+)/(-)로 표시하시오). (5점)

풀 이

(1) 20×1년 당기손익에 미치는 영향

당기손익에 미치는 영향 = 매매수수료 (-)50,000원 + 평가손익 (-)100,000원 = (-)150,000원

※ 평가손익 = 200주 × (7,000원/주 - 7,500원/주) = (-)100,000원

(2) 20×2년 당기손익에 미치는 영향

당기손익에 미치는 영향 = 200주 × (7,800 - 7,000)원/주 - 60,000원(수수료)

= (+)100,000원

문제 13

다음은 (주)한국의 20×1년 8월의 원가자료이다. (주)한국은 개별원가계산제도를 사용하고 있으며, 원가자료에서 제조지시서 1과 2는 완성되었으나, 제조지시서 3은 미완성 상태이다. 제조간접비는 직접재료비에 근거하여 배부한다.

(단위 : 원)

구 분	제조지시서 1	제조지시서 2	제조지시서 3	합 계
직접재료비	3,000	3,000	2,000	8,000
직접노무비	6,000	7,000	3,500	16,500
제조간접비				14,400

(주)한국의 20×1년 재공품계정의 8월 말 재고액을 계산하시오. (5점)

풀 이

제조간접비 배부율 = 14,400원 / 8,000원 = 1.8
기말재공품원가(제조지시서 3의 제조원가)
= 2,000원(직접재료비) + 3,500원(직접노무비) + 3,600원(제조간접비) = 9,100원
※ 제조간접비 = 직접재료비 2,000원 × 배부율 1.8 = 3,600원

(주)한국은 표준원가제도를 채택하고 있다. 제조간접비 차이분석에 관한 다음의 자료를 이용하여 8월의 실제조업도(생산량)를 계산하시오. (5점)

- 8월 고정제조간접비 예산   1,600,000원
- 8월 기준조업도(생산량)   4,000개
- 8월 조업도 차이   240,000원(불리)

풀이

고정제조간접원가 예산(AQ′ × SP) = 4,000개 × 400원/개 = 1,600,000원
고정제조간접원가 배부액(SQ × SP) = 1,600,000원 − 240,000원 = 1,360,000원
8월의 실제조업도(SQ) = 1,360,000원 / 400원/개 = 3,400개

> **참고**   고정제조간접원가 차이
> ① 예산차이(소비차이)
>   = 실제발생액(AQ × AP) − 고정제조간접원가 예산(AQ′ × SP)
> ② 조업도차이
>   = 고정제조간접원가 예산(AQ′ × SP) − 고정제조간접원가 배부액(SQ × SP)
> ③ 총차이
>   = 실제발생액(AQ × AP) − 고정제조간접원가 배부액(SQ × SP)
> ※ 예산차이(소비차이), 조업도차이, 총차이의 값이 (+)이면 불리한 차이를 의미하고, (−)이면 유리한 차이를 의미한다

※ 아래 문제들에서 특별한 언급이 없는 한 기업의 보고기간(회계기간)은 매년 1월 1일부터 12월 31일까지이고, 세금은 없다고 가정한다. 또한 기업은 주권상장법인으로서 계속해서 한국채택국제회계기준(K–IFRS)을 적용해오고 있다고 가정하고, 주어진 내용 이외의 상황은 고려하지 말고 답하시오.

문제 1

다음은 (주)한국의 매출채권과 관련된 자료이다. 20×2년 인식할 손상차손(대손상각)은 얼마인가? (5점)

- 20×1년 말 매출채권(총액)은 1,000,000원이며, 이에 대한 손실충당금(대손충당금)은 200,000원이다.
- 20×1년 대손 확정되었던 매출채권 150,000원이 20×2년 6월 현금 회수되었다.
- 20×2년 10월 대손 확정된 매출채권은 400,000원이었다.
- 20×2년 말 개별 채권의 미래예상현금흐름을 분석한 결과 250,000원이 회수 불확실한 것으로 추정되었다.

풀 이

20×2년 6월

(차)	현 금	150,000	(대)	대손충당금	150,000

20×2년 10월

(차)	대손충당금	350,000	(대)	매출채권	400,000
	대손상각비	50,000			
(차)	대손상각비	250,000	(대)	대손충당금	250,000

20×2년 말 대손상각비 = 50,000원 + 250,000원 = 300,000원

(주)한국은 20×1년 초 사업을 개시하였으며, 재고자산에 대해 선입선출법을 적용하고 있다. 20×1년 상품재고자산과 관련된 자료는 다음과 같다. 상호 독립적인 다음의 물음에 답하시오.

일 자	거 래	수 량	단 가
1월 1일	매 입	30개	10원
3월 1일	매 입	20개	11원
6월 1일	매 출	40개	–
9월 1일	매 입	10개	13원
12월 1일	매 출	5개	–

(1) 실지재고조사법에 의해 재고자산의 수량을 파악하며, 재고자산감모손실과 평가손실이 없을 경우, 기말재고자산금액은 얼마인가? (5점)

(2) 계속기록법에 의해 재고자산의 수량을 파악하며, 기말재고의 단위당 순실현가능가치가 10원인 경우, 20×1년에 인식할 재고자산평가손실은 얼마인가? 단, 재고자산감모손실은 존재하지 않는다. (5점)

풀 이

(1) **실지재고조사법하의 선입선출법**

9월 1일분 10개 × 13원/개 = 130원
3월 1일분 5개 × 11원/개 = 55원
기말재고자산 185원

(2) **계속기록법하의 선입선출법**

3월 1일분 5개 × 11원/개 = 55원
9월 1일분 10개 × 13원/개 = 130원
기말재고자산 185원

재고자산평가손실 = 185원 − 150원(= 15개 × 10원/개) = 35원

※ 두 방법 모두 기말재고자산과 매출원가가 항상 동일하다.

문제 3

(주)한국은 유형자산에 대해 원가모형을 적용하고 있으며, 다음은 보유하고 있는 건물과 기계장치에 대한 자료이다. 아래의 물음에 답하시오.

항 목	취득일	취득원가	잔존가치	내용연수	감가상각방법
건 물	20×1년 1월 1일	1,000원	0원	10년	정액법
기계장치	20×1년 1월 1일	300원	0원	5년	정액법

(1) 20×2년 말 건물의 순공정가치는 400원으로, 사용가치는 350원으로 하락하여 건물에 대한 손상차손을 인식하였다. 건물과 관련하여 20×2년 인식할 손상차손은 얼마인가? (5점)

(2) 20×2년 초 기계장치의 성능향상을 위해 150원을 지출하였고, 이로 인하여 내용연수가 2년 연장되었다. 동 지출은 자산의 인식요건을 만족한다. 기계장치와 관련하여 20×2년 인식할 감가상각비는 얼마인가? (5점)

풀 이

(1) 20×2년 인식할 손상차손

20×2년 말 손상 전 장부금액   1,000원 − (1,000원 − 0원) × 2년 / 10년 = 800원

20×2년 말 손상차손   800원 − max [400원, 350원] = 400원

※ 순공정가치와 사용가치 중 높은 금액을 건물의 실질가치로 인정함.

(2) 20×2년 인식할 감가상각비

20×1년 말 장부금액   300원 − (300원 − 0원) × 1년 / 5년 = 240원

20×2년 초 장부금액   240원 + 150원 = 390원(150원은 자본적 지출로 가액에 포함)

20×2년 감가상각비   390원 − (390원 − 0원) × 1년 / 6년 = 65원

문제 4

(주)한국은 다음과 같은 어음을 20×1년 8월 1일 A은행에서 연 15%의 이자율로 할인받았다. 동 거래가 금융자산의 제거요건을 충족할 경우, 20×1년에 인식할 금융자산처분손실은 얼마인가? (5점)

- 액면금액 : 1,200원
- 액면이자율 : 10%
- 발행일 : 20×1년 4월 1일
- 만기일 : 20×1년 11월 30일

풀 이

어음의 만기가치	1,200원 + (1,200원 × 10% × 8/12) = 1,280원
수수료(할인료)	1,280원 × 15% × 4/12 = 64원
현금수령액	1,280원 − 64원 = 1,216원
할인일의 어음가치	1,200원 + (1,200원 × 10% × 4/12) = 1,240원

금융자산처분손실 = 할인일의 어음가치 − 할인일의 현금수령액
= 1,240원 − 1,216원 = 24원

(주)한국은 20×1년 중 (주)대한이 발행한 주식을 취득하였다. 다음은 해당 금융자산과 관련된 자료
이다.

> • 20×1년 7월 1일 (주)대한이 발행한 주식을 100,000원에 취득하고, 기타포괄손익 – 공정가치 측정 금융
>   자산으로 분류하였다. 취득시 수수료 3,000원을 별도로 지급하였다.
> • 20×1년 말 해당 주식의 공정가치는 97,000원이었으며, 20×2년 3월 1일 102,000원에 처분하였다. 처
>   분 당시 별도의 매매수수료는 없었다.

(1) 위 금융자산 거래로 인하여 20×1년 포괄손익계산서 ① 당기손익과 ② 기타포괄손익에 미치는
    영향을 계산하시오(순액으로 표시하고 증감을 +, −로 표시하시오). (5점)

(2) 위 금융자산 거래로 인하여 20×2년 포괄손익계산서 ① 당기손익과 ② 기타포괄손익에 미치는
    영향을 계산하시오(순액으로 표시하고 증감을 +, −로 표시하시오). (5점)

풀 이

(1) 20×1년 포괄손익계산서 ① 당기손익과 ② 기타포괄손익에 미치는 영향
    ① 당기손익에 미치는 영향 = 0원
    ② 기타포괄손익에 미치는 영향
      = 기타포괄손익 – 공정가치 측정 금융자산평가손실
      = 97,000원 − 103,000원 = (−)6,000원

(2) 20×2년 포괄손익계산서 ① 당기손익과 ② 기타포괄손익에 미치는 영향
    ① 당기손익에 미치는 영향 = 0원
    ② 기타포괄손익에 미치는 영향
      = 기타포괄손익 – 공정가치 측정 금융자산평가손실
      = 102,000원 − 97,000원 = (+)5,000원

제1과목

회계원리

(주)한국은 20×1년 1월 1일 액면가액 4,000,000원의 채권을 3,782,140원에 발행하였다. 만기는 3년이고, 이자는 매년 말 지급한다. 다음은 동 채권에 대한 20×1년 12월 31일의 회계처리이다(단위 : 원).

| (차) 이자비용 | 189,107 | (대) 현 금 | 120,000 |
| | | 사채할인발행차금 | 69,107 |

(1) 해당 채권의 발행 당시 유효이자율을 계산하시오. (5점)

(2) 해당 채권을 만기 상환할 경우, 발행 이후 만기까지 부담할 총 이자비용을 계산하시오. (5점)

풀 이

(1) **발행 당시 유효이자율**

20×1년 초 장부금액 × 유효이자율 = 20×1년 이자비용

유효이자율 = 189,107원 / 3,782,140원 = 5%

(2) **만기까지의 총이자비용**

총이자비용 = 현금유출액 − 현금유입액

= (4,000,000원 + 120,000원 × 3) − 3,782,140원 = 577,860원

※ 표시이자율 = 120,000원 / 4,000,000원 = 3%

문제 7

다음은 (주)한국의 20×1년 말과 20×2년 말 자산과 부채에 대한 자료이다.

구 분	20×1년 말	20×2년 말
현 금	110,000원	50,000원
매입채무	150,000원	170,000원
차입금	1,250,000원	1,300,000원
재고자산	250,000원	550,000원
건 물	1,050,000원	1,200,000원
매출채권	400,000원	450,000원
비 품	220,000원	200,000원
미지급금	320,000원	370,000원

20×2년 중 100,000원을 현금배당 하였다. 이외에 어떤 자본거래도 없을 경우, 20×2년 포괄손익계산서에 보고되는 당기순이익은 얼마인가? (5점)

> **풀 이**
>
> 20×2년 초 자본(= 자산 − 부채)
> = (110,000원 + 250,000원 + 1,050,000원 + 400,000원 + 220,000원)
>   − (150,000원 + 1,250,000원 + 320,000원) = 310,000원
>
> 20×2년 말 자본(= 자산 − 부채)
> = (50,000원 + 550,000원 + 1,200,000원 + 450,000원 + 200,000원)
>   − (170,000원 + 1,300,000원 + 370,000원) = 610,000원
>
> 기말자본 − 기초자본 = 당기순이익 − 100,000원(현금배당)
> 610,000원 − 310,000원 = 당기순이익 − 100,000원(현금배당)
>
> ∴ 당기순이익 = 300,000 + 100,000원 = 400,000원

다음은 (주)한국의 20×1년 재무상태표와 포괄손익계산서이다.

〈재무상태표〉

(주) 한국	20×1년 12월 31일 현재			(단위 : 원)
자 산		**부 채**		
토 지	2,300,000	장기차입금	2,500,000	
건 물	1,500,000	사 채	900,000	
기계장치	800,000	매입채무	800,000	
재고자산	200,000			
매출채권	580,000	**자 본**		
현금 및 현금성자산	420,000	–	–	
자산 총계	5,800,000	부채와 자본 총계	5,800,000	

〈포괄손익계산서〉

(주) 한국	20×1년 1월 1일부터 20×1년 12월 31일까지	(단위 : 원)
매 출		2,000,000
매출원가		(1,300,000)
매출총이익		700,000
판매비와 관리비		(300,000)
이자비용		(100,000)
법인세비용차감 전 순이익		300,000
법인세비용		(50,000)
당기순이익		250,000
기타포괄손익		30,000
총포괄이익		280,000

(1) 20×1년 당좌비율을 계산하시오. (5점)

(2) 20×1년 이자보상비율을 계산하시오. (5점)

풀 이

(1) 20×1년 당좌비율(= 당좌자산/유동부채)

당좌비율 = [580,000원(매출채권) + 420,000원(현금 및 현금성자산)] / 800,000원(매입채무)

= 125%

(2) 20×1년 이자보상비율(= 영업이익/이자비용)

이자보상비율 = [(700,000원(매출총이익) − 300,000원(판매비와 관리비)] / 100,000원(이자비용)

= 400%

다음은 20×1년 말 (주)한국이 보유한 자산항목이다. 재무상태표에 현금 및 현금성자산으로 보고될 금액은 얼마인가? (5점)

• 지폐와 동전	625,400원	• 우 표	8,200원
• 타인발행당좌수표	1,320,000원	• 타인발행약속어음	1,270,000원
• 우편환증서	325,000원	• 만기도래국채이자표	350,000원
• 직원가불증	100,000원	• 보통예금	270,000원

풀이

현금 및 현금성자산
= 지폐와 동전 625,400원 + 타인발행당좌수표 1,320,000원 + 우편환증서 325,000원 + 만기도래국채이자표 350,000원 + 보통예금 270,000원
= 2,890,400원

문제 10

(주)한국의 20×1년 초 자본은 보통주자본금(액면금액 500원) 5,000,000원, 주식발행초과금 2,000,000원, 이익잉여금 1,000,000원으로 구성되어 있다. 20×1년 자기주식 거래는 다음과 같다.

- 3월 1일 : 주당 800원에 자기주식 500주 취득
- 6월 1일 : 주당 620원에 자기주식 100주 처분
- 9월 1일 : 주당 850원에 자기주식 200주 처분
- 12월 1일 : 주당 750원에 자기주식 100주 처분

원가법으로 자기주식을 회계처리하며, 20×1년에 400,000원의 당기순이익을 보고하였다. 20×1년 12월 31일 재무상태표에 표시될 ① 자기주식과 ② 자본총계는 각각 얼마인가? (5점)

풀 이

(1) 20×1년 말 재무상태표에 표시될 자기주식

자기주식 = (500주 − 100주 − 200주 − 100주) × 800원/주 = 80,000원

(2) 20×1년 말 재무상태표에 표시될 자본총계

자본총계 = 기초자본 − 자기주식취득 + 자기주식처분 + 당기순이익
= (5,000,000원 + 2,000,000원 + 1,000,000원) − 400,000원 + 307,000원(= 100주 × 620원/주 + 200주 × 850원/주 + 100주 × 750원/주) + 400,000원
= 8,307,000원

다음은 20×1년 중에 일어난 (주)한국의 재무활동에 관한 자료이다. 당기 현금흐름표에 표시될 재무활동현금흐름(순액)은 얼마인가? (5점)

- 유상증자에 의한 현금흐름   6,000,000원
- 유상증자 신주의 액면금액   4,000,000원
- 자기주식의 현금취득   900,000원
- 사채의 현금상환   4,900,000원
- 상환 당시 사채의 장부금액(액면금액)   5,000,000원

풀 이

재무활동현금흐름

재무활동현금흐름 = 6,000,000원(유상증자) − 900,000원(자기주식취득) − 4,900,000원(사채상환)
　　　　　　　 = 200,000원(현금유입)

(주)한국은 20×1년 1월 1일에 45,000원의 교량건설계약을 체결하고 공사를 시작하였다. 계약기간은 4년이며 교량공사와 관련된 정보는 다음과 같다.

구 분	20×1년	20×2년	20×3년	20×4년
당기발생계약원가	9,000원	9,000원	13,500원	18,900원
총계약원가추정액	36,000원	36,000원	50,400원	50,400원

건설계약과 관련하여 누적원가에 의한 진행기준을 적용할 때, 20×3년의 계약손익은 얼마인가? (5점)

풀 이

	20×1년	20×2년	20×3년	20×4년
총공사계약금액	45,000원	45,000원	45,000원	45,000원
누적계약발생원가	9,000원	18,000원	31,500원	50,400원
추정총계약원가	36,000원	36,000원	50,400원	50,400원
진행률	25%	50%	62.5%	100%
당기계약수익	11,250원	11,250원	5,625원	16,875원
당기계약원가	9,000원	9,000원	13,500원	18,900원
당기계약이익	2,250원	2,250원	(9,900원)	(0원)

※ 전체공사손익 = 20×1년 ~ 20×2년 계약손익누계액 + 20×3년 계약손익
  = 4,500원(= 2,250원 + 2,250원) + (−9,900원) = −5,400원
※ 20×3년 계산상의 계약손익 = 5,625원 − 13,500원 = −7,875원
※ 예상손실 조정액(20×4년 계산상의 계약손익) = 16,875원 − 18,900원 = −2,025원

문제 13

(주)한국은 제품A를 생산하고 있으며, 제품A의 원가자료는 다음과 같다.

• 단위당 판매가격	1,000원
• 목표이익	100,000원
• 월간 생산량이 1,000개 미만일 경우 고정비	200,000원
• 월간 생산량이 1,000개 이상일 경우 고정비	240,000원
• 변동비율	80%

목표이익을 달성하기 위한 월간 판매량은 얼마인가? (5점)

풀 이

목표이익 = 매출액 − 변동비 − 고정비 = 100,000원

목표이익 달성을 위한 판매량을 x라고 하면,
생산량이 1,000개 미만일 경우 $1,000x - 800x - 200,000원 = 100,000원$
판매량 $x = 300,000원 / 200원 = 1,500개(부적합)$

생산량이 1,000개 이상일 경우 $1,000x - 800x - 240,000원 = 100,000원$
판매량 $x = 340,000원 / 200원 = 1,700개(적합)$

다음은 (주)한국의 20×1년 원가자료이다. 아래의 물음에 답하시오.

• 기초원재료	20,000원	• 기말재공품	30,000원
• 당기원재료매입액	125,000원	• 기초제품	100,000원
• 기말원재료	25,000원	• 기말제품	110,000원
• 기초재공품	35,000원	• 매출원가	340,000원
• 제조간접원가는 직접노무원가의 80%임.			

(1) 20×1년 당기총제조원가는 얼마인가? (5점)

(2) 20×1년 기본(기초)원가는 얼마인가? (5점)

풀 이

(1) **20×1년 당기총제조원가**

매출원가 = 기초제품재고액 + 당기제품제조원가 − 기말제품재고액

340,000원 = 100,000원 + 당기제품제조원가 − 110,000원

당기제품제조원가 = 340,000원 + 10,000원 = 350,000원

당기제품제조원가 = 기초재공품재고액 + 당기총제조원가 − 기말재공품재고액
= 35,000원 + 당기총제조원가 − 30,000원 = 350,000원

당기총제조원가 = 350,000원 − 5,000원 = 345,000원

(2) **20×1년 기본(기초)원가**

당기총제조원가 = 직접재료원가 + 직접노무원가 + (직접노무원가 × 0.8)

345,000원 = 120,000원(= 20,000원 + 125,000원 − 25,000원) + (직접노무원가 × 1.8)

직접노무원가 = 225,000원 / 1.8 = 125,000원

기본(기초)원가 = 직접재료원가 + 직접노무원가
= 120,000원 + 125,000원 = 245,000원

※ 가공(전환)원가 = 직접노무원가 + 제조간접원가
= 125,000원 + 125,000원 × 0.8 = 225,000원

> ※ 아래 문제들에서 특별한 언급이 없는 한 기업의 보고기간(회계기간)은 매년 1월 1일부터 12월 31일까지 이고, 세금은 없다고 가정한다. 또한 기업은 주권상장법인으로서 계속해서 한국채택국제회계기준 (K-IFRS)을 적용해오고 있다고 가정하고, 주어진 내용 이외의 상황은 고려하지 말고 답하시오.

문제 1

다음은 20×1년 (주)한국의 재고자산과 관련한 자료이다. (주)한국은 실지재고조사법을 채택하며 재고자산과 관련한 평가손실이나 감모손실은 없다.

당기 중에 모두 700개의 재고자산을 판매하였다.

매입일	수 량	매입단가
1월 1일	100개	100원
3월 5일	200개	110원
6월 23일	300개	120원
9월 25일	200개	130원

(1) 선입선출법을 적용하여 20×1년 포괄손익계산서에 보고될 매출원가를 계산하시오. (5점)

(2) 평균법을 적용하여 20×1년 재무상태표에 보고될 기말재고자산의 금액을 계산하시오. (5점)

풀 이

(1) **실지재고조사법하의 선입선출법**
   ① 기말재고자산 = 100개(9월 25일분) × 130원/개 = 13,000원
   ② 매출원가 = 판매가능재고 - 기말재고자산 = 94,000원 - 13,000원 = 81,000원
   ※ 판매가능재고 = (100개 × 100원/개) + (200개 × 110원/개) + (300개 × 120원/개) + (200개 × 130원/개)
      = 94,000원

(2) **실지재고조사법하의 평균법(총평균법)**
   ① 평균단가 = 94,000원 / 800개 = 117.5원/개
   ② 기말재고자산 = 100개 × 117.5원/개 = 11,750원

다음은 (주)한국의 20×1년 12월 31일 현재의 수정전시산표와 기말수정사항이다. 아래에 제시된 기말수정사항을 반영하여 (주)한국의 포괄손익계산서에 보고될 당기순이익을 계산하시오. (5점)

수정전시산표

(단위 : 원)

차 변	계정과목	대 변
53,000	현 금	
30,000	소모품	
49,000	차량운반구	
	미지급금	23,000
	자본금	66,000
	용역수익	67,500
7,500	광고홍보비	
8,000	급 여	
9,000	임차료	
156,500	합 계	156,500

[기말수정사항]

(1) 소모품 기말재고액은 10,000원이다.

(2) 차량운반구에 대한 감가상각금액은 5,000원이다.

풀 이

(1) 수정 전 당기순이익

당기순이익 = 수익 − 비용 = 67,500원 − 7,500원 − 8,000원 − 9,000원 = 43,000원

(2) 수정 후 당기순이익

당기순이익 = 43,000원(수정 전 당기순이익) − 20,000원(소모품비) − 5,000원(감가상각비)
= 18,000원

문제 3

(주)한국은 20×1년 초에 다음의 기계장치를 취득하였다. 20×2년 말 기계장치의 감가상각누계액을 계산하시오. (5점)

취득원가	추정내용연수	추정잔존가액	감가상각방법
200,000원	5년	50,000원	연수합계법

풀이

(1) 20×1년 감가상각비

감가상각비 = (200,000원 − 50,000원) × 5년 / (5년 + 4년 + 3년 + 2년 + 1년) = 50,000원

(2) 20×2년 감가상각비

감가상각비 = (200,000원 − 50,000원) × 4년 / (5년 + 4년 + 3년 + 2년 + 1년) = 40,000원

(3) 20×2년 말 감가상각누계액

감가상각누계액 = 50,000원 + 40,000원 = 90,000원

문제 4

(주)한국은 20×1년 초 액면금액 100,000원의 사채를 발행하고 105,154원의 현금을 조달하였다. 사채에 표시된 이자율은 10%이고 만기는 3년이며, 이자는 매년 말 지급된다. 다음의 요구사항에 답하시오. 단, 유효이자율은 8%이고 모든 계산은 소수점 첫째자리에서 반올림 하시오.

(1) 20×1년 사채이자비용을 계산하시오. (5점)

(2) (주)한국이 20×2년 말에 표시이자를 포함하여 현금 108,000원을 지급하고 사채를 상환하였을 경우 사채상환손익을 계산하시오(이익인지 손실인지 표기하시오). (5점)

풀이

(1) 20×년 사채이자비용

사채이자비용 = 105,154원 × 8% = 8,412원

(2) 20×2년 말 사채상환손익

① 20×1년 말 장부금액 = 105,154원 × 1.08 − 10,000원 = 103,566원

② 20×2년 말 장부금액 = 103,566원 × 1.08 = 111,851원

③ 사채상환손익 = 111,851원 − 108,000원 = 3,851원(사채상환이익)

(주)한국은 20×1년 초 취득원가 500,000원의 기계장치를 취득하였다. 내용연수는 5년이고 잔존가치는 없으며 정액법으로 감가상각한다. (주)한국은 20×3년 결산일에 기계장치의 진부화에 따른 손상차손을 인식하기로 하였으며, 회수가능액은 125,000원이다.

(주)한국이 20×3년에 인식할 손상차손금액을 계산하시오. (5점)

풀 이

20×3년에 인식할 손상차손금액

• 20×3년 말 손상 전 장부금액 = 500,000원 − (500,000원 − 0원) × 3년 / 5년 = 200,000원
• 20×3년 말 손상차손 = 200,000원(손상전 장부금액) − 125,000원(회수가능액) = 75,000원

다음은 (주)한국의 20×1년 말과 20×2년 말의 부분재무상태표이다.

부분재무상태표

(주) 한국		20×1년 12월 31일 현재		(단위 : 원)
자 산	⋮	**부 채**	⋮	⋮
기계장치	1,000,000	**자 본**		
기계장치감가상각누계액	(200,000)	⋮		⋮
⋮	⋮			

부분재무상태표

(주) 한국		20×2년 12월 31일 현재		(단위 : 원)
자 산	⋮	**부 채**	⋮	⋮
기계장치	900,000	**자 본**		
기계장치감가상각누계액	(50,000)	⋮		⋮
⋮	⋮			

(주)한국은 20×2년 1월 1일에 기계장치를 모두 매각한 후 새로운 기계장치를 취득하였다. 매각 결과 70,000원의 기계장치처분손실을 인식하였으며 모든 취득 및 처분은 현금거래로 이루어졌다. 위의 거래로 인하여 (주)한국의 20×2년 현금흐름표의 투자활동현금흐름에 미치는 영향을 계산하시오(순액으로 표시하고, 현금 유입인지 유출인지 표기하시오). (5점)

풀 이

20×2년 현금흐름표의 투자활동현금흐름에 미치는 영향

20×2년 초 기계장치 취득시
(차) 기계장치   900,000   (대) 현 금   900,000

20×2년 말 기계장치 상각시
(차) 감가상각비   50,000   (대) 감가상각누계액   50,000

20×2년 초 기계장치 처분시
(차) 현 금   730,000   (대) 기계장치   1,000,000
      감가상각누계액   200,000
      기계장치처분손실   70,000

∴ 투자활동순현금흐름 = (900,000원) + 730,000원 = (170,000원) : 현금유출

문제 7

(주)한국은 20×1년 중 토지를 5,000,000원에 취득하였다. 해당 토지의 공정가치는 20×1년 말과 20×2년 말 현재 각각 5,500,000원, 4,700,000원이었다.

(1) (주)한국이 해당 토지를 투자부동산으로 인식하고 공정가치모형을 적용했을 경우, 20×2년 말 포괄손익계산서의 당기손익에 미치는 영향을 계산하시오(이익인지 손실인지 표기하시오). (5점)

(2) (주)한국이 해당 토지를 유형자산으로 인식하고 재평가모형을 적용했을 경우, 20×2년 말 포괄손익계산서의 당기손익에 미치는 영향을 계산하시오(이익인지 손실인지 표기하시오). (5점)

풀 이

(1) **공정가치모형**
- 투자부동산평가손익 = 4,700,000원 − 5,500,000원 = (800,000원) : 평가손실
- 당기손익에 미치는 영향 : 800,000원 손실

(2) **재평가모형**

구 분	20×1년	20×2년
당기순익에 미치는 영향	0원	(300,000원)
기타포괄손익에 미치는 영향	500,000원	(500,000원)
총포괄순익에 미치는 영향	500,000원	(800,000원)

∴ 당기손익에 미치는 영향 : (300,000원) (재평가손실)

(주)한국은 주당 액면금액 5,000원의 주식을 1,000주 발행하였다. 다음의 각 물음은 독립적이다.

(1) 주당 발행금액이 6,500원인 경우, 발행시 회계처리를 통하여 발생하는 주식발행초과금의 금액을 계산하시오. (5점)

(2) 주당 발행금액이 4,500원인 경우, 발행시 회계처리를 통하여 발생하는 주식할인발행차금의 금액을 계산하시오. (5점)

풀이

(1) 주식발행초과금

주식발행초과금 = 1,000주 × (6,500 − 5,000)원/주 = 1,500,000원

(2) 주식할인발행차금

주식할인발행차금 = 1,000주 × (4,500 − 5,000)원/주 = 500,000원

(주)한국은 20×1년 10월 말에 (주)대한이 발행한 주식을 500,000원에 취득하고, 3,000원의 수수료를 추가로 지출하였다. 20×1년 12월 31일 해당 주식의 공정가치는 600,000원이었다.

(1) 해당 주식을 당기손익 − 공정가치(FVPL) 측정 금융자산으로 인식한 경우, 포괄손익계산서에 당기손익으로 인식해야 할 금융자산평가손익을 계산하시오(이익인지 손실인지 표기하시오). (5점)

(2) 해당 주식을 기타포괄손익 − 공정가치(FVOCI) 선택 금융자산으로 인식한 경우, 포괄손익계산서에 기타포괄손익으로 인식해야 할 금융자산평가손익을 계산하시오(이익인지 손실인지 표기하시오). (5점)

풀이

(1) 당기손익 − 공정가치 측정 금융자산평가손익

금융자산평가손익 = 600,000원(공정가치) − 500,000원(직전 장부가액)
= 100,000원(평가이익)

(2) 기타포괄손익 − 공정가치 측정 금융자산평가손익

금융자산평가손익 = 600,000원(공정가치) − 503,000원(직전 장부가액)
= 97,000원(평가이익)

문제 10

(주)한국은 상품을 외상매출하고 액면금액이 1,000,000원인 3개월 만기 어음(무이자부어음)을 받았다. 1개월간 어음을 보유한 후 주거래은행에 연 3% 이자율로 할인하였다. 해당 어음의 할인은 받을어음의 소유에 따른 위험과 보상의 대부분을 거래은행에 이전하지 않는 차입거래에 해당한다. 어음의 할인시 인식할 이자비용을 계산하시오. (5점)

풀 이

현금수령액 = 어음의 만기가치 − 수수료(할인료)
= 1,000,000원 − (1,000,000원 × 3% × 2 / 12) = 995,000원

이자비용 = 할인일의 어음의 만기가치 − 현금수령액
= 1,000,000원 − 995,000원 = 5,000원

차입금으로 회계처리하는 경우

| (차) 현 금 | 995,000 | (대) 차입금 | 1,000,000 |
| 이자비용 | 5,000 | | |

문제 11

(주)한국은 (주)대한리스로부터 공정가치 6,500,000원의 기계장치를 리스하기로 계약하였다. 리스기간은 4년(20×1.1.1. ~ 20×4.12.31)이고, 리스료는 매년 말 2,000,000원씩 후급한다. (주)한국은 리스기간 종료시 리스자산을 (주)대한리스에 반환하는 조건이다. 리스자산의 경제적 내용연수는 5년이고, 잔존가치는 없으며, 정액법으로 감가상각한다. 해당 리스에 적용된 내재이자율은 10%이다. (주)한국이 리스와 관련하여 20×1년에 인식할 총비용을 계산하시오. 단, 단일금액 1원의 현가계수(4년, 10%)는 0.6830이며, 정상연금 1원의 현가계수(4년, 10%)는 3.1670이다. (5점)

풀 이

리스료의 현재가치(리스부채) = 2,000,000원 × 3.1670 = 6,334,000원
감가상각비 = (6,334,000원 − 0원) / 4 = 1,583,500원
이자비용 = 6,334,000원 × 10% = 633,400원

20×1년에 인식할 총비용(당기손익에 미치는 영향)
= 감가상각비 + 이자비용 = 1,583,500원 + 633,400원 = 2,216,900원

다음은 (주)한국의 20×1년 재무자료의 일부이다.

- 매출액 3,000,000원
- 매출원가 1,500,000원
- 연평균 매출채권 600,000원
- 연평균 재고자산 500,000원

주어진 자료를 이용하여 (주)한국의 (1) 재고자산회전기간과 (2) 매출채권회수기간을 계산하시오.
단, 매출은 전액 신용매출이며, 1년은 360일로 간주한다. (10점)

풀 이

(1) **재고자산회전기간**

재고자산회전율 = 매출원가 / 평균재고자산 = 1,500,000원 / 500,000원 = 3회
재고자산회전기간 = 360일 / 재고자산회전율 = 360일 / 3회 = 120일

(2) **매출채권회수기간**

매출채권회전율 = 매출액 / 평균매출채권 = 3,000,000원 / 600,000원 = 5회
매출채권회수기간 = 360일 / 매출채권회전율 = 360일 / 5회 = 72일

문제 13

(주)한국의 판매 및 원가자료는 다음과 같다. (주)한국이 800,000원의 목표이익을 얻기 위해서 몇
단위를 판매하여야 하는가? (5점)

- 단위당 판매가격 1,000원
- 단위당 변동원가 600원
- 고정원가 총액 1,200,000원

풀 이

매출액 − 변동비 − 고정비 = 800,000원(목표이익)
목표이익 달성을 위한 판매량을 y라고 하면,
$(1,000원 \times y) - (600원 \times y) - 1,200,000원 = 800,000원$
$(400원 \times y) = 2,000,000원$
∴ y(판매량) = 5,000개

문제 14

(주)한국은 20×1년 초에 영업을 개시하고 A제품을 생산하여 판매하고 있다. 20×1년에 4,000단위를 생산하였으며, 제품단위당 판매가격은 200,000원이다.

생산에 관한 자료는 다음과 같다.

구 분	총고정원가	제품단위당 변동원가
직접재료원가		40,000원
직접노무원가		35,000원
제조간접원가	80,000,000원	20,000원
판매관리비	70,000,000원	17,500원

만약 전부원가계산에 의한 영업이익이 변동원가계산에 의한 영업이익에 비하여 20,000,000원이 많을 경우, 20×1년 판매량은 몇 단위인가? (5점)

풀이

판매량을 x 라 하면,
전부원가계산에 의한 영업이익
= 변동원가계산에 의한 영업이익 + 20,000,000원

$x \times$ [200,000원 − (40,000원 + 35,000원 + 20,000원 + 17,500원)]
$= x \times$ [200,000원 − (40,000원 + 35,000원 + 17,500원)] − 80,000,000원 + 20,000,000원

$x \times$ (87,500원) $= x \times$ (107,500원) − 60,000,000원
60,000,000원 $= x \times$ [(107,500원 − 87,500원)]
60,000,000원 $= x \times$ (20,000원)

∴ x(판매량) = 3,000개

간단하게 계산하면,
(4,000개 − x) × 20,000원 = 20,000,000원
∴ x(판매량) = 3,000개

※ 생산량과 판매량이 다르면, 전부원가계산에서는 판매량 해당 고정제조간접원가 및 고정판매관리비를 반영하고, 변동원가계산에서는 생산량 해당 고정제조간접원가 및 판매량 해당 고정판매관리비를 반영한다.

※ 아래 문제들에서 특별한 언급이 없는 한 기업의 보고기간(회계기간)은 매년 1월 1일부터 12월 31일까지이고, 세금은 없다고 가정한다. 또한 기업은 주권상장법인으로서 계속해서 한국채택국제회계기준(K-IFRS)을 적용해오고 있다고 가정하고, 주어진 내용 이외의 상황은 고려하지 말고 답하시오.

문제 1

다음은 20×1년 (주)한국의 재고자산과 관련된 자료이다. (주)한국은 계속기록법을 채택하고 있으며, 재고자산과 관련된 평가손실이나 감모손실은 없다.

일 자	거 래	수 량	단 가
1월 1일	기초재고	100개	100원
3월 1일	매 입	200개	120원
5월 1일	매 입	100개	140원
7월 1일	판 매	150개	
9월 1일	매 입	100개	155원
11월 1일	판 매	100개	

(주)한국이 평균법을 적용할 경우, 20×1년 말 기말재고자산의 금액을 계산하시오. (5점)

풀 이

계속기록법하의 평균법(이동평균법)

1월 1일　100개 × 100원/개 = 10,000원
3월 1일　200개 × 120원/개 = 24,000원
5월 1일　100개 × 140원/개 = 14,000원　　　　　　　48,000원
평균단가 = 48,000원 / 400개 = 120원/개

7월 1일　(400개 − 150개) × 120원/개 = 30,000원
9월 1일　100개 × 155원/개 = 15,500원　　　　　　　45,500원
평균단가 = 45,500원 / 350개 = 130원/개

11월 1일　(350개 − 100개) × 130원/개 = <u>32,500원(기말재고액)</u>

문제 2

20×1년 초 (주)한국은 (주)대한과 위탁판매계약을 체결하면서, 수탁자인 (주)대한에게 매출액의 10%를 판매수수료로 지급하기로 했다. 이전된 재화의 통제권은 (주)한국이 계속 보유한다. 20×1년 중 (주)한국은 (주)대한에 단위당 원가 100원인 상품 200개를 적송하였고, 적송운임 총 2,000원을 현금으로 지급하였다. (주)대한은 해당 상품 100개를 15,000원에 판매하였고, 나머지 상품은 20×1년 말까지 판매되지 않았다.

(1) (주)한국이 위탁판매와 관련해 20×1년에 인식할 영업이익을 계산하시오. (5점)

(2) (주)대한이 위탁판매와 관련해 20×1년에 인식할 영업이익을 계산하시오. (5점)

풀 이

(1) (주)한국의 20×1년 영업이익

영업이익 = 매출액 − 매출원가 − 판매수수료 = 15,000원 − 11,000원* − 1,500원 = 2,500원

* 11,000원 = (100개 × 100원) + (2,000원 × 100개 / 200개)

(2) (주)대한의 20×1년 영업이익

영업이익 = 매출액 × 10% = 15,000원 × 10% = 1,500원

문제 3

(주)한국은 사옥으로 사용하기 위해 20×1년 7월 1일 건물과 토지를 225,000원에 일괄구입하였다. 취득 당시 건물의 공정가치는 100,000원이며, 토지의 공정가치는 150,000원이었다. 건물의 내용연수는 5년이며 잔존가치는 10,000원이다. (주)한국이 건물에 원가모형을 적용하며 정액법으로 감가상각할 경우, 20×1년 포괄손익계산서에 보고될 건물의 감가상각비를 계산하시오. 단, 감가상각비는 월할계산한다. (5점)

풀 이

건물의 취득원가 = 225,000원 × 100,000원 / (100,000원 + 150,000원) = 90,000원

20×1년 감가상각비 = [(90,000원 − 10,000원) / 5] × 6 / 12 = 8,000원

다음은 (주)한국의 수정후시산표에 나타난 차변 계정과목 중 일부이다. 무형자산에 속하는 계정과목의 합계 금액을 계산하시오. (5점)

• 소모품	300원	• 영업권	500원
• 상표권	200원	• 구축물	600원
• 개발비	400원	• 광고홍보비	300원
• 연구비	100원	• 우편환증서	200원

풀 이

무형자산 = 영업권 500원 + 상표권 200원 + 개발비 400원 = 1,100원

(주)한국은 20×1년 1월 1일 기계장치를 200,000원(내용연수 5년, 잔존가치 없음)에 취득하였다. (주)한국은 동 기계장치에 원가모형을 적용하며 정액법으로 감가상각한다. 20×2년 말에 기계장치가 손상되었고, 순공정가치는 75,000원, 사용가치는 60,000원이다. 기계장치의 20×3년 말 회수가능액은 90,000원이며, 손상환입에 해당한다. 20×3년 포괄손익계산서에 보고될 손상차손환입액을 계산하시오. (5점)

풀 이

20×2년 말 손상 전 장부금액 = 200,000원 − (200,000원 − 0원) × 2년 / 5년 = 120,000원
20×2년 말 손상차손 = 손상 전 장부금액 − 회수가능액
　　　　　　　　　 = 120,000원 − 75,000원 = 45,000원
20×3년 말 손상 전 장부금액 = 120,000원 − 120,000원 / 3 = 80,000원
20×3년 말 손상 후 장부금액 = 75,000원 − 75,000원 / 3 = 50,000원
20×3년 말 손상차손환입액 = 80,000원 − 50,000원 = 30,000원
※ 손상차손환입은 손상 전 장부금액과 손상 후 장부금액의 차액까지만 가능하다.

문제 6

20×1년 1월 1일 (주)한국은 다음과 같은 조건의 사채를 발행하였다.

- 액면가액 : 1,000,000원
- 표시이자율 : 연 8%
- 만기 : 3년
- 유효이자율 : 연 12%

사채이자는 매년 6월 30일과 12월 31일에 2회 지급한다. 사채발행과 직접 관련된 사채발행비는 발생하지 않았다. 계산금액은 소수점 첫째 자리에서 반올림하며 현재가치 계산은 아래 현가표를 이용하시오.

구 분	3기간		6기간	
	1원의 현가계수	정상연금의 현가계수	1원의 현가계수	정상연금의 현가계수
4%	0.8890	2.7750	0.7903	5.2421
6%	0.8396	2.6730	0.7049	4.9173
8%	0.7513	2.5771	0.5644	4.6228
12%	0.7117	2.4018	0.5066	4.1114

(1) 상기 사채의 사채발행가액을 계산하시오. (5점)

(2) (주)한국이 20×2년 포괄손익계산서에 인식할 사채의 이자비용은 얼마인지 계산하시오. (5점)

풀 이

(1) **사채의 사채발행가액**

사채발행가액 = (1,000,000원 × 0.7049) + (40,000원 × 4.9173) = 901,592원

※ 이자를 연 2회 지급하므로 이자는 1/2로 줄고, 기간은 2배로 늘어난다.
따라서 현가계수도 12%, 3기간이 아닌 6%, 6기간의 수치를 적용하여야 한다.

(2) **20×2년에 인식할 사채의 이자비용**

20×1년 6월 30일 장부가액 : 901,592원 × 1.06 − 40,000원 = 915,688원
20×1년 12월 31일 장부가액 : 915,688원 × 1.06 − 40,000원 = 930,629원
20×2년 6월 30일 장부가액 : 930,629원 × 1.06 − 40,000원 = 946,467원
20×2년에 인식할 사채의 이자비용 = (930,629원 + 946,467원) × 0.06 = 112,626원

(주)한국의 20×1년 기초매출채권 잔액은 5,000,000원이고 기말매출채권 잔액은 3,000,000원이며, 매출채권회전율은 10회로 보고되었다. (주)한국이 20×2년의 기말매출채권잔액을 전기 말 잔액과 동일하게 유지하며 매출채권 회전율을 전기 대비 50% 향상시키려고 할 때, 20×2년의 목표매출액은 얼마인지 계산하시오. (5점)

풀 이

(1) 20×1년 매출액

20×1년 매출채권회전율 = 매출액 / 평균매출채권

= 매출액 / [(3,000,000원 + 5,000,000원) / 2] = 10회

∴ 매출액 = 4,000,000원 × 10회 = 40,000,000원

(2) 20×2년 매출액

20×2년 매출채권회전율 = 매출액 / 평균매출채권

= 매출액 / [(3,000,000원 + 3,000,000원) / 2] = 15회

∴ 매출액 = 3,000,000원 × 15회 = 45,000,000원

(주)한국의 20×1년 결산수정분개를 반영하기 전 당기순이익은 1,000,000원이다. 당기 중에 보험료 120,000원과 소모품구매 50,000원을 지급하고 모두 자산으로 인식하였다. 보험료 120,000원은 12개월분에 해당하며, 결산일 현재 5개월의 계약기간이 남아있다. 소모품 기말잔액은 20,000원이다. 두 가지 항목에 대해 결산수정사항이 반영된 후의 당기순이익은 얼마인가? (5점)

풀 이

수정 후 당기순이익

수정 후 당기순이익 = 수정 전 당기순이익 1,000,000원 − 경과보험료 70,000원 − 소모품비 30,000원

= 900,000원

다음은 (주)한국의 현금흐름과 관련된 거래이다.

항 목	금 액
(1) 재화판매와 용역제공에 따른 현금유입	100,000원
(2) 단기매매목적 금융자산 취득	20,000원
(3) 차입금의 상환	40,000원
(4) 자기주식의 처분으로 인한 현금유입	20,000원
(5) 종업원과 관련하여 직·간접으로 발생하는 현금유출	30,000원

위 항목 중 (주)한국의 영업활동현금흐름에 영향을 미치는 금액을 계산하시오.

순액으로 계산하고 증가(유입)와 감소(유출)를 반드시 표시하시오. (5점)

풀 이

영업활동현금흐름에 영향을 미치는 금액

(1) 재화판매와 용역제공에 따른 현금유입   100,000원
(2) 단기매매목적 금융자산 취득   −20,000원
(5) 종업원과 관련하여 직·간접으로 발생하는 현금유출   −30,000원
    영업활동현금흐름   50,000원 증가(유입)

(주)한국은 매출채권에 대해 기대신용손실을 추정하고, 그 금액을 손상차손으로 인식한다. (주)한국의 20×1년 말 수정전시산표의 매출채권 잔액은 100,000원이고 이와 관련한 손실충당금은 20,000원으로 보고되었다. 20×1년 말 (주)한국은 매출채권의 기대신용손실을 30,000원으로 측정하였으며, 20×2년 중 매출채권 50,000원에 대해 회수불능이라고 판단하여 이를 장부에서 제거하였다. 해당 거래가 (주)한국의 20×2년 당기손익에 미치는 영향을 계산하시오(순액으로 표시하고 증감을 (+)/(−)로 표시하시오). (5점)

풀 이

20×1년 말 수정분개 전
매출채권 잔액 100,000원, 손실충당금(대손충당금) 20,000원

20×1년 말 수정분개

(차) 손상차손(대손상각비)	10,000	(대) 손실충당금(대손충당금)	10,000

20×2년 대손발생

(차) 손실충당금(대손충당금)	30,000	(대) 매출채권	50,000
손상차손(대손상각비)	20,000		

∴ 20×2년 당기손익에 미치는 영향 : 손상차손(대손상각비) 20,000원(−)

문제 11

(주)한국은 20×1년 3월 24일 (주)대한이 발행한 지분증권 500주를 25,000,000원에 취득하면서 이와 관련된 수수료 20,000원을 별도로 지급하였다. 20×1년 말 해당 지분증권의 주당 공정가치는 49,000원이었다. (주)한국은 20×2년 6월 30일 동 지분증권 전부를 주당 52,000원에 매각하였다.

(1) 해당 지분증권을 당기손익 – 공정가치(FVPL) 측정 금융자산으로 인식한 경우, 해당 거래를 통하여 포괄손익계산서의 당기손익에 미치는 영향을 20×1년과 20×2년으로 구분하여 계산하시오(순액으로 표시하고 증감을 (+)/(−)로 표시하시오). (5점)

구 분	포괄손익계산서의 당기손익에 미치는 영향
20×1년	(?)원
20×2년	(?)원

(2) 해당 지분증권을 기타포괄손익 – 공정가치(FVOCI) 선택 금융자산으로 인식한 경우, 해당 거래를 통하여 포괄손익계산서의 기타포괄손익에 미치는 영향을 20×1년과 20×2년으로 구분하여 계산하시오(순액으로 표시하고 증감을 (+)/(−)로 표시하시오). (5점)

구 분	포괄손익계산서의 당기손익에 미치는 영향
20×1년	(?)원
20×2년	(?)원

풀 이

(1) 당기손익 – 공정가치 측정 금융자산(FVPL)

① 20×1년 당기손익에 미치는 영향

= 수수료(20,000원) + 평가손익(500,000원) = (520,000원) (−)

※ 평가손익 = (49,000 − 50,000)원/주 × 500주 = (500,000원)

② 20×2년 당기손익에 미치는 영향 = (52,000원 − 49,000원) × 500주 = 1,500,000원 (+)

(2) 기타포괄손익–공정가치 측정 금융자산(FVOCI)

① 20×1년 기타포괄손익에 미치는 영향

평가손익 = (49,000원/주 × 500주) − (25,000,000원 + 20,000원) = (520,000원) (−)

※ 수수료 20,000원은 취득원가에 가산한다.

② 20×1년 기타포괄손익에 미치는 영향

평가손익 = (52,000 − 49,000)원/주 × 500주 = 1,500,000원 (+)

※ 이 금융자산에서는 처분손익을 인식하지 않고 항상 평가손익으로 인식한다.

(주)한국은 20×1년 6월 30일 자기주식 1,000주를 총 5,400,000원에 취득하였다. 20×1년 7월 30일 자기주식 중 400주를 총 2,200,000원에 처분하였고, 20×1년 9월 30일 350주를 총 1,800,000원에 추가로 처분하였다. 20×1년 12월 30일 남아있는 자기주식 250주를 소각하였다. 해당 주식의 액면가액은 5,000원이고, 자기주식 소각과 관련된 회계처리시 상법상 자본금 감소 규정을 준용한다.

(1) 20×1년 9월 30일 회계처리로 인식할 자기주식처분손실의 금액을 계산하시오. (5점)

(2) 20×1년 12월 30일 회계처리로 인식할 감자차손의 금액을 계산하시오. (5점)

풀이

(1) 20×1년 9월 30일 회계처리로 인식할 자기주식처분손실

　　20×1년 7월 30일 : 2,200,000원 − (400주 × 5,400원/주) = 40,000원 (처분이익)

　　20×1년 9월 30일 : 1,800,000원 − (350주 × 5,400원/주) = (90,000원) (처분손실)

　　∴ 20×1년 9월 30일 인식할 자기주식처분손실

　　　= 40,000원 + (90,000원) = (50,000원)

(2) 20×1년 12월 30일 회계처리로 인식할 감자차손

　　20×1년 12월 30일 : 250주 × 5,000원/주 = 1,250,000원 (자본금 감소)

　　20×1년 12월 30일 : 250주 × 5,400원/주 = 1,350,000원 (자기주식 소각)

　　∴ 20×1년 12월 30일 인식할 감자차손

　　　= 1,250,000원 − 1,350,000원 = (100,000원) (감자차손)

다음은 (주)한국의 20×1년 12월 31일 자본과 관련된 항목들이다.

자 본	
자본금	12,000,000원
주식발행초과금	25,000,000원
이익준비금	3,000,000원
미처분이익잉여금	5,500,000원

주식의 액면금액은 5,000원이고 20×2년 3월 26일 개최된 주주총회에서 400주의 주식배당을 결의하였다. 또한 추가로 200주를 이익준비금으로 무상교부하기로 결정하였다. 주주총회의 결과로 변경된 (1) 이익준비금과 (2) 미처분이익잉여금의 잔액을 계산하시오. (5점)

풀 이

(1) **이익준비금 잔액**

이익준비금에서 주식 무상교부 : 200주 × 5,000원/주 = 1,000,000원

이익준비금 잔액 = 3,000,000원 - 1,000,000원 = 2,000,000원

※ 이익준비금이 1,000,000원만큼 줄고 자본금이 1,000,000원만큼 늘어난다.

(2) **미처분이익잉여금 잔액**

미처분이익잉여금에서 주식배당 : 400주 × 5,000원/주 = 2,000,000원

미처분이익잉여금 잔액 = 5,500,000원 - 2,000,000원 = 3,500,000원

※ 미처분이익잉여금이 2,000,000원만큼 줄고 자본금이 2,000,000원만큼 늘어난다.

다음은 (주)한국의 20×1년 5월 원가 관련 자료이다.

	20×1년 5월 1일	20×1년 5월 31일
직접재료	350,000원	300,000원
재공품	250,000원	300,000원
제 품	1,000,000원	1,200,000원

(주)한국의 20×1년 5월 중 직접재료 매입액은 1,500,000원이고, 제조간접원가는 직접노무원가의 40%이다. 매출원가가 2,000,000원이라 할 때, 20×1년 5월의 기초원가(기본원가, prime cost)가 얼마인지 계산하시오. (5점)

풀 이

매출원가 = 기초제품재고액 + 당기제품제조원가 − 기말제품제조원가
2,000,000원 = 1,000,000원 + 당기제품제조원가 − 1,200,000원
∴ 당기제품제조원가 = 2,200,000원

당기제품제조원가 = 기초재공품재고액 + 당기총제조원가 − 기말재공품재고액
2,200,000원 = 250,000원 + 당기총제조원가 − 300,000원
∴ 당기총제조원가 = 2,250,000원

당기총제조원가 = 직접재료원가 + 직접노무원가 + 제조간접원가
2,250,000원 = 1,550,000원 + 직접노무원가 × (1 + 0.4)
직접노무원가 × (1 + 0.4) = 700,000원
∴ 직접노무원가 = 500,000원

∴ 기초원가(기본원가) = 직접재료원가 + 직접노무원가
　　　　　　　　 = 1,550,000원 + 500,000원 = 2,050,000원

(주)한국은 제품 X와 제품 Y를 생산·판매하고 있다. (주)한국의 연간 총고정원가는 250,000원이고, 회사가 이용 가능한 연간 기계시간은 20,000시간이다. 제품 X와 제품 Y에 대한 단위당 판매가격, 변동원가 및 시장수요량에 대한 자료는 다음과 같다.

	제품 X	제품 Y
단위당 판매가격	370원	440원
단위당 변동원가	170원	200원
단위당 필요 기계시간	2시간	4시간
연간 시장수요량	6,000단위	4,000단위

(주)한국이 이익을 극대화하기 위해 (1) 제품 X와 (2) 제품 Y를 연간 몇 단위씩 생산·판매해야 하는지 계산하시오. (10점)

풀 이

	제품 X	제품 Y
단위당 판매가격	370원	440원
단위당 변동원가	170원	200원
단위당 공헌이익	200원	240원
단위당 필요 기계시간	2시간	4시간
기계시간당 공헌이익	100원(= 200원 / 2시간)	60원(= 240원 / 4시간)
생산 우선순위	1순위	2순위
연간 생산·판매량	6,000단위	2,000단위
연간 이용 가능 기계시간 20,000시간	6,000단위 × 2시간 = 12,000시간	2,000단위 × 4시간 = 8,000시간

연간 생산·판매량 : 제품 X = 6,000단위, 제품 Y = 2,000단위

※ 단위당 공헌이익을 구하여 생산·판매량을 결정할 때에는 고정비는 고려할 필요 없다.

> ※ 아래 문제들에서 특별한 언급이 없는 한 기업의 보고기간(회계기간)은 매년 1월 1일부터 12월 31일까지이고, 세금은 없다고 가정한다. 또한 기업은 주권상장법인으로서 계속해서 한국채택국제회계기준(K-IFRS)을 적용해오고 있다고 가정하고, 주어진 내용 이외의 상황은 고려하지 말고 답하시오.

문제 1

(주)한국은 외상매출로 어음을 수령하였고, 어음의 액면이자율은 9%이다. 어음의 발행일은 20×1년 1월 1일이며, 만기일은 20×1년 6월 30일이다. (주)한국은 20×1년 5월 1일에 액면금액 100,000원의 어음을 주거래은행으로부터 12%의 이자율로 할인받았다. 어음의 할인이 금융자산 제거요건을 충족하는 경우, 어음의 할인으로 인식할 처분손실을 계산하시오(단, 어음할인액과 이자는 월할 계산하며, 이자는 만기일에 지급한다). (5점)

풀 이

어음의 만기가치	100,000원 + 100,000원 × 9% × 6/12	= 104,500원
할인 수수료	104,500원 × 12% × 2/12	= 2,090원
현금수령액	104,500원 − 2,090원	= 102,410원
할인일의 어음가치	100,000원 + 100,000원 × 9% × 4/12	= 103,000원
매출채권 처분손실	102,410원 − 103,000원	= (590원)

문제 2

(주)한국은 20×1년 초 사업을 개시하였으며, 재고자산에 대해 평균법을 적용하고 있다. 다음은 (주)한국의 20×1년 재고자산과 관련된 자료이다. 상호독립적인 다음의 물음에 답하시오.

일 자	거 래	수 량	단 가
2월 1일	매 입	20개	10원
5월 1일	매 입	40개	13원
8월 1일	매 출	40개	–
11월 1일	매 입	20개	14원

(1) 계속기록법에 의해 재고자산 수량을 파악할 경우, 20×1년의 매출원가를 계산하시오(단, 재고자산감모손실과 평가손실은 없다). (5점)

(2) 실지재고조사법에 의해 재고자산 수량을 파악하며 기말재고의 단위당 순실현가능가치가 12원인 경우, 20×1년에 인식할 재고자산평가손실을 계산하시오(단, 재고자산감모손실은 없다). (5점)

풀 이

(1) **매출원가[계속기록법하의 평균법(이동평균법)]**

2월 1일 매입 20개 × 10원/개 = 200원
5월 1일 매입 40개 × 13원/개 = 520원   720원
평균단가 = 720원 / 60개 = 12원/개
매출원가 = 8월 1일 매출 40개 × 12원/개 = 480원

기말재고 8월 1일 재고 20개 × 12원/개 = 240원
          11월 1일 매입 20개 × 14원/개 = 280원   520원
평균단가 = 520원 / 40개 = 13원/개

(2) **재고자산평가손실[실지재고조사법하의 평균법(총평균법)]**

평균단가 = 1,000원/개(= 20개 × 10원/개 + 40개 × 13원/개 + 20개 × 14원/개) / 80개 = 12.5원/개
평가손실 = 40개 × (12원/개 − 12.5원/개) = = (20원)

(주)한국은 20×1년 7월 1일 사업을 개시하면서 기계장치를 100,000원에 취득하였다. 기계장치의 내용연수는 4년이며, 잔존가치는 없다. (주)한국이 기계장치에 원가모형을 적용할 경우, 상호독립적인 다음의 물음에 답하시오(단, 감가상각비는 월할 계산한다).

(1) 감가상각방법으로 연수합계법을 적용할 경우, 20×2년에 인식할 감가상각비를 계산하시오. (5점)

(2) 감가상각방법으로 정액법을 적용하며, 20×2년 말에 기계장치의 순공정가치는 42,500원으로, 사용가치는 40,000원으로 하락하여 손상차손을 인식할 경우, 손상차손금액을 계산하시오. (5점)

풀 이

(1) **20×2년 감가상각비(연수합계법)**

20×1년 7월 1일 ~ 20×2년 6월 30일 감가상각비
= (100,000원 − 0원) × 4년 / (4년 + 3년 + 2년 + 1년) = 40,000원

20×2년 7월 1일 ~ 20×3년 6월 30일 감가상각비
= (100,000원 − 0원) × 3년 / (4년 + 3년 + 2년 + 1년) = 30,000원

20×2년 감가상각비 = (40,000원 × 6 / 12) + (30,000원 × 6 / 12) = 35,000원

(2) **20×2년 손상차손금액(정액법)**

20×2년 말 장부금액 = 100,000원 − 100,000원 × 1.5년/4년 = 62,500원

20×2년 말 회수가능액 = max[42,500원, 40,000원] = 42,500원

20×2년 손상차손금액 = 62,500원 − 42,500원 = 20,000원

문제 4

(주)한국은 20×1년 초 계약금액 30,000원인 건물건설계약을 체결하였고, 20×3년 12월 31일에 완공하였다. 관련 정보는 다음과 같으며, (주)한국은 기간에 걸쳐 수익을 인식(진행기준)한다. 진행률은 누적계약발생원가를 추정총계약원가로 나눈 비율로 산정한다. 20×2년에 인식할 계약손익을 계산하시오. (5점)

구 분	20×1년	20×2년	20×3년
당기발생계약원가	7,200원	10,650원	7,950원
총계약원가추정액	24,000원	25,500원	25,800원

풀 이

	20×1년	20×2년	20×3년
총공사계약금액	30,000원	30,000원	30,000원
누적계약발생원가	7,200원	17,850원	25,800원
추정총계약원가	24,000원	25,500원	25,800원
진행률	30%	70%	100%
당기계약수익	9,000원	12,000원	9,000원
당기계약원가	72,00원	10,650원	7,950원
당기계약이익	1,800원	**1,350원**	1,050원

20×2년 계약이익 = 1,350원

(주)한국의 20×1년 말, 20×2년 말 재무상태표에 공시된 매출채권과 손실충당금(대손충당금) 잔액은 다음과 같다. (주)한국은 매출채권에 대해 기대신용손실을 추정하고, 그 금액을 손상차손(대손상각비)으로 인식한다. (주)한국이 대손 처리한 매출채권은 20×1년에 180원, 20×2년에 200원이다. (주)한국이 20×2년에 인식한 손상차손(대손상각비)을 계산하시오. (5점)

구 분	20×1년 말	20×2년 말
매출채권	880원	1,600원
손실충당금(대손충당금)	80원	200원

풀 이

20×2년에 인식한 손상차손(대손상각비)

20×2년 중 대손 처리

대손충당금	80	매출채권	200
대손상각비	120		

20×2년 중 대손충당금 설정

대손상각비	200	대손충당금	200

20×2년 손상차손(대손상각비) = 120원 + 200원 = 320원

(주)한국은 20×1년 1월 1일 액면가액 100,000원의 사채를 만기 4년, 표시이자율 10%의 조건으로 발행하였다. 발행 당시의 유효이자율은 8%이며, 이자는 연 1회 12월 31일에 지급한다. 최종 답안의 계산금액은 소수점 첫째 자리에서 반올림하며, 현재가치 계산을 위한 현가계수는 다음과 같다.

할인율	기 간	단일금액 1원 현가계수	정상연금 1원 현가계수
8%	2	0.8573	1.7833
	4	0.7350	3.3121
10%	2	0.8265	1.7356
	4	0.6830	3.1698

(1) (주)한국이 상기 사채를 만기에 상환한다고 가정할 때, 사채발행기간 동안 포괄손익계산서에 인식할 사채이자비용의 총액을 계산하시오. (5점)

(2) (주)한국이 상기 사채를 20×2년 12월 31일에 현금이자를 포함한 금액 113,000원을 지급하고 사채 전부를 상환하였다. 사채와 관련하여 20×2년 포괄손익계산서의 당기손익에 미치는 영향을 계산하시오(증감을 (+)/(−)로 표시하시오). (5점)

풀 이

(1) 4년간 총이자비용

20×1년 1월 1일의 사채의 발행가
= (100,000원 × 0.7350) + (100,000원 × 10% × 3.3121) = 106,621원

4년간 총이자비용
= 100,000원 + (100,000원 × 10% × 4) − 106,621원 = 33,379원

(2) 20×2년 당기손익에 미치는 영향

20×1년 말 장부금액 : 106,621원 × 1.08 − 10,000원 = 105,151원
20×2년 말 장부금액 : 105,151원 × 1.08 − 10,000원 = 103,563원
20×2년 이자비용 = 105,151원 × 8% = 8,412원
사채상환금액 = 113,000원
사채상환손익 = 103,563원 − 113,000원 = (9,437) (상환손실)

20×2년 당기손익에 미치는 영향 = (8,412원) + (9,437원) = (17,849원) (−)

(주)한국은 프로농구팀을 운영하고 있다. 프로농구의 시즌은 매년 12월에 시작하여 이듬해 5월에 종료한다. (주)한국은 20×1년 ～ 20×2년 시즌 동안 홈에서 열리는 모든 경기(30경기)를 관람할 수 있는 시즌권 100매를 총 1,200,000원을 받고 20×1년 11월에 판매한 후 선수수익으로 기록하였다. 20×1년 12월 31일까지 홈경기는 총 6회가 열렸으며, 시즌권과 관련한 결산수정분개는 12월 31일에 한 번만 이루어졌다. 20×1년 12월 31일의 수정분개가 (주)한국의 20×1년 포괄손익계산서의 당기손익에 미치는 영향을 계산하시오(증감을 (+)/(−)로 표시하시오). (5점)

풀 이

20×1년 11월

현 금	1,200,000	선수수익	1,200,000

20×1년 12월 말

선수수익	240,000	현 금	240,000

20×1년 당기손익에 미치는 영향 = 240,000원 (+)

다음은 (주)한국의 20×1년 말 재무정보의 일부이다.

• 유동자산	120,000원	• 유동부채	95,000원
• 총자산	300,000원	• 총자본	50,000원

위의 정보는 20×1년의 장부를 마감하기 전의 정보이며, 재무제표를 작성하던 중 다음과 같은 오류를 발견하였다. 오류사항은 중요하고 장부를 마감하고 모두 수정하였다.

- 20×1년 기말재고자산을 10,000원 과대 계상하였다.
- 20×1년 미지급급여를 5,000원 과소 계상하였다.

(1) 오류수정이 20×1년 포괄손익계산서의 당기손익에 미치는 영향을 계산하시오(증감을 (+)/(−)로 표시하시오). (5점)

(2) 오류수정 후 유동비율을 계산하시오(최종 답안은 소수점 셋째 자리에서 반올림하시오). (5점)

풀 이

(1) 오류수정이 당기손익에 미치는 영향

구 분	20×1년 말	20×2년 말
수정사항		
20×1년 말 재고자산	(10,000원)	10,000원
20×1년 말 미지급급여	(5,000원)	5,000원
당기손익에 미치는 영향	(15,000원)	15,000원

오류수정이 20×1년 당기손익에 미치는 영향 = (15,000원) (−)

(2) 오류수정 후 유동비율(유동자산 / 유동부채)
오류수정 후 유동자산 = 120,000원 − 10,000원 = 110,000원
오류수정 후 유동부채 = 95,000원 + 5,000원 = 100,000원
오류수정 후 유동비율 = 110,000원 / 100,000원 = 110%

문제 9

(주)한국은 20×1년 중 (주)대한의 주식 10주를 주당 100,000원에 취득하였다. 동 주식의 공정가치 변동은 다음과 같다.

구 분	(주)대한 주식의 주당 공정가치
20×1년 말	110,000원
20×2년 말	95,000원

(주)한국은 (주)대한의 주식을 기타포괄손익 – 공정가치(FVOCI) 선택 금융자산으로 분류하였다. (주)한국은 20×2년 말 회계감사 과정 중 금융자산의 분류에 오류가 있었을지도 모른다는 지적을 받았다.

(1) 만약 (주)한국이 (주)대한의 주식을 기타포괄손익 – 공정가치(FVOCI) 선택 금융자산으로 분류하지 않고 당기손익 – 공정가치(FVPL) 측정 금융자산으로 분류할 경우 20×2년의 당기손익에 미치는 영향을 계산하시오. (2점)

(2) 위 (1)과 같은 상황에서 20×2년 말의 총포괄손익에 미치는 영향을 계산하시오. (3점)

풀 이

(1) **20×2년 당기손익에 미치는 영향**

당기손익 – 공정가치(FVPL) 측정 금융자산 평가손익
= 10주 × (95,000 – 110,000)원/주 = (150,000원) (평가손실)

(2) **20×2년 총포괄손익에 미치는 영향**

당기손익 – 공정가치(FVPL) 측정 금융자산의 경우 기타포괄손익에 미치는 영향은 항상 0원이므로 총포괄손익에 미치는 영향은 당기손익에 미치는 영향과 같다.

총포괄손익에 미치는 영향 = (150,000원)

문제 10

다음은 (주)한국이 20×1년 말 보유하고 있는 자산 항목이다.

• 통 화	120,000원	• 수입인지	100,000원
• 타인발행수표	300,000원	• 당좌예금	( )
• 종업원가불금	30,000원		

추가적으로 다음의 사항을 조정하기 전 회사측 당좌예금 잔액은 50,000원이며, 조정사항은 (주)한국이 아직 반영하지 않았다.

- 12월에 은행수수료 5,000원이 발생하였다.
- 은행이 12월 30일에 추심한 받을어음 금액은 10,000원이다.

(주)한국이 20×1년 말 재무상태표에 보고할 현금 및 현금성자산의 잔액을 계산하시오. (5점)

풀 이

조정 후 당좌예금
= 조정 전 당좌예금 50,000원 − 은행수수료 5,000원 + 추심어음 10,000원 = = 55,000원

현금 및 현금성자산
= 통화 120,000원 + 타인발행수표 300,000원 + 당좌예금 55,000원 = 475,000원

(주)한국은 20×1년 기초자본은 1,500,000원이고, 기말자본은 2,000,000원이다. 20×1년 중에 유상증자 300,000원과 무상증자 200,000원이 발생하였고, 현금배당 100,000원과 주식배당 40,000원을 지급하였다. 20×1년 당기순이익이 60,000원인 경우 기타포괄손익누계액의 순증가금액을 계산하시오(단, 주어진 내용 이외의 자본변동 항목은 없다고 가정한다). (5점)

풀 이

기말자본 = 기초자본 ± 자본거래 ± 손익거래
2,000,000원 = 1,500,000원 + 300,000원 − 100,000원 + 60,000원 + 기타포괄손익
기타포괄손익 = 2,000,000원 − 1,760,000원 = 240,000원 (+)

문제 12

다음은 (주)한국의 20×1년 재무자료의 일부이다.

- 20×1년 포괄손익계산서상의 매출액은 1,000,000원이고, 매출원가는 500,000원이다.
- 20×1년 일부 자산과 부채의 기초와 기말잔액은 다음과 같다.

	20×1년 1월 1일	20×1년 12월 31일
매출채권	100,000원	150,000원
재고자산	50,000원	100,000원
매입채무	80,000원	40,000원

(1) 매출활동으로 인한 현금유입액을 계산하시오. (5점)

(2) 매입활동으로 인한 현금유출액을 계산하시오. (5점)

풀 이

(1) **매출활동으로 인한 현금유입액**

매 출	1,000,000원	
매출채권 증가	− 50,000원	950,000원

(2) **매입활동으로 인한 현금유출액**

매출원가	− 500,000원	
재고자산 증가	− 50,000원	
매입채무 감소	− 40,000원	−590,000원

다음은 (주)한국의 20×1년 원가 관련 자료이다. 당기매출액을 계산하시오. (5점)

• 매출총이익	700,000원	• 당기총제조원가	2,500,000원
• 기초재공품재고	100,000원	• 기말재공품재고	600,000원
• 기초제품재고	200,000원	• 기말제품제고	400,000원

풀 이

당기제품제조원가 = 기초재공품재고 + 당기총제조원가 − 기말재공품재고
    = 100,000원 + 2,500,000원 − 600,000원 = 2,000,000원
매출원가 = 기초제품재고 + 당기제품제조원가 − 기말제품재고
    = 200,000원 + 2,000,000원 − 400,000원 = 1,800,000원
매출액 = 매출원가 + 매출총이익 = 1,800,000원 + 700,000원 = 2,500,000원

(주)한국의 변동제조간접원가 자료는 다음과 같다.

변동제조간접원가 실제발생액	100,000원
실제작업시간	5,000시간
변동제조간접원가 표준배부율	22원
실제생산량에 대하여 허용된 표준작업시간	5,200시간

(1) 변동제조간접원가 소비차이의 금액을 계산하고 유리/불리를 표시하시오. (5점)

(2) 변동제조간접원가 능률차이의 금액을 계산하고 유리/불리를 표시하시오. (5점)

풀 이

<u>AQ × AP(실제발생액)</u>	<u>AQ × SP(실제투입량 × 표준가격)</u>	<u>SQ × SP(표준투입량 × 표준가격)</u>
100,000원	5,000시간 × 22원/시간 = 110,000원	5,200시간 × 22원/시간 = 114,400원

(1) **변동제조간접원가 소비차이**

소비차이 = AQ × SP − AQ × AP = 110,000원 − 100,000원 = 10,000원 (유리)

(2) **변동제조간접원가 능률차이**

능률차이 = SQ × SP − AQ × SP = 114,400원 − 110,000원 = 4,400원 (유리)

※ 아래 문제들에서 특별한 언급이 없는 한 기업의 보고기간(회계기간)은 매년 1월 1일부터 12월 31일까지이고, 세금은 없다고 가정한다. 또한 기업은 주권상장법인으로서 계속해서 한국채택국제회계기준(K-IFRS)을 적용해오고 있다고 가정하고, 주어진 내용 이외의 상황은 고려하지 말고 답하시오.

문제 1

다음은 단일 상품을 판매하고 있는 (주)한국의 20×1년 1월 재고자산과 관련된 자료이다. 상호독립적인 다음의 물음에 답하시오.

거래일자	거래내역	수 량	단 가
1월 1일	기초재고	100개	₩20
1월 2일	매 입	200개	₩25
1월 5일	매 출	250개	-
1월 10일	매 입	400개	₩25
1월 11일	매 출	400개	-
1월 15일	매 입	200개	₩30
1월 20일	매 출	200개	-
1월 28일	매 입	400개	₩40
1월 31일	기말재고	450개	-

(1) (주)한국이 계속기록법과 선입선출법을 통해 재고자산의 단가와 수량을 파악하는 경우, 20×1년 1월 매출총이익은 얼마인가? 단, 해당 상품의 단위당 판매가격은 ₩100이며, 재고자산감모손실과 평가손실은 없다. (5점)

(2) (주)한국이 실지재고조사법과 평균법을 통해 재고자산의 단가와 수량을 파악하고, 기말재고자산의 단위당 순실현가능가치가 ₩28인 경우 20×1년 1월에 인식할 재고자산평가손실은 얼마인가? 단, 재고자산감모손실은 없다. (5점)

[풀 이]

(1) **계속기록법하의 선입선출법**

매출액 = (250개 + 400개 + 200개) × ₩100/개 = ₩85,000

매출원가 = ₩5,750 + ₩10,000 + ₩5,750 = ₩21,500

- 1/5 매출 (100개 × ₩20/개) + (150개 × ₩25/개) = ₩5,750
- 1/11 매출 (50개 × ₩25/개) + (350개 × ₩25/개) = ₩10,000
- 1/20 매출 (50개 × ₩25/개) + (350개 × ₩25/개) = ₩5,750

매출총이익 = ₩85,000 − ₩21,500 = ₩63,500

(2) **실지재고조사법하의 평균법(총평균법)**

평균단가 = (100개 × ₩20/개 + 200개 × ₩25/개 + 400개 × ₩25/개 + 200개 × ₩30/개 + 400개 × ₩40/개) / 1,300개 = ₩30/개

재고자산평가손실 = 450개 × (₩28/개 − ₩30/개) = (₩900)

[문제 2]

다음은 (주)한국의 재고자산 취득과 관련된 자료이다. (주)한국의 기초재고자산과 기말재고자산이 각각 ₩500,000과 ₩300,000인 경우, 매출원가는 얼마인가? (5점)

- 상품 구입가격 : ₩1,000,000
- 상품 매입과정에서 발생한 환급불가능한 관세 : ₩20,000
- 상품 매입과정에서 발생한 하역료 : ₩50,000
- 상품 판매시설에 대한 화재보험료 : ₩50,000
- 상품에 대한 매입할인 : ₩20,000

[풀 이]

판매가능재고자산 = 기초재고 ₩500,000 + 상품 구입가격 ₩1,000,000 + 관세 ₩20,000 + 하역료 ₩50,000 − 매입할인 ₩20,000 = ₩1,550,000

매출원가 = 판매가능재고자산 − 기말재고자산 = ₩1,550,000 − ₩300,000 = ₩1,250,000

(주)한국은 20×1년 1월 1일에 액면금액 ₩2,000,000(20×1년 1월 1일, 표시이자율 5%, 매년 12월 31일 이자지급, 만기일 20×5년 12월 31일)인 재무상품을 취득하였으며, 이를 상각 후 원가 측정 금융자산으로 분류하였다. 취득시점 유효이자율이 8%인 경우, 다음의 물음에 답하시오. 단, 동 재무상품의 취득과 관련된 거래원가는 없다고 가정하며, 계산금액은 소수점 첫째 자리에서 반올림한다.

- 5기간, 8% 정상연금 ₩1의 현가계수 : 3.9927
- 5기간, 8% 단일금액 ₩1의 현가계수 : 0.6806

(1) (주)한국이 20×1년 1월 1일 동 재무상품의 취득시 인식할 장부금액은 얼마인가? (5점)

(2) (주)한국이 20×3년 1월 1일 동 재무상품을 ₩1,850,000에 처분하는 경우 처분손익은 얼마인가? (처분이익 또는 처분손실 여부를 표기하고 금액을 제시하시오) (5점)

풀 이

(1) **취득시 인식할 장부금액(취득원가)**

(₩2,000,000 × 0.6806) + (₩100,000 × 3.9927) = ₩1,760,470

(2) **20×3년 초 처분손익**
- 20×1년 말 장부금액 ₩1,760,470 × 1.08 − ₩100,000 = ₩1,801,308
- 20×2년 말 장부금액 ₩1,801,308 × 1.08 − ₩100,000 = ₩1,845,412
- 20×3년 초 처분손익 = ₩1,850,000 − ₩1,845,412 = ₩4,588 (처분이익)

문제 4

20×1년 초 설립된 (주)한국의 당기 거래내역은 다음과 같다. 20×1년 말 결산 후 재무상태표상 자본 총계는 얼마인가? (5점)

- (주)한국은 주식을 발행하여 현금 ₩500의 자본금을 마련하였다.
- 현금 ₩300을 은행으로부터 차입하였다.
- 사무실 임차보증금 ₩400을 현금으로 지급하였다.
- 상품 ₩600을 구입하면서 현금 ₩300을 지급하고 나머지는 나중에 지급하기로 하였다.
- 거래처에 원가 ₩500인 상품을 ₩1,000에 판매하면서 현금 ₩500을 받고 나머지는 나중에 받기로 하였다.
- 직원 급여 ₩100이 발생하여 현금으로 지급하였다.
- 공과금 ₩50이 발생하였으나, 아직 지급하지 않았다.

풀이

재무상태표상 자본총계

20×1년 말 자본총계

= 주식발행금액(자본금) ₩500 + 매출이익 ₩500(= 매출 ₩1,000 − 매출원가 ₩500)
  − 직원 급여 ₩100 − 공과금 ₩50

= ₩850

(주)한국은 제품A와 제품B를 각각 ₩200,000과 ₩300,000에 판매하고 있다. (주)한국은 제품A와 제품B를 패키지로 ₩400,000에 판매하는 계약을 체결하였으며, 제품A와 제품B는 별개의 수행의무로 식별되었다. (주)한국은 전체 할인액 ₩100,000이 특정 수행의무와 관련이 없다고 판단하고, 수행의무의 상대적 개별 판매가격을 기준으로 거래가격을 배분한다. 제품A에 배분될 거래가격은 얼마인가? (5점)

풀이

	제품A	제품B	합 계
상대적 개별 판매가격	₩200,000	₩300,000	₩500,000
할인액	(₩40,000)	(₩60,000)	(₩100,000)
거래가격(수익)	₩160,000	₩240,000	₩400,000

문제 6

(주)한국은 20×1년 4월 1일에 기계장치를 ₩200,000에 취득하였다. 해당 기계장치의 내용연수는 5
년, 잔존가치는 ₩20,000으로 추정하였다. 감가상각비를 월할 계산하는 (주)한국은 감가상각방법으
로 연수합계법을 적용하였다. 20×3년 초 (주)한국은 감가상각방법을 정액법으로 변경하면서 내용연
수는 20×6년 12월 31일까지로, 잔존가치는 없는 것으로 추정하였다. 이러한 회계변경은 정당하다.

(1) 20×2년 12월 31일 재무상태표에 표시될 기계장치의 장부금액은 얼마인가? (5점)

(2) 20×3년에 인식할 감가상각비는 얼마인가? (5점)

풀 이

(1) **20×2년 말 기계장치의 장부금액**

　20×1년 4월 1일 ～ 20×2년 3월 31일 감가상각비
　= (₩200,000 − ₩20,000) × 5년 / (5년 + 4년 + 3년 + 2년 + 1년) = ₩60,0000

　20×2년 4월 1일 ～ 20×2년 12월 31일 감가상각비
　= (₩200,000 − ₩20,000) × 4년 / (5년 + 4년 + 3년 + 2년 + 1년) × 9 / 12 = ₩36,000

　20×2년 말 장부금액 = ₩200,000 − ₩96,000 = ₩104,000

(2) **20×3년 인식할 감가상각비**

　20×3년 감가상각비 = (₩104,000 − ₩0) / 4 = ₩26,000

(주)한국은 20×1년 기계장치를 ₩90,000에 취득하였다. 설치장소 준비원가로 ₩2,000을 지출하였고, 설치 및 조립원가로 ₩700을 지출하였다. 동 기계장치 설치와 관련하여 전문가에게 지급한 수수료는 ₩300이며, 기계장치를 사용할 직원의 교육훈련비로 ₩500을 지출하였다. 또한 기계장치가 정상적으로 작동되는지 여부를 시험하는 과정에서 원가 ₩1,000이 발생하였다. 기계장치의 취득원가는 얼마인가? (5점)

풀 이

기계장치의 취득원가

기계장치의 취득원가 = 취득금액 ₩90,000 + 설치장소 준비원가 ₩2,000 + 설치 및 조립원가 ₩700
＋ 전문가 수수료 ₩300 + 시운전비 ₩1,000
= ₩94,000

20×1년 초 설립된 (주)한국은 3년간 무상보증해주는 제품을 판매하였다. 동 업계의 과거 경험을 통하여 무상수리비로 매출액의 10%를 예상하고 있다. 설립 후 처음 2년 동안의 매출액과 실제 발생한 무상보증비 지출액은 다음과 같다. (주)한국의 20×2년 말 재무상태표에 표시되는 제품보증충당부채 잔액은 얼마인가?

구 분	20×1년	20×2년
매출액	₩400	₩500
무상보증비 지출액	₩0	₩34

풀 이

제품보증충당부채

20×2년 말 제품보증충당부채
= (₩400 + ₩500) × 10% − (₩0 + ₩34) = ₩56

(주)한국은 20×1년 1월 1일에 액면금액 ₩1,000,000의 사채를 만기 3년, 표시이자율 연 8%의 조건으로 발행하였다. 발행 당시의 유효이자율은 연 10%이며, 이자는 매년 2회(6월 30일과 12월 31일) 지급한다. 20×1년 7월 1일 현재 사채의 장부금액은 얼마인가? 단, 계산금액은 소수점 첫째 자리에서 반올림하며, 현재가치 계산을 위한 현가계수는 다음과 같다. (5점)

구 분	3기간		6기간	
	단일금액 ₩1의 현가계수	정상연금 ₩1의 현가계수	단일금액 ₩1의 현가계수	정상연금 ₩1의 현가계수
4%	0.8890	2.7751	0.7903	5.2421
5%	0.8638	2.7233	0.7462	5.0757
8%	0.7938	2.5771	0.6302	4.6229
10%	0.7513	2.4869	0.5645	4.3553

풀 이

20×1년 1월 1일 장부금액
= (₩1,000,000 × 0.7462) + (₩40,000 × 5.0757) = ₩949,228

20×1년 7월 1일 장부금액
= ₩949,228 × 1.05 − ₩40,000 = ₩956,689

(주)한국은 20×2년 말 재고자산을 ₩1,000 과소 계상하였으며, 20×3년 말 재고자산을 ₩3,000 과대 계상하였다. 오류는 20×3년 장부가 마감되기 전에 발견되었다.

(1) 오류수정 전 20×3년의 당기순이익이 ₩30,000이었다면, 오류수정 후 20×3년의 당기순이익은 얼마인가? (5점)

(2) 오류수정 전 20×3년의 기말이익잉여금이 ₩50,000이었다면, 오류수정 후 20×3년의 기말이익잉여금은 얼마인가? (5점)

풀 이

	20×2년 말	20×3년 말
수정 전 당기순이익		₩30,000
수정사항 　20×2년 말 재고자산 　20×3년 말 재고자산	₩1,000	(₩1,000) (₩3,000)
		₩26,000

(1) **오류수정 후 20×3년 당기순이익**
　　오류수정 후 20×3년 당기순이익 = ₩30,000 − ₩40,000 = ₩26,000

(2) **오류수정 후 20×3년의 기말이익잉여금**
　　오류수정 후 20×3년 말 이익잉여금 = ₩50,000 − ₩3,000 = ₩47,000

다음은 (주)한국의 유형자산과 관련된 재무상태표의 자료이다. 20×1년 손익계산서에 인식한 감가상 각비는 ₩42,000이며, 유형자산 처분이익은 ₩12,000이다. 한편, 20×1년 3월 1일 취득원가 ₩55,000인 유형자산을 현금을 받고 처분하였으며, 20×1년 8월 1일 새로운 유형자산을 취득하면서 구입대금 중 현금 지급하지 못한 ₩20,000은 미지급금으로 계상하였다. 이러한 거래와 관련하여 현금흐름표에 보고될 투자활동 순현금흐름은 얼마인가? (현금유입 또는 현금유출 여부를 표기하고 금액을 제시하시오) (5점)

	20×1.1.1.	20×1.12.31.
유형자산	₩255,000	₩270,000
감가상각누계액	(₩167,000)	(₩178,000)
미지급금	₩44,000	₩64,000

풀 이

₩270,000(기말) − [₩255,000(기초) − ₩55,000(처분)] = ₩70,000 (취득)

유형자산	₩70,000	현금	₩50,000
대손상각비	120	미지급금	₩20,000

감가상각비	₩42,000	감가상각누계액	₩42,000

₩178,000(기말) = [₩167,000(기초) + ₩42,000(증가)] = (₩31,000) (감소)

현금	₩36,000	유형자산	₩55,000
감가상각누계액	₩31,000	처분이익	₩12,000

투자활동 순현금흐름 = ₩36,000 − ₩50,000 = (₩14,000) (현금유출)

다음은 (주)한국의 20×1년 재무비율 분석자료이다. (주)한국의 유동자산은 당좌자산과 재고자산으로만 구성되어 있다. 다음의 물음에 답하시오.

20×1년 말 유동비율	200%
20×1년 말 당좌비율	150%
20×1년 재고자산회전율(평균기준)	6회
20×1년 말 유동부채	₩2,500,000
20×1년 초 재고자산	₩2,000,000

(1) 20×1년 기말재고자산은 얼마인가? (5점)

(2) 20×1년 매출원가는 얼마인가? (5점)

풀 이

(1) 20×1년 기말재고자산

유동비율 = 유동자산 / 유동부채 = 유동자산 / ₩2,500,000 = 200%

유동자산 = ₩5,000,000

당좌비율 = 당좌자산 / 유동부채 = 당좌자산 / ₩2,500,000 = 150%

당좌자산 = ₩3,750,000

기말재고자산 = 유동자산 − 당좌자산 = ₩5,000,000 − ₩3,750,000 = ₩1,250,000

(2) 20×1년 매출원가

재고자산회전율 = 매출원가 / 평균재고자산 = 6회

매출원가 = (₩2,000,000 + ₩1,250,000) / 2 × 6회 = ₩9,750,000

(주)한국은 직접노무시간 기준으로 제조간접원가를 예정배부하는 정상개별원가계산을 적용하고 있다. 20×1년 실제 제조간접원가는 ₩942,500이며, 직접노무시간당 ₩30(예정배부율)으로 제조간접원가를 예정배부한 결과 ₩47,500만큼 과대 배부되었다. 20×1년 실제조업도가 예정조업도의 120%인 경우, (주)한국의 제조간접원가 예산액은 얼마인가? (5점)

풀 이

제조간접비 예정배부액 = 실제조업도 × ₩30/시간 = ₩990,000
실제조업도 = ₩990,000 / ₩30/시간 = 33,000시간
예정조업도 = 33,000시간 / 1.2 = 27,500시간

제조간접비 예정배부율
= 제조간접원가 예산 / 예정조업도 = 제조간접원가 예산 / 27,500시간
= ₩30/시간

제조간접원가 예산 = 27,500시간 × ₩30/시간 = ₩825,000

(주)한국은 두 종류의 제품(컴퓨터, 프린터)을 생산하고 있다. 회사의 제조활동은 다음 4가지로 구분되며, 활동별 제조간접원가와 관련된 자료는 다음과 같다.

활 동	원가동인	연간 원가동인 수	연간 활동별 제조간접원가
생산준비	생산준비시간	500시간	₩800,000
재료이동	재료이동횟수	1,500회	₩900,000
기계사용	기계작업시간	300시간	₩1,500,000
수선유지	수선작업시간	300시간	₩600,000

컴퓨터에 대한 연간 생산량 및 원가자료가 다음과 같을 때, 활동기준원가계산에 의한 컴퓨터의 총제조간접원가는 얼마인가? (5점)

생산량	2,000대
생산준비시간	300시간
재료이동횟수	1,000회
기계작업시간	200시간
수선작업시간	200시간

풀 이

활동별 배분율

생산준비	₩800,000/500시간 = ₩1,600/시간
재료이동	₩900,000/1,500회 = ₩600/회
기계사용	₩1,500,000/300시간 = ₩5,000/시간
수선유지	₩600,000/300시간 = ₩2,000/시간

컴퓨터의 제조간접원가 배부액

생산준비	300시간 × ₩1,600/시간 = ₩480,000
재료이동	1,000회 × ₩600/회 = ₩600,000
기계사용	200시간 × ₩5,000/시간 = ₩1,000,000
수선유지	200시간 × ₩2,000/시간 = ₩400,000
합 계	₩2,480,000

(주)한국은 동일공정에서 3가지 제품(제품A, 제품B, 제품C)를 생산하고 있다. 결합원가는 분리점에서의 상대적 판매가치를 기준으로 배분하고 있다. 이와 관련된 자료는 다음과 같다.

구 분	제품A	제품B	제품C	합 계
생산량	?	?	200개	1,000개
결합원가	₩90,000	?	?	₩180,000
분리점의 판매가치	?	₩140,000	?	₩400,000

분리점 이후에 제품C 200개에 대하여 ₩13,000을 추가로 투입하여 최종제품을 완성한 다음, 단위당 ₩1,000에 모두 판매하였다. 제품C의 매출총이익은 얼마인가? (5점)

풀 이

	상대적 판매가치	배분율	결합원가 배분	추가가공원가	제조원가
제품A	₩200,000	50%	₩90,000		₩90,000
제품B	₩140,000	35%	₩63,000		₩63,000
제품C	₩60,000	15%	₩27,000	₩13,000	₩40,000
합 계	₩400,000	100%	₩180,000	₩13,000	₩193,000

제품C의 매출총이익

= 매출액 ₩200,000(= 200개 × ₩1,000/개) − 매출원가 ₩40,000

= ₩160,000

행운이란 100%의 노력 뒤에 남는 것이다.

– 랭스턴 콜먼(Langston Coleman) –

제2과목

해상보험의 이론과 실무
(상법 해상편 포함)

제2과목 해상보험의 이론과 실무(상법 해상편 포함)

해상보험이론

01 해상보험의 개요

1. 해상보험의 의의

(1) 해상보험의 정의

해상보험은 근대 보험제도의 원조로 항해에 관한 사고로 발생한 손해를 보상하는 것을 목적으로 하는 손해보험의 일종이다. 해상보험의 역사는 희랍시대의 공동해손(General Average) 또는 모험대차(Adventure Debit and Credit)에서 그 유래를 찾아볼 수 있으나, 근대적인 해상보험의 원조는 1712년에 설립된 회원조직에 의한 조합(Syndicate)으로써 보험인수를 시작한 로이즈(Lloyds)라고 할 수 있다. 보험인수는 조합소속의 개개인의 보험자가 직접 하는 것이 아니라, 조합을 통해 공동으로 인수한다.

① **경제적 정의**

해상보험이란 해상사업에서 직면하고 있는 여러 가지 해상위험으로부터 발생할 수 있는 피보험재산의 경제적인 손해를 보상하기 위한 제도이다. 즉 해상보험은 해상사업에서 일어나는 우연한 사고, 즉 보험사고로 발생되는 해상사업을 영위하는 자의 경제적인 손해에 대해 해상보험계약을 통해 사전에 합의된 방법과 범위에 따라 보상하는 경제제도라 할 수 있다.

② **법적 정의**

㉠ 영국해상보험법[MIA(1906)]상의 정의

영국해상보험법[MIA(1906)] 제1조에서는 "해상보험계약은 그 계약에 의하여 합의된 방법과 범위 내에서 해상손해, 즉 해상사업에 수반되는 손해를 보험자가 피보험자에게 보상할 것을 약속하는 계약"이라고 규정하고 있으며, 동법 제2조에서는 "해상보험계약은 해상사업에 부수하는 내륙수로 또는 육상위험의 손해에 대해서는 확장담보(건조 중인 선박, 진수 이와 유사한 사업)하는 계약"이라고 규정하고 있다.

㉡ 상법상의 정의(제693조)

상법 제693조에서는 "해상보험계약의 보험자는 해상사업에 관한 사고로 인하여 생길 손해를 보상할 책임이 있다"고 규정하고 있다.

(2) 해상사업과 해상위험

① 해상사업(Maritime Adventure)

MIA(1906) 제3조에 따르면, 본 법에 별도로 규정이 있는 경우를 제외하고 일체의 해상사업은 해상보험계약의 목적이 될 수 있으며, 일체의 선박, 화물 또는 동산이 해상위험에 노출되는 경우 그러한 재산을 피보험재산이라고 한다. 특히 다음의 경우에 해상사업이 있다고 한다.

㉠ 피보험재산이 해상위험으로 인해 위험에 직면한 경우

일체의 화물운송임, 여객운임, 수수료, 이윤 또는 기타 금전적 이익의 수입이나 취득 또는 일체의 전도금이나 대출금 또는 선비를 위한 담보인 피보험재산이 해상위험으로 인해 위험에 직면한 경우

㉡ 해상위험으로 인해 제3자에 대해 배상책임을 부담하는 경우

피보험재산의 소유자 또는 피보험재산에 기타 이해관계가 있거나 책임이 있는 자가 해상위험으로 인해 제3자에 대해 배상책임을 부담하는 경우

② 해상위험(Maritime Perils)

해상위험은 바다의 항해에 기인하거나 부수하는 위험, 즉 해상고유의 위험, 화재, 전쟁위험, 해적, 강도, 절도, 포획, 나포, 군주와 국민의 억류 및 억지, 투하, 선원의 악행 및 이와 동종의 또는 증권에 기재되는 일체의 기타 위험을 말한다(MIA 제3조).

해상보험에서는 해상위험뿐만 아니라 해상항해에 부수되는 육상위험 또는 내수면의 위험까지 그 담보구간이 확장될 수 있으며(MIA 제2조 제1항), 건조 중인 선박이나 해상사업과 유사한 기타 사업도 해상보험증권의 형식으로 담보될 수 있다.

2. 해상보험의 유래

(1) 모험대차(Adventure Debit and Credit)

선박모험대차(Bottomry) 또는 적하모험대차(Respondentia)는 금전소비대차의 일종으로 차주인 선주 또는 화주는 항해가 무사히 성공했을 때에는 차금을 고리의 이자(1항차에 약 22%에서 33.33%)와 함께 반환하지만, 선박이 항해 도중에 해난이나 해적 등의 해상사고를 당하여 전손이 되었을 때에는 이를 반환하지 않아도 된다.

이와 같이 모험대차는 ① 융자와 ② 위험부담이라는 두 가지 기능을 가지고 있었다.

(2) 로이드(Lloyd)

로이드(Lloyd)는 17세기경 영국의 에드워드 로이드(E. Lloyd)가 템즈강변에서 경영한 커피하우스 이름에서 유래되었다. 에드워드 로이드는 각종 해운 관련 정보를 수집하여 자신의 커피하우스를 찾는 해운업자들에게 제공하였고, 또한 선박의 매매와 화물의 운송을 알선함으로써 많은 해운 관련자들이 이곳에 출입하게 되었다. 그러다보니 자연스럽게 해상보험 인수자들이 이곳에서 해상보험을 인수하게 되었는데, 그때부터 이들을 로이드 보험인수인(Lloyd Underwriters)이라 부르게 되었다. 이들 보험인수인들은 개개인이 보험자이긴 하나, 개개로 직접 보험계약을 체결하지는 않고 연합체 형태의 신디케이트(Syndicate)를 통해서 보험을 인수하고 있다.

1. 해상보험계약의 특성

(1) 최대선의의 계약

MIA(1906) 제17조에서 "해상보험계약은 최대선의에 기초한 계약이며, 어느 일방이 최대선의를 준수하지 않을 경우 상대방은 그 계약을 취소할 수 있다"고 규정하고 있었다.

그러나 최근 개정되어 2016년 8월 1일 발효된 영국보험법(Insurance Act 2015) Section 14에서는 MIA(1906) 제17조 후반부 문구인 <u>일방당사자가 최대선의의 의무를 준수하지 않았을 경우 상대방은 그 계약을 취소할 수 있다는 문구를 삭제</u>하여 MIA(1906)상 최대선의의무규정은 그대로 유지하여 최대선의의무가 보험계약의 이론적인 원칙이라는 것에는 변화가 없으나, 어느 일방이 최대선의의 무를 준수하지 않았다는 이유로 보험계약을 취소할 수는 없게 되었다.

(2) 고지의무(Duty of Disclosure) 및 통지의무

① 고지의무의 의의

해상보험계약에서 보험자는 피보험자로부터 입수되는 정보에 의해 보험을 인수할 것인가 여부를 결정하게 되는데, 보험목적물에 대한 정보에 대해 피보험자는 모두 알 수 있으나 보험자는 피보험자가 통보하지 않는 한 그 사실을 모르게 된다.

그러므로 해상보험계약에서는 보험목적물에 대한 정보는 피보험자가 모두 알고 있는 것으로 간주되고, 보험자는 피보험자가 특별히 통보하지 않는 한 그 사실을 모르는 것으로 간주된다. 피보험자는 보험계약이 체결되기 이전에 자신이 알고 있는 모든 중요한 사항에 대해 보험자에게 고지할 것을 규정하고 있다. 만일 피보험자가 이러한 고지를 하지 않은 경우 보험자는 보험계약을 취소할 수 있다(MIA 제18조 제1항).

② 고지해야 할 내용

중요한 사항에 대해 고지하여야 하며, 신중한 보험자가 보험료를 산정하거나 위험을 인수할지 여부를 결정함에 있어서 그 판단에 영향을 미치는 사항은 모두 중요한 사항에 해당된다(MIA 제18조 제2항).

③ 고지할 필요가 없는 경우(MIA 제18조 제3항)

ㄱ 위험을 감소시키는 일체의 사항

ㄴ 보험자가 알고 있거나 알고 있으리라 추정되는 사항

ㄷ 상식에 속하는 사항 및 보험자가 통상의 업무수행 과정 중 당연히 알고 있어야만 되는 사항

ㄹ 보험자가 고지받기를 포기한 일체의 사항

> ⑩ 선박보험증권에서 적하의 성질에 관한 보험자의 질문이 없는 경우에는 고지에 대한 권리를 포기한 것으로 간주한다.

ⓜ 담보가 있어 고지할 필요가 없는 사항

　㉠ 담보위반은 면책을 의미하기 때문에 담보에 관련된 사항은 고지의무가 없다.

　㉡ 기간보험증권에는 감항성에 대한 묵시담보가 없기 때문에 선박의 감항성과 관련된 사실들은 고지되어야 한다.

④ 대리인에 의한 고지

고지의무는 피보험자만이 부담하는 것이 아니라 보험중개인(Insurance Broker)이나 기타 피보험자의 대리인에 의해 보험계약이 체결되는 경우 그 피보험자의 대리인도 중요한 사항에 대해 고지하여야 할 의무를 부담한다.

피보험자의 대리인이 고지하여야 할 사항은 피보험자가 대리인에게 알려주어야 할 모든 사항뿐만 아니라 대리인이 통상의 업무수행 과정 중에 당연히 알아야 할 사항이 포함되며, 만일 대리인이 고지의무를 위반할 경우 보험자는 계약을 취소할 수 있다.

⑤ 우리나라 상법과 MIA(1906)상의 고지의무

고지의무위반요건에 대해서 MIA(1906)에서는 중요한 사항에 대해 부실고지하는 경우 고지의무 위반에 해당되고, 우리나라 상법에서는 보험계약 당시 보험계약자 또는 피보험자가 고의 또는 중대한 과실로 인하여 중요한 사항을 고지하지 아니하거나 부실고지한 경우 고지의무위반에 해당된다.

고지의무위반에 대해 MIA(1906)에서는 계약을 취소할 수 있고, 우리나라 상법에서는 고지의무 위반사실을 인지한지 1개월 내, 보험계약 체결일부터 3년 내에 계약을 해지할 수 있도록 규정하고 있다. MIA(1906)에서는 취소권 행사기간에 대해 특별한 규정이 없으나 합리적인 기간 내에 보험자가 계약을 취소할 수 있는 것으로 본다.

MIA(1906)에서는 고지의무위반이 있는 경우 사고와 고지의무위반과의 인과관계의 존재 여부와 관계없이 계약을 취소할 수 있고, 우리나라 상법에서는 고지의무위반과 사고와의 인과관계가 있는 사고에 대해서만 면책할 수 있다.

[MIA(1906)와 상법의 고지의무 관련 규정 비교]

구 분	영국해상보험법	우리 상법
위반의 요건	중요한 사항의 부실고지	고의 또는 중과실에 의한 불고지 또는 부실고지
위반의 효과	합리적인 기간 내에 계약취소 가능	고지의무위반사실을 인지한 후 1개월 내, 계약 체결일로부터 3년 내에 계약해지 가능
보험자 면책요건	고지의무위반과 사고와의 인과관계 존재 여부와 관계없이 보험계약 취소가능	고지의무위반과 사고와 인과관계가 있는 사고에 대해서만 면책

⑥ 영국보험법(Insurance Act 2015)의 고지의무(Duty of fair presentation)

기존의 고지의무에서는 모든 중요한 사항, 즉 보험료 산정이나 보험의 인수 여부를 결정하는데 영향을 미치는 모든 사항에 대해 고지하여야 했으나, 새로운 규정에 의하면 신중한 보험자로 하여금 중요한 사항에 관해 파악할 목적으로 추가적으로 질의를 할 필요가 있다고 판단하게 하는 충분한 정보에 대해 고지하도록 하였다.

MIA(1906)에는 피보험자의 고지의무위반시 예외 없이 보험자가 보험계약을 취소할 수 있도록 규정되어 있었으나, 영국보험법(The Insurance Act 2015)에서는 고지의무(Duty of fair presentation)위반을 ㉠ 고의적이거나 무모한 위반(deliberate or reckless breach)과 ㉡ 단순한 위반으로 구별하여 처리하도록 규정하고 있다.

㉠ 고의적이거나 무모한 위반(deliberate or reckless breach)

고의적 또는 무모한 위반인 경우에는 보험계약이 취소된다. 따라서 보험금이 지급될 여지도 없고 또한 보험료도 환급되지 않는다.

㉡ 단순한 위반

피보험자의 착오나 실수 등에 의한 단순한 위반인 경우에는 다음과 같이 2가지로 구분하여 처리할 수 있다. 즉, 그러한 고지의무위반을 알았더라면 보험계약을 체결하지 않았을 경우와 고지의무위반이 있다고 하더라도 보험조건을 변경하여 보험계약을 체결하였을 경우로 구분하여 처리된다.

ⓐ 보험계약의 취소

고지의무위반을 알았더라면 보험계약을 체결하지 않았을 경우에는 보험계약이 취소됨은 물론 보험금의 지급도 없고 보험료도 환급되지 않는다.

ⓑ 보험계약조건의 변경과 비례보상

보험자가 고지의무위반을 알았더라도 보험조건을 변경하여 보험계약을 체결하였을 경우에는 보험계약은 취소되지 않고 유지되지만 그러한 위반에 대하여 보험자가 더 많은 보험료를 부과했을 것이라는 것을 근거로 하여 비례보상을 한다. 즉, 원래보험료의 할증보험료에 대한 비율에 따라 비례보상을 한다. 예를 들어 보험자가 피보험자의 고지의무위반을 이유로 보험료를 US$500에서 US$1,000로 할증시키고 이를 계속 담보하기로 했을 경우 지급보험금은 고지의무위반이 없었을 경우에 지급될 수 있었던 보험금의 50%(US$500 / US$1,000)가 된다.

(3) 해상보험의 국제성

해상사업은 국제간에 이루어지는 무역거래와 밀접한 관계가 있고, 지역 또한 국내로 한정되지 않고 전 세계를 무대로 하고 있다. 따라서 해상사업을 보험목적으로 하고 있는 해상보험은 다른 어떠한 보험종목보다 국제성이 강하다고 할 수 있다.

해상보험은 18세기경 영국 로이드에서 제정한 해상보험증권 Lloyd's S.G Policy가 공식적으로 사용되었으며, 해상사업의 범위가 점차 확대되어 해상위험에 대비하기 위한 해상보험의 수요가 증가하게 되면서 영국에서 제정되어 사용되던 해상보험증권이 전 세계적으로 통용되기 시작하였다.

Lloyd's S.G Policy에는 "이 보험은 모든 보상청구에 대한 책임과 청산에 대하여 영국의 법률과 관례에 준할 것을 합의함"이라고 규정되어 있으며, 그 후 제정된 협회적하약관이나 협회선박약관에서도 영국의 법률과 관습을 준거법으로 규정하고 있다.

우리나라 해상적하보험증권상에서도 "이 보험증권에 기재되거나 또는 이 보험증권에 첨부되는 어떠한 반대의 규정이 있음에도 불구하고 이 보험은 일체의 전보청구 및 결제에 관해서 영국의 법률과 관습에 따를 것을 합의한다"라고 규정하고 있다. 이는 우리나라 민사소송법에 의하여 우리나라 법원에서 소송이 제기된 경우라도 보험금의 지급과 관련된 사항은 영국의 법률과 관습이 적용됨을 의미한다.

(4) 기업보험

해상보험은 가계보험이 아니고 해상기업과 보험회사간에 체결되는 기업보험으로 경제적으로 강자와 약자가 존재하지 않는 동등한 입장에서의 계약이다. 우리나라 상법 제663조에서도 개인보험에서 보험자에게 주어지는 보험계약자 등의 불이익변경 금지가 해상보험에서는 적용되지 않는다고 규정하고 있다. 한편 일부 판례에서는 해상보험을 담당하는 전문적인 부서가 없는 열악한 지위에 있는 선박회사의 경우 기업보험과 달리 보험자는 약관설명의무를 부담하여야 한다고 판시한 사례가 있다.

2. 해상보험계약의 요소

(1) 피보험이익

① 피보험이익의 정의

해상사업에 대하여 또는 해상사업에서 위험에 노출되어 있는 피보험재산에 대하여 이해관계를 갖고 있는 경우, 즉 피보험재산이 안전하고 이상 없이 도착함으로써 이익을 얻게 되거나 피보험재산이 멸실, 훼손되거나 또는 억류됨으로써 손해를 입게 되는 경우 또는 피보험재산에 관하여 배상책임을 지게 되는 경우에 피보험이익이 있는 것으로 본다(MIA 제5조 제2항).

② 피보험이익의 존재시기

보험계약을 체결할 당시 보험목적에 대해 피보험이익을 가질 필요는 없으나 <u>손해발생시에는 반드시 피보험이익을 가지고 있어야 한다</u>(MIA 제6조 제1항).

무역거래에서 화물을 FOB조건(Free On Board, 본선인도조건)으로 수입하는 수입업자는 선적 전에는 화물에 대한 피보험이익이 존재하지 않고 선적 이후에 피보험이익이 발생하게 된다. 따라서 화물의 선적 전에 보험가입은 가능하더라도 선적 전의 사고에 대해서는 화주에게 피보험이익이 존재하지 않으므로 보상은 받을 수 없게 된다.

예외적으로 "멸실 여부를 불문함(Lost or not lost)"이라는 조건으로 보험에 부보된 경우, 보험계약 체결 당시 피보험자는 손해발생사실을 알고 있었고 보험자가 이를 모르고 있었던 경우를 제외하고는 손해발생 이후까지 피보험이익을 취득하지 못하였다고 하더라도 손해를 보상 받을 수 있다(MIA 제6조 제1항).

그러나 피보험자가 손해발생시에 피보험이익을 가지고 있지 않은 경우 손해발생사실을 알고 난 후에는 어떤 행위나 선택에 의하더라도 피보험이익을 취득할 수 없다(MIA 제6조 제2항).

1. 도입취지

선박이나 화물에 대한 최근의 확실한 정보 없이 보험계약이 체결되는 경우에 만일 보험계약이 체결되기 전에 선박이나 화물이 멸실되었다면 이때는 피보험이익이 존재하지 않으므로 피보험자가 손해의 발생사실을 모르는 상태에서 선의로 계약을 체결하였다 하더라도 보험계약에 따른 보상을 받을 수 없게 된다. 이러한 결과를 피하기 위하여 소급보험에 해당하는 "Lost or not lost"를 해상보험증권에 도입하게 되었다.

2. "Lost or not lost"의 의미

손해의 범위에는 전손뿐만 아니라 분손도 포함하며, Loss의 의미도 멸실뿐만 아니라 손해의 의미를 포함한다.

3. MIA(1906)상의 관련 규정(제6조 제1항)

"멸실 여부를 불문함(Lost or not lost)"이라는 조건으로 보험에 부보된 경우, 보험계약 체결 당시 피보험자는 손해발생사실을 알고 있었고 보험자가 이를 모르고 있었던 경우를 제외하고는 손해발생 이후까지 피보험이익을 취득하지 못하였다고 하더라도 손해를 보상받을 수 있다. 보험의 목적이 "Lost or not lost"조건으로 보험에 가입되고 계약이 성립되기 전에 손해가 이미 발생한 경우에 계약의 성립시에 피보험자가 손해발생사실을 알고 있었고 보험자가 알지 못한 경우를 제외하고는 위험이 개시된다고 규정하고 있다.

4. 피보험자가 손해발생사실을 안 경우

만일 피보험자가 보험계약을 체결하기 전에 손해발생사실을 인지한 경우에는 은폐, 사기 또는 최대선의의 의무에 대한 위반이 되어 면책된다. 반대로 보험자가 손해발생사실을 알면서도 보험을 받아들였다면 그 손해가 특별히 면책으로 규정하고 있지 않는 한 보험자는 보상책임을 면하지 못한다.

③ 피보험이익의 양도

보험계약상 피보험자의 권리를 양수인에게 이전한다는 명시적 또는 묵시적 합의가 있는 경우 피보험자가 보험의 목적에 대하여 가지는 자신의 피보험이익을 양도할 수 있다(MIA 제15조).

(2) 보험가액과 보험가입금액

보험가액은 보험목적물의 경제적 가치를 금전적으로 평가한 것으로 피보험자가 보험사고로 입게 되는 최대의 경제적인 손실을 의미하는 것이고, 보험가입금액은 보험에 부보하는 금액으로 보험사고시 보험자가 보상하는 최고한도를 의미한다.

① 보험가액의 산정

㉠ 선박의 보험가액

MIA(1906) 제16조 제1항에서 선박의 보험가액에는 의장구(Outfit), 선원들의 식료품(Provisions)과 용품(Stores), 선원의 급료의 선불금 등을 포함한 위험개시 당시의 선박가액에 보험비용을 더한 금액을 선박의 보험가액으로 규정하고 있으며, 기선의 경우 기관과 연료 및 기관의 소모품을 포함하고, 특수사업에 종사하는 선박의 경우 그 사업에 필요한 통상의 의장(Ordinary fittings)을 포함한다고 규정하고 있다.

따라서 선박의 보험가액에는 선박자체뿐만 아니라 사업에 필요한 각종 장비나 의장구를 포함하고 선박을 운용하는데 필요한 연료, 식료품 및 소모품 등이 포함된다고 할 수 있다.

어선의 경우는 그물(Fishing Net), 어탐장비(Fishing Finder/Sonar) 등을 별도의 보험목적물로 하여 보험에 가입하는 경우도 있다.

ⓒ 운임의 보험가액

MIA(1906) 부칙 제16조에서 "운임이란 제3자로부터 지급 받을 운임뿐만 아니라 선박소유자가 자신의 선박을 사용하여 자신의 화물 혹은 동산으로 운송하는 경우 그로 인해 얻었을 이익을 포함하되, 여객운임은 포함하지 않는다"고 되어 있다. 따라서 운임은 해상운송에 대하여 선주가 가지는 보수 또는 이익이라 할 수 있다.

MIA(1906) 제16조 제2항에 따르면, 운임의 보험가액에는 선불운임이든 후불운임이든 불문하고 피보험자가 위험을 부담하는 운임총액에 보험비용을 더한 금액을 말한다.

ⓒ 적하의 보험가액

MIA(1906) 부칙 제17조에서 "화물이란 상품의 성질을 가지는 화물을 의미하고, 개인소지품이나 선내에서 사용하기 위한 식료품 및 용품은 포함되지 않는다"고 규정하고 있다. 따라서 화물은 해상운송의 목적물이라 할 수 있다.

MIA(1906) 제16조에서는 "화물 또는 적하보험에서의 보험가액은 피보험재산의 원가에 선적비용 및 그 부수비용과 이에 대한 보험비용을 더한 금액으로 한다"고 규정하고 있다. 따라서 적하의 보험가액은 화물의 가액에 해상운임과 부수비용 그리고 보험비용을 포함한 금액을 말한다. 일반적으로 화물의 상업송장가액을 기준으로 상업송장가액의 110%에 해당하는 금액으로 적하보험에 가입하고 있다.

ⓔ 기타 목적물의 보험가액

기타 목적물의 보험가액은 보험계약의 효력개시시에 피보험자의 위험에 속하는 금액에 보험비용을 가산한 금액이다.

② 일부보험

보험가입금액이 보험가액보다 적은 경우 또는 동일한 보험목적물에 대해 두 개 이상의 보험계약이 존재하고 이 두 개의 보험가입금액이 보험가액보다 적은 경우를 일부보험이라 하는데, 이러한 일부보험의 보상방법에는 보험가입금액을 한도로 손해발생시점의 실제 손해액으로 보상하는 방법(실손보상)과 보험가입금액의 보험가액에 대한 비율에 따라 보상하는 방법(비례보상)이 있다.

③ 중복보험

동일한 피보험이익에 대해 여러 보험자와 중복으로 보험에 가입하고 보험가입금액의 합계가 보험가액을 초과하는 경우를 중복보험이라 하는데, 동일한 피보험이익에 여러 개의 보험계약이 체결되어 보험가입금액의 합계가 보험가액과 동일한 공동보험과는 차이가 있다.

우리나라 상법에서는 중복보험의 경우 "보험자는 각자의 보험가입금액의 한도에서 연대책임을 지고, 각 보험자의 보상책임은 각자의 보험가입금액의 비율에 따른다"고 규정하고 있다(상법 제672조 제1항).

MIA(1906)에서는 중복보험의 경우 피보험자는 자기가 적당하다고 생각하는 순서에 따라 보험자에게 보험금의 지급을 청구할 수 있고, 보상한도를 초과하는 금액은 수령할 수 없다고 규정하고 있으며, 또한 다른 보험증권하에서 수령한 금액은 기평가보험의 경우에는 보험가액에서 공제하여야 하고, 미평가보험의 경우에는 평가액에서 공제하여야 한다고 규정하고 있다[MIA 제32조 제2항 (a) 및 (b)].

적하보험에서는 타보험조항(Other Insurance)을 두어 중복보험의 경우 다른 보험증권에서 먼저 보상 받을 것을 규정하고 있으며, <u>모두 타보험조항이 있는 경우에는 각 보험회사의 책임액의 보험가입금액에 대한 비율로 보상하게 된다.</u>

④ 초과보험

보험가입금액이 보험가액을 초과하는 경우를 초과보험이라 하는데, 상법에 따라 보험자 또는 보험계약자는 보험가입금액이 보험가액을 초과하는 경우 보험료와 보험금액의 감액을 청구할 수 있고, 그 초과하는 계약부분은 무효가 되며, 보험계약자의 사기에 의해 체결된 초과보험은 그 계약 자체가 무효이다(상법 제669조 제1항 및 제4항).

심화TIP 보험금액(Sum Insured)

보험금액은 실제로 보험에 가입한 금액 즉, 보험가입금액을 말하며, 보험자가 보험계약상 부담하는 손해보상책임의 최고한도액이다.

심화TIP 전부보험의 경우 보험자의 최대보상한도

전부보험의 경우 보험자의 최대보상한도는 ITC – Hull(1/10/83) 3/4RDC인 경우에는 350%, 4/4RDC인 경우에는 400%가 된다.

Classification	ITC – Hull(1/10/83)	4/4RDC
Total Loss or 100% P/A	100%	100%
RDC	75%	100%
Legal Cost under RDC	75%	100%
Sue & Labour	100%	100%
	350%	400%

03 해상보험과 담보(Warranty)

1. 담보의 의의

담보(Warranty)란 <u>피보험자가 어떤 특정한 일이 행하여지거나 행하여지지 않을 것, 또는 어떤 조건이 충족될 것을 약속하는 담보 또는 그것에 의해 피보험자가 특정한 사실상태의 존재를 긍정하거나 부정하는 약속담보(Promissory Warranty)</u>를 말한다(MIA 제33조 제1항). 담보는 명시적일 수도, 묵시적일 수도 있다(MIA 제33조 제2항).

2. 담보의 종류

(1) 묵시담보

묵시담보는 보험증권에 담보사항이 명시적으로 기재되지 않았음에도 불구하고 당연히 지켜야 할 사항으로 감항능력담보와 적법담보가 이에 해당된다.

① 감항능력담보

감항능력(Seaworthiness)이란 해상운송에 종사하는 어떠한 선박이 항해를 수행하는데 있어서 통상적으로 일어날 수 있는 해상위험을 감내할 수 있도록 필요한 요건을 갖추고 상당히 적합한 상태를 갖추어야 하는 것을 말한다.

상법에서는 선박이 안전하게 항해를 할 수 있는 상태를 갖추어야 하고 필요한 선원의 승선, 선박의 의장과 필요품의 적절한 보급 그리고 운송물의 운송에 적합한 상태이어야 할 것을 규정하고 있다. 즉 선박이 항해를 수행함에 있어 감항능력, 항해능력 및 감하능력을 갖출 것을 운송인의 의무사항으로 규정하고 있다(상법 제794조).

㉠ 항해보험에서의 감항능력담보

항해보험에서 항해를 개시할 때 그 선박이 특정 항해를 수행할 수 있는 감항능력을 갖추고 있어야 하고, 선박이 항내에 있는 동안에 보험기간이 시작될 때에는 선박이 보험개시시에 항내의 통상적인 위험에 대처하기 위하여 상당히 적합한 상태에 있어야 한다(MIA 제39조 제1항 및 제2항)

항해가 단계별로 이루어질 경우에는 각 단계별로 그 단계의 항해가 시작될 당시에 그 단계에서 요구되는 감항능력을 갖추고 있어야 한다(MIA 제39조 제3항).

ⓒ 기간보험에서의 감항능력담보

기간보험에서는 선박이 항해의 어떠한 단계에서도 감항능력이 있어야 한다는 묵시담보는 없다. 그러나 피보험자가 선박이 불감항인 상태임을 알면서 그 항해를 발항하게 하였을 경우에는 보험자는 그 불감항에 기인하는 모든 손해에 대해서 보상책임을 지지 아니한다(MIA 제39조 제4항).

선박기간보험에서 보험자가 불감항으로 인한 면책을 주장하기 위해서는 ⅰ) 손해가 불감항으로 인해 발생해야 하고, ⅱ) 피보험자가 불감항인 상태임을 알고 있었어야 하며, ⅲ) 감항능력결여와 보험사고와의 사이에 인과관계가 존재해야 한다. 이 경우 입증책임이 보험자에게 있다는 점에서 담보위반의 경우 담보위반시점으로부터 보험자가 책임을 면하는 것과는 차이가 있다.

ⓒ 화물의 감항능력담보

화물 또는 동산에 대한 보험에 있어서 화물 또는 동산이 감항능력이 있어야 할 필요는 없다. 그러나 화물 또는 동산에 대한 항해보험에서 항해 시작 당시에 선박이 선박으로서의 감항능력뿐만 아니라 화물이나 동산을 보험증권상 기재된 목적지까지 운송하는데 적합한 상태에 있어야 한다(MIA 제40조).

② 적법담보

적법담보란 부보된 해상사업은 적법한 사업이어야 하고, 또한 피보험자가 사정을 통제할 수 있는 한 해상사업은 적법한 방법으로 수행되어야 한다는 담보를 말한다.

(2) 명시담보

보험증권에 포함 또는 기재되거나 또는 인용에 의하여 보험증권에 첨부되는 어떤 서류에 포함되어 있는 담보를 명시담보라 하는데, 담보할 의사가 추측되는 것이라면 어떠한 문구를 사용하더라도 무방하다. 명시담보는 묵시담보가 명시담보에 저촉되지 않는 한 묵시담보를 배제하지 않는다(MIA 제35조).

① 중립담보

해상보험의 목적물인 선박이나 화물이 중립성을 띠고 있음을 담보하는 것으로, 전쟁이 빈번한 시기에 보험자는 피보험선박이나 화물이 교전국간의 적대행위의 대상이 되어 멸실되는 것을 방지하기 위한 담보이다.

피보험재산이 명시적으로 중립이라고 담보하였을 경우 ⅰ) 위험의 개시시에 중립성이 있어야 하고, ⅱ) 피보험자가 사정을 통제할 수 있는 한 위험이 계속되는 동안에도 중립성이 유지되어야 하며, ⅲ) 선박의 중립성을 입증할 수 있는 서류를 선박에 비치하여야 한다(MIA 제36조).

② 안전담보

안전담보란 보험의 목적이 특정한 날짜에 무사하거나 안전할 것을 명시적으로 담보하는 것으로, 보험가입시에 목적물의 상태가 명확하지 않은 경우 이러한 안전담보를 조건으로 보험을 인수할 수 있다. MIA에 의하면 보험의 목적이 특정한 날짜에 무사 또는 안전하다고 담보되는 경우 당해 날짜의 어떤 임의의 시점에서 안전하기만 하면 충분한 것으로 보고 있다(MIA 제38조).

③ 기타 명시담보

그 밖에 특정한 항해구역 내에서만 항해할 것 또는 특정한 해역으로 항해하지 않을 것을 명시적으로 규정하는 항행구역담보, IACS선급이나 KR선급을 유지하고 있을 것을 담보하는 선급유지담보 및 선비에 대해 추가적으로 보험에 부보할 경우 선박보험 가입금액의 일정비율을 초과할 수 없도록 규정하고 있는 선비담보 등이 있다.

3. 담보위반의 효과

담보는 엄격히 지켜져야 하는 것으로 그것이 위험과 관련하여 중요한 것이든 아니든간에 정확하게 충족되어야 하며, 이것이 정확하게 충족되지 않으면 증권에 명시된 규정이 없는 한 보험자는 담보위반시점부터 책임을 면하게 된다(MIA 제33조 제3항).

담보위반이 있었고 그 이후 정상적으로 회복되어 담보사항이 충족되더라도 담보위반 이후의 모든 사고에 대해서는 보험자의 책임이 없으며, 또한 담보위반과 보험사고와의 인과관계의 존재유무를 따지지 않는다(MIA 제34조 제2항).

2016년 8월에 발효된 영국보험법(The Insurance Act 2015)에서는 담보위반에 대해 정상적으로 회복된 이후의 사고에 대해서는 보험자에게 보상책임이 있는 것으로 규정하고 있어 담보의 엄격성을 완화하고 있다.

4. 담보위반의 허용

① 보험기간 중 사정의 변경으로 보험계약상 담보가 불필요하게 된 경우
② 담보를 충족하는 것이 법률에 의해 위법이 되는 경우
③ 보험자가 담보위반에 관한 그의 권리를 포기한 경우(MIA 제34조 제1항)

5. 영국보험법(Insurance Act 2015)의 담보위반 관련 변경내용

(1) 담보위반의 엄격성 완화

영국보험법에서는 기존 MIA(1906)의 담보위반 이후의 모든 사고에 대해 보험자가 면책된다는 규정을 폐지하여 담보위반의 엄격성을 완화하고 있다. 이와 같이 영국보험법에서는 담보위반과 관련하여 담보위반시부터 담보위반이 치유되기 전까지의 손해에 대해서만 보험자의 면책을 규정하고 있어, 담보위반 전에 발생한 사고와 담보위반이 있었고, 그 후 그 담보위반이 치유된 경우 치유 후에 발생한 사고에 대해서는 보험자에게 보상책임이 있다.

(2) 담보위반의 치유 및 허용

담보위반 이후의 위험이 담보위반 이전의 위험과 비교했을 때 동일한 경우와 담보가 더 이상 불필요하게 된 경우 담보위반이 치유된 것으로 보며, 사정의 변경으로 담보가 계약에 적용될 수 없는 경우와 담보를 충족하는 것이 그 후 법률에 의해 위법이 되는 경우 그리고 보험자가 포기하는 경우는 담보위반이 허용되고 있다.

이에 따라 MIA(1906) 제33조 제3항 두 번째 문장(담보위반일로부터 보험자면책 규정)과 제34조 제1항(담보위반이 허용되는 경우)은 영국보험법에서 삭제되었다.

04 해상보험증권

1. 항해보험과 기간보험

보험목적물을 어느 지점부터 다른 어느 지점까지 부보하는 경우 그 보험을 항해보험이라 하고, 일정기간 동안 부보하는 경우를 기간보험이라 한다. 동일한 보험증권에 항해보험계약 및 기간보험계약이 함께 포함될 수도 있다(MIA 제25조).

(1) 항해보험(Voyage Policy)

항해보험은 특정 출발항구나 지역에서 출발할 때부터 시작하여 특정 도착항구나 지역에 도착할 때까지를 담보하는 보험을 말한다. 선박보험에서의 항해보험은 선박이 출항하는 항구로부터 도착하는 항구까지의 특정위험을 담보하고 있으며, 선박매매시 선박을 인도하기 위한 항해 또는 선박해체를 위한 항해 등을 항해보험으로 인수한다.

항해보험에서는 지정된 항로를 이탈하는 이로, 출항하여 위험개시 후 목적항이 변경되는 항해의 변경, 적법한 이유 없이 신속하게 항해를 수행하지 않는 지연, 출발항이 변경되는 경우, 다른 목적항으로 출항하는 목적항의 변경 등이 있을 수 있다.

① 이로(Deviation)

　㉠ 이로의 성립

　　이로(Deviation)이라 함은 적법한 이유 없이 지정된 항로를 이탈하는 것을 말하며, 출발항의 변경이나 목적항의 변경과는 달리 선박이 지정된 출발항과 목적항 사이의 항로를 이탈하는 것을 말한다.

　　다음의 경우에는 이로가 성립되며, 이로시점부터 보험자의 책임은 면제된다.

　　ⓐ 항로가 보험증권상 구체적으로 지정되어 있는 경우 지정된 항로를 이탈하는 경우[MIA 제46조 제2항 (a)]

　　ⓑ 항로가 보험증권상 구체적으로 지정되어 있지 않은 경우 통상적이고 관습적인 항로를 이탈하는 경우[MIA 제46조 제2항 (b)]

　　ⓒ 이로의 의사는 중요하지 않으며 실제로 이로가 있어야 한다(MIA 제46조 3항).

　　ⓓ 보험증권상 수 개의 양륙항이 기재되어 있는 경우 보험증권에 지정된 순서에 따라 기항해야 하며 그렇지 않은 경우 이로에 해당된다.

　　ⓔ 보험증권상 수 개의 양륙항이 기재되어 있지 않은 경우에는 지리적인 순서에 따라 기항해야 하며 그렇지 않은 경우 이로에 해당된다.

　㉡ 이로의 효과

　　선박이 적법한 이유 없이 증권에 정해진 항로를 이로한 경우 보험자는 이로시점부터 보상책임을 면한다. 이로 후 원래의 항로로 복귀하였다 하더라도 또한 이로와 사고와의 인과관계 유무와 상관없이 이로시점부터 보험자는 보상책임을 면하게 된다.

　㉢ 이로가 허용되는 경우

　　ⓐ 보험증권에 특약이 있는 경우

　　ⓑ 선장 및 그 사용인이 통제할 수 없는 사정에 의한 경우

　　ⓒ 명시적 또는 묵시적 담보를 충족하기 위하여 상당히 필요한 경우

　　ⓓ 선박 또는 보험목적의 안전을 위하여 상당히 필요한 경우

　　ⓔ 인명을 구조하거나 인명이 위험에 빠질 수도 있는 조난선을 돕기 위한 경우

　　ⓕ 승선한 사람의 치료를 위해 상당히 필요한 경우

　　ⓖ 선장 또는 선원의 악행이 부보된 위험 중의 하나일 때 그 악행에 의한 경우

　　단, 위와 같은 사정으로 인하여 이로를 하였다고 하더라도 그 사정이 종료되고 난 후에는 상당히 신속하게 원래의 항로로 복귀하여 항해를 계속하여야 한다.

② 항해의 변경(Change of Voyage)

　위험이 개시된 후 선박이 보험증권에서 정하여진 목적지가 아닌 다른 항구로 자발적으로 변경된 경우에는 항해의 변경이 있다고 본다(MIA 제45조 제1항).

　항해변경이 있는 경우 보험자는 항해의 변경을 하고자 할 의사가 명백하였을 때로부터 보상책임을 면한다. 따라서 손해가 발생했을 때 선박이 실제로 보험증권에서 정하여진 항로를 이탈하지 않았더라도 항해변경의 의사가 명백하였던 때로부터 보험자는 보상책임을 면하게 된다(MIA 제45조 제2항).

제2과목 해상보험의 이론과 실무(상법 해상보험 포함)

③ 항해의 지연(Delay on Voyage)

항해보험에서 부보된 해상사업은 그 전체 과정에 있어서 신속하게 수행되어야 하며, 만일 적법한 이유 없이 그러하지 아니한 경우에는 그 지연이 부당한 정도가 되는 때부터 보험자는 보상책임을 면하게 된다(MIA 제48조).

지연이 허용되는 경우는 상기 이로가 허용되는 경우와 동일하다.

④ 출발항의 변경 또는 목적항의 변경

출발항이 보험증권에 정하여진 경우 선박이 그곳에서 출항하지 않고 다른 곳에서 출항하였을 때와 목적항이 보험증권에 정하여진 경우 선박이 그곳이 아닌 다른 곳을 향하여 출항하였을 때는 위험자체가 개시되지 않는다(MIA 제43조 및 제44조).

(2) 기간보험(Time Policy)

기간보험은 항해단위로 보험계약을 체결하고 있는 항해보험과 달리 보험개시 및 종료시간을 명기하여 일정기간 동안 담보하는 것으로 주로 선박보험이 이에 해당된다.

2. 기평가보험과 미평가보험

보험가액은 보험목적물의 가치를 평가한 금액으로 보험계약 체결시 약정할 수도 있고 그렇지 않을 수도 있다. 보험가액을 보험계약 체결 당시 약정하여 보험증권에 기재한 것을 기평가보험증권(Valued Policy)이라 하고, 보험가액을 보험증권상에 기재하지 않은 것을 미평가보험증권(Unvalued Policy)이라 한다.

(1) 기평가보험

보험가액을 보험계약 체결시 사전에 약정한 기평가보험의 경우 법률규정에 반하지 않고 사기가 없는 한 보험증권에 정하여진 보험가액은 보험자와 피보험자 사이에 확정적인 것으로 다른 어떠한 금액으로 보험가액을 변경할 수 없다(MIA 제27조 제3항).

기평가보험은 보험가액이 이미 결정되어 있어 보험사고발생시 보험금의 결정 및 산정시 미평가보험에 비해 적은 시간이 소요되는 반면, 보험가액이 지나치게 높게 평가되거나 시황변화에 따른 보험목적물의 가치가 제대로 평가되지 않을 수가 있다.

MIA(1906) 제27조 제4항은 보험증권상 약정된 보험가액은 추정전손 여부를 결정함에 있어서 확정적인 것은 아니라고 규정하고 있어, 추정전손 여부는 회복 후의 가액을 평가하여 판단해야 한다. 이러한 경우 보험가액을 평가하는데 많은 시간이 소요되어 보험금 지급까지 상당한 시간이 소요되는 경우가 많아 불합리한 경우가 발생한다.

선박보험약관인 협회기간보험약관[Institute Time Clauses-Hull(1/10/83)] 제19조 제1항에는 추정전손을 판단함에 있어서 부보가액을 회복 후의 가액으로 규정하고 있어 추청전손시 신속하게 보험금이 결정될 수 있도록 하고 있다.

(2) 미평가보험

보험목적의 가액을 보험계약 당시에 계약 당사자간에 약정하지 않은 미평가보험에서는 보험사고발생시 보험목적의 실제 가치를 평가하여 산정해야 한다. 보험목적의 가액산정에 대해서는 MIA 제16조(보험가액의 평가)에 따라 평가하고 있다.

미평가보험은 보험사고 당시 보험목적의 실제가액에 따라 산정된 보험금이 지급됨으로써 피보험자의 실제손해액이 반영될 수 있는 반면, 보험목적물의 실제가액을 평가하는데 상당한 시간이 소요되는 경우가 많아 보상에 시간이 많이 소요될 수 있다.

3. 보험증권의 양도

보험증권의 양도를 금지하는 명시적인 규정이 있지 않는 한 손해발생 전이나 후에 보험증권의 양도는 가능하다. 보험증권은 배서 또는 기타 관습적인 방법에 따라 양도될 수 있다(MIA 제50조 제1항).

그러나 피보험자가 피보험이익을 포기하거나 상실한 경우 그 전이나 그 당시에 보험증권의 양도를 명시적 또는 묵시적으로 동의하지 않으면 그 이후에 행한 보험증권의 양도는 효력이 없다(MIA 제51조).

해상보험증권은 그 보험증서상에 배서(endorsement)하거나 또는 기타 관습적인 방법(other customary manner)에 의해 양도될 수 있다(MIA 제50조 제3항). 이와 같이 하는 이유는 보험금을 지급하거나 보험료를 환급하기 이전에 그 수취인을 보험증권상에 배서에 의하여 확정해두기 위한 것이다.

4. 보험목적의 양도

(1) 피보험이익의 측면

피보험자가 보험의 목적에 대하여 가지는 이익을 양도하거나 또는 기타의 방법으로 분할 처분하는 경우에 보험계약상의 피보험자의 자기의 권리는 양수인에게 이를 이전한다는 취지의 명시적 합의나 묵시적 합의가 없는 한 이에 대하여 양수인에게 이전하지 아니한다. 단, 본 조의 규정은 법률의 효력에 의한 이익의 이전을 제한하지는 않는다(MIA 제15조). 이는 보험목적의 양도와 보험증권의 양도는 별개로 이루어질 수 있음을 의미한다.

(2) 보험증권의 측면

해상보험증권은 양도를 명시적으로 금지하는 문언을 포함하고 있지 않는 한 손해발생의 이전이든 이후이든 양도될 수 있다(MIA 제50조 제1항). 보험증권의 양수인은 자기의 명의로 보험증권에 관하여 보험자를 상대로 소송을 제기할 수 있는 권리가 있으며, 반면에 보험자는 양수인에 의해 소송이 제기된 경우에도 원래 피보험자에 의해 소송이 제기된 경우에 할 수 있는 모든 항변을 할 수 있는 권리가 있다(MIA 제50조 제2항).

1. 보상하는 손해와 보상하지 않는 손해

(1) 보상하는 손해

해상보험은 보험약관에서 담보하는 위험으로 인한 손해에 대해서 보상하기로 약속한 보험계약이므로 담보위험에 근인하여 발생된 손해에 대해서 보험자는 보상할 책임이 있다.

(2) 보상하지 않는 손해

① 담보위험에 근인하지 않은 손해

MIA(1906) 제55조 제1항에서 "담보위험에 근인(proximately caused by a peril insured against)하여 발생한 손해가 아닌 경우 보험자는 보상할 책임이 없다"고 규정하고 있다.

따라서 여러 가지 원인이 경합하여 손해가 발생한 경우에는 근인만이 손해(결과)에 대한 원인으로 인정되며, 여러 근인 중에서도 "효과적인 측면에서 손해의 발생에 가장 지배적인 영향을 미치는 원인"이 근인으로 인정된다(최유력조건설).

② 피보험자의 고의에 의한 불법행위

보험계약은 보험사고의 우연성을 전제로 하고 있는데, 피보험자의 고의적인 불법행위에 의한 손해는 이러한 우연성이 결여되어 있을 뿐만 아니라 보험계약의 사행화를 방지하기 위한 측면에서도 보상의 대상이 되지 아니한다.

MIA 제55조 제2항에서 "담보위험에 근인한 손해에 대해서는 선장이나 선원의 과실이 없었더라면 발생하지 않았을지라도 보험자는 보상책임이 있다"고 규정하고 있어, 만일 선원의 과실에 의해 선박이 좌초나 타 선박과 충돌사고가 발생한 경우 좌초나 충돌이 보험증권상 담보하는 위험이라면 선원의 과실이 아니었다면 좌초나 충돌사고가 발생하지 않았을지라도 좌초나 충돌로 인한 손해에 대해 보험자는 보상책임이 있다.

③ 지연에 의한 손해

MIA 제55조 제2항 (b)에서 "지연으로 인한 손해에 대해서는 그러한 지연이 보험에서 담보하는 위험으로 인한 것이라도 보험자는 보상책임이 없다"고 규정하고 있다.

적하보험에서 해상운송 중 악천후로 인해 항해가 지연되어 화물인 육류가 부패한 경우, 과일을 선적하고 항해 중 다른 선박과 충돌하여 충돌손상 수리를 위해 항해가 지연되어 과일이 부패한 경우 등이 지연에 의한 손해에 해당된다.

④ 통상의 자연소모, 누손 및 파손

통상의 자연소모, 누손 또는 파손은 통상적으로 일어나는 노후에 따르는 필연적인 손해이므로 보험에서 보상하는 우연한 사고로 볼 수 없다.

⑤ **피보험목적물의 고유의 하자나 성질**

고유의 하자나 성질에 의한 손해는 화물의 경우 운송 중 아무런 외부의 우연한 사고가 개입하지 않은 상황에서 화물에 손상이 발생하는 것으로 과일이나 육류 등이 부패하는 것 등이 이에 해당된다.

포장불충분이나 부적합으로 발생되는 손해 또한 고유의 하자에 해당된다. 이러한 손상은 보험에서 담보하는 우연한 사고가 아닌 고유의 하자나 성질로 인해 필연적으로 발생되는 손해이므로 보험자는 보상할 책임이 없다.

⑥ **해상고유의 위험에 기인하지 않은 기관손해**

MIA 제55조 제2항 (c)에서는 "증권에서 달리 규정하지 않는 한 보험자는 해상위험에 근인하여 발생하지 않은 기계의 손상에 대해서는 책임을 지지 않는다"고 규정하고 있어 해상위험에 근인한 기계손상에 대해서만 담보된다.

협회기간약관에서는 적하 또는 연료의 선적, 양하 또는 이동 중의 사고로 인한 손상, 보일러의 파열, 차축의 파손 또는 잠재하자로 인한 손상, 선원의 과실이나 악행에 의한 손상, 수리자 또는 용선자 등의 과실로 인한 기계의 손상에 대해서 담보된다.

⑦ **기타 보상하지 않는 손해**

쥐나 해충에 기인한 손해, 약관상 면책으로 규정한 위험에 근인한 손해 등에 대해서도 보험자는 보상책임을 지지 않는다.

2. 인과관계와 입증책임

(1) 인과관계

해상보험에서 보험자는 담보위험으로 인하여 발생된 손해에 대해서만 보상할 책임이 있고 담보위험으로 인하여 발생된 손해가 아닌 경우에는 보상할 책임이 발생하지 않으므로 위험과 손해 사이의 인과관계의 존재유무에 따라 보상 여부가 결정된다.

① **근인설(Cause Proxima Theory)**

영국법원에서는 과거 시간적으로 손해의 발생과 가장 가까운 원인을 근인으로 판단하였으나, 최근의 판례를 보면 "효과적인 측면에서 손해의 발생에 가장 지배적인 영향을 미치는 원인"을 근인으로 인정하고 있다.

효과적인 면에서 가장 지배적인 영향을 미친 원인이 무엇인가를 판단하는데 있어서도 "보통의 사람들이 이해할 수 있는 정도의 인과관계를 의미하는 것"이라고 한다.

② **상당인과관계설**

어떠한 원인과 그에 따르는 결과의 발생이 일상경험상 상당하고 적당하다고 판단되는 경우에는 인과관계가 있는 것으로 판단하는 학설이다.

상당인과관설에 따르면 손해발생을 일으킨 어떤 원인들 중에 일상경험을 기초로 다른 일반적인 경우에도 동일한 결과를 초래할 것으로 인정되는 원인을 손해의 원인으로 간주하게 되므로 복수의 원인이 손해의 원인이 될 수 있다.

(2) 입증책임의 주체 및 정도

어떠한 사실을 주장하는 자가 그러한 사실관계 등에 대해 증명할 책임을 부담하는 것을 입증책임이라고 하며, 손해를 주장하는 자가 그 입증책임을 부담하는 것이 원칙이다.

보험에서는 손해발생사실에 대한 입증과 원인과 손해사이의 인과관계에 대한 입증이 필요하며, 이러한 입증책임을 누가 부담하는지(입증주체)와 어느 정도까지 입증해야 하는지(입증의 정도)에 대한 문제가 있을 수 있다.

① 입증책임의 주체

보험자의 보상책임을 결정하기 위해 보험에서 담보하는 위험과 손해와의 인과관계에 대한 입증책임은 보험약관이 포괄책임주의인지 열거책임주의인지에 따라 다르다.

㉠ 포괄책임주의

포괄책임주의란 보험약관에서 모든 위험에 따른 손해를 포괄적으로 보상한다는 것으로, 포괄책임주의하에서의 피보험자는 보험기간 중에 손해가 발생했다는 사실을 입증하면 되고, 그 멸실 또는 손상이 면책위험에 의하여 발생했다는 것을 보험자가 입증하지 못하면 보험자는 보상책임을 면하지 못한다. 다만, 예외적으로 선박침몰의 경우에는 해상고유의 위험에 의해 선박이 침몰되었다는 사실에 대해 피보험자에게 입증의무를 부담시키고 있다.

㉡ 열거책임주의

담보위험을 열거하여 열거위험에 의한 손해에 대해서만 보상하는 열거책임주의에서는 피보험자는 약관상 열거위험으로 인해 손해가 발생했음을 입증해야 한다.

② 입증책임의 정도

입증책임의 정도는 사고가 발생한 것이 확실하게 담보위험으로 인한 것이라는 확실성(certainty)이 아닌, 담보위험으로 사고가 발생하였을 것이라는 개연성(balance of probability)을 입증하는 것으로 족하다. 여기서 <u>개연성(probability)이란 담보위험으로 사고가 발생할 확률이 51% 이상인 경우를 의미한다.</u> 판례에서는 제출된 증거를 모두 검토한 후에도 손해가 담보위험으로 발생하였는지에 대한 확신이 서지 않는 경우에는 피보험자는 그의 입증책임을 다하지 못한 것으로 보고 있다.

3. 해상손해의 분류

해상손해는 먼저 물적 손해, 비용손해 및 배상책임손해로 분류할 수 있다. 물적 손해는 다시 전손과 분손으로, 비용손해는 구조비, 손해방지비용 및 특별비용으로, 배상책임손해는 충돌손해배상책임과 제3자에 대한 배상책임으로 구분할 수 있다.

[해상손해의 분류]

물적 손해	전손(Total Loss)	현실전손(Actual Total Loss)
		추정전손(Constructive Total Loss)
	분손(Partial Loss)	단독해손(Particular Average)
		공동해손(General Average)
비용손해	구조비(Salvage Charge)	
	손해방지비용(Sue and Labour Charge)	
	특별비용(Particular Charge)	
배상책임손해	충돌손해배상책임(Collision Liability)	
	제3자에 대한 배상책임(Third Party Liability)	

4. 전손(Total Loss)

보험목적물의 전부가 멸실된 것을 의미하는 전손에는 현실전손(Actual Total Loss)과 추정전손(Constructive Total Loss)이 있다.

(1) 현실전손(Actual Total Loss)

현실전손이란 보험목적물이 실질적으로 완전히 멸실되거나 본래의 성질이 상실되거나 회복이 불가능한 경우를 의미하며, MIA(1906) 제57조에서 "보험목적물이 완전히 파괴된 경우 또는 더 이상 부보된 종류의 물건이라고 할 수 없을 정도로 심하게 훼손된 경우와 피보험자가 보험목적의 점유를 박탈당하여 회복할 수 없는 경우"를 현실전손이라고 규정하고 있다. 현실전손의 경우에는 위부의 통지가 필요 없다.

① 선박의 현실전손

선박의 현실전손은 선박이 완전히 파괴되거나 기술적으로 수리가 불가능할 정도로 파손된 경우가 해당된다고 할 수 있다. 선박이 심해에 침몰한 경우 전쟁행위나 적대국 등에 압류 또는 나포되어 회복할 가능성이 없는 경우 등이 이에 해당된다.

MIA(1906)에서는 선박이 행방불명되고 상당한 기간이 경과한 후까지 그 소식을 모를 경우 현실전손으로 추정하고 있으며, 우리나라 상법에서는 2개월 동안 선박이 행방불명된 경우에는 현실전손으로 보고 있다(상법 제711조).

② 화물의 현실전손

화물이 완전히 파괴되거나 본래의 성질을 완전히 상실하였을 때에는 당연히 현실전손으로 인정되겠으나, 운송 중 손상이 발견되어 목적지까지 운송될 경우 화물의 부패가 진행되어 더 이상 본래의 목적으로 사용될 수 없을 것이 확실하여 중간항에서 매각되거나 선외로 버려지는 경우에도 화물의 현실전손이 인정된다.

화물의 경우에는 손상되어 본래의 목적으로 사용될 수 없으나, 다른 용도로 매각되는 경우가 있을 수 있다. 예를 들면 식용으로 수입된 곡물이 손상되어 식용으로 판매될 수 없어 거름용도로 매각되는 경우에는 화물의 현실전손이 인정되어 보험회사는 전손보험금을 지급하고 잔존물에 대한 매각대금을 회수하게 된다.

동종의 화물이 적하보험에 가입되어 화물의 일부가 전손된 경우, 예를 들어 노트북 컴퓨터 1,000대가 적하보험에 가입되어 운송 중 100대의 노트북 컴퓨터가 완전히 파괴되었더라도 이는 동종의 화물의 일부에 손해가 발생한 것이므로 분손 처리된다.

그러나 여러 종류의 화물이 부보되어 운송 중 한 종류의 화물에 전손이 발생한 경우, 예를 들어 노트북 컴퓨터 1,000대와 휴대폰 1,000대가 함께 부보되어 운송 중 휴대폰 1,000대에 전손이 발생된 경우는 보험목적물이 가분될 수 있으므로 전손 처리된다.

③ 보상한도

보험목적물의 전손이 있을 때 기평가보험증권인 경우에는 보상한도가 보험증권에 정하여진 금액이고, 미평가보험증권인 경우에는 보험목적물의 손해발생시의 평가액인 보험가액이 보상한도가 된다(MIA 제68조).

(2) 추정전손(Constructive Total Loss)

추정전손은 해상보험에서 특유하게 존재하고 있는 것으로 보험목적의 현실전손이 불가피하다고 보여 지거나 보험목적의 가액을 초과하는 정도의 비용을 지출하지 않고서는 현실전손을 면할 수 없는 경우 등이 이에 해당된다(MIA 제60조 1항).

① 추정전손의 성립

선박이나 화물이 담보위험으로 인하여 점유의 박탈 또는 손상을 입은 경우 중 다음과 같은 경우에는 추정전손이 성립된다.

㉠ 선박이나 화물의 점유를 박탈당한 경우

선박이나 화물의 점유를 박탈당하고 그 선박이나 화물의 점유를 회복할 수 있을 것 같지 아니한 경우와 그 선박이나 화물의 점유를 회복하는데 소요되는 비용이 점유가 회복되었을 때의 가액을 초과할 것으로 예상되는 경우

㉡ 선박손상의 경우

선박의 경우 손상을 수리하는데 소요되는 비용이 수리되었을 때의 가액을 초과할 것으로 예상되는 경우

㉢ 화물손상의 경우

화물의 경우 손상을 수리하여 화물을 목적지까지 운송하는데 소요되는 비용이 도착하였을 때의 가액을 초과하리라고 예상되는 경우

② 예상수리비의 산정

수리비란 보험목적을 사고 이전의 상태로 원상회복하는데 소요되는 모든 비용을 말한다. 선박의 추정전손 성립 여부를 결정함에 있어서의 <u>수리비에는 다른 이해관계인이 지불할 공동해손분담금은 공제하지 않으며, 장래의 구조비용과 선박이 수리될 경우 선박이 부담하게 될 장래의 공동해손분담금은 가산되어야 한다</u>(MIA 제60조 제2항).

여기서, 장래(Future)의 의미는 사고시점 이후를 의미하고, <u>위부통지 여부에 관계없이 사고 이후 합리적으로 발생한 모든 비용에 대해 회복하는데 소요되는 비용으로 본다.</u>

③ 추정전손과 위부

추정전손은 보험목적물이 현실적으로 전손된 상태는 아니기 때문에 전손으로 취급하기 위해서는 피보험자가 보험목적물에 대해 가지고 있는 모든 권리를 전적으로 포기하고 보험자로 하여금 모든 권리를 행사할 수 있도록 보험목적물을 보험자에게 위부(Abandonment)하여야 한다. <u>위부의 통지는 추정전손이 존재할 때 분손으로 처리하지 않고 추정전손으로 처리하기 위한 필수적인 선행조건이다.</u>

㉠ 위부의 통지

위부의 통지는 서면이든 구두이든을 불문하며, 보험목적에 대한 피보험자의 이익을 무조건적으로 위부한다는 의사를 표시하기만 하면 된다(MIA 제62조 제2항).

위부통지 시기는 손해에 관한 신뢰할 만한 정보를 입수한 후 상당히 신속하게 행해져야 하나, 그 정보가 의심스러울 때에는 상당기간 동안 이에 대한 조사를 할 수 있다(MIA 제62조 제3항).

㉡ 위부의 승인

위부의 승인은 명시적으로 이루어질 수도 있고 보험자의 행위에 의해 묵시적으로 인정될 수도 있으나, 위부통지를 받은 후 보험자의 단순한 침묵은 위부를 승인하는 것으로 간주하여서는 안 된다. 보험자에 의한 위부통지의 승인은 철회될 수 없는데, 이는 손해에 대한 책임과 위부통지의 충분함을 확정적으로 인정하는 것이 된다(MIA 제62조 제5항 및 제6항).

㉢ 위부의 효과

유효한 위부가 있는 경우 보험자는 보험목적의 잔존물에 대한 피보험자의 이익과 이에 부수되는 소유권을 승계할 권리를 가지게 된다.

선박의 위부가 있는 경우 보험자는 부보된 선박이 벌어들인 것으로 사고 이후에 지급받게 될 운임에서 사고 이후에 운임을 벌기 위해 지출된 비용을 공제한 금액을 취득할 권리가 있으며, 만일 선박이 선박소유자의 화물을 운송 중인 경우에는 보험자는 사고 이후의 화물운송에 대한 상당한 보수를 지급받을 권리가 있다(MIA 제63조).

협회기간보험약관[ITC – Hull(1/10/83)]에서는 제20조 운임포기(Freight Waiver)조항을 두어 보험자는 전손이나 추정전손의 경우 운임에 대해 취득할 수 있는 권리를 포기할 수 있도록 하고 있다.

ⓔ 위부의 통지가 필요 없는 경우

위부를 통지한다고 하더라도 보험자에게 이득이 될 가능성이 없는 경우는 위부의 통지가 필요하지 않으며, 또한 위부의 통지는 보험자에 의해 포기될 수 있다. 그리고 보험자가 자신의 위험을 재보험에 부보한 경우에는 원수보험자가 재보험자에게 위부를 통지할 필요가 없다(MIA 제62조 제7항, 제8항 및 제9항).

④ 추정전손의 효과

추정전손이 성립되는 경우 피보험자의 선택에 따라 100% 분손으로 처리할 수도 있고, 보험목적을 위부하고 현실전손인 것처럼 처리할 수도 있다(MIA 제61조).

추정전손의 경우 기평가보험증권의 경우는 확정되어 있는 보험가입금액이 보상한도가 되며, 미평가보험증권의 경우는 보험목적의 평가액인 보험가액이 보상한도가 된다.

5. 분손(Partial Loss) : 단독해손(Particular Average)과 공동해손(General Average)

보험목적물의 부분적인 손해를 분손(Partial Loss)이라 하며, 분손에는 단독해손(Particular Average)과 공동해손(General Average)이 있다.

(1) 단독해손(Particular Average)

단독해손이란 MIA 제64조 제1항에서 "담보위험으로 인해 발생된 보험목적의 분손(Partial Loss)으로서, 공동해손(General Average)이 아닌 것"이라고 규정하고 있다.

① 선박의 단독해손

선박이 담보되는 위험으로 인해 손상이 발생하고 손상부분이 수리되었을 때에는 1회의 사고당 보험금액을 한도로 관습적인 공제(Customary Deduction)를 차감한 합리적인 수리비를 보상받을 수 있다(MIA 제69조 제1항). 그러나 ITC – Hulls(1/10/83)에서는 제14조 규정에 따라 신구교환차익(New for Old)을 공제하지 않는다.

선박의 일부가 수리된 경우 수리된 부분에 대한 합리적인 수리비와 미수리된 손상으로 인하여 선박가액에 하락이 있을 때 그 하락분까지 보상을 받을 수 있으나 전부 수리되었을 때의 합리적인 수리비를 초과할 수 없다(MIA 제69조 제2항).

선박이 수리되지 않은 경우 보험기간 동안 매각되지 아니하였을 때에는 합리적인 수리비를 초과하지 않는 범위 내에서 미수리된 손상으로 인한 상당한 가격하락분을 보상받을 수 있다(MIA 제69조 제3항). 단, 미수리된 상태에서 선박이 전손되는 사고 있을 경우에는 미수리 손상부분은 전손에 흡수된다(MIA 제77조 제2항).

② 적하의 단독해손

㉠ 화물의 일부가 전손된 경우

ⓐ 기평가보험증권의 경우 : 멸실된 일부의 보험가액이 전부의 보험가액에 대하여 차지하는 비율을 보험증권상 확정된 가액을 곱하여 산출한다.

$$\text{손해액} = \text{보험금액} \times \text{손해율}(= \text{멸실 부분의 법정보험가액} / \text{전부의 법정보험가액})$$

ⓑ 미평가보험증권의 경우 : 멸실된 부분의 법정보험가액이 보상한도이다.

ⓒ 일부가 손상된 상태로 목적지에 도착한 경우(Average Loss Settlement)

도착지에서의 총정상가액과 총손상가액의 차액이 총정상가액에 대해 차지하는 비율(손해율)을 기평가보험증권에서는 보험증권상 확정가액, 미평가보험증권에서는 법정보험가액에 곱한 금액을 보상한도로 한다(Particular Loss Settlement라고도 함).

$$\text{손해액} = \text{보험금액} \times (\text{총정상가액} - \text{총손상가액}) / \text{총정상가액}$$

ⓒ 중간항에서 손상상태로 매각되는 경우(Salvage Loss Settlement)

중간항에서 손상된 화물을 양하하여 매각하는 것이 최선인 경우 사용되는 방법으로 보험금액에서 순매각대금(매각대금에서 매각비용을 뺀 금액)을 뺀 금액을 보상한다.

$$\text{손해액} = \text{보험금액} - \text{순매각대금(Net Proceeds of Sale)}$$

③ 운임의 단독해손

피보험자가 상실한 운임이 보험증권상의 전체 운임에 대하여 차지하는 비율에 기평가보험증권에서는 보험증권상 확정가액, 미평가보험증권에서는 상실운임의 평가액인 보험가액을 곱한 금액을 보상한도로 한다.

$$\text{손해액} = \text{보험금액} \times \text{피보험자가 상실한 운임} / \text{전체 운임}$$

(2) 공동해손(General Average)

공동해손이란 공동의 위험에 처한 재산에 대해 그 위험을 피하기 위하여 고의적이고 합리적으로 발생시킨 이례적인 희생손해나 비용손해를 말한다. 이러한 공동해손손해는 손해를 부담한 자가 해상법에 의하여 정해진 조건에 따라 다른 이해관계인들로부터 비례적 분담금인 공동해손 분담금(G/A Contribution)을 지급받을 권리가 있다.

① 공동해손의 보상

피보험자가 공동해손비용을 지출하였을 때에는 피보험자는 자신이 부담하여야 할 공동해손 분담금을 보험자로부터 보상받을 수 있으며, 공동해손 희생손해의 경우 피보험자는 공동해손 분담의무가 있는 다른 이해당사자로부터 분담청구권을 행사하기 전에 보험자로부터 손해의 전액을 보상받을 수 있다(MIA 제66조 제4항).

피보험자가 보험목적물에 관하여 공동해손 분담금을 지급하였거나 지급할 의무가 있는 경우 피보험자는 보험자로부터 보상을 받을 수 있다(MIA 제66조 제5항). 단, 공동해손손해가 보험에서 담보하는 위험을 피하기 위하여 발생된 것이 아닌 경우 보험자는 공동해손손해 또는 공동해손 분담금을 지급할 의무가 없다(MIA 제66조 제6항).

그리고 선박, 화물 및 운임 또는 이들 중 어느 두 가지가 동일한 피보험자의 소유인 경우 공동해
손손해 또는 공동해손 분담금에 대한 보험자의 책임은 그것들이 서로 다른 소유자에게 속한
경우에 준하여 결정되어야 한다(MIA 제66조 제7항).

② 일부보험의 경우 정산방법

보험목적이 공동해손 분담가액 전액에 대해 보험에 부보된 경우에는 공동해손 분담금 전액이 보상
된다. 다만, 보험목적의 일부만 부보된 경우에는 일부보험의 비율에 따라 감액되어 보상된다.

또한, 보험자가 보상해야 할 단독해손이 발생되어 공동해손 분담가액으로부터 공제되는 경우
보험자가 보상하는 분담금을 확정하기 위해 부보금액에서 단독해손보험금을 공제하고 계산하여
야 한다(MIA 제73조).

6. 손해방지비용(Sue and Labour)

(1) 손해방지비용의 의의

피보험자는 보험에서 보상하는 손해를 방지하거나 경감하기 위한 합리적인 조치를 취할 의무가 있다
(MIA 제78조 제4항, ITC - Hull(1/10/83) 제13조 제1항). 손해방지비용이란 이러한 의무이행을 위
해 취한 조치로 피보험자 또는 그 대리인이 지출한 비용을 말한다. 손해방지비용에는 공동해손 분담
금, 구조비 및 충돌배상 방어 또는 청구비용이 포함되지 않는다(MIA 제78조 제2항, ITC -
Hull(1/10/83) 제13조 제2항).

(2) 손해방지비용의 요건

보험증권상 담보되는 위험으로부터 손해를 방지하거나 회피하기 위하여 피보험자 또는 그 대리인
이 지출한 비용이 손해방지비용에 해당된다.

피보험자 또는 그 대리인이 손해의 방지 및 경감조치를 취하지 않을 경우 보험에서 보상되는 위험에
직면하게 되는 경우 이러한 위험으로부터 회피하기 위해 취해진 조치로 발생한 비용도 손해방지비
용으로 인정된다.

(3) 손해방지비용의 특징

손해방지약관이 첨부되어 있는 경우 보험계약을 보충하는 것으로 간주되어(MIA 제78조 제1항) 손
해방지비용은 전손이나 추정전손에 추가하여 보상되며, 이 경우의 손해방지비용에는 약관상 공제
(Deductible)를 적용하지 않는다.

손해방지비용은 보험가입금액을 한도로 보상되며, 일부보험의 경우에는 보험금액의 정상시장가액
또는 보험금액 중 더 큰 금액에 대한 비율로 비례보상된다.

보험금 = 손해방지비용 × 보험금액 / 정상시장가액 또는 보험금액 중 큰 금액

7. 구조비(Salvage Charges)

(1) 구조비의 정의

구조비(Salvage Charges)라 함은 해난구조자가 계약과 관계없이 해상법에 따라 취득할 수 있는 보수를 말하고, 구조비에는 피보험자 및 그 대리인 또는 보수를 받고 이들에 의해 고용된 자가 부보위험을 피하기 위하여 행한 구조 성격의 비용은 구조비에 포함되지 않는다(MIA 제65조 제2항).

해난구조는 자발적인 구조와 계약에 의한 구조로 구분될 수 있으며, 여기에서 말하는 구조비는 자발적인 순수구조비를 의미한다.

(2) 구조비의 산정

의무 없이 구조한 자는 상당한 보수를 청구할 수 있고(상법 제882조), 구조보수에 대한 약정이 없고 당사자간 합의가 되지 않는 경우 구조된 선박이나 재산의 가액, 위난의 정도, 구조자의 노력과 비용, 구조자나 그 장비가 조우했던 위험의 정도, 구조의 효과, 환경손해방지를 위한 노력 및 그 밖의 제반사정을 참작하여 구조보수를 결정한다(상법 제883조).

구조보수는 구조된 목적물의 가액이 한도가 되며, 선순위 우선특권이 있는 경우 우선특권자의 채권액에서 공제한 잔액이 한도가 된다(상법 제884조). 환경손해 방지작업에 대해서는 구조작업에 실제로 지출된 합리적인 비용 및 사용된 장비와 인원에 대한 정당한 보수를 특별보상하며, 환경손해가 실제 경감 또는 방지된 경우 특별보상은 최고 100% 증액이 가능하다. 반대로 구조자의 고의 또는 과실로 환경손해의 경감 또는 방지에 지장을 초래한 경우에는 감액 또는 부인이 가능하고, 특별보상과 구조보수 중 큰 금액을 구조료로 청구할 수 있다(상법 제885조). 구조된 재산의 권리자는 구조된 가액에 비례하여 구조비 및 특별보상을 분담할 의무가 있다(상법 제886조).

계약의 의한 구조의 경우라도 계약서에서 정하지 아니한 사항은 상법규정을 준용하고 구조료의 금액에 대해 약정한 경우라도 현저히 부당한 경우 법원은 상법 제883조를 참고하여 구조료를 증액 또는 감액할 수 있다(상법 제887조). 여러 당사자가 구조에 참여한 경우에는 상법 제883조의 구조보수 결정기준에 따라 배분하게 된다.

선박을 구조하기 위해 소요된 비용 중 계약구조비는 그 성질에 따라 손해방지비용이나 공동해손으로 처리되고, 임의구조비는 구조비에 의해 보상된다.

(3) 계약의 의한 구조

구조계약의 종류에는 Daily-hire Basis, Lumpsum Basis 및 No cure No pay(불성공무보수) 계약이 있다. Daily-hire Basis는 구조작업의 일당을 미리 정하고 날짜의 경과에 따라 구조보수를 지급하는 방식의 계약으로 TOWHIRE양식이 이용되며, Lumpsum Basis는 계약시 구조보수를 확정하는 형태의 계약으로 TOWCON양식이 이용된다. 그리고 No cure No pay는 불성공무보수계약이므로 구조에 성공하지 못하면 구조료가 전혀 지급되지 않으나, 성공하는 경우에는 추후 상당액의 보수를 지불하는 조건의 계약으로 LOF(Lloyd's Open Form)양식이 사용된다.

Daily-hire Basis나 Lumpsum Basis는 구조작업이 비교적 단순한 경우에 적합하나 구조작업의 착수 전에 일당 내지 도급금액을 합의해야 하므로 해난상황이 다급하여 시간적인 여유가 없는 경우에는 사용하기 곤란하며, No cure No pay방식은 구조작업의 성공여부가 불투명한 위험상황에서 적합한 방식이긴 하나 성공시 지급보수가 상당히 높은 것이 단점이다.

LOF(Lloyd's Open Form of Salvage Agreement) 구조계약의 가장 큰 특징은 No cure No pay인 점에 있는데, 구조작업 실패시에는 구조비를 전혀 지급할 필요가 없으나, 성공시에는 구조된 재산의 가치를 한도 내에서 구조비를 중재위원회(Lloyd's Arbitration)에서 결정한다.

LOF 구조계약은 구조계약 체결 당시에 구조비를 결정하는 것이 아니므로 사고현장의 상황이 다급한 경우에 적합한 형태의 계약이다. 다만, 구조보수가 결정되기까지에 많은 시간과 비용이 소요되고 일반적으로 구조료가 높게 결정된다는 단점이 있다.

LOF의 또 다른 특징은 적하구조비를 선주가 화주를 대신하여 지급할 의무가 없다는 점이다. 다른 형태의 구조계약에서는 비용발생 당시 선주가 1차적으로 전액을 지급하는데 반해, LOF의 경우는 구조작업이 성공적으로 완료된 경우 선주와 화주는 각자 구조업자의 요구금액에 대한 보증장 (Salvage Security)만 로이드에 제공하면 된다.

(4) SCOPIC조항(Special Compensation P&I Club Clause)

해상에서의 선박사고로 인하여 구조가 필요한 경우 긴급하게 구조업자를 수배하고 구조계약을 체결해야만 추가적인 손해를 방지하고 또한 안전하게 선박 및 선박에 적재된 화물을 구조할 수 있게 된다. 특히 신속한 선박구조를 위해서 사전에 구조계약이 LOF에 의해 체결되는 경우가 많은데, 이러한 LOF에 의한 구조계약에서 구조자의 선택에 의해 발동될 수 있는 특별조항이 SCOPIC조항이다.

① SCOPIC조항의 발동

구조협약 제14조의 특별보상을 도입하고 있는 모든 LOF 구조계약에 당사자간 합의에 의해 SCOPIC조항이 삽입될 수는 있으나, 삽입되었다 하더라도 SCOPIC조항이 바로 적용되는 것은 아니며, 구조자의 선택에 의해 선주에게 서면으로 통지하여야만 SCOPIC조항이 발동된다. 서면 통지 후 SCOPIC조항이 발동되면 SCOPIC조항이 구조계약 제14조의 특별보상조항을 대체하게 된다.

② SCOPIC조항에 따른 보수의 산정

구조협약에서는 적정한 구조보수율(Fair Rate) 산정의 어려움을 해결하기 위해 SCOPIC조항 부속서A에 구조보수율을 미리 정해놓았으며, SCOPIC보수는 이 구조보수율에 의해 계산된 금액의 125%(Uplift 25%)를 곱하여 산정하게 됨으로써 보수산정에 있어서의 시간과 비용을 절약할 수 있게 되었다.

이와 같이 산정된 SCOPIC보수와는 별도로 구조계약 제13조에 의한 구조보수도 산정하여야 하며, 선주 또는 선주의 책임보험자는 구조계약 제13조에 의한 구조보수를 초과하는 금액에 대해 구조자에게 특별보상으로 지급하게 된다.

③ SCOPIC조항에 따른 보수의 보증장 제공

SCOPIC조항이 발동되면 선주 또는 선주의 책임보험자는 2영업일(2 working day) 이내에 US$3,000,000에 해당하는 금액의 보증장을 구조업자에게 제출해야 한다. 보증장 금액은 예상 보수를 감안하여 추후에 증액 또는 감액될 수 있다.

선주 또는 선주의 책임보험자가 보증장을 제공하지 않을 경우 구조업자는 SCOPIC조항을 취소 할 수 있으며, SCOPIC조항이 취소될 경우 구조업자는 구조계약 제14조에 의한 특별보상을 청구 할 수 있는 권리를 가지게 된다.

④ SCOPIC조항의 종료

구조업자는 기발생비용 및 구조작업 종료시까지의 예상비용이 구조가액을 초과하거나 SCOPIC 보수를 초과할 경우 SCOPIC조항 및 본 구조계약을 취소할 수 있다. 선주도 5일전 통지조건으로 SCOPIC보수의 지불의무를 종료시킬 수 있으며, 이 경우 주계약인 LOF계약은 계속 유효하나 구조자에 의해 LOF의 주계약도 종료될 수 있다.

구조협약에서는 구조작업지역의 정부나 항만당국에서 구조장비의 철수를 제지당할 경우에는 SCOPIC조항을 종료시킬 수 없도록 규정하고 있다.

⑤ 기타사항

구조업자에 의한 SCOPIC조항의 남용을 금지하기 위해 SCOPIC에 의한 보수가 구조계약 제13조 에 의한 구조보수보다 적을 경우 구조업자는 그 차액의 25%에 해당하는 금액을 구조계약 제13조 에 의한 구조보수에서 할인해 주어야 한다.

SCOPIC조항이 발동되면 선주 또는 선주의 책임보험자는 감독관(Special Casualty Representative) 을 선임하고 선임된 감독관으로 하여금 구조현장에 상주하면서 구조작업을 감독하고 관련당사자에 게 일일보고를 하며 구조작업 종료 후 SCOPIC보수를 산정하도록 해야 한다. 감독관의 보수에 대해서는 따로 정해진 바는 없으나, 통상적으로 현장구조지휘자(Salvage Master)의 보수에 준해서 청구되고 있으며, 이는 선체보험자와 선주의 책임보험자간에 서로 반분하고 있다.

8. 특별비용(Particular Charges)

(1) 특별비용의 정의

MIA(1906) 제64조 제2항에서 "보험목적의 안전이나 보존을 위하여 피보험자 또는 그 대리인이 지출한 비용으로 공동해손비용이나 구조비가 아닌 것을 특별비용이라 하며, 이 특별비용은 단독해 손에 포함되지 아니한다"고 규정하고 있다.

클레임을 입증하고 손해액을 확정하는데 지출된 비용으로 손상화물의 처리비용, 손상품과 정상품 의 분리비용, 손상품의 재정비비용 및 손상정도에 대해 합의되지 않은 경우 이를 입증하는데 소요 된 비용 등이 특별비용에 해당된다.

(2) 특별비용의 보상요건

특별비용은 보험증권상 담보되는 위험으로 발생된 손해와 관련하여 발생된 비용으로 통상의 비용의 증가가 아닌 이례적으로 발생된 비용이어야 하며, 손상을 입은 부분 때문에 전적으로 발생된 비용이어야 한다. 따라서 손해로 인하여 통상의 비용을 초과하는 비용의 증가가 있는 경우에도 그 비용의 증가가 이례적으로 발생된 것이 아니면 특별비용으로 보상되지 않는다.

9. 단독해손 부담보조건

(1) 가분적인 부분의 전손 보상

단독해손 부담보조건으로 부보된 경우 보험계약이 가분적인 것이 아닌 한 공동해손 희생손해액을 제외한 일부의 손해에 대해서는 보상되지 않으나, 계약이 가분적인 경우 가분적인 부분의 전손에 대해서는 보상을 받을 수 있다(MIA 제76조 제1항).

(2) 구조비와 손해방지비용의 보상

보험목적물의 전부 또는 일정비율 미만의 단독해손에 대해 담보하지 않는 조건으로 부보된 경우에도 구조비와 손해방지약관에 따라 손해를 방지하기 위해 정당하게 지출된 특별비용이나 기타비용에 대해는 보험자가 보상할 책임이 있다(MIA 제76조 제2항).

(3) 일정비율 미만의 손해 여부 확인비용은 제외

일정비율 미만의 단독해손을 담보하지 않는 조건으로 부보된 경우 일정비율 미만의 손해 여부를 확인하는데 있어서 공동해손, 특별비용, 손해를 확인하고 증명하는데 소요되는 비용 및 그에 부수되는 비용을 제외하고 있다.

10. 연속손해(Successive Losses)

(1) 분손의 연속손해

연속손해란 손해발생의 원인이 서로 다른 사고가 별개로 연속적으로 발생한 것을 의미한다. 이와 같은 연속적인 손해가 발생했을 경우 비록 그 손해액의 합계가 보험가입금액을 초과하더라도 보험자는 보상할 책임이 있다(MIA 제77조 제1항). 따라서 연속된 손해가 추정전손을 형성하더라도 피보험자가 연속된 손해를 분손으로 처리하기로 선택하는 경우에는 보험자는 분손보험금과 함께 연속손해에 대한 보험금도 지급하여야 한다.

예를 들어 보험가입금액 US$1,000,000, Deductible US$50,000로 보험에 가입한 선박이 항해 중 황천으로 손상을 입은 후 계속해서 다른 선박과 충돌사고가 발생한 경우 황천손상수리비가 US$500,000이고, 충돌손상수리비가 US$800,000인 경우 황천손상으로 인한 보험금 US$450,000 (US$500,000 − US$50,000)과 충돌손상으로 인한 보험금 US$750,000(US$800,000 − US$50,000)의 합계가 US$1,200,000로 보험가입금액인 US$1,000,000을 초과하더라도 보험자는 보상할 책임이 있다.

(2) 미수리손상 후의 전손

동일한 보험증권에서 분손이 발생하고, 이것이 수리되지 않거나 기타의 방법으로 원상복구 되지 않은 상태에서 전손이 발생하는 경우 피보험자는 오로지 전손에 대해서만 보상받을 수 있다 (principle of merger). 이는 전손이 보험증권상에서 담보되는 것이냐를 불문하고 보험자는 미수리 손상에 대해서는 책임을 부담하지 않는다는 것을 의미한다. 단, 본 조의 규정은 손해방지약관에 의한 보험자의 책임에는 영향을 미치지 아니한다(MIA 제77조 제2항).

심화TIP   손해방지비용(Sue & Labour), 구조비(Salvage Charges), 특별비용(Particular Charge) 및 공동해손 비용손해(General Average Expenditure)의 비교

1. 손해방지비용은 단일 이해관계자의 공동위험에 대한 손해를 회피 또는 줄이는 측면에서 공동해손 비용손해와 구별된다.
2. 손해방지비용은 목적지 도착 전에 어떤 손해를 피하거나 경감하기 위해 지출된 비용이므로 협의의 특별비용(적하의 경우)과 구별된다.
3. 손해방지비용은 손해방지약관에 의해 보상되는 추가계약의 성격을 가진 간접손해인 반면에 구조비와 공동해손(분담금)은 MIA(1906)에서 규정한 분손의 일종으로 손해방지비용에서 제외된다고 규정하고 있다(제78조 제2항).
4. 보험의 목적이 전손된 경우에 분손인 구조비용이나 공동해손비용은 전손에 추가하여 보상될 수 없지만, 그러한 행위로 지출된 비용이 보험자가 보상하는 손해를 방지하거나 경감할 목적으로 피보험자나 그 대리인에 의해 취해진 합리적인 조치의 결과로 발생된 비용은 추가계약의 성격상 전손보험금에 추가하여 손해방지비용으로 보상된다(ITC – Hulls 1/10/83 제13조 제5항)
5. 특별비용과 손해방지비용은 법률이나 약관상 양자의 관계를 명확히 규정하고 있지 않으며, 정의도 서로 비슷하고 중복되는 부분이 있어 명확한 구분은 어렵다.
6. 손해방지비용은 피보험자나 그 대리인(선장)이 손해를 방지하거나 경감하려는 합리적인 조치와 관련하여 지출된 비용인 반면에 구조비용은 계약구조자가 아닌 순수 구조자에게 피보험자가 지출하는 비용이다. 한편 공동해손정산규칙(YAR)에 따르면 계약구조이든 순수구조이든간에 공동의 해상사업에 관련된 재산을 목적으로 행하여진 구조비용은 공동해손으로 인정된다(YAR Ⅳ "Salvage Remuneration").
7. MIA(1906)의 구조비용은 제3자에 의한 순수구조행위에 따른 비용인 반면에 손해방지비용은 피보험자 (선주)에 의하여 지출된다는 점이 다르다. 따라서 피보험자나 선장의 구조성격의 서비스 및 계약구조의 비용은 공동위험의 이해당사자 여부에 따라 손해방지비용이나 공동해손비용으로 처리된다.
8. 공동해손에서는 희생손해의 개념이 존재하지만, 구조비는 제3자에 의하여 발생된 금액을 지급하는 것이므로 선박만의 구조시에 발생하는 희생손해 등은 구조비의 명목으로 보상되지 못한다. 손해방지비용 역시 희생손해의 개념이 없다.

06 보험자대위(Subrogation)

1. 보험자대위의 정의

보험자가 보험금을 지급한 경우 보험사고로 인해 멸실 또는 손상된 피보험목적물에 대해 피보험자가 갖고 있던 소유권 및 손해를 발생케 한 과실이 있는 자에 대해 구상청구권을 행사할 수 있는 권리를 법률상의 효과에 의해 대신 승계 받게 되는 것을 말한다. 대위의 원칙은 모든 손해보험계약에 적용되는 것으로 해상보험에만 한정된 위부와는 다르다(MIA 제79조).

2. 전손에서의 대위권

보험목적물의 전손 또는 가분적 부분에 대한 전손이 발생하여 보험자가 전손보험금을 지급한 때에는 보험자는 보험목적의 잔존물에 대한 피보험자의 이익을 승계할 권리를 취득하고 손해발생 시로부터 보험목적물에 대한 피보험자의 모든 권리와 구제수단을 대위할 수 있다(MIA 제79조 제1항).

MIA(1906)에는 대위의 한도에 대해 달리 규정하고 있지는 않지만, 판례에서는 "대위의 경우는 위부와 달리 보험자가 지급보험금을 초과하여 회수할 수 없다"고 한다.

3. 분손에서의 대위권

보험자가 분손보험금을 지급한 때에는 보험목적이나 그 잔존물에 대한 소유권을 취득할 수는 없으나, 피보험자에게 지급한 보험금의 한도 내에서 손해를 야기한 사고가 발생한 때부터 보험목적에 대한 그리고 그에 관련된 피보험자의 모든 권리와 구제수단을 대위할 수 있다(MIA 제79조 제2항).

4. 대위와 위부의 차이점

대위는 모든 손해보험에 존재하는데 비해 위부는 해상보험에만 존재한다. 대위는 전손뿐만 아니라 분손인 경우에도 권리의 취득이 가능하나, 위부(Abandonment)는 오로지 추정전손의 경우에만 적용된다.

대위는 보험금의 지급에 따라 당연히 발생되는 권리이지만 위부는 추정전손을 성립시키기 위한 법률상의 행위이다. 또한 대위는 피보험자의 이름으로 권리 행사를 할 수 있는 반면 위부는 보험목적의 소유권을 가지게 된다. 대위에서는 지급보험금을 한도로 회수할 수 있으나, 위부는 지급보험금을 초과하여 회수하는 것도 가능하다.

대위권은 보험자에 의해 포기될 수 있으나, 위부의 통지는 보험자가 승인한 이후에는 어떠한 이유로도 철회될 수 없다.

적하보험

01 │ 적하보험의 정의

적하보험이라 함은 해상을 통해 운송되는 화물에 관한 보험으로 화물의 매매계약 및 운송계약에 따라 화물이 매도인의 창고를 떠날 때부터 매수인의 창고에 도착할 때까지의 해상운송구간 및 육상운송구간에 일어날 수 있는 여러 가지 위험으로부터 발생할 수 있는 화물의 손해를 보상하기 위한 계약이다.

02 │ 적하보험약관의 변천

1. 적하보험약관의 변화

Lloyd's S.G Policy는 1779년 로이드보험자협회에서 제정한 해상보험증권으로 해상고유의 위험(Perils of the Seas), 해상의 위험(Perils on the Seas), 전쟁위험(War Perils) 및 기타위험(All other perils)을 담보하고 있다.

ICC 구약관은 S.G Policy에서 담보하는 위험의 범위를 축소하거나 또는 확대하는 등 Lloyd's S.G Policy를 보충하는 특별약관으로 1963.1.1.부터 사용되었다.

ICC(All Risks), ICC(W.A), ICC(F.P.A)조건을 갖고 있으며, 이는 독립된 별개의 약관이라고 보기는 힘들며 보통 Lloyd's S.G Policy와 연계하여 사용되고 있다.

1982.10.1.부터 사용하게 된 ICC 신약관은 Lloyd's S.G Policy의 오랜 문제점(시대와 부합하지 않는 점, 문장이 난해한 점, 보상하는 손해와 면책위험의 불확실성 등)을 해결하기 위해 제정된 약관으로 ICC(A), ICC(B), ICC(C)조건으로 구분된다.

2006년에는 협회적하약관(1982)의 개정을 위해 Lloyd's Market Association(로이드협회, LMA)에서 이해관계인들에게 설문조사를 실시하고 Joint Cargo Committee(합동적하위원회, JCC)에서 협회적하약관 개정특별위원회를 구성하여 설문내용을 분석하고 전세계 적하 및 적하보험 관련업계의 자문을 통해 ICC 2009를 제정·공표하였다.

2. ICC 2009 약관의 주요 개정내용

① 일반면책약관의 포장의 불완전 및 부적합 면책과 불내항 및 부적합 면책약관에서 면책범위를 축소시켰다(포장용구, 운송용구에서 리프트밴을 제외함).

② 운송조항에서 보험의 개시시점이 창고를 떠날 때(Leave the warehouse)에서 맨처음 이동할 때(First moved)로 바뀌고, 종료시점이 인도될 때(on delivery)에서 하역이 완료된 때(on completion of unloading)로 변경되어 보험기간이 보다 확장되고 명확해졌다.

③ 동맹파업면책약관에서 테러에 대한 면책을 확대하여 종교적 및 사상적인 동기에서 행동하는 자를 추가하였다.

④ 항해변경약관에서 "Held covered"라는 문구가 삭제되었다.

⑤ 일명 유령선(Phantom ship) 상황, 즉 선박이 다른 목적지로 떠난 상황을 피보험자 또는 그 대리인이 몰랐을 경우 보험이 개시된 것으로 간주하게 개정되었다.

⑥ 시대에 뒤떨어진 용어인 "Underwriters"와 "Servants"를 시대에 맞게 새로운 용어인 "Insurers"와 "Employees"로 각각 변경하였다.

03　적하보험의 담보위험

1. S.G Policy의 담보위험

해상고유의 위험 (Perils of Seas)	침몰(Sinking), 좌초(Standing), 교사(Grounding), 충돌(Collisions) 및 황천(Heavy Weather)
해상위험 (Perils on Seas)	① 화재(Fire), 대화재(Burning), ② 투하(Jettison), ③ 선원의 악행(Barratry of the Masters and Mariners), ④ 해적(Pirates), ⑤ 표도(Rovers) 및 ⑥ 강도(Thieves)
전쟁위험 (War Perils)	① 군함(Man of War), ② 외적(Enemies), ③ 포획면허장 및 보복포획면허장(Letter of mart and countermart), ④ 습격(Surprisals), ⑤ 해상탈취(Takings at Seas), ⑥ 국왕, 군주 및 국민의 강류, 억지 및 억류(Arrest, Restraints and Detainments of all Kings, Princess and People)
기타 일체의 위험 (All other perils)	영국해상보험법(MIA) 부칙 제12조에 따라 상기 담보위험과 유사하거나 동일한 종류의 위험만 포함된다.

2. 구 협회적하약관

(1) ICC(F.P.A)

① 담보위험(약관 제5조 Perils)

선박 또는 부선이 좌초되거나 침몰되거나 혹은 대화재를 입었을 경우 이외에는 단독해손을 담보하지 않는다.

그러나 상기 면책조건에도 불구하고 보험자는 선적, 환적 혹은 양하시의 화물의 포장당 전손을 보상하고, 다시 화재, 폭발, 선박간의 충돌 혹은 선박, 부선 및 운송용구와 물 이외의 얼음을 포함한 타 물체와의 접촉 혹은 조난항에서의 양하작업에 기인된다고 정당하게 간주될 수 있는 보험목적의 멸실 또는 손상에 대해서도 보상한다. 또한 중간의 기항항 혹은 피난항에서의 양하작업, 입고 및 계속운반을 위해 특별비용을 지출했을 경우, 만약 이들 특별비용이 ICC(W.A)조건에서 보험자가 보상해야 할 것이라면 그 특별비용(Special Charge)까지도 보상된다.

> **심화TIP** **담보위험의 요약**
>
> 1. 담보기간 중에 선박에 좌초(Stranding), 침몰(Sinking), 대화재(Burning)가 있는 경우에는 단독해손부담보 자체가 적용되지 않으므로 이 세 가지 위험에 근인하지 않는 다른 담보위험(면책위험 또는 비담보위험이 아닌)에 의한 사고발생으로 분손이 발생한 경우에도 그 분손에 대해 보상한다는 것을 의미한다. 단, 화물이 사고 당시에 On Board 상태이어야 한다.
> 2. 비록 전손은 아니지만 선적, 환적 또는 양하시에 발생하는 여하한 포장당 전손에 대해서도 보상한다. 그리고 화재, 폭발, 선박이나 부선 또는 운송용구의 여하한 충돌과 접촉(얼음 포함, 물은 제외)인 경우에 근인하여 발생된 손실과 손상도 단독해손부담보에 관계없이 손해액 전액을 보상한다.
> 3. 조난항에서의 양하작업에 기인된다고 정당하게 간주될 수 있는 보험목적의 멸실 및 손상도 보상한다.
> 4. 중간 기항항이나 피난항에서 양하, 창고보관 및 계반을 위한 특별비용(Secial Charges)이 발생한 경우 비록 F.P.A조건에서 보험자의 부담손해를 방지 또는 경감하는 특별비용이 아닐지라도 마치 W.A조건에서 보험자가 부담하는 손해를 방지하기 위하여 정당하게 지출한 특별비용도 보상한다.

② 담보손해

㉠ 전손(Total Loss)

ⓐ 현실전손(Actual Total Loss)

보험에 부보된 화물이 완전히 파괴되거나 원래의 성질을 상실하여 현실전손으로 인정될 때 보험자는 전손보험금을 지급할 책임이 있다.

ⓑ 추정전손(Constructive Total Loss)

화물의 현실전손이 불가피하다고 생각될 때 또는 화물을 회복시켜 그것을 목적지까지 운반하는데 소요되는 비용이 그 목적지에 도착했을 때의 화물의 가액을 초과할 것으로 예상될 때 화물에 대해 정당하게 위부함으로써 추정전손이 성립된다.

ⓒ 화물의 일부전손

동종의 화물이 보험에 가입된 경우 화물의 일부가 전손된 경우에는 전체에 대한 분손으로 처리가 되며, 여러 종류의 화물이 부보되어 한 종류의 화물이 전손된 경우에는 일부화물의 전손으로 처리된다.

ⓛ 분손(Partial Loss)

    ⓐ 단독해손(Particular Average)

        본래 단독해손은 부담보이지만 선박 또는 부선이 침몰(Sinking), 좌초(Stranding), 대화재(Burning)가 발생된 경우에는 단독해손도 담보가 된다. 이러한 경우 침몰, 좌초 및 대화재로 인해 발생된 손해뿐만 아니라 침몰, 좌초 및 대화재 사고가 발생된 경우 선적되어 있었던 화물에 대해서 침몰, 좌초 및 대화재가 아닌 본 약관에서 담보되는 다른 원인으로 발생된 단독해손에 대해서도 보험자는 보상책임이 있다.

    ⓑ 공동해손(General Average)

        화물이 운송 중 공동해손이 발생된 경우 화물이 분담해야 할 공동해손 분담금과 화물의 공동해손 희생손해는 보상된다.

ⓒ 추가 담보손해

    ⓐ 포장당 전손

        비록 전손에 해당되지는 않지만 선적, 환적 또는 하역 중 발생된 화물의 포장당 전손에 대해서는 담보하고 있다.

    ⓑ 화재, 폭발, 충돌, 접촉 및 조난항에서의 양하작업에 기인한 손해

        화재, 폭발 및 충돌 그리고 선박, 부선, 운송용구의 물 이외의 타 물체와의 접촉 또는 조난항에서의 화물하역과 상당인과관계가 있는 손해에 대해서도 단독해손 부담보조건에 관계없이 전액보상된다.

ⓓ 특별비용(Special Charge)

    중간 기항항 또는 피난항에서의 양하, 보관 및 재선적을 위해 발생된 특별비용은 ICC(W.A) 조건에서 보험자가 보상해야 할 것이라면 그 특별비용도 보상된다. 단독해손 부담보조건에서는 담보위험을 회피하기 위한 실질적인 손해방지조치를 기대하기 어렵기 때문에 피보험자의 손해방지조치를 장려하기 위한 규정이다.

ⓔ 구조비와 손해방지비용

    본 약관에서 담보하는 손해이다.

(2) ICC(W.A)

① 담보위험

공동해손이 성립되었을 때 혹은 선박 또는 부선이 좌초되거나 침몰되거나 또는 대화재를 입었을 경우를 제외하고는 보험증권에 기재된 일정비율 미만의 분손은 담보하지 않는다.

면책비율에 불구하고 보험자는 선적, 환적, 혹은 양하시의 포장당 전손을 보상하고, 다시 화재, 폭발, 선박간의 충돌 혹은 선박, 부선 및 운송용구와 물 이외의 얼음을 포함한 타 물체와 접촉 혹은 조난항에서의 양하작업에 기인된다고 정당하게 간주될 수 있는 보험목적의 멸실 또는 손상에 대해서도 보상한다.

담보위험의 요약

1. 해상고유의 위험(perils of the seas), 화재, 도적, 강도, 투하, 선장과 선원의 악행 및 기타 이와 동종의 모든 위험이 피보험위험이며, 이들 위험에 근인한 전손(추정전손 포함), 공동해손, 구조비용 및 손해방지비용은 전액보상된다. 여기서 선장과 선원의 악행(barratry)은 선원의 선주에 대한 악행을 의미하므로 선체보험에만 적용되는 것인데, 화주가 선주나 용선자인 경우에는 적하보험에도 적용된다.
2. 공동해손 또는 좌초, 침몰, 대화재인 경우에는 면책율에 관계없이 전액보상된다. F.P.A조건과 마찬가지로 상기 담보위험(침몰, 좌초, 대화재)과 사고발생이 직접 관계가 없더라도 사고 당시에 On Board된 손상화물은 전액보상된다.
3. 선적, 양하, 환적시의 포장당 전손도 전액보상한다.
4. 화재, 폭발, 충돌 등에 기인하는 모든 손상을 전액보상한다.
5. 조난항에서의 양하작업에 기인되었다고 정당하게 간주될 멸실, 손상도 면책률에 관계없이 전액보상된다.

② 담보손해
  ㉠ 전손(Total Loss)

  전손의 경우에는 ICC(F.P.A)에서 담보하는 손해와 동일하다.
  ㉡ 분손(Partial Loss)
   ⓐ 단독해손(Particular Average)

   보험증권상에 기재된 면책비율(Franchise) 이상의 손해가 발생한 경우에 그 면책비율에 해당하는 손해를 포함한 전체 손해에 대해 보험자는 보상책임을 부담한다. 단, 선박 및 부선이 침몰(Sinking), 좌초(Stranding) 및 대화재(Burning)가 발생한 경우에는 면책비율에 관계없이 전액보상된다. 단독해손 부담보조건과 동일하게 침몰, 좌초 및 대화재사고시 본선에 적재되어 있던 화물의 경우 W.A조건에서 담보되는 다른 위험으로 인해 발생한 손해에 대해서도 면책비율에 관계없이 보상된다.
   ⓑ 공동해손(General Average)

   화물이 운송 중 공동해손이 발생된 경우 화물이 분담해야 할 공동해손 분담금과 화물의 공동해손 희생손해는 보상된다.
  ㉢ 추가 담보손해
   ⓐ 포장당 전손

   비록 면책비율 미만의 손해에 해당된다 하더라도 선적, 환적 또는 하역 중 발생된 화물의 포장당 전손에 대해서는 담보하고 있다.
   ⓑ 화재, 폭발, 충돌, 접촉 및 조난항에서의 양하작업에 기인한 손해

   화재, 폭발 및 충돌 그리고 선박, 부선, 운송용구의 물 이외의 타 물체와의 접촉 또는 조난항에서의 화물하역과 상당인과관계가 있는 손해에 대해서도 면책비율에 관계없이 전액보상된다.
  ㉣ 구조비와 손해방지비용

  본 약관에서 담보하는 손해이다.

(3) ICC(All Risks)

보험목적의 멸실 또는 손상의 모든 위험을 담보하고 있으나 어떠한 경우에도 지연 또는 보험목적물의 고유의 하자 혹은 성질을 근인으로 해서 생기는 멸실, 손상 또는 비용까지도 확장 담보하는 것은 아니다.

전위험담보조건하에서는 위험약관에서 규정하고 있는 지연으로 인한 손해와 보험목적물의 고유의 하자 또는 성질에 근인한 손해 및 MIA 제55조에서 규정하고 있는 면책위험과 본 약관 제11조 및 제12조에서 규정하고 있는 면책위험으로 인한 손해가 아닌 한 보험자는 보상책임을 부담한다.

MIA(1906) 제55조에서 규정하고 있는 법적인 면책위험은 다음과 같다.

① 피보험자의 악의적 비행(피보험자로 한정)

② 피보험목적물의 고유의 성질이나 하자로 기인된 손해(포장불완전손해 포함)

③ 통상의 자연감모 또는 누손(우연성의 결여)

④ 항해의 지연에 근인한 손해 또는 비용(피보험위험에 기인한 경우라도 보상 안 됨)

3. 신 협회적하약관

(1) ICC(C)

본 약관 제4조(일반면책), 제5조(선박불내항 및 운송기구부적합면책), 제6조(전쟁면책) 및 제7조(동맹파업면책)에 규정된 면책위험을 제외하고 다음의 위험을 담보한다.

① 다음 위험에 정당하게 기인된 보험의 목적의 멸실 또는 손상

    ㉠ 화재 또는 폭발

    ㉡ 선박 또는 부선의 좌초, 교사, 침몰 또는 전복

    ㉢ 육상운송용구의 전복 또는 탈선

    ㉣ 선박, 부선 또는 운송용구와 물 이외의 타 물체와의 충돌 또는 접촉

    ㉤ 조난항에서의 적하의 양하

② 다음의 위험으로 인한 보험의 목적의 멸실 또는 손상

    ㉠ 공동해손 희생손해

    ㉡ 투 하

(2) ICC(B)

본 약관 제4조(일반면책), 제5조(선박불내항 및 운송기구부적합면책), 제6조(전쟁면책) 및 제7조(동맹파업면책)에 규정된 면책위험을 제외하고 다음의 위험을 담보한다.

① 다음 위험과 정당하게 기인된 보험의 목적의 멸실 또는 손상

    ㉠ 화재 또는 폭발

    ㉡ 선박 또는 부선의 좌초, 교사, 침몰 또는 전복

ⓒ 육상운송용구의 전복 또는 탈선

ⓐ 선박, 부선 또는 운송용구와 물 이외의 타 물체와의 충돌 또는 접촉

ⓜ 조난항에서의 적하의 양하

ⓗ 지진, 분화 또는 낙뢰

② 다음 위험으로 인한 보험의 목적의 멸실 또는 손상

ⓞ 공동해손 희생손해

ⓛ 투하 또는 파도에 의한 갑판상의 유실

ⓒ 선박, 부선, 선창, 운송용구, 컨테이너, 리프트밴 또는 보관소에 해수, 호수 또는 하천수의 유입

③ 포장당 전손

선박 또는 부선에 선적 또는 양하작업 중 해수면으로 낙하하여 멸실되거나 추락하여 발생된 포장당 전손에 대해서는 보상한다.

(3) ICC(A)

본 약관 제4조(일반면책), 제5조(불감항 및 부적합면책), 제6조(전쟁면책), 제7조(동맹파업면책)에 규정한 위험을 제외하고 보험의 목적의 멸실 또는 손상의 모든 위험을 담보하고 있다.

(4) ICC(B)와 ICC(C)의 담보위험에 대한 해설

① 상당인과관계가 있는 위험으로 인한 손해

ⓞ 화재 또는 폭발

화재나 폭발의 원인이 면책위험으로 기인한 것이 아니면 원인에 관계없이 화재 또는 폭발과 상당인과관계가 있는 손해를 모두 보상하고 있으므로 육상에서의 폭발로 인한 화물의 손상도 담보된다.

화물에 자연발화로 화재가 발생한 경우는 화물의 고유의 하자 또는 성질로 인해 발생한 것으로 보험자가 보상할 책임이 없다. 물론 보험자는 화재가 화물의 고유의 하자 또는 성질로 인해 자연발화가 발생하였다는 것을 입증해야 한다.

ⓛ 선박 또는 부선의 좌초, 교사, 침몰 또는 전복

이들 위험은 해상고유의 위험으로 이들 위험과 무관한 위험으로 화물창에 해수가 침입하여 화물에 손상이 발생하게 되면 ICC(C)조건에서는 담보되지 않지만, 그 해수침입손해가 상기의 선박 또는 부선의 좌초, 교사, 침몰 또는 전복 위험과 상당인과관계가 있는 경우에는 ICC(C)조건에서도 담보된다.

ⓒ 육상운송용구의 전복 또는 탈선

적하보험은 해상운송구간뿐만 아니라 육상운송구간까지 확장담보하고 있으므로 육상에서 일어날 수 있는 육상운송용구의 전복 또는 탈선위험도 담보하고 있다.

ⓐ 선박, 부선 또는 운송용구와 물 이외의 타 물체와의 충돌 또는 접촉

선박간의 충돌뿐만 아니라 외부의 다른 물체와의 접촉으로 인한 화물의 손해에 대해서도 담보하고 있다.

ⓜ 조난항에서의 적하의 양하

화물의 손해방지 및 계반운송 등을 위해 조난항에서 화물의 양하가 필요한 경우가 있는데, 이러한 경우에 화물의 양하와 상당인과관계가 있는 손해는 담보하고 있다.

ⓑ 지진, 분화 또는 낙뢰

S.G Policy나 구약관에서는 담보되지 않는 위험이지만, ICC(B)조건에서는 지진, 분화 또는 낙뢰로 인한 화물의 손해에 대해 보상한다. ICC(C)조건에서는 담보되지 않는 위험이지만, 낙뢰로 인해 화재가 발생한 경우 화물의 그 화재손해는 담보된다.

② 근인으로 인한 손해

㉠ 공동해손 희생손해

공동의 안전을 위해 희생된 화물의 손해는 우선 적하보험자가 피보험자에게 보상을 하고 보험자는 공동해손 정산에 따라 다른 이해관계인으로부터 화물의 희생손해액에 대해 회수할 수 있다.

ICC(B)나 ICC(C)조건에서는 공동해손 희생손해만 언급되어 있고 공동해손 비용손해에 대해서는 언급이 없는데, 이는 ICC(A), ICC(B), ICC(C)조건 모두 공통적으로 약관 제2조(General Average Clause)에 언급되어 있다.

㉡ 투하 또는 파도에 의한 갑판상의 유실

화물의 투하는 대개 공동의 안전을 위해 행해지는 경우가 많은데 그 경우에는 공동해손으로 처리하면 되지만, 공동해손에 해당되지 않는 화물투하의 경우에는 본 약관에 의해 담보된다. 단, ICC(F.P.A)나 ICC(C)조건에서는 담보되지 않는다.

화물은 선창에 적재되는 것이 원칙이지만, 갑판적재가 관습적인 경우나 보험자와 사전에 합의하여 이루어진 화물에 대해서는 파도에 의한 갑판상의 유실도 담보된다.

㉢ 선박, 부선, 선창, 운송용구, 컨테이너, 리프트밴 또는 보관소에 해수, 호수 또는 하천수의 유입

해수침수손해는 ICC(B)조건에서는 담보하는 위험으로 ICC(C)조건에서는 담보하지 않는 위험이다. 다만, ICC(C)조건에서 열거하고 있는 위험으로 인해 화물에 해수침수손해가 발생한 경우에는 ICC(C)조건에서도 담보된다.

③ 포장당 전손

선박 또는 부선에 선적 또는 양하작업 중 해수면으로 낙하하여 멸실되거나 추락하여 발생된 포장당 전손은 구약관의 경우 ICC(F.P.A)와 ICC(W.A)조건에서는 담보되는 위험이지만, 신약관의 경우에는 ICCC(B)조건에서만 담보되고 ICC(C)조건에서는 담보되지 않는 위험이다.

담보위험/담보손해	구CC(1/1/63)			신CC(1/1/82)		
	FPA	WA	A/R	C	B	A
① 화재(Fire), 폭발(Explosion), ② 선박 또는 부선의 좌초(Stranding), 교사/좌주(Grounding), 침몰(Sinking), 전복(Capsizing), ③ 육상운송용구의 전복(Overturning), 탈선(Derailment), ④ 선박, 부선 또는 운송용구의 물 이외의 타 물체와의 충돌(Collision), 접촉(Contact), ⑤ 조난항(피난항)에서의 적하의 양하(Discharge of cargo at a port of distress), ⑥ 공동해손 희생손해(General average sacrifice), ⑦ 투하(Jettison)	O	O	O	O	O	O
지진(Earthquake), 분화(Volcanic eruption), 낙뢰(Lightning)	X	X	O	X	O	O
투하 또는 파도에 의한 갑판유실(Washing overboard)	X	X	O	X	O	O
선박 외부로부터의(황천 등) 해수, 호수, 하천수의 침수로 인한 전손	O	O	O	X	O	O
선박 외부로부터의(황천 등) 해수, 호수, 하천수의 침수로 인한 분손	X	O	O	X	O	O
선박 내부로부터의(밸브 조작 미숙, 평형수 작업 등) 해수, 호수, 하천수의 침수로 인한 손해	X	X	O	X	O	O
선적 또는 하역작업 중의 포장당 전손	O	O	O	X	O	O
해상에서의 점유와 탈취(전쟁위험 제외)	O	O	O	X	X	O
해적행위(Piracy)	X	X	X	X	X	O
빗물 또는 담수 손상(Rain or Fresh Water damage)	X	X	O	X	X	O
황천으로 인한 한습손(Sweat damage)	X	O	O	X	X	O
선창 내외부의 기온차이로 인한 한습손(Sweat damage), 화물자체의 고유의 성질에 기인한 한습손(Sweat damage)	X	X	X	X	X	X
도난(Theft), 발하(Pilferage), 불착(Non–delivery)	X	X	O	X	X	O
선장 또는 선원의 악행(Barratry)	X	X	O	X	X	O
선주, 관리자 등의 파산 또는 재정적인 불이익(Insolvency or financial default)	X	X	O	X	X	X
타 화물 또는 기름과의 접촉	X	X	O	X	X	O
선박 내의 오수와의 접촉	X	X	O	X	X	O
화물의 거친 또는 난폭한 취급(Rough handling)	X	X	O	X	X	O
지연(Delay)	X	X	X	X	X	X
피보험자의 적재 또는 포장 불량	X	X	X	X	X	X
화물 자체의 잠재하자(Latent defect), 성질	X	X	X	X	X	X
통상의 손실(Wear & Tear)	X	X	X	X	X	X

※ SSBECCFGJUDO : Stranding, Sinking, Burning, Explosion, Contact, Collision, Average, Jettison, Unloading, Derailed, Overturning

04 적하보험에서의 손해액 산정

1. 전손 또는 추정전손의 경우

화물의 전손 또는 추정전손의 경우 MIA 제68조에 따라 기평가보험증권의 경우에는 보험증권에서 확정된 금액을 보상하고, 미평가보험증권의 경우에는 보험목적의 사고 당시의 평가액인 보험가액을 보상하게 된다.

2. 화물의 일부가 전손되는 경우

(1) 기평가보험증권

기평가보험증권에서는 멸실된 일부의 보험가액이 전부의 보험가액에 대하여 차지하는 비율을 보험증권상 확정된 가액을 곱하여 산출한다.

> 손해액 = 보험금액 × 멸실된 부분의 법정보험가액 / 전부의 법정보험가액

(1) 미평가보험증권

미평가보험증권의 경우에는 멸실된 부분의 법정보험가액이 보상한도가 된다.

3. 화물의 단독해손

(1) 일부가 손상된 상태로 목적지에 도착한 경우(Average Loss Settlement)

도착지에서의 총정상가액과 총손상가액의 차액이 총정상가액에 대해 차지하는 비율을 기평가보험증권에서는 보험증권상 확정가액, 미평가보험증권에서는 법정보험가액에 곱한 금액을 보상한도로 한다. Particular Loss Settlement라고도 한다.

① 기평가보험증권의 경우

> 손해액 = 협정보험가액 × (총정상가액 − 총손상가액) / 총정상가액

② 미평가보험증권의 경우

> 손해액 = 법정보험가액 × (총정상가액 − 총손상가액) / 총정상가액

(2) 중간항에서 손상상태로 매각되는 경우(Salvage Loss Settlement)

중간항에서 손상된 화물을 양하하여 매각하는 것이 최선인 경우에 사용되는 방법으로 보험금액에서 순매각대금(총매각대금 - 매각비용)을 뺀 금액을 보상한다.

> 손해액 = 보험금액 - 순매각대금(Net Proceeds of Sale)

(3) 수분을 함유한 도착화물의 부족량 정산

① 선적시 수분함량 기준 도착량 및 부족량

> ㉠ 선적시 수분함량 기준 정상품 및 손상품 도착량
> = 하역시 정상품 및 손상품 도착량 × [100% - 하역시 수분함량(%)] / [100% - 선적시 수분함량(%)]
> ㉡ 부족량 = 전체 선적량 - ㉠

② 하역시 수분함량 기준 도착량 및 부족량

> ㉠ 하역시의 정상품 수분함량 기준 전체 선적량
> = 전체 선적량 × [100% - 선적시 수분함량(%)] / [100% - 하역시 정상품 수분함량(%)]
> ㉡ 정상품 도착량
> ㉢ 하역시 정상품 수분함량 기준 손상품 도착량
> = 손상품 도착량 × [100% - 하역시 손상품 수분함량(%)] / [100% - 하역시 정상품 수분함량(%)]
> ㉣ 부족량 = ㉠ - (㉡ + ㉢)

※ 선적시 기준이든 하역시 기준이든 부족손해 정산결과는 동일하다.

(4) Net Pro-forma Delivery Basis(정상품의 Net 도착량 기준 보험금 정산방식)

Normal Loss(Trade Loss)(= 선적시의 정상품의 무게 - 하역시의 정상품의 무게)가 감안된, 즉 사고가 없었을 경우의 정상품의 Net 도착량을 산정하여 이를 기준으로 보험금을 정산하는 방식이다.

(5) 면책비율이 적용되는 경우

Trade Ullage(Normal Loss)와 Excess가 같이 적용되는 경우에는 먼저 순선적무게에서 Trade Ullage를 공제한 후의 무게에 Excess를 적용한다. 예컨대, 적하의 선적량이 100톤이고, 하역량이 90톤이며, 보험조건이 Trade Ullage 1%, Excess 3% 조건이라면, 보상대상이 되는 부족량은 다음과 같다.

> 보상대상 부족량
> = Trade Ullage 적용 후의 부족량 - Trade Ullage 적용 후의 Excess량
> = (100톤 × 99% - 90톤) - 100톤 × 99% × 3% = 6.03톤

05 적하보험 약관내용

1. 신약관

(1) 제1조 담보위험약관(Risks Clause)

(2) 제2조 공동해손(General Average)

약관상 면책위험을 제외한 원인에 의한 손해를 피하기 위해 발생한 공동해손 및 구조비에 대해 해상운송계약이나 준거법 또는 관례에 따라 정산되거나 결정된 공동해손을 보상한다는 내용의 약관이다.

이 약관의 내용은 담보위험을 피하기 위하여 또는 피하는 것과 관련하여 발생된 것이 아니면 공동해손으로 인정하지 않는 MIA(1906)나 ITC – Hulls(1/10/83)의 내용과는 차이가 있다.

(3) 제3조 쌍방과실충돌약관(Both to Blame Collision Clause)

적하보험의 피보험자가 해상화물운송계약상 쌍방과실충돌약관에 따라 선주에게 지급할 의무가 있는 배상책임액에 대해 본 증권에서 보상받을 수 있는 손해에 관한 부분을 적하보험자가 지급하도록 하는 내용의 약관이다.

이 약관에 따라 피보험자가 선주로부터 배상청구를 받은 경우 피보험자는 그 취지를 보험자에게 통지하여야 하고, 보험자는 자기의 비용으로 선주의 청구에 대하여 피보험자를 보호할 권리를 가진다.

> **심화TIP** **쌍방과실충돌약관의 제정취지**
>
> 미국의 경우 쌍방과실로 인한 선박충돌의 경우 화물손해에 대해 연대책임주의를 취하고 있어 화주는 선박충돌로 인한 화물손해에 대해 타선의 선주로부터 전액 배상을 받을 수 있고, 타선의 선주는 자신의 과실비율에 해당하는 화물손해를 제외하고는 자선의 과실비율에 해당하는 화물손해에 대해 자선의 선주에게 배상을 받을 수 있다.
>
> 손상화물을 적재한 선박은 운송계약상 항해과실면책으로 자선에 적재된 화물손해에 대해 면책임에도 불구하고 타선의 청구로 인해 자신의 과실비율만큼 배상하는 결과가 발생하자 자선의 선주는 타선을 거쳐 자신의 화주에게 간접적으로 배상한 화물손해에 대해 화주에게 청구할 수 있도록 선하증권상에 쌍방과실충돌약관을 삽입하였다.
>
> 결과적으로 화주는 충돌로 인한 화물손해에 대해 적재선박의 과실비율에 해당하는 화물손해는 보상받지 못하는 결과가 발생한다. 이러한 경우 해상운송계약상 적하보험의 피보험자가 손해를 입게 되므로 이를 보상해주기 위한 내용의 약관이다.

(4) 제4조 일반면책(General Exclusions)

① 피보험자의 고의적 불법행위

피보험자의 고의적인 불법행위에 의해 피보험목적물에 손상이 발생되는 경우에는 MIA(1906)뿐만 아니라 약관상에서도 면책위험으로 규정하고 있다. 이와 같은 피보험자의 고의행위로 인한 손해는 보험에서 담보되지 않는 것이 원칙이지만, 예외적으로 손해방지조치나 공동해손을 위한 경우에는 고의적인 행위로 인한 손해도 담보한다.

② 보험목적에 발생되는 통상의 손해 및 자연소모

보험에서는 우연한 보험사고로 인한 보험목적물의 손해를 보상하는 것으로 보험목적에 발생되는 통상적인 손해나 자연소모는 이러한 우연성이 결여되어 있는 필연적인 것으로 보험에서는 담보되지 않는다.

③ 보험목적의 포장 불완전 또는 부적합

포장의 불완전 또는 부적합으로 면책되기 위해서는 그러한 포장이 보험개시 전에 피보험자 또는 그 사용인에 의해 행하여진 경우, 즉 운송개시 전 피보험자의 지배하에 있을 때의 적하의 적부에 대한 것이고, 피보험자가 어찌할 수 없는 포장의 불완전 또는 부적합에 대해서는 피보험자를 보호한다는 내용의 약관이다.

ICC 2009에서는 포장용구에서 리프트밴을 삭제하여 면책범위를 축소하고 있다.

④ 보험목적의 고유의 하자 또는 성질

운송 중 아무런 사고가 발생하지 않은 상황에서 화물의 고유의 하자 또는 성질에 의해 손상되는 경우를 말하며, 화물이 선적 당시 일정량 이상의 수분을 함유하고 있어 이로 인해 한습손해(Sweat Damage)가 발생하거나 부패하기 쉬운 성질의 화물이 부패하는 것 등이 이에 해당된다.

⑤ 지연으로 인한 손해

손해가 담보되는 위험으로 인하여 발생된 경우일지라도 지연을 근인으로 하여 발생한 멸실, 손상 또는 비용은 보상되지 않는다. 항해 중 폭풍우를 조우하거나 선박충돌 등 담보위험에 의해 항해가 지연되고 그로 인해 화물에 부패가 발생하는 하였다면 지연을 손해의 원인으로 보기 때문에 화물의 부패손해는 보상되지 않는다.

⑥ 선주, 관리자, 용선자 또는 운항자의 지불불능 또는 재정상의 채무불이행

운송인이 파산하는 등 재정상의 문제로 인해 항해가 중지되는 경우 중간항에서 화물을 하역, 보관, 재선적 및 화물을 목적항까지 운송하는데 소요되는 비용 등에 대해서는 본 약관에 의해 보상되지 않는다.

ICC 2009에서는 선의의 피보험자를 보호하기 위해 본선에 적재할 때 피보험자가 그러한 파산 또는 재정상의 궁핍이 그 항해의 정상적인 수행을 방해할 수 있다는 사실을 알고 있었거나 통상의 업무수행 과정에서 당연히 알고 있었을 경우에 한하여 면책하고, 선의로 보험목적물을 구입하여 보험증권을 양도받은 자에게는 본 면책조항이 적용되지 않도록 규정하고 있다.

⑦ 원자력 또는 핵의 분열 또는 융합 또는 기타 이와 유사한 반응 또는 방사능이나 방사성물질을 응용한 무기의 사용으로 인하여 발생한 멸실, 손상 또는 비용

핵무기 등의 적대적 사용은 전쟁면책에 따라 면책되나, 본 약관에 의해 원자력이나 핵무기의 사용으로 인한 화물의 멸실 또는 손상은 적대행위를 불문하고 면책된다.

(5) 제5조 불감항 및 부적합 면책(Unseaworthiness, Unfitness Exclusion)

선박, 부선, 운송용구, 컨테이너 또는 리프트밴의 불감항 및 부적합으로 손해가 발생한 경우 피보험자 또는 그 사용인이 화물을 적재할 때 이들이 불감항 또는 부적합한 상태라는 것을 알고 있었다는 전제하에 보험자는 보상책임을 부담하지 않는다.

보험자는 피보험자 또는 그 대리인이 선박의 불감항 또는 부적합을 알지 못한 경우에 한해 선박이 감항성 및 화물을 목적지로 운송하기 위해 적합해야 한다는 묵시적 담보 위반에 대해 보험자의 권리를 포기할 수 있다고 규정하고 있어 선박의 운항에 대해 아무런 지배력을 가지지 못하는 선의의 적하피보험자를 보호하고 있다.

ICC 2009에서는 운송용구에서 리프트밴을 삭제하여 면책범위를 축소하고 있다.

(6) 제6조 전쟁면책(War Exclusion)

전쟁, 내란, 혁명, 모반, 반란 또는 이로 인한 전쟁행위와 포획, 나포, 강류, 억지 또는 억류(해적행위는 제외) 및 그러한 행위의 결과 또는 그러한 행위의 기도 그리고 유기된 기뢰, 어뢰, 폭탄 또는 유기된 전쟁무기로 인하여 발생한 보험목적물의 멸실 및 손상 등을 면책으로 규정하고 있다.

본 약관에서는 구약관 제12조 포획나포 부담보약관과는 달리 유기된 기뢰나 어뢰 등으로 인한 위험을 명확히 규정하였고, 구약관에서 해적(Piracy)위험을 전쟁위험으로 면책하였던 것을 전쟁위험에서 삭제하여 이를 일반위험으로 담보하고 있다.

(7) 제7조 동맹파업면책(Strikes Exclusion)

동맹파업면책약관에서는 손해발생의 원인이 ① 동맹파업자, 직장폐쇄를 당한 노동자 또는 노동분쟁, 소요 또는 폭동에 가담한 자에 의하여 발생한 것, ② 동맹파업, 직장폐쇄, 노동분쟁, 소요 또는 폭동의 결과로 생긴 것, ③ 테러리스트 또는 정치적 동기로 행동하는 자에 의하여 발생한 것으로 인한 보험목적물의 멸실, 손상 또는 비용을 면책으로 규정하고 있다.

구약관 제13조 동맹파업폭동소요 부담보약관 내용에 테러리스트 또는 정치적 동기로 행동하는 자에 의한 면책손해조항이 추가되었으며, 본 약관은 상기 위험에 따르는 손해뿐만 아니라 비용까지도 면책하고 있어 만일 동맹파업 등으로 목적항이 아닌 다른 항구에서 화물을 하역하게 되는 경우 하역비, 보관비 및 목적항까지의 운송비 등도 본 약관에 의해 보상되지 않는다.

이러한 위험에 대해서도 보상받기 위해서는 <u>협회악의손상약관(Institute Malicious Damage Clause)을 첨부하여 사용</u>하여야 한다.

ICC 2009에서는 상기 면책항목 외에 종교적 및 사상적인 동기로 행동하는 자에 의해 발생된 손해에 대한 면책조항을 추가하였다.

(8) 제8조 운송약관(Transit Clause)

① 보험의 개시시점

화물이 운송을 위해 보험증권에 기재된 지역의 창고 또는 보관장소를 떠날 때 적하보험은 개시된다. 창고나 보관소에서 보관 중인 화물의 경우 자동차에 적재 여부와 관계없이 운송을 위해 화물을 창고나 보관소 문을 벗어나는 순간 위험이 개시되고 야적장의 경우 야적장의 경계를 벗어나는 시점이 된다.

ICC 2009에서는 보험의 개시시점이 창고를 떠날 때(Leave the warehouse)에서 맨 처음 이동할 때(First moved)로 변경되었다.

② 보험의 종료시점

㉠ 증권에 기재된 목적지의 수화주의 창고 또는 보관장소에 인도될 때, ㉡ 통상의 운송과정을 벗어난 보관이나, ㉢ 분배 또는 할당을 위한 분배장소에 인도될 때, ㉣ 최종 양하항에서 하역한 후 60일 경과한 때 중 가장 먼저 발생하는 때에 종료된다.

최종 양하항에서 양하 후 보험이 종료되기 전에 화물이 보험증권상 목적지 이외의 장소로 운송되는 경우에는 다른 목적지로 운송이 개시될 때까지 계속된다.

피보험자가 좌우할 수 없는 지연, 일체의 이로, 부득이한 양하, 재선적 또는 환적 및 해상운송계약상 선주 또는 용선자에게 부여된 자유재량권의 행사로부터 위험의 변경사유가 생기는 경우 보험자의 책임은 유효하게 계속된다.

화물의 인도시점에 대해서는 하차완료시점까지 보고 있으나, 하차의 책임이 수화주에게 있는 경우 하차작업 중 발생한 위험은 보험자면책으로 보고 있다. 그리고 우리나라에서는 수입화물의 경우 최종 양하항에서 하역한 후 30일까지만 담보된다.

ICC 2009에서는 보험의 종료시점이 인도될 때(on delivery)에서 하역완료시(on completion of unloading)로 변경되었다.

(9) 제9조 운송종료약관(Termination of Contract of Carriage Clause)

피보험자가 좌우할 수 없는 사정에 의하여 운송계약이 그 계약서에 기재된 목적지 이외의 항구 또는 지역에서 종료되거나 또는 기타의 사정으로 본 약관 제8조에 규정된 화물의 인도 이전에 운송이 종료될 경우에는 이 보험도 종료된다.

보험자에게 지체 없이 그 취지를 통지하고 담보의 계속을 요청할 경우에 보험자의 요구가 있으면 추가보험료를 지급하는 조건으로 다음 일자까지 계속 담보된다.

① 운송종료지에서 매각되어 인도될 때까지 또는 특별한 합의가 없는 한 운송종료지에 도착한지 60일까지 중 먼저 발생하는 시점까지 계속 담보된다.

② 증권에 기재된 목적지나 기타 목적지로 계반운송될 경우 60일 이내 또는 합의된 일자까지 계속 담보된다.

(10) **제10조 항해의 변경(Change of Voyage)**

보험개시 후 피보험자에 의해 목적지가 변경된 경우에는 보험자에게 지체 없이 통지하고 추후 정해질 보험료와 보험조건에 따라 계속 담보된다.

ICC 2009에서는 '계속 담보된다'는 문구(Held covered)가 삭제되었고, 선박이 다른 목적지로 떠난 상황을 피보험자 또는 그 대리인이 몰랐을 경우, 즉 유령선(Phantom ship) 상황에서 적하피보험자를 보호하고 있다.

(11) **제11조 피보험이익(Insurable Interest)**

손해발생시에 피보험자가 보험목적물에 대해 피보험이익을 가지고 있는 것을 조건으로 보험계약 체결 이전에 손해가 발생하였다 하더라도 피보험자가 그 손해발생사실을 모르고 보험계약을 체결한 경우 보험자는 보상할 책임이 있음을 규정하고 있다.

(12) **제12조 계반비용(Forwarding Charges)**

담보되는 위험으로 목적지 이외의 항구 또는 지역에서 운송이 종료될 경우에 보험자는 화물의 양하, 보관 및 목적지까지 계반운송에 소요되는 합리적인 추가비용에 대해 보상할 책임이 있다.

본 약관 제4조에서 제7조까지의 위험 등 약관에서 명시하고 있는 면책위험으로 인하여 계반운송이 필요한 경우 그 비용은 보상되지 않으며, 또한 피보험자 또는 사용인의 과실, 태만, 지불불능 또는 재정상 채무불이행으로 인해 계반운송이 필요하게 된 경우에도 계반비용은 보상되지 않는다.

(13) **제13조 추정전손(Constructive Total Loss)**

보험목적의 현실전손이 불가피하다고 생각될 때 또는 보험목적을 회복시켜 목적지까지 운송하는데 소요되는 비용이 목적지에 도착했을 때의 가액을 초과할 것이라고 예상될 때에는 피보험자는 보험자에게 위부를 통지하고 추정전손에 대해 전손보험금을 청구할 수 있다.

(14) **제14조 증액약관(Increased Value Clause)**

피보험자가 피보험화물에 대해 별도의 증액보험을 부보한 경우 화물의 협정가액은 증액보험의 보험가입금액만큼 증가된 것으로 간주되며, 본 보험에서의 보상책임은 총 보험가입금액에 대한 증액보험의 보험가입금액의 비율로 보상한다.

피보험자 입장에서는 적하보험으로 화물가액의 일부에 대해서만 보험에 가입하고 나머지는 증액보험을 가입함으로써 보험료를 절감하면서 보상은 어느 정도 충분히 받을 수 있는 효과를 볼 수 있다.

본 약관은 이와 같은 불합리한 점을 방지하기 위해 각 증권의 보험가입금액을 한도로 각각 보상하는 것이 아니라 각 증권의 보험가입금액의 합계액에 대한 각 증권의 보험가입금액의 비율에 따라 안분하여 보상하도록 규정하고 있다.

(15) 제15조 보험이익 불공여약관(Not to Insure Clause)

선하증권이나 기타 운송계약서상에 적하보험에서 보상받지 못하는 손해에 대해서만 부담한다는 보험이익약관(Benefit of Insurance Clause)이 첨부된 경우가 있는데, 이 경우 적하보험자는 운송인에 대한 구상권의 행사가 불가능하게 되므로 이를 방지하기 위해 제정된 약관이다. 따라서 적하보험자에게 불이익이 되는 손해, 즉 운송인에 대해 구상이 안 되는 손해에 대해서는 보상하지 않는다는 의미의 약관이다.

(16) 제16조 피보험자의 의무(Duty of Assured)

피보험자 및 그 대리인에게 보험목적물의 손해를 방지하거나 경감시키기 위하여 합리적인 조치를 취할 것을 의무조항으로 규정하고, 보험자는 보험에서 담보되는 손해를 방지하기 위하여 피보험자 또는 그 대리인이 발생시킨 비용에 대해 보상할 책임이 있음을 규정하고 있다.

(17) 제17조 포기약관(Waiver Clause)

보험의 목적을 구조하고 보호하고 또는 회복하기 위한 피보험자 또는 보험자의 조치는 위부의 포기 또는 승낙으로 간주되지 아니하고 당사자의 권리를 침해하지도 아니한다고 규정하고 있다.

Lloyd's S.G Poilcy의 포기약관내용을 신약관에 그대로 규정한 것으로 피보험목적물에 손상이 발생했을 때 위부와 관계없이 보험자나 피보험자에게 손해방지조치를 취할 수 있도록 장려하기 위해 규정한 것이다.

(18) 제18조 신속조치약관(Reasonable Despatch Clause)

피보험자는 자기가 좌우할 수 있는 모든 여건하에서 상당히 신속하게 행동하는 것이 이 보험의 조건임을 명시하고 있다.

MIA(1906) 제48조에서 해상사업은 전체 과정에서 상당히 신속하게 수행되어야 한다고 규정하고 있는데, 적하보험에서도 피보험자로 하여금 상당히 신속하게 화물이 운송되도록 조치할 것을 규정한 것이다.

(19) 제19조 영국법률 및 관례약관(English Law and Practice Clause)

Lloyd's S.G Policy상의 영국법률준거조항의 내용을 신약관에 규정한 것으로 신약관의 본문약관 준거법조항에서도 "이 보험증권의 규정 또는 첨부된 어떠한 반대의 규정에도 불구하고 이 보험은 여하한 모든 보상청구에 대한 책임과 정산에 대하여는 영국법률과 관례에만 따를 것을 합의함"이라고 규정하고 있다.

우리나라 판례에서는 영국법률준거조항에 대해 약관내용에 따라 "보상청구에 대한 책임과 정산"에 대해서만 한정하여 인정하고, 보험자대위(대법원 2015.5.28. 선고 2012다78184 판결) 또는 보험계약의 성립 여부에 관한 사항(대법원 1998.7.14. 선고 96다39707 판결)에 대해서는 우리나라의 법률이 적용되어야 한다고 한다.

2. 구약관

(1) **제1조 운송약관(Transit Clause)** : 신약관 제8조와 동일하다.

(2) **제2조 운송종료약관(Termination of Adventure Clause)**

피보험자가 좌우할 수 없는 사정에 의하여 운송계약이 그 계약서에 기재된 목적지 이외의 항구 또는 지역에서 종료되거나 또는 기타의 사정으로 본 약관 제8조에 규정된 화물의 인도 이전에 운송이 종료될 경우에는 이 보험도 종료된다.

단, 보험자에게 지체 없이 그 취지를 통지하고 담보의 계속을 요청할 경우에 보험자의 청구가 있으면 추가보험료를 지급하는 조건으로 ① 운송종료지에서 매각되어 인도될 때까지 또는 특별한 합의가 없는 한 운송종료지에서 양하작업 완료 후 60일까지(신약관은 운송종료지에 도착한지 60일까지임) 중 먼저 발생하는 시점까지, ② 증권에 기재된 목적지나 기타 목적지로 계반 운송될 경우 60일 이내 또는 합의된 일자까지 계속 담보된다.

(3) **제3조 부선약관(Craft, etc, Clause)**

부선에 의한 선적 및 양하 작업이 당해 항구에서 관습적인 경우에 한하여 부선 및 뗏목에 의한 수송까지 확장 담보하고 있으며, 전손 여부나 소손해 면책금의 결정에 있어서 각 부선별로 계산하는 것을 규정하고 있다.

(4) **제4조 항해변경(Change of Voyage)** : 신약관 제10조와 동일하다.

(5) **제5조 담보위험약관(Risks Clause)**

(6) **제6조 추정전손(Constructive Total Loss)** : 신약관 제13조와 동일하다.

(7) **제7조 공동해손(General Average)**

피보험목적물을 운송하던 중 공동해손이 발생된 경우 해상화물 운송계약서상에서 York-Antwerp Rule에 따라 공동해손을 정산하도록 규정된 경우에는 그에 따르고 특별한 규정이 없는 경우에는 목적지의 나라의 법률에 따르도록 규정하고 있다.

(8) **제8조 감항성 승인약관(Seaworthiness Admitted Clause)**

피보험목적물을 운송하는 선박이 감항성이 있어야 하는 것은 묵시적 담보사항에 해당되나 피보험자의 관리하에 있지 않은 선박의 감항성 유무에 대한 입증이 곤란한 적하피보험자의 입증의무를 면제해주고 있으며, 또한 선원의 악행에 추가하여 선주의 악행에 대해서도 담보하고 있다.

(9) 제9조 수탁자약관(Bailee Clause)

피보험자에게 손해의 방지 및 경감을 위한 적절한 조치를 취할 것을 요구하고 운송인, 수탁자 및 제3자를 상대로 한 모든 권리를 확보해야 하는 것은 피보험자 및 그 대리인의 의무임을 규정하고 있다. 피보험자 및 그 대리인이 이러한 의무를 위반하거나 해태하여 보험자에게 발생된 손해에 대해서는 지급보험금에서 차감될 수 있다.

(10) 제10조 보험이익 불공여약관(Not to Insure Clause) : 신약관 제15조와 동일하다.

(11) 제11조 쌍방과실충돌약관(Both to Blame Collision Clause) : 신약관 제3조와 동일하다.

(12) 제12조 포획나포 부담보약관(F.C. & S. Clause)

포획, 나포, 강류, 억지 또는 억류와 이러한 행위의 결과 또는 이러한 행위를 하고자 기도한 결과를 담보하지 않으며, 선전포고의 유무에 관계없이 적대행위 또는 군사적 행동의 결과를 담보하지 않는다. 그리고 내란, 혁명, 모반, 반란 또는 이로 인해서 생기는 국내투쟁의 결과와 해적행위에 대해서도 담보하지 않는다.

교전국에 의하여 또는 교전국에 대하여 행해진 적대행위로 인하여 직접 발생되지 않는 한 고정이나 부유물체(기뢰 또는 어뢰는 제외)와의 충돌 또는 접촉, 좌초, 황천 또는 화재를 면책하는 것은 아니다.

(13) 제13조 동맹파업폭동소요 부담보약관(F.S.R. & C. O Clause)

동맹파업자, 직장폐쇄를 당한 직공 또는 노동분쟁, 폭동 또는 소요에 가담한 자에 의하여 발생하거나 동맹파업, 직장폐쇄, 노동분쟁, 폭동 또는 소요의 결과로 생긴 보험목적물의 멸실 또는 손상에 대해서는 담보하지 않는다.

(14) 제14조 신속조치약관(Reasonable Despatch Clause) : 신약관 제18조와 동일하다.

3. 부가약관 및 특별약관

(1) 도난, 발하, 미착위험(Theft, Pilferage and Non-Delivery : T.P.N.D)

도난, 발하 또는 미착위험은 ICC(A/R)이나 ICC(A) 이외의 조건에서는 담보되지 않는 위험이다. 따라서 위와 같은 전위험담보조건 이외의 조건에서 상기위험에 대해 담보 받으려면 본 부가약관을 첨부하여야 한다.

도난(Theft)은 운송 도중 화물이 도난을 당한 것을 말하고, 발하(Pilferage)는 좀도둑을 의미하는 것으로 화물의 일부가 없어진 것을 말한다. 그리고 미착(Non-Delivery)은 포장단위의 화물이 목적지에 도착하지 않은 것을 의미한다.

(2) 빗물 또는 담수손상(Rain and/or Fresh Water Damage : R.F.W.D)

비나 눈 또는 하천수 등의 담수에 의해 피보험화물에 손상이 발생하는 경우에도 ICC(A/R)이나 ICC(A) 이외의 조건에서는 담보되지 않으므로 이러한 손상을 담보받기 위해서는 그 외의 기타조건에서는 본 부가약관을 추가하여야 한다.

(3) 파손위험(Breakage)

유리류나 도자기류 등 운송 도중 깨지기 쉬운 화물의 경우 보험에서 담보하는 위험으로 파손된 경우가 아니라면 화물의 고유의 하자 또는 성질에 의한 손해로 담보되지 않으므로 보험에서 담보되는 위험 이외의 위험으로 인한 파손을 담보받기 위해서는 본 부가약관을 첨부하여야 한다.

(4) 한습손 및 열손(Sweat and Heating Damage)

한습손(Sweat Damage)은 선창의 내기와 외기와의 기온차이로 인한 선창 내 습기의 응축으로 화물에 발생하는 손해이며, 열손(Heating Damage)은 화물 자체의 수분이 발산하여 곡물 등이 마르는 손해를 말한다.

보험목적의 고유의 하자나 성질에 의해 발생된 한습손 및 열손이 아닌 경우 전위험담보조건의 약관에서는 담보되겠으나, 이러한 위험은 대개 보험목적의 고유의 하자나 성질에 의한 손해와 구분하기 힘든 경우가 많아 곡물류나 사료 등의 화물을 인수할 때 부가위험으로 추가하고 있다.

(5) 녹손(Rust Damage)

철물이나 금속화물 그리고 기계류 등 녹손이 발생하기 쉬운 화물에 부가하는 위험으로 보험에서 담보되는 위험으로 인한 보험목적의 녹손에 대해서는 당연히 보상되지만, 순전히 습기에 의한 녹손의 경우 본 부가약관 없이는 담보되지 않는다.

단, 부가약관을 첨부하는 경우에도 화물의 포장상태가 녹에 대한 적절한 방지력을 가진 것이어야만 담보가 가능하다.

(6) 협회선급약관(Institute Classification Clause)

화물을 적재하는 선박의 적격성에 대해 규정한 약관이다. 약관에 따르면 적격성을 갖춘 선박이란 선급협회로부터 선급을 받고 부정기선은 선령 15년 미만, 정기선은 25년 미만인 선박이어야 한다. 단, 정기선이라도 총톤수 1,000톤 미만인 선박과 용선된 선박의 경우에는 선령 15년 미만인 선박이어야 한다.

부선을 통하여 하역 또는 선적하는 경우 부선에 대해서는 상기 선급약관이 요구하는 조건을 갖출 필요는 없다. 그리고 상기 조건에 부합하지 않은 선박에 화물을 적재하는 경우 추가보험료를 지급하고 계속 담보받을 수 있다.

(7) 냉동화물약관(Refrigerated Cargo Clause)

냉동기계, 냉동장치 및 냉동기기의 교란이나 고장이 최소 24시간 동안 계속되어 발생한 화물의 멸실 또는 손상을 담보한다. 다만, 부보된 화물이 위험개시시에는 양호한 상태이었음을 조건으로 하고, 화물의 멸실 또는 손상을 발견하는 즉시 보험회사나 대리점에 통지를 하여야 하며, 사고조사를 위한 수속을 하지 않고 또는 화물이 이전되기 전에 감가액이 합의되지 않으면 멸실 또는 손상에 대한 보상청구를 할 수 없다.

부보된 화물이 도착시 또는 도착 후에 불량품으로 확인되었을 경우 산출될 가액은 어떠한 경우에도 통상비용을 감한 정품시장가액이나 보험가액 중 적은 쪽의 가액을 초과할 수 없다.

(8) 냉동기관약관(Refrigerating Machinery Clause)

화물이 운송선박의 냉동실에 보관되어 있는 동안 냉동기관, 냉동장치 또는 절연체의 고장 혹은 파열에 의해 발생한 모든 멸실 또는 손상을 확장 담보하고 있다(보상 관련 조건은 상기 냉동화물약관의 내용과 동일).

(9) 국제전시일괄담보특별약관(Special Clause for International Exhibition)

담보위험에 기인한 손해와 포장, 개봉, 재포장, 취급, 전시 중의 부주의 및 실수의 결과로 일어나 부보품목의 손실, 손상, 파손을 보상한다.

특별약관을 첨부한 경우 보험자의 책임은 부보품목이 전시될 목적으로 소유자의 보관장소로부터 이탈할 때부터 전시주체자의 수중에 있을 때도 계속 담보되고 전시를 마치고 다시 소유자의 보관장소에 인도될 때 종료된다.

손상품의 처분이나 수선에 대해서는 소유자의 사전승낙에 따라 진행되어야 한다.

(10) 상표약관(Label Clause)

담보되는 위험으로 인해 보험목적물의 상표만 손상되었을 경우 원상회복에 필요한 비용과 새로운 상표 및 그 상표의 재부착비용까지만 본 부가약관에서 보상된다.

(11) 생동물약관(A)[Livestock Clause(A)]

출산시의 사망을 제외한 모든 사망위험과 사지골절로 고통 받는 경우의 안락사, 투하, 유실, 도난, 공동해손 및 특별비용을 담보한다. 단, 생동물은 위험개시시에 건강상태가 양호하여야 한다.

담보기간은 보험증권상 목적지에 도착 후 24시간까지 또는 그 이전에 검역소에 도착했을 경우 검역소 도착시까지이다.

갑판상 적재는 자유이나 통제 및 관리가 이루어져야 하며 상해, 접종과 후유증, 수출입금지, 검사 불합격 또는 감염병으로 인한 관계당국의 도살에 기인한 위험은 담보되지 않는다. 보험금이 지급되기 위해서는 사망의 경위와 분명한 원인을 기재한 관계당국의 확인이 있어야 한다.

(12) **생동물약관(B)[Livestock Clause(B)]**

출산시의 사망을 제외한 모든 사망위험과 사지골절로 고통 받는 경우의 안락사, 투하, 유실, 도난, 공동해손 및 특별비용을 담보한다. 단, 생동물은 위험개시시에 건강상태가 양호하여야 한다.

담보기간은 생동물의 구입장소나 다른 유사한 장소에서부터 위험이 개시되어 선적할 때까지 계속되며, 선적 전 담보기간은 10일 이내이고 이는 추가보험료로 연장될 수 있다. 담보위험에는 선적, 운송, 적재 및 하역 위험도 포함되고, 검역소에 있는 동안은 30일 한도로 담보되며, 보험증권상 최종목적지에서 수화주에게 인도될 때 종료된다. 또한 목적지 도착 후 7일 동안의 사망위험도 담보된다.

(13) **송유관약관(B)[Pipeline Clause(B)]**

유류나 액체화물에 부과되는 약관으로 화물이 선적항에서 연안탱크의 파이프연결점을 통과한 때로부터 시작되어 목적지에서 수화주 또는 다른 연안탱크에 하역될 때까지 담보된다.

Pipeline Clause(A)에서는 선적항에서 본선의 상설호스연결점을 통과한 때부터 개시되어 목적지 수화주 또는 다른 연안탱크에 하역될 때까지 담보된다. 따라서 송유관약관(B)와는 위험의 개시시점에서 차이가 있다.

(14) **원산지손해약관(Country Damage Clause)**

수입원면 등에 적용되는 특별약관으로 원산지에서 포장된 이후부터 선적시까지의 먼지나 비 등에 젖거나 오염되는 손해 등 원산지에서 발생할 수 있는 소손해에 대해 담보하는 부가약관이다. 단, 본선에 적재되기 이전의 홍수, 해일, 고조의 유입 또는 폭우로 인한 손해와 본선에 적재될 때의 명백한 손해에 대해서는 담보되지 않는다.

(15) **관세약관(Custom Duty Clause)**

화물이 운송 중에 손해가 발생했음에도 불구하고 정상품과 동일한 기준으로 관세가 부과되어 입게 되는 피보험자의 경제적인 손실을 보상하기 위한 특별약관이다.

보험증권에 기재된 관세 보험가입금액이 보험목적물이 정상상태로 도착하였다면 관계법규에 따라 부과되어야 할 총 관세금액을 초과하는 경우 실제 관세손실금액을 보상하고, 보험가입금액이 총 관세금액에 미달되는 경우 실제 관세금액에 대한 보험가입금액의 비율에 따라 비례보상된다.

(16) **갑판적약관(On-Deck Clause)**

본 부가약관은 ICC(F.P.A)나 ICC(C)조건보다 더 넓은 조건으로 체결된 보험계약에 적용되는 약관인데, 구약관 제1조 (c)항 및 신약관 제8조 제3항에 운송계약서상에서 운송인이 그의 자유재량권의 행사로 인해 화물이 갑판적으로 변경되는 경우에도 추가보험료 없이 계속 담보된다고 규정되어 있으므로 갑판적약관은 이에 대비하여 적하보험자가 따로 도입한 약관이다.

적하보험은 통상 피보험화물이 선창 내에 적재되는 것을 전제로 하고 있기 때문에 화물이 갑판에 적재될 경우 그 갑판적재 화물은 선창 내에 적재된 화물보다 현저하게 해상위험에 노출되게 된다. 따라서 화물이 갑판에 적재된 경우 그 갑판적재 화물은 갑판적 약관에 의해 화물이 갑판에 적재되는 시점부터 담보범위가 투하(Jettison)와 갑판유실(Washing Overboard)을 포함하는 ICC(F.P.A)조건 또는 ICC(C)조건으로 변경된다.

> 갑판적약관(A) : ICC(F.P.A) + Jettison & Washing Overboard(구약관에 적용)
> 갑판적약관(B) : ICC(C) + Jettison & Washing Overboard(신약관에 적용)

(17) 통관거부위험담보특별약관[Rejection Clause(A), (B)]

주로 식품류 등에 첨부되어 사용되며 수입국 정부나 미국의 FDA(Food and Drug Association)와 같은 정부대행기관에서 수입 불합격판정을 받아 통관이 거부되거나 몰수로 인해 입게 되는 피보험자의 경제적인 손실을 담보하기 위한 특별약관이다.

(18) 기계수선특별약관(Special Replacement Clause)

담보위험으로 인해 보험에 가입된 기계의 일부 또는 부분품에 멸실 또는 손상이 발생한 경우 보상금액을 산정할 때에는 손상부분의 수리비에 부품의 운반비용 및 재조립비용 등을 포함하여 산정하되, 보상한도는 전체기계의 보험가액을 초과하지 않는다.

다만, 관세의 경우에는 보험가입금액에 관세금액이 포함되어 있는 경우에 한하여 추가관세를 지불함으로써 발생한 손해까지 담보된다.

(19) 중고기계수선약관(Replacement Clause for Second Hand Machinery)

본 약관에 따라 보상되는 손해발생시 새로운 기계의 현재시가에 대한 부보가액의 비율에 따라서만 보상된다. 이는 중고기계의 손상수리로 손상된 부품이 신품으로 교체됨으로 인해 보험목적물의 가치가 상승될 수 있어 이를 제한하기 위한 약관이다.

중고기계수선약관에서 교체되는 부품의 자재비 및 인건비에 대한 감가상각에 대해 외국에서는 부품에 대해서만 감가를 적용하고 있으며, 우리나라의 경우에는 약관에 명시적인 규정은 없으나 자재비뿐만 아니라 인건비도 감가된다고 해석되고 있다.

(20) Brand Clause

피보험목적물의 브랜드가치에 대해 피보험자의 소유권을 인정하여 보험목적물이 담보위험으로 손상을 입은 경우 피보험자에게 모든 상품이나 제품의 폐기, 반송, 수리 여부를 결정하도록 하고 보험자는 전손보험을 지급하면 된다. 따라서 피보험자는 수리 등 그 밖의 방법으로 얻게 되는 잔존가치에 대한 권리를 확보할 수 있다.

4. 협회항공운송약관(Institute Air Cargo Clause)

(1) 항공운송인의 책임범위와 보상한도

① 책임범위

항공운송인은 연착을 포함하여 운송 또는 관리 중에 발생한 화물의 파괴, 멸실, 손상에 대하여 과실책임을 지게 된다. 다만, 운송인이 손해방지조치를 이행하였거나 운송인의 과실이 없는 경우 또는 불가항력에 의한 것임을 입증한 경우에는 책임을 지지 아니한다(Warsaw Convention 1929).

② 보상한도

송하인이 항공화물운송장에 화물가격을 신고한 경우에는 신고가액까지가 보상한도가 되며, 신고한 가격이 없는 경우에는 손해를 입은 화물 1kg당 250 금(Gold)프랑이 보상한도가 된다. 다만, 인명손해에 대해서는 1인당 125,000 금(Gold)프랑이 보상한도가 된다(Warsaw Convention 1929). 참고로 항공화물운송의 기본서류에는 상기 항공화물운송장(Airway Bill) 외에 항공화물위탁서(Air Consignment Note) 등이 있다.

(2) 약관해석원칙

약관의 해석은 해상보험의 일반원칙에 따른다. 약관은 12개 조항으로 구성되어 있으며, 일반원칙은 협회적하약관(ICC)과 동일하다.

(3) 협회적하약관(ICC)과의 차이점

담보기간이 항공기로부터 하역 후 30일 이내로 축소되어 있다. 따라서 담보기간은 운송계약서에 기재된 목적지 이외의 장소에서 매각된 후 인도된 경우 또는 별도의 합의가 없는 한 그곳의 항공기로부터 하역 후 30일이 경과된 경우 중 먼저 생긴 사유에 의해 종료된다.

5. 운송보험

(1) 의 의

운송보험은 보험계약자인 화주가 화물을 목적지까지 제3의 운송인을 통하여 운송하는 과정에서 발생할 수 있는 운송위험을 담보하는 보험이다. 운송보험의 목적은 화물운송 도중 화물에 손상이 발생한 경우 그 손상에 대해 책임이 있는 제3의 운송인으로부터 신속하고 충분한 보상을 받기 어렵기 때문에 화주로 하여금 별도의 운송보험에 가입하게 하여 화주의 화물에 대한 이익을 보호하기 위함이다. 한편, 화물에 대한 운송책임이 있는 운송인 역시 본인의 과실에 의하여 발생될 수 있는 화주에 대한 배상책임을 이행하기 위해서는 도로운송업자 배상책임보험에 가입하여야 한다.

[운송보험과 도로운송업자 배상책임보험의 비교]

구 분	운송보험	도로운송업자 배상책임보험
보험계약자	화 주	운송인
피보험자	화 주	운송인
보험의 목적	운송화물	운송화물에 대한 배상책임
보험의 종류	구간보험	기간보험
보험종목	해상보험	특종보험
특약첨부	자기화물운송특약, 운송인에 대한 대위권특약	–

(2) 담보범위

운송보험은 운송화물 자체에 대한 보험이기 때문에 운송화물이 손상된 경우 그 화물가액의 한도 내에서 보상이 이루어지며, 화물의 불가동손실이나 배상책임과 같은 간접손해는 보상하지 않는다.

(3) 보험조건별 담보내용

① 공통사항

ⓐ 보상내용

화물손해의 최대보상한도는 화물의 보험가입금액이며, 보험가입금액이 화물가액보다 적은 경우, 즉 일부보험의 경우에는 비례보상한다. 화물의 멸실 또는 도난손해는 화물가액을 보상하고, 파손 등 부분손해는 수리비 등 관련 비용을 보상한다.

ⓑ 보험기간

보험기간은 보험의 목적인 화물이 보험증권에 기재된 발송지의 보관장소(창고 포함)에서 반출(적재위험 포함)될 때부터 시작하여 목적지의 보관장소에 화물이 반입(하역위험 포함)되었을 때 또는 보관장소에 반입되기 전이라도 보험증권에 기재한 도착지의 보관장소에 도착한 후 24시간이 경과한 때에 종료된다.

② 보험조건별 보상하는 손해와 보상하지 않는 손해

ⓐ 전위험담보조건

전위험담보조건에서는 보상하지 않는 손해를 제외한 모든 손해를 보상한다. 단, 보험계약자, 피보험자 및 대리인, 사용인의 고의 또는 중과실 사고, 보험목적물의 하자 및 자연소모, 포장불량, 운송지연, 핵연료 및 방사능물질에 의한 사고, 전쟁 및 동맹파업에 의한 손해는 보상하지 않는다.

ⓑ 전손 및 분손담보

원칙적으로는 전손만을 담보하고 분손은 담보되지 않으나, 운송용구의 충돌, 화재, 전복, 추락으로 인한 분손은 담보된다. 단, 전손이라도 전위험담보조건의 보상하지 않는 손해에 의한 전손의 경우에는 보상하지 않는다.

ⓒ 전손담보

전손만을 담보하되, 전위험담보조건의 보상하지 않는 손해에 의한 전손의 경우에는 보상하지 않는다.

06 사례문제

예제 1

보험목적물인 Tapioca 15,000톤이 미국에서 선적되어 군산항으로 항해 도중 황천을 조우하였다. 군산항에 도착하여 검정한 결과 14,500톤만이 하역되었으며, 이 중 400톤은 황천조우시 해수에 의한 Wet Damage가 발생하였다. 선적시의 수분함량은 12%였고, 하역시의 정상품의 수분함량은 11%였으며, 손상품의 수분함량은 16%였다.

이 상황에서 보험조건이 아래와 같을 때 적하보험자의 지급보험금을 계산하시오.

> • 보험가입금액 : US$600,000
> • 보험조건 : WA 3%, Shortage in Excess of 1%, Sweat & Heating, Special Survey Clauses

풀 이

(1) **선적시의 수분함량을 감안하여 하역량을 계산하는 방법**

정상품 하역량 = 14,100톤 × (100% − 11%) / (100% − 12%) = 14,260톤

손상품 하역량 = 400톤 × (100% − 16%) / (100% − 12%) = 382톤

전체 하역량 = 14,260톤 + 382톤 = 14,642톤

지급보험금 = (15,000톤 − 14,642톤 − 150톤) × US$600,000 / 15,000톤
= US$8,320

※ 본건의 경우 황천에 의한 손상은 WA조건에서 보상하는 손해이나 손상량이 선적량 15,000톤의 3%인 450톤 미만 (15,000톤 − 14,642톤 = 358톤)이므로 보상하지 않는다. 다만, 부가약관(shortage in excess of 1%)에 따라 선적량 15,000톤의 1%인 150톤을 초과하는 부족손(358톤 − 150톤 = 208톤)에 대해서는 보상한다.

(2) **하역시의 수분함량을 감안하여 하역량을 계산하는 방법**

전체 선적량 = 15,000톤 × (100% − 12%) / (100% − 11%) = 14,831.46톤

정상품 하역량 = 14,100톤

손상품 하역량 = 400톤 × (100% − 16%) / (100% − 11%) = 377.50톤

전체 하역량 = 14,100톤 + 377.50톤 = 14,477.50톤

1% 공제량 = 150톤 × (100% − 12%) / (100% − 11%) = 148.30톤

지급보험금 = (14,831.46톤 − 14,477.50톤 − 148.30톤) × US$600,000 / 14,831.46톤
= US$8,320

※ (1)번 또는 (2)번 어느 방법으로 정산하더라도 부족손해 정산결과는 동일하다.

※ WA( )%조건에서는 SSBECCFGJUDO, 포장당 전손 관련 손해에 대해 소손해면책비율(Franchise)과 관계없이 전부 보상된다. 즉, 위의 담보위험(risk) 또는 손해(loss)는 WAIOP(With Average Irrespective Of Percentage)조건과 동일한 조건이 되는 것이다. 다만, 이외에 황천에 의한 손해 등은 상기 면책비율이 적용되어 면책비율 이상의 손해에 대해서만 전부 보상된다. 또한 위의 담보위험(risk) 또는 손해(loss)는 분손부담보조건인 FPA조건에서도 전부 보상된다.

원두 1,000bags(1bag당 총무게 50kg, 1bag 무게 2kg)을 도착지에서 확인한 결과 800bags은 정상품으로 도착하였고, 200bags은 포장이 찢어져 내용물의 일부가 흘러내렸다. 검정결과 정상품 800bags의 총무게는 40,000kg이었고, 1,000bags의 총무게는 45,200kg이었다.

이 상황에서 보험조건이 아래와 같을 때 적하보험자의 지급보험금을 계산하시오.

- 보험가액 및 보험가입금액 : US$110,000(CIF US$100,000 × 110%)
- 보험조건 : ICC(A/R)

풀 이

유실량＝1,000bags의 총무게 50,000kg － 정상도착 1,000bags의 총무게 45,200kg

＝4,800kg(bag 무게는 서로 상계처리가 된다)

지급보험금＝4,800kg × US$110,000 / 48,000kg = US$11,000

※ 부보금액은 bag 무게를 제외한 순무게를 기준으로 정산하여야 한다.

예제 3

8드럼의 오일이 ICC(FPA) conditions but including leakage in excess of 3% on each drum 조건으로 US$2,400에 보험에 가입되었다. 8드럼의 선적시의 순중량은 2,000kg이었고, 각 드럼의 포장무게는 50kg이었다. 도착한 8드럼 중 5드럼에서 부족손(leakage)이 발견되었는데, 5드럼 각각의 총무게는 292.5kg, 270.5kg, 294.5kg, 280.5kg, 261.5kg이었다. 이 경우 적하보험자의 지급보험금을 구하시오.

풀 이

선적 총중량(kg)	도착 총중량(kg)	loss(kg)	3% excess(kg)	claim(kg)
300	292.5	7.5	7.5	0
300	270.5	29.5	7.5	22
300	294.5	5.5	7.5	－
300	280.5	19.5	7.5	12
300	261.5	38.5	7.5	31
				65

※ 손실량 = 선적 총중량 － 도착 총중량(포장무게는 서로 상계됨)

※ 3% excess = 3% × (선적 총순중량 － 포장무게) = 3% × (300kg － 50kg) = 7.5kg

지급보험금＝65kg × US$2,400 / 2,000kg = US$78

상업송장가액이 US$100,000(CIF조건)인 콩 1,000bags(bag당 단가는 동일)을 보험가입금액 US$120,000
로 적하보험에 가입하고 해상운송을 하던 중 다음과 같은 손해가 발생하였다.

900 bags	정상품으로 목적지에서 US$108,000에 판매
10	폭발로 인한 전손
10	낙뢰로 인한 전손
20	양륙작업 중 추락으로 인한 포장당 전손
10	보관소에서 하천수의 유입으로 손상되어 순매각대금 US$600에 사료용으로 판매
30	운송용구의 전복으로 일부 손상되어 목적지에서 감가하여 US$1,800에 판매
20	하역인부의 고의적인 취급으로 전손
1,000 bags	

ICC(C), ICC(B), ICC(A) 각 조건별로 적하보험자의 지급보험금을 계산하시오.

풀 이

구 분	ICC(C)	ICC(B)	ICC(A)
① 폭발로 인한 전손 10bags × US$120/bag = US$1,200	US$1,200	US$1,200	US$1,200
② 낙뢰로 인한 전손 10bags × US$120/bag = US$1,200	–	US$1,200	US$1,200
③ 양륙작업 중 포장당 전손 20bags × US$120/bag = US$2,400	–	US$2,400	US$2,400
④ 보관소 하천수유입 손상품매각 US$1,200 − US$600 = US$600	–	US$600	US$600
⑤ 운송용구전복 손상품매각 US$3,600 × 50% = US$1,800	US$1,800	US$1,800	US$1,800
⑥ 하역인부의 고의취급 전손 20bags × US$120/bag = US$2,400	–	–	US$2,400
합 계	US$3,000	US$7,200	US$9,600

※ ⑤ 목적지에서는 손해율(loss ratio)을 구하여 손해액을 산정함

예제 5

베트남 호찌민항에서 망고 10,000bags(bag당 순무게 25kg)을 적재한 선박이 부산항으로 항해도중 황천과 조우하였다. 그 후 2015년 5월 10일 부산항에 도착하여 화물창을 개방한 결과, 2번 화물창의 8,000bags은 손상이 없어 정상 인도되었고, 1번 화물창의 2,000bags은 황천조우시 해수의 유입으로 인한 해수침수손해를 입었다.

해수침수손해를 입은 2,000bags 중 손상이 심한 1,000bags은 폐기처분하였고, 나머지 1,000bags은 Recondition작업을 위해 창고로 이송하였다. Recondition작업 후 새로운 bags에 담은 상급품 500bags은 US$4,000, 중급품 300bags은 US$2,000에 2015년 5월 31일에 각각 매각하였고, 나머지는 폐기처분하였다. 매각 당시 정상적인 동급 망고의 시장가격은 US$20/bag이었다.

[발생비용내역]

• 폐기화물에 대한 추가하역비	US$100
• 폐기화물운송비	US$80
• Recondition작업을 위한 창고 이송비용	US$50
• Recondition작업비용	US$40
• 새로운 bags구입비	US$30
• Recondition작업 후의 잔여화물 폐기처리비용	US$80

ICC(C), ICC(B)조건 모두 보험가입금액이 US$200,000로 동일할 때 각 조건별로 적하보험자가 지급할 보험금을 계산하시오.

풀 이

(1) ICC(C)조건
　　황천위험 및 해수침수손해는 담보되지 않는 손해임

(2) ICC(B)조건
　　① 손해율의 산정
　　　　매각 당시 정상시장가격 : 2,000bags × US$20/bag = US$40,000
　　　　손해액 = US$40,000 − 상급품 500bags US$4,000 − 중급품 300bags US$2,000
　　　　　　　= US$34,000
　　　　손해율(loss ratio) = US$34,000 / US$40,000 = 85%
　　② 목적물손해 및 비용손해 지급보험금
　　　　목적물손해 : 2,000bags × US$200,000 / 10,000bags × 85% = US$34,000
　　　　비용손해 : US$380 − (US$100 + US$80) = US$200
　　　　지급보험금 합계액 : US$34,000 + US$200 = US$34,200

　　※ Recondition 작업전 폐기화물 처리비용(폐기화물 추가하역비 및 운송비)은 보상 안 됨.

예제 6

커피 250bags을 실은 선박이 목적지에 도착하였다. 선적시의 bag당 총무게는 51kg이었고, 순무게는 50kg이었다. 보험조건은 ICC(All Risks), 부보금액은 US$31,250이다. 목적지에 도착하여 손해를 검정한 결과가 다음과 같을 때 적하보험자가 지급하여야 할 보험금을 구하시오.

• 정상도착	234bags	총무게	11,817kg
• 손상도착	16bags	총무게	640kg
	250bags	총무게	12,457kg

[풀 이]

정상도착	234bags	총무게	11,817kg
정상도착	16bags	총무게	808kg
손상도착	16bags	총무게	640kg
		shortage	168kg

• 정상도착 bag당 총무게 = 11,817kg / 234bags = 50.5kg/bag
• 정상 총무게 808kg에서 잔존 총무게 640kg를 뺄 때 bag무게가 서로 상계처리 되므로 shortage 168kg은 순유실량이 된다.

정상도착	250bags	총무게	12,625kg
−) bag 무게			250kg
		Net Pro − forma Delivery	12,375kg

• 도착기준 정상품의 총무게 = 250bags × 50.5kg/bag = 12,625kg

지급보험금 = 168kg × US$31,250 / 12,375kg = US$424.24

• Net Pro − forma Delivery Basis에 따라 손해율이든 부보금액이든 전부 Normal Loss가 감안된 정상도착시의 순무게를 기준으로 계산하여야 한다.
• 손해율(Loss Ratio) = 손실량/Normal Loss가 감안된 전체 정상도착량
• Normal Loss(Trade Ullage) = 선적시의 정상량 − 도착시의 정상량
$$= 12,750kg(= 250bags × 51kg/bag) − 12,625kg(= 250bags × 50.5kg/bag)$$
$$= 125kg$$

예제 7

100배럴의 해표유(seal oil)가 ICC(WA) including leakage in excess of 3% over trade ullage on each barrel 조건으로 US$2,000에 보험에 가입되었다. 선적시의 총중량은 25,000kg이었고, 그 가운데 포장 총중량은 3,300kg이었다. trade ullage는 1%이고, 기름이 새는 5배럴에 대한 검정료(survey fees)로 US$10이 소요되었다. 검정자료가 다음과 같을 때 적하보험자의 지급보험금을 구하시오.

선적 총중량(kg)	포장무게(kg)	선적 순중량(kg)	도착 총중량(kg)
250	33	217	190
245	32	213	237
250	34	216	248
245	33	212	40
245	32	213	200
1,235	164	1,071	913

풀 이

손실량(kg)	1% trade ullage(kg)	3% excess(kg)	claim(kg)
60	2.17	6.44	51.39
8	2.13	6.33	0
2	2.16	6.42	0
205	2.12	6.30	196.58
45	2.13	6.33	36.54
322	10.71	31.82	284.51

※ 손실량 = 선적 총중량 − 도착 총중량(포장무게는 서로 상계됨)
※ 3% excess = 3% × [선적 순중량 × (100% × 1% trade ullage)]

선적시의 100배럴의 총중량	25,000kg
−) 100배럴의 포장중량	3,300kg
순선적량	21,700kg
−) 1% trade ullage	217kg
Net Pro−forma Delivery	21,483kg

지급보험금 = US$26.49(= 284.51kg × US$2,000 / 21,483kg) + US$10 = US$36.49

의류 100상자(1상자당 단가 US$1,000)를 보험가액/보험가입금액을 US$100,000로 하여 ICC(FPA)조건으로 보험에 가입한 후 런던에서 부산으로 항해하던 중 인도양에서 황천에 조우하여 선창에 해수가 유입되었다. 그 후 싱가폴 근해에서 좌초되어 선창에 해수가 또 유입되었다.

좌초사고로 인한 선저손상을 수리하기 위하여 입항한 싱가폴에서 화물손상에 대해 검정한 결과, 황천으로 인한 해수침손이 30상자, 좌초로 인한 해수침손이 20상자였다. 황천으로 해수침손이 된 의류는 목적지까지 운송할 가치가 없다는 검정인의 보고에 따라 싱가폴 현지에서 1상자당 US$200에 30상자를 매각하였으며, 이때 매각수수료가 1상자당 US$50이 발생하였다.

목적지인 부산에 도착하여 좌초로 인한 해수침손 의류는 1상자당 US$500에, 정상품 의류는 1상자당 US$2,000에 판매하였으며, 해수침손 의류에 대해서는 판매수수료가 1상자당 US$30이 발생하였다.

상기 자료를 이용하여 적하보험자의 지급보험금을 계산하시오.

풀이

황천으로 인한 해수침손 / Salvage Loss Settlement
30상자 × [(US$1,000 − (US$200 − US$50)] = US$25,500

좌초로 인한 해수침손 / Average Loss Settlement
손해율 = (US$2,000 − US$500) / US$2,000 = 75%
20상자 × (US$1,000/상자 × 75% + US$30/상자) = US$15,600

지급보험금 = US$25,500 + US$15,600 = US$41,100

※ ICC(FPA)조건에서는 황천으로 인한 해수침손(분손)은 면책이지만, 그 후 좌초사고가 발생하였으므로 좌초 사고 당시 선적
　되어 있던 화물에 대해서는 보상한다(on board조건). 즉 ICC(FPA)조건에서는 침몰, 좌초, 대화재의 경우 사고 당시에 선적
　되어 있던 화물에 대해서는 상기 사고 전후를 불문하고 보상한다.

ICC(A/R)조건(CIF가격 US$60,000, 보험가입금액 US$66,000)으로 보험에 가입된 자동세차장비 3대가 Flat Rack 컨테이너에 적입되어 1대는 화물창, 나머지 2대는 갑판에 적재되어 해상운송 중 황천을 조우하여 손상되었다. 갑판적재화물 2대 중 1대는 유실되었고, 다른 1대는 화물창에 적재된 화물과 같이 손상상태로 인도되었다. 손상된 화물의 수리비는 다음과 같다.

화물창적재장비		갑판적재장비	
• 부품대금	US$5,000	• 부품대금	US$6,000
• 부품해상운송비용	US$1,000	• 부품해상운송비용	US$1,800
• 관 세	US$200	• 관 세	US$240
• 부품교체인건비	US$2,000	• 부품교체인건비	US$2,500

해당 증권에는 On – Deck Clause(A) 및 Special Replacement Clause가 첨부되어 있으며, 피보험자는 화물의 일부가 갑판에 적재된 사실을 몰랐던 것으로 확인되었을 경우 적하보험자가 지급하여야 할 보험금을 계산하시오.

풀 이

ICC(A/R)조건에 On – Deck Clause(A)가 첨부되면 보상범위가 투하 및 갑판유실을 포함한 ICC(FPA)조건으로 변경된다. 따라서 갑판적재화물 중 유실된 1대는 보상하지만 손상된 나머지 1대는 보상하지 않는다. 또한 손상화물수리비 중 관세는 별도의 특약이 있어야 보상한다.

지급보험금 = 갑판유실 1대 US$22,000 + 화물창적재 1대 US$8,000
                        = US$30,000

화물이 적하보험에 부보금액 US$500과 증액보험 US$100에 가입되어 있다. 화물의 목적지 도착시의 정품가액은 US$550이었고, 손상을 입은 화물의 도착시의 잔존가액은 US$440이었으며, 판매비용으로 US$10과 검정비용으로 US$5이 소요되었다. 이때 적하보험자와 증액보험자의 지급보험금을 각각 구하시오.

풀이

적하보험자의 지급보험금

손해율(Loss Ratio) = (정상시장가액 − 손상화물의 잔존시장가액) / 정상시장가액

= (US$550 − US$440) / US$550 = 20%

지급보험금 = (US$500 × 20%) + US$10 + US$5 = US$115

증액보험자의 지급보험금

지급보험금 = 화물의 손해액 × 증액보험가입금액 / 적하보험가입금액

= US$100 × US$100 / US$500 = US$20

쌀 10,000bags(CIF가격 US$1,000,000, 보험가입금액 US$1,100,000)이 해상으로 운송되던 중 선박충돌로 인하여 그 중 200bags이 해수손상을 입어 중간항에서 하역 후 현지에서 US$12,000(순매각대금)에 매각되었다. 목적지에 도착하여 하역을 완료한 후 확인된 손해는 다음과 같다.

8,900 bags	정상품으로 인도
500	황천조우 중 화물창 통풍차단에 의한 습기손해
200	본선의 가열된 연료탱크에 의한 열손상(Heating Damage)
60	평형수(Ballast) 작업 중 선원의 밸브조작 미숙으로 화물창으로 해수가 들어와 해수침손
20	하역 중 해상으로 추락하여 전손
50	운송 중 취급부주의로 bag이 찢어져 내용물 일부 훼손, 훼손된 내용물을 회수하여 30bags으로 재포장
70	부족손(shortage)
9,800 bags	

정상 1등급 쌀은 bag당 US$120에, 습기손상, 열손상, bag훼손손상을 입은 750bags은 bag당 US$60에 매각되었고, 해수손상을 입은 60bags은 사료용으로 US$2,000에 매각되었다.

ICC(WAIOP), ICC(B)의 각 조건별로 적하보험자의 지급보험금을 계산하시오.

풀 이

구 분	ICC(WAIOP)	ICC(B)
충돌해수손상 US$10,000 (200bags × US$110/bag − US$12,000)	US$10,000	US$10,000
통풍차단으로 인한 습기손상 US$27,500 (500bags × US$110/bag × US$60 / US$120)	US$27,500	−
열손상(Heating Damage)	−	−
밸브조작미숙 화물창 해수침손 US$4,600 (60bags × US$110/bag − US$2,000)	−	US$4,600
하역 중 포장당 전손 US$2,200	US$2,200	US$2,200
bag훼손손상	−	−
부족손(shortage)	−	−
합 계	US$39,700	US$16,800

※ bag당 부보금액 = US$1,100,000 / 10,000bags = US$110/bag

의류 500상재[보험가입금액 US$100,000, ICC(FPA)조건]를 해상운송을 하던 중 선박에 대화재 (Burning)가 발생하였으나 다행히 진화되었다. 그 후 계속 항해 중 악천후를 만나 선창이 침수되어 적하 일부가 수침되었다. 목적항에 도착하여 하역 중 부주의로 5상자가 바다에 추락하여 전손되었고, 10상자 는 하역 중 갑작스러운 소낙비에 의해 빗물손상을 입었다. 그 후 수하인의 최종창고에 인도될 때 5상자가 도난당한 사실이 발견되었다.

손상품에 대해 검정인과 수하인간에 손해감가율에 대한 합의가 이루어지지 않아 이를 매각하게 되었는데, 화재로 손상된 화물 50상자는 1상자당 US$80에, 악천후로 인해 침수된 화물 100상자는 1상자당 US$120 에, 소낙비에 의해 빗물손상을 입은 화물 10상자는 1상자당 US$40에 각각 매각되었다.

위 손상품 매각 당시 정상품 1상자당 시장가액이 US$160이었을 때 적하보험자가 지급하여야 할 보험금 을 계산하시오.

풀 이

ICC(FPA)조건에서는 화재손해, 악천후손해, 포장당 전손에 대해서는 보상하지만, 빗물에 의한 손해, 도난손해에 대해서는 담보하지 않는다.

화재손상 화물
= 50상자 × US$100,000 / 500상자 × US$80(= US$160 − US$80) / US$160(감가율 50%)
= US$5,000

악천후손상 화물(선행사고로 대화재가 있었으므로 악천후로 인한 분손도 보상)
= 100상자 × US$100,000 / 500상자 × US$40(= US$160 − US$120) / US$160(감가율 25%)
= US$5,000

하역 중 멸실된 화물(포장당 전손)
= 5상자 × US$100,000 / 500상자 = US$1,000

지급보험금 합계액 = US$5,000 + US$5,000 + US$1,000 = US$11,000

원두 10,000bags(CIF가격 US$1,000,000, 보험가입금액 US$1,100,000)이 남미에서 부산으로 해상운송 도중 싱가포르 근방에서 좌초(Stranding)되어 일부 화물이 해수침손을 입었으며, 해수침손을 입은 화물은 전량 싱가포르 현지에서 매각되었다. 그 후 목적지인 부산항으로 계속 항해 중 선박이 다시 황천과 조우하여 일부 화물이 추가로 해수침손을 입었다. 양하항인 부산항에서 최종 확인된 화물손해는 다음과 같다.

7,970 bags	정상품으로 인도
1,000	선박좌초로 인한 침수손해
	피난항인 싱가포르항에서 US$50,000(순매각대금)에 전량 매각
1,000	황천으로 인한 침수손해
	부산항에서 bag당 US$90에 매각(정상시장가액은 bag당 US$120)
10	하역 중 하역인부의 과실로 해상으로 추락하여 전손
20	도난(pilferage)
10,000 bags	

ICC(FPA), ICC(C)의 각 조건별로 적하보험자가 지급하여야 할 보험금을 계산하시오.

풀 이

구 분	ICC(FPA)	ICC(C)
선박좌초 침수손해 US$60,000 (1,000bags × US$110/bag − US$50,000)	US$60,000	US$60,000
황천 침수손해 US$27,500 (1,000bags × US$110/bag × US$30 / US$120)	US$27,500	–
하역 중 포장당 전손 US$1,100	US$1,100	–
도난(pilferage)	–	–
합 계	US$88,600	US$60,000

※ bag당 부보금액 = US$1,100,000 / 10,000bags = US$110/bag

제2과목 해상보험의 이론과 실무(상법 해상편 해상보험 포함)

베트남에서 우리나라로 수입하는 커피 1,000bags(보험가입금액 US$200,000)에 대해 하역항인 인천항과 최종목적지인 서울에서 확인한 결과 다음과 같은 손해가 있었다.

20 bags	:	화재로 인해 전손
10	:	황천으로 통풍을 하지 못함으로 인한 한습손(Sweat Damage) 발생
		감가율 30%
5	:	하역 중 바다에 추락하여 전손
10	:	황천으로 인한 해수침손
10	:	육상운송 중 트럭의 전복으로 분손
		감가율 50%

ICC(C), ICC(B), ICC(A)의 각 조건별로 적하보험자의 지급보험금을 계산하시오.

풀 이

구 분	ICC(C)	ICC(B)	ICC(A)
화재에 의한 전손 US$4,000 (20bags × US$200/bag)	US$4,000	US$4,000	US$4,000
황천 통풍차단 한습손 US$600 (10bags × US$200/bag × 30%)	–	–	US$600
하역 중 포장당 전손 US$1,000 (5bags × US$200/bag)	–	US$1,000	US$1,000
황천 해수침손 US$2,000 (10bags × US$200/bag)	–	US$2,000	US$2,000
육상운송용구 전복손해 US$1,000 (10bags × US$200/bag × 50%)	US$1,000	US$1,000	US$1,000
합 계	US$5,000	US$8,000	US$8,600

※ bag당 부보금액 = US$200,000 / 1,000bags = US$200/bag

예제 15

bag당 무게가 51kg(tare 1kg)인 커피 5,000bags이 보험가입금액 US$250,000(CIF가액 US$200,000)에 ICC(B)조건으로 보험에 가입되어 있었다. 선적작업 중 50bags이 선상 밖으로 멸실되었으며, 그 이후 피보험자에 의해 선박의 목적지가 변경되었다. 이에 대해 피보험자는 약관 제10조(항해변경)에 따라 보험자에게 지체 없이 통지하고 추후 정해질 보험료와 보험조건에 따라 담보가 계속된다고 가정한다.

목적지변경 후 계속 항해 중 황천을 만나 화물창으로 해수가 유입되어 100bags이 손상을 입었다. 손상된 100bags은 중간항에서 US$1,200에 팔렸으며, 판매비용으로 US$100이, 검정비용으로 US$50이 소요되었다.

선박은 그 이후에 선원의 부주의로 심각한 엔진손상이 발생하여 피난항에 입항하였고 공동해손이 선포되었다. 그리고 선박은 엔진손상의 정도를 고려하여 항해를 포기하였다. 이에 대해 피보험자는 약관 제9조(운송종료약관)에 따라 보험자에게 지체 없이 그 취지를 통지하고 추가보험료를 지급하는 조건으로 담보의 계속을 요청하였다고 가정한다. 그 후 화주는 대체선박을 수배하여 US$5,000의 비용으로 화물을 운송하였다.

화물은 목적지에 도착한 후 rail trucks에 양하되어 수하인의 창고로 운송하던 중 탈선사고로 200bags이 찢어지고 손상되었다. 검정결과 손상된 200bags의 무게는 총1,000kg(총무게)이었으며, 30%의 감가율이 적용되었다. 또한 광범위한 손상을 입은 800kg(순무게)의 커피(sweepings)에 대해서는 60%의 감가율이 적용되었으며, 검정료로 US$250이 소요되었다. 그리고 나머지 정상품 4,650bags의 무게는 총236,000kg이었으며, YAR(1974)이 적용된 공동해손분담금으로 US$2,000을 부담하였다.

ICC(B)조건에 따라 보험자의 지급보험금을 구하고, 더불어 ICC(A), ICC(C) 각 조건에 따른 보험자의 지급보험금도 구하시오.

| 풀이 |

구 분	ICC(C)	ICC(B)	ICC(A)
포장당 전손	–	US$2,500	US$2,500
황천으로 인한 해수침손	–	US$3,950	US$3,950
계반비용	–	–	US$5,000
트럭탈선에 의한 손해	US$9,115.63	US$9,115.63	US$9,115.63
검정비용	US$250	US$250	US$250
공동해손분담금	US$2,000	US$2,000	US$2,000
합 계	US$11,365.63	US$17,815.63	US$22,815.63

- 포장당 전손(Sling Loss) :

  50bags × US$50/bag(= US$250,000 / 5,000bags) = US$2,500

- 황천으로 인한 해수침손 :

  100bags × US$50/bag − (US$1,200 − US$100 − US$50) = US$3,950

- 계반비용(Forwarding Charges)은 약관 제12조(계반비용)에 따라 담보되는 위험으로 목적지 이외의 항구 또는
  지역에서 항해가 종료될 경우에 화물의 양하, 보관 및 목적지까지의 계반운송에 소요되는 합리적인 추가비용을
  보상하지만, 사안의 경우에는 항해가 ICC(A)조건 외에는 담보되지 않는 위험(선원의 부주의로 인한 심각한
  엔진손상)으로 종료되었으므로 ICC(A)조건 외에는 계반비용을 보상하지 않는다.

- 트럭탈선에 의한 손해

정상도착 4,650bags	236,000kg (gross)
정상선적 5,000bags	253,763kg (gross)
−) 포장중량	5,000kg
정상선적 순중량	248,763kg

  ※ bag당 순중량 = 248,763kg/5,000bags = 49.75268817kg/bag

200bags의 순중량	9,951kg
손상된 200bags의 총중량	1,000kg
−) 포장중량	200kg
손상된 200bags의 순중량	800kg
잔존가율 70%(감가율 30%)	560kg
sweeping된 손상품	800kg (net)
잔존가율 40%(감가율 60%)	320kg

  손실중량 = 9,951kg − 560kg − 320kg = 9,071kg
  손해액 = 9,071kg × US$250,000 / 248,763kg = US$9,115.63

예제 16

대한민국 부산항에서 인도네시아 자카르타항까지 운송되는 장식용 아크릴판에 대해 부보금액 US$24,000, ICC(B) including breakage in excess of 5% all claim조건으로 보험에 가입되었다. 화물의 상세내역은 다음과 같고, 장식용 아크릴판의 폭은 1m로 동일하며, 길이는 각각 10m, 8m, 6m로 구분된다.

구 분	수 량	CIF가액
10m	4,000	US$10,000
8m	1,250	US$2,500
6m	5,000	US$7,500

인도네시아에 도착 후 화물파손이 발견되었고, 보험자의 동의하에 지명한 현지 검정인의 조사에 의하면 화물파손 내역은 다음과 같다.

구 분	정상품수량	손상품수량
10m	2,800	1,200
8m	980	270
6m	4,252	748
합 계	8,032	2,218

위의 손상품 중 6m와 다른 손상품은 잔존가액 없이 폐기처리 하였고, 10m 중 10%는 8m로, 20%는 6m로 절단가능하며, 그리고 8m 중 40%는 6m로 절단가능하다. 절단비용이 조각당 US$0.5이고, 인도네시아 현지 검정인의 검정비용이 US$200이라고 할 때 적하보험자의 지급보험을 구하시오.

풀 이

보험가입금액의 안분

구 분	CIF가액	보험가입금액
10m	US$10,000	US$12,000
8m	US$2,500	US$3,000
6m	US$7,500	US$9,000
합 계	US$20,000	US$24,000

$$
\begin{aligned}
&10m\ 손해액 = US\$12,000 \times 1,200 / 4,000 &&= US\$3,600 \\
&8m\ 손해액 = US\$3,000 \times (270 - 120) / 1,250 &&= US\$360 \\
&6m\ 손해액 = US\$9,000 \times (748 - 240 - 108) / 5,000 &&= US\$720 \quad US\$4,680 \\
-)\ &5\%\ \text{excess franchise} = US\$24,000 \times 5\% &&= US\$1,200 \quad US\$3,480 \\
+)\ &절단비용 = (120 + 240 + 108) \times US\$0.5 &&= US\$234 \\
+)\ &검정비용 &&= US\$200 \quad US\$434 \\
&지급보험금 &&\quad\quad\quad\ US\$3,914
\end{aligned}
$$

선박보험

01 선박보험의 정의

선박보험은 선박을 보험목적으로 하는 전형적인 손해보험의 일종으로서, 선박이 건조, 항해 및 정박 중에 우연한 사고로 인해 입게 되는 손해를 보상할 것을 약속하고 이에 대해 선주는 그 대가로 보험료를 지불하는 계약이다.

02 선박보험과 위험

1. 물적 손해 발생위험

선박자체에 발생할 수 있는 멸실 또는 손상에 대한 위험으로, 해상기업에서 선박은 가장 중요한 자산으로 운항 중 충돌, 좌초, 침몰, 화재 등 각종 해상위험에 항상 노출되어 있어 해상운송사업자 입장에서는 선박자체의 멸실 또는 손상은 큰 손실이 된다.

2. 비용손해 발생위험

해상운송사업 중 해난사고 등으로 인해 선박의 구조가 필요한 경우나 각종 손해방지조치 및 공동해손상황으로 인해 발생되는 구조비, 손해방지비용 및 공동해손비용 등 각종 비용손해가 발생할 위험이 있고 또한 침몰, 좌초 등 전손사고발생시 선박의 잔해제거를 위해 발생되는 비용 그리고 해양오염이 발생하는 경우 이를 제거하는 비용 등이 발생할 수 있다.

3. 배상책임손해 발생위험

선박운항과 관련하여 불법행위에 의한 배상책임 또는 계약상 배상책임에 따르는 손해가 발생할 위험이 있고 또한 해상운송 도중 화물에 손해가 발생한 경우 화물손해에 대한 배상책임, 충돌상대선 및 상대선에 적재된 화물에 대한 배상책임, 제3자의 손해에 대한 배상책임 및 선원에 대한 배상책임에 따르는 손해가 발생할 위험이 있다.

4. 수익상실손해 발생위험

해상운송인은 선박을 운용하여 운임이나 용선료수익을 창출해야 하지만, 선박사고로 인하여 선박이 가동되지 못함으로써 운임이나 용선료를 가득하지 못하게 되는 손해가 발생할 위험이 있고 또한 후불운임의 경우 해상사고로 인한 운송지연 등의 이유로 운임을 가득할 수 없는 손해가 발생할 위험이 있다.

03 선박보험에서 담보

1. 감항성담보(Warranty of Seaworthiness)

감항성이란 선박이 당해 항해를 충분히 감내할 수 있는 능력을 말하는데, 일명 내항성이라고도 한다. 즉 선박은 선체, 기관 및 각종 장비가 항해를 수행하는데 충분히 견실해야 하고 적격의 선원이 승선해야 하며, 도선사가 필요한 경우 도선사를 승선시켜야 하고 적절한 연료, 식료품과 소모품이 충분히 구비되어 있어 당해 항해를 수행하는데 있어서 통상적으로 일어날 수 있는 바다의 위험을 충분히 감내할 수 있는 상태이어야 한다.

(1) 항해보험에 있어서의 선박의 감항능력담보

항해보험에서 항해의 시작 당시에 선박은 부보된 특정 해상사업의 수행을 위하여 감항능력을 갖추어야 하고, 선박이 항구 내에 있는 동안 보험이 개시되는 경우 항구에서 일어날 수 있는 위험을 견디어낼 수 있을 만큼 상당히 적합한 상태에 있어야 한다(MIA 제39조 제1항 및 제2항).

여러 단계별로 수행되는 항해와 관련하여 각 단계마다 서로 다른 종류 또는 추가적인 준비나 의장이 필요한 경우 각 단계의 시작 당시 그 단계를 수행하기 위한 준비나 의장과 관련하여 감항능력을 갖추어야 한다(MIA 제39조 제3항).

선박이 부보된 해상사업에서 통상 일어날 수 있는 해상위험을 견딜 수 있을 만큼 모든 점에서 상당히 적합할 때는 감항능력이 있는 것으로 간주된다(MIA 제39조 제4항).

(2) 기간보험에 있어서의 선박의 감항능력 담보

기간보험에 있어서는 해상사업의 모든 단계에서 선박이 감항능력을 갖추어야할 필요는 없으나, 피보험자가 선박이 불감항인 상태임을 알면서 항해를 하였을 경우 그 불감항으로 인하여 발생한 일체의 손해에 대해서 보험자는 책임을 지지 않는다(MIA 제39조 제5항).

2. 적법담보

해상보험계약에 있어서 감항성담보와 함께 묵시담보에 해당하는 적법담보는 부보된 해상사업은 적법한 것이어야 하며, 또 피보험자가 사정을 통제할 수 있는 한 해상사업은 적법한 방법으로 수행되어야 한다는 것을 의미한다.

3. 명시담보

보험증권 내에 포함되어 있거나 증권에 의해 명시적으로 언급되는 담보이며 담보의 의사를 추측할 수 있는 문구이면 무엇이든 가능하다.

선박보험에서 명시담보는 전 보험기간 또는 일정기간 동안 일정한 지리적 범위 내로 선박의 운항을 제한하거나 일정한 해역을 제외시키는 조항을 명시하거나 선급유지, 현상검사(Condition Survey) 및 예항검사(Towing Survey)를 받을 것에 대해 보험증권상 명시하고 있다.

04　선박보험에서 입증책임

선박보험에서 전위험담보방식의 포괄책임주의를 선택하게 되면 선주는 사고발생사실만 보험자에게 통지하면 되고 보험자는 그 사고가 면책위험으로 발생되었음을 입증하여야 책임을 면할 수 있다.

그러나 보험자는 선주에 비해 선박의 운용에 관한 상세한 정보를 알 수 없는 입장에서 면책위험을 입증하기란 어려운 일이므로 약관제정 당시에 담보위험에 대해 열거책임주의를 채택하여 입증책임을 선주에게로 전가하였다. 따라서 선박사고발생시 선주는 증권에 열거된 위험으로 인해 사고가 발생되었음을 입증해야 한다.

05　선박보험의 분류

1. 항해보험과 기간보험

(1) 항해보험

보험목적물을 어느 지점부터 한 개 또는 수 개의 다른 지점까지 가입하는 보험계약을 항해보험이라 한다. 선박을 항해보험계약으로 체결하는 경우는 선박의 매매에 따른 인도항해(Delivery Voyage), 자력항해능력이 없는 부선이나 작업선 등을 작업장소 등으로 예인하는 예인항해, 선박해체를 위한 해체항해(Break-up Voyage) 등이 있다.

(2) 기간보험

대부분의 선박보험은 일정기간 동안 보험에 가입하는 기간보험으로 가입하고 있다.

2. 선체보험

선체보험은 선박보험의 가장 대표적인 보험으로, 보험기간 중 담보위험에 근인하여 발생하는 피보험선박의 물적 손해, 비용손해 및 충돌배상책임손해를 담보한다. 보험목적물에는 선박 자체뿐만 아니라 기관, 항해용구 및 선박의 속구 등이 포함된다.

3. 불가동손실보험

선체보험증권에서 담보되는 위험으로 발생한 선박의 불가동손해에 대해 선주나 운항관리자가 입은 예상수익의 손실을 보상하는 보험이다.

불가동손실보험의 보험가입금액은 협회기관약관(ITC – Hulls) 제21조 선비담보약관(Disbursement Warranty)에 의해 선체보험가액의 25% 범위 내에서 1사고당 최대보상일수와 보험자의 면책일수를 약정하여 계약을 체결하고 있다.

불가동손실보험에서 보험자부담수리와 선주부담수리가 동시에 실시된 경우 공통기간에 대해서는 균등으로 부담한다. 예를 들어 보험자부담수리가 30일, 선주부담수리가 25일 실시되었고 면책일수가 15일인 경우 보험자는 면책일수 15일을 제외한 나머지 15일 중에서 선주부담수리와 동시에 실시된 10일에 대해서는 서로 균등부담하고 보험자부담수리만 실시한 나머지 5일에 대해서는 전액 보험자가 부담한다.

4. 운임보험

운임보험은 선박이 해난사고로 인하여 항해를 중단하거나 포기함으로써 사고가 발생하지 않았더라면 취득하였을 운임의 손실을 보상해주는 보험이다.

5. 초과이익책임보험

선박보험의 보험목적물인 선박은 보험기간 중 시장상황에 따라 선박의 시장가액(Sound Market Value)이 급격하게 변동할 수 있어 보험가입시점에 비해 사고발생시점에 보험목적물의 시장가액이 현저하게 높아진 경우 보험가입시의 보험가액을 기준으로 보상받게 되면 충분한 보상을 받을 수 없게 된다. 이러한 상황에 대비하기 위해 선주는 협정보험가액의 최대 25%까지 초과이익책임보험에 가입할 수 있다.

6. 건조보험

선박건조보험은 선박의 건조에서부터 진수, 시운전 및 인도에 이르기까지 발생될 수 있는 제반 육상 및 해상위험을 담보함으로써 건조자의 경제적 손실을 보험자가 보상하는 계약이다.

건조보험은 건조자가 자신의 경제적 손실을 전가시키기 위해 직접 보험에 가입하며, 보험기간은 최초 작업개시일이나 진수일로부터 예정인도일까지로 하고 예정인도일까지 건조가 완료되지 않을 경우에는 추가보험료를 납입하고 연장하여 담보할 수 있다. 건조보험에서는 충돌배상책임과 P&I 위험도 담보하고 있다.

7. 계선보험

선박이 일정항구 또는 일정한 안전해역에서 휴항을 하는 경우나 준설선(Dredger)과 같이 안전한 특정해역에서만 작업하는 경우에는 특별히 계선보험에 가입하는 것이 일반적인데, 계선보험의 요율은 태풍 등을 이유로 계절적으로 달리 적용되기도 한다.

계선보험은 부두의 재물 등의 멸실 또는 손상에 대한 배상책임, 인명의 사상, 질병 및 인명구조를 위한 보수에 대한 배상책임(P&I 위험) 등도 담보한다.

8. P&I 보험(Protection & Indemnity Insurance)

선주들은 해상운송사업을 영위하는 동안 선박보험에서 담보되지 않는 오염손해, 인명이나 여객에 관한 배상책임손해, 선원의 과실에 의한 화물손해 등의 위험에 노출되어 있는데, 이와 같은 손해를 보상받기 위해 선주들이 모여 만든 것이 선주상호공제조합인 P&I Club이다.

P&I Club은 영국을 중심으로 발달하였고, 우리나라에서는 1999년 선주상호보험조합법이 제정·공포된 후 2000년 한국선주상호보험조합(Korea P&I Club)이 설립되었으며, 2001년 한국해운조합법의 개정으로 해운조합에서도 P&I 업무를 수행하게 되었다.

9. 전쟁보험(War & Strike Insurance)

전쟁위험과 동맹파업으로 인한 선박손해에 대해 모든 선박보험에서 면책으로 규정하고 있으므로 선박이 부득이 전쟁이나 동맹파업을 하고 있는 지역을 항해해야 할 경우 이러한 위험으로 인한 선박의 손실을 담보받기 위해서는 특별약관인 Institute War & Strikes Clause(Hulls-Time)에 추가로 가입해야 한다.

06 선박보험에서 보상하는 손해

1. 전손(Total Loss)

(1) 현실전손(Actual Total Loss)

선박이 완전히 파괴되거나 심하게 훼손된 경우, 선박이 심해에 침몰한 경우, 선박의 점유를 박탈당하여 회복할 수 없는 경우와 선박이 행방불명(Missing Ship)이 되고 상당한 기간(MIA에서는 상당한 기간에 대해 사실의 문제로 보고 있고, 우리나라 상법 제711조에서는 2개월 동안 행방이 분명하지 않은 경우로 보고 있다)이 경과한 경우 현실전손에 해당된다. 현실전손의 경우 위부(Abandonment)의 통지는 필요 없다.

(2) 추정전손(Constructive Total Loss)

선박의 점유를 박탈당하여 회복할 수 있을 것 같지 않거나 회복 또는 수리하는데 소요되는 비용이 회복 또는 수리 후의 가액을 초과할 것으로 예상되는 경우 추정전손에 해당된다.

추정전손 여부를 판단하는데 필요한 수리비를 산정함에 있어서는 다른 이해관계인이 지급하여 할 공동해손 분담금을 공제하여서는 안 되지만, 장래의 구조작업에 소요되는 비용과 선박이 수리될 경우에 선박이 부담하게 될 장래의 공동해손 분담금은 가산되어야 한다(MIA 제60조).

회복 또는 수리에 소요될 것으로 예상되는 비용이 선박의 부보가액(MIA에서는 보험가액)을 초과하는 경우 추정전손이 성립되고, 추정전손의 판단에 있어서 하나의 사고 또는 동일한 사고로 인해 연속된 손상에 관련된 비용만 고려해야 하며, 선박 또는 난파선의 훼손된 가액과 해체된 가액은 고려하지 않는다[ITC – Hull(1/10/83) 제19조].

추정전손이 성립되기 위해서는 선주가 위부(Abandonment)의 통지를 하여야 하며, 만일 위부통지가 이루어지지 않으면 분손(Partial Loss)으로 처리된다(MIA 제62조).

다만, 보험조건이 International Hull Clause인 경우에는 약관 제21조 제1항의 규정에 따라 예상수리비가 부보가액의 80%를 초과하는 경우 추정전손이 유효하게 성립된다.

2. 단독해손(Particular Average)

단독해손은 선박의 부분손해를 말하는 것으로, 전손(Total Loss)도 아니고 공동해손(General Average)에도 해당되지 않는 손해를 말한다.

단독해손에서 선박이 수리된 경우 보험자는 합리적인 수리비에 대해 약관상 공제액을 차감하고 지급할 의무가 있으며, 선박이 수리되지 않은 경우에는 합리적인 감가액을 지급하되 예상수리비를 초과하여 지급할 수 없다.

선체보험에서는 수리비에 대해 감가상각도 하지 않고 또한 일부보험 여부도 따지지 않기 때문에 선주는 부보가액을 한도로 실제손해를 보상받을 수 있다.

3. 공동해손(General Average)

공동해손은 공동의 위험에 처한 선박과 적하 등을 그 위험으로부터 피하기 위하여 고의적이고 합리적으로 발생시킨 이례적인 손해 또는 비용에 대해 그 희생으로 무사히 목적지까지 도착한 이해관계자들이 도착가액을 기준으로 서로 분담하는 제도이다.

공동해손에서 선주는 선박의 공동해손 분담금에 대해 선박보험에서 보상받을 수 있으며 일부보험인 경우 비례보상이 된다. 공동해손 희생손해의 경우에는 다른 이해당사자에 대해 공동해손 분담청구권을 행사하기 전에 보험자로부터 전액보상된다.

선박이 용선되지 않고 공선상태로 항해 중 위험에 처한 경우에도 출항지로부터 피난항과 연료보급만을 위한 항구 이외에 최초로 기항하는 항구에 도착할 때까지 공동해손이 적용된다. 이를 Ballast G/A, Policy G/A 또는 small G/A라고도 한다. 단, York-Antwerp Rule 제20조(자금조달비용) 및 제21조(이자)는 적용되지 않는다.

4. 구조비(Salvage Charge)

해난구조는 자발적인 구조와 계약에 의한 구조로 구분될 수 있으며, 여기서 말하는 구조는 자발적인 구조(순수구조)를 의미한다. 각국의 해상법에는 계약상 의무 없이 자발적으로 구조를 실시한 자에게 일정한 보수를 지급하도록 규정하고 있다.

구조비는 선박만을 위한 구조인 경우에는 선박의 구조비로 처리가 되겠으나, 화물 및 기타 다른 이해관계인의 재산을 같이 구조하였을 경우에는 각 구조된 재산의 가액비율로 구조비를 분담하게 되고 선박보험에서는 선박부담분에 대해서만 보상된다. 계약에 의한 구조비는 그 성질에 따라 손해방지비용이나 공동해손으로 처리된다.

5. 손해방지비용(Sue and Labour)

피보험자는 보험에서 보상되는 손해를 방지하거나 경감할 수 있는 합리적인 조치를 취할 의무가 있다[ITC – Hull(1/10/83) 제13조 제1항)].

이러한 의무의 이행을 위하여 피보험자 또는 그 대리인이 보험증권상 담보되는 위험으로부터 손해를 방지거나 회피하기 위하여 지출한 비용을 손해방지비용이라 한다. 이 비용에는 공동해손, 구조비 및 충돌배상방어 및 청구비용은 포함되지 않는다.

손해방지비용은 전손이나 추정전손에 추가하여 보상되며, 이 경우에는 약관상 공제(Policy Deductible)를 적용하지 않는다. 손해방지비용은 보험가입금액을 한도로 보상되며 일부보험의 경우 보험금액의 정상시장가액 또는 보험금액 중 더 큰 금액에 대한 비율로 비례보상된다.

보험금 = 손해방지비용 × 보험금액 / 정상시장가액 또는 보험금액 중 더 큰 금액

6. 충돌배상책임

타 선박과 충돌한 경우 타 선박 및 타 선박에 적재된 화물에 대한 손해 그리고 타 선박과 타 선박에 적재된 화물의 불가동손해에 대해 선박보험에서 보상한다.

1. ITC – Hulls(1/10/83) TLO(Total Loss Only)

담보위험으로 인한 보험목적의 전손, 구조비 및 손해방지비용만을 보상하며, 분손인 단독해손과 공동해손 그리고 충돌배상책임손해는 보상하지 않는다. 주로 노후선박 및 어선에 많이 사용되는 보험조건이다.

2. ITC – Hulls(1/10/83) but FPL unless etc.

전손에 추가하여 좌초, 침몰, 화재, 폭발, 충돌과 외부물체와의 접촉 등의 특정분손과 구조료, 구조비, 손해방지비용, 공동해손분담금 및 충돌배상책임을 담보한다.

3. 협회기간약관[Institute Time Clause – Hulls(1/10/83)]

선박약관은 S.G Policy → ITC-Hulls(1970) → ITC-Hulls(1983) → ITC-Hulls(1995) → IHC(2003)의 순으로 변화되어 왔으나, 현재 선체보험에서 가장 널리 사용되고 있는 약관은 ITC–Hulls(1983)이다. 전손, 단독해손, 공동해손, 손해방지비용, 구조비 및 충돌손해배상책임손해까지 보상된다.

4. 각 약관의 비교

구 분		TLO SC SL	FPL unless etc.	ITC(Hulls)
보상 손해		제6조 위험에 의한 전손만 담보	제6조 위험에 의한 전손 및 좌초(Stranded), 침몰 (Sunk), 화재(Burnt, Fire), 충돌(Collision), 접촉 (Contact)에 의한 분손 담보 ※ 황천(Heavy Weather)으로 인한 분손은 담보되지 않음	제6조 위험에 의한 전손 및 분손(수리비) 담보
		구조료, 구조비 및 손해방지비용	구조료, 구조비, 손해방지비용 및 공동해손 분담금	구조료, 구조비, 손해방지비용 및 공동해손 분담금
		RDC 제외	3/4 RDC 포함	3/4 RDC 포함
비 고		G/A, RDC 추가	1/4 RDC 추가	MDAD약관 추가 1/4 RDC 추가

5. 협회기간약관[ITC – Hull(1/10/83)]의 주요 내용

(1) 제1조 항해약관(Navigation)

선박은 도선사의 승선 여부에 관계없이 항행하거나 시운전항해를 하거나 재난을 당한 선박을 구조하거나 예인하는 등 자유롭게 항행할 수 있다. 하지만 관습상의 예인 또는 최초의 안전한 항구까지 예인하는 경우를 제외하고는 다른 선박에 의해 예인되지 말아야 하고 또한 계약의 의한 다른 선박의 예인 또는 구조작업에 참여해서는 아니 된다.

선박이 서로 접현한 상태로 화물을 하역 또는 선적작업이 이루어질 경우 위험이 현저히 증가함에 따라 항내에서의 작업 및 해안용 부선은 제외하고 다른 선박으로 또는 다른 선박으로부터 화물을 적재 또는 양하하는 경우 양 선박의 접근, 접현 및 이안 중 화물의 적재 및 양하작업으로 인하여 발생한 선박의 멸실 또는 손상 그리고 타 선박에 대한 배상책임은 보상하지 않는다. 단, 보험자에게 사전통지하고 보험자가 요구하는 변경된 보험조건과 추가보험료를 납입하고 확장담보를 받을 수 있다.

피보험선박이 해체 또는 해체를 목적으로 매각을 위한 항해를 하는 경우 피보험선박이 멸실 또는 손해가 발생하면 멸실 또는 손상 발생시점의 해체선으로서의 시장가액을 한도로 보상한다. 단, 보험자에게 사전통지하고 보험자가 요구하는 담보조건과 보험가액 및 보험료에 대한 변경이 합의된 경우에는 예외로 한다. 해체항해 중 발생되는 충돌배상책임과 구조비 및 공동해손비용은 전액보상된다.

(2) 제2조 계속약관(Continuation)

협회기간보험에서는 보험계약이 12개월 단위로 체결되고 있어 보험만기시에 피보험선박이 항해 중, 조난 중 또는 피난항에 있거나 기항항에 있는 경우가 있을 수 있다. 이러한 경우 보험자의 사전 동의하에 월할 보험료를 추가로 납입하고 목적항에 도착할 때까지 계속 담보된다.

(3) 제3조 담보위반약관(Breach of Warranty)

선박이 운항 중 보험증권상 항해구역을 벗어난 항해가 필요한 경우나 명시적으로 적재하지 않아야 할 화물의 적재가 필요한 경우 또는 기타 약관상 명시된 담보를 벗어난 운항이 필요한 경우가 많이 발생할 수 있다. 이와 같이 선박이 운항 중 부득이 담보범위를 벗어날 수밖에 없을 때 보험자에게 사전통지하여 보험자가 요구하는 담보조건의 변경과 추가보험료의 합의가 이루어지는 경우에는 계속 담보된다.

(4) 제4조 종료약관(Termination)

이 약관은 이 보험에 있어 기재되었건, 타자되었건, 인쇄되었건간에 이 약관에 저촉되는 여하한 규정보다 우선하여 적용된다.

선급협회의 변경 또는 선급의 변경, 일시정지, 중지, 탈급 또는 만기시 보험자가 서면으로 별도로 동의하지 않는 한 보험은 자동 종료된다. 단, 상기시점에 선박이 항해 중이면 다음 항구에 도착할 때까지 연기된다. 선급의 변경, 일시정지, 중지 또는 탈급의 사유가 ITC – Hulls(1/10/83) 제6조의 담보위험으로 인한 경우와 협회전쟁 및 동맹파업약관(Hull–Time)에 의해 담보되는 멸실 또는 손상에 기인한 경우에는 선급협회의 사전승인 없이 다음 항구에서 항해를 하는 경우에만 자동 종료된다.

선박의 소유권 또는 국적의 변경, 새로운 관리자에게 이전, 나용선 또는 선박소유권의 귀속 또는 사용을 목적으로 한 징발이 있을 경우에도 보험은 자동 종료된다. 단, 선박이 화물을 적재하고 선적항을 출항한 경우나 공선으로 항해 중인 경우에는 요청이 있다면 화물을 적재하고 있는 경우에는 최종 양하항까지, 공선인 경우에는 목적항까지 보험이 연기된다. 만일 피보험자의 사전동의 없이 피보험선박의 소유권이 귀속되거나 또는 사용을 목적으로 징발되었을 때에는 선박이 항해 중이거나 항구에 있거나간에 징발시로부터 15일 후에는 자동 종료된다.

(5) 제5조 양도약관(Assignment)

보험증권의 양도를 제한하지는 않으나 보험금 지급시나 보험료 환급시 보험증권의 양도에 의해 수령할 수령인이 누구인지 확인이 가능하도록 양도시 보험자에게 양도통지를 해야 하고 보험증권에 배서를 해야 하며 연속적으로 양도한 경우 양도인의 기명날인이 있어야 한다.

본 약관에서 선박보험증권의 양도는 자유롭게 할 수 있도록 허용하고 있으나 보험금을 지급함에 있어서 보험금을 수령할 수 있는 권리자가 누구인지 확인이 가능하도록 하기 위한 내용의 약관이다.

(6) 제6조 위험약관(Perils)

6.1	This insurance covers loss of or damage to the subject – matter insured caused by
6.1.1	Perils of the sea, rivers, lakes or other navigable water
6.1.2	Fire, explosion
6.1.3	Violent theft by persons from outside the Vessel
6.1.4	Jettison
6.1.5	Piracy
6.1.6	Breakdown of or accident to unclear installations or reactors
6.1.7	Contact with aircraft or similar object, or objects falling therefrom, land conveyance, dock or harbour equipment or installation

6.1.8　Earthquake, volcanic eruption or lightning

6.2　This insurance covers loss of or damage to the subject – matter insured caused by

6.2.1　Accident in loading, discharging or shifting cargo or fuel

6.2.2　Bursting of boilers, breakage of shafts or any latent defect in the machinery or hull

6.2.3　Negligence of Master, officers, Crew or Pilots

6.2.4　Negligence of repairers or charterers provided such repairers or charterers are not an Assured hereunder

6.2.5　Barratry of Master, Officers, Crew

provided such loss or damage has not resulted from want of due diligence by the Assured, Owners or Managers

6.3　Master Officers Crew or Pilots not to be considered Owners within the meaning of this Clause 6 should they hold shares in the Vessel

[위험약관 6.1] 기본담보위험

① 해상, 강, 호수 또는 기타 항해 가능한 수면에서의 해상고유의 위험

해상고유의 위험(Perils of Seas)에 대해 MIA(1906) 부칙 제7조에서는 "해상에서 일어나는 우연한 사고나 재난만을 의미하는 것이지 바람과 파도의 통상적인 작용은 포함하지 않는다"고 규정하고 있다.

해상고유의 위험은 해상에서 일어나는 모든 사고를 의미하는 것이 아니고 해상이기 때문에 발생되는 위험으로 오랜 실무와 판례를 통해 침몰(Sinking), 좌초(Stranding), 충돌(Collision), 악천후(Heavy Weather) 등이 이에 해당되는 것으로 본다.

② 화재(Fire), 폭발(Explosion)

화재란 물질의 연소작용으로 소실되는 것을 의미하는데, 해상보험에서는 화재의 원인이 면책위험에 기인하지 않는 한 화재에 근인한 손해를 담보하고 있다. 따라서 화재에 따르는 소화작업으로 일어난 손해도 화재에 근인한 손해로 보고 담보된다.

폭발이란 물질이 급격한 화학반응이나 물리적 변화로 인해 부피가 갑자기 팽창하면서 폭발음이나 파괴 작용이 따르는 현상을 의미하는 것으로 선박의 과급기(Turbo Charger)의 터빈블레이드 등 고속으로 회전하던 물체의 파손으로 격렬한 소음을 동반한 파괴가 있는 경우(물리적 폭발)는 폭발에 해당되지 않는다.

③ 선박 외부로부터 침입한 자에 의한 폭력을 수반한 강도

강도(Thieves)의 의미에 대해 MIA(1906) 부칙 제9조에서 "은밀한 도난이나 선원이든 승객이든 불문하고 승선자에 의한 도난은 포함하지 않는다"고 규정하고 있으므로 선박 외부의 사람에 의해서 행하여진 폭력을 수반한 도난에 대해 담보하고, 남몰래 행하여진 도난이나 선내의 사람으로부터 행하여진 도난은 담보하지 않는다.

④ 투하(Jettison)

투하란 선박의 항해 중 위험한 상태에서 화물이나 선박의 의장품이나 속구 등을 바다로 버리는 것을 말한다. 보통 화물이나 선박 등의 공동의 안전을 위해 투하하는 경우가 많으며, 이러한 경우에는 공동해손으로 처리가 되겠으나 선박의 안전을 위해 선박의 의장품이나 속구 등을 투하하는 경우에는 본 약관에 의해 보상된다.

⑤ 해적행위(Piracy)

MIA 부칙 제8조에서 "해적이란 폭동을 일으킨 여객이나 육상으로부터 선박을 공격하는 폭도를 포함한다"고 규정하고 있다. 해적위험은 Lloyd's S.G Policy에서는 담보위험으로 규정하고 있었으나 그 이후에는 전쟁위험으로 분류되어 협회전쟁약관에 의해 담보되고 있던 것이 ITC - Hull(1/10/83)이 개정되면서 다시 담보위험으로 분류되었다.

⑥ 핵장치나 원자로의 고장 또는 사고

원자력을 추진동력으로 하는 선박의 경우와 핵장치나 원자로를 화물로 선적하여 운송하는 경우 그리고 육상 등의 핵장치나 원자로의 고장 또는 사고로 인하여 발생된 손해에 대해서 보상하기 위한 약관이다.

⑦ 항공기 또는 이와 유사한 물체 또는 그로부터 추락하는 물체, 육상운송용구, 부두 또는 항만시설이나 장비와의 접촉

선박이 수리를 위해 건선거(Dry - Dock)에 입거되는 경우와 부두에 접안되어 있는 동안 크레인 등 육상구조물이나 장비와 접촉하여 선박에 손상이 발생하는 경우가 있는데 이는 해상고유의 위험에 해당되지 않아 피보험자가 보험보상을 받을 수 없으므로 이와 같은 손해를 보상하기 위한 약관이다.

⑧ 지진, 화산의 분화 또는 낙뢰

지진으로 인한 선박의 손해와 지진에 동반하는 해일에 의한 손상까지도 담보되며, 화산폭발에 의한 화산재로 인한 선박의 손상도 담보된다.

[위험약관 6.2] 선주나 관리자의 상당한 주의의무를 전제조건으로 하는 위험

① 적하 또는 연료의 선적, 양하 또는 이동 중의 사고

본 약관은 선박의 보일러를 크레인을 이용하여 본선에 적재하던 중 보일러가 선내로 추락하여 선박에 손상을 입은 사례에서 해상고유의 위험이 아니므로 보험자가 보상할 책임이 없다는 판결로 인해 이와 같은 위험을 담보하기 위해 삽입된 약관이다.

② 보일러의 파열, 차축의 파손 또는 기관이나 선체의 잠재적 하자

보일러의 파열, 차축의 파손 또는 잠재하자로 인한 결과손해를 담보하는 것이지 기관의 파열, 차축의 파손 및 잠재하자 자체손해까지 담보하는 것은 아니다. 잠재하자란 숙련공이 신중하고 주의 깊게 검사를 하더라도 발견하기 힘든 하자를 의미한다.

③ 선장, 고급선원, 보통선원 또는 도선사의 과실

MIA 제55조 제2항의 규정에 의해 담보위험의 근인으로 발생되는 손해는 선원의 과실이 개입되었다 하더라도 보상이 된다. 본 조항은 담보위험이 근인이 아닌 선원 등의 과실에 의해서 발생된 손해를 담보하기 위한 약관이다.

④ 수리자 또는 용선자의 과실

수리자 또는 용선자가 피보험자가 아닌 경우에 한하여 이들의 과실로 인해 그 결과로써 발생한 피보험목적물의 손해를 보상하고 있으며, 보험자는 보험금을 지급한 후 대위권에 의해 이들에 대해 구상권을 행사할 수 있다.

⑤ 선장, 고급선원 및 보통선원의 악행

선장, 고급선원 및 보통선원의 고의적인 위법행위로 인한 보험목적물의 손해를 담보하고 있으며, 선주나 관리자의 상당한 주의의무를 전제조건으로 하고 있다.

(7) 제7조 오염위험(Pollution Hazard)

담보되는 위험으로 발생하는 선박손상의 직접적인 결과로 발생한 오염의 위험 또는 위협을 방지하거나 경감하기 위하여 권한을 위임 받은 정부당국이 취한 행위로 인한 선박의 전손(현실전손 또는 추정전손)을 담보한다.

단, 피보험자, 선주 및 선박관리자가 오염의 위험이나 위협을 방지 또는 경감하는데 상당한 주의를 결여하고 있었던 결과로 정부당국의 그러한 행위가 발생한 경우에는 담보하지 않는다.

(8) 제8조 3/4 충돌배상책임(3/4ths Collision Liability)

(9) 제9조 자매선(Sistership)

선박이 전부 또는 일부가 같은 선주의 소유이거나 관리하에 있는 서로 다른 선박, 즉 자매선간의 충돌 또는 자매선에 의한 구조의 경우 전혀 이해관계가 없는 선박과의 충돌 또는 구조와 동일하게 처리하기 위한 약관으로 보험자와 피보험자의 합의에 의해 선정된 1명의 중재인에 의해 적정금액을 결정하도록 하고 있다.

(10) 제10조 사고통지 및 입찰(Notice of Claim and Tender)

이 약관은 피보험선박에 해난사고가 발생했을 때 피보험자가 준수해야 할 사항과 보험자의 권리에 대해 규정하고 있다. 즉 보험사고가 발생했을 때 피보험자에게는 보험자에게 사고사실을 통보할 의무와 보험자에게는 Dock나 수리를 위한 항구를 선택할 권리 및 수리장소 또는 수리조선소에 대한 거부권이 있음을 명시하고 있다.

보험자는 선박수리에 대하여 수 개의 입찰에 붙일 수 있고 또는 수 개의 입찰에 붙일 것을 요구할 수 있으며, 이러한 입찰로 인해 선박의 수리가 지연되는 경우 수리지연으로 발생되는 선박의 사용수익상실과 선원의 급여와 유지비 및 연료유소모에 대한 손실을 보전하기 위해 입찰안내장의 발송시기와 낙찰시기와의 사이에 소요된 시간에 대하여 보험가입금액의 연 30%의 비율로 보상하도록 규정하고 있다. 단, 연료, 소모품, 선장 및 선원들의 급여와 유지비에 대해 공동해손 또는 손해배상금으로 제3자로부터 회수한 금액은 상기 보상금액에서 공제된다.

손상수리비의 일부가 보험증권상 보험자가 부담하지 않는 경우 공제금액을 적용하기 전 전체 수리비에서 보험자가 부담하지 않는 손상수리비(공제금액 해당액)가 차지하는 비율에 해당하는 만큼 상기 보상금액은 감액된다.

또한 벌칙금에 관한 조항이 있어 피보험자가 상기 약관 제10조의 조건을 불이행하였을 경우에는 확정된 보상금액에서 15%의 금액이 공제된다.

(11) 제11조 공동해손 및 구조비(General Average and Salvage)

구조비 및 공동해손의 선박분담금을 보상하며 일부보험에 대해서는 비례보상한다. 선박의 공동해손 희생손해액은 다른 이해당사자에게 분담청구권을 행사하기 전에 보험자로부터 전액보상받을 수 있다.

공동해손은 운송계약서상에 정산에 관한 특별한 규정이 없는 경우에는 항해가 종료되는 장소의 법률과 관습에 따라 정산되어야 하며, 운송계약서상에 York – Antwerp Rule에 따른다고 규정되어 있는 경우는 그에 따라 정산되어야 한다.

선박이 공선 또는 다른 분담당사자 없이 항해하는 경우에도 제20조(자금조달비용) 및 제21조(이자)는 제외하고 YAR 1974를 적용한다고 규정하고 있어 공선상태 또는 용선되지 않는 등 다른 이해관계인이 없는 경우에도 공동해손으로 취급된다. 이를 Ballast General Average라고 한다.

단, 피난지나 피난항 또는 연료유 보급을 위해 기항하는 항구나 지역을 제외하고 출항지로부터 출항 후 최초로 기항하는 항구 또는 지역에 도착할 때까지 계속되고 만일 중간항이나 장소에서 원래 예정된 항해가 포기된 경우에는 그 때부터 항해는 종료된 것으로 간주한다.

(12) 제12조 공제금액(Deductible)

① One Accident, One Deductible

이 약관에 의해 모든 독립된 개별사고에 대해서 약관상 규정하고 있는 공제금액을 적용해야 한다. 단, 예외적으로 좌초 후 선저검사비용은 합리적으로 발생된 경우 비록 손상이 발견되지 않은 경우라 하더라도 전액보상된다.

전손 또는 추정전손이 있는 경우 공제금액은 적용되지 않으며, 전손 또는 추정전손에 추가하여 손해방지비용이 발생된 경우에도 공제액을 적용되지 않는다.

② 연속항해구간에서 발생된 악천후사고시의 공제금액 적용

두 개의 연속적인 항구 사이에 단일 항해구간 중 발생되는 악천후는 하나의 사고로 취급한다. 악천후가 보험기간을 초과해서 지속되는 경우 이 보험에서 공제액은 보험기간에 해당되는 악천후 일수의 전체 악천후 일수에 대한 비율을 적용한 금액으로 한다. 상기 악천후의 의미는 부빙 또는 유빙과의 접촉을 포함하는 개념이다.

③ 구상금(회수금)의 배분

보험자가 보험금지급 후 보험사고가 제3자의 불법행위에 의해 발생한 경우 제3자로부터 구상금을 환수하는데 있어서 보험자는 약관상 공제금액을 적용한 지급보험금을 한도로 선주에 우선하여 구상이 가능하도록 규정하고 있다.

부보가액을 US$1,000,000, 약관 공제금액을 US$50,000로 하여 보험에 가입한 선박이 충돌사고로 수리비가 US$150,000이 발생했고 이는 상대선에서도 인정하였으며 과실비율이 20% : 80%로 자선이 유리한 경우 상대선으로부터 자선의 충돌손상에 대한 회수금은 US$120,000(= US$150,000.00 × 80%)이다.

이 경우 약관규정에 따라 선체보험자가 지급보험금을 한도로 먼저 회수하게 되는데, 보험자는 손상수리비 US$150,000에서 약관상 공제금액 US$50,000을 차감한 US$100,000을 단독해손 보험금으로 지급하였으므로 회수금 US$120,000 중 지급보험금 US$100,000까지 회수하고 나머지 US$20,000은 선주가 회수하게 된다.

이 약관에서는 회수금에 대해 선체보험자가 지급보험금을 한도로 먼저 회수할 수 있도록 규정하고 있지만, IHC[International Hull Clause(2003)]에서는 선주와 선체보험자가 서로 부담하는 수리비의 비율에 따라 회수할 수 있도록 규정하고 있다.

④ 회수금에 대한 이자의 배분

회수금에 포함된 이자는 보험자가 지급한 보험금과 지급일자를 감안하여 피보험자와 보험자가 서로 배분하며, 이 경우 보험자는 이자를 합산함으로써 지급한 보험금을 초과해서 회수할 수 있다.

심화TIP 회수금에 대한 이자배분 예시

부보가액을 US$1,000,000, 약관상 공제금액을 US$50,000로 하여 보험에 가입한 선박이 20×0년 1월 1일 충돌사고가 발생하여 수리비가 US$150,000이 발생하였고, 선주는 선체보험자로부터 4월 1일 단독해손 보험금 US$100,000을 지급받았으며 과실비율이 20% : 80%로 자선이 유리한 것으로 판명되었다. 그리고 충돌발생일로부터 연 5%의 이자를 지급받는 조건으로 합의하여 20×1년 6월 30일에 합의금을 지급받은 경우 이자를 포함한 회수금은 다음과 같이 배분된다.

• 충돌회수금 : US$150,000 × 80% = US$120,000

US$100,000(보험자회수금) / US$20,000(선주회수금)

• 회수금에 대한 이자
  - 20×1년 4월 1일부터 6월 30일까지
  US$100,000 × 5% × 90일 / 365일 = US$1,232.88(보험자회수)
  US$20,000 × 5% × 90일 / 365일 = US$246.58(선주회수)

따라서 보험자의 회수금은 US$101,232.88, 선주의 회수금은 US$21,726.03가 된다.

(13) 제13조 피보험자의 의무(Duty of Assured)/손해방지비용(Sue & Labour)

① 피보험자의 의무

손실 또는 재난이 발생한 경우에 이 보험에서 보상될 손실을 방지하거나 경감하기 위해 합리적인 조치를 취하는 것은 피보험자 또는 그 대리인의 의무라고 규정하여 사고발생시 피보험자에게 손해방지경감조치를 적극적으로 취하도록 하고 있다.

② 손해방지비용

피보험자 또는 그 대리인이 지출한 손해방지비용에 대해 보험자의 분담책임을 규정하고 있으며 공동해손, 구조비 및 충돌배상을 방어 또는 청구하는 비용은 손해방지비용으로 인정되지 않는다고 명시하고 있다. 공동해손 및 구조비는 약관 제11조(공동해손 및 구조비)에 따라 보상이 되며, 충돌배상 방어 또는 청구비용(충돌배상책임)은 약관 제8조 제3항에 따라 보상된다.

그리고 본 약관 제13조 제5항에서 규정한 선박 및 기타의 재산을 구조하기 위해 비용이 발생되었으나 전손되는 경우 그 비용 중 선박의 분담분에 대해 예외적으로 손해방지비용으로 인정하여 전손에 추가하여 보상하도록 규정하고 있다.

③ 포기조항(Waiver)

이는 Lloyd's S.G Policy상의 포기조항(Waiver Clause)의 내용을 수정하여 이기한 것으로 보험 목적을 구조, 보호 또는 회복시키기 위하여 피보험자 또는 보험자가 취한 조치는 위부의 포기나 승낙으로 간주되지 아니한다는 내용의 약관이다.

④ 손해방지비용의 일부보험 처리

손해방지비용은 보험가입금액의 선박의 정상시장가액 또는 보험가액 중 높은 금액에 대한 비율로 비례보상되며, 전손 처리되고 보험목적물의 구조된 재산이 있을 경우 손해방지비용이 구조된 재산의 가액을 초과하지 않는 한 일부보험이 적용되지 않으나, 초과한 경우에는 초과하는 금액에 대해서만 비례보상하게 된다.

㉠ 분손의 경우

협정보험가액/보험가입금액 US$1,000,000, 정상시장가액 US$2,000,000인 선박이 해난으로 인해 손해방지비용이 US$200,000 발생한 경우 보험자가 보상할 손해방지비용은 US$100,000 (=US$200,000 × US$1,000,000/US$2,000,000)로 계산된다.

㉡ 전손의 경우

상기와 동일한 조건으로 보험에 가입된 선박이 손해방지비용으로 US$200,000이 발생하였으나 선박이 전손 처리되고, 잔존가액 US$100,000로 매각되었을 경우에는 보험자의 지급보험금은 다음과 같이 계산된다.

전손보험금		US$1,000,000
손해방지비용		
구조된 재산가액의 한도까지는 전액보상	US$100,000	
구조된 재산가액을 초과한 금액에 대해서는 비례보상		
US$100,000 × US$1,000,000/US$2,000,000	US$50,000	US$150,000
지급보험금		US$1,150,000

⑤ 선박의 전손시 손해방지비용

해난사고로 인해 선박이나 기타의 재산을 구조하기 위해 합리적으로 비용을 지출했으나 선박이나 기타 재산의 전손을 피할 수 없는 경우나 지출된 비용이 잔존가치를 초과하는 경우 이러한 비용은 손해방지비용으로 볼 수 없는 비용이지만 잔존가치를 초과하는 비용이 선박에 관해 지출되었다고 합리적으로 인정되는 비율의 비례부분에 대해서 손해방지비용으로 처리하기 위한 것이다.

다만, 그러한 비용에 대해서 사고발생시 선박의 정상시장가액보다 낮은 가액으로 부보된 경우에는 일부보험으로 처리된다.

⑥ 손해방지비용의 보상한도

손해방지약관은 원래의 보험계약에 대한 추가계약의 성격을 가지고 있어 원래의 보험계약에서의 지급보험금과 손해방지비용의 합계가 보험가입금액을 초과하더라도 보상되며 선박이 전손되더라도 전손보험금에 추가로 손해방지비용이 보상된다.

다만, 손해방지비용의 보상한도는 선박보험에서의 선체보험가입액을 초과할 수 없다.

(14) 제14조 신구교환차익(New for old)

해상보험은 실손보상의 원칙에 따라 MIA 제69조 제1항에서 선박이 수리되었을 경우 관습적인 공제(Customary Deduction)를 차감한 수리비를 보상받을 수 있다고 규정하고 있으나, 철선 도입 후 실질적인 의의가 없어지게 되자 협회기간보험약관에서는 신구교환차익(New for old)을 공제하지 않는다고 명시하고 있다.

(15) 제15조 선저처리비(Bottom Treatment)

예전에는 선박의 선저부분에 어떠한 손상이 발생되지 않더라도 주기적으로 건선거(Dry - Dock)에서 선저부분에 대한 도장작업을 실시하였으므로 보험사고로 선저도장을 실시하게 될 경우 주기적으로 실시되는 작업을 하지 않아도 되거나 그 주기가 더 연장됨으로 인해 선주에게 이득이 생길 수 있어 이를 방지하기 위해 규정한 약관이다.

본 약관에 의하면 어떠한 경우에도 선박의 선저부분에 대해 청소나 표면처리 등 도장작업 전에 필요한 과정과 도장비용에 대해서 선체보험에서는 담보되지 않는다. 다만, 보험사고로 인하여 선저 외판을 신환하는 경우 그 신환된 선저외판과 신환에 따르는 용접작업부근 부분에 대하여 도장작업을 위한 청소, 모래분사 등 기타 표면처리작업을 포함하여 최초의 기초도장(First coat of Primer) 및 방청도장(Anti - Corrosive) 1회까지의 비용은 합리적인 수리비로 인정한다.

(16) 제16조 선원급여와 유지비(Wage and Maintenance)

선장 및 선원의 급여와 유지비는 공동해손으로 인정되는 경우를 제외하고는 인정되지 않으나 보험자가 보상하는 손상수리만을 위해 회항하는 경우 회항항해기간과 수리 후 시운전기간 동안 발생된 선원의 급여와 유지비는 합리적인 수리비로 인정된다.

(17) 제17조 대리점수수료(Agency Commission)

해난사고의 발생시 선주는 손해발생의 사실과 원인이 담보되는 위험이라는 것을 입증하여야 하므로 이를 위해 사고원인, 손해액 산정자료 등의 증거자료 입수를 위해 별도로 대리인을 선임하여 비용을 발생시키는 경우가 있는데, 이러한 비용에 대해서는 보험자가 보상할 책임이 없음을 명시하고 있다.

이와는 별도로 보험에서 담보되는 손상을 수리하기 위해 수리항에 입항하는 경우 입출항 수속 등을 위한 선박대리점비용은 합리적인 수리비의 일부로 보상된다.

(18) 제18조 미수리손상(Unrepaired Damage)

(19) 제19조 추정전손(Constructive Total Loss)

(20) 제20조 운임포기(Freight Waiver)

MIA 제63조 제2항에서 선박의 위부가 있는 경우 보험자는 취득하고 있는 운임이나 사고 이후 취득될 운임에서 운임취득을 위해 지출하는 비용을 차감한 순수운임에 대해 취득할 권리가 있는 것으로 규정하고 있으나, 본 조항에 따라 보험자는 전손 또는 추정전손의 경우에 위부의 통지를 불문하고 운임에 대해 청구하지 아니한다.

(21) 제21조 선비담보(Disbursement Warranty)

본 약관은 선박가액의 일부에 대해서만 분손담보조건으로 부보하여 전체 가액을 부보하는 것보다 보험료를 절감하면서 선비 등 부수적 이익에 대해서는 저렴한 보험료로 전손담보조건의 증액보험으로 보험에 가입함으로써 보험료를 절감하면서도 전손발생시에는 전액보상을 받을 수 있게 되는 불합리한 상황을 방지하기 위한 규정이다.

또한 선비 및 운임에 대해 보험부보시 중복보험을 방지하고 "보험증권 자체가 피보험이익의 존재를 증명함(PPI, Policy Proof of Interest)", "모든 피보험이익을 승인함(FIP, Full Interest Admitted)" 또는 이와 유사한 문구로 체결되는 사행 또는 도박보험을 사전에 방지하기 위한 규정이기도 하다.

(22) 제22조 휴항환급금(Return for Lay-up and Cancellation)

피보험선박이 수선 또는 기타의 사정으로 일정기간 휴항하게 되는 경우와 보험자와 피보험자간의 합의하에 보험계약이 해지되는 경우 일정보험료의 환불에 관한 내용을 규정하고 있다.

합의에 의해 계약해지시에는 미경과 월에 대한 월할 순보험료를 환급하게 되고 선박이 휴항하게 되는 경우에는 매 연속된 30일을 초과하는 기간에 대해 정해진 비율에 따라 보험료가 환급된다.

보험기간이나 연장기간 중에 피보험선박이 전손되는 경우에는 보험료가 환급되지 않는다고 규정하고 있는데, 이는 보험계약에서 전손보험금이 지급되면 보험료 전액은 보험자가 취득하는 것으로 간주되기 때문이다. 그리고 풍랑에 노출되어 있는 수역이나 방파제설비가 없는 수역 또는 보험자가 승인하지 않는 항구나 구역에서 정박하는 경우에는 보험료가 환급되지 않는다.

휴항하는 기간 동안의 선적 및 양하작업은 허용되며 선내에 화물이 존재하는 것도 허용되나, 피보험선박이 화물의 보관소로 사용될 목적으로 휴항하는 기간과 부선용 목적으로 사용되는 기간에 대해서는 보험료환급이 인정되지 않는다.

6. 기타 특별약관

(1) 협회기계류손상 추가공제약관(Institute Machinery Damage Additional Deductible Clause)

ITC-Hull(1/10/83) 제6조 위험약관 제2항 제2호부터 제5호까지 열거된 위험에 기인하거나 기계류 공간(Machinery Space)에서 생긴 화재 또는 폭발에 기인하여 발생된 여하한 기계류, 차축, 전기장비 또는 배선, 보일러 콘덴서, 가열코일 또는 부속배관장치의 멸실 또는 손상에 대해서는 약관상 공제금액을 추가로 적용하도록 하고 있다.

(2) 협회추가위험약관(Institute Additional Perils Clause)

추가보험료 납입을 조건으로 파열된 보일러, 파손된 차축 및 선박의 멸실 또는 손상을 야기한 잠재하자부분의 수리 또는 교체비용을 보상한다고 규정하고 있어 협회기간보험약관에서 담보되지 않는 결함부분 자체손해뿐만 아니라 여하한 사고 또는 여하한 관계인의 과오, 무능력 또는 판단착오에 의하여 야기되는 선박손해를 담보한다.

본 약관에서는 설계 또는 건조상의 하자 또는 과오의 결과로 결함이 있는 것으로 발견되고 선박의 멸실 또는 손상을 야기하지 않은 여하한 부분의 수리 또는 교체비용까지 보상하는 것은 아니다.

그리고 피보험자, 선주 또는 선박관리자가 상당한 주의를 결여하고 있었던 결과로 상기 멸실 또는 손상이 발생되지 않았다는 것을 조건으로 하며 선장, 선원 또는 도선사는 이 선박에 지분이 있어도 이 약관상 선주로 간주되지 않는다(약관 제6조 제3항).

(3) 정기선 과실약관(Liner Negligence Clause)

보일러의 파열과 차축(Shaft)의 파손, 여하한 사고, 잠재하자, 악행, 과오, 판단착오 또는 여하한 관계인의 무능력에 기인하여 보험목적물에 발생한 멸실 또는 손상을 담보한다. 다만, 이러한 손상은 선박소유자 또는 관리자가 상당한 주의를 결여하고 있었던 결과에 기인하지 않을 것을 조건으로 담보한다. 그리고 설계 또는 건조상의 잠재결함, 하자, 과오 등의 결과에 기인된 결함부분의 수리, 대체 및 복구비용은 본 약관의 보상대상에서 제외된다.

08 선박보험실무

1. 합리적인 수리비(Reasonable Cost of Repair)

(1) 합리적인 수리비의 정의

선박이 손상되어 이를 수리한 경우에 보험자는 보험가입금액을 한도로 관습상의 공제액을 차감한 합리적인 수리비를 보상할 책임이 있다(MIA 제69조 제1항). 합리적인 수리비란 신중한 무보험선주(prudent uninsured owner)의 입장에서 합리적인 방법과 합리적인 가격으로 수리를 실시하는 것을 의미한다(Rule of Practice of AAA).

(2) 합리적인 수리시기

합리적인 수리시기는 최초의 적절한 기회(The first reasonable opportunity)를 의미하는 것으로 선박이 손상 후 수리가 가능한 가장 가까운 장소에 도달한 때로 볼 수 있다. 그리고 선박이 항해 중 해난사고로 손상을 입은 경우에는 통상적으로 그 항해가 종료된 후 적절한 수리를 실시할 수 있는 최초의 항구에 있을 때를 합리적인 수리시기로 보고 있다.

(3) 합리적인 수리비에 포함되는 항목

① 건선거비용 및 일반비용(Dockage & General Service Charge)

선박의 손상수리를 위해 건선거(Dry-Dock)의 사용이 필요한 경우 건선거 관련비용은 합리적인 수리비에 포함된다. 건선거에서 선주부담수리와 보험자부담수리가 동시에 실시되는 경우에는 다음과 같이 건선거 관련비용을 배분한다.

보험자부담수리를 위해 건선거에서 수리를 실시하는 경우에는 선주의 선급유지를 위한 검사 및 선박을 감항성이 있는 상태로 만들기 위한 수리를 실시하지 않는 한 전액 보험자가 부담한다. 그러나 선박을 감항성이 있는 상태로 만들기 위해 건선거에서만 실시해야 하는 선주부담수리를 위해 건선거에서 수리를 실시하는 경우와 보험자가 부담해야 하는 수리가 연기되어 선주의 정기 건선거입거수리와 함께 실시된 경우 공동수리기간 및 공동발생비용에 대해서 보험자와 선주간에 균등 부담한다.

② 회항비(Cost of Removal)
　㉠ 회항비의 정의
　　선박이 손상수리를 위해 수리가 가능한 항구로 회항 및 원래 항구로 되돌아오는데 소요되는
　　경비를 회항비라 하는데, 이는 합리적인 수리비의 일부로 인정된다.
　㉡ 회항비 인정요건
　　수리가 필요한 항구에서 적절한 수리를 실시할 수 없는 경우 선박을 수리가 가능한 항구로
　　회항하는데 소요되는 비용과 원래 항구로 되돌아오는데 소요되는 비용이 회항비로 인정된
　　다. 한편 수리가 필요한 항구에서 수리는 가능하지만 경제적인 이유로 다른 항구로 회항하는
　　경우에는 수리비 절약분을 한도로 회항비가 인정된다.
　㉢ 회항비 인정기간
　　수리 후 원래 출발한 항구로 되돌아오는 경우에는 수리항으로 회항하는 항해 및 원래 항구로
　　되돌아오는 항해기간을 합한 기간이 회항비 인정기간이 된다.

　　선박이 수리 후 다른 항구로 항해하는 경우에는 기존의 회항비 정산방식인 삼각형 차액정산
　　방식(Triangulation Basis)의 예외로 단일항해기간정산방식(Single Passage Basis)이 있는
　　데, 이는 <u>보험사고 직후 또는 당해 항차 종료 직후 단지 보험수리만을 위해 수리항으로 회항</u>
　　<u>하는 경우 수리항구까지의 회항기간, 즉 단일항해기간(Single Passage)에 대해서 선주에게</u>
　　<u>선택권을 부여하는 방식이다.</u>
　㉣ 회항비에 포함되는 비용
　　회항비에는 회항을 위해 실시한 임시수리비와 회항항해 중 소모한 연료유 및 소모품비용
　　그리고 항비, 도선료 및 추가보험료 등이 포함된다. 선원의 급여와 유지비에 대해서는 보험
　　수리만을 위해 회항했을 경우에 한해 회항항해기간 및 시운전항해기간 중에 발생한 것에
　　대해서만 회항비로 인정된다.
　㉤ 회항비의 배분
　　회항의 목적이 보험수리를 위해 회항한 경우 선주는 선급검사나 선주가 부담해야 할 수리를
　　동시에 실시하더라도 회항비는 전액 보험자가 부담하고, 선주수리를 위해 회항한 경우에는
　　보험수리가 실시되더라도 회항비는 전액 선주가 부담한다. 단, 보험수리가 연기되어 선주의
　　정기수리와 동시에 실시되는 경우에는 각 수리비의 비율에 따라 배분하게 된다. <u>수리비에는</u>
　　<u>수리를 위해 다른 지역에서 공급한 Spare Parts 비용과 회항항해 중 발생한 사고에 대한</u>
　　<u>수리비는 제외된다.</u>
③ 임시수리비(Temporary Repair Cost)
　임시수리는 선주의 사정으로 실시되는 경우가 많으므로 원칙적으로 임시수리비는 보상되지 않
　는다. 다만, <u>다음의 경우에는 임시수리비가 합리적인 수리비로 인정된다.</u>
　㉠ 임시수리를 통해 수리비가 절감되는 경우
　　임시수리를 통해 영구수리를 연기하여 선주의 정기수리와 동시에 실시함으로써 수리비가
　　절감되는 경우 그 수리비 절감한도까지 합리적인 수리비로 인정된다.

  ⑳ 정기선(Liner Service)의 경우

   여객선이나 컨테이너선 등 공고된 일정에 따라 운항하는 정기선(Liner Service)의 경우에는
   임시수리비가 합리적인 수리비로 인정된다.

  ⑴ 임시수리가 불가피한 경우

   선주의 입장에서 어찌할 수 없는 불가피한 임시수리 또는 불합리한 지연이 발생하는 경우에
   는 임시수리비가 합리적인 수리비로 인정된다.

 ④ **시간외 할증작업비용(Overtime Sur-Charge)**

  임시수리와 같이 시간외 할증작업 또한 선박의 운항일정 등 선주의 사정에 의해 이루어지는
  경우가 대부분이기에 원칙적으로 보상되지 않는다. 다만, <u>다음의 경우에는 시간외 할증작업비</u>
  <u>용이 합리적인 수리비로 인정된다.</u>

  ⑳ 시간외 할증작업을 통해 수리비가 절감되는 경우

   시간외 할증작업으로 수리기간을 단축시켜 수리비가 절감되는 경우 그 수리비 절감한도까지
   합리적인 수리비로 인정된다.

  ⑳ 정기선(Liner Service)의 경우

   여객선이나 컨테이너선 등 공고된 일정에 따라 운항하는 정기선(Liner Service)의 경우에는
   시간외 할증작업비용이 합리적인 수리비로 인정된다.

  ⑴ 시간외 할증작업이 불가피한 경우

   선주의 입장에서 어찌할 수 없는 불가피한 시간외 할증작업 또는 불합리한 지연이 발생하는
   경우에는 시간외 할증작업비용이 합리적인 수리비로 인정된다.

 ⑤ **항비(Port Charge)**

  영구수리를 위해 기항한 항구의 항비는 합리적인 수리비로 인정된다.

 ⑥ **수리부품의 운송비**

  손상수리에 필요한 부품의 운송비는 합리적인 수리비로 인정된다.

2. 미수리손상(Unrepaired Damage)

(1) 미수리손상의 의미

 손상수리의 전부 또는 일부를 연기하여 보험기간 종료시까지도 연기된 수리가 실시되지 않을 경우
선주는 미수리된 부분으로 인하여 발생되는 선박의 합리적인 감가액에 대해 보험금을 청구할 수
있다. 단, 미수리손상으로 인한 선박의 합리적인 감가액은 합리적인 예상수리비를 초과할 수 없으
며, <u>예상수리비가 정상시장가액(Sound Market Value)을 초과하는 경우에는 정상시장가액이 미수</u>
<u>리손상수리비의 한도가</u> 된다.

(2) 미수리손상 관련조항

MIA 제69조 제3항에는 "선박이 전부 또는 일부가 수리되지 않고 보험기간 중 매각되지 않은 경우 피보험자는 미수리손상으로 인한 합리적인 감가에 대해 보상을 받을 수 있으나, 손상에 대한 합리적인 예상수리비를 초과할 수 없다"고 규정하고 있다. 다만, 선주가 선박을 매각한 경우에는 미수리손상수리비(이 금액이 정상시장가액을 초과하는 경우에는 정상시장가액)에서 고철가액(Scrap Value)을 차감한 금액이 합리적인 감가액이 된다.

또한 MIA 제77조 제2항에는 "동일한 보험증권하에서 수리 또는 기타 방법으로 원상회복되지 않은 상태에서 전손이 발생하였을 경우에는 피보험자는 오로지 전손에 관해서만 보험자로부터 보상을 받을 수 있다"고 규정하고 있다.

ITC – Hull(1/10/83) 제18조에는 "미수리손상에 대한 보험금은 미수리손상으로 인한 이 보험종료시점에서의 선박가액의 합리적인 감가액으로 하되 합리적인 예상수리비를 초과할 수 없고(제1항), 이 보험의 담보기간 또는 담보연장기간 중에 전손된 경우에는 미수리손상에 대하여는 어떠한 경우에도 책임지지 않으며(제2항), 미수리손상에 대해 보험자는 보험종료시점에서의 보험금액 이상은 책임을 지지 않는다"고 규정하고 있다.

(3) 미수리손상의 특징

미수리손상의 특징은 전손에 흡수된다는 점이다. 즉 미수리손상 상태로 선박이 항해 중 담보되는 위험으로 인하여 전손된 경우에는 보험자는 전손보험금에 대해서만 지급할 책임이 있으며, 만일 담보되지 않은 위험으로 전손된 경우에는 보험자는 미수리손상에 대해서도 책임을 지지 않는다.

3. 선박충돌배상책임(Collision Liability)

(1) 선박충돌의 의의

① 선박의 의미

상법상 선박이란 상행위나 그 밖에 영리를 목적으로 항해에 사용되는 선박으로 비영리 항해용 선박도 포함되나 군함, 경찰용 선박, 어업지도선, 밀수감시선 및 그 밖에 영리행위에 사용되지 않은 선박으로서 비상용이나 인명구조용 선박 등 국유 또는 공유의 선박에 대해서는 제외하고 있다.

ITC – Hull(1/10/83)의 선박충돌약관상에서의 선박의 의미는 사회통념상의 선박을 의미하는 것으로 항행가능성과 운송사용목적으로 사용되는 선박을 말한다.

② 충돌의 의미

상법상 충돌의 의미는 2척 이상의 선박이 그 운용상 작위 또는 부작위로 인하여 선박상호간에 다른 선박 또는 다른 선박 내에 있는 사람 또는 물건에 손해를 생기게 하는 것으로 직접적인 접촉유무를 묻지 않는다.

그러나 ITC – Hull(1/10/83)의 선박충돌약관상 충돌의 의미는 선박과 선박간의 물리적인 접촉으로 인하여 선박 또는 선박 내에 실려 있는 화물이나 인명에 손해가 발생한 경우를 말한다.

(2) 선박충돌의 법적 성질

① 민법상 손해배상책임

고의 또는 과실로 인한 불법행위로 타인에게 손해를 입힌 자는 그 손해를 배상할 책임이 있다(민법 제750조). 해난사고의 경우에도 그 원인이 선원의 불법행위에 의한 것일 경우 선원은 불법행위책임(민법 제750조)을 부담해야 하고, 선주는 사용자책임(민법 제756조 제1항)을 부담해야 한다. 이 경우 선주가 피해자에게 배상을 하게 되면 선주는 선원(피용자)에 대해 구상권을 행사할 수 있다(민법 제756조 제3항).

② 해상법상 손해배상책임

ⓒ 불가항력으로 인한 충돌 또는 원인불명의 충돌

선박의 충돌이 천재지변 등의 불가항력으로 인하여 발생하거나 충돌원인이 명백하지 아니한 때에는 피해자는 충돌로 인한 손해의 배상을 청구하지 못한다(상법 제877조). 선박충돌이 어느 한 선박의 과실로 인하여 발생하였으나 어느 선박의 과실로 인한 것인지 명백하지 않는 경우에도 원인불명의 충돌로 본다.

ⓒ 일방과실로 인한 충돌

충돌 당사자 중 어느 일방의 과실에 의해서 발생한 경우로 항행선과 정박선과의 충돌시 항행선의 경우가 해당될 수 있다.

ⓒ 쌍방과실로 인한 충돌

충돌 당사자 쌍방이 모두 충돌의 원인을 제공한 경우로 대부분의 선박충돌사고가 여기에 해당되며, 쌍방과실로 인한 충돌의 경우 어느 일방이 책임을 제한하는 경우를 제외하고는 교차책임주의(Cross Liability)에 의해 배상책임을 부담하게 된다.

ⓒ 선박충돌채권의 소멸

선박충돌로 인하여 발생한 채권은 그 충돌이 있은 날로부터 2년 이내에 재판상 청구가 없으면 소멸하나(상법 제779조 제2항), 당사자간의 합의에 의하여 연장할 수 있다(상법 제848조). 중국은 2년(연장규정 없음), 일본은 1년의 소멸시효기간이 있다.

③ 선박충돌의 공법상 효과

선박충돌의 경우 우리나라 형법에서 규정하고 있는 업무상 과실치사상의 죄(형법 제268조), 교통방해죄(형법 제186조) 및 선박파괴죄(형법 제187조)의 적용이 가능하며, 그 밖에 선원법에서는 선박충돌시의 조치규정(선원법 제12조)에 따라 충돌사고 후 인명과 선박을 구조할 의무를 규정하고 있다.

또한, 해사안전법에서는 선박충돌을 방지하기 위한 적절한 조치와 항법에 관해 규정하고 있고, 해양사고의 조사 및 심판에 관한 법률에서는 사고의 재발방지를 위한 원인규명과 직무상 고의과실이 있는 경우 해기사 등에 대한 징계에 대해 규정하고 있다.

(3) 충돌손해배상책임

① 충돌손해배상액의 산정원칙

만일 충돌사고가 없었더라면 경제적으로 누렸을 것으로 예상되는 금전적 이익과 동일한 상태가 되도록 배상해주는 원상회복의 원칙에 따라 산정되어야 하며, 배상할 손해는 충돌과 인과관계가 있는 손해에 한정된다. 인과관계가 있는 손해에 대해 국내법 또는 판례는 상당인과관계를 판단 기준으로 하여 손해액을 산정한다.

MIA(1906)에서는 불법행위의 직접적(direct), 즉각적(immediate), 물리적(physical)인 손해 및 불법행위에 뒤따를 것 같다고 합리적으로 예견되는 손해를 인과관계가 있는 손해로 보고 손해액을 산정한다. 단, 손해배상액 산정시 불확실하고 투기적인 그리고 특별한 이익의 요소는 배제되어야 한다.

② 충돌손해의 인정범위

㉠ 물적 손해

선박충돌로 인하여 선박과 선박에 적재된 물건 및 제3의 선박이 입은 물적 손해에 대해 손상 수리가 이루어진 경우 그에 소요된 합리적인 수리비를 인정하며, 전손의 경우에는 충돌 당시 의 시장가액을 기준으로 인정한다.

㉡ 인적 손해

선박충돌로 인한 인적 손해도 충돌손해액으로 인정된다.

㉢ 비용손해

선박충돌사고로 인해 지출되는 손해방지비용, 구조비, 공동해손, 선원체류비용 및 송환비용 등 선원 관련 비용 등의 비용손해도 충돌손해액으로 인정된다.

㉣ 불가동손해

ⓐ 산정원칙

충돌이 없었더라면 선박이 가득했을 것으로 예상되는 총수익에서 수익을 가득하기 위해 지출했을 것으로 예상되는 비용을 차감한 순수수익을 산정하는 것이 원칙이다.

ⓑ Lisbon Rule

충돌선박 또는 동일항해에 취항하는 유사한 수익을 가득하고 있는 선박들의 일정기간 가득한 총수익을 산정한 다음 그 총수익에서 수익을 취득하기 위해 통상적으로 지출했을 용선료, 선원비, 연료비, 항비, 보험료 등과 같은 선박운항원가를 공제하여 얻어진 운항 이익을 그 운항에 소요된 기간으로 나누어 1일 매출이익을 산정한 후 그 금액에 불가동기 간을 곱하여 불가동손해액을 산정한다.

ⓒ 전손사고에서의 불가동손해 인정 여부

우리나라는 대법원에서 "휴업손해는 그에 대한 증명이 가능한 한 통상의 손해로서 그 교환 가치와는 별도로 배상하여야 한다"는 판결(대법원 2004.3.18. 선고 2001다82507 판결)이 있은 이후 전손이 발생한 경우에도 선박의 불가동손해를 인정하고 있다.

일본의 경우는 어선을 제외한 일반상선의 경우에는 전손 이후의 불가동손해를 전혀 인정 하지 않고 있으며, 영국의 경우는 선박이 충돌로 전손된 경우 대체선을 찾는데 소요되는 합리적인 기간(통상 3개월에서 4개월 범위 내) 동안의 불가동손해를 인정하고 있다.

③ 선주책임제한
  ㉠ 위부주의
    첫 기항지에서 선박을 실제로 상대방에게 위부함으로써 책임을 제한하는 형태로, 주로 남미 제국에서 채택되고 있는 방법이다. 위부주의에서는 위부한 재산의 가액이 충돌손해액을 초과할지라도 반환되지 않는다.
  ㉡ 선가주의
    항해종료시의 선박가액과 미수운임금액을 한도로 책임을 제한하는 형태로, 미국과 대만에서 채택되고 있다. 노후선박이나 심각한 손상을 입은 선박에 유리하다.
  ㉢ 금액주의
    선박의 톤수에 따라 계산된 일정금액을 한도로 책임을 제한하는 것으로 각국은 1976년 또는 1996년 해사채권에 대한 책임제한협약에 따른 책임제한금액을 적용하고 있으며, 우리나라는 국제조약에 가입하지 않았지만 현행 상법에 1976년 책임제한협약의 책임제한금액을 반영하고 있다.

    여객손해는 선박검사증상 여객정원에 175,000 SDR을 곱한 금액이며, 여객 이외의 인적 손해와 물적 손해에 대한 선주책임 제한금액의 기준은 다음의 표와 같다.

[1976년 협약에 따른 선주책임 제한금액]

구 분	물적 손해	인적 손해
500톤 이하	167,000 SDR	333,000 SDR
500톤 초과 3,000톤 이하	167 SDR/ton	500 SDR/ton
3,000톤 초과 30,000톤 이하		333 SDR/ton
30,000톤 초과 70,000톤 이하	125 SDR/ton	250 SDR/ton
70,000톤 초과	83 SDR/ton	167 SDR/ton

[상법상 선주책임 제한금액(상법 제770조)]

구 분	물적 손해	인적 손해
300톤 이하	83,000 SDR	167,000 SDR
500톤 이하	167,000 SDR	333,000 SDR
500톤 초과 3,000톤 이하	167 SDR/ton	500 SDR/ton
3,000톤 초과 30,000톤 이하		333 SDR/ton
30,000톤 초과 70,000톤 이하	125 SDR/ton	250 SDR/ton
70,000톤 초과	83 SDR/ton	167 SDR/ton

[1996년 협약에 따른 선주책임 제한금액]

구 분	물적 손해	인적 손해
2,000톤 이하	1,000,000 SDR	2,000,000 SDR
2,000톤 초과 30,000톤 이하	400 SDR/ton	800 SDR/ton
30,000톤 초과 70,000톤 이하	300 SDR/ton	600 SDR/ton
70,000톤 초과	200 SDR/ton	400 SDR/ton

※ SDR(Special Drawing Rights) : 국제통화기금(IMF)의 특별인출권
  1 SDR ≒ US$1.40~US$1.50

심화TIP　P&I Club에서 보상하는 손해

1. 선박이나 적하의 잔해제거 또는 처분비용
2. 상대선박과 상대선박에 적재된 재산 이외의 일체의 물체에 대한 책임(부두손상 등)
3. 본선에 적재된 화물 및 재산에 대한 책임
4. 본선의 선장, 선원, 사용인의 보수 및 인적 손해에 대한 책임
5. 오염, 오탁손해(단, 충돌사고로 인하여 상대선박과 상대선박에 실린 화물 자체에 발생된 오염손해는 제외)

심화TIP　상법상 선박소유자의 유한책임이 배제되는 채권(제773조)

1. 선장, 선원 기타의 사용인으로서 그 직무가 선박의 업무에 관련된 자 또는 그 상속인, 피부양자 기타의 이해관계인의 선박소유자에 대한 채권
2. 해난구조 또는 공동해손 분담권에 관한 채권
3. 1969년 11월 29일 성립한 「유류오염손해에 대한 민사책임에 관한 국제조약」 또는 그 조약의 개정조항이 적용되는 유류오염손해에 관한 채권
4. 침몰, 난파, 좌초, 유기 기타의 해난을 당한 선박 및 그 선박 안에 있거나 있었던 적하 기타의 물건의 인양, 제거, 파괴 또는 무해조치에 관한 채권
5. 원자력손해에 관한 채권

예제 1

A선박과 B선박이 항해 중 충돌하여 발생한 양 선박의 충돌손해액은 다음과 같이 합의되었다. 양 선박의 충돌과실비율은 20 : 80(B선박 불리)으로 합의되었고, B선박소유자의 법적 책임한도액은 제1기금 200,000,000원, 제2기금 100,000,000원으로 총 300,000,000원이다. 이 상황에서 B선박의 A선박에 대한 인적 손해배상금액과 A선박 및 B선박 선체보험자의 지급보험금을 계산하시오. 단, 공제금액(Deductible)은 양 선박보험 모두 없는 것으로 가정한다.

구 분	A선박	B선박
선체손상	90,000,000원	150,000,000원
불가동손실	60,000,000원	50,000,000원
적하손해	100,000,000원	50,000,000원
인명손실	300,000,000원	–
합 계	550,000,000원	200,000,000원

풀 이

(1) **인적 손해에 대한 책임제한액의 배분**
A선박의 인명손실에 대한 B선박의 책임 : 300,000,000원 × 80% = 240,000,000원
제1기금의 한도가 200,000,000원이므로 부족분 40,000,000원은 제2기금과 경합

(2) **물적 손해에 대한 책임제한액의 배분**
A선박의 선체손상/불가동손실에 대한 B선박의 책임
$\qquad$ (90,000,000원 + 60,000,000원) × 80% = 120,000,000원
B선박의 선체손상/불가동손실에 대한 A선박의 책임
$\qquad$ (150,000,000원 + 50,000,000원) × 20% = 40,000,000원
$\qquad\qquad\qquad\qquad\qquad\qquad\qquad\qquad$ 80,000,000원 : 40,000,000원
A선박의 적하손해에 대한 B선박의 책임
$\qquad\qquad\qquad$ 100,000,000원 × 80% = 80,000,000원 : 40,000,000원
A선박의 인명손실에 대한 배상부족액 $\qquad$ 40,000,000원 : 20,000,000원
$\qquad\qquad\qquad\qquad\qquad\qquad\qquad\qquad$ 200,000,000원 : 100,000,000원

(3) **B선박의 A선박에 대한 인적 손해배상금**
200,000,000원 + 20,000,000원 = 220,000,000원

(4) **A선박 선체보험자의 지급보험금**
• 선체손상/불가동손실에 대한 배상금의 배분
 − 선체손상 : 40,000,000원 × 90,000,000,000원 / 150,000,000원 = 24,000,000원
 − 불가동손실 : 40,000,000원 − 24,000,000원 = 16,000,000원
• 선체손상 : 90,000,000원 − 24,000,000원 = 66,000,000원
• 충돌배상금 : 50,000,000원(B선박 적하손해) × 20% × 3 / 4 = 7,500,000원

- Deductible : 0원
- 지급보험금 = 66,000,000원 + 7,500,000원 − 0원 = 73,500,000원

(5) **B선박 선체보험자의 지급보험금**
- 선체손상 : 150,000,000원
- 충돌배상금 : 80,000,000원(= A선박 선체손상/불가동손해 40,000,000원
  + A선박 적하손해 40,000,000원) × 3/4 = 60,000,000원
- Deductible : 0원
- 지급보험금 = 150,000,000원 + 60,000,000원 − 0원 = 210,000,000원

예제 2

A선박과 B선박이 항해 중 충돌하여 B선박은 충돌 즉시 침몰하였고, A선박은 Daily − hire조건으로 예인되던 중 충돌손상의 영향으로 화물과 함께 침몰하였다. 양 선박의 충돌손해액은 다음과 같이 합의되었다. 양 선주간의 협의하에 충돌과실비율은 80 : 20(B선박 유리)으로 합의하였고, A선박소유자의 법적 책임한도액은 인적 손해 US$500,000, 물적 손해 US$450,000로 총 US$950,000이다.

구 분	A선박	B선박
선박전손	US$300,000	US$1,200,000
Daily − hire 예인비	US$80,000	−
적하손해	US$100,000	US$500,000
인명손해	US$500,000	US$1,000,000
합 계	US$980,000	US$2,700,000

(1) B선박의 인적 손해에 대하여 A선박이 부담해야 할 배상금을 계산하시오.

(2) 보험가액 및 보험금액 US$300,000, 보험조건 ITC − Hulls(1/10/83) with Clause 12 Deductible of US$10,000로 보험에 가입한 A선박의 선체보험자의 지급보험금을 계산하시오.

풀 이

(1) B선박의 인적 손해에 대하여 A선박이 부담해야 할 배상금
① 인적 손해에 대한 책임제한액의 배분
B선박의 인명손실에 대한 A선박의 책임 : US$1,000,000 × 80% = US$800,000
A선박의 인명손실에 대한 B선박의 책임 : US$500,000 × 20% = US$100,000
따라서 총 배상금액은 US$700,000인데, 제1기금의 한도가 US$500,000이므로 부족분 US$200,000은 제2기금과 경합

② 물적 손해에 대한 책임제한액의 배분

B선박의 선체손상에 대한 A선박의 책임

$$US\$1,200,000 \times 80\% = \quad US\$960,000$$

A선박의 선체손상에 대한 B선박의 책임

$US\$300,000 \times 20\% =$ US\$60,000	US\$900,000	: US\$270,000

B선박의 적하손해에 대한 A선박의 책임

$US\$500,000 \times 80\% =$ US\$400,000	US\$400,000	: US\$120,000

B선박의 인명손실에 대한 배상부족액

US\$200,000	: US\$60,000
US\$1,500,000	: US\$450,000

A선박의 인적 손해배상금 = US\$500,000 + US\$60,000 = US\$560,000

(2) A선박의 선체보험자의 지급보험금

손해방지비용 : $US\$80,000 \times US\$300,000 / US\$400,000 = US\$60,000$

선체손상 : US\$300,000

충돌배상금 : $US\$390,000 \times 3 / 4 = US\$292,500$

* 충돌배상금은 A선박의 보험가입금액의 3 / 4를 초과할 수 없으므로 충돌배상금은 $US\$300,000 \times 3 / 4 = US\$225,000$ 이 된다.

Deductible : US\$10,000

지급보험금 = US\$60,000 + US\$300,000 + US\$225,000 − US\$10,000 = US\$575,000

* 사례의 경우 A선박이 전손되었으므로 선체보험자는 구조비 성격의 예인비용을 약관규정에 따라 손해방지비용으로 처리하고, 예인비용 중 선박이 분담하여야 할 부분에 대해서만 보험금으로 지급한다. 다만, 선박이 전손이 아닌 경우 이미 발생된 공동해손 및 구조비는 선박과 화주 각각 분담분을 나눈 다음 각각의 손해에 포함하여 정산하여야 한다.

(4) 선박충돌 배상책임과 보상

① 선박충돌 손해배상책임약관

㉠ 선박충돌약관(Running Down Clauses)

선체보험약관인 ITC – Hulls(1/10/83) 제8조 선박충돌약관은 충돌배상책임의 3/4을 담보한 다고 되어 있다. 따라서 선체보험에서는 충돌배상책임의 3/4을 담보하고, 선체보험에서 보상되지 않는 나머지 1/4은 P&I보험에서 담보하고 있다.

㉡ 담보하는 충돌손해의 범위

ITC – Hull(1/10/83) 제8조 충돌배상책임약관(3/4ths Collision Liability Clause)에 따르면 보험자가 담보하는 충돌배상책임은 다음과 같다.

ⓐ 타 선박과 타 선박에 적재된 재물의 멸실 또는 손실

ⓑ 타 선박과 타 선박에 적재된 재물의 지연 및 사용의 상실(loss of use)

ⓒ 타 선박과 타 선박에 적재된 재물에 관한 공동해손 및 구조비에 대해 피보험자가 법적 배상책임을 지고 손해배상금조로 타인에게 지급한 금액 중 3/4을 보상

충돌손해배상책임은 피보험자가 법률상 배상책임을 부담하는 경우에 해당되는 것이며, 계약에 의해 피보험자가 부담하게 되는 손해배상책임을 부담하는 것은 아니다. 예외적으로 ITC – Hull(1/10/83) 제9조 자매선약관에 따르면, 선주가 동일한 자매선간에 서로 충돌한 경우 선주가 동일하여 선박 상호간에 법률상 배상책임을 물을 수 없는 경우에는 소유자가 서로 다른 선박들간의 충돌로 간주하여 처리한다.

ⓒ 충돌의 의미

충돌배상책임약관에서 충돌의 의미는 선박간의 현실적인 접촉이 있어야 한다. 그러므로 선박이 고속으로 항해하면서 발생된 너울의 영향으로 다른 선박이 전복되거나 손상이 발생한 경우에는 충돌에 해당되지 않는다.

선박은 자항능력에 관계없이 항행가능성과 운송목적성을 갖추고 있는 사회통념상의 선박을 말하는 것이므로 항행 가능한 뗏목도 충돌배상책임약관상 선박에 해당된다.

선박이 양묘 중이던 다른 선박의 묘쇄(Anchor Chain)와 충돌한 사건에서 묘쇄는 선박의 일부에 해당되어 선박간의 충돌로 인정된 사례가 있으며, 선박이 어선의 그물과 충돌한 사건에서 그물은 선박의 일부로 볼 수 없고 선박에 꼭 필요한 것도 아니며 선박의 항해에 전혀 필요하지 않으므로 선박의 충돌로 인정되지 않은 사례도 있다.

ⓓ 약관의 특징

선박자체 손해에 추가하여 충돌배상책임을 담보하므로 전손보험금에 추가하여 보험가입금액의 3/4을 초과하지 않는 범위 내에서 충돌배상책임손해를 담보하며, 이 경우 약관상 공제금액(Deductible)은 적용된다.

ⓔ 교차책임주의(Cross Liability)

쌍방과실충돌의 경우 책임제한이 적용되지 않으면 선박보험자는 교차책임주의에 의해 충돌손해 배상책임손해를 보상한다. 다만, <u>일방과실 또는 쌍방과실이라 하더라도 책임제한이 적용되는 충돌사고의 경우는 단일책임주의(Single Liability)에 의해 정산한다.</u>

구 분	A선박(과실비율 70%)	B선박(과실비율 30%)
선체손상	2억원	3억원
불가동손해	1억원	1억원
합 계	3억원	4억원

A선박의 B선박에 대한 충돌배상책임액   4억원 × 70% =   2억 8천만원
B선박의 A선박에 대한 충돌배상책임액   3억원 × 30% =   9천만원
A선주가 B선주에게 지급해야 할 순배상금   1억 9천만원

[단일책임주의에 의한 정산]
A호 단독해손(선체손상)   2억원
B호에 대한 충돌배상금   4억원 × 70% =   2억 8천만원
A호의 충돌회수금   3억원 × 30% = −)   9천만원
                                                 +) 1억 9천만원
A호 선체보험자의 지급보험금   3억 9천만원

[교차책임주의에 의한 정산]
B호에 대한 충돌배상금 : 4억원 × 70% = 2억 8천만원
B호로부터 충돌회수금 :
• 선박수리비 : 2억원 × 30% = 6천만원
• 불가동손해 : 1억원 × 30% = 3천만원

A호 선체보험자의 지급보험금 :
• 단독해손(선체손상)   2억원 × 70% =   1억 4천만원
• 충돌배상금(RDC)   4억원 × 70% =   2억 8천만원
                                         4억 2천만원

  ⓗ 소송비용의 보상(정산인실무규칙 A8조)

    손해배상책임에 대한 보상한도액에 추가하여 소송비용의 3/4이 보상된다. 단, 보험자의 사전 서면동의를 요하는 것을 조건으로 한다.

    ⓐ 일반비용(General Cost)

      충돌책임 소재를 규명하기 위하여 소요된 비용으로서 자선의 클레임(선체손상 + 불가동손실)과 상대선의 클레임(선체손상 + 불가동손실 + 적하손상)의 합의 인정된 금액 비율로 공격비용과 방어비용으로 분배된다. 자선의 적하손해는 화주가 별도로 변호사를 선임하기 때문에 자선의 클레임에는 포함되지 않는다. 자선에 분배된 금액은 공격비용에 합산하고, 상대선에 분배된 금액은 방어비용에 합산한다. 일반비용에는 선원 Interview, Speed and Angle of Blow Survey, Collision Analysis Survey, 변호사의 일반비용 등이 포함된다.

자선의 일반비용을 배분할 때 기본원칙인 "Shipowners to Shipowners"에 따라 위와 같이 자선의 클레임에서 자선의 적하손해 클레임을 제외한 금액을 기준으로 배분하게 되는데, 이때 상대선의 적하손해 클레임이 별도로 처리되는 경우에는 상대선의 클레임에서도 상대선의 적하손해 클레임을 제외한 금액을 기준으로 배분하여야 한다.

ⓑ 공격비용(Attack Cost)

자선의 클레임을 입증하기 위해 소요되는 비용과 일반비용에서 할당된 비용의 합계로서 교차책임주의하에서의 회수비용 할당금액을 보험자손해(선체손상)와 선주손해(불가동손해)로 분배한다. 공격비용에는 자선의 이재조사비, 상대선의 지급보증을 요하는데 소요된 비용, 보증장 확보를 위한 상대선에 대한 가압류비용 등이 포함된다.

ⓒ 방어비용(Defence Cost)

상대선의 클레임을 방어하기 위하여 소요된 비용과 일반비용에서 할당된 비용의 합계로서 충돌배상(RDC) 클레임으로 처리한다. 방어비용에는 WP Survey Fee(상대선의 이재조사비), 상대선에 대한 보증장발급에 따른 비용, 상대선 클레임의 시비를 가리는데 소요된 비용, 상대방의 담보 요청에 응하기 위해 발생한 비용, 책임을 제한하기 위한 비용, 상대선의 적하손해 클레임 방지에 소요되는 비용 등이 포함된다.

> **심화TIP** Party & Party Costs(Recoverable Costs)
>
> 쌍방과실 충돌사고인 경우 변호사비용에 대한 상대방의 책임은 아래와 같은 방식으로 처리된다. Party & Party Costs 혹은 Recoverable Costs는 충돌상대방으로부터 보상받는 변호사비용을 의미한다.
> - 상대방 변호사비용의 인정 여부는 타협에 의하여 결정되는 것이 보통이지만, 통상적으로 Disbursements에 대해서는 전액을, Time Charges는 70% 정도를 인정한다.
> - 일반비용(General Cost)은 상대방 과실비율만큼 보상되며, 공격비용(Attack Cost)은 전액보상되는데 비해 방어비용(Defence Cost)은 보상되지 않는다.
> - 자기 변호사비용을 상대방으로부터 보상받는 경우에는 그 성격에 따라 회수(Credit)처리하면 되고, 상대방 변호사비용에 대해 배상하는 편에서는 일반비용에 대한 배상은 자신의 일반비용으로, 공격비용에 대한 배상은 자신의 방어비용으로 처리된다.

예제

충돌과실비율이 A선박은 60%, B선박은 40%이고, 양쪽 변호사비용은 다음과 같이 동일할 때 변호사비용을 Party & Party Costs 방식에 따라 정산하시오.

일반비용 :	US$20,000
공격비용 :	US$10,000
방어비용 :	US$6,000
소송비용 합계 :	US$36,000

풀 이

구 분		일반비용	공격비용	방어비용
일반비용 공격비용 방어비용 비용합계	US$20,000 US$10,000 US$6,000 US$36,000	US$20,000	US$10,000	US$6,000
일반비용 US$20,000 × 70% × 60% = US$8,400 Cr US$20,000 × 70% × 40% = US$5,600 US$2,800		US$2,800		
공격비용 US$10,000 × 70% × 100% = US$7,000 Cr US$10,000 × 70% × 100% = US$7,000			Cr US$7,000	US$7,000
보상비용 합계	US$38,800	US$22,800	US$3,000	US$13,000

② 약관공제금액(Policy Deductible)의 적용

선체보험에서는 실질적으로 보험종목이 선체와 충돌배상책임으로 나누어져 있으나, 동일사건이라면 약관공제금액을 공통으로 1회만 적용한다. 따라서 충돌배상책임보험 외에 당해 충돌사고와 관련한 단독해손, 공동해손, 구조료 혹은 손해방지비용 등에 약관공제금액이 이미 적용되었으면 충돌손해배상금에는 추가로 적용하지 않는다.

③ 상대선으로부터 수령한 손해배상금의 할당

㉠ 선주 : 선체보험자나 P&I Club으로부터 보험구상을 받지 않았던 손해항목에 대해서는 선주가 수령할 권리가 있다. 선체보험에서는 약관규정상 보험자가 일차적으로 지급보험금 한도 내에서 구상금을 회수할 권리가 있다.

㉡ 선체보험자 : 보험자대위에 의해 실제 지급한 보험금 한도 내에서 회수

㉢ P&I Club : 보험자대위에 의해 P&I Club이 Member에게 보험금을 지급한 손해와 관련하여 상대선으로부터 받은 배상금이 있다면 당연히 P&I Club이 회수한다. P&I Club이 회수하는 것은 주로 선체보험에서 보상하지 않은 자선의 인적 손해, 잔해제거비, 유류오염손해 등에 관한 상대방의 배상금이다.

(5) 선박충돌 클레임의 처리절차

① 충돌상황파악 및 증거수집

　㉠ 사고 후 구조 등 응급조치

　㉡ 충돌상황(시간, 위치, 충돌상태, 기상상태 등 파악)

　㉢ 상대선의 종류, 선명, 국적 및 적하유무 등의 정보파악

　㉣ 양선박의 손해, 인적 손해, 유류오염 여부 등 손해상태 파악

　㉤ 증거수집

② 재판관할법원의 선정

1952년 충돌 관련 민사재판관할조약(International Convention on Certain Rules Concerning Civil Jurisdiction on matter of collision)에 의하면 ㉠ 피고의 주소지, ㉡ 선박의 압류지, ㉢ 충돌사고 발생지, ㉣ 당사자간 합의에 따라 재판관할법원을 달리 선택할 수도 있으나 책임제한, 소멸시효 및 법원의 능력 등을 고려하여 손해보상은 극대화하고 손해배상은 최소화할 수 있는 방향으로 결정해야 한다.

③ 채권확보

일반적으로 쌍방과실 충돌사고의 경우 충돌손해액에 대한 지급보증은 쌍방의 P&I Club에서 발행하는 보증장을 서로 교환하는 방식으로 해결하고 있으며, P&I Club에서는 선주와 선박보험자에게 역보증장(Counter Guarantee)을 받아 두게 된다.

보증장에는 보증금액의 표시와 합의된 재판관할을 명기하게 되어 있으므로 보증장을 교환하기 전에 재판관할에 관한 검토가 되어 있어야 하고, 보증장은 상대선박이 사고현장을 출항하기 전에 확보하는 것이 바람직하다. 그 밖에 상대선박의 압류, 가압류 또는 현금공탁 등 기타의 채권확보방법도 있다.

④ 책임의 분배

해상충돌사고의 과실판단의 기준은 1972년 국제해상충돌예방규칙(Regulations for Preventing Collisions at Sea, COLREG)의 규정준수 여부가 가장 핵심이 되나, 각 지역의 Local Regulation이나 내국법의 준수 여부도 하나의 기준이 된다.

심화TIP 　자손자담원칙(Drop-hand Settlement)

자손자담원칙(Drop-hand Settlement)이란 단일책임주의(Single Liability)에 따라 정산한 결과 어느 일방이 지급할 충돌합의금이 거의 없거나 소액인 경우 또는 어떠한 이유로 충돌합의금과 과실비율이 확정되지 않은 상태에서 자기 손해는 자기가 부담하기로 합의하여 종결 처리하는 것을 말한다.

통상적인 정산방법은 우선 기존 협상내용을 근거로 양선의 합리적인 손해액을 산정하고, 양선의 산정된 손해액을 근거로 양선측이 주고받는 배상액이 같도록 과실비율을 역산하여 산정한 뒤에 충돌배상금(RDC) 정산을 한다.

[과실비율 정산방법]

자선의 과실비율을 A라 하면, 타선의 과실비율은 (1 − A)

타선손해액의 합계액 × A = 자선손해액의 합계액 × (1 − A)

∴ A = 자선손해액의 합계액 / (타선손해액의 합계액 + 자선손해액의 합계액)

---

⑤ 손해액의 산정

충돌손해액의 구체적인 인정범위에 대해서는 각국마다 다양한 판례를 형성하고 있고 통일된 조약도 존재하지 않지만, 충돌 당사자간의 합의로써 효력을 발생시킬 수 있는 Lisbon Rule이 1987년 CMI(Committee Maritime International)에 의해 제정되어 충돌손해액 산정의 기본원칙을 제공해주고 있다.

ⓐ 전손시

선박가액에 추가하여 구조비, 공동해손, 충돌의 결과 합리적으로 발생한 기타비용, 제3자에 대한 배상금, 선가에 포함되지 않은 속구 및 연료, 상실운임 그리고 대체선 구입에 필요한 합리적인 기간 동안의 불가동손실 등을 산정한다.

ⓑ 분손시

구조비, 공동해손, 임시수리비, 영구수리비, 입거비용, 선창소제 및 가스배출비용, 항비, 공무감독비용, 선급검사비용, 제3자 배상책임 및 불가동손실 등을 산정한다.

심화TIP Hague Rules(선하증권 통일조약)상 해상운송인의 책임

본 규칙은 과실책임주의에 입각하고 있어 운송인의 주의의무위반으로 인한 운송물의 손해에 대해 해상운송인은 손해배상책임을 져야 한다. 한편 해상운송인은 선박의 감항능력유지와 운송물의 관리에 상당한 주의를 기울여야 할 의무를 갖는 바, 본 주의의무를 게을리 함으로써 생긴 운송물의 손해에 대해서는 배상책임을 져야 할 뿐만 아니라 이를 경감 내지 면제하는 선하증권상의 제반규정을 무효인 것으로 선언하고 있다.

다만, 해상운송인의 배상책임에 대한 중대한 예외로서 다음의 경우에는 해상운송인의 책임이 면제된다.
• 항해상의 과실(항해과실)과 선박의 취급에 관한 선원(도선사 포함)의 과실
• 화재사고
• 해상고유의 위험으로 인한 손해
• 화주의 귀책사유
• 선박의 잠재하자(상당한 주의로도 발견할 수 없는 하자)
• 해난구조활동 또는 상당한 이유 있는 이로
• 총괄적인 면책사유(a catch – all exception) : 운송인 또는 운송인의 대리인이나 사용인의 고의 또는 과실 없이 일어난 손해(입증책임은 운송인 측에 있음)

심화TIP P&I Club(선주책임상호보험조합)

1. 선주책임상호보험의 의의

선주책임상호보험(Shipowners' Mutual Protection Indemnity Insurance)이란 선주, 선박운항자 또는 용선자 등이 선박의 소유와 운항에 수반하여 발생한 사고로 인하여 제3자에 대한 책임을 부담하는 경우에 이를 담보하는 보험을 말한다.

Protection(보호)이란 사고발생시 선주를 보호하기 위한 일련의 조치를 의미하며, Indemnity(보상)란 선주가 사고 또는 책임부담으로 인해 입은 손해를 보상하여 주는 것을 의미하나, 실무적으로는 선주의 책임을 선원에 대한 책임, 충돌배상책임 등과 같이 선박의 소유와 관련하여 발생할 수 있는 위험의 두 가지로 대별하여, 전자를 Protection Class의 위험이라 하고 후자를 Indemnity Class의 위험이라 한다.

P&I보험은 보험기간이 매년 2월 20일~다음 해 2월 20일까지이며, 회원선불원칙(pay to be paid)에 따라 회원이 1차로 지불을 완료한 경우에만 책임을 지며, 제3자가 P&I Club을 상대로 직접 청구하는 것은 불가하다(영국에는 예외가 있음).

P&I보험의 담보원칙은 열거책임주의, 선박의 운항과 직접 관련된 손해, 법적 책임(도덕적 책임은 제외), 해상법상의 계약책임, 불법행위책임을 담보하는 것이다. 단, Omnibus Rule(상호호혜원칙)에 따라 회원의 보험금청구가 열거위험에 해당되지 않더라도 P&I Club의 의사결정기관인 위원회(Committee Meeting)의 심의결정을 거쳐 담보할 수 있도록 하고 있다.

P&I Club은 무한대담보(유류오염은 예외적으로 5억불을 한도로 함)를 특징으로 하며, 위험의 분산을 위하여 Pool을 결성하고 그 이상의 사고에 대비하여 초과액 재보험계약(General Excess Loss Re-insurance Contract)을 체결하고 있다. 그 재보험으로도 전보가 되지 않는 초대형사고(catastrophe)가 발생한 경우 그 초과분에 대해서는 Club 자체에서 부담하여야 하는데, 이와 같은 경우의 클레임을 overspill claim이라고 하며, 그 클레임처리를 위하여 회원들에게 분담시키는 금액, 즉 보험료를 overspill call이라고 한다.

2. 담보위험(선주책임)

P&I보험의 담보위험에는 인명사고(선원, 여객, 하역인부, 도선사, 내방객 기타 선측을 지나가는 행인 등에 본선의 책임 있는 사유로 사고가 발생한 경우 이에 따른 배상책임), 충돌배상책임(1/4 RDC 등), 운송화물에 대한 책임, 난파선의 인양 및 제거, 벌금, 밀항자 및 난민으로 인한 손해, 징수불능의 공동해손, 구조료 및 특별비용 부담금, 항로 및 항만시설의 손상, 유탁책임(Oil Pollution Liability) 등이 있다. 이를 크게 3가지로 분류하면 다음과 같다.

(1) 화주에 대한 책임

해상물건운송계약의 내용은 계약자유의 원칙에 따라 당사자가 자유롭게 정할 수 있으므로 해상운송인은 여러 가지 면책사항을 선하증권(Bill of Lading)에 삽입하여 자기의 책임을 제한해 왔는데, 그 정도가 심하여 선하증권의 면책약관을 규제하려는 움직임이 일어나게 되었고, 특히 화주국인 미국에서는 Harter Act(1893)을 제정하여 이를 규제하였다. 즉, Harter Act(1893)에 선주는 내항능력 유지를 위해 상당한 주의를 해야 하며, 항해 또는 선박의 취급에 관한 과실, 즉 항해과실에 대해서는 면책되지만, 운송화물의 선적, 적부, 보관 및 인도 등에 관한 상사과실에 대해서는 면책되지 않는다는 점을 규정하였다.

그 결과 화물이 해상운송 도중 입은 손해 중 불가항력적인 해상사고나 화물고유의 하자 및 성질 그리고 선원의 항해과실로 인한 것에 대해서는 선주가 그 책임을 면할 수 있으나, 선박의 불감항성이나 화물취급상의 부주의로 인한 것에 대해서는 그 책임을 면할 수 없게 되었다. 물론 그 화물손상이 적하보험에서 담보되는 것이라면 화주는 적하보험자로부터 보험보상을 받고, 그 적하보험자는 화주로부터 구상권을 대위 취득하여 선주로부터 선주책임액을 회수할 수 있다.

상기 법률의 제정취지는 그 이후 1921년 헤이그규칙과 1925년 선하증권통일조약에 그대로 반영되어 운송인에 대한 책임체계가 전 세계적으로 통일을 기하게 되었다. 다만, 상기 조약에는 선주가 책임을 지는 경우라도 포장당 혹은 운송 단위당 일정금액(100파운드 혹은 500불)을 한도로 한다는 선주책임 제한제도를 규정하고 있다.

(2) 충돌상대선 및 그 적하에 대한 책임

선박이 타선박과 충돌하였을 경우에는 상대선과 그 적하에 대한 책임 중 3/4은 선박보험에서, 나머지 1/4은 P&I Club에서 보상한다. 다만, 선박보험에서 보상되는 상대방 손해는 선체손상, 불가동손해 및 적하손상에 한정되므로 인적 손해, 유탁 및 오염손해, 난파물 제거비용 등은 전액 P&I Club에서 보상된다. 즉, P&I Club에서는 충돌배상액의 1/4 밖에 보상하지 않지만, 충돌사고가 발생하면 상대선 박에 지급보증장(Letter of Guarantee)을 발급해주고 변호사를 선임하는 등 선주를 위하여 제반문제 를 주도적으로 처리해준다.

충돌상대선의 적하에 대한 책임에 있어서 쌍방과실충돌사고의 경우 미국에서는 연대책임주의를 취하 고 있어 자선의 화주는 손해액 전액을 상대선주로부터 회수할 수 있다. 반면에 상대선주는 그 배상금 을 자신의 손해액에 포함시켜 자선의 과실비율만큼 청구하게 되고 결국 자선의 선주는 자선의 화주에 게 간접적으로 보상하는 결과를 초래하게 된다. 그러나 항해과실에 의한 화물손상에 대해서는 운송인 이 면책되므로 이 같은 모순을 시정하기 위하여 선주는 선하증권에 쌍방과실충돌약관(Both to Blame Collision Clause)을 삽입하여 상대선박을 통해 간접적으로 배상한 금액을 자선의 화주에게 청구할 수 있도록 하였다.

적하보험증권상에도 동일하게 쌍방과실충돌약관(Both to Blame Collision Clause)을 두어 화주가 선주에게 반납한 배상금을 적하보험자가 보상하도록 규정하고 있다.

(3) 제3자 및 선원에 대한 책임

선주의 배상책임에는 상기 배상책임 외에도 본선과 상대선의 인적 손해에 대한 책임, 본선 적하에 대한 책임, 부두시설물, 부두노동자 등 제3자에 대한 대인 및 대물책임, 난파물 제거책임, 유탁에 관한 책임 등이 있는데, 이들 위험은 모두 P&I Club에서 담보 받을 수 있다.

3. 면책사유

다음의 경우에는 선주책임상호보험에서 담보되지 아니한다.

① 가입선박의 손상, 수리, 시설물손상, 구조료 및 선박보험에서 담보되는 사항
② 운임, 용선계약상의 책임, 채선료 또는 지연손해
③ 예인 또는 구조(인명구조는 예외)
④ 악성채무, 운송법상의 책임
⑤ 무모한 운항
⑥ 원자력, 전쟁위험 등

09 사례문제

예제 1

선박A호가 부산항을 2016년 2월 23일 출항하여 알래스카 앵커리지로 항해 중에 2월 27일부터 3월 3일까지 황천과 조우하여 황천에 의한 손상을 입었다. 황천에 의한 선박의 손상수리비는 US$40,000이었다.

> **B보험사**
> 보험기간 : 2015.3.1. ~ 2016.3.1., 보험가입금액 US$2,000,000
> 보험조건 : ITC – Hull(1/10/83) Deductible US$12,000
>
> **C보험사**
> 보험기간 : 2016.3.1. ~ 2017.3.1., 보험가입금액 US$2,000,000
> 보험조건 : ITC – Hull(1/10/83) Deductible US$24,000

B, C보험사가 각각 지급할 보험금을 계산하시오.

풀 이

(1) **B보험사의 지급보험금**

지급보험금 = (US$40,000 − US$12,000) × 2일 / 5일 = US$11,200

(2) **C보험사의 지급보험금**

지급보험금 = (US$40,000 − US$24,000) × 3일 / 5일 = US$9,600

※ 수리비가 증권별로 각각 산정된 경우에는 각각의 수리비에서 각각의 Deductible만 비례적으로 공제하여 수리비를 정산한다.
　B증권 수리비 US$40,000 / C증권 수리비 US$40,000
　B보험사의 지급보험금 = US$40,000 − (US$12,000 × 2일/5일) = US$35,200
　C보험사의 지급보험금 = US$40,000 − (US$24,000 × 3일/5일) = US$25,600

A선박이 화물선적을 위해 입항하던 중 기관실 내 발전기의 누전으로 인해 화재가 발생하였다. 화재발생 직후 진화작업을 실시하여 화재는 완전히 진압되었으나, 그 화재로 인하여 선박이 부두와 접촉되는 사고가 발생하였다. 입항 후에 실시한 영구수리에 대한 수리비결과는 다음과 같았다.

- 기관실 내 화재손해   US$20,000
- 부두접촉손상수리비   US$40,000

선박이 ITC – Hull(1/10/83), excess US$30,000, Machinery Damage Additional Deductible US$25,000 조건으로 보험에 가입되어 있을 때 A선체보험자의 지급보험금을 구하시오.

풀 이

기관실 내 화재손해 US$20,000 − US$25,000 = US$0(No Claim)
부두접촉손상수리비 US$40,000 − US$30,000 = US$10,000

※ 기관실 내에서 발생한 화재, 폭발에 의한 손해에 대해서는 MDAD약관이 첨부된 경우 기관실 손해에 대해 우선 적용하고, 약관공제액은 그 후에 적용하여 지급보험금을 산정하여야 한다.

참고 MDAD약관이 적용되는 사고원인

1. 보일러의 파열, 차축의 파손 또는 기관이나 선체의 잠재적 하자
2. 선장, 고급선원, 보통선원 또는 도선사의 과실
3. 수리자 또는 용선자의 과실
4. 선장, 고급선원 및 보통선원의 악행
5. 기관실 내에서 발생한 화재, 폭발사고

A선박이 항해 중 좌초된 후 구조되었으나 선체 손상이 심하여 보험자와 선주는 선박을 전손으로 처리하기로 합의하였다(이 경우 잔존물은 보험자에게 귀속됨). A선박의 보험조건 및 사고 관련 내용이 다음과 같을 때 A선박 보험자가 지급하여야 할 보험금을 구하시오.

• 협정보험가액 및 보험금액	US$1,200,000
• 보험조건 : ITC-Hulls (1/10/83) with Clauses 12 Deductible of US$50,000	
• 선박의 정상시장가액(Sound Market Value)	US$1,800,000
• 손해방지비용(Sue & Labour Expenses)	US$350,000
• 잔존물가액(Scrap Value)	US$200,000

풀 이

A선박 보험자가 지급하여야 할 보험금

전손보험금		US$1,200,000
손해방지비용	US$350,000	
구조가액(잔존물가액)	US$200,000	US$200,000
구조가액 초과비용	US$150,000	
초과비용은 비례보상 : US$150,000×US$1,200,000 / US$1,800,000 =		US$100,000
		US$1,500,000
Deductible		US$0
		US$1,500,000

※ 손해방지비용은 구조가액까지는 전액보상되나, 구조가액을 초과하는 금액에 대해서는 일부보험의 경우 비례보상(보험금액/정상시장가액)된다.

※ 전손의 경우 전손보험금에 손해방지비용을 더하여 지급하되 Deductible은 적용하지 않는다.

※ 보험자는 전손보험금과 손해방지비용을 선주에게 지급하고 잔존물가액(US$200,000)은 회수한다.

예제 4

A선박과 B선박이 충돌한 사고에 대해 과실비율은 70 : 30(B선박 유리)으로 합의되었고, 어느 일방도 책임제한에 해당되지 않는 경우 양 선박의 손해액이 다음과 같을 때 양 선박의 선체보험자가 각각 지급할 보험금을 계산하시오.

구 분	A선박	B선박
선체손상	US$20,000	US$40,000
불가동손해	US$10,000	US$20,000
적하손상	US$60,000	US$20,000
합 계	US$90,000	US$80,000

A선박의 보험조건 : ITC – Hull(1/10/83) Deductible US$30,000, 부보금액 US$1,000,000

B선박의 보험조건 : ITC – Hull(1/10/83) 4/4ths RDC Deductible US$6,000,
부보금액 US$500,000

풀 이

(1) A선박 선체보험자의 지급보험금

	선체손상	US$20,000 × 70% =	US$14,000
+)	충돌배상금(RDC)	US$80,000 × 70% × 3/4 =	US$42,000
−)	Deductible		US$30,000
	지급보험금		US$26,000

(2) B선박 선체보험자의 지급보험금

	선체손상	US$40,000 × 30% =	US$12,000
+)	충돌배상금(RDC)	US$90,000 × 30% × 4/4 =	US$27,000
−)	Deductible		US$ 6,000
	지급보험금		US$33,000

A선박과 B선박이 충돌하여 A선박은 분손, B선박은 전손되는 손해를 입었고, 양선의 손해액은 다음과 같이 조사되었다.

구 분	A선박	B선박
선체손상	US$300,000	US$500,000
불가동손해	US$150,000	–
난파선제거비용	–	US$200,000
합 계	US$450,000	US$700,000

양 선주간 손해액에 대해서는 다음과 같이 합의가 되었으나, 과실비율에 대해서는 합의가 이루어지지 않아 결국 자손자담방식(Drop – hand Settlement)으로 결정하기로 합의하고 종결하였다.

구 분	A선박	B선박
선체손상	US$300,000	US$400,000
불가동손해	US$100,000	–
난파선제거비용	–	US$200,000
합 계	US$400,000	US$600,000

A선박의 보험조건 : ITC – Hull(1/10/83) Deductible US$10,000,
보험가액/보험가입금액 US$1,000,000

상기와 같은 상황에서 A선박 선체보험자의 지급보험금을 구하시오.

풀 이

(1) **과실비율의 결정**

A선박의 과실을 x라 하면, B선박의 과실은 $1 - x$

US$600,000 $\times$ x = US$400,000 $\times$ $(1 - x)$

x = US$400,000 / (US$400,000 + US$600,000) = 0.4

따라서 A선박의 과실비율은 40%, B선박의 과실비율은 60%가 된다.

(2) **A선박 선체보험자의 지급보험금**

선체손상	US$30,000 $\times$ 40% =	US$120,000
+) 충돌배상금(RDC)	US$400,000 $\times$ 40% $\times$ 3/4 =	US$120,000
–) Deductible		US$ 10,000
지급보험금		US$230,000

A선박이 항해 중 3대의 발전기 가운데 1번 발전기의 connecting rod의 잠재하자(latent defect)에 의한 결과손해를 입었다. 상기 사고 후에 선박은 항해를 계속하였는데, 바로 그 다음날 선원의 부주의로 인하여 2번 발전기에 고장사고가 발생하였다. 이러한 상황에서 단지 1대의 발전기만이 남았으므로 공동의 안전을 위하여 다른 2대의 발전기를 수리하기 위해 피난항에 입항하여 수리를 실시하였고, 그 수리내역은 다음과 같다.

단독해손(P/A)		공동해손(G/A)
Accident1	Accident2	
US$32,000	US$40,000	US$48,000

보험조건 : ITC – Hull(1/10/83) Deductible US$12,000, MDAD US$8,000
　　　　　　보험가액/보험가입금액 US$1,000,000

상기와 같은 상황에서 A선박 선체보험자의 지급보험금을 구하시오.

풀 이

Accident1 지급보험금
= 단독해손 US$32,000 − MDAD US$8,000 − Deductible US$12,000
= US$12,000

Accident2 지급보험금
= [(단독해손 US$40,000 − MDAD US$8,000) + 공동해손 US$48,000] − Deductible US$12,000
= US$68,000

지급보험금 합계액
= US$12,000 + US$68,000 = US$80,000

※ 기계손상 추가공제(Machinery Damage Additional Deductible)는 약관상 공제금액(Policy Deductible)보다 우선 적용하여 보험금을 산출하여야 한다.
※ 공동해손은 Accident2에서 전부 부담하고 있는데, 이는 Last Straw법칙에 의한 것이다. 즉 Accident1이 당해 항차 이전 항차에서 발생하였을 경우를 생각할 수 있다.

A선박과 B선박이 항해 중 충돌하여 A선박은 Daily – hire조건으로 예인되던 중 충돌손상의 영향으로 침몰하였고, B선박은 충돌 당시 현장에서 침몰하였다. 양 선박의 충돌손해액은 다음과 같이 합의되었다.

구 분	A선박	B선박
선박전손	US$300,000	US$1,500,000
예인비용	US$80,000	–
적하손해	US$100,000	US$500,000
인명손해	US$520,000	US$1,000,000
합 계	US$1,000,000	US$3,000,000

양 선주간에 충돌과실비율은 90 : 10(B선박 유리)으로 합의하였고, A선박 소유자의 법적 책임한도액은 인적 손해 US$700,000, 물적 손해 US$400,000로 계산되었다.

(1) B선박의 인적 손해에 대해 A선박이 부담하여야 할 배상금을 구하시오.

(2) A선박의 보험조건이 ITC – Hull(1/10/83) Deductible US$6,000이고, 보험가액 및 보험가입금액이 US$300,000일 때 A선박 선체보험자의 지급보험금을 구하시오.

[풀 이]

(1) **B선박의 인적 손해에 대해 A선박이 부담하여야 할 배상금**

A선박의 B선박 인적 손해에 대한 책임액	US$1,000,000 × 90% =	US$900,000
－) B선박의 A선박 인적 손해에 대한 책임액	US$520,000 × 10% =	US$ 52,000
		US$848,000
－) A선박의 인적 손해 책임한도액		US$700,000
인적 손해 책임한도액 초과분		US$148,000

[A선박의 B선박 물적 손해에 대한 책임액]

B선박 선체손해	(US$1,500,000 × 90%) － (US$300,000 × 10%) =	US$1,320,000
B선박 적하손해	US$500,000 × 90% =	US$450,000

[A선박의 물적 손해 책임한도액 US$400,000 안분]

US$148,000 :	US$400,000 × US$148,000 / US$1,918,000 =	US$ 30,865
US$1,320,000 :	US$400,000 × US$1,320,000 / US$1,918,000 =	US$275,287
US$450,000 :	US$400,000 × US$450,000 / US$1,918,000 =	US$ 93,848
		US$400,000

B선박의 인적 손해에 대해 A선박이 부담하여야 할 배상금
= US$700,000 ＋ US$30,865 = US$730,865

(2) A선박 선체보험자의 지급보험금

선박전손		US$300,000
+) 예인비용	US$80,000 × US$300,000 / US$400,000 =	US$60,000

    * RDC : US$275,287 + US$93,848 = US$369,135(X)

+) RDC는 자선 보험가입금액 US$300,000의 3/4이 한도이므로	US$225,000
−) Deductible	US$6,000
지급보험금	US$579,000

※ 충돌배상금은 자선의 선체보험가입금액의 3/4을 초과할 수 없다. 단, 4/4ths RDC의 경우에는 선체보험가입금액 전체가 배상한도가 된다.

※ 선박 전손의 경우 Deductible은 적용하지 않으나, 사례에서 Deductible을 적용한 것은 RDC에 적용한 것이다.

※ 사례의 경우 A선박이 전손되었으므로 선체보험자는 구조비 성격의 예인비용을 약관규정에 따라 손해방지비용으로 처리하고, 예인비용 중 선박이 분담하여야 할 부분에 대해서만 보험금으로 지급한다. 다만, 선박이 전손이 아닌 경우 이미 발생된 공동해손 및 구조비는 선박과 화주 각각 분담분을 나눈 다음 각각의 손해에 포함하여 정산하여야 한다.

화물을 적재한 A선박이 하역항인 부산항에 입항 중 폭발사고가 발생하여 3번 발전기가 손상을 입었다. 폭발사고로 인해 전원공급이 차단되어 조타시스템의 작동이 중지되었고, 그로 인해 선박은 인근해역에 좌초되었다. 좌초시에 프로펠러가 해저와 접촉하여 손상을 입었고, 주기관도 과부하로 인해 손상이 발생하였다. 그 후 선주는 구조업자를 수배하여 본선을 인근의 수리조선소로 옮겨 수리를 실시하였고, 사고와 관련하여 발생된 비용은 다음과 같다.

- 폭발로 인한 3번 발전기 손상수리비   US$250,000
- 좌초로 인한 선체 손상수리비   US$300,000
- 좌초로 인한 프로펠러 손상수리비   US$280,000
- 주기관의 과부하로 인한 손상수리비   US$250,000
- 선박의 공동해손분담금   US$400,000

좌초로 인한 선체 손상부위는 선저(Bottom)부분으로 철판이 신환되었고, 그 수리비 US$300,000에는 Grinding/Sand Blasting US$30,000, 2 Coats of A/C(방청) Painting US$20,000, 2 Coats of A/F(방오) Painting US$20,000이 포함되어 있다.

보험조건 : ITC – Hull(1/10/83), Deductible US$75,000, MDAD US$75,000

보험가입금액 : US$5,000,000, 선박의 정상시장가액(SMV) : US$4,800,000

상기 조건에서 선체보험자의 지급보험금을 계산하시오.

풀 이

선박의 공동해손분담금			US$400,000
선박의 단독해손			
선저 손상수리비	US$300,000 − US$30,000 =	US$270,000	
프로펠러 손상수리비		US$280,000	
주기관 손상수리비		US$250,000	
발전기 손상수리비	US$250,000 − US$75,000 =	US$175,000	US$975,000
			US$1,375,000

지급보험금 = US$1,375,000 − US$75,000 = US$1,300,000

※ A/C : Anti – Corrosive(부식방지), A/F : Anti – Fouling(오염방지)
   선저수리비 중 A/C 1 coat 비용까지만 수리비로 인정된다.

A선박은 2014년 1월 5일 인천항 입항 중 좌초되었으나, 만조시에 자력으로 이초 후 수중조사를 실시한 결과, 선저에 손상이 발견되었고 선저검사비용은 US$7,000이 발생하였다. 선저손상은 감항성에 문제가 없어 차기 선주의 정기수리시에 병행하여 수리하기로 하였다.

그 후 부산항으로 항해 중 2월 18일과 19일까지 2일 동안의 악천후로 좌현외판이 손상되었고, 2월 22일부터 2월 24일까지 3일 동안의 악천후로 선수부에 손상이 발생한 후 부산항에 입항하였다. 이번 손상수리도 차기 선주의 정기수리시에 병행하여 수리하기로 하였다.

2014년 5월 상기 손상수리와 선주의 정기수리를 위하여 평택항에서 공선상태로 출항하여 여수항으로 접근 중 선원의 과실로 과급기(Turbo Charger)가 심하게 손상되어 여수항에 입항하여 수리를 실시하였으며, 그 관련 발생비용은 다음과 같다.

구 분	건선거	수리부두	수리금액
인천항 입항시 좌초 손상수리	6일	–	US$20,000
악천후로 인한 좌현외판 손상수리	6일	–	US$50,000
악천후로 인한 선수부 손상수리	6일	–	US$25,000
과급기(Turbo Charger) 손상수리	–	2일	US$59,000
선주 정기수리	6일	2일	US$43,000

건선거비용(Dockage) : 기본 2일 US$2,000, 추가 4일 US$8,000(4일 × US$2,000)
수리부두사용료 : US$2,000(2일 × US$1,000)
여수항 입/출항 도선/예선료 : US$1,000
선원의 급여와 유지비 : US$2,000/day
항해 중 소모된 연료유와 소모품 : US$2,500/day

A선박은 수리완료 후 여수항을 출항하여 일본의 나고야항으로 출항하였다. 평택항에서 나고야항까지는 4일, 평택항에서 여수항까지는 3일, 여수항에서 나고야항까지는 3일이 소요된다.

A선박이 ITC – Hull(1/10/83) Deductible US$50,000의 조건(보험기간은 2014.1.1.부터 1년간)으로 보험에 가입되었다고 할 때 A선박 선체보험자의 지급보험금을 구하시오.

구 분	Accident1	Accident2	Accident3	선주수리
선저검사비용	US$7,000			
입항시 좌초수리비	~~US$20,000~~			US$20,000
악천후 좌현외판수리비		US$50,000		
악천후 선수부수리비		US$25,000		
과급기수리비			US$59,000	
선주수리비				US$43,000
Dockage 기본 2일	~~US$500~~	US$1,000		US$1,000
Dockage 추가 4일	~~US$2,000~~	US$4,000		US$4,000
수리부두사용료			US$1,000	US$1,000
수리비용 합계액	~~US$22,500~~	US$80,000	US$60,000	US$69,000
회항비용 US$6,000		US$3,200		US$2,800
선원급여유지비(2일)				US$4,000
합 계	US$7,000	US$83,200	US$60,000	US$75,800

회항비용(Removal Cost) US$6,000 → 삼각형정산방식(Triangulation Basis)

= 여수항 입/출항 도선/예선료 US$1,000 + 연료유와 소모품(2일) US$5,000

= US$6,000

※ 선원급여유지비는 공동해손 또는 보험자수리만을 위한 회항기간에만 인정된다.

※ Accident3은 회항항해와는 무관한 사고이므로 수리부두사용료(Afloat) US$1,000은 선주수리비에 합산하여 회항비를 배분하여야 한다.

A선박 선체보험자의 지급보험금

Accident1	US$7,000	US$7,000
Accident2	US$83,200	
−) Deductible	US$50,000	US$33,200
Accident3	US$60,000	
−) Deductible	US$50,000	US$10,000
지급보험금		US$50,200

※ 좌초 후 선저검사비용은 Deductible 적용 없이 전액 인정된다.

예제 10

정상시장가액 US\$550,000인 A선박은 부보금액 US\$500,000, ITC-Hull(1/10/83), so valued Deductible US\$4,000 및 Increased Value & Excess Liability(Total Loss only, including Excess Liability) US\$50,000의 조건으로 부보되어 있다.

A선박이 항해 중 돌출된 암반에 부딪혀 좌초되는 사고가 발생하였다. 운임은 선불되었으며, non-returnable ship "lost or not lost" 조건이다. 선박의 좌초사고 후 검정된 예상구조비와 수리비는 다음과 같다.

• 예상구조비	US\$100,000	
• 좌초손상수리비	US\$400,000	
• 이초손상수리비	US\$50,000	US\$550,000

선주는 이러한 상황에서 선박을 US\$100,000의 고철가액으로 매각하고, 선체보험자에게 위부의 통지를 하였다. 선박과 화물의 공동해손분담비율이 60 : 40일 경우 추정전손 성립 여부를 판단하고, 선박보험자의 지급보험금을 구하시오.

풀이

공동해손희생손해 = 정상시장가액 - (예상단독해손 + 고철가액)
$\qquad$ = US\$550,000 - (US\$400,000 + US\$100,000) = US\$50,000

공동해손비용손해 : 예상구조비 US\$100,000

공동해손 = US\$50,000 + US\$100,000 = US\$150,000

공동해손분담금 = (예상구조비 + 공동해손희생손해)×60%
$\qquad$ = (US\$100,000 + US\$50,000)×60% = US\$90,000

추정전손 성립 여부

예상수리비 = 단독해손 + 공동해손희생손해 + 공동해손비용손해 중 선박분담분
$\qquad$ = US\$400,000 + US\$50,000 + US\$60,000(= US\$100,000×60%)
$\qquad$ = US\$510,000 (> 부보가액 US\$500,000) (추정전손 성립)

지급보험금
= 추정전손보험금 US\$500,000 - 적하로부터의 회수분 US\$60,000(= US\$150,000×40%)
= US\$440,000

※ MIA(1906)의 추정전손 판단기준(제60조)

수리비란 보험목적을 사고 이전의 상태로 원상회복하는데 소요되는 모든 비용을 말한다. 선박의 추정전손 성립 여부를 결정함에 있어서의 수리비에는 다른 이해관계인이 지불할 공동해손분담금은 공제하지 않으며, 장래의 구조비용과 선박이 수리될 경우 선박이 부담하게 될 장래의 공동해손분담금은 가산되어야 한다(MIA 제60조 제2항). 여기서 장래(Future)의 의미는 사고시점 이후를 의미하고, 위부통지 여부와 관계없이 사고 이후 합리적으로 발생한 모든 비용에 대해 회복하는데 소요되는 비용으로 본다. 또한 추정전손의 판단에 있어서 선박 또는 난파선의 훼손된 가액 또는 해체된 가액은 이를 고려하지 않는다.

A선박은 일본 고베항을 출항하여 나고야항으로 항해 중 2016년 2월 28일 1번 및 2번 화물창에서 차례로 폭발사고가 발생하였다. 폭발사고 이후 A선박은 고베항으로 되돌아가 사고조사를 한 후 영구수리를 위해 2016년 3월 3일 부산항으로 출항하였다. 부산항에서 손상검사를 실시한 결과, 검정인이 산정한 예상수리비는 US$13,000,000이었고, 선주는 영구수리를 할 실익이 없다고 판단하여 선박을 US$50,000의 고철가액으로 매각하였다.

- 보험조건 : ITC – Hull(1/10/83) Deductible US$75,000, MDAD US$50,000
- 보험기간 : 2015.3.15.～2016. 3.15., 보험가입금액 : US$15,000,000
- 선박의 정상시장가액 : US$10,000,000
- 사고와 관련하여 발생한 비용
  - 부산항으로의 회항비용   US$30,000
  - 부산항 항비 및 대리점비용   US$5,000
  - 손상확인 차 접안한 조선소 안벽사용료   US$10,000
  - 선박매각에 소요된 비용   US$8,000

단, 상기 기발생비용 중 회항비용, 항비, 대리점비용, 안벽사용료는 선체보험자가 선지급처리 하였음.

(1) 상기 상황에서 선체보험자의 지급보험금을 산정하시오.

(2) 만일 A선박이 International Hull Clause로 보험가입이 되어 있다면 선체보험자의 지급보험금은 얼마인지 산정하시오.

풀이

(1) **상기 상황에서 선체보험자의 지급보험금**

예상수리비(US$13,000,000)가 선박의 부보가액(US$15,000,000)을 초과하지 않으므로 추정전손은 성립되지 않는다. 미수리손상수리비는 예상수리비를 한도로 합리적인 감가액을 보상하는 제도를 말하며, 이때 합리적인 감가액은 정상시장가액에서 고철대금을 공제한 금액을 말한다.

① 합리적인 감가액(SMV – Scrap)

선박의 정상시장가액   US$10,000,000
－) 고철매각대금   US$50,000 － US$8,000   =   US$42,000
                                                                    US$9,958,000

② 선체보험자의 지급보험금 = 합리적인 감가액 － 기발생비용 － 약관공제금액(Deductible)
                        = US$9,958,000 － US$45,000 － US$75,000
                        = US$9,838,000

※ 미수리손상수리비

피보험자는 보험자로부터 미수리손상으로 인한 합리적인 감가액에 대해 보험계약 종료시점에서 보상받을 수 있으나, 손상에 대한 합리적인 예상수리비를 초과할 수 없다.
- 미수리손상수리비 = 합리적인 감가액 ≤ 합리적인 예상수리비
- 합리적인 감가액의 평가 및 보험금지급 시점 : 보험계약 종료시점

(2) International Hull Clause로 가입되어 있는 경우 선체보험자의 지급보험금

동 약관 제21조 제1항에서는 예상회복비용이 부보가액의 80% 이상인 경우에는 추정전손이 유효하게 성립된다고 규정하고 있다.

상기 사례의 경우 예상수리비(US$13,000,000)가 부보가액의 80%(US$12,000,000)를 초과하므로 추정전손이 성립된다. 따라서 선체보험자는 부보가액(US$15,000,000)에서 고철대금을 차감한 전액을 전손보험금으로 지급하여야 한다.

예제 12

A선박과 B선박이 항해 중 충돌하였고, 충돌과실비율은 30 : 70(A선박 유리)으로 합의되었다. 충돌과 직접적으로 관련하여 A선박의 선주에게 발생된 비용은 다음과 같다.

선체수리비	US$20,000
불가동손실	US$12,500
speed & angle of blow survey fee	US$300
B선박에 대한 W.P survey fee	US$300
B선박에 대한 보증장 발급 bail fee	US$100
법률내용(변호사비용)	
General Cost	US$1,100
Attack Cost	US$650
Defence Cost	US$400

구 분		Claimed	Agreed
A선박	선체수리비	US$25,000	US$20,000
	불가동손실	US$12,500	US$10,000
B선박	선체수리비	US$20,000	US$15,000
	불가동손실	US$10,000	US$5,000
	적하손해	US$15,000	US$10,000

A선박이 보험가입금액 US$1,000,000, 보험조건 ITC – Hull(1/10/83) 3/4ths RDC Deductible US$5,000의 조건으로 부보되어 있을 경우 선체보험자가 지급하여야 할 보험금을 산정하시오.

풀 이

(1) **소송비용의 안분**

① **일반비용**

일반비용은 자선의 선체손상/불가동손실의 합계액과 상대선의 선체손상/불가동손실/적하손해의 합계액의 비율로 안분한다.

speed & angle of blow survey fee US$300 + General Cost US$1,100 = US$1,400

A선박 US$30,000(선체수리비 + 불가동손실)   : US$700 → 공격비용에 합산

B선박 US$30,000(선체수리비 + 불가동손실 + 적하손해) : US$700 → 방어비용에 합산

② **공격비용**

일반비용 US$700 + 공격비용 US$650 = US$1,350

선체수리비 US$20,000 : US$900 → 단독해손에 합산

불가동손실 US$10,000 : US$450 → Remainder

③ **방어비용**

B선박에 대한 W.P survey fee US$300

+ B선박에 대한 보증장 발급 bail fee US$100

+ Defence Cost US$400

+ 일반비용 US$700 = US$1,500 → 전액 RDC에 합산

(2) **지급보험금의 계산**

선체수리비 (US$50,000 × 30%) + 공격비용 US$900   = US$8,400

RDC [(US$30,000 × 30%) + 방어비용 US$1,500] × 3/4 = US$7,875

−) Deductible   US$5,000

                                                 US$11,275

※ 충돌배상금을 정산할 때는 양 선주간 합의된 손해액을 기준으로 정산하고, 선체보험금을 정산할 때는 실제발생수리비를 기준으로 정산한다.

A선박과 B선박이 항해 중 충돌하였고, 충돌과실비율은 25 : 75(A선박 유리)으로 합의되었다. 충돌과 직접적으로 관련하여 A선박의 선주에게 발생된 비용은 다음과 같다.

선체수리비	US$50,000
불가동손실	US$25,000
적하손해	US$25,000
speed & angle of blow survey fee	US$200
B선박에 대한 W.P survey fee	US$600
B선박에 대한 보증장 발급 bail fee	US$200
사고 상황에 대한 선원 인터뷰	US$2,400
A선박 손해 입증비용	US$800
B선박 손해 입증비용	US$800

양측에서 주장한 손해액과 합의된 손해액은 각각 다음과 같다.

구 분		Claimed	Agreed
A선박	선체수리비	US$50,000	US$40,000
	불가동손실	US$25,000	US$20,000
	적하손해	US$30,000	US$25,000
B선박	선체수리비	US$35,000	US$30,000
	불가동손실	US$15,000	US$10,000
	적하손해	US$25,000	US$20,000

A선박이 보험가입금액 US$2,000,000, 보험조건 ITC – Hull(1/10/83) 3/4ths RDC Deductible US$10,000의 조건으로 부보되어 있을 경우 선체보험자가 지급하여야 할 보험금을 산정하시오.

(1) 소송비용의 안분

① **일반비용**

speed & angle of blow survey fee US$200

+ 사고 상황에 대한 선원 인터뷰 US$2,400 = US$2,600

A선박 US$60,000(선체수리비 + 불가동손실)　　　　　　　: US$1,300 → 공격비용에 합산

B선박 US$60,000(선체수리비 + 불가동손실 + 적하손해) : US$1,300 → 방어비용에 합산

② **공격비용**

A선박 손해 입증비용 US$800 + 일반비용 US$1,300 = US$2,100

선체수리비 US$40,000 : US$1,400 → 단독해손에 합산

불가동손실 US$20,000 : US$700 → Remainder

③ **방어비용**

B선박에 대한 W.P survey fee US$600

+ B선박에 대한 보증장 발급 bail fee US$200

+ B선박 손해 입증비용 US$800

+ 일반비용 US$1,300 = US$2,900 → 전액 RDC에 합산

(2) 지급보험금의 계산

선체수리비 US$50,000 − US$30,000(= US$40,000 × 75%) + 방어비용 US$1,500 　=　US$18,600

RDC [(US$60,000 × 25%) + 방어비용 US$2,900] × 3/4 　　　　　　　　　=　US$13,425

−) Deductible 　　　　　　　　　　　　　　　　　　　　　　　　　　　US$10,000

　　　　　　　　　　　　　　　　　　　　　　　　　　　　　　　　　　US$22,025

※ 충돌배상금을 정산할 때는 양 선주간 합의된 손해액을 기준으로 정산하고, 선체보험금을 정산할 때는 실제발생수리비를 기준으로 정산한다.

예제 14

부산을 출항하여 홍콩으로 향하던 한국 국적의 A선박(국제 총톤수 2,000톤)이 인천에서 화물을 선적 후 일본으로 항해 중인 한국 국적의 B선박(국제 총톤수 2,000톤)과 충돌하는 사고가 발생하였다.

이 충돌사고로 A선박은 우현 측에 파공이 생겨 심해에 침몰되었다. A선박은 부보금액 US$100,000, ITC – Hull(1/10/83) 3/4ths RDC excess US$4,000의 조건으로 보험에 가입되어 있다.

상기 사고 후 합의된 과실비율이 70 : 30(B선박 유리)이고, 양 선주간에 합의된 손해액이 다음과 같을 때 A선박보험자가 지급하여야 할 보험금을 구하시오(단, 선주책임제한금액은 1976년 국제협약에 따른다).

구 분	A선박	B선박
선체수리비	US$100,000	US$140,000
불가동손해	–	US$40,000
적하손해	–	US$20,000
합 계	US$100,000	US$200,000

풀 이

양 선박의 국제 톤수에 따른 물적 책임제한액
= [167,000SDR + (1,500톤 × 167SDR)] × US$1.5 = US$626,250(SDR1 = US$1.5)

양 선박의 손해액이 상기 책임제한액 미만이므로 책임제한이 적용되지 않는다. 따라서 교차책임주의(Cross Liability)에 따라 정산한다.

A선박 보험자의 지급보험금

선체수리비	US$100,000 × 70%	=	US$70,000
RDC	US$200,000 × 70% × 3/4	=	US$105,000 (×)
RDC	US$100,000 × 3/4		US$75,000 (○)
−) Deductible			US$4,000
			US$141,000

※ 3/4 RDC는 자선부보금액 US$100,000의 3/4을 초과할 수 없고, 4/4 RDC의 경우라 하더라도 자선부보금액 US$100,000을 초과할 수 없다.

A선박이 항구에 입항 중 출항하던 B선박과 충돌사고가 발생하여 손상을 입었다. 상기 사고의 영향으로 A선박은 부두에 정박 중이던 C바지선과 충돌하면서 바지선 및 바지선 선주소유화물과 부두(pier)에도 손상을 입혔다. 부두와의 충돌손상으로 연료탱크가 손상되면서 유류오염(oil pollution)도 발생하였다.

양선의 과실비율은 80 : 20(B선박 유리)으로 합의되었고, 각각의 선박에 대한 손상은 다음과 같이 합의되었다(단, 선주책임제한금액은 1976년 국제협약에 따른다).

구 분	A선박 1,500톤	B선박 500톤	C바지선 600톤	부두(pier)	유류오염
Damage	US$300,000	US$240,000	US$120,000	US$30,000	US$400,000
LOE	US$140,000	US$90,000	US$120,000		
적하손해	US$80,000	US$70,000	US$200,000		
합 계	US$520,000	US$330,000	US$440,000	US$30,000	US$400,000

[A선박의 보험조건]

• ITC – Hull(1/10/83) Deductible US$10,000, 보험가입금액 : US$1,000,000
• 영국 P&I Club에 가입 : Full Condition, Deductible 없음
  ※ 1 SDR＝US$1.50로 가정

(1) A선박의 선체보험자와 P&I Club의 지급보험금을 산정하시오.

(2) B선박의 선체보험자와 P&I Club의 지급보험금을 산정하시오.

풀 이

• 양선의 책임제한액

A선박   [167,000SDR ＋ (167SDR × 1,000톤)] × US$1.50 ＝ US$501,000
B선박   67,000SDR × US$1.50 ＝ US$250,500

• A선박의 책임제한액 배분

B선박 선체손상 및 불가동손해에 대한 배상액

  (US$330,000 × 80%) － (US$440,000 × 20%) ＝ US$176,000 : US$145,026

B선박 적하손해에 대한 배상액

              US$70,000 × 80% ＝ US$56,000 : US$46,145

C바지선 전체손해(선체손상, 불가동손해, 적하손해)에 대한 배상액

        US$440,000 × 80% ＝ US$352,000 : US$290,053

부두(pier)손상에 대한 배상액

        US$30,000 × 80% ＝ US$24,000 : US$19,776
                          US$608,000   US$501,000

※ 책임제한액 US$501,000을 한도로 배상액에 따라 안분

유류오염

US$400,000 × 80% = US$320,000 : US$320,000

※ 부두손상 및 유류오염손해는 P&I Club에서 보상

(1) A선박의 선체보험자와 P&I Club의 지급보험금

① A선박 선체보험자의 지급보험금

선체손상	US$300,000
+) RDC US$481,224 × 3/4	= US$360,918
* US$145,026 + US$46,145 + US$290,053 = US$481,224	
−) Deductible	US$10,000
	US$650,918

② A선박 P&I Club의 지급보험금

RDC US$481,224 × 1/4	= US$120,306
부두손상	US$19,776
+) 유류오염 US$400,000 × 80%	= US$320,000
−) Deductible	US$0
	US$460,082

(2) B선박의 선체보험자와 P&I Club의 지급보험금

① B선박 선체보험자의 지급보험금

선체손상 US$240,000 − US$105,473 = US$134,527
  • 선체손상 : US$145,026 × US$240,000 / US$330,000
          = US$105,473
  • 불가동손해 : US$145,026 × US$90,000 / US$330,000
          = US$39,553
RDC(A선박 적하손해 US$80,000 + C바지선 전체손해 US$440,000)× 20% × 3/4 = US$78,000
  −) Deductible   US$10,000
                                                       US$202,527

② B선박 P&I Club의 지급보험금

RDC(US$80,000 + US$440,000) × 20% × 1/4	= US$360,918
(부두손상 US$30,000 + 유류오염 US$400,000) × 20%	= US$86,000
−) Deductible	US$0
	US$112,000

[B선박의 배상액]

A선박 적하손해 US$80,000 + C바지선 전체 손해 US$440,000 + 부두손상 US$30,000

= US$550,000[유류오염배상액 US$80,000(US$400,000 × 20%) : P&I에서 보상]

US$550,000 × 20% = US$110,000(≤ 책임제한액 US$250,500)

※ B선박의 경우 배상액이 책임제한액 이내이므로 책임제한액을 안분할 필요가 없다.

선박이 다음과 같이 선체보험에 가입되어 있다.

> US$2,000,000 On Hull Machinery, so valued, subject to the ITC – Hulls(1/10/83), Deductible US$0
>
> US$200,000 On Increased Value of Hull, subject to the ITC – Hulls(1/10/83), Disbursement and Increased Value(Total Loss only, including excess liabilities)

상기의 선체보험 및 증액보험의 부보조건하에서 아래의 3가지 경우에 대한 보험금을 구하시오.

General Average Expenditure

> • 공동해손 정산에 의한 선박의 공동해손비용 분담분   US$44,000
> • Sound Market Value   US$2,400,000
> • Damage   US$200,000

풀 이

Contributory Value	US$2,400,000 − US$200,000 = US$2,200,000	: US$44,000
Insured Value	US$2,000,000 − US$200,000 = US$1,800,000	: US$36,000
Increased Value	US$200,000	: US$4,000

※ 공동해손 비용손해는 선체보험 및 증액보험 분담가액의 정상시장가액 분담가액에 대한 각각의 비율에 따라 비례분담한다.

예제 16-2

Sue & Labour Charges

- 정산에 의한 선박의 Sound Market Value   US$2,400,000
- Sue & Labour Charges   US$9,600

풀 이

Contributory Value	US$2,400,000	US$9,600
Insured Value	US$2,000,000	US$8,000
Increased Value	US$200,000	US$800

※ 손해방지비용은 선체보험 및 증액보험 부보금액의 정상시장가액에 대한 각각의 비율에 따라 비례보상한다.

예제 16-3

Collision Liability(3/4ths RDC)

정산에 의한 총배상책임액   US$2,400,000

풀 이

Contributory Value	US$2,400,000 × 3/4	= US$1,800,000	US$1,800,000
Insured Value	US$2,000,000 × 3/4	= US$1,500,000	US$1,500,000
Increased Value	US$1,800,000 − US$1,500,000 =	US$300,000	US$200,000

※ 충돌배상금은 선체보험의 배상한도액 내에서 우선 배상하고 부족분은 증액보험 부보금액 한도까지 배상한다.

제2과목 해상보험의 이론과 실무(상법 해상편 포함)

공동해손

01 공동해손의 정의

공동해손이란 공동의 해상사업에 있어서 공동의 안전을 위해 고의적이고 합리적으로 발생시킨 이례적인 희생손해나 비용을 그러한 희생 또는 비용지출의 결과로 위험을 면하게 되어 무사히 목적지에 도착할 수 있었던 이해관계인이 그 희생이나 비용에 대해 서로 분담해주는 해상법상의 제도이다. 해상보험에서는 해상법상에서 규정된 각 이해관계인이 지급해야 하는 공동해손 분담금을 보상해주고 있다.

1. 법적 정의

우리나라 상법에서는 <u>선박과 적하의 공동위험을 면하기 위한 선장의 선박 또는 적하에 대한 처분으로 인하여 생긴 손해 또는 비용을 공동해손이라 한다.</u>

MIA(1906)에서는 공동의 해상사업에 있어서 공동의 위험에 놓인 재산을 보존할 목적으로 자발적이고 합리적으로 발생시킨 이례적인 희생손해나 비용손해가 있는 경우 그러한 행위로 발생하거나 또는 직접적인 결과로 발생한 손해를 공동해손이라 한다.

2. 통일규칙

York-Antwerp Rule에서는 공동해상사업에 있는 재산이 처한 공동의 위험으로부터 회피하기 위해 고의적이고 합리적으로 발생시킨 이례적인 희생이나 비용을 공동해손이라고 규정하고 있다.

로드해법(Rhodian Sea Code, BC300년경)에서는 투하된 화물에 대하여 구조된 선박과 화물의 소유자에게 해당 비율에 대하여 공동해손 분담의무를 부과하고 있다.

유스티아누스법전(Justinian's Code, 로마대법전 553년경)에서는 화물의 투하에 대하여 로드해법을 근거로 "만일 선박의 무게를 가볍게 하기 위해 화물의 일부를 해중에 투하하였을 때 이에 대한 희생은 전체가 분담하여야 한다"고 규정하고 있다.

1864년 선주, 보험자, 해손정산인 등 관계자들이 모인 York회의에서 11개 조항의 규칙이 제정되어 사용되다가 1877년 Antwerp회의에서 York Rule을 수정하여 12개 조항의 공동해손규칙을 제정하였는데, 이를 York-Antwerp Rule이라 하였다.

1974년 새로운 YAR이 채택되어 공동해손정산을 이 규칙에 따르도록 하였다. 1974년 YAR은 7개 조항의 문자규정과 22개 조항의 숫자규정으로 구성되어 있으며, 공동해손을 정산함에 있어서는 숫자규정이 우선하지만 숫자규정에 명시되지 아니한 사항은 문자규정에 따라 정산하도록 규정되어 있다.

그 후 새로 개정된 1994년 YAR은 1974년 YAR에 비해 ① 최우선조항에서 합리성에 대한 입증책임을 부여하고 있는 점, ② 예인선과 피예인선에 대한 공동해손인정 관련 사항을 명문화한 점, ③ 선화비분리협정서(Non-Separation Agreement)를 삽입한 점, ④ 오염손해와 관련하여 오염손해를 방지하거나 경감하는데 지출된 비용을 숫자규칙 제11조 (d)항에서 제한적으로 인정하고 있는 점 등에서 차이가 있다.

1. 공동의 위험단체

공동해손이 성립되기 위해서는 적어도 선박, 적하, 운임 또는 연료유(Bunker) 등 최소한 2개 이상의 공동이익단체가 존재해야 한다.

> **심화TIP** Ballast General Average
>
> 정기용선된 선박이 적하 없이 공선항해(Ballast Voyage)를 하는 경우에도 공동해손이 성립될 수 있다. 정기용선된 선박의 경우 연료유(Bunker)는 용선자의 부담으로 선박에 공급되기 때문에 선박(선주)과 연료유(용선자)라는 2개의 공동이익단체가 존재하게 된다. 따라서 정기용선된 선박의 경우 공선항해시에도 공동해손이 성립될 수 있다. 또한 선박이 용선되지 않고 공선상태로 항해 중 위험에 처한 경우에도 출항지로부터 피난항과 연료보급만을 위한 항구 이외에 최초로 기항하는 항구에 도착할 때까지 공동해손이 적용된다. 이를 Ballast G/A, Policy G/A 또는 small G/A라고도 한다. <u>단, York-Antwerp Rule 제20조(자금조달비용) 및 제21조(이자)는 적용되지 않는다.</u>

2. 공동의 위험(Peril)

공동해손이 성립하기 위해서는 반드시 긴박할 필요는 없지만, 현실적이고 실질적인 공동의 위험이 존재하여야 한다. 예컨대 냉동선의 경우 냉동장치가 고장이 났다면 이는 적하에 대한 위험은 될 수 있으나, 선박에 대한 위험은 아니므로 선박과 적하의 공동의 위험이 되지 아니한다.

3. 고의성(Intentional Loss)

손해의 발생을 인식하면서 고의적으로 발생시켜야 하고 선장 또는 선장의 직무를 대행하는 항해사나 고급선원의 고의가 있어야 한다. 예컨대 선박 및 화물이 좌초사고로 손해를 입은 경우 선박 및 화물이 입은 우연적인 손해는 단독해손이지만, 좌초된 선박을 이초하기 위해 화물을 투하한다든가 기관을 과도하게 사용하여 발생한 손해 및 구조비 등은 공동해손손해에 해당한다.

4. 합리성

공동의 안전을 위해 취한 조치나 그로 인한 비용의 발생은 공동해손행위를 할 당시의 상황에서 합리적이어야 한다. 기존 1974 YAR까지는 공동해손행위의 합리성에 대한 입증책임이 존재하지 않았으나, 1994 YAR에는 최우선조항(Rule Paramount)에서 공동해손손해 및 비용의 합리성에 대해 이해관계인에게 입증책임을 부여하고 있다.

5. 이례적인 희생손해 또는 비용손해

공동해손손해는 통상적인 비용의 증가가 아닌 이례적으로 발생한 희생이나 비용이어야 한다. 따라서 선주가 운송계약에 의해 화물을 목적항까지 무사히 운송할 의무를 다하기 위해 발생된 비용은 공동해손으로 인정되지 않는다.

04 공동해손손해

1. 공동해손손해에 대한 보험자의 책임(MIA 제66조 제4항)

(1) 공동해손 희생손해에 대한 책임

공동해손 희생손해의 경우에는 분담의무를 가진 다른 이해당사자에 대하여 분담청구권을 행사하지 아니하고 직접 손해의 전액을 보험자로부터 보상을 받을 수 있다. 공동해손 희생손해의 전액을 지불한 보험자는 다른 이해관계자에 대한 피보험자의 공동해손 분담청구권을 대위한다.

한편, 선박과 화물이 모두 동일인의 소유인 경우에는 보험자가 피보험자를 대상으로 구상이 불가능하므로 희생손해액을 선체보험자로부터 전액보상을 받을 수 없고, 단지 선박분에 해당되는 분만을 보상받을 수 있다. 따라서 피보험자가 공동해손 희생손해를 보험자로부터 보상받으려면 보험자가 공동해손 희생손해에 대한 구상이 가능이 가능한 것을 조건으로 한다.

(2) 공동해손 비용손해에 대한 책임

피보험자가 공동해손비용을 지출한 경우 피보험자는 이 비용손해 중 자기부담분에 귀속되는 부담부분을 보험자로부터 보상받을 수 있다. 즉 선박보험자는 공동해손비용 중 선주의 부담분에 대해서만 보상책임이 있다.

공동해손 비용손해는 간접손해이므로 일부보험의 원리가 적용되어 보상된다. 즉 보험의 목적이 분담가액 전액에 대하여 보험에 가입되지 않았을 경우 보험자가 지급하여야 할 손해보상은 일부보험의 비율에 따라 감액 보상된다. 그리고 분담가액에서 공제되는 단독해손손해가 있고 그 보상책임을 분담하는 경우 보험자가 책임을 지는 분담금액을 확정하기 위해서는 그 금액을 협정보험가액에서 공제한다(MIA 제73조 제1항).

2. 공동해손손해의 종류

(1) 공동해손 희생손해

① 화물의 투하(YAR Rule Ⅰ)

공동의 안전을 위해 투하한 화물은 공동해손 희생손해로 인정될 수 있으나, 갑판적재 화물의 투하에 대해서는 갑판에 적재되는 화물이 관습적으로 인정되는 경우(원목, 자동차 등)가 아니면 갑판적재 화물의 투하는 공동해손 희생손해로 인정되지 않는다.

선주와 화주가 서로 협의하여 화물이 갑판에 적재되었고 그 화물이 공동의 위험을 피하기 위해 투하되었다 하더라도 다른 공동해손 분담당사자들은 그 협의에 대해 알 수 없었고 또한 갑판적재가 관습적이지 않기 때문에 공동해손으로 인정되지 않는다.

② 투하 및 공동안전을 위한 희생(YAR Rule Ⅱ)

공동항해단체의 안전을 위한 희생손해, 그 희생의 결과로 인한 손해 및 투하를 위해 열어둔 선창의 개구부를 통해 들어온 빗물이나 해수 등에 의한 손해는 공동해손 희생손해로 인정된다.

관습적인 갑판적재가 아닌 화물의 투하는 공동해손으로 인정되지 않지만, 그 화물투하로 인해 선체 또는 기관에 손상이 발생한 경우에 그 손상에 대해서는 공동해손 희생손해로 인정된다.

③ 선내 화재진압에 따른 손해(YAR Rule Ⅲ)

선내에서 발생한 화재를 진압하기 위한 소방수 등에 의한 화물의 손해, 화재진압으로 손상을 입은 화물의 추가하역비 및 소화기 재충전비용 등은 공동해손으로 인정된다. 그리고 화재를 입은 선박을 해변에 교사(Grounding)시키거나 파공시켜 입은 손상도 공동해손 희생손해로 인정된다.

YAR 1974에서는 원인 여하를 불문하고 연기나 열에 의한 손상은 공동해손 희생손해로 인정되지 않는다. 반면에 YAR 1994에서는 화재에 의한 열이나 원인 여하를 불문한 연기손해만을 공동해손에서 제외하고 있다.

④ 부러진 마스트의 투하 중 발생한 선박손해

해난으로 이미 손상된 화물이나 선체의 일부를 절단하거나 추가로 희생시킨 손해에 대해서는 공동해손 희생손해로 인정하지 않는다(YAR Rule Ⅳ).

단, 부러진 마스트(mast)를 공동의 안전을 위해 절단하여 선외로 투하하던 중 발생된 선박의 손해는 공동해손 희생손해로 인정된다.

⑤ 임의 좌초에 의한 손해(YAR Rule Ⅴ)

공동의 안전을 위해 선박을 임의 좌초시킨 경우 그러한 임의 좌초가 없었더라도 불가피하게 좌초되었을 것이라는 사정을 고려하지 않고 임의 좌초에 의한 손해는 공동해손 희생손해로 인정된다.

해난으로 좌초된 경우 이초하는 과정에서 본선에 추가로 발생된 손상도 공동해손으로 인정될 수 있지만 선주가 그 손상이 선박을 이초하는 과정에서 발생되었음을 입증하여야 한다.

⑥ 기관 및 보일러의 손상(YAR Rule Ⅶ)

좌초된 선박을 부양시키기 위해 기관을 과도하게 사용함으로써 발생된 기관 및 보일러의 손상은 공동해손 희생손해로 인정된다. 단, 선박이 부유한 상태에서 기관을 과도하게 사용함으로써 발생된 손해에 대해서는 공동해손 희생손해로 인정하지 않는다.

⑦ 좌초된 선박을 가볍게 하기 위해 발생된 비용(YAR Rule Ⅷ)

좌초된 선박을 가볍게 하기 위해 선박의 연료유 및 소모품 등을 하역한 경우 그로 인해 발생된 손해에 대해서는 공동해손 희생손해로 인정한다.

⑧ 연료로 사용된 선용품이나 저장품(YAR Rule Ⅸ)

발항 당시 그 항해를 수행할 수 있는 충분한 연료유를 선적했음에도 불구하고 공동의 안전을 위해 연료로 사용된 선용품이나 저장품은 통상적으로 소모되었을 연료유 비용을 차감한 후의 금액을 공동해손 희생손해로 인정한다.

⑨ 피난항에서 하역 중 발생한 손해(YAR Rule Ⅻ)

피난항에서 화물, 연료유 및 소모품에 대해 하역, 보관, 재선적 및 선창 내에 적재 중에 발생한 손상은 그러한 하역, 보관, 재선적 및 적재가 공동의 안전을 위해 필요한 경우에는 공동해손 희생손해로 인정된다.

⑩ 운임의 손실(YAR Rule ⅩⅤ)

후불운임의 경우 적하의 멸실 또는 손상이 공동해손에 기인하는 것으로 인정되는 경우에는 이로 인한 운임의 손실은 공동해손으로 인정된다. 단, 운송인이 운임을 취득하기 위하여 지출한 비용으로 희생의 결과 지출을 면하게 된 비용은 공제된다.

(2) 공동해손 비용손해

① 구조비(YAR Rule Ⅵ)

임의구조(순수구조)이든 계약에 의한 구조이든을 불문하고 구조비는 공동해손 비용손해로 인정된다. 1989년 구조협약 제13조 제1항 (b)호의 규정에 따른 환경손해를 방지 및 경감하거나 최소화하기 위한 구조자의 노력에 관한 보수도 구조비에 포함된다. 단, 구조협약 제14조 규정에 따른 특별보상은 공동해손으로 인정되지 않는다.

오염손해를 방지 및 경감하기 위한 비용은 공동해손으로 인정되지 않지만, 구조행위의 일환으로 발생된 비용으로 구조비로 인정된 경우에는 공동해손으로 인정된다.

② 좌초된 선박을 가볍게 하기 위해 발생한 손해(YAR Rule Ⅷ)

좌초된 선박을 가볍게 하기 위해 선박의 연료유 및 소모품 등을 하역한 경우 하역비와 재선적비용은 공동해손 비용손해로 인정된다.

③ 피난항비용(YAR Rule Ⅹ)

㉠ 피난항 입·출항비용

공동의 안전을 위해 피난항으로 입항한 경우의 입항비용과 원래 적하의 전부 또는 일부를 선적하고 출항하는 경우의 출항비용 그리고 피난항에서 수리가 불가능한 경우 제2의 항구로 회항하는 경우의 비용은 공동해손 비용손해로 인정된다.

ⓛ 적하, 연료 및 저장품의 선내하역 및 육상하역비용

희생손해 또는 사고로 인한 손상수리가 항해완수를 위해 필요한 경우 그 수리를 위해 적하, 연료유 또는 저장품의 하역, 보관 그리고 재선적이 필요한 경우 그러한 비용은 공동해손 비용손해로 인정된다.

ⓒ 적하, 연료유 또는 저장품의 보관비용 및 재적부 비용

공동해손으로 인정될 수 있는 선내에서 실시한 화물작업 또는 하역을 위해 선적된 적하, 연료유 또는 저장품의 하역, 보관 그리고 재선적이 필요한 경우의 창고보관비용, 재선적 및 재적부비용은 공동해손 비용손해로 인정된다.

④ 선원의 급여와 유지비, 연료유와 소모품비용 및 항비 등(YAR Rule Ⅺ)

㉠ 피난항에 기항함으로써 늘어난 항해기간

공동의 안전을 위해 피난항에 기항한 경우 피난항에 기항함으로써 원래 계획된 항해기간보다 늘어난 항해기간 동안 발생된 선원의 급여와 유지비, 연료유와 소모품 비용은 공동해손으로 인정된다.

㉡ 수리기간

희생손해에 대한 수리나 항해완수를 위해 필요한 수리를 실시한 경우 수리로 인해 지체된 기간 동안 발생된 선원의 급여와 유지비는 공동해손으로 인정된다. 단, 항해 중에 발생한 어떠한 사고나 어떠한 특이사항 없이 단순한 손상이 발견된 경우 그러한 손상수리가 항해완수를 위해 필요한 경우라도 수리를 위해 지체된 기간 동안 발생된 선원의 급여와 유지비, 연료유와 소모품 비용은 공동해손으로 인정되지 않는다.

㉢ 항해가 중단되거나 불가의 선고를 받은 경우

항해가 중단되거나 불가의 선고를 받은 경우 선원의 급여와 유지비 및 연료유와 소모품비용은 항해가 중단되거나 불가의 선고를 받은 날까지 발생된 비용에 대해서만 공동해손으로 인정된다. 단, 항해의 중단이나 불가의 선고가 하역종료일 이전에 발생한 경우에는 하역종료일까지 발생된 비용에 대해서만 공동해손으로 인정한다.

㉣ 연료유와 소모품비용

공동해손 희생손해를 수리하거나 항해완수를 위해 필요한 수리를 실시하는 경우 그 수리로 인해 지체되는 기간 동안 발생한 연료유와 소모품비용은 공동해손으로 인정된다. 단, 공동해손으로 인정되지 않은 수리를 위해 소모된 위의 비용은 제외한다.

㉤ 항비(Port Charge)

공동해손으로 인정되지 않는 수리만을 위해 발생된 항비를 제외하고 지체된 기간 동안 발생된 항비는 공동해손으로 인정된다.

㉥ 선원의 급여와 유지비(Wage & Maintenance)

선원의 급여(Wage)는 법률규정에 의하든 고용계약에 의하든 선주가 선원에게 지급되는 모든 금액을 말하는데, 여기에는 휴가비와 해외근무수당, 연금 및 보험 등 고용주가 지급하는 모든 금액이 포함된다.

선원의 유지비(Maintenance)는 선원에게 공급되는 음료를 포함한 음식을 말하며, 공동해손으로 인해 선원이 불가피하게 육상에서의 숙박이 필요한 경우에는 육상숙박비도 이에 포함된다.

ⓐ 시간외 작업비용(Overtime Sur-charge)

공동해손으로 인정되지 않는 수리나 본선정비를 위해 발생한 선원들의 시간외 작업비용은 공동해손비용을 절약한 경우 그 절약한도까지는 공동해손으로 인정된다.

⑤ 임시수리비(YAR Rule ⅩⅣ)

항해단체의 공동의 안전을 위해 실시한 임시수리비 또는 공동해손 희생손해에 대한 임시수리비는 신구교환차익(New for Old)의 공제 없이 전액 공동해손으로 인정되며, 피난항에서 수리는 가능하지만 항해완수를 위해 임시수리를 실시한 경우에는 그러한 임시수리를 통해 절약된 공동해손비용까지 공동해손으로 인정한다.

⑥ 대체비용(YAR Rule F)

대체비용은 공동해손으로 인정될 수 없는 비용이 공동해손으로 인정되는 비용을 대신하여 지출되었고 그 비용의 지출로 공동해손비용을 절약하는 경우 공동해손 대신 지출된 비용을 말한다.

즉, 목적항까지 예인함으로써 피난항에 기항하여 발생될 공동해손 비용을 절감하는 경우 또는 피난항에서 화물을 목적항까지 계반운송을 통해 해난사고로 인한 영구수리기간 동안 발생될 화물의 보관비 등을 절약하는 경우가 이에 해당된다.

3. 공동해손 희생손해액의 산정

(1) 선박(Ship)

① 수리한 경우

공동해손 희생손해에 대해서 수리한 경우에는 합리적인 수리비에서 관습적인 공제를 차감하고 산정한다. 신구교환차익의 공제는 선령 15년 미만인 선박에 대해서는 적용하지 않고, 15년 이상인 선박에 대해서는 자재대의 1/3을 공제한다. 선령의 산정은 선박 건조년도의 12월 31일부터 공동해손 행위가 있은 날까지를 기준으로 한다.

선원의 주·부식, 소모품, Anchor 및 Anchor Chain에 대해서는 신구교환차익을 적용하지 않는다. 수리를 위해 발생되는 Dry-Dock 및 Slipway에 대한 사용료와 선박의 이동에 소요되는 비용은 전액 인정된다.

선저도장 관련비용은 전액 인정되지 않으나, 공동해손 행위일로부터 12개월 이내에 선저부분에 도장작업을 실시한 경우에는 선저부분 도장비용에 대해 1/2이 인정된다.

② 수리하지 않은 경우

공동해손 희생손해로 인한 선박의 합리적인 감가액이 공동해손 희생손해로 인정된다. 단, 공동해손 희생손해에 대한 예상수리비를 초과할 수 없다.

③ 전손 또는 추정전손인 경우

선박이 현실전손 또는 추정전손으로 처리될 경우의 공동해손 희생손해액은 선박이 손상을 입지 않은 상태에서의 정상시장가액(Sound Market Value)에서 공동해손으로 인정되지 않은 손상에 대한 예상수리비와 손상선박의 잔존가액을 차감하여 산정한다.

> 공동해손 희생손해 = SMV − (예상 P/A + Steel Scrap)

(2) 화물(Cargo)

① 일반적인 경우

화물의 희생손해액은 양하시의 가액을 기준으로 산정하며, 이 가액은 상업송장(Commercial Invoice)에 따라 확정되며, 상업송장이 없는 경우에는 선적시 가액을 기준으로 산정한다. 양하시의 가액은 운임과 보험료를 포함하며, 운임이 화물소유자 이외의 이해관계인의 위험으로 되어 있을 경우에는 보험료만 포함하여 산정한다.

② 손상화물을 매각하는 경우

손상된 화물이 매각되고 그 손해액에 대해 별도의 합의가 없는 경우 매각 당시 순수화물가액(CIF 송장가액)과 순수매각대금과의 차액을 공동해손 희생손해액으로 한다.

> 공동해손 희생손해 = Net Sound Value(CIF value) − Net Proceeds of Sale

(3) 운임(Freight)

공동해손으로 인정되는 화물이 멸실 또는 손상된 경우 그 화물의 멸실 또는 손상으로 인해 운임손실이 발생되는 경우 그 운임손실은 운임의 희생손해액이 된다.

운임의 희생손해액은 실제 상실된 총운임(Gross Freight)에서 하역비와 같이 운임의 희생으로 지출을 면한 비용을 공제하여 계산한다.

> 공동해손 희생손해 = 실제 상실된 총운임(Gross Freight) − 지출을 면한 비용

4. 공동해손 비용손해와 희생손해의 차이점

MIA(1906) 제66조 제4항에 따르면, 공동해손 희생손해의 경우 피보험자는 분담의무를 부담하는 다른 이해관계인에 대하여 분담청구권을 행사하기 전에 보험자로부터 손해의 전액을 보상받을 수 있다. 그리고 희생손해의 경우에는 비용손해와는 달리 손해액 전액이 보험가입금액의 범위 내에서 실손 보상된다.

그러나 공동해손 비용손해의 경우에는 피보험자가 부담해야 할 분담금에 대해서만 보상을 받을 수 있으므로 공동해손 정산이 완료되어야 보상이 가능하며, 보험가입금액이 공동해손 분담가액보다 적은 금액으로 부보된 경우, 즉 일부보험의 경우에는 그 부보비율에 따라 비례보상된다.

5. 이자(Interest) 및 자금조달비용(Commission)

(1) 이자(Interest)

공동해손 발생시 공동해손 비용이나 희생손해의 수리 등을 공동해손 정산이 이루어지기 전에 지급하는 경우 이에 따르는 이자손실을 보전하기 위해 YAR 제21조에서 공동해손으로 지급된 비용이나 희생손해에 대한 이자를 공동해손으로 인정하고 있다.

YAR 1974에서는 선주가 비용을 지급한 시점부터 공동해손정산서 발행일자까지 연 7%의 이자를 지급하고, YAR 1994에서는 공동해손정산서 발행일로부터 3개월이 지난 시점까지의 기간 동안 연 7%의 이자를 지급한다. YAR 2004에서는 이자율의 변동을 반영하기 위해 CMI(Committee Maritime International)에서 매년 공지되는 이자율을 적용하고, 이자의 정산기간은 YAR 1994와 같이 공동해손 정산서 발행일로부터 3개월까지의 기간을 적용한다.

(2) 자금조달비용(Commission)

YAR 제20조에서는 선원의 급여와 유지비와 항해 중 보급한 것이 아닌 연료유 및 저장품비용을 제외한 공동해손 비용이나 희생손해에 대해 2%의 수수료(자금조달비용)를 공동해손으로 인정하고 있다.

> **심화TIP** CMI(Committee Maritime International, 국제해법학회)
>
> CMI는 30여 개국의 민간 연구단체로 구성된 비정부기구로서 1896년에 창설되었고, 본부는 벨기에의 Antwerp에 있으며, 국제 해사사법(私法)의 조사·연구기관이다. 만국해법회라고도 부르며 해상법(海商法) 또는 해사(海事)에 관한 선박충돌조약(1910), 선주책임제한조약(1957), 복합운송조약(Tokyo Rules, 1969) 등 12가지의 해운조약 성립에 주도적으로 참여하였다.

1. 공동해손 분담당사자

공동해손행위로 인해 목적지까지 무사히 도착하게 된 공동해손행위 당시 본선에 실려 있던 모든 재산의 이해관계인이 공동해손 분담당사자가 된다.

2. 공동해손 분담가액(Contributory Value)

공동해손 분담가액은 당해 해상사업이 종료하는 일시 및 장소에서의 가액을 기준으로 한다. 즉, 목적지에 무사히 도착하게 된 본선에 적재되어 있던 재산의 목적지 도착가액을 기준으로 공동해손 희생손해 및 비용손해를 분담해야 한다.

(1) 선박(Ship)

① 일반적인 분담가액 산정방식

선박의 공동해손 분담가액은 목적지 도착시 손상이 없는 상태에서의 선박의 정상시장가액(Sound Market Value)에서 손상가액(Damage)을 차감하고 공동해손 희생손해액(G/A Made Good)을 더하여 계산한다.

> 분담가액 = 정상시장가액(SMV) − 손상가액(D) + G/A 희생손해

② 고철(Steel Scrap)로 처리되는 경우의 분담가액 산정방식

선박이 전손(Total Loss) 또는 추정전손(Constructive Total Loss)으로 처리되어 고철(Steel Scrap)로 매각되는 경우에는 고철매각대금에 공동해손 희생손해액(GA Made Good)을 합산하여 계산한다.

> 분담가액 = 잔존가액(Steel Scrap) + G/A 희생손해

선박이 고철(Steel Scrap)로 처리되는 경우에는 본선에 실려 있는 연료유(Bunker)의 잔존가액도 감안하여야 한다. 즉, 연료유를 따로 처분했다면 연료유의 잔존가액도 분담가액에 합산하여야 한다.

③ 신구교환차익(New for Old)의 공제

㉠ 선령이 15년을 초과한 경우 자재대의 1/3 공제(2/3만 공동해손으로 인정)

㉡ 식료품, 저장용품, 닻과 닻줄은 공제금액 부적용

㉢ 선저처리비는 최근 선저처리 후 12개월 미만인 경우에 한해 1/2만 인정

(2) 화물(Cargo)

YAR 제17조에 의하면 화물의 분담가액은 상업송장(Commercial Invoice)에 의해 확정되고, 상업송장이 없는 경우에는 선적가액으로 한다. 적하의 가액에는 후불운임의 경우를 제외하고는 보험료와 운임을 포함하며, 양륙할 때 또는 그 이전에 적하가 입은 모든 멸실 또는 손상을 공제하고 공동해손 희생손해를 가산하게 된다.

> 분담가액 = CIF가액(상업송장가액) − 손상가액(D) + G/A 희생손해

적하가 목적지에 도착하기 전에 매각되는 경우 적하의 순매각가액에 공동해손 희생손해를 가산하여 분담하게 된다.

> 분담가액 = 순매각대금(Net Proceeds of Sale) + G/A 희생손해

YAR 제19조에 따르면, 해상운송인 또는 그 대리인에게 고지하지 아니하고 선적한 적하와 선적시 고의로 부실고지 된 적하에 발생한 멸실 또는 손상은 공동해손으로 인정되지 않으나, 공동해손 행위로 구조된 그 적하는 분담의무는 부담해야 한다.

또한, 선적시에 허위로 실제가액보다 낮은 가액으로 신고 된 화물의 경우는 화물의 멸실 또는 손상을 공동해손 희생손해로 보상받을 때에는 신고가액이 보상기준이 되고, 공동해손을 분담할 때에는 실제가액으로 분담하게 된다.

(3) 운임(Freight)

운임의 분담가액은 항해종료시 취득할 순운임으로, 총운임에서 만약 선박과 적하가 공동해손행위를 실행한 날짜에 전손되었다면 운임을 가득하기 위해 지출하지 않아도 되고 공동해손으로 인정되지 않을 금액 및 선원의 급여를 공제한 운임에 운임의 희생손해액을 가산하여 계산한다.

즉, 계약운임 또는 총운임에서 공동해손행위시부터 운임획득을 위하여 소요된 비용 중 공동해손에 포함되지 않는 비용(Contingent Expenditure)을 차감한 순운임에 공동해손 희생손해를 더하여 계산된다.

> 분담가액 = Net Freight(Gross Freight − Contingent Expenditure) + G/A 희생손해

Contingent Expenditure는 공동해손행위 이후부터 항해종료시까지 선주가 운임을 가득하기 위해 지출하게 된 비용을 말하는 것으로, 만일 선박이 전손되었다면 지출을 면하였을 제비용을 의미하며, 공동해손으로 인정되지 않는 비용을 말한다.

Contingent Expenditure에는 최종항구에서 하역완료시까지의 선원급여, 하역비, 항비, 대리점비용 및 공동해손행위 이후 구입되어 그 항해에 소모된 연료비 등이 포함되며, 선원의 식량이나 연료와 같이 선박이 전손되면 같이 전손되어지는 것은 포함되지 않는다. 이러한 비용은 실제 지급된 비용에 한하여 인정된다.

06 연속공동해손(YAR Rule XVII)

동일항해 중 연속하여 공동해손이 발생되는 경우가 있는데 이러한 연속공동해손의 경우 나중에 발생한 공동해손부터 먼저 정산되어야 한다. 이는 나중에 발생한 공동해손행위로 인해 선박이나 화물 등의 공동의 재산을 보호할 수 있었기 때문이다.

공동해손 분담금은 공동해손행위시 전부 멸실되었더라면 지출되지 않았을 비용이기 때문에 나중에 발생된 공동해손에서 산정된 공동해손 분담금은 이전에 발생한 공동해손의 분담가액에서 공제되어야 한다.

연속공동해손의 정산절차를 보면, 먼저 나중에 발생한 공동해손의 분담가액 및 분담금을 산정한 다음 먼저 발생한 공동해손의 분담가액 및 분담금을 산정한다(수리하거나 하역한 것은 제외). 먼저 발생한 공동해손의 분담가액을 산정할 때에는 수리한 경우에는 정상시장가액에서 단독해손 및 나중의 공동해손 분담금을 공제한 다음 공동해손 희생손해(Amount made good)를 더하여 산정하고, 수리하지 않은 경우에는 나중의 공동해손 분담가액에서 나중의 공동해손 분담금을 공제하면 된다.

> **심화TIP** 연속공동해손인 경우의 정산절차
>
> 1. 두 번째 공동해손 분담가액 및 분담금을 구한 다음 첫 번째 공동해손 분담가액 및 분담금을 구한다.
> 2. 공동해손 희생손해와 Damage는 미래의 것을 전부 적용하고, 과거의 것은 수리하거나 하역(적하의 경우) 한 것은 제외한다.
> 3. 첫 번째 공동해손 분담가액을 계산할 때
>   ① 수리한 경우 : SMV - Damage - 2nd G/A 분담금 + Amount made good
>   ② 수리하지 않은 경우 : 2nd G/A 분담가액 - 2nd G/A 분담금

07 공동해손실무

1. 공동해손 처리절차

공동해손 비용이나 희생을 발생시키는 당사자는 공동해손 비용이나 희생손해액을 보상받기 위해 공동이익단체로부터 채권을 확보해야 한다. 해상운송 중 공동해손이 발생될 경우 통상 선주가 주체가 되어 공동해손을 선포하고 다른 이해관계인으로부터 공동해손 보증서류 또는 현금공탁을 요구하게 된다.

선주가 아닌 다른 이해관계인에 의해 공동해손 비용이나 희생손해가 발생된 경우 선주는 다른 이해관계인이 공동해손을 공동의 이익단체로부터 원활하게 분담금을 회수할 수 있도록 합리적인 조치를 취해야 한다.

공동해손의 정산은 선하증권이나 해상화물 운송계약서에 따라 이루어지게 되나, 선하증권이나 운송계약서상에 명시적 규정이 없는 경우 최종목적지의 법률과 관습에 따라 정산된다.

2. 공동해손 보증서류

(1) 공동해손 맹약서(Average Bond)

공동해손이 발생한 경우 선주는 화물을 인도하기 전에 화주에게 공동해손 정산인의 결정에 따라 공동해손 분담금을 지급할 것이며, 요청이 있을 경우 화물의 가액을 증빙할 수 있는 모든 서류 등을 제출할 것을 약속하는 서류를 말한다.

주로 Lloyd's Average Bond Form을 사용하며, 화주가 화물명세 등을 기재하고 서명 날인한다.

(2) 공동해손 보증장(General Average Guarantee)

화물이 적하보험에 가입된 경우 적하보험자가 화물의 공동해손 분담금을 화주를 대신하여 지급할 것을 보증하는 서류를 말한다.

선주는 화주가 부담해야 할 공동해손 분담금 전액에 대해 무제한 보증장을 요청하기 때문에 통상 적하보험자는 공동해손 보증장을 선주에게 발행하기 전에 화주로부터 적하보험의 담보범위를 초과하여 지급되는 분담금에 대해 지급보증을 약속받는 역보증장(Counter Guarantee)을 받는다.

3. 현금공탁

공동해손 이해관계인이 무보험인 경우 선주는 공동해손 분담금의 채권을 확보하기 위한 방법으로 현금공탁을 요구할 수 있다.

공동해손비용, 구조비 또는 특별비용에 대한 적하의 배상책임에 관해 공탁금을 징수한 경우 공탁금은 지체 없이 해상운송인이 지정한 대리인과 공탁자가 지정한 대리인이 공동명의로 개설된 특별계정에 입금해야 한다. 공탁금에 이자가 발생하면 합산하여 공동해손비용, 구조비 또는 특별비용에 관계되는 채권자의 지급보증용으로 보관되고 공동해손 정산인에 의해 지급 또는 환급이 이루어질 수 있다(YAR 제22조).

4. 선화비분리협정서(Non-Separation Agreement)

피난항에서 공동해손으로 인한 선박의 손상수리를 위해서 화물의 하역, 보관 및 재선적이 필요한 경우 그에 소요되는 비용을 고려하여 대체선을 통해 화물을 목적지까지 운송하는 경우가 있다. 이러한 경우 본선이 수리 완료되어 출항준비가 될 때까지 발생된 비용 중 공동해손으로 인정될 수 있는 비용에 대해 화주의 분담책임을 약정하기 위한 협정서가 선화비분리협정서이다. 주로 공동해손 보증서류인 공동해손 맹약서와 공동해손 보증장에 삽입되어 사용되고 있다.

협정서에는 본선의 적하 또는 일부가 타선박이나 다른 운송용구에 의해 원래 목적지까지 계반운송되는 경우 공동해손의 권리와 책임은 그러한 계반운송에 영향을 받지 않는다고 되어있는데, 이는 이해관계인들을 계반운송이 없는 경우 원래 선박에 의해 항해가 지속된 경우와 동일한 입장에 있도록 하기 위한 것이다.

공동해손에 대한 분담원칙은 목적지 이전에 매각되거나 달리 처분되지 않는 한, 원래의 목적지에서 인도시 가액을 기준으로 한다. 단, 적하가 당해 선박으로 전혀 계반운송 되지 않는 경우에는 하역종료일자의 당해 선박의 실제가액에 따라 분담한다.

YAR 1994에는 Non-Separation Agreement 내용이 포함되어 있어 YAR 1994가 적용되는 경우에는 공동해손 맹약서와 공동해손 보증장에 따로 삽입할 필요가 없다.

5. 증액 및 초과보험[ITC – Hulls, Disbursements & Increased Value(Total Loss only, including excess liabilities)]

공동해손발생시 선체보험 증권에서 피보험목적물의 공동해손 분담가액보다 적은 금액으로 보험에 가입한 경우 비용손해에 대해서는 보험가입금액의 공동해손 분담가액에 대한 비율로 보상되므로 전액보상받지 못하는 경우가 발생될 수 있는데, 이러한 경우 선체보험에서 보상받지 못한 공동해손 비용손해를 증액 및 초과보험에서 보상 받을 수 있다.

6. 공동해손 소멸시효

YAR에서는 공동해손 소멸시효에 대한 언급이 없으므로 최종 양하지의 법률에 따를 사항으로 보고 있다. 우리나라 상법 제875조에서는 공동해손으로 인하여 생긴 채권 및 구상채권은 그 계산이 종료된 날로부터 1년 이내에 재판상 청구가 없으면 소멸한다고 규정하고 있다.

따라서 최종 양하지가 국내인 경우에는 국내 상법에 따라 공동해손정산이 완료된 후 1년 이내에 분담청구가 없는 경우 공동해손 채권은 소멸하게 된다. 물로 당사자의 합의에 의해 소멸시효를 연장하는 것은 가능하다.

7. YAR(1994)상의 해상오염 또는 환경훼손과 공동해손 인정 여부

(1) 원 칙

YAR C조에 의하면 어떠한 경우에도 환경훼손 또는 오염물질의 누출이나 방출의 결과로서 발생한 멸실이나 손상 또는 비용에 대해서는 공동해손으로 인정하지 않는다.

(2) 예 외

YAR 제6조 Salvage Remuneration에 의하면 1989년 국제해난구조협약 제13조 제1항 b호에 규정한 바에 따라 환경손해를 방지, 경감 또는 최소화함에 있어서 구조자의 기술과 노력을 고려한 여하한 보수를 공동해손으로 인정한다. 다만, 상기 협약 제14조 제4항 또는 실질적인 기타 유사한 규정에 의하여 정하여진 범위를 한도로 협약 제14조에 따라 해상운송인이 구조자에게 지급한 특별보상금은 공동해손으로 인정하지 않는다.

(3) 공동해손으로 인정될 수 있는 경우(YAR 제11조 d항)

다음과 같은 상황의 경우 환경에 대한 손상을 방지하거나 감소시키기 위하여 취하여진 조치에 대한 비용은 공동해손으로 인정이 가능하다.

① 공동의 안전을 위한 구조작업의 일부분으로서 발생한 경우, 만일 공동해상사업의 외부관계자에 의해 조치가 취해진 경우 그러한 구조료를 청구할 권리가 있는 조치의 경우

② 피난항으로 입·출항 전에 관련 항만당국으로부터의 필요조건인 경우

③ 피난항에서의 계속적인 정박을 위하여 항만당국으로부터 요구되는 경우[단, 오염(pollution)위협의 경우가 아니고 실제 누출된 경우에 있어 이를 방지하거나 감소시키기 위하여 추가로 취하여진 조치의 비용은 인정되지 않음]

④ 공동해손으로 인정될 수 있는 화물의 양하, 저장 및 재적부의 경우 꼭 필요하게 발생한 경우

08 공동해손 정산실무 핵심요약

1. 공동해손 희생손해(Amount made good)의 계산

(1) 선박(Ship)

① 신구교환차익(New for Old)의 적용

㉠ 선령이 15년 초과인 경우에는 자재대의 1/3 공제

㉡ 선저처리비는 원칙적으로 인정되지 않으나, 직전 12개월 내에 선저처리를 한 경우에는 1/2 인정

㉢ 부식, 저장품, 닻과 닻줄에 대해서는 공제금액 부적용

② 전손(T/L) 또는 추정전손(CTL)의 경우

$$\text{공동해손 희생손해} = SMV - (\text{예상 } P/A + Scrap\ Value)$$

③ 미수리손상의 경우

$$\text{희생손해} = \text{합리적인 감가액(단, 예상수리비를 초과하지 않는 범위 내에서 인정)}$$

(2) 적하(Cargo)

적하의 경우는 CIF가액을 기준으로 희생손해액을 산정하는 것이 원칙이다.

① 손상화물이 매각되고, 손해액에 대하여 별도의 합의를 하지 않은 경우

$$\text{희생손해} = Net\ Sound\ Value(CIF\ value) - Net\ Proceeds\ of\ Sale$$

② 열과 연기에 의한 손상은 제외

③ 항해가 포기되는 경우

$$\text{희생손해} = CIF\ value - (Special\ Charges + Nortional\ Forwarding) - (Net\ Proceeds\ of\ Sale)$$

(3) 운임(Freight)

$$\text{희생손해} = \text{총손실운임(총 희생손해)} - \text{지출을 면한 경비(하역비 등)}$$

2. 공동해손 분담가액(Contributory Value)의 계산

(1) 선박(Ship)

① 전손(T/L) 또는 추정전손(CTL)의 경우

> 분담가액 = 잔존가액(Steel Scrap) + 공동해손 희생손해

② 연속공동해손이 아닌 경우

> 분담가액 = SMV − Damage + 공동해손 희생손해

③ 연속공동해손인 경우

- ㉠ 두 번째 공동해손 분담가액 및 분담금을 구한 다음 첫 번째 공동해손 분담가액 및 분담금을 구한다.
- ㉡ 공동해손 희생손해와 Damage는 미래의 것을 전부 적용하고, 과거의 것은 수리하거나 하역(적하의 경우)한 것은 제외한다.
- ㉢ 첫 번째 공동해손 분담가액을 계산할 때
  - 수리한 경우 : SMV − Damage − 2nd G/A 분담금 + Amount made good
  - 수리하지 않은 경우 : 2nd G/A 분담가액 − 2nd G/A 분담금

(2) 적하(Cargo)

① 분담가액 산정기준

양하시의 가액으로 하되, 송장가액(CIF value)에 따라 확정되며, 송장가액이 없는 경우는 선적가액으로 한다. Freight at Risk인 경우에는 C&I value로 한다.

② 목적지에 도착 전에 매각하는 경우

> 분담가액 = Net Proceeds of Sale + Amount made good

※ 목적지에 도착하기 전에 매각한 경우 순매각대금은 총매각대금에서 매각제비용을 공제한 금액이다(Salvage Loss Settlement).

③ 목적지에 도착한 경우

> 분담가액 = CIF value − Damage + Amount made good

※ 화물이 목적지에 도착한 후에는 손해율(Loss ratio)을 구하여 Damage를 산정하는 것이 원칙이다(Average Loss Settlement).

(3) 운임(Freight)

> 분담가액 = Net Freight(Gross Freight − Contingent Expenditure) + G/A 희생손해

3. 분담금산출 후 보험자책임액의 계산

희생손해는 부담분의 비율에 따라 전액 부담하고, 그 나머지인 비용손해(총분담금 − 희생손해부담분)에 대해서는 부보금액(Insured Amount)과 정상시장가액(SMV)의 크기를 비교하여 부보금액이 정상시장가액보다 적을 경우에는 일부보험의 원리를 적용하여 비례보상을 한다.

예제

전체 공동해손이 US$500,000, 선박의 공동해손 희생손해가 US$200,000, 선박의 단독해손이 US$200,000, 선박의 공동해손 분담금이 US$100,000, 선박의 정상시장가액이 US$1,000,000, 부보금액이 US$800,000, Deductible이 US$30,000이라고 할 때, 선체보험자의 지급보험금을 구하시오.

풀이

선체보험자의 지급보험금

단독해손			US$200,000
선박의 공동해손 분담금		US$100,000	
→ 희생손해			
US$100,000 × US$200,000 / US$500,000	= US$40,000	: US$40,000	
비용손해		US$60,000	
→ 분담가액 US$800,000 : US$60,000			
부보금액 US$800,000			
−) US$200,000			
US$600,000 : US$45,000		: US$45,000	
−) Deductible			US$30,000
지급보험금			US$255,000

※ 선박의 분담가액 = US$1,000,000 − (US$200,000 + US$200,000) + US$200,000 = US$800,000
※ 부보금액에 대한 분담가액 = 부보금액 US$800,000 − 단독해손 US$200,000
※ 상기에서 보는 바와 같이 비용손해에 대해서는 공동해손 분담가액에서 부보금액 분담가액(부보금액에서 단독해손을 차감한 금액)이 차지하는 비율에 따라 비례적으로 보상된다.

- 화물 200bales, 선불운임, 부보가액 US$37,000(CIF가격 US$33,525)
- 해상운송 중 화물창에 화재가 발생하여 화물손해 발생
- 200bales 중 80bales은 정상인도, 손상화물 120bales은 US$7,840(net)에 매각

손상화물 120bales 중 60%는 화재손해, 40%는 소방수에 의한 손해일 때 공동해손 희생손해 및 공동해손 분담가액을 구하시오.

풀 이

(1) **공동해손 희생손해**

120bales $\times$ US$33,525 / 200bales = US$20,115

US$20,115 $-$ US$7,840 = US$12,275

US$12,275 $\times$ 40% = US$4,910

(2) **공동해손 분담가액**

① CIF가액 $-$ Damage $+$ G/A희생손해

= US$33,525 $-$ US$12,275 $+$ US$4,910

= US$26,160

② 생존한 것 $+$ G/A희생손해

= (80bales $\times$ US$33,525 / 200bales) $+$ US$7,840 $+$ US$4,910

= US$26,160

선박이 화물을 적재하고 항해 중 좌초사고가 발생하여 이초를 위해 화물 일부가 투하되었으며, 다음과 같은 비용이 발생하였다. 공동해손은 York – Antwerp Rule 1974에 의거하여 정산(이자 및 수수료 제외)하고, 선박보험자의 지급보험금을 구하시오.

보험조건 : ITC – Hull(1/10/83) Deductible US$10,000

- 선박의 이초를 위한 화물투하 희생손해액   US$100,000
- 선박구조비   US$500,000
- 선박의 좌초손상수리비   US$300,000
- 목적지 도착하여 인도된 화물의 송장가액(CIF가격)   US$1,000,000
- 선박의 정상시장가액   US$1,200,000
- 선박의 보험가액 및 보험가입금액   US$1,200,000

풀 이

구 분	P/A	G/A
화물투하 희생손해		US$100,000
선박구조비		US$500,000
선박 좌초손상수리비	US$300,000	
합 계	US$300,000	US$600,000

(1) **공동해손 분담가액/공동해손 분담금**

선박 : US$1,200,000 − US$300,000 + US$0   = US$900,000 : US$270,000

화물 : (US$1,000,000 + US$100,000) − US$100,000 + US$100,000

                              = US$1,100,000 : US$330,000

(2) **선체보험자 지급보험금**

선체보험자 지급보험금

= 단독해손 US$300,000 + 공동해손분담금 US$270,000 − Deductible US$10,000

= US$560,000

선박이 양모 5,000bales을 선적하고 목적항으로 항해 중 화물창에서 화재가 발생하여 소방수로 화재를 진압한 후 계속 항해하여 목적항에 도착하였다. 도착 후 손해를 조사한 결과 1,000bales의 양모가 화재, 연기 및 소방수로 인한 손해를 입었고, 손상화물 전체에 대해 감가율 50%(손상화물의 감가에 미친 비율 : 화재 20%, 연기 20%, 열 20%, 소방수 40%)로 합의되어 수화주에게 인도되었다.

다음의 조건에서 York – Antwerp Rule 1974에 의거하여 공동해손을 정산(이자 및 수수료 제외)하고, 선체보험자의 지급보험금을 산정하시오.

- 화재로 인한 선박손상수리비   US$200,000
- 화재진압으로 인한 선박손상수리비   US$140,000
- 화물송장가액(C&I조건으로 bale당 US$200)   US$1,000,000
- 후불운임(도착조건부로 bale당 US$100)   US$500,000
- 화재진압 후 선주가 지출한 비용(Contingent Expenses)   US$100,000

- 보험조건 : ITC – Hull(1/10/83) Deductible US$30,000
- 협정보험가액 및 보험가입금액 : US$800,000
- 선박의 정상시장가액 : US$1,115,000

풀 이

구 분	P/A	G/A	Remainder
화재로 인한 선박수리비	US$200,000		
화재진압으로 인한 선박수리비		US$140,000	
화물의 희생손해액 (1,000bales × US$200/bale × 50% × 40%)		US$40,000	US$60,000
운임의 희생손해액 (1,000bales × US$100/bale × 50% × 40%)		US$20,000	US$30,000
합 계	US$200,000	US$200,000	US$90,000

(1) **공동해손 분담가액/공동해손 분담금**

선박 : US$1,115,000 − US$340,000 + US$140,000 = US$915,000 : US$82,247

화물 : US$1,000,000 − US$100,000 + US$40,000 = US$940,000 : US$84,494

운임 : US$450,000 − US$100,000 + US$20,000 = US$370,000 : US$33,258

※ 총가득운임 = (4,000bales + 1,000bales × 50%) × US$100 = US$450,000/bale

(2) **선체보험자의 지급보험금**

단독해손   : US$200,000

선박의 공동해손 분담금   US$82,247

  → 희생손해(Sacrifice)

    US$82,247 × US$140,000 / US$200,000   =   US$57,573 :   US$57,573

    비용손해(Expenditure)   US$24,674

    → 분담가액   US$915,000 :   US$24,674

       부보금액   US$800,000

           −) US$200,000

             US$600,000 :   US$16,180   :   US$16,180

  −) Deductible   US$30,000

  지급보험금   US$243,753

예제 4

선박이 선불운임조건으로 곡물 50,000톤을 싣고 항해 중 기관실외벽 파공으로 기관실이 침수되어 침몰 방지차원에서 선박을 임의 좌초시켰다. 그 후 구조업자를 수배하여 예인선에 의해 이초되었으며, 이초과 정에서 화물 10,000톤을 해상으로 투하하였다.

이초 후 피난항에서 파공부위에 대한 임시수리를 실시하고 최종 목적항에 도착하여 나머지 화물은 전량 하역 후 정상 인도되었다. 선박은 손상검사결과 수리비 등이 수리 후 가액을 초과할 것으로 판단되어 추정 전손으로 인정되었으며, 손상된 상태에서 고철로 매각되었다.

아래와 같은 조건에서 York – Antwerp Rule 1974에 의거하여 공동해손을 정산(이자 및 수수료는 제외) 하시오.

- 선박의 정상시장가액 US$8,000,000
- 화물의 CIF송장가액(US$100/톤) US$5,000,000
- 고철매각대금 US$3,000,000
- 기관실손상 예상수리비 US$4,000,000
- 임의좌초로 인한 선저손상 예상수리비 US$2,000,000
- 구조 및 예인비용(목적지까지의 통상항해비용을 공제한 금액) US$500,000
- 균열부위 임시수리비 US$200,000
- 피난항에서 수리시 발생예상 공동해손비용 US$2,000,000

풀이

(1) **공동해손손해**

화물의 희생손해액 : 　　　　　　　　　　　　　　10,000톤 × US$100 = 　US$1,000,000

선박의 희생손해액 : 선박의 정상시장가액 US$8,000,000 −

　　　　　　　(예상수리비 US$4,000,000 + 고철대금 US$3,000,000) = 　US$1,000,000

구조 및 예인비용 　　　　　　　　　　　　　　　　　　　　　　　　US$500,000

균열부위 임시수리비 　　　　　　　　　　　　　　　　　　　　　　US$200,000

　　　　　　　　　　　　　　　　　　　　　　　　　　　　　　US$2,700,0000

(2) **공동해손 분담가액/공동해손 분담금**

선박 : US$3,000,000 + US$1,000,000 = US$4,000,000 : US$1,200,000

화물 : US$4,000,000 + US$1,000,000 = US$5,000,000 : US$1,500,000

※ 선박의 공동해손 분담가액은 추정전손 처리되었으므로 고철매각대금에 희생손해를 더하면 되고, 화물의 공동해손 분담 가액은 생존한 것에 희생손해를 더하면 된다.

A선박(1978년 건조)이 화물을 적재하고 항해 중 1993년 6월 1일 암초에 부딪혀 좌초한 뒤 자력으로 이초하였으나 침몰위험에 놓여 임의 좌초시켰다. 그 후 구조선의 도움으로 이초되어 중간항에서 임시수리를 하고 목적지까지 무사히 도착하여 화물 전량을 하역하였다. 상기 선박은 사고발생 전 1992년 5월 정기수리시 전반적인 수리(Bottom painting 포함)를 하였었다.

다음의 보험조건, 비용, 손해를 기준으로 York – Antwerp Rule 1974에 의거하여 공동해손을 정산(이자 및 수수료는 제외)하고, 선체 및 증액보험(Increased Value) 보험자가 지급하여야 할 보험금을 구하시오.

[보험가입금액 및 조건]
- 선체보험 : US$800,0000, ITC – Hull(1/10/83) Deductible US$100,000
- I.V.보험 : US$200,000, ITC – Hull Disbursement & Increased Value(Total Loss only, including excess liability)

- 좌초손상수리비 : US$160,000
- 임의좌초수리비 : US$240,000
 (임의좌초수리비에는 대체철판자재비 US$90,000 및 선저처리비용 US$20,000가 포함되어 있고, 선저처리비용 US$20,000에는 Grit blasting 및 First primer coating 비용 US$12,000, 그 후 A/C 및 A/F painting 비용 US$8,000이 포함되어 있음)

• 구조비	US$100,000
• 기타공동해손비용	US$50,000
• 선박의 정상시장가액	US$1,200,000
• 화물의 도착송장가액	US$1,020,000

풀 이

선령이 아직 15년을 초과하지 않았으므로 임의좌초수리비 중 선저철판자재비에 대해 1/3 공제 없이 전액 공동해손으로 인정되지만, 선저도장비용은 사고 직전의 수리시점에서 12개월이 경과하였으므로 공동해손으로 인정되지 않는다. 따라서 선저도장비용 중 A/C 1 coating 비용까지는 단독해손으로 처리된다.

구 분	P/A	G/A	Remainder
좌초손상수리비	US$160,000		
임의좌초수리비		US$130,000	
대체철판자재비		US$90,000	
선저도장비용	US$12,000		US$8,000
구조비		US$100,000	
기타공동해손비용		US$50,000	
합 계	US$172,000	US$370,000	US$8,000

(1) 공동해손 분담가액/공동해손 분담금

선박 : US$1,200,000 − US$400,000 + US$220,000　　= US$1,020,000 : US$185,000
화물 : US$1,020,000 − US$0 + US$0　　　　　　　 = US$1,020,000 : US$185,000

(2) 선체보험자의 지급보험금

```
단독해손                                                                 US$172,000
선박의 공동해손분담금                              US$185,000
→ 희생손해
  US$185,000 × US$220,000 / US$370,000      =      US$110,000  :  US$110,000
  비용손해                                          US$75,000
  → 분담가액        US$1,020,000  : US$75,000
    부보금액        US$800,000
          −)        US$172,000
                    US$628,000  : US$46,176          :          US$46,176
−) Deductible                                                    US$100,000
지급보험금                                                       US$228,176
```

(3) I.V.보험자의 지급보험금

분담가액　　　　　　　　　　　　　　　　　US$1,020,000　:　US$75,000
I.V.부보금액　　　　　　US$75,000 × US$200,000 / US$1,020,000　:　US$14,706

A선박(1978년 건조)이 화물을 적재하고 운항 중 1994년 6월 1일 암초에 좌초한 뒤 자력이초 하였으나 침몰위험에 놓여 임의좌초(voluntary strand) 시켰다. 그 후 구조선의 도움을 받아 성공적으로 이초되어 중간항에서 임시수리를 하고 무사히 목적지에 도착하여 화물전량을 양하하였다. 상기 선박은 사고 전 1994년 1월에 정기 docking 하여 전반적인 수리(bottom painting 포함)를 한 바 있었다.

다음의 보험조건 및 비용과 손해를 기준으로 하여 선체 및 I.V. 보험자가 책임져야 할 보험금을 정산하시오(공동해손은 YAR 1974, Rule 제20조 및 제21조 제외에 따라 정산함).

[보험가입금액 및 조건]
- 선체보험 : US$800,0000, ITC – Hull(1/10/83) Deductible 없음
- I.V.보험 : US$200,000, ITC – Hull Disbursement and Increased Value(Total Loss only, including excess liability)

- 좌초손상수리비 : US$160,000 / 임의좌초수리비 : US$240,000

상기 임의좌초수리비에는 대체철판자재비 US$90,000 외에 Bottom Treatment 비용 US$20,000(Grit blasting 및 First primer coating 비용 US$12,000, 그 후 A/C 및 A/F painting 비용 US$8,000이 포함되어 있음).

- 구조비   US$100,000
- 기타공동손해비용   US$50,000
- 선박의 정상시장가액(Sound Market Value)   US$1,200,000
- 화물의 도착송장가액(CIF invoice value 기준)   US$1,000,000

선령이 15년을 초과하여 임의좌초수리비 중 대체철판자재비에 대해 2/3(1/3 공제)만 공동해손으로 인정되고, 선저도장비용은 사고 직전의 전반적인 수리(bottom painting 포함)가 12개월을 경과하지 않았으므로 1/2은 공동해손으로 인정된다.

구 분	P/A	G/A	Remainder
좌초손상수리비	US$160,000		
임의좌초수리비		US$130,000	
대체철판자재비	US$30,000	US$60,000	
bottom painting	US$6,000	US$10,000	US$4,000
구조비		US$100,000	
기타공동해손비용		US$50,000	
합 계	US$196,000	US$350,000	US$4,000

(1) **공동해손 분담가액/공동해손 분담금**

선박 : US$1,200,000 − US$400,000 + US$200,000   = US$1,000,000 : US$175,000
화물 : US$1,00,000 − US$0 + US$0   = US$1,000,000 : US$175,000

(2) **선체보험자의 지급보험**

단독해손   US$196,000
선박의 공동해손 분담금   US$175,000
 → 희생손해 US$175,000 × US$200,000/US$370,000 = US$100,000 : US$100,000
      US$185,000 × US$220,000 / US$370,000   =   US$75,000
   비용손해
   → 분담가액   US$1,000,000   : US$75,000
      부보금액   US$800,000
            −) US$196,000   US$604,000 : US$45,300   : US$45,300
 −) Deductible   US$0
 지급보험금   US$341,300

(3) **I.V. 보험자의 지급보험금**

분담가액   US$1,000,000 : US$75,000
I.V. 부보금액   US$75,000 × US$200,000 / US$1,000,000 : US$15,000

선령이 16년인 선박의 주요 동정 및 발생비용 등이 다음과 같을 때 York – Antwerp Rule 1994에 의거하여 공동해손을 정산(이자 및 수수료는 제외)하시오.

[주요 동정]

- 4월 20일 : 10,000톤의 화물을 싣고 항해 개시
- 4월 28일 : 항해 중 좌초사고 발생
- 5월 2일 : 구조선의 도움으로 이초하여 피난항으로 예인 개시
- 5월 11일 : 피난항에 도착 좌초 및 이초손상에 대한 임시수리 실시
- 5월 21일 : 임시수리 완료 후 목적항으로 출항
- 5월 22일 : 사고지점의 원래항로로 복귀하여 계속 목적항으로 항해
- 5월 24일 : 화물 1,000톤 갑판유실
- 5월 28일 : 목적항에 도착
- 5월 30일 : 하역 완료 후 좌초 및 이초손상에 대한 영구수리 실시

[발생비용]

좌초손상수리비(자재비 US$150,000 포함)	US$500,000
이초손상수리비(자재비 US$90,000 포함)	US$230,000
임시수리비	US$50,000
구조비	US$200,000
선원의 1일 임금	US$10,000
목적항 입항비용	US$85,000
화물 1톤당 하역비	US$15
화물송장가액(C&I조건으로 US$600/톤)	US$6,000,000
후불운임(도착조건부로 US$600/톤)	US$3,000,000
선박의 정상시장가액	US$4,500,000

구 분	P/A	G/A	Remainder
좌초손상수리비	US$500,000		
이초손상수리비	US$30,000	US$200,000	
임시수리비		US$50,000	
구조비		US$200,000	
선원급여(US$10,000 × 20일)		US$200,000	
합 계	US$530,000	US$650,000	

공동해손 분담가액/공동해손 분담금

선박 : US$4,500,000 − US$730,000 + US$200,000 = US$3,970,000   : US$219,244

화물 : US$5,400,000(= 도착화물 9,000톤 × US$600) = US$5,400,000 : US$298,216

운임 : US$2,700,000(= 도착화물 9,000톤 × US$300)

    − (목적항 입항비용 US$85,000 + 하역비 US$135,000 + 선원임금 US$80,000)

    = US$2,400,000　　　　　　　　　　　　　　　　　　　　 : US$132,540

※ Contingent Expenditure(하역비, 선원임금, 연료유비용, 입항비용 등)는 공동해손 직후부터 목적항에 도착하여 하역을 완료하기까지 선주가 지출한 비용을 말한다.

선령 16년인 선박이 화물을 적재하고 항해 중 2016년 8월 31일 주기관의 손상으로 동력을 상실하여 피난항으로 예인되었다. 피난항에서 항해의 안전을 위하여 영구수리를 실시한 후 목적항에 안전하게 도착하여 화물은 정상 인도되었다.

사고조사결과 주기관의 손상원인은 2016년 2월 말 주기관을 정비한 수리업체의 과실에 의한 것으로 확인되었고, 손해는 주기관 정비 후 2016년 3월 1일부터 8월 31일까지 점진적으로 진행, 확대된 것으로 정비업체, 보험사, 손해사정사 등 관련 당사자들이 모두 동의하였다.

선박의 정상시장가액은 US$2,000,000, 화물의 CIF송장가액은 US$1,000,000이며, 선하증권에 공동해손은 YAR 1994에 따라 정산(이자 및 수수료 제외)할 것을 규정하고 있다. 아래의 발생비용 등을 참고하여 각 보험사별 지급보험금을 산정하시오.

• 피난항 예인비용	US$500,000
• 피난항 항비	US$100,000
• 피난항 기항으로 늘어난 기간 동안의 선원임금	US$60,000
• 주기관의 수리부품공급비용	US$260,000
• 주기관의 손상수리비	US$200,000
• 주기관의 수리 관련 시간외 할증작업비용	S$80,000
(시간외 작업으로 공동해손 US$40,000, 단독해손 US$40,000 각각 절약)	

(1) A보험사 : ITC – Hull(1/10/83) Deductible US$50,000

　　보험가액 및 보험가입금액 : US$2,100,000, 보험기간 : 2015년 6월 1일부터 1년

(2) B보험사 : ITC – Hull(1/10/83), Deductible US$70,000

　　보험가액 및 보험가입금액 : US$2,100,000, 보험기간 : 2016년 6월 1일부터 1년

단독해손 및 Deductible은 보험사별로 전체 사고일수에서 당해 사고일수가 차지하는 비율에 따라 정산하고, 공동해손은 마지막 사고에서 정산한다(Last Straw법칙).

구 분	P/A	G/A	Remainder
예인비용		US$500,000	
피난항 항비		US$100,000	
늘어난 기간의 선원임금		US$60,000	
수리부품공급비용	US$260,000		
손상수리비	US$200,000		
시간외 할증작업비용	US$40,000	US$40,000	
합 계	US$500,000	US$700,000	

(1) **A보험사의 지급보험금**

(단독해손 US$500,000 − Deductible US$50,000) × 3/6 = US$225,000

(2) **B보험사의 지급보험금**

① (단독해손 US$500,000 − Deductible US$70,000) × 3/6 = US$215,000

② 공동해손 분담가액/공동해손 분담금

선박 : US$2,000,000 − US$500,000 + US$0 = US$1,500,000 : US$420,000

화물 : US$1,000,000 − US$0 + US$0　　　 = US$1,000,000 : US$280,000

③ B보험사의 지급보험금 = US$215,000 + US$420,000 = US$635,000

정상시장가액이 US$2,500,000로 평가받는 선박이 항해 중 2회의 사고를 당하여 각각 공동해손이 발생하였다. 1차사고 및 2차사고의 공동해손 분담금은 각각의 공동해손 분담가액의 5%와 10%이었다. 정산에 따른 각 사고에 대한 수리비용이 다음과 같을 때 각 공동해손에 대한 선박의 분담가액을 구하시오.

구 분	1차사고		2차사고	
	P/A	G/A	P/A	G/A
1차사고 수리비(피난항1)	US$30,000	US$20,000		
2차사고 수리비(피난항2)			US$40,000	US$5,000
수리비(목적지도착수리)	US$20,000	US$5,000	US$60,000	US$20,000
합 계	US$50,000	US$25,000	US$100,000	US$25,000

[풀 이]

(1) **2차사고 분담가액**

2차사고 분담가액

= SMV − Damage + Amount made good

= US$2,500,000 − US$150,000 + US$30,000(1차 G/A US$5,000 + 2차 G/A US$25,000)

= US$2,380,000

※ Damage

= (2차 P/A US$100,000 + 1차 P/A US$50,000 − 1차 P/A 수리금액 US$30,000)

+ (2차 G/A US$25,000 + 1차 G/A US$25,000 − 1차 G/A 수리금액 US$20,000)

= US$150,000

(2) **1차사고 분담가액**

1차사고 분담가액

= SMV − Damage + Amount made good − 2차사고 분담금

= US$2,500,000 − US$200,000 + US$50,000 − (US$2,380,000 × 10%)

= US$2,112,000

※ 2차사고 분담가액에는 1차사고 수리금액(P/A US$30,000 + G/A US$20,000)이 제외되어 있으므로 1차사고 분담가액을 구할 때에는 그 부분을 다시 포함시켜 정산한 다음 2차사고 분담금을 공제하여야 한다.

예제 10

A vessel loaded a full cargo of timber at Archangel for Piraeus and Thessaloniki under a contract of affreightment which provided for freight to be prepaid ship and/or cargo "lost or not lost", and for General Average to be adjusted according to York–Antwerp Rules 1974.

The sound value of the ship was US$600,000

and the C.I.F. invoice value of the cargo for : Piraeus   US$600,000

                                             Thessaloniki   US$400,000

Whilst proceeding along the Norwegian Coast the vessel stranded in a position of peril and, in order to refloat, it was necessary to engage the services of professional salvors under the terms of Lloyd's Form of Salvage Agreement "No cure No pay" and to jettison deck cargo to the value of US$60,000, all of which was destined for Piraeus. After refloating the salvors plugged certain leaks in the bottom, fitted a cement box etc, and a certificate of Seaworthiness was issued for the vessel to proceed on voyage. The Salvage Award and Costs were eventually agreed at US$160,000.

The vessel arrived safely at Piraeus and discharged her cargo for that port, but whilst proceeding to Thessaloniki the main engine crankshaft broke, necessitating engagement of tugs to tow the vessel to destination, again on Lloyd's Form of Salvage Agreement. The Salvage Award and Costs for this service (less savings) amounted to US$60,000.

Repairs to the damage sustained by the vessel were carried out at the conclusion of the voyage at the following costs : Stranding Damage   US$150,000

                                   Crankshaft Damage   US$80,000

Prepare a state of General Average ignoring interest.

풀 이

	Accident 1		Accident 2	
	P/A	G/A	P/A	G/A
Stranding accident	US$150,000			
Jettison of Piraeus Cargo		US$60,000		
Main engine crankshaft damage			US$80,000	
Salvage Awards and Costs		US$160,000		US$60,000
Commission thereon 2%		US$3,200		US$1,200
	US$150,000	US$223,200	US$80,000	US$61,200

[2nd G/A Apportioned]

Ship : Contributory Value
    = SMV − Damage + Amount made good
    = US$600,000 − US$230,000 + US$0   =   US$370,000 :   US$29,408
cargo for Thessaloniki :
    Contributory Value
    = C.I.F. value − Damage + Amount made good
    = US$400,000 − US$0 + US$0   =   US$400,000 :   US$31,792

                                                    US$370,000 :   US$61,200

[1st G/A Apportioned]

Ship : Contributory Value
    = 2nd G/A Contributory Value − 2nd G/A Contribution
    = US$370,000 − US$29,408   =   US$340,592 :   US$58,084
cargo for Thessaloniki :
    Contributory Value
    = 2nd G/A Contributory Value − 2nd G/A Contribution
    = US$400,000 − US$31,792   =   US$368,208 :   US$62,793
cargo for Piraeus :
    Contributory Value
    = C.I.F. value − Damage + Amount made good
    = US$600,000 − US$60,000 + US$60,000   =   US$600,000 :   US$102,323

                                                    US$1,308,800 :   US$223,200

※ Interest(7%) 및 Commission(2%)은 선박의 공동해손 희생손해 및 비용손해에 대해 적용하되, 공동해손 비용손해 중 추가 연료 및 저장품 비용(extra bunker and stores), 추가 선원급여유지비(extra crew wage and maintenance)는 Commission 정산대상에서 제외된다.

※ Interest의 경우, YAR 1974에서는 선주가 비용을 지급한 시점부터 공동해손 정산서 발행일까지의 기간 동안 연 7%의 이자를 지급하고, YAR 1994에서는 공동해손 정산서 발행일로부터 3개월이 지난 시점까지의 기간 동안 연 7%의 이자를 지급한다. YAR 2004는 YAR 1994와 이자정산기간은 위와 같이 동일하지만, 정산이자율은 CMI(Committee Maritime International)에서 매년 공지되는 이자율을 적용하는 점에서 차이가 있다.

A vessel carrying cargoes A and B from Rotterdam to Singapore in order to refloat her, 10% of cargo A is jettisoned, the jettisoned cargo is totally lost.

Later, during the same voyage, the vessel is intentionally grounded for the common safety. To assist refloating operations, 25% of cargo B is jettisoned and again the jettisoned cargo is totally lost. Thereafter the voyage is completed safely.

Using the following information, calculate the General Average contributions of each interest.

General Average interest and commission shoud be ignored. The contracts of carriage provide for adjustment of General Average in accordance with the York—Antwerp Rules 1974.

vessel's sound value	U$3,000,000
damage to ship causes by accidental grounding	US$200,000
damage to ship causes by intentional grounding	US$100,000
cargo A C.I.F. value(payable and earned on delivery)	US$150,000
cargo B F.O.B. plus insurance premium(CNI)	US$600,000
expenditure of refloating following intentional grounding	US$65,000
total freight on cargo B(payable and earned on delivery)	US$50,000
contingent expenditure of earning freight after accidental grounding	US$5,000
contingent expenditure of earning freight after intentional grounding	US$1,500
expenses of earning freight not incurred as a result of jettison of cargo B	US$500

풀 이

	P/A	G/A	
		1st	2nd
damage due to accidental grounding	US$200,000		
damage due to accidental grounding			US$100,000
cargo A, 10% of C.I.F. US$150,000		US$15,000	
cargo B, 25% of C.I.F. US$600,000			US$150,000
cost of refloating following intentional grounding			US$65,000
freight sacrifice, 25% of gross profit US$50,000 × 25% − US$500 = US$12,000			US$12,000
	US$200,000	US$15,000	US$327,000

[2nd G/A Apportioned]

Ship : Contributory Value
        = SMV − Damage + Amount made good
        = US$3,000,000 − US$300,000 + US$100,000   = US$2,800,000 :   US$254,475

cargo A : Contributory Value
        = C.I.F. invoice value − Damage + Amount made good
        = US$150,000 − US$15,000 + US$15,000   =   US$150,000 :   US$13,633

cargo B : Contributory Value
        = C.I.F. value − Damage + Amount made good
        = US$600,000 − US$150,000 + US$150,000   =   US$600,000 :   US$54,530

freight : Contributory Value
        = Gross Profit − Contingent Expenditure + Amount made good
        = US$37,500(US$50,000 × 75%) − US$1,500 + US$12,000
                                           =   US$48,000 :   US$4,362
                                             US$3,598,000 :   US$327,000

[1st G/A Apportioned]

Ship : Contributory Value
        = 2nd G/A Contributory Value − 2nd G/A Contribution
        = US$2,800,000 − US$254,475   = US$2,545,525 :   US$11,686

cargo A : Contributory Value
        = 2nd G/A Contributory Value − 2nd G/A Contribution
        = US$150,000 − US$13,633   =   US$136,367 :   US$626

cargo B : Contributory Value
        = 2nd G/A Contributory Value − 2nd G/A Contribution
        = US$600,000 − US$54,530   =   US$545,470 :   US$2,504

freight : Contributory Value
        = Gross Profit − Contingent Expenditure + Amount made good
          − 2nd G/A Contribution
        = US$37,500(US$50,000 × 75%) − US$5,000 + US$12,000
          − US$4,362   =   US$40,138 :   US$184
                                             US$3,267,500 :   US$15,000

※ cargo의 경우, cargo A와 B가 목적항이 같고 또한 단일 항차 내에서 발생한 공동해손 사고이므로 1st G/A 및 2nd G/A의 분담에 참여하고, 각각의 분담가액은 연속 공동해손 정산방식에 따라 산정하면 된다. 다만, freight의 경우는 cargo A와 B의 Contingent Expenditure 서로 다르므로 1st G/A와 2nd G/A 분담가액을 각각 산정하여야 한다.

선박이 뉴질랜드에서 화물을 적재하고 첫 번째 하역항인 대만 카오슝항과 두 번째 하역항인 목포항을 향해 출항하였다. 뉴질랜드에서 출항하면서 2015년 5월 1일 모래뻘에 좌주(Grounding)되어 구조계약이 체결되었다. 선박을 이초하는 과정에서 선체의 일부가 손상되었고 카오슝항 하역화물의 일부가 해상에 투하되었다.

손상검사결과 선박의 감항성에는 문제가 없어 첫 번째 하역항인 카오슝항으로 항해를 계속하였고, 카오슝항에 도착하여 투하 후 남은 화물을 하역한 후 두 번째 하역항인 목포항으로 항해 중 2015년 5월 24일 선원의 과실에 의한 주기관의 손상으로 항해가 어렵게 되자 선주는 예인선을 수배하여 목포항으로 예인하였다. 사고지점에서 목포항까지 정상적인 항해를 하는 경우 2일 소요 예정이었으나 예인함으로써 6일 후 목포항에 도착하였다.

• 선박의 정상시장가액	US$1,000,000
• 카오슝항 하역화물 CIF가액	US$360,000
• 목포항 하역화물 CIF가액	US$300,000
• 뉴질랜드 좌주 후 구조비	US$254,000
• 뉴질랜드 좌주 후 해상투하화물가액	US$100,000
• 목포항 예인비용	US$120,000
• 뉴질랜드 좌주손상수리비	US$200,000
• 뉴질랜드 이초손상수리비	US$150,000
• 주기관의 손상수리비	US$100,000
• 정상항해시 연료소모량(1일)	20톤/일
• 예인항해시 연료소모량(1일)	2톤/일
• 연료유 톤당 가격	US$1,000/톤
• 선원급여유지비(1일)	US$2,000/일

선하증권에는 운임은 선불조건이고 공동해손은 YAR 1994에 의거 정산(이자 및 수수료 제외)한다고 정하고 있다. 사고상황과 발생비용 등이 상기와 같을 때 선박과 적하의 공동해손 분담가액 및 분담금을 구하시오.

```
풀 이
```

구 분	Accident 1		Accident 2	
	P/A	G/A	P/A	G/A
좌주사고 후 구조비		US$254,000		
해상투하화물		US$100,000		
목포항 예인비용				US$100,000
좌주손상수리비	US$200,000			
이초손상수리비		US$150,000		
주기관의 손상수리비			US$100,000	
합 계	US$200,000	US$504,000	US$100,000	US$100,000

※ 목포항 예인비용 US$100,000

= US$120,000 − US$20,000(= US$44,000 − US$24,000) = US$100,000

※ US$20,000 = 정상항해시 연료비 및 선원급여유지 US$44,000

　　　　　　　− 예인항해시 연료비 및 선원급여유지비 US$24,000

(1) **2차사고 공동해손 분담가액/공동해손 분담금**

선박 : US$1,000,000 − US$450,000 + US$150,000　　　　= US$700,000　:　US$70,000

화물(목포) : US$1,00,000 − US$0 + US$0　　　　　　= US$300,000　:　US$30,000

(2) **1차사고 공동해손 분담가액/공동해손 분담금**

선박 : US$700,000 − US$70,000　　　　　　　　= US$630,000　:　US$252,000

화물(목포) : US$300,000 − US$30,000　　　　　　= US$270,000　:　US$108,000

화물(카오슝) : US$360,000 − US$100,000 + US$100,000 = US$360,000　:　US$144,000

예제 13

선박이 화물을 적재하고 항해 중 기관실에서 화재가 발생하여 화재 및 화재진압작업으로 인해 심한 손상이 발생하였다. 선박은 피난항으로 예인되었고 영구수리는 가능하였으나, 여러 가지 경제적인 이유로 최종목적지까지 예인되었다. 목적지에 도착하여 화물을 하역한 후 선박에 대한 손상검사를 한 결과 예상수리비가 보험가액을 초과하는 것으로 판정되어 선박은 추정전손 처리되고 본선은 고철로 매각되었다.

> 보험금액 및 조건 : US$1,100,000, ITC – Hull(1/10/83) Deductible US$50,000

- 선박의 정상시장가액   US$1,100,000
- 화물의 도착가액(CIF가액)   US$700,000
- 선박의 순매각대금   US$100,000
- 화재로 인한 예상손상수리비   US$800,000
- 화재진압으로 인한 예상손상수리비   US$400,000
- 피난항에서 영구수리를 할 경우 공동해손비용   US$150,000
- 구조비 및 목적지까지의 예인비용   US$120,000
  - 정상항해시 발생할 연료비 및 선원비용   US$30,000
  - 예인항해시 발생된 연료비 및 선원비용   US$10,000

보험조건 및 비용 등이 상기와 같은 경우 YAR 1974에 의거 공동해손을 정산(이자 및 수수료 제외)하고, 선체보험자가 지급하여야 할 보험금을 정산하시오.

(1) **공동해손손해**

선박의 공동해손 희생손해

= 정상시장가액 − (예상 P/A + 고철매각대금)

= US$1,100,000 − (US$800,000 + US$100,000) = US$200,000

구조비 및 예인비용

= 구조 및 예인 총비용 − (정상항해시 발생비용 − 예인시 발생비용)

= US$120,000 − (US$30,000 − US$10,000) = US$100,000

공동해손손해 = US$200,000 + US$100,000 = US$300,000

(2) **공동해손 분담가액/공동해손 분담금**

선박 : US$100,000 + US$200,000 = US$300,000 : US$90,000

화물 : US$700,000 − US$0 + US$0 = US$700,000 : US$210,000

(3) **추정전손 성립 여부**

예상수리비 = 단독해손 + 공동해손 희생손해 + 공동해손 비용손해 중 선박분담분

= US$800,000 + US$400,000 + US$30,000(= US$100,000×30%)

= US$1,230,000(> 부보가액 US$1,100,000) (추정전손 성립)

(4) **선체보험자의 지급보험금**

선체보험자의 지급보험금

= 추정전손보험금 US$1,100,000 − 적하 공동해손 분담금회수분 US$210,000

= US$890,000

※ **고철매각대금** : 전손시 미공제, 미수리 손상 claim시 공제

톤당 화물가격이 US$500인 건축자재 1,000톤을 C.I.F. Suez조건으로 A 선박에 적재하였고, 선하증권 (bill of lading)에는 공동해손을 YAR 1974로 정산하도록 명시되어 있다. 운임은 선불운임(freight prepaid)이며, 화물의 멸실 여부(lost or not lost)에 관계없이 반환하지 않는다.

A 선박이 부산항을 출항하여 싱가포르의 Malacca Strait를 통과할 때 마침 그곳을 지나가던 B 선박과 충돌사고가 발생하였고, 그 충돌사고의 영향으로 A 선박에 화재가 발생하여 선박의 상당부분이 심하게 손상되었다.

이와 같은 상황에서 구조작업이 체결되어 A 선박은 싱가포르항으로 예인되었고, 예인 후 선주는 상업적 전손(추정전손)이 명확하다고 판단하여 항해를 포기하였다.

선적된 건축자재 전부는 US$20,000의 비용으로 하역되었으며, 이 가운데 소화작업 중에 심하게 손상된 100톤을 제외하고 나머지는 목적지인 Suez에 다른 선박에 의하여 US$90,000의 비용으로 계반되었다.

상기 화물에 대해 손해조사가 이루어졌고, 최종 합의된 손해는 다음과 같다.

200톤	정상 도착(sound)
400톤 총 50% 감가	40% : 충돌사고에 의한 감가 10% : 계반 중 환적과 잘못된 보관으로 인해 발생한 손해
300통 총 40% 감가	10% : 화재에 의한 감가 30% : 소화작업으로 인한 손상에 대한 감가
100톤	소화작업 중 심하게 손상된 화물 싱가포르 현지 매각대금 US$15,500, 매각비용 US$500
1,000톤	

상기와 같은 상황에서 상기 화물의 (1) 구조된 가액(salved value), (2) 공동해손 희생손해(amount made good), (3) 공동해손 분담가액(contributory value)을 구하시오.

(1) **구조된 가액(Salved Value)**

200톤 정상 도착 : 200톤 × US$500/톤 = US$100,000

400톤 총 50% 감가 : 400톤 × 50% × US$500/톤 = US$100,000

300톤 총 40% 감가 : 300톤 × 60% × US$500/톤 = US$90,0000

100톤 현지 매각 : US$15,500 − US$500 = US$15,000

하역비 및 계반비용 : US$20,000 + US$90,000 = US$110,000

Salved Value : US$305,000 − US$110,000 = US$195,000

(2) **공동해손 희생손해(Amount Made Good)**

소화작업에 의한 감가손해 : 300톤 × 30% × US$500/톤 = US$45,000

소화작업 중 손상화물 100톤의 CIF 가액 : 100톤 × US$500/톤 = US$50,000

현지 지출 하역비 : 100톤 × US$20,000 / 1,000톤 = US$2,000

지출을 면한 계반비용 : 100톤 × US$90,000 / 900톤 = US$10,000

현지 NET CIF 가액 : US$50,000 − US$2,000 − US$10,000 = US$38,000

손상화물 100톤 현지 순 매각대금 :

US$15,500 − (매각비용 US$500 + 기발생하역비 US$2,000) = US$13,000

소화작업 중 손상화물 100톤의 희생손해 : US$38,000 − US$13,000 = US$25,000

Amount Made Good : US$45,000 + (US$38,000 − US$13,000) = US$70,000

(3) **공동해손 분담가액(Contributory Value)**

분담가액 = C.I.F. value − Damage + Amount Made Good

= Salved Value + Amount Made Good

= US$195,000 + US$70,000 = US$265,000

부산에서 선박이 화물을 선적하고 뉴욕으로 항해 중 황천(heavy weather)을 조우하여 자력항해가 불가능할 정도로 손상을 입음에 따라 예인선(tug)을 수배하여 피난항에 입항하던 중 불가피하게 부두와 접촉되어 선저에 손상을 입었다. 피난항에 입항하여 수리를 실시하였으며, 수리비내역은 다음과 같았다.

• 구조비(salvage award)	US$120,000
• 피난항 입/출항비용(port charges)	US$6,000
• 추가연료소모품비(extra bunker & stores)	US$10,000
• 하역, 보관, 재선적비용(discharging, storing & reloading charges)	US$4,000
• 추가선원급여유지비(extra crew wage & maintenance)	US$20,000
• Docking/Undocking	US$5,000
• Dockage(10일 × US$1,000)	US$10,000
• 황천손상수리비	US$290,000
• 부두접촉손상수리비	US$100,000

• 화물의 CIF 가액	US$2,100,000
• 선박의 정상시장가액	US$1,200,000
• 보험가입금액	US$800,000
• 보험조건 ITC – Hull(1/10/83), Deductible	US$20,000
각각 실시할 경우 상가수리기간 : 황천손상 10일 / 부두접촉손상 5일	

선하증권(bill of lading) 약관에서 공동해손은 YAR 1994에 의거 정산하는 것으로 규정되어 있으며, 공동해손지급일자는 1999년 8월 5일이었고, 공동해손정산서는 2000년 5월 5일에 발행되었다.

상기와 같은 상황에서 선체보험자가 지급하여야 할 보험금을 구하시오.

구 분	P/A	G/A
구조비		US$120,000
피난항 입/출항비용		US$6,000
추가연료소모품비		US$10,000
하역, 보관, 재선적비용		US$4,000
추가선원급여유지비		US$20,000
Docking/Undocking	US$2,500	US$2,500
Dockage(5일 × US$1,000/일) Dockage(5일 × US$1,000/일)	US$2,500 US$5,000	US$2,500
황천손상수리비	US$290,000	
부두접촉손상수리비		US$100,000
수수료(2%)		US$4,700
이자(7%)		US$18,550
합 계	US$300,000	US$288,250

(1) 공동해손 분담가액/공동해손 분담금

선박 : US$1,200,000 − US$405,000 + US$105,000 + US$10,000

$$= \text{US\$910,000} \quad : \quad \text{US\$87,145}$$

※ 추가연료소모품비(extra bunker & stores) US$10,000는 분담가액에 포함한다.

화물 : US$2,100,000 − US$0 + US$0　　　　　　 = US$2,100,000　:　US$201,105

(2) 선체보험자의 지급보험금

단독해손　　　　　　　　　　　　　　　　　　　　　　　　　　　　　US$300,000

선박의 공동해손 분담금　　　　　　　　　　　　　US$87,145

→ 희생손해 US$87,145 × US$105,000 / US$288,250　 = US$31,744　:　US$31,744

비용손해　　　　　　　　　　　　　　　　　　= US$55,401

→ 분담가액　　　US$910,000　　　　　　　　 : US$55,401

부보금액　　　US$800,000

−) US$300,000　US$500,000 : US$30,440　　　　　　　:　US$30,440

−) Deductible　　　　　　　　　　　　　　　　　　　　　　　　　US$20,000

지급보험금　　　　　　　　　　　　　　　　　　　　　　　　　　US$342,184

※ YAR 1994에 따르면 이자 및 수수료는 공동해손 정산서 발행일로부터 3개월을 추가하여 정산하도록 되어 있으므로, 사안의 경우 공동해손 지급일인 1999년 8월 5일부터 공동해손 정산서 발행일인 2000년 5월 5일에 3개월을 더한 2000년 8월 5일까지의 이자 및 수수료를 지급하여야 한다. 추가비용(추가연료비, 추가선원급여)에 대해서는 수수료를 산정하지 않는다.

예제 16

선박이 화물을 선적하여 로테르담에서 샌프란시스코로 항해하던 중 기관실 및 선창에 화재가 발생하였다. 이후 선박은 쿠라카오까지 예인되었고, 그곳에서 화물일부를 양하한 후 항해의 안전한 수행을 위해 필수적인 수리를 실시하였으며, 그에 따라 발생한 비용의 내역은 다음과 같다.

- 입출항비용(Port Charges)   US$60,000
- 예인구조비(Salvage Charges)   US$100,000
- 선원급여유지비(Wages & Maintenance)   US$15,000
- 하역, 보관, 재선적비용(Discharging, Storage & Reloading Charges)   US$60,000
- 화재수리비(Fire Damage)   US$290,000
- 화재진압수리비(Extinguishing Damage)   US$100,000
- 선측부외판수리비(Damage by the Salvage Tug)   US$60,000
- 화물손해(Cargo Damage) 30% 중
  - 화재화물손해(Fire Damage) 20%   US$360,000
  - 화재진압화물손해(Extinguishing Damage) 10%   US$180,000
- 선박의 정상시장가액(Sound Market Value)   US$1,000,000
- 화물 C&I 가액(Cost & Insurance Value)   US$1,800,000
- 운임가액(Freight)   US$300,000
- Contingent Expenses   US$75,000
- 전체하역비용(Cargo Discharging Expenses)   US$50,000

- 선체보험 부보금액   US$800,000, ITC – Hull(1/10/83), no policy excess
- 증액보험 부보금액   US$100,000, ITC – Hull(1/10/83) Excess Liabilities
- 적하보험 부보금액   US$2,000,000, ICC(A)(1/1/82)

※ 화물손해 30%에 대해서는 운임과 하역비용이 발생하지 않은 것을 조건으로 함.

상기 상황하에서 YAR 1974에 따라 공동해손을 정산하고(이자 및 수수료는 제외), 선체보험자의 지급보험금을 구하시오.

구 분	P/A	G/A
입출항비용		US$60,000
예인구조비		US$100,000
선원급여유지비		US$15,000
하역, 보관, 재선적비용		US$60,000
화재손상수리비	US$290,000	
화재진압손상수리비		US$100,000
선측부외판수리비		US$60,000
화물희생손해(화재진압)		US$180,000
운임희생손해(화재진압)		US$25,000
합 계	US$290,000	US$600,000

※ 운임희생손해 = 총손실운임(총희생손해) − 지출을 면한 하역비
= (US$300,000 × 10%) − (US$50,000 × 10%) = US$25,000

(1) 공동해손 분담가액 및 분담금

선박의 분담가액 및 분담금 :

US$1,000,000 − US$450,000 + US$160,000   =   US$710,000 : US$184,416

  ※ Damage

     = 단독해손(화재수리비) US$290,000 + 공동해손 US$160,000

       (화재진압수리비 US$100,000 + 선측부외판수리비 US$60,000)

     = US$450,000

적하의 분담가액 및 분담금 :

US$1,800,000 − US$540,000 + US$180,000   =   US$1,440,000 : US$374,026

운임의 분담가액 및 분담금 :

US$210,000 − US$75,000 + US$25,000   =   US$160,000 : US$41,558

                                     US$2,310,000 : US$600,000

(2) 선체보험자의 지급보험금

단독해손   : US$290,000

선박의 공동해손 분담금   US$184,416

→ 희생손해

US$184,416 × US$160,000 / US$600,000   =   US$49,178 : US$49,178

비용손해 US$184,416 − US$49,178   =   US$135,238

  → 분담가액   US$710,000   :   US$135,238

     부보금액   US$800,000

           −)   US$290,000   US$510,000 :   US$97,143 : US$97,143

−) Deductible   US$0

지급보험금   US$436,321

(3) I.V. 보험자의 지급보험금

분담가액   US$710,000 : US$135,238

부보금액   US$135,238 × US$100,000 / US$710,000 =   US$19,048   :   US$19,048

(4) 적하보험자의 지급보험금

화재손해	US$2,000,000 × 20%	= US$400,000
화재진압손해	US$2,000,000 × 10%	= US$200,000
공동해손 분담금 US$374,025.97 − 희생손해 US$180,000		= US$194,026
지급보험금		US$794,026

※ 적하보험자의 지급보험금을 정산할 때 희생손해를 부보금액기준으로 정산하였으므로 송장가액(C&I 또는 CIF 가액)
  기준으로 정산한 희생손해는 공제하여야 한다.

예제 17

선령 15년 미만의 선박이 화물을 적재하고 목적지로 항해 중 암초에 좌초하였고, 그 후 구조업자에 의해
구조되어 피난항으로 예인되었다. 피난항에서 보험자의 검정인이 정밀검사 한 결과 예상수리비가 선박의
시장가액을 상당히 초과할 것으로 예상되어 선주는 항해 포기를 선언하였다. 그 후 본선에 적재되어 있던
화물은 현지에서 매각되었고, 선박도 손상상태로 현장 인도조건으로 Scrap 처리하고, 선주는 보험자에게
미수리손상 Claim으로 보험금을 청구하였다. 다음의 사항을 기준으로 공동해손을 정산하고, 선박보험자
가 보상하여야 할 보험금을 정산하시오.

• 선박 보험가액/금액 및 조건 : US$2,000,000, so valued, ITC – Hulls(1/10/83) with clauses 12 deductible of US$50,000	
• 선박의 정상시장가액(Sound Market Value)	US$1,000,000
• 선박의 손상상태의 순매각대금(Net Sale Proceeds)	US$300,000
• 화물의 CIF 송장가액	US$1,000,000
• 화물의 현지 순매각대금(Net Sale Proceeds)	US$800,000
• 좌초로 인한 선박 손상부위의 예상수리비	US$600,000
• 구조작업 중 손상된 선박 손상부위의 예상수리비(공동해손 희생손해)	US$500,000
• 구조비를 포함한 총 공동해손비용	US$500,000
• 운송계약상 운임 및 공동해손 조항 : Freight prepaid and non – returnable York – Antwerp rules 1974 (단, Commission and Interest 무시)	

(1) 공동해손손해

선박의 공동해손 희생손해

= SMV − (예상 PA + Scrap value)

= US$1,000,000 − (US$600,000 + US$300,000) = US$100,000

구조비를 포함한 총공동해손비용 : US$500,000

공동해손손해 = US$100,000 + US$500,000 = US$600,000

(2) 공동해손 분담가액(Contributory value) : 공동해손 분담금(Contribution)

선박 : Scrap value + 희생손해 = US$300,000 + US$100,000 = US$400,000 : US$200,000

화물 : Net Sale Proceeds + 희생손해 = US$800,000 + US$0 = US$800,000 : US$400,000

US$1,200,000   US$600,000

(3) 추정전손 성립 여부

예상수리비

= 예상단독해손 + 공동해손 희생손해 + 공동해손 비용손해 중 선박분담분

= US$600,000 + US$500,000 + US$166,667(= US$500,000 / 3)

= US$1,266,667 (< 부보금액 US$2,000,000) (추정전손 불성립)

(4) 미수리손상 수리비

미수리손상 수리비(합리적인 감가액)

= 선박의 정상시장가액 − 고철매각대금

= US$1,000,000 − US$300,000 = US$700,000

※ 미수리손상 claim은 미수리손상으로 인한 선박의 합리적인 감가액으로 하되, 예상수리비를 초과할 수 없다(ITC−Hull 제18조).

(5) 선박보험자의 지급보험금

선박보험자의 지급보험금

= 미수리손상 수리비(합리적인 감가액) + 공동해손분담금 − Deductible

= US$700,000 + US$200,000 − US$50,000 = US$850,000

※ 추정전손의 판단

수리비란 보험목적을 사고 이전의 상태로 원상회복하는데 소요되는 모든 비용을 말한다. 선박의 추정전손 성립 여부를 결정함에 있어서의 수리비에는 다른 이해관계인이 지불할 공동해손 분담금은 공제하지 않으며, 장래의 구조비용과 선박이 수리될 경우 선박이 부담하게 될 장래의 공동해손 분담금은 가산되어야 한다(MIA 제60조 제2항). 여기서 장래(Future)의 의미는 사고 시점 이후를 의미하고, 위부통지(notice of abandonment) 여부와 관계없이 사고 이후 합리적으로 발생한 모든 비용에 대해 회복하는데 소요되는 비용으로 본다. 또한 추정전손의 판단에 있어서 선박 또는 난파선의 훼손된 가액 또는 해체된 가액은 이를 고려하지 않는다.

선령 15년 미만의 선박이 인천에서 화물을 화물창에 적재하고 독일의 함부르크로 향하던 중에 기관실의 선수방향에서 화재가 발생하여 기관실 및 기관실과 인접한 2번 화물창에도 화재가 옮겨붙었으나 곧 진화를 하였다. 선박은 화재로 인한 손상으로 자력항해가 불가능하여 피난항인 싱가포르항으로 예인되었고, 목적지까지의 안전한 항해를 위하여 싱가포르항에서 영구수리를 실시한 후에 목적지인 함부르크항으로 출항하였다.

싱가포르항에서 발생된 항비 및 수리비는 다음과 같으며, 관련 비용은 전액 지급되었다.

• 예인구조비(Salvage Charges)	US$8,000
• 입출항비용(Port Charges)	US$10,000
• 선원급여유지비(Wages & Maintenance)	US$20,000
• 하역, 보관, 재선적비(Discharging, Storage & Reloading Charges)	US$35,000
• 화재수리비(Fire Damage)	US$200,000
• 화재진압수리비(Extinguishing Damage)	US$100,000

상기 수리 후에 선박은 별다른 사고 없이 목적지인 함부르크항에 도착하였으며, 기관실 앞의 2번 화물창 내의 적하의 합의된 손해는 전체 선적된 양의 40%인데, 이들 화물에 대한 합의된 감가는 다음과 같다.

• 화물손해(Cargo Damage) 40% 중	
• 화재손해(Fire Damage) 20%	감가 100%
• 열손(Heat Damage) 5%	감가 10%
• 연기손(Smoke Damage) 5%	감가 10%
• 화재진압손해(Extinguishing Damage) 5%	감가 60%
• 피난항에서 양하작업 중 발생한 손해 5%	감가 30%

상기 화물 및 선박과 관련된 기타 내용은 다음과 같다.

• 선박의 정상시장가액(Sound Market Value)	US$800,000
• 화물 C&I 가액(Cost & Insurance Value)	US$900,000
• 운임가액(Freight)	US$100,000
• Contingent Expenses	US$20,000
• 하역종료 후 함부르크 출항비용	US$10,000
선적/양륙조건 : F.I.O(Free In and Out)조건(선적 및 양륙비용 모두 화주 부담조건)	

상기 화물손해 중 화재손해(Fire Damage) 20%와 화재진압손해(Extinguishing Damage) 5%는 손상이 심하여 운임을 목적지에서 못 받는 것으로 한다. 이 상황에서 YAR 1994에 의거하여 공동해손을 정산하며, 이자(interest)는 무시한다.

구 분	P/A	G/A
예인구조비(Salvage Charges)		US$8,000
입출항비용(Port Charges)		US$10,000
선원급여유지비(Wages & Maintenance)		US$20,000
하역, 보관, 재선적비용 (Discharging, Storage & Reloading Charges)		US$35,000
화재수리비(Fire Damage)	US$200,000	
화재진압수리비(Extinguishing Damage)		US$100,000
화재진압화물손해(Extinguishing Damage) US$900,000 × 5% × 60% = US$27,000		US$27,000
피난항에서 양하작업 중 발생한 손해 US$900,000 × 5% × 30% = US$13,500		US$13,500
운임의 희생손해(sacrifice of Freight) US$100,000 × 5% = US$5,000		US$5,000
수수료(commission)		US$3,060
합 계	US$200,000	US$221,560

공동해손 분담가액 및 분담금

선박의 분담가액 및 분담금 :

　US$800,000 − US$300,000 + US$100,000 ＝ <u>　US$600,000　</u> : <u>　US$96,963　</u>

적하의 분담가액 및 분담금 :

　US$900,000 − US$229,500 + US$40,500　＝ <u>　US$711,000　</u> : <u>　US$114,901　</u>

운임의 분담가액 및 분담금 :

US$75,000(＝ US$100,000 − US$25,000) − US$20,000 + US$5,000

　　　　　　　　　　　　＝ <u>　US$60,000　</u> : <u>　US$9,696　</u>
　　　　　　　　　　　　<u>US$1,371,1000</u> : <u>US$221,560</u>

※ YAR 1994에 의하면 이자(interest)는 선주가 공동해손 분담금을 지급한 시점부터 공동해손 정산서 발행일로부터 3개월이 지난 시점까지의 기간 동안 연 7%를 지급하고, 수수료(commission)는 기간 관계없이 연 2%를 지급한다. 이때 이자(interest)는 선박의 전체 공동해손손해에 대해 그 이자율을 적용하고, 수수료(commission)는 그 가운데 추가연료소모품비와 추가선원급여유지비를 제외한 금액에 대해 그 수수료율을 적용한다.

최근 기출문제

01 2014년 시행 제37회 기출문제

문제 1

아래의 상황에서 York – Antwerp Rule 1994에 의거하여 공동해손을 정산(이자 및 수수료 제외)하고, 선박보험자의 지급보험금을 계산하시오. (15점)

- 선박의 좌초손상수리비 : US$100,000
- 선박의 이초를 위한 화물투하 희생손해액 : US$50,000
- 구조비 : US$150,000
- 목적지도착 인도화물의 송장가액(CIF가격) : US$250,000
- 선박의 정상시장가액 : US$800,000
- 선박의 보험가액 및 보험가입금액 : US$1,000,000
- 보험조건 : ITC – Hulls(1/10/83) with clause 12 Deductible of US$10,000

풀 이

구 분	P/A	G/A
좌초손상수리비	US$100,000	
화물투하 희생손해액		US$50,000
구조비		US$150,000
합 계	US$100,000	US$200,000

(1) **공동해손 분담가액(G/A Contributory Value)**

선박 : US$800,000 − US$100,0000 + US$0 = US$700,000

화물 : US$250,000 + US$50,000 = US$300,000

(2) **공동해손 분담금(G/A Contribution)**

선박 : US$200,000 × US$700,000 / US$1,000,000 = US$140,000

화물 : US$200,000 × US$300,000 / US$1,000,000 = US$60,000

(3) **선체보험자의 지급보험금**

P/A US$100,000 + G/A Contribution US$140,000 − Deductible US$10,000

= US$230,000

선박A와 선박B가 충돌하여 각각 다음과 같은 손해를 입었다.

구 분	A선박	B선박
선체손상	US$20,000	US$20,000
불가동손실	US$20,000	US$40,000
합 계	US$40,000	US$60,000

A선주와 B선주간의 충돌과실비율 배분에 관해서는 양자간 합의가 이루어지지 않았다. 오랜 논의 끝에 서로 과실비율을 정하지 아니하고 자기 손해는 자기가 부담하는 것으로 합의하였고, 양 선박의 보험자는 이 합의에 동의하였다.

위의 상황에서 A선주가 선박보험을 아래의 조건으로 가입하였을 경우 A선박의 보험자가 지급하여야 할 보험금을 계산하시오. (15점)

보험조건 : ITC－Hull(1/10/83) with Clause 12 Deductible of US$5,000

풀 이

(1) **자손자담원칙(Drop－hand Settlement)에 의한 과실비율의 결정**
A선박의 과실비율을 x라 하면 B선박의 과실비율은 $(1 - x)$가 된다.
US$60,000 $\times$ x = US$40,000 $\times$ $(1 - x)$
(US$60,000 + US$40,000) $\times$ x = US$40,000
따라서 A선박의 과실비율은 40%, B선박의 과실비율은 60%가 된다.

(2) **선체보험자의 지급보험금**

선체손상	: US$20,000 $\times$ 40%	= US$8,000
충돌배상금	: US$60,000 $\times$ 40% $\times$ 3/4	= US$18,000
－) Deductible :		－) US$5,000
		US$21,000

문제 3

태국에서 국내로 수입한 쌀을 도착지에서 계량한 결과 부족손이 발생하였다. 보험조건과 손실량이 다음과 같을 때 적하보험자의 지급보험금을 계산하시오. (10점)

> 보험조건 : ICC(B) including shortage in excess 5% on the whole

> - 총선적량 : 1,000 M/T in bulk
> - 상업송장가액(CIF 가격) : US$50,000
> - 보험가입금액 : US$55,000
> - 선적시 수분함량 : 8%
> - 도착시 수분함량 : 6%
> - 도착중량 : 920 M/T

풀 이

(1) **선적시의 수분함량을 감안하여 계산하는 경우**
920톤 × (100% − 6%) / (100% − 8%) = 940톤
excess 5% on the whole : 1,000톤 × 5% = 50톤
보험금 지급대상 톤수 : 1,000톤 − 940톤 − 50톤 = 10톤

지급보험금 = 10톤 × US$55,000 / 1,000톤 = US$550

(2) **도착시의 수분함량을 감안하여 계산하는 경우**
1,000톤 × (100% − 8%) / (100% − 6%) = 978.7234톤
excess 5% on the whole : 978.7234톤 × 5% = 48.9362톤
보험금 지급대상 톤수 : 978.7234톤 − 920톤 − 48.9362톤 = 9.7872톤

지급보험금 = 9.7872톤 × US$55,000 / 978.7234톤 = US$550

※ 선적시 또는 도착시 수분함량기준 중 어느 기준으로 정산하든 결과는 동일하다.

우리 상법(제5편 해상)에서 규정하고 있는 해상운송인의 운송화물에 대한 책임을 ① 귀책사유(손해배상책임사유)와 ② 면책사유로 구분하여 약술하시오. (10점)

풀이

1. 귀책사유(손해배상책임사유)

(1) 감항능력 주의의무(상법 제794조) : 선박의 감항능력 결여

운송인은 자기 또는 선원이나 그 밖의 선박사용인이 발항 당시 다음의 사항에 관하여 주의를 해태하지 아니하였음을 증명하지 아니하면 운송물의 멸실, 훼손 또는 연착으로 인한 손해를 배상할 책임이 있다.

① 선박이 안전하게 항해할 수 있게 할 것

② 필요한 선원의 승선, 선박의장과 필요품의 보급

③ 선창, 냉장실 기타 운송물을 적재할 선박의 부분을 운송물의 수령, 운송과 보관을 위하여 적합한 상태에 둘 것

해상보험에서 일체의 항해보험에는 위험개시시 선박이 피보험항해의 통상적인 위험을 견딜 수 있어야 한다는 감항능력 묵시담보(implied warranty of seaworthiness)가 존재하며, 이러한 담보를 위반하는 경우에는 위반일로부터 보험자는 면책된다. 다만, 적하보험의 경우에는 화주가 선박에 대해 전혀 영향력을 행사할 수 없으므로 ICC 제5조 불감항 및 부적합 면책조항에 적하피보험자인 화주가 선박이 불감항인 사실을 알고 있는 경우에는 보험자가 면책되지만, 화주가 그 사실을 모르고 있었던 경우에는 담보한다고 규정하고 있다.

이와 같은 ICC면책조항은 어디까지나 보험자와 피보험자 사이의 약속이므로 화물의 손해에 대해 운송인의 책임이 인정되는 경우에는 보험자는 일단 피보험자에게 보험금을 지급한 후 피보험자가 운송인에 대해 갖는 손해배상청구권을 대위하여 행사한다.

(2) 운송물에 관한 주의의무(상법 제795조 제1항) : 상사과실

운송인은 자기 또는 선원이나 그 밖의 선박사용인이 운송물의 수령, 선적, 적부(積付), 운송, 보관, 양륙과 인도에 관하여 주의를 해태하지 아니하였음을 증명하지 아니하면 운송물의 멸실·훼손 또는 연착으로 인한 손해를 배상할 책임이 있다.

상법에 따르면 선박소유자는 해상운송인으로서 자기 또는 선원 기타 선박사용인이 운송물의 수령, 선적, 적부, 운송, 보관, 양륙과 인도에 관하여 주의를 해태함으로 인하여 생긴 운송물의 멸실, 훼손 또는 연착에 관한 손해를 배상할 책임이 있다고 규정하고, 운송인은 화물의 취급에 대하여 주의를 다하였음을 증명하지 아니하면 그 책임을 면하지 못한다. 또한 상사과실로 인한 해상운송인의 책임을 경감하는 당사자간의 특약은 효력이 없다고 규정하여 면책특약을 금지하고 있다. 해상운송인의 상사과실에 의하여 화물에 손해가 발생한 경우에는 화주인 피보험자는 그 손해에 대해 운송인에게 손해배상청구권을 가지며, 또한 이러한 손해에 대해 피보험자에게 보험금을 지급한 보험자는 피보험자가 운송인에게 갖는 손해배상청구권을 대위하여 행사한다.

2. 면책사유

(1) 운송물에 관한 주의의무(상법 제795조 제2항) : 항해과실 및 선박의 화재

운송인은 선장·해원·도선사, 그 밖의 선박사용인의 항해 또는 선박의 관리에 관한 행위 또는 화재로 인하여 생긴 운송물에 관한 손해를 배상할 책임을 면한다. 다만, 운송인의 고의 또는 과실로 인한 화재의 경우에는 그러하지 아니하다.

선장이나 선원 등의 항해 또는 선박의 관리에 관한 행위로 인한 화물의 손해, 즉 항해과실로 인한 화물의 손해에 대해서 운송인은 면책된다. 이는 해상위험의 특수성에 비추어 운송인의 부담을 과중하지 않게 하기 위함이다. 다만, 해상운송인이 항해과실에 대해 면책을 받기 위해서는 그 항해과실과 손해 사이에 상당인과관계가 있음을 입증하여야 한다. MIA 제55조 제2항에서도 선장이나 선원의 과실로 인해 담보위험이 발생하고, 그 결과 화물에 손해가 발생하는 경우 보험자는 그 손해를 보상하여야 한다고 규정하고 있다.

선박의 화재로 인한 손해에 대해 운송인은 면책된다. 이는 항해과실에 대해 해상운송인에게 법정면책을 인정한 것과 같은 이유에서 화재에 대해서도 면책사유로 한 것이다. 다만, 운송인의 고의 또는 과실로 인한 화재의 경우에는 그러하지 아니하다.

(2) 운송인의 면책사유(상법 제796조)

① 해상이나 그 밖에 항행할 수 있는 수면에서의 위험 또는 사고(perils of the sea)
② 불가항력(Act of God)
③ 전쟁, 폭동 또는 내란
④ 해적행위나 그 밖에 이에 준하는 행위
⑤ 재판상의 압류, 검역상의 제한, 그 밖에 공권에 의한 제한
⑥ 송하인 또는 운송물의 소유자나 그 사용인의 행위
⑦ 동맹파업이나 그 밖의 쟁의행위 또는 선박폐쇄
⑧ 해상에서의 인명이나 재산의 구조행위 또는 이로 인한 항로이탈이나 그 밖의 정당한 사유로 인한 항로이탈
⑨ 운송물의 포장의 불충분 또는 기호의 표시의 불완전
⑩ 운송물의 특수한 성질 또는 숨은 하자
⑪ 선박의 숨은 하자

ITC – Hulls(1/10/83) 제2조 계속조항(Continuation Clause)의 제정취지와 내용에 대해 약술하시오.
(10점)

풀 이

(1) **계속조항의 내용**

이 보험의 만기시에 선박이 항해 중이거나 조난 중이거나 또는 피난항 또는 기항항에 있을 때는 보험자에게 사전 통지를 한 경우에 한해 월할 보험료로써 선박이 목적항에 도착할 때까지 계속 담보된다.

(2) **계속조항의 제정취지**

보험기간이 일정한 기간으로 제한된 경우 선박이 목적지로 항해 중 담보기간이 종료된다면 그 선박은 무보험 상태에 놓이게 되므로 보험계약자의 지위를 안정적으로 보장하고 보험계약의 유지 및 관리가 용이하도록 약관에 계속조항을 두고 있다. 즉, 보험계약자에게 담보기간을 연장하여 선박의 무보험상태를 사전에 방지하려는 것과 사고발생시점의 불확실성을 제거하는데 그 의미가 있다.

문제 6

중복보험계약에 있어서 피보험자의 보험금청구권과 보험자의 책임분담에 대하여 영국해상보험법(MIA 1906)에 근거하여 기술하시오. (10점)

풀 이

(1) **피보험자의 보험금청구권**

중복보험이란 각 계약의 보험가입금액의 합계액이 보험가액을 초과하는 보험을 말하는데, 해상보험에서는 송하인과 수하인이 각각 별도로 적하보험에 가입한 경우가 이에 해당한다. 이러한 중복보험의 경우 피보험자는 보험자를 임의로 선택하여 보험금을 청구할 수 있다.

(2) **보험자의 책임분담**

피보험자로부터 먼저 보상청구를 받은 보험자는 보험계약에 따른 보상을 실현하고, 다른 중복보험자와 각각의 인수비율에 따라 지급한 보험금에 대해 상호 정산을 한다. 즉 피보험자에게 보험금을 지급한 보험자는 다른 중복보험자에게 그 책임비율에 해당하는 금액을 청구할 수 있다.

문제 7

협회적하보험약관(ICC 1982) B 조건상의 담보위험을 위험과 손해 사이에 요구되는 인과관계(causation)의 유형에 따라 분류해서 열거하시오. (10점)

풀 이

(1) **인과관계를 요하지 않는 위험**
   ① 화재 또는 폭발
   ② 선박 또는 부선의 좌초, 침몰, 교사 또는 전복

(2) **인과관계를 요하는 위험**
   ① 육상운송용구의 탈선 또는 전복
   ② 선박, 부선 또는 운송용구와 물 이외의 타 물체와의 충돌 또는 접촉
   ③ 조난항에서의 적하의 양하
   ④ 지진, 분화 또는 낙뢰
   ⑤ 공동해손손해
   ⑥ 투하 또는 파도에 의한 갑판상의 유실
   ⑦ 선박, 부선, 선창, 운송용구, 컨테이너, 리프트밴 또는 보관소에 해수, 호수 또는 하천수의 유입
   ⑧ 선박 또는 부선에 선적 또는 양하작업 중 해수면으로 낙하하여 멸실되거나 추락하여 발생된 포장당 전손

문제 8

영국해상보험법(MIA 1906)상의 적법담보(Warranty of Legality)의 ① 의의와 내용 및 ② 위반의 효과에 대해 약술하시오. (10점)

풀 이

(1) **적법담보의 의의**
   적법담보란 모든 해상사업이 피보험자가 지배할 수 없는 경우를 제외하고는 합법적이어야 한다는 것을 묵시적으로 담보하는 것을 말한다. 즉 피보험 해상사업이 밀무역이나 교전국에 대한 통상과 같은 위법이 아니어야 하고, 항해를 합법적으로 수행해야 함을 묵시적으로 담보하고 있는 것을 의미한다. 이와 같은 묵시담보(Implied Warranty)는 명시담보(Express Warranty)를 보완하는 것으로 법에 의해 계약에 포함된 것으로 간주된다.

(2) **적법담보의 위반의 효과**
   적법담보가 충족되지 않는 경우 보험자는 보험계약을 해지할 수 있으며, 계약이 해지되면 보험료도 반환되지 않을 뿐더러 담보도 개시되지 않는다.

영국해상보험법(MIA 1906)상의 위부와 대위권에 대하여 그 요건 및 효과를 비교·설명하시오. (10점)

풀이

(1) **위부와 대위의 의의**

위부란 보험사고가 발생한 경우 피보험자가 보험의 목적에 관한 모든 권리를 보험자에게 이전시키고 보험금액의 전부를 청구할 수 있는 제도로 소유권에 대한 분쟁을 방지하고 피보험자에게 전손보험금을 청구할 수 있도록 도입된 제도이다. 그리고 대위란 보험자가 보험사고로 보험금을 지급한 후 피보험자가 보험목적물 및 제3자에게 갖는 권리를 법률상 당연히 취득하는 것을 말한다.

(2) **위부와 대위의 차이점**

① 위부는 보험목적물에 대한 권리를 이전하기 위해 피보험자의 의사표시를 요하나, 대위는 그와 같은 의사표시와는 관계없이 법률상 당연히 이전된다.

② 위부는 추정전손인 경우에만 인정되지만, 대위는 전손, 분손 여부와 관계없이 모든 사고에 적용된다.

③ 위부는 보험목적물에 대한 권리이전과 보험금청구권이 발생하지만, 대위는 보험목적물에 대한 권리만 보험자에게 이전된다.

④ 위부는 보험금 지급 여부와는 무관하며, 대위는 보험금 지급을 그 요건으로 한다.

⑤ 위부는 보험자가 지급한 보험금을 초과하여 회수할 수 있지만, 대위는 지급보험금 한도 내에서만 그 권리를 행사할 수 있다.

문제 1

선박A는 보험가입금액을 US$1,000,000로 하여 ITC – Hulls(1/10/83) with Clause 12 Deductible of US$50,000, 4/4ths Collision Liability 조건으로 선체보험에 가입하였다. 선박A가 화물을 적재하여 항해 중 선박B와 충돌하여 선박A에 발생한 손해 및 비용, 쌍방 선박간에 합의된 과실비율과 손해액은 다음과 같다.

이 상황에서 선박A의 선체보험자가 보상하여야 하는 보험금을 산정하시오. (25점)

[선박A의 손해 및 비용]
- 선체손상수리비 : US$120,000
- 불가동손실 : US$30,000
- 화물손상 : US$20,000
- 충돌사고원인조사비용(General Cost) : US$1,000
- 선박B에 대한 W/P Survey Fee : US$1,000

당사자간 합의된 손해액(과실비율 50 : 50)

구 분	A선박	B선박
선체손상수리비	US$100,000	US$200,000
불가동손실	US$20,000	US$40,000
적재된 화물손상	US$20,000	US$40,000
해상오염으로 인한 배상책임	–	US$100,000
합 계	US$140,000	US$380,000

양 선박 공히 책임제한 없음.

(1) **소송비용의 분배**

　① **일반비용 US$1,000의 분배**

　　A선박 : 선체손상 + 불가동손실 : US$120,000

　　B선박 : 선체손상 + 불가동손실 + 화물손상 : US$280,000

　　A선박 : US$1,000 × US$120,000 / US$400,000 = US$300

　　B선박 : US$1,000 × US$280,000 / US$400,000 = US$700

　② **공격비용 US$300의 분배**

　　선체손상 : US$300 × US$100,000 / US$120,000 = US$250

　　불가동손실 : US$300 × US$20,000 / US$120,000 = US$50

　③ **방어비용 US$1,700의 분배**

　　일반비용에서 분배된 US$700과 방어비용 US$1,000을 합산한 금액을 전액 충돌배상금으로 처리한다.

(2) **선체보험자의 지급보험금**

　　단독해손 　　: US$120,000(= US$50,000 × 50%) + US$250 　　　　　　　　= 　US$70,250

　　충돌배상금 　: [US$140,000(= US$280,000 × 50%) + US$1,700] × 4/4 　= 　US$141,700

　　−) Deductible 　: 　　　　　　　　　　　　　　　　　　　　　　　　　　　　−) 　US$50,000

　　　　　　　　　　　　　　　　　　　　　　　　　　　　　　　　　　　　　　　US$161,950

※ 충돌배상금을 정산할 때는 양 선주간 합의된 손해액을 기준으로 정산하고, 선체보험금을 정산할 때는 실제발생수리비를 기준으로 정산한다.

아래 상황에서 적하보험자가 보상하여야 하는 보험금을 산정하시오. (15점)

이탈리아에서 국내로 수입하는 5드럼(drum)의 식용유에 대하여 보험가입금액을 US$2,500로 하여 ICC(W.A) including leaking in excess of 3% on each drum조건으로 적하보험에 가입하였다. 각 드럼의 중량 및 가액은 동일하고, 5드럼의 순선적중량의 합은 1,000kg이었으며, 공 드럼(empty drum) 1개의 무게는 60kg이었다. 목적지에 도착한 후 5드럼 모두에 누손(leakage)이 확인되었으며, 확인된 각 드럼의 총인도중량은 다음과 같았다. 단, 자연적인 소모(trade ullage)는 없는 것으로 한다.

드 럼	총인도중량
NO.1 드럼	240kg
NO.2 드럼	250kg
NO.3 드럼	257kg
NO.4 드럼	252kg
NO.5 드럼	256kg

풀 이

총선적중량	총인도중량	손실량	3% excess	클레임
260kg	240kg	20kg	6kg	14kg
260kg	250kg	10kg	6kg	4kg
260kg	257kg	3kg	6kg	–
260kg	252kg	8kg	6kg	2kg
260kg	256kg	4kg	6kg	–
1,300kg	1,255kg	45kg		20kg

지급보험금 = 20kg × US$2,500 / 1,000kg = US$50

요크앤트워프(YAR 1994) 제10조 피난항 등에서의 비용조항(Expenses of Port of Refuge etc.)에서 공동해손비용으로 인정되는 피난항비용의 유형을 발생상활별로 구분하여 약술하시오. (10점)

풀 이

(1) 공동의 안전을 위해 피난항/피난장소 또는 선적항/선적지로 입항한 경우
피난항 입항비용과 화물의 전부 또는 일부를 선적하고 출항할 경우 출항비용 인정

(2) 피난항에서 수리가 불가능하여 제2의 항구로 회항하는 경우
회항비용(임시수리비, 예인비용, 항해 연장기간 중 발생된 선원급여유지비, 소모품 비용, 연료유 및 저장품 비용 등) 인정

(3) 희생손해 또는 사고로 인한 손상수리가 항해완수를 위해 필요한 경우 그 수리를 위해 적하, 연료유 또는 저장품을 선내에서 정리하거나 하역하는 경우
선내정리비용 및 하역비용 인정(단, 그 항해 중 사고로 인해 발생된 손해가 아닌 단순 손상의 발견일 경우에는 제외)

(4) 공동해손으로 인정될 수 있는 선내정리 또는 하역을 위해 선적된 적하, 연료유 또는 저장품을 보관, 재선적 및 재적부가 필요한 경우
창고보관비용, 재선적 및 재적부비용 인정(단, 항해포기의 경우 포기일자까지, 하역완료전 항해포기의 경우 하역완료일까지 인정)

영국해상보험법(MIA 1906) 제40조 제2항의 '적하항해보험에서의 감항능력담보' 규정과 ICC(1982) 제5조 불감항 및 부적합 면책조항(Unseaworthiness and Unfitness Exclusion Clause) 제1항 규정의 내용상 차이점을 다음 두 가지로 구분하여 약술하시오. (10점)

(1) 감항능력담보 충족의 요건

(2) 감항능력담보 위반의 요건과 효과

풀 이

(1) **감항능력담보 충족의 요건**
   ① **영국해상보험법 제40조 제2항**
      선박이 항해개시시 감항능력을 갖추고 있어야 할 뿐만 아니라, 목적지까지 운송하는데 적합한 상태일 것
   ② **ICC(1982) 제5조 제1항**
      선박뿐만 아니라, 부선을 포함한 운송용구, 컨테이너 또는 리프트밴도 보험목적의 안전 운송에 적합한 상태일 것

(2) **감항능력담보 위반의 요건과 효과**
   ① **영국해상보험법 제40조 제2항**
      화주가 알고 있었든 모르고 있었든 관계없이 선박이 불감항이면 그 이후 발생된 사고에 대해서는 면책
   ② **ICC(1982) 제5조 제1항**
      화주가 선박이 불감항이나 부적합한 상태라는 것을 알고 있었을 것을 조건으로 불감항 및 부적합으로 인하여 발생한 손해에 대해서 면책

선체보험에서 피보험자가 임시수리비를 합리적인 수리비의 일부로 인정받기 위한 조건에 대해 약술하시오. (10점)

> **풀 이**
>
> (1) **수리비를 절감하는 경우**
>   임시수리를 통해 영구수리를 연기하여 선주의 정기수리와 동시에 실시함으로써 수리비가 절감되는 경우 그 수리비 절감한도까지 합리적인 수리비로 인정한다.
>
> (2) **정기선(Liner Vessel)의 경우**
>   여객선 또는 컨테이너선 등 공고된 일정에 따라 운항하는 정기선의 경우에는 언제나 임시수리비를 합리적인 수리비로 인정한다.
>
> (3) **불가피한 임시수리비**
>   선주 입장에서 어떻게 할 수 없는 불가피한 임시수리비 또는 불가피한 지연이 발생하는 경우의 임시수리비를 합리적인 수리비로 인정한다.

ITC – Hulls(1/10/83) 제1조 항해조항(Navigation) 제1항의 규정내용을 다음 두 가지로 구분하여 약술하시오. (10점)

(1) 제1항에서 허용하는 선박의 항해범위

(2) 제1항에서 규정된 항해 관련 명시담보

풀 이

(1) **제1항에서 허용하는 선박의 항해범위**

선박은 도선사의 승선 여부에 관계없이 항행하거나 시운전을 하거나 재난을 당한 선박을 구조하거나 예인하는 등 자유롭게 항행할 수 있다.

(2) **제1항에서 규정된 항해 관련 명시담보**

① **예인 또는 계약에 의한 구조작업 참여 금지**

관습상의 예인 또는 최초의 안전한 항구까지 예인되는 경우를 제외하고는 다른 선박에 의해 예인되지 말아야 하고, 또한 계약에 의한 다른 선박의 예인 또는 구조작업에 참여해서는 안 된다.

② **접현한 상태에서의 화물의 양하 또는 적하 금지**

항내에서의 작업 및 해안용 부선을 제외하고는 선박이 서로 접현한 상태에서 다른 선박으로 또는 다른 선박으로부터 화물을 적재 또는 양하하여서는 안 된다. 단, 보험자에게 사전 통지하고 변경된 보험조건과 추가보험료를 납입하면 확장담보 된다.

③ **해체항해시의 보상한도**

피보험선박이 해체 또는 해체 후 매각을 목적으로 항해를 하는 경우 항해 도중 피보험선박이 멸실 또는 손상되면 그 멸실 또는 손상시점의 해체선박으로서의 시장가액을 한도로 보상한다. 단, 충돌배상책임과 공동해손비용은 전액보상된다.

ITC – Hulls(1/10/83) 제6조 위험조항(Perils)에 열거된 피보험위험 중 '기관 또는 선체의 잠재적 하자(Latent Defect)'에 대해 다음의 세 가지로 구분하여 약술하시오. (10점)

(1) 잠재적 하자의 의미(판단기준)

(2) 잠재적 하자의 형태

(3) 잠재적 하자로 인한 기관 또는 선체의 손상에 대한 보험자의 보상요건과 보상범위

풀 이

(1) **잠재적 하자의 의미(판단기준)**
  잠재적 하자란 처음부터 있었던 하자 또는 나중에 생긴 하자를 말하는 것으로, 숙련된 사람이 합리적이고 주의 깊게 검사를 했더라도 발견하기 힘든 하자를 말한다.

(2) **잠재적 하자의 형태**
  잠재적 하자는 크게 재질상의 하자와 설계상의 하자로 구분할 수 있으며, 선박보험에서 말하는 하자는 통상 재질상의 하자를 의미하는 것으로 해석된다.

(3) **잠재적 하자로 인한 기관 또는 선체의 손상에 대한 보험자의 보상요건과 보상범위**
  잠재적 하자가 보상되기 위해서는 선주나 관리자가 상당한 주의의무를 다했음이 전제되어야 하며, 그렇다 하더라도 잠재적 하자 자체손해를 제외한 결과적 손해에 대해서만 보상된다.

문제 1

선박A(선령 14년)가 옥수수 500톤을 적재하고 양하항으로 입항 중 타 선박과의 충돌로 인하여 기관실이 침수되었다. 선박A는 이 사고로 인한 침몰위험을 피하기 위하여 수심이 얕은 곳에 임의좌초 하였다. 그 후 선박A는 LOF구조계약(No Cure No Pay)하에서 구조되어 양하항에서 화물전량을 양하한 뒤 선박손상이 심하여 수리하지 않고 현장인도조건으로 고철로 매각되었다.

이 상황에서 아래의 내용을 이용하여 YAR 1994에 따라 공동해손을 정산(이자 및 수수료는 제외)하고, 선박보험자가 보상하여야 하는 보험금을 산정하시오. (20점)

- 선박의 정상시장가액(Sound Market Value) : US$1,000,000
- 충돌로 인한 선체 및 기관의 예상수리비 : US$500,000
- 임의좌초로 인한 선체손상의 예상수리비 : US$600,000
- 손상선박의 고철 순매각대금 : US$400,000
- 옥수수 500톤의 CIF 송장가액 : US$100,000
- 화물의 손상(임의좌초로 인하여 해수침수손상을 입은 150톤은 양하 후 현장인도조건으로 US$10,000에 매각됨) : US$20,000
- 구조비
  - 1989년 구조협약 제13조에 의한 구조비 : US$300,000
  - 1989년 구조협약 제14조에 의한 구조비 : US$200,000

- 선박의 협정보험가액 및 보험가입금액 : US$2,000,000
- 보험조건 : ITC – Hulls(1/10/83) with Clause Deductible of US$10,000

---

(1) **공동해손손해**

선박의 희생손해 :

선박의 정상시장가액에서 단독해손 예상수리비와 고철 매각대금을 합한 금액을 차감하면 추정전손시의 선박의 희생손해가 산정된다.

US$1,000,000 − (US$500,000 + US$400,000) = US$100,000

화물의 희생손해 :

총손상금액에서 현장에서 인도된 매각금액을 차감하면 화물의 희생손해가 된다.

US$30,000 − US$10,000 = US$20,000

구조협약 제13조에 의한 구조비 : US$300,000

공동해손손해의 합계액 : US$420,000

(2) **공동해손 분담가액**

선박 : US$400,000 + US$100,000 = US$500,000

화물 : US$100,000 − US$20,000 + US$20,000 = US$100,000

(3) **공동해손 분담금**

선박 : US$420,000 × US$500,000 / US$600,000 = US$350,000

화물 : US$420,000 × US$100,000 / US$600,000 = US$70,000

(4) **선체보험자의 지급보험금**

미수리 손상수리비	= US$50,250
선박의 공동해손 분담금	
−) Deductible :	−) US$10,000
지급보험금	US$840,000

※ ITC – Hulls(1/10/83) 제19조에서는 선박의 예상회복비용이 부보가액을 초과하는 경우에 추정전손이 성립된다고 규정하고 있는데, 문제의 경우에는 예상회복비용이 선박의 부보가액에 미치지 못하므로 추정전손이 아닌 미수리손상으로 처리한다.

문제 2

선박A가 공선으로 항해 중 기관실에 화재가 발생하여 다음과 같은 손해 및 비용이 발생하였다.

이 상황에서 선박보험자의 지급보험금을 산정하시오. (15점)

- 주기관손상 : US$8,000
- 선체외판손상 : US$5,000
- 구조예인비(손해방지비용) : US$20,000
- 선박의 정상시장가액 : US$500,000

- 선박의 협정보험가액 및 보험금액 : US$400,000
- 보험조건 : ITC – Hulls(1/10/83) with Clause 12 Deductible of US$10,000
  Machinery Damage Additional Deductible US$10,000

풀 이

구 분	Sue & Labour	P/A
주기관손상		US$8,000
선체외판손상		US$5,000
구조예인비(손해방지비용)	US$20,000	
합 계	US$20,000	US$13,000

선체보험자의 지급보험금

손해방지비용 : US$20,000 × US$400,000 / US$500,000 = US$16,000

주기관손상 : US$8,000 − US$10,000(MDAD) = US$0

선체외판손상 : US$5,000

Deductible : US$10,000

지급보험금 = US$16,000 + US$0 + US$5,000 − US$10,000 = US$11,000

원면 6,000bale을 시드니에서 부산까지 CIF 송장가액 US$600,000로 수입하면서 보험금액 US$600,000, ICC(W.A 3%)조건으로 적하보험에 가입하였다. 해상운송 중 선박 내에 화재가 발생하여 진화되었고, 계속해서 항해 중 악천후에 조우하였다. 양하항인 부산에서 최종 확인된 화물의 손해는 아래와 같다.

이 상황에서 적하보험자가 지급하여야 할 보험금을 산정하시오. (15점)

5,600bale : 정상상태로 인도

200bale : 화재손상을 입어 감가율 40%로 합의

100bale : 악천후로 해수손상을 입어 감가율 30%로 합의

50bale : 미인도(Non-delivered)

50bale : 부산항에서 하역 중 해상으로 추락하여 멸실

6,000bale

풀이

적하보험자의 지급보험금

화재손상 : 200bale × 40% = 80bale

해수침수손해 : 100bale × 30% = 30bale

Non-delivered : 면책

포장당 전손 : 50bale

지급보험금 = 160bale × US$600,000 / 6,000bale = US$16,000

※ 선박 내에 화재가 있었으므로 ICC(W.A)조건에서 담보되는 위험으로 인한 손해에 대해서는 소손해 면책비율을 적용하지 않고 전액보상한다.

문제 4

영국법을 준거법으로 하는 해상보험에서 입증책임(Onus of Proof)에 관한 다음 두 가지 일반적인 원칙에 대하여 기술하시오. (10점)

(1) 입증책임의 부담주체(즉 '입증책임이 누구에게 있는가'의 문제)

(2) 입증의 정도(Degree of Proof)

풀 이

(1) **입증책임의 부담주체**

보험자의 보상책임을 결정하기 위한 보험에서 담보하는 위험과 손해와의 인과관계에 대한 입증책임은 보험약관이 포괄책임주의인지 또는 열거책임주의인지에 따라 달리 판단되고 있다.

① **포괄책임주의**

포괄책임주의란 보험약관에서 모든 위험에 따른 손해를 포괄적으로 담보한다는 것을 말한다. 이 경우 피보험자는 손해가 발생하였다는 것을 입증하면 족하고, 반대로 보험자는 그 손해가 면책위험에 의하여 발생하였다는 것을 입증하여야 책임을 면한다.

② **열거책임주의**

열거책임주의란 보험약관에서 담보되는 위험을 열거하고 그 열거된 위험으로 인해 손해가 발생한 경우에만 보상하는 것을 말한다. 이 경우에는 피보험자가 보험약관상 열거하고 있는 위험으로 인해 손해가 발생하였음을 입증하여야 한다.

(2) **입증의 정도(Degree of Proof)**

영국의 법률과 관습에 의하면 입증의 정도에 대해 '증거의 우월(Preponderance of Evidence)' 정도면 충분한 것으로 보고 있으므로 담보위험에 따른 손해발생의 개연성이 50%를 초과하면 입증의무를 다 한 것으로 볼 수 있다.

우리 상법(제5편 해상)에서 규정하고 있는 선박소유자 책임제한과 관련된 다음의 사항에 대하여 기술하시오. (10점)

(1) 선박소유자의 책임이 배제되는 사유

(2) 선박소유자의 책임제한이 적용되지 않는 채권

풀 이

(1) **선박소유자의 책임이 배제되는 사유**

선박소유자의 고의 또는 손해발생의 염려가 있음을 인식하면서 무모하게 작위 또는 부작위로 인하여 생긴 손해에 대해서는 책임제한이 배제된다.

(2) **선박소유자의 책임제한이 적용되지 않는 채권**

① 선장, 선원 그 밖의 사용인으로서 그 직무가 선박의 업무에 관련된 자 또는 그 상속인, 피부양자 그 밖의 이해관계인의 선박소유자에 대한 채권

② 해난구조로 인한 구조료채권 및 공동해손의 분담에 관한 채권

③ 유류오염손해에 대한 민사책임에 관한 국제조약 또는 그 조약의 개정조항이 적용되는 유류오염손해에 관한 채권

④ 침몰, 난파, 좌초, 유기 그 밖의 해양사고를 당한 선박 및 그 선박 안에 있거나 있었던 적하와 그 밖의 물건의 인양, 제거, 파괴 또는 무해조치에 관한 채권

⑤ 원자력손해에 관한 채권

적하보험에서 화물의 손상에 대한 보험자의 보상액 산정방법으로 Salvage Loss Settlement 방식과 Particular Average Settlement(Average Loss Settlement) 방식이 있다. 이들 방식에 관한 다음의 사항에 대하여 각각 기술하시오. (10점)

(1) 각 방식이 적용되는 상황

(2) 각 방식에 의하여 보험자가 보상하는 보험금 산정방법

풀 이

(1) **각 방식이 적용되는 상황**

① Salvage Loss Settlement 방식

화물을 손상상태로 중간항에서 매각할 때 적용하는 보험금 산정방식이다.

② Particular Average Settlement 방식

화물이 손상상태로 목적지에 도착하였을 때 적용하는 보험금 산정방식이다.

(2) **각 방식에 의하여 보험자가 보상하는 보험금 산정방법**

① Salvage Loss Settlement 방식

손상된 화물의 부보금액에서 순매각대금(총매각대금 − 매각비용)을 차감하여 산정하는 방법을 말한다.

> 보험금 = 부보금액 − (총매각대금 − 매각비용)

② Particular Average Settlement 방식

목적지에서 손상화물의 정상품으로서의 총가격과 훼손품으로서의 총가격과의 차액이 정상품으로서의 총가격에서 차지하는 비율(손해율)을 부보금액에 곱하여 산정하는 방법을 말한다.

> 보험금 = 부보금액 × (정상품의 총가격 − 손상품의 총가격) / 정상품의 총가격

ITC – Hulls(1/10/83) 제8조 3/4 충돌손해배상책임조항(3/4ths Collision Liability)과 관련하여 다음의 사항에 대하여 기술하시오. (10점)

(1) 제1항에서 규정하고 있는 보험자의 충돌배상책임 보상요건

(2) 제2항에서 규정하고 있는 충돌손해배상금에 대한 보험자의 보상방법

풀이

(1) 제1항에서 규정하고 있는 보험자의 충돌배상책임 보상요건

피보험자의 선박이 타 선박과의 충돌로 인하여 발생한 다음의 손해에 대해 피보험자가 법적 배상책임을 지고 손해배상금조로 타인에게 지급한 금액 중 3/4을 보상한다.

① 타 선박과 타 선박에 적재된 재물의 멸실 또는 손상

② 타 선박과 타 선박에 적재된 재물의 지연 및 사용의 상실(loss of use)

③ 타 선박과 타 선박에 적재된 재물에 관한 공동해손 및 구조비

(2) 제2항에서 규정하고 있는 충돌손해배상금에 대한 보험자의 보상방법

충돌손해배상금은 단독해손 등 다른 조건에 의해 규정된 보상에 추가하여 보상되며, 다음의 규정에 준한다.

① 피보험선박이 다른 선박과 충돌하여 양 선박에 과실이 있는 경우, 일방 또는 쌍방이 법률에 의하여 책임이 제한된 경우를 제외하고는 약관상 교차책임의 원칙에 따라 보상액을 산출한다.

② 충돌손해배상금에 대한 보험자의 총 배상책임액은 어떠한 경우에도 매 충돌사고당 피보험선박 부보금액의 3/4을 한도로 한다.

공동해손과 관련하여 선박보험증권에 첨부하여 사용하고 있는 Small General Average Clause의 도입 취지와 약관의 내용에 대하여 약술하시오. (10점)

풀이

(1) 도입취지

정식으로 공동해손을 처리하기 위해서는 공동해손 선포 및 보증서류의 확보 등의 복잡한 절차를 거쳐야 하고, 또한 그 정산에 상당한 시간과 비용이 소요되므로 공동해손이 소액인 경우와 소액의 여러 화주가 존재하는 경우 등에 대해서는 정식으로 공동해손을 정산하는 것이 오히려 불합리한 경우가 발생할 수 있다. 즉 일정금액 한도 내의 공동해손에 대해서는 공동해손 선포나 정식절차 없이 선체보험에서 일정한도액까지 공동해손에 대해 전액보상해주기 위해 도입된 약관규정이다.

(2) 약관의 내용

일정금액까지의 공동해손 비용손해액은 화주, 용선자 또는 기타 공동해손 분담자에게 공동해손 분담금을 청구하지 않고 전액을 지급한다. 그리고 공동해손 정산비용은 보상되는 일정금액의 일부로 간주하지 않는다.

선박A와 선박B의 충돌로 인하여 조정능력을 상실한 선박B는 부두와 접촉하였다. 선박A와 선박B의 충돌 과실비율은 50 : 50, 충돌로 인한 손해는 다음과 같이 합의되었다. 선박A는 책임제한을 하였고, 책임한도 액은 인적 손해 US$80,000, 물적 손해 US$60,000이었다.

선박A	선체손상	US$60,000
	선박 불가동손실	US$20,000
	공동해손 선박분담금	US$40,000
선박A의 화물	화물손해	US$20,000
	공동해손 적하분담금	US$20,000
선박B	선체손상	US$120,000
	선박 불가동손실	US$40,000
	선원의 신체상해보험금	US$200,000
선박B의 화물	화물손해	US$60,000
부 두	부두손상	US$20,000

(1) 선박A의 책임한도액을 충돌과 관련하여 각각의 이해당사자에게 배분하시오. (9점)

(2) 보험가액과 보험금액을 US$500,000, 보험조건 ITC – Hulls(1/10/83) with Clause Deductible of US$10,000로 하여 보험에 가입된 선박B의 보험자가 지급하여야 할 최종보험금을 산정하시오. (6점)

풀 이

(1) **선박A의 책임한도액의 배분**

① 선박A의 인적 손해배상금 :

선박B의 선원 상해보험금 : US$200,000 × 50%   = US$100,000

선박A의 인적 손해책임제한액 :   <u>US$80,000</u>   <u>US$20,000</u> (부족)

② 선박A의 물적 손해배상금 :

선박B : 선체손상 + 불가동손실

= (US$120,000 + US$40,000) × 50%   = <u>US$80,000</u>

선박A : 선체손상 + 불가동손실 + 공동해손 분담금

= (US$60,000 + US$20,000 + US$40,000) × 50% = <u>US$60,000</u>   <u>US$20,000</u>

선박B의 선체손상/불가동손실 배상부족액 :   US\$20,000 : US\$15,000

선박B의 화물손해 : US\$60,000 × 50%   = US\$30,000 : US\$22,500

부두손상 : US\$20,000 × 50%   = US\$10,000 :   US\$7,500

인적 손해배상부족액 :   US\$20,000 : US\$15,000

                                                     US\$80,000   US\$60,000

따라서 인적 손해배상금으로 US\$95,000(= US\$80,000 + US\$15,000)이 지급되고, 물적 손해배상금으로 US\$45,000(= US\$60,000 − US\$15,000)이 지급된다.

(2) 선박B 보험자의 지급보험금

선체손상 : US\$120,000 − (US\$15,000 × US\$120,000 / US\$160,000) = US\$108,750

충돌배상금 : (선박A의 화물손해 + 공동해손 분담금) × 50% × 3/4

                = (US\$20,000 + US\$20,000) × 50% × 3/4 = US\$15,000

Deductible : US\$10,000

지급보험금 = US\$108,750 + US\$15,000 − US\$10,000 = US\$113,750

※ 선박B의 선체보험자는 선체손상 및 불가동손실에 대한 배상금으로 US\$15,000를 지급받았으므로 선체손상에 대한 보험금에서 불가동손실에 해당하는 배상금은 공제하여야 하고, 충돌배상금은 상대선의 적하에 대해서만 정산이 안 되었으므로 상대선의 적하에 대한 배상금만 지급하면 된다.

쌀 10,000톤을 태국에서 수입하면서 보험금액을 US$1,100,000(CIF 송장가액의 110%)로 하여 적하보험에 가입하였다. 해상운송 중 선박이 좌초되어 이초 후 피난항에 기항하였으며, 여기서 선박좌초로 인하여 손상을 입은 화물 1,000톤을 손해를 경감하기 위하여 현지에서 매각하였다. 선박수리 후 계속해서 항해 중 선박이 악천후에 조우하여 일부화물이 해수손상을 입었다. 최종 확인된 손해는 다음과 같다.

8,500톤 : 정상상태로 인도
1,000톤 : 좌초로 인한 손상으로 피난항에서 톤당 US$50에 매각
 500톤 : 악천후로 해수손상을 입어 감가율 50%로 합의
─────
10,000톤

---

(1) 보험조건이 ICC(F.P.A)이었다면 적하보험자가 지급하여야 할 보험금을 산정하시오. (5점)

(2) 보험조건이 ICC(C)이었다면 적하보험자가 지급하여야 할 보험금을 산정하시오. (5점)

(3) 상기와 동일한 조건에서 만약 선박이 좌초가 아닌 충돌된 상황이라면 ICC(F.P.A), ICC(C) 각각의 보험조건별로 보험자가 지급하여야 할 보험금에 어떠한 차이가 있는지를 설명하시오. (5점)

풀 이

(1) ICC(F.P.A)조건일 때 적하보험자의 지급보험금

좌초로 인한 1,000톤의 화물손해

= (1,000톤 × US$1,100,000 / 10,000톤) − (1,000톤 × US$50/톤) = US$60,000

악천후에 의한 해수손상을 입은 500톤의 화물손해

= (500톤 × US$1,100,000 / 10,000톤) × 50% = US$27,500

지급보험금 = US$60,000 + US$27,500 = US$87,500

※ 좌초가 있었으므로 좌초와 관계없이 상기 조건에서 담보되는 위험으로 인한 단독해손도 보상된다. 따라서 좌초와 무관한 악천후로 인한 단독해손도 담보된다.

(2) ICC(C)조건일 때 적하보험자의 지급보험금

좌초로 인한 1,000톤의 화물손해

= (1,000톤 × US$1,100,000 / 10,000톤) − (1,000톤 × US$50/톤) = US$60,000

※ 이 조건에서는 해수손상에 대해서는 담보되지 않으므로 지급보험금은 좌초로 인한 화물손해만 지급된다.

(3) 상기 사고가 좌초가 아닌 충돌인 경우 보험조건별 지급보험금의 차이

① ICC(F.P.A)조건

ICC(F.P.A)조건에서는 충돌과 인과관계가 있는 단독해손은 보상되지만, 악천후로 인한 단독해손은 담보되지 않는다. 따라서 충돌손해 US$60,000만 지급된다.

② ICC(C)조건

ICC(C)조건에서는 악천후에 의한 손해는 담보되지 않으므로 충돌에 의한 보험금만 지급된다. 즉 좌초든 충돌이든 지급보험금(US$60,000)에는 차이가 없다.

쌀 10,200톤(4,200톤은 울산항, 6,000톤은 중국 상하이항 양하 예정)을 적재한 선박(선령 15년 미만)이 울산항에 입항 중 좌초되었으나, 구조예인선의 도움으로 이초되어 울산항 부두에 접안되었다. 울산행 화물을 양하한 후 좌초 및 이초과정 중 입은 선박손상을 수리하기 위하여 상하이행 화물도 울산항에 양하하고 선박을 부산으로 예인하여 수리를 실시하였다. 한편 울산항에 양하된 상하이행 화물 6,000톤 중 정상화물 5,000톤은 선주가 수배한 대체선박에 의해 최종목적지인 상하이로 운송되어 수화주에게 인도되었다.

다음의 정보를 이용하여 아래의 질문에 답하시오.

[발생비용 및 손해]
- 구조비 : US$100,000
- 울산에서 부산까지의 선박 예인비 : US$6,000
- 좌초손상수리비 : US$100,000
- 이초손상수리비 : US$50,000
- 대체선 운임(울산 및 상하이 입출항비용 및 하역비용 포함) : US$10,000
- 선원임금(울산항 양하 후 수리종료까지) : US$2,000(40일 × US$50/일)
- 울산항에서 상하이행 화물의 창고보관료 : US$3,000(6일 × US$500/일)
- 울산항에서 양하 중 우천으로 인한 화물손상 :
  - 울산행 화물 : 400톤
  - 상하이행 화물 : 1,000톤
  * 손상된 화물은 톤당 US$30에 현지에서 매각됨

[기타정보]
- 울산항 양하종료시 선박의 정상시장가액 : US$600,000
- 화물(울산행 및 상하이행)의 CIF 송장가액 : US$50/톤
- 울산항 양하종료시 화물의 정상시장가액 : US$60/톤
- 상하이행 화물을 본선으로 울산항에서 상하이항으로 운송하였을 경우 발생하였을 통상의 항해 및 양하 관련 예상비용 : US$1,000
- 공동해손정산은 YAR 1994에 따름(이자 및 수수료 제외)

(1) 공동해손으로 인정되는 비용 및 손해를 산정하시오. (10점)

(2) 울산행 화물 4,200톤의 공동해손 분담가액을 산정하시오. (2점)

(3) 상하이행 화물 6,000톤의 공동해손 분담가액을 구하시오. (2점)

(4) 선박의 공동해손 분담가액을 산정하시오. (2점)

(5) 보험가액과 보험금액을 US$1,000,000, 보험조건을 ITC – Hulls(1/10/83) with Clause 12 Deductible of US$10,000로 하여 보험에 가입된 선박의 보험자가 지급하여야 할 최종보험금을 산정하시오. (4점)

풀이

(1) 공동해손으로 인정되는 비용 및 손해

구 분	G/A (선박, 울산행 및 상하이행 분담)	G/A (선박 및 상하이행 분담)	선박 P/A	Remainder
구조비	US$100,000			
울산 − 부산간 예인비		US$6,000		
좌초손상수리비			US$100,000	
이초손상수리비	US$50,000			
대체선운임 −) 통상비용 US$1,000		US$9,000		
선원임금		US$2,000		
상하이행 화물 보관료		US$3,000		
우천손상(울산행 화물)				US$8,000
우천손상(상하이행 화물)		US$20,000		
합 계	US$150,000	US$40,000	US$100,000	US$8,000

공동해손손해 = US$150,000 + US$40,000 = US$190,000

(2) 울산행 화물 4,200톤의 공동해손 분담가액

CIF 송장가액 4,200톤 × US$50/톤 = US$210,000

우천화물손상 400톤 × US$50/톤 × 손해율 50%(= US$30 / US$60) = US$10,000

공동해손 분담가액 : US$210,000 − US$10,000 + 0 = US$200,000

※ 울산행 화물의 경우는 목적항에 도착한 경우이므로 Average Loss Settlement에 따라 손해율(Loss Ratio)을 구한 다음 감가액을 산정하여야 한다. 그렇게 산정된 감가액(손해액)이 적하보험자가 지급하여야 할 보험금이다.

(3) 상하이행 화물 6,000톤의 공동해손 분담가액

CIF 송장가액 6,000톤 × US$50/톤 = US$300,000

우천화물손상 1,000톤 × (US$50/톤 − US$30/톤) = US$20,000

공동해손 분담가액 : US$300,000 − US$20,000 + US$20,000 = US$300,000

※ 상하이행 화물의 경우는 중간항에서 매각한 경우이므로 Salvage Loss Settlement에 따라 CIF 송장가액에서 순매각대금(Net Proceeds of Sale)을 차감한 금액이 공동해손 희생손해액이 된다. 적하보험자는 화물의 공동해손 희생손해액에 대해 보험금을 지급할 때에는 부보금액으로 환산하여 지급하여야 한다.

(4) 선박의 공동해손 분담가액

선박의 정상시장가액 : US$600,000

선박의 단독해손(좌초손상수리비) : US$100,000

선박의 공동해손(이초손상수리비) : US$50,000

공동해손 분담가액 : US$600,000 − US$150,000 + US$50,000 = US$500,000

※ 선박의 분담가액을 구할 때 선박의 정상시장가액에서 공제되는 손상수리비에는 단독해손뿐만 아니라 공동해손 수리비가 포함된 금액이다.

(5) 선체보험자의 지급보험금

① 공동해손 분담가액/분담금

⊙ 선박, 울산행 및 상하이행 분담 : G/A US$150,000의 분담

선박의 공동해손 분담가액 / 분담금 :	US$500,000	US$75,000
상하이행 화물의 공동해손 분담가액 / 분담금 :	US$300,000	US$45,000
울산행 화물의 공동해손 분담가액 / 분담금 :	US$200,000	US$30,000
	US$1,000,000	US$150,000

ⓒ 선박 및 상하이행 분담 : G/A US$40,000의 분담

선박의 공동해손 분담가액 / 분담금 :	US$500,000	US$25,000
상하이행 화물의 공동해손 분담가액 / 분담금 :	US$300,000	US$15,000
	US$800,000	US$40,000

※ 사안의 경우는 단일공동해손사고이므로, 해당 분담당사자간에 각각의 분담가액에 따라 해당 공동해손을 단순 분담
하면 된다.

② 선체보험자의 지급보험금

선박의 단독해손 : US$100,000

선박의 공동해손 분담금 : US$100,000

Deductible : US$10,000

지급보험금 = US$100,000 + US$100,000 − US$10,000 = US$190,000

선박보험에서 ITC – Hulls(1/10/83)에 추가하여 ITC – Hulls(1/10/83) Disbursements and Increased Value(Total Loss Only including Excess Liability)에 가입하는 경우가 있다. 이 보험의 가입필요성과 보상범위에 대하여 각각 약술하시오. (10점)

풀 이

선박가액의 일부에 대해서만 ITC – Hulls(1/10/83)에 가입하고, 나머지는 선박가액의 25% 범위 내에서 증액보험(Disbursements and Increased Value)에 가입하게 되면 선박가액의 전부에 대해서 ITC – Hulls(1/10/83)에 가입하는 것에 비해 보험료를 절감하면서 전손발생시 전액을 보상받을 수 있게 된다.

또한 추정전손 여부에 대한 판단도 ITC – Hulls(1/10/83)에 가입된 부보금액을 기준으로 하므로 추정전손이 성립되면 선박부보금액에 추가하여 증액보험의 부보금액까지 추가로 보상받을 수 있다. 그리고 공동해손 및 충돌손해배상금에 대한 보상도 증액보험의 부보금액까지 추가로 보상받을 수 있다.

문제 5

해상보험에 있어서 피보험이익에 대한 아래의 사항을 약술하시오.

(1) 피보험이익의 존재시기에 관한 일반원칙 (4점)

(2) 소급보험의 효과에 관하여 규정하고 있는 ① 영국해상보험법(MIA 1906) 제6조 제1항 단서조항과 ② ICC(1982) 제11조 제2항의 내용상 차이점 (6점)

풀 이

(1) **피보험이익의 존재시기에 관한 일반원칙**

보험계약을 체결할 당시 보험의 목적에 대한 피보험이익을 가질 필요는 없으나, 손해발생시에는 반드시 피보험이익을 가지고 있어야 보상을 받을 수 있다.

(2) **소급보험의 효과에 관하여 규정하고 있는 ① 영국해상보험법(MIA 1906) 제6조 제1항 단서조항과 ② ICC(1982) 제11조 제2항의 내용상 차이점**

영국해상보험법(MIA 1906) 제6조 제1항 단서조항에서는 예외적으로 멸실 여부를 불문한다(Lost or not lost)는 조건으로 보험에 부보된 경우 보험계약 체결 당시 피보험자가 손해가 발생한 사실을 알고 있었고 보험자가 이를 모르고 있었던 경우를 제외하고는 피보험자가 손해발생 이후까지 피보험이익을 취득하지 못하여도 손해를 보상받을 수 있다고 규정하고 있다. 그리고 ICC(1982) 제11조 제2항에서는 보험계약 체결 이전에 손해가 발생하였다 하더라도 피보험자가 그 손해발생 사실을 모르고 보험계약을 체결한 경우 피보험자가 보험목적에 대해 피보험이익을 가지고 있는 것을 조건으로 보험계약 체결 이전 손해에 대해 보상받을 수 있다고 규정하고 있다. 따라서 영국해상보험법(MIA 1906)에서는 손해발생시 피보험자가 피보험이익을 가지고 있지 않더라도 보상받을 수 있으나, ICC(1982)에서는 손해발생시에 피보험자가 피보험이익을 가지고 있어야 보상받을 수 있다.

2015년 제정된 영국보험법(Insurance Act 2015)이 2016년 8월 12일부터 시행됨으로써 영국해상보험법 (MIA 1906)에 의거 적용되어 온 해상보험의 일부원칙들이 변경되었다. 이 가운데 담보(Warranty) 위반 의 효과가 어떻게 변경되었는지 그 내용에 대해 약술하시오. (10점)

풀이

기존의 영국해상보험법(MIA 1906) 규정에 의하면 담보는 엄격히 지켜져야 하는 것으로 중요하던 중요하지 않던 반드시 정확하게 충족되지 않으면 보험자는 담보위반일로부터 모든 책임을 면하게 된다.

반면에 개정된 영국보험법(Insurance Act 2015) 규정에 의하면 담보위반시부터 담보위반이 치유되기 전까지의 손해에 대해서만 보험자면책을 규정하고 있어 설령 담보위반이 있다 하더라도 담보위반이 치유된 이후의 사고에 대해서는 보험자가 보상하여야 한다. 담보위반 이후의 위험이 담보위반 이전의 위험과 비교했을 때 같은 경우와 담보가 더 이상 불필요하게 된 경우 담보위반이 치유된 것으로 보고 있다.

우리나라에서 통용되고 있는 신 영문해상적하보험증권(New Marine Policy Form ; MAR Form)상의 중 요조항(Importance Clause)은 클레임이 신속하게 처리되도록 하기 위하여 피보험자 등이 보험회사에 제출하여야 하는 클레임서류(Documentation of Claim)에 대해서 규정하고 있다. 이들 클레임서류를 열 거하시오. (10점)

풀이

보험청구가 신속히 처리되도록 피보험자 또는 그 대리인은 지체 없이 다음의 서류를 보험자에게 제출하여야 한다.
① 보험증권 또는 보험증명서 원본
② 선적송장, 선적명세서 및 중량표의 원본이나 인정사본
③ 선하증권 및 기타 운송계약서의 원본이나 인정사본
④ 검정보고서나 멸실 및 손상의 범위를 확인할 수 있는 다른 증빙서류
⑤ 양하항 및 최종목적지의 양륙증명서와 중량증명서
⑥ 멸실 또는 손상에 대한 책임에 관하여 운송인과 기타 이해관계인들간에 교환된 서신

복합운송인의 책임에 관하여 규정하고 있는 우리 상법(제5편 해상) 제816조의 내용을 다음의 두 가지로 구분하여 약술하시오. (10점)

(1) 손해가 발생한 운송구간을 알 수 있는 경우 (3점)

(2) 손해가 어느 구간에서 발생하였는지 불분명한 경우 (7점)

풀 이

(1) **손해가 발생한 운송구간을 알 수 있는 경우**

손해가 발생한 운송구간이 적용될 법에 따라 책임을 지게 된다.

(2) **손해가 어느 구간에서 발생하였는지 불분명한 경우**

손해가 어느 구간에서 발생하였는지 불분명한 경우나 손해의 발생이 그 성질상 특정한 지역으로 한정되지 아니하는 경우에는 운송인은 가장 긴 구간에 적용되는 법에 따라 책임을 지게 된다. 다만, 운송거리가 같거나 가장 긴 구간을 정할 수 없는 경우에는 운임이 가장 비싼 구간에 적용되는 법에 따라 책임을 지게 된다.

문제 1

적하보험에서 ICC(WA)조건에 대한 다음의 사항을 기술하시오. (15점)

(1) WA조건에서 담보하는 위험과 보상하는 손해 (10점)

(2) WA3%조건과 WAIOP조건에서 보상범위의 차이 (5점)

풀이

(1) WA조건에서 담보하는 위험과 보상하는 손해

① 담보하는 위험

ㄱ 해상고유의 위험(Perils of Seas) : 침몰(Sinking), 좌초(Standing), 교사(Grounding), 충돌(Collisions) 및 황천(Heavy Weather)

ㄴ 해상위험(Perils on Seas) : 화재(Fire), 대화재(Burning), 투하(Jettison), 선원의 악행(Barratry of the Masters and Mariners), 해적(Pirates), 표도(Rovers) 및 강도(Thieves)

② 보상하는 손해

공동해손이 성립되었을 때 혹은 선박 또는 부선이 좌초되거나 침몰되거나 또는 대화재를 입었을 경우를 제외하고는 보험증권에 기재된 일정비율 미만의 분손은 담보하지 않는다. 면책비율에 불구하고 보험자는 선적, 환적, 혹은 양하시의 포장당 전손을 보상하고, 다시 화재, 폭발, 선박간의 충돌 혹은 선박, 부선 및 운송용구와 물 이외의 얼음을 포함한 타 물체와 접촉 혹은 조난항에서의 양하작업에 기인된다고 정당하게 간주될 수 있는 보험목적의 멸실 또는 손상에 대해서도 보상한다.

(2) WA3%조건과 WAIOP조건에서 보상범위의 차이

WA3%조건에서는 면책율 3% 미만의 손해에 대해서는 보상하지 않지만, 그 손해가 면책율 3% 이상인 경우에는 전액보상된다. 한편 WAIOP조건에서는 면책율과는 관계없이 전액보상된다.

※ WAIOP : With Average Irrespective Of Percentage(면책비율부적용)

INCOTERMS(2010)의 무역거래조건 중 FCA(운송인 인도조건)에 대한 다음의 사항을 기술하시오. (15점)

(1) 매도인의 인도(Delivery)의무 완료시점 (5점)

(2) 운송수단별(철도운송, 육로운송, 내수로운송, 해상운송, 항공운송, 복합운송) 매도인의 위험부담과 비용부담의 분기점 (10점)

풀이

(1) 매도인의 인도(Delivery)의무 완료시점

매도인이 자신의 영업장소 또는 기타 지정장소에서 매수인이 지정한 운송인 또는 다른 당사자에게 물품을 인도할 때 매도인의 의무는 완료된다.

(2) 운송수단별(철도운송, 육로운송, 내수로운송, 해상운송, 항공운송, 복합운송) 매도인의 위험부담과 비용부담의 분기점

지정장소가 매도인의 영업구내인 경우에는 화물이 매수인이 제공한 운송수단에 적재된 때가 위험 및 비용부담의 분기점이 된다. 한편 지정장소가 매도인의 영업구내를 벗어난 기타의 장소인 경우에는 화물이 매도인의 운송수단에 적재된 채로 지정장소에 도착하여 양하준비된 상태로 매수인이 지정한 운송인이나 제3자의 처분하에 놓인 때가 위험 및 비용부담의 분기점이 된다.

상법 제5편(해상)의 제3장(해상위험) 중 제3절(해난구조)에서 있는 특별보상청구권에 대하여 약술하시오. (10점)

풀이

상법 제5편(해상)의 제3장(해상위험) 중 제3절(해난구조)에서 있는 특별보상청구권

① 선박 또는 그 적하로 인하여 환경손해가 발생할 우려가 있는 경우에 손해의 경감 또는 방지의 효과를 수반하는 구조작업에 종사한 구조자는 구조의 성공 여부에 관계 없이 그리고 구조된 가액을 초과하더라도 구조작업에 실제로 지출한 합리적인 비용 및 사용된 장비와 인원에 대한 정당한 보수를 특별보상으로 청구할 수 있다.

② 구조자는 발생할 환경손해가 구조작업으로 인하여 실제로 감경 또는 방지된 때에는 보상의 증액을 청구할 수 있고, 구조된 재산의 가액, 구조의 효과, 환경손해방지를 위한 노력, 그 밖의 제반사정을 참작하여 증액 여부 및 그 금액을 정한다. 이 경우 증액된다 하더라도 구조료는 상기 특별보상의 배액을 초과할 수 없다.

③ 구조자의 고의 또는 과실로 인하여 손해의 감경 또는 방지에 지장을 가져온 경우 특별보상의 감액 혹은 부인할 수 있다.

④ 하나의 구조작업을 시행한 구조자가 특별보상을 청구하는 것 외에 구조보수도 청구할 수 있는 경우 그 중 큰 금액을 구조료로 청구할 수 있다.

선박A가 항해 중 기관실 내에 화재가 발생하여 3대의 발전기 가운데 NO.1 발전기가 고열을 이기지 못하고 파열되는 손상을 입었다. 이후 선박A는 2대의 발전기만을 가동한채 계속 항해를 진행하던 중 확인불명의 부유물체와 접촉하여 프로펠러가 손상을 입었다. 2건의 사고로 인한 수리비의 내역과 보험가입조건은 다음과 같다.

이 상황에서 선박A의 보험자가 지급하여야 할 보험금을 사고별로 산정(산출과정을 명시)하시오. (10점)

① 수리비내역

제1차사고(화재사고)	제2차사고(접촉사고)
US$46,000	US$52,000

② 보험조건 :
ITC – Hulls(1/10/83) with Clause 12 Deductible of US$20,000 plus Institute Machinery Damage Additional Deductible Clause with Deductible of US$10,000

③ 협정보험가액 및 보험금액 : US$1,500,000

풀 이

(1) 제1차사고(화재사고)

화재사고수리비	US$46,000
−) MDAD	−) US$10,000
−) Policy Deductible	−) US$20,000
지급보험금	US$16,000

(2) 제2차사고(접촉사고)

접촉사고수리비	US$52,000
−) Policy Deductible	−) US$20,000
지급보험금	US$32,000

밀 1,000bag을 인도에서 부산까지 CIF송장가액 US$200,000(1bag당 US$200)로 하여 수입계약을 체결하였다. 동 화물을 적재한 선박이 항해 중 좌초되어 화물이 해수침손을 입었다. 그리고 피난항인 싱가포르항에서 화물의 양하 중 포장이 파손되는 손해가 발생하였다.

피난항에서 선박수리 완료 후 부산항으로 항해 중 악천후(Heavy Weather)로 인하여 화물이 습기손(Sweat Damage)이 발생하였고, 부산항에서 양하 중 화물의 추락사고와 빗물로 인한 화물의 수침손이 발생하였다.

부산항에서 최종 확인된 손해는 다음과 같다. 이 상황에서 ICC(C), ICC(B) 및 ICC(A)조건별(보험금액은 US$220,000로 동일)로 지급하여야 할 보험금을 산정(산출과정을 명시)하시오. (15점)

① 싱가포르항
  200bag 좌초로 인한 해수침손   전 손
          폐기물처리비용   US$3,000
  10bag   양하 중 포대가 찢어져 내용물 일부가 유출되었으며
          내용물을 회수하여 8bag으로 재포장   부족손(2bag)
          재포장비용   US$1,000
② 부산항
  100bag 악천후로 인한 습기손   50% 감가
  10bag   양하 중 빗물손   40% 감가
  1bag   양하 중 바다로 추락   전 손

풀 이

구 분	ICC(C)	ICC(B)	ICC(A)
좌초로 인한 해수침손 200bag × US$220/bag = US$44,000	US$44,000	US$44,000	US$44,000
폐기물처리비용 US$3,000	–	–	–
싱가포르한 양하 중 유출부족손 US$440(＝2bag × US$220/bag) ＋재포장비용 US$1,000 ＝US$1,440	US$1,440	US$1,440	US$1,440
악천후로 인한 습기손 100bag × US$220/bag × 50%＝US$11,000	–	–	US$11,000
양하 중 빗물손 10bag × US$220/bag × 40%＝US$880	–	–	US$880
양하 중 바다로 추락 1bag × US$220/bag＝US$220	–	US$220	US$220
합 계	US$45,440	US$45,660	US$57,540

선박A가 공선(空船)으로 항해 중 선박B와 충돌하여 양 선박 모두 손상을 입었다. 양 당사자간에 합의된 과실비율 및 손해액과 선박A의 선주가 지출한 소송비용(Legal Cost) 그리고 보험가입조건은 다음과 같다.

이 상황에서 선박A의 보험자가 지급하여야 할 보험금을 산정(산출과정을 명시)하시오. (15점)

① 선박A와 선박B의 과실비율 및 손해액

당사자 과실비율	선박A 60%	선박B 40%
선체손상수리비 불가동손실	US$100,000 US$40,000	US$200,000 US$80,000
합 계	US$140,000	US$280,000

※ 어느 일방도 책임을 제한하지 않음.

② 선박A의 선주가 지출한 소송비용(Legal Cost)

책임결정비용 자기클레임입증비용 상대클레임입증비용	US$4,200 US$1,400 US$2,000
합 계	US$7,600

③ 보험조건 : ITC – Hulls(1/10/83) with Clause 12 Deductible of US$10,000
④ 협정보험가액 및 보험금액 : US$5,000,000

(1) 소송비용(Legal Cost) 정산
  ① 일반비용(General Cost)

선박A 클레임	US$140,000	US$1,400
선박B 클레임	US$280,000	US$2,800
	US$420,000	US$4,200

  ※ 선박A 해당 비용 US$1,400은 공격비용에, 선박B 해당 비용 US$2,800은 방어비용에 합산하여 처리한다.

  ② 공격비용(Attack Cost)

  일반비용 US$1,400 + 공격비용 US$1,400 = US$2,800

선박A 선체손상수리비	US$100,000	US$2,000
선박A 불가동손실	US$40,000	US$800
	US$140,000	US$2,800

  ※ 공격비용 US$2,000은 과실비율 적용 후의 선체손상수리비에 전액 합산하여 지급한다.

  ③ 방어비용(Defence Cost)

  일반비용 US$2,800 + 방어비용 US$2,000 = US$4,800

  ※ 방어비용 US$4,800은 과실비율 적용 후의 충돌배상금(RDC)에 전액 합산하고, 그 합산된 금액에 대해 3/4 또는 4/4를 적용하여 보상한다.

(2) 선박A 선체보험자의 지급보험금

선체손상수리비	US$100,000 × 60% + US$2,000	=	US$62,000
충돌배상금(RDC)	(US$280,000 × 60% + US$4,800) × 3/4	=	US$129,600
−) Policy Deductible			−) US$10,000
			US$181,600

문제 7

2017년 1월 1일부터 1년간 선체보험에 가입한 선박A는 2017년 12월에 선박의 유지(Maintenance)를 위한 통상의 선주수리를 실시할 예정이었는데, 다음과 같이 동일 보험기간 동안에 발생한 손상이 감항능력에 영향을 미치지 아니하여 12월에 선주수리와 함께 손상수리를 실시하였다.

① 사고내용
- 1차사고 : 부두와 접촉으로 인한 좌현 외판 손상
- 2차사고 : 교사(Grounding)로 인한 선저 외판 손상
- 3차사고 : 부유물체와 접촉으로 인한 선미 외판 손상

② 수리를 별도로 실시하였다면 소요되었을 수리기간
- 1차사고 : 10 days afloat
- 2차사고 : 4 days in drydock
- 3차사고 : 6 days in drydock
- 선주수리 : 7 days in drydock & 2 days afloat
- 실제수리기간 : 7 days in drydock & 3 days afloat

③ 영구수리비
- 1차사고 : US$100,000
- 2차사고 : US$30,000
- 3차사고 : US$50,000
- 선주수리 : US$100,000
- 위의 영구수리비 이외에 별도로 발생한 비용은 아래의 단가표를 기준으로 산정됨.

건선거사용료(Drydock Dues)	US$2,000 per day
수리부두사용료(Dues afloat)	US$1,000 per day
냉각수사용료(Cooling Water Supply)	US$200 per day
음식물쓰레기청소비(Garbage Removal)	US$100 per day

선박A는 협정보험가액과 보험금액을 US$1,000,000로 하여 ITC-Hulls(1/10/83) with Clause 12 Deductible of US$40,000의 조건으로 보험에 가입하였다.

위 상황에서 선박A 보험자가 지급하여야 할 보험금을 산정(산출과정을 명시)하시오. (20점)

구 분	1차사고	2차사고	3차사고	선주수리
수리비	US$100,000	~~US$30,000~~ (선주수리에 합산)	US$50,000	US$30,000 US$100,000
건선거사용료 7일 × US$2,000/일 = US$14,000		~~US$2,000~~ (3차사고에 합산)	US$2,000 US$2,000 US$2,000	US$4,000 US$2,000 US$2,000
수리부두사용료 3일 × US$1,000/일 = US$3,000	US$1,000 US$1,000			US$1,000
냉각수사용료 7일 × US$200/일 = US$1,400		~~US$200~~ (3차사고에 합산)	US$200 US$200 US$200	US$400 US$200 US$200
음식물쓰레기청소비용 10일 × US$100/일 = US$1,000	–	–	–	US$1,000
합 계	US$102,000	~~US$32,200~~	US$56,600	US$140,800

선박A 선체보험자의 지급보험금

1차사고   US$102,000
−) Policy Deductible   US$40,000
                           US$62,000

2차사고 : 수리비합계(US$32,200)가 면책금액(US$40,000) 이하이므로 면책

3차사고   US$56,600
−) Policy Deductible   US$40,000
                           US$16,600

지급보험금 = US$62,000 + US$16,600 = US$78,600

문제 1

선박A는 ITC – Hulls(1/10/83) with Clauses 12 Deductible of US$30,000의 보험조건과 협정보험가액 및 보험가입금액을 US$2,000,000로 하여 선박보험에 가입하였다. 선박A는 보험기간 중 선박B와 충돌하여 외판에 손상을 입었으나 감항성 유지를 위한 임시수리만을 행하고 운항을 계속하였다. 그 후 선박의 통상 건선거기간 중에 선주수리와 함께 영구수리를 실시하였다.

(1) 다음의 정보를 이용하여 선박A의 보험자가 지급하여야 할 단독해손보험금을 산정하시오. (10점)

• 임시수리비용	US$10,000
• 건선거비용	
– Docking/Undocking including first 2 days drydock due	US$20,000
– Drydock dues, 8 days at US$2,000 per day	US$16,000
• 충돌손상영구수리비	US$34,000
• 선주수리비	US$80,000
• 영구수리와 선주수리를 위한 수리항으로의 회항비 :	
– 수리항 입출항비용	US$10,000
– 회항으로 인한 추가 소요된 연료비	US$20,000
– 회항기간 발생한 선원임금 및 유지비	US$5,000
• 수리를 별도로 실시하였다면 소요되었을 수리기간 :	
– 충돌손상수리	8 days drydock
– 선주수리	10 days drydock

(2) 선박A는 충돌손해에 대하여 선박B와 다음과 같이 합의하였다. 선박A의 보험자가 충돌배상책임약관에 따라 지급하여야 할 보험금을 산정하시오. (10점)

	선박A	선박B
• 과실비율 :	80%	20%
• 충동손해 :		
– 선체손상수리비	US$50,000	US$100,000
– 공동해손비용	–	US$20,000
– 불가동손실	US$30,000	US$30,000
– 유류오염방제비용	–	US$50,000
	US$80,000	US$200,000

구 분	보험자(Insurer)	선주(Ship Owner)
임시수리비	US$10,000	
Docking / Undocking (첫 2일간의 drydock dues 포함)	US$10,000	US$10,000
Drydock dues (US$2,000/일 × 6일 = US$12,000)	US$6,000	US$6,000
Drydock dues		US$4,000
충돌손상수리비	US$34,000	
선주수리비		US$80,000
수리비 합계	US$60,000	US$100,000
회항비배분기준수리비 합계 (수리항 도착 전 임시수리비는 제외)	US$50,000	US$100,000
회항비 US$30,000	US$10,000	US$20,000
선원급여유지비		US$5,000
합 계	US$70,000	US$125,000

※ 임시수리비는 영구수리를 연기하여 선주수리와 동시에 실시함으로써 절약된 수리비 한도(사안의 경우 US$16,000 한도)
내에서 단독해손으로는 인정되나, 회항 중 발생한 수리비, 예비부품(spare parts) 비용과 마찬가지로 회항비배분기준수리
비에는 포함되지 않는다.

(1) **선박A 보험자의 단독해손보험료**

$$
\begin{array}{lr}
\text{Particular Average} & \text{US\$70,000} \\
-)\ \underline{\text{Policy Deductible}} & -)\ \underline{\text{US\$30,000}} \\
& \underline{\text{US\$40,000}}
\end{array}
$$

(2) **선박A 보험자의 충돌배상보험금**

Claim under RDC

= [US$100,000(선체손상) + US$20,000(공동해손) + US$30,000(불가동손실)] × 80%

= US$120,000

$$
\begin{array}{lr}
\text{3/4ths RDC} = \text{US\$120,000} \times 3/4 = & \text{US\$90,000} \\
-)\ \underline{\text{Policy Deductible}} & -)\ \underline{} \\
& \underline{\text{US\$90,000}}
\end{array}
$$

※ Policy Deductible은 단독해손에서 이미 적용하였으므로 충돌배상책임약관에 따른 지급보험금 산정시에는 적용하지 않는다.
※ 선체보험자는 선박A의 충돌손해에 대해 단독해손으로 지급하였으므로 선박B로부터의 회수금 US$10,000(= US$50,000 ×
20%)은 선체보험자가 회수할 수 있다.

문제 2

강관제품(Steel pipe) 100개를 프랑스로 수출하면서 보험금액을 US$100,000(CIF US$100,000×100%)로 하여 적하보험에 가입하였다. 해상운송 중 다음과 같은 손해가 발생하였다. 이 상황에서 다음의 보험조건별로 지급보험금을 산정하시오.

- 악천후(Heavy Weather) 기간 중 고박이 풀려 파손(Dent/Bent)   US$4,000
- 악천후(Heavy Weather) 기간 중 통풍차단시 습기(Sweat)로
  인한 녹손(Rust Damage)   US$8,000
- 선체 배관하자로 인해 유입된 해수로 발생한 녹손(Rust Damage)   US$10,000
- 하역 중 빗물로 인한 녹손(Rust Damage)   US$5,000
- 하역 중 취급부주의로 추락하여 발생한 포장당 전손   US$3,000

(1) ICC(A/R) Excluding R.O.D unless directly caused by S.S.B.C and/or Heavy Weather (5점)

(2) ICC(A/R) Including R.O.D (Whatsoever caused by) in excess of 1% (5점)

(3) ICC(B) (5점)

풀이

구 분	ICC(A/R) Excluding R.O.D(1)	ICC(A/R) Including R.O.D(2)	ICC(B)(3)
악천후로 인한 파손	US$4,000	US$4,000	–
악천후로 인한 녹손	US$8,000	US$8,000	–
배관하자 해수침수손해	–	US$10,000	US$10,000
하역 중 빗물손상	–	US$5,000	–
포장당 전손	US$3,000	US$3,000	US$3,000
부보가액의 1% 공제(-)		US$1,000	
지급보험금	US$15,000	US$29,000	US$13,000

(1) ICC(A/R) Excluding R.O.D unless directly caused by S.S.B.C and/or Heavy Weather

- 악천후(Heavy Weather) 기간 중 고박이 풀려 파손(Dent/Bent)   US$4,000
- 악천후(Heavy Weather) 기간 중 통풍차단시 습기(Sweat)로
  인한 녹손(Rust Damage)   US$8,000
- 선체 배관하자로 인해 유입된 해수로 발생한 녹손(Rust Damage)   US$0
- 하역 중 빗물로 인한 녹손(Rust Damage)   US$0
- 하역 중 취급부주의로 추락하여 발생한 포장당 전손   US$3,000
     US$15,000

(2) ICC(A/R) Including R.O.D (Whatsoever caused by) in excess of 1%

• 악천후(Heavy Weather) 기간 중 고박이 풀려 파손(Dent/Bent)	US$4,000
• 악천후(Heavy Weather) 기간 중 통풍차단시 습기(Sweat)로 인한 녹손(Rust Damage)	US$8,000
• 선체 배관하자로 인해 유입된 해수로 발생한 녹손(Rust Damage)	US$10,000
	US$22,000
• 하역 중 빗물로 인한 녹손(Rust Damage)	US$5,000
차감 Excess 1% : US$100,000 × 1% =	US$1,000
• 하역 중 취급부주의로 추락하여 발생한 포장당 전손	US$3,000
	US$29,000

(3) ICC(B)

• 악천후(Heavy Weather) 기간 중 고박이 풀려 파손(Dent/Bent)	US$0
• 악천후(Heavy Weather) 기간 중 통풍차단시 습기(Sweat)로 인한 녹손(Rust Damage)	US$0
• 선체 배관하자로 인해 유입된 해수로 발생한 녹손(Rust Damage)	US$10,000
• 하역 중 빗물로 인한 녹손(Rust Damage)	US$0
• 하역 중 취급부주의로 추락하여 발생한 포장당 전손	US$3,000
	US$13,000

선박A는 ITC – Hulls(1/10/83) with Clauses 12 Deductible of US$100,000의 보험조건과 협정보험가액 및 보험가입금액을 US$2,000,000로 하여 선박보험에 가입하였다. 다음의 정보를 이용하여 선박A의 보험자가 지급하여야 할 보험금을 산정하시오. (10점)

- 선박A는 보험기간 중 해체를 목적으로 항해 중에 선박B와 충돌한 사고로 침몰하여 전손되었다.
- 충돌사고시점의 선박고철가액(Scrap Value)은 US$500,000이었다.
- 충돌원인은 선박A의 일방과실로 합의되어 선박A는 선박B의 선체손상에 대한 충돌배상금으로 US$1,200,000을 지급하였다.

풀 이

선박A 보험자의 지급보험금

선체손상		US$500,000
충돌손해배상책임 US$1,200,000 × 3/4 = US$900,000		
−) Policy Deductible	US$100,000	US$800,000
지급보험금		US$1,300,000

※ 선체보험약관 1.3에 따르면 해체를 목적으로 항해 중 발생되는 자선의 선체손상에 대한 보험자의 지급보험금 한도는 손상시점의 해체선 가액으로 한정된다. 다만, 타선에 대한 충돌배상책임손해에 대해서는 전액보상한다.

다음 상황에서 적하보험자의 보상 여부를 판단하고, 보상하는 경우 지급보험금을 산정하고 그 근거가 되는 해당 약관의 명칭과 내용을 기술하시오. (10점)

> 200bale의 면화(동일무게에 동일가격)를 WA 3%의 조건으로 보험금액을 US$200,000(CIF US$200,000 × 100%)로 하는 적하보험에 가입하였다. 목적항에서 관습에 따라 외항에 정박한 본선으로부터 화물을 부선 2척에 각각 100bale씩을 나누어 싣고 부두로 운송하던 중 악천후(heavy weather)로 인하여 그 중 1척에 선적된 화물 5bale이 해수로 침수손해를 입어 전량 폐기하였다.

풀 이

(1) **보상책임 여부 검토**

WA 3% 조건에서는 손해액이 소손해면책율(3%)을 초과하여야 전액보상된다.

사례에서 면책금액은 US$6,000(= US$200,000 × 3%)이고, 손해액은 US$5,000(= 5bale × US$1,000)이므로 원칙적으로는 보상하지 않는 손해이다.

다만, 적하보험약관 제3조 부선약관에서 부선에 의한 선적 및 양하 작업이 관습적인 경우 전손 여부 또는 소손해 면책금액을 결정함에 있어 각각의 부선별로 산정하도록 규정하고 있으므로, 이에 따라 부선별로 소손해 면책금액을 산정하면 사고부선의 경우 소손해 면책금액이 US$3,000(= US$100,000 × 3%)에 불과하여 손해액인 US$5,000에 대해 보상한다.

(2) **지급보험금**

지급보험금 = 5bale × US$200,000/200bale = US$5,000

다음 상황에서 요크 – 앤트워프규칙(YAR 1994)에 의거 공동해손으로 인정될 수 있는 비용 및 희생손해의 항목을 모두 열거하시오. (10점)

- 화물을 적재한 선박이 항해 중 프로펠러(Propeller)에 심한 손상을 입어 구조예인선에 의해 수리가 가능한 가까운 피난항으로 예인되었다.
- 피난항에서 손상된 프로펠러의 수리를 위하여 본선에 적재되어 있던 화물 전량을 양하한 후 본선을 건선거하였다.
- 수리기간이 장기간 소요될 것으로 예상되어 양하된 화물은 선주가 수배한 대체선을 이용하여 최종 목적항으로 운송되어 수하주에게 인도되었다.
- 한편 피난항에서 화물하역 과정에서 일부화물이 멸실되었음이 보고되었다.
- 그 후 선박은 수리를 종료하고 다음 항차를 위해 피난항을 출항하였다.

풀 이

(1) **공동해손 희생손해**
  ① 피난항에서 하역작업 중 멸실된 일부화물
  ② 피난항에서 하역작업 중 멸실된 일부화물에 대한 운임손해

(2) **공동해손 비용손해**
  ① 구조선 예인비용
  ② 피난항 입출항비용
  ③ 화물 하역비용
  ④ 대체선비용(절약된 공동해손 한도 내에서 공동해손으로 인정)
  ⑤ 연료유비용(예인시점부터 수리종료시점까지 발생된 연료유비용)
  ⑥ 선원급여와 유지비용
  ⑦ 자금조달비용(commission) 및 이자비용(interest)

해난에 조우한 선박을 구조하기 위하여 주로 체결하는 구조계약의 종류는 다음과 같다.

① LOF 구조계약과 같은 불성공 무보수계약
② Wreckhire 또는 Towhire와 같은 Daily Hire Basis의 계약
③ Towcon 또는 Wreckcon과 같은 Lump Sum Basis의 계약

이들 각각의 구조계약의 특징 및 장단점을 기술하시오. (10점)

풀이

(1) **LOF 구조계약과 같은 불성공 무보수계약**
  ① **특징** : 구조에 실패하는 경우 구조보수를 전혀 받지 못하는 반면에 구조에 성공하게 되면 상당한 구조보수를 받을 수 있는 구조계약으로, 주로 대형사고 또는 긴박한 구조작업에 이용된다.
  ② **장단점** : 대형사고 또는 긴박한 구조작업과 같이 성공 여부가 불확실한 경우 신속한 구조작업을 수행할 수 있다. 하지만 구조작업 성공시 구조보수가 높게 산정되며, 구조보수를 산정하는 데에도 많은 시간과 노력이 소요되는 단점이 있다.

(2) **Wreckhire 또는 Towhire와 같은 Daily Hire Basis의 계약**
  ① **특징** : 비교적 단순한 구조작업에 이용되는 계약으로, 구조장비나 인력에 대해 1일당 일정금액으로 구조보수를 정해 구조계약을 체결하게 된다.
  ② **장단점** : 구조작업에 따른 보수를 일자에 따라 미리 정한 후 구조작업을 진행하게 되므로 구조보수에 대한 산정이 쉽고 간단하다. 하지만 구조계약을 체결하기 전에 구조보수를 미리 협의하여 결정하여야 하므로 긴박한 구조가 필요한 경우 부적절한 면이 있고, 또한 구조작업자에 의해 구조기간이 장기간 소요될 수도 있는 단점이 있다.

(3) **Towcon 또는 Wreckcon과 같은 Lump Sum Basis의 계약**
  ① **특징** : 구조계약을 체결하기 전에 전체 구조보수에 대해 미리 결정한 후 체결하는 계약이다.
  ② **장단점** : 구조보수를 미리 정한 후 계약을 체결하게 되므로 구조보수 산정이 신속하게 이루어질 뿐만 아니라 상대적으로 논란이 발생할 여지가 적다. 하지만 구조계약을 체결하기 전에 전체 보수구조를 미리 협의하여 결정하여야 하므로 긴박한 구조가 필요한 경우에는 부적절하다는 단점이 있다.

영국해상보험법(MIA 1906)상의 '고지의무(Duty of Disclosure)'의 법리가 최근에 시행된 영국보험법 (Insurance Act 2015)에 의해 어떻게 변경/수정되었는지를 다음의 순서로 기술하시오.

(1) 고지의무의 새로운 명칭[영국보험법 제2절(Part 2)의 제목] (5점)

(2) 기존의 고지의무와 비교해볼 때 새로운 의무의 가장 두드러진 성격상의 차이점(영국보험법 제3조 제 4항 (b)호에서 규정하고 있는 '피보험자의 의무이행의 내용'을 기준으로) (5점)

(3) 의무위반의 효과 (5점)

풀 이

(1) 고지의무의 새로운 명칭

'고지의무(Duty of disclosure)'에서 '정당한 고지의무(Duty of fair presentation)'로 명칭을 변경하였다.

(2) 기존의 고지의무와 비교해볼 때 새로운 의무의 가장 두드러진 성격상의 차이점

기존의 고지의무에서는 모든 중요한 사항, 즉 보험료 산정이나 보험의 인수 여부를 결정하는데 영향을 미치는 모든 사항에 대해 고지하여야 했으나, 새로운 규정에 의하면 신중한 보험자로 하여금 중요한 사항에 관해 파악할 목적으로 추가적으로 질의를 할 필요가 있다고 판단하게 하는 충분한 정보에 대해 고지하도록 하였다.

(3) 의무위반의 효과

① **고의적 또는 무모한 고지의무위반이 있는 경우**

피보험자의 고의적 또는 무모한 고지의무위반이 있는 경우 보험자는 모든 보험계약을 취소할 수 있고, 모든 보험금청구에 대해 지급을 거절할 수 있으며, 피보험자에게 보험료를 반환하지 않아도 된다.

② **단순한 고지의무위반의 경우**

피보험자의 단순한 고지의무위반이 있는 경우 보험자는 보험계약을 취소할 수 있고, 보험금청구에 대해 거절할 수는 있으나, 피보험자에게 보험료는 반환하여야 한다. 이와 달리 보험계약을 취소하지 않고 변경된 보험조건과 추가보험료 납부로 담보를 계속할 수도 있는데, 이때 보험조건은 만일 고지의무위반이 없었더라면 체결되었을 보험조건으로 변경되고, 추가보험료로 보험료가 할증되는 경우에는 비율감액에 따라 비례보상이 이루어지게 된다.

제2과목 해상보험의 이론과 실무(상법 해상편 포함)

상법 제5편(해상)의 제1장(해상기업) 중 제5절(선박담보)에서 규정하고 있는 '선박우선특권'에 대한 다음의 사항을 기술하시오.

(1) 선박우선특권의 의의와 필요성 (5점)

(2) 선박우선특권이 허용되는 법정채권의 종류 (5점)

풀 이

(1) **선박우선특권의 의의와 필요성**

  ① **의의** : 선박우선특권은 상법 제777조 제1항 제1호에서 제4호까지의 법정채권에 대해 채권자가 선박과 그 부속물로부터 다른 채권보다 우선하여 변제받을 수 있는 해상법상의 특수한 담보물권이다.

  ② **필요성** : 선박소유자의 책임제한 등으로 인해 불이익을 받을 수 있는 해사채권자에게 우선특권을 부여하여 다른 채권자와의 형평성을 유지하기 위한 것으로, 또 한편으로는 영세업체를 보호하기 위한 측면도 있다.

(2) **선박우선특권이 허용되는 법정채권의 종류**

  ① 채권자의 공동이익을 위한 소송비용, 항해에 관하여 선박에 부과되는 제세금, 도선료, 예선료, 최후 입항 후의 선박과 그 속구의 보존비용 및 검사비용

  ② 선원과 그 밖의 선박사용인의 고용계약으로 인한 채권

  ③ 해난구조로 인한 선박에 대한 구조료 채권과 공동해손의 분담에 대한 채권

  ④ 선박의 충돌과 그 밖의 항해사고로 인한 손해, 항해시설/항만시설 및 항로에 대한 손해와 선원이나 여객의 생명/신체에 대한 손해의 배상채권

  ⑤ 선박과 운임에 부수한 채권

    ㉠ 선박 또는 운임의 손실로 인하여 선박소유자에게 지급할 손해배상

    ㉡ 공동해손으로 인한 선박 또는 운임의 손실에 대하여 선박소유자에게 지급할 상금

    ㉢ 해난구조로 인하여 선박소유자에게 지급할 구조료

문제 1

선박A가 항내에서 묘박 중 태풍의 영향으로 닻(anchor)이 끌리면서 근처에 묘박하고 있던 선박B 및 선박
C와 연속적으로 충돌한 후 근처 김 양식장에서 좌초되었다. 선박 좌초 직후 선박의 구조를 시도하였으나
실패하였으며, 선주는 보험자에게 선박의 위부통지를 하였다. 그 후 좌초 선박은 항만당국의 명령에 의해
잔존물로서 제거되었다.

다음의 정보를 이용하여 아래의 질문에 답하시오. (25점)

• 선박A :	위부통지 이전에 발생된 구조비	US$100,000
	위부통지 이후 장래의 구조작업에	
	소요되는 예상구조비	US$350,000
	예상수리비	US$400,000
	잔존물 제거(wreck removal)비용	US$200,000
	선박의 정상가액	US$500,000
• 선박B :	수리비	US$150,000
	불가동손실	US$50,000
• 선박C :	수리비	US$240,000
	선원의 신체상해보상금	US$100,000
• 선박C의 적재화물 :	화물손해액	US$40,000
• 김 양식장 :	양식장복구비용	US$120,000

※ 충돌과실비율 및 선주책임제한 :
  • 선주A는 100% 책임을 인정하고 선주책임제한을 신청하였음
  • 선박A의 책임한도금액은 인적 손해 US$600,000, 물적 손해 US$300,000임

(1) 선박A의 책임한도금액을 각각의 이해당사자에게 배분하시오. (10점)

(2) 협정보험가액 및 보험금액을 US$800,000, 보험조건을 ITC – CHulls(1/10/83) with Clause 12
Deductible of US$30,000로 하여 선박보험에 가입된 선박A의 보험자가 지급하여야 할 총보험금을
산정(산출과정 명시)하시오. (15점)

풀 이

(1) **선박A의 책임한도금액** : 인적 손해 US$600,000 / 물적 손해 US$300,000

인적 손해의 배분 : US$100,000(책임한도금액 내에서 정산)

물적 손해의 배분 :

선박B :	수리비	US$150,000		
	불가동손해	US$50,000	US$200,000	US$100,000
선박C :	수리비		US$240,000	US$120,000
	적재화물손해		US$40,000	US$20,000
김 양식장 :	복구비용		US$120,000	US$60,000
			US$600,000	US$300,000

(2) **선박A의 보험자가 지급하여야 할 총보험금**

　① **선박A의 손해(예상회복비용)**

위부통지 전 구조비	US$100,000	
위부통지 후 예상구조비	US$350,000	
예상수리비	US$400,000	US$850,000

　※ 선박의 예상회복비용이 보험금액 US$800,000을 초과하므로 ITC – Hulls(1/10/83) 제19조에 따라 추정전손(CTL)이 성립된다.

　② **선박A 보험자의 지급보험금**

손해방지비용(위부통지 전 구조비)		US$100,000
선박의 추정전손 보험금		US$800,000
충돌배상금(RDC)	US$240,000 × 3/4 ＝ US$180,000	
	－) US$30,000	US$150,000
		US$1,050,000

※ 위부통지전 구조비는 선박을 구조하기 위하여 이미 지출된 합리적인 비용, 즉 손해방지비용으로 선박이 전손처리되었으므로 Deductible 공제 없이 선박의 전손보험금에 추가하여 지급된다[ITC – Hulls(1/10/83) 제13조 제5항]. 다만, 결과적으로는 충돌배상금(RDC) 때문에 Deductible 공제를 적용한 것과 마찬가지가 된다.

※ 김 양식장 복구비용(US$60,000)에 대한 충돌배상금(RDC)은 선주책임상호보험조합(P&I Club)에서 지급하여야 할 배상금 항목이다.

문제 2

수입화물 커피 100bale을 해상운송 중인 선박이 타선박과의 충돌로 인하여 화물창 및 기관실에 심한 손상을 입고 피난항으로 예인되었다. 운송인은 피난항에서 선박에 적재되어 있던 모든 화물을 양하하고 항해포기를 선언하였다. 커피 100bale 중 충돌로 인하여 심한 손상을 입은 40bale은 손해확산을 방지하기 위하여 피난항 현지에서 매각되었고, 경미한 손상을 입은 나머지 60bale은 수화주(피보험자)가 수배한 타선박으로 계속 운송되어 최종목적지에서 양하되었다.

다음의 정보를 이용하여 아래의 질문에 답하시오. (15점)

• 커피 100bale의 보험금액	US$11,000(US$10,000 × 110%)
• CIF 송장가액	US$10,000(bale당 US$100)
• 피난항에서 현지 매각된 40bale의 매각금액	US$800(bale당 US$20)
• 피난항에서의 정상화물의 시장가액	bale당 US$80
• 최종목적항에서 60bale의 손상가액	bale당 US$100
• 최종목적항에서의 정상화물의 시장가액	bale당 US$120
• 수화주가 지불한 계반비용	US$600(bale당 US$10)

(1) 보험조건이 ICC(C)이었다면 적하보험자가 피보험자에게 지급하여야 할 보험금을 산정(산출과정 명시)하시오. (12점)

(2) 보험조건이 ICC(FPA)이었다면 적하보험자가 피보험자에게 지급하여야 할 보험금에 차이가 있는지 여부를 답하고 그 이유를 설명하시오. (3점)

풀 이

구 분	ICC(C)	ICC(FPA)
피난항에서 매각된 40bale의 커피 : US$11,000 × 40/100 − US$800(순매각대금) = US$3,600	US$3,600	US$3,600
최종목적항에 손상상태로 도착한 60bale의 커피 : US$11,000 × 60/100 × 1/6 = US$1,100 ※ 손해율(loss ratio) = (US$120 − US$100) / US$120 　　　　　　　　　　 = US$20 / US$120 = 1/6	US$1,100	US$1,100
계반비용(forwarding charges)	US$600	US$600
지급보험금 합계	US$5,300	US$5,300
양자의 지급보험금 차이점	없 음	없 음

(1) 보험조건이 ICC(C)인 경우 적하보험자의 지급보험금 : US$5,300

(2) 보험조건이 ICC(FPA)인 경우 ICC(C)와이 차이점

선박의 충돌로 인한 화물의 손해 및 계반비용은 보험조건이 ICC(FPA)이든 ICC(C)이든 모두 담보되는 위험에 의한 손해이므로 전액보상된다. 다만, 계반비용은 구약관에서는 손해방지비용 항목으로 보상되고, 신약관에서는 약관 제12조에 따라 계반비용 항목으로 보상된다. 따라서 위 두 보험조건에 따른 각각의 지급보험금은 동일하다.

문제 3

선박A는 협정보험가액 및 보험금액을 US$1,000,000, 보험조건을 ITC – Hulls(1/10/83) with Clause 12 Deductible of US$20,000로 하는 선박보험에 가입하였다. 사고 관련 내용이 다음과 같을 때 선박보험자가 지급하여야 할 총보험금을 산정(산출과정 명시)하시오. (10점)

> • 선박이 항해 중 좌초하여 구조되었으나 손상이 심하여 보험자와 피보험자는 전손으로 처리하기로 합의하였다(잔존물은 보험자에게 귀속됨).
> • 사고 당시 선박의 정상가액(sound value)　　　　　　　　　　　　　　US$2,000,000
> • 보험자가 인정한 합리적인 손해방지비용　　　　　　　　　　　　　　US$300,000
> • 잔존물가액(proceeds)　　　　　　　　　　　　　　　　　　　　　　US$250,000

풀 이

선박A의 보험자가 지급하여야 할 보험금

전손보험금		US$1,000,000
손해방지비용	US$300,000	
• 구조된 재산가액(잔존물가액)	US$250,000	US$250,000
• 구조된 재산가액 초과비용	US$50,000	
• 초과비용은 비례보상 : US$50,000 × US$1,000,000 / US$2,000,000 =		US$25,000
		US$1,275,000
Policy Deductible		US$0
		US$1,275,000

※ 손해방지비용은 구조된 재산가액까지는 전액보상되나 구조된 재산가액을 초과하는 금액에 대해서는 일부보험인 경우 비례보상된다.

※ 전손의 경우 전손보험금과 손해방지비용에 Deductible을 적용하지 않는다.

※ 잔존물은 보험자에게 귀속되는 것이므로 위와 같이 전손보험금과 손해방지비용을 피보험자에게 지급하고 잔존물 매각대금(US$250,000)은 보험자가 회수한다.

협회적하보험약관(Institute Cargo Clauses)에 첨부하여 사용하는 갑판적약관(On – deck Clause)에 대한 다음의 사항을 기술하시오. (10점)

(1) 갑판적약관(On – deck Clause)의 내용 (5점)

(2) 적하보험 실무상 피보험자(보험계약자)가 보험계약 체결 당시에 갑판적화물인 것을 안 경우에 갑판적 약관(On – deck Clause)의 적용을 배제시키기 위한 방안 (2점)

(3) (2)의 방안에 따라 갑판적약관(On – deck Clause)의 적용이 배제되는 경우라 하더라도 보상이 되지 않는 손해 (3점)

풀 이

(1) **갑판적약관(On – deck Clause)**

갑판적약관은 구약관의 ICC(FPA)조건과 신약관의 ICC(C)조건보다 넓은 조건으로 체결된 보험계약에 적용되는 약관이다. 화물을 갑판에 적재하여 운송하는 경우 운송위험이 현저하게 증가하게 되므로 통상적으로는 선창에 적재하여 운송하게 된다. 다만, 화물이 갑판적약관(On – deck Clause)에 의해 갑판에 적재되는 경우에는 보상범위가 위험개시 시점부터 투하(Jettison)와 갑판유실(Washing overboard)을 포함하여 구약관에서는 ICC(FPA)조건으로 신약관에서는 ICC(C)조건으로 변경된다.

(2) **갑판적약관(On – deck Clause)의 적용을 배제시키기 위한 방안**

피보험자가 보험계약 체결 당시에 갑판적 화물인 것을 안 경우에 보험계약 체결 조건을 ICC(FPA)조건이나 ICC(C)조건 이상으로 하려면 갑판 내에 적재되어 운송되는 화물에 적용되는 보험료의 50%에 해당하는 추가보험료를 납입하는 조건으로 갑판적약관의 적용을 배제시킬 수 있다.

(3) **갑판적약관(On – deck Clause)의 적용이 배제되는 경우라 하더라도 보상이 되지 않는 손해**

갑판적약관(On – deck Clause)의 적용이 배제되더라도 갑판적 화물의 R.O.D(Rust, Oxidation, Discoloration)로 인한 위험은 S.S.B.C(Sinking, Stranding, Burning, Collision)에 직접 기인한 경우가 아니면 담보되지 않는다.

선원의 급여 및 유지비(Wages and Maintenance)에 대한 보상을 다음과 같이 구분하여 약술하시오. (10점)

(1) 단독해손의 경우[ITC – Hulls(1/10/83) 제16조의 내용에 근거] (5점)

(2) 공동해손의 경우[요오크 – 앤트워프규칙(YAR 1994) 제11조의 내용에 근거](5점)

풀 이

(1) **단독해손의 경우**

선원의 급여 및 유지비는 공동해손으로 인정되는 경우를 제외하고는 단독해손에서는 인정되지 않는다. 다만, 보험자수리만을 위해 회항하는 경우 회항항해기간과 수리 후 시운전기간 동안에 발생된 선원의 급여 및 유지비는 합리적인 수리비로 인정된다.

(2) **공동해손의 경우**

YAR 1994 제11조에서 공동해손으로 인정되는 선원의 급여와 유지비는 다음과 같다.

① 피난항에 기항함으로써 늘어난 항해기간 동안 발생한 선원의 급여 및 유지비

② 희생손해에 대한 수리나 항해완수를 위해 필요한 수리를 실시하는 경우 수리로 인해 지체된 기간 동안 발생된 선원의 급여 및 유지비

③ 항해가 중단되거나 불가의 선고를 받은 경우 항해가 중단되거나 불가의 선고를 받은 날까지의 선원의 급여 및 유지비. 단, 하역이 종료되기 전에 항해의 종료나 불가의 선고가 있는 경우 하역종료일까지의 선원의 급여 및 유지비

협회적하보험약관(Institute Cargo Clauses)과 관련하여 다음의 질문에 답하시오. (10점)

(1) ICC(B)조건에서 담보하는 위험/손해 중에서 ICC(C)조건에서 담보하지 않는 위험/손해를 열거하시오. (7점)

(2) (1)에서 열거한 위험/손해 가운데 ICC(FPA)조건에서 담보하는 것은? (3점)

풀이

(1) ICC(B)조건에서 담보하는 위험/손해 중 ICC(C)조건에서 담보하지 않는 위험/손해
    ① 지진, 분화 또는 낙뢰
    ② 파도에 의한 갑판상의 유실
    ③ 선박, 부선, 선창, 운송용구, 컨테이너, 리프트밴 또는 보관소에 해수, 호수 또는 하천수의 유입
    ④ 선박 또는 부선에 선적 또는 양하작업 중 해수면으로 낙하하여 멸실되거나 추락하여 발생된 포장당 전손

(2) (1)에서 열거한 위험/손해 중 ICC(FPA)조건에서 담보하는 위험/ 손해
    선박 또는 부선에 선적 또는 양하작업 중 해수면으로 낙하하여 멸실되거나 추락하여 발생된 포장당 전손

제2과목 해상보험의 이론과 실무(상법 해상편 포함)

무역조건의 해석에 관한 국제규칙(Incoterms 2020)에 대한 다음의 질문에 답하시오. (10점)

(1) 기존 Incoterms 2010에 규정된 무역조건 중에서 Incoterms 2020에서는 삭제된 무역조건은? (1점)

(2) Incoterms 2020에 새로이 도입된 무역조건은? (1점)

(3) 매수인을 위한 매도인의 보험가입의무를 규정하고 있는 무역조건들을 열거하시오. (2점)

(4) 위험과 비용부담의 분기점이 서로 다른 무역조건들을 열거하시오. (3점).

(5) 매수인이 운송계약을 체결하고 목적지까지의 운임을 부담해야 하는 무역조건들을 열거하시오. (3점)

풀 이

(1) **Incoterms 2020에서는 삭제된 무역조건**

DAT(Delivery at Terminal)조건 : 도착터미널인도조건

(2) **Incoterms 2020에 새로이 도입된 무역조건**

DPU(Delivery at Place Unloaded)조건 : 도착지양하인도조건

(3) **매수인을 위한 매도인의 보험가입의무를 규정하고 있는 무역조건**

- CIF(Cost, Insurance & Freight)조건 : 운임보험료부담조건
- CIP(Carriage and Insurance Paid)조건 : 운송비보험료포함조건

(4) **위험과 비용부담의 분기점이 서로 다른 무역조건**

- CFR(Cost and Freight)조건 : 운임포함조건
- CIF(Cost, Insurance & Freight)조건 : 운임보험료부담조건
- CPT(Carriage Paid To)조건 : 운송비지급인도조건
- CIP(Carriage and Insurance Paid)조건 : 운임보험료지급인도조건

(5) **매수인이 운송계약을 체결하고 목적지까지의 운임을 부담해야 하는 무역조건**

- EXW(Ex Works)조건 : 공장인도조건
- FCA(Free Carrier)조건 : 운송인인도조건
- FAS(Free Alongside Ship)조건 : 선측인도조건
- FOB(Free on Board)조건 : 본선인도조건

선하증권(Bill of Lading)의 이면에 기재되어 있는 히말라야약관(Himalaya Clause)에 대한 다음의 사항을 기술하시오. (10점)

(1) 히말라야약관의 의의 (4점)

(2) 히말라야약관의 유효성과 관련하여 상법 제5편(해상)에 규정되어 있는 관계조항의 내용 (6점)

　① 히말라야약관을 원용할 수 있는 주체(수혜자)의 범위(상법 제798조 제2항 본문조항에 근거)

　② 히말라야약관의 원용이 배제되는 사유(상법 제798조 제2항 단서 조항에 근거)

풀이

(1) **히말라야약관의 의의**

히말라야약관이란 선하증권의 이면에 운송인의 사용인, 대리인 및 하청운송인 등 이행보조자의 면책을 규정한 약관이다. 이 약관에 의해 운송인이 발행한 선하증권에서 이행보조자는 운송인과 동일한 면책과 책임제한을 받으며, 화물의 손상에 대해서 하주로부터 배상청구를 받지 않게 되었다.

(2) **히말라야약관의 유효성과 관련 상법 제5편(해상)에 규정되어 있는 관계조항의 내용**

① **히말라야약관을 원용할 수 있는 주체(수혜자)의 범위**

상법 제798조 제2항에서는 "운송물에 관한 손해배상청구가 운송인의 사용인 또는 대리인에 대하여 제기된 경우에 그 손해가 그 사용인 또는 대리인의 직무집행에 관하여 생긴 것인 때에는 그 사용인 또는 대리인은 운송인이 주장할 수 있는 항변과 책임제한을 원용할 수 있다"라고 규정하고 있다. 따라서 이행보조자에 해당하는 하수급인, 하역인부, 터미널 운영업자, 검수업자, 운송과 관련된 육상, 해상, 항공운송인 및 직·간접적인 하청업자는 운송인과 마찬가지로 보호받을 수 있다.

② **히말라야약관의 원용이 배제되는 사유**

상법 제798조 제2항 단서조항에서는 "다만, 그 손해가 그 사용인 또는 대리인의 고의 또는 운송물의 멸실, 훼손 또는 연착이 생길 염려가 있음을 인식하면서 무모하게 한 작위 또는 부작위로 인하여 생긴 것인 때에는 그러하지 아니하다"라고 규정하고 있다. 따라서 운송물에 생긴 손해가 이행보조자의 고의 또는 중과실에 의한 경우에는 히말라야약관의 원용이 배제된다.

문제 1

선박보험에서 보상되는 손상수리를 연기하여 선박의 통상적인 건선거기간 중에 선주수리와 함께 실시하였다. 다음의 정보를 이용하여 ITC – Hulls(1/10/83) with Clause 12 Deductible of US$10,000 조건으로 보험에 가입된 선박의 보험자가 지급해야 할 보험금을 산정하시오. (10점)

• 손상수선비	US$40,000
• 수리항 외에서 조달된 손상수리를 위한 부품대금	US$80,000
• 선주수리비	US$120,000
• 회항비 :	
– 연료비	US$20,000
– 선원급여 및 유지비	US$10,000
– 수리항 입/출항비	US$10,000

풀 이

구 분	보험자수리	선주수리
손상수선비	US$40,000	
수리항 외에서 조달된 손상수리를 위한 부품대금	US$80,000	
선주수리비		US$120,000
회항비배분기준수리비	US$40,000	US$120,000
회항비(US$30,000)의 배분	US$7,500	US$22,500
수리비 총계	US$127,500	US$142,500

※ 회항비배분기준수리비에는 수리를 위해 다른 지역에서 공급한 예비부품(spare parts) 비용과 회항항해 중 발생한 사고에 대한 수리비는 제외된다.

※ 회항비 중 선원급여 및 유지비는 전적으로 보험자수리를 하는 경우와 공동해손의 경우 외에는 인정되지 않는다.

선박보험자의 지급보험금

= 단독해손 US$127,500 − Deductible US$10,000

= US$117,500

A선박이 광양항에서 철재 10,000톤을 선적하고 싱가포르항을 목적지로 하여 출항 중 B선박과 충돌하여, A선박은 선수부위에 심한 손상을 입었다. 충돌사고 후 A선박은 광양항으로 회항하여 수리를 위해 적재화물 전량을 임시로 양하하고 건선거(drydock)에서 손상수리를 실시하였다. 임시로 양하된 화물은 A선박의 선주가 수배한 대체선으로 계속 운송되어 최종목적지인 싱가포르항에서 수하주에게 인도되었다.

A·B선박과 선적화물에 대한 정보 및 손해액이 다음과 같을 때 아래 물음에 답하시오. (25점)

---

① A선박의 정보 및 손해액 :

• 선박보험 가입조건 : ITC – Hulls(1/10/83) with Clause 12 Deductible of Nil	
• 협정보험가액 및 보험금액	US$1,000,000
• 화물양하시점의 선박정상시장가액	US$1,300,000
• 충돌손상수리비	US$400,000
• 광양항에서의 화물양하비용	US$60,000
• 대체선으로의 화물재선적비용	US$40,000
• A선박에서 화물을 양하한 이후 대체선으로 화물재선적시까지 10일간의 화물보관비용(10days @ US$2,000 per day)	US$20,000
• 화물양하 및 수리기간 40일 동안 발생한 선원급여 및 유지비 (40days @ US$1,000 per day)	US$40,000
• 대체선에 지불한 운임	US$100,000
• 대체선에 의해 화물이 계반운송된 결과 A선박에 절약된 통상의 항해 및 양하 관련 예상 비용	US$60,000

② A선박에 적재된 화물의 정보 및 손해액 :

• CIF 송장가액(10,000ton @ US$90 per ton)	US$900,000
• 보험금액	US$1,100,000
• 광양항에서 화물양하 작업 중 발생한 화물손상금액(CIF송장가액)	US$100,000
• A선박에 대한 화물운임은 화물선적 종료시 전액 지급조건임.	

---

(1) 상기의 정보만을 이용하여 1994년 요크·앤트워프 규칙(YAR 1994)에 의거한 공동해손을 정산(이자 및 수수료 제외)하고, 화물이해관계자가 지불해야 할 공동해손 분담금을 계산하시오. (15점)

(2) 위의 충돌사건에 대한 과실비율은 동일(50% : 50%)한 것으로 확정되었고, B선박의 손해액은 다음과 같이 확인되었다.

> • B선박 구조비 및 공동해손비용   US$1,000,000
> • B선박 손상수리비   US$2,000,000
> • B선박에 적재된 화물의 손상금액   <u>US$2,000,000</u>
>   <u>US$5,000,000</u>

상기 충돌과실비율과 양 선박의 손해액을 고려하여 A선박은 상법에 따른 선주 책임제한을 신청하고 책임한도액 US$1,200,000를 법원에 공탁함으로써 충돌과 관련한 배상책임은 종결되었다.

이와 같은 상황에서 A선박의 선박보험자가 지급해야 할 총보험금(단독해손, 공동해손 및 충돌배상책임금)을 산정하시오. (10점)

> **풀 이**

(1) 화물의 공동해손 분담금

구 분	단독해손(P/A)	공동해손(G/A)
충돌손상수리비	US$400,000	
광양항에서의 화물양하비용		US$60,000
대체선으로의 화물재선적비용		US$40,000
광양항에서의 화물보관비용		US$20,000
화물양하 및 수리기간 동안의 선원급여유지비		US$40,000
대체선비용US$40,000 (대체선운임 US$100,000 − 통상절약비용US$60,000)		US$40,000
양하작업 중 발생한 화물손상금액(CIF 송장가액)		US$100,000
합 계	US$400,000	US$300,000

공동해손 분담가액 및 공동해손 분담금

선박 : US$1,300,000 − (US$400,000 + US$0) + US$0 =   US$900,000 : US$150,000
화물 : US$900,000 − US$100,000 + US$100,000   =   <u>US$900,000</u> : <u>US$150,000</u>
                                             <u>US$1,800,000</u>   <u>US$150,000</u>

화물의 공동해손 분담금 : US$150,000

(2) A선박의 선박보험자가 지급해야 할 총보험금

① 충돌손상수리비 : US$400,000

② 충돌배상금(RDC) :

US$2,500,000(= US$5,000,000 × 50%) × 3/4 = US$1,875,000 (×)

책임제한액 US$1,200,000 × 3/4 = US$900,000 (×)

A선박의 보험가입금액 US$1,000,000 × 3/4 = US$750,000 (○)

※ 충돌배상금은 3/4 RDC인 경우 선박의 보험가입금액의 3/4을 초과할 수 없으며, 4/4 RDC라 하더라도 선박의 보험가입금액을 초과할 수 없다.

③ 선박의 공동해손 분담금 : US$150,000

공동해손 분담가액 US$900,000 : US$150,000

부보금액 분담가액 US$600,000(= US$1,000,000 − US$400,000) : US$100,000

※ A선박의 선박보험은 일부보험(US$1,000,000 / US$1,300,000)에 해당하고, 공동해손 분담금(US$150,000)은 전액 비용손해이므로 부보금액 분담가액 / 공동해손 분담가액의 비율에 따라 비례보상한다.

④ 선박보험자의 지급보험금

선박보험자의 지급보험금

= 선체손상 US$400,000 + RDC US$750,000 + G/A US$100,000 − Deductible US$0

= US$1,250,000

동일한 품질의 커피 1,000bag(bag당 총무게 51kg, 포장무게 1kg)을 보험금액 US$24,000(CIF 송장가액 US$24,000 x 100%)에 ICC(C)조건으로 보험에 가입하였으며, 최종 확인된 손해는 다음과 같다.

> • 발항항에서 선적 작업 중 100bag이 떨어져서 전부 멸실되었다.
> • 목적항으로 항해 중 중간항에서 선원의 부주의로 엔진이 심하게 훼손되어 공동해손의 선언 없이 항해를 정당하게 포기하였다. 수하주는 보험자에게 ICC(C) 제9조 운송계약종료조항(Termination of Contract of Carriage Clause)에 따른 조치를 한 후 다른 선박을 수배하여 화물을 목적항까지 운송하고 계반비용으로 US$7,600를 지급하였다.
> • 목적항에서 화물을 양륙한 후 즉시 수하주의 창고로 운송하던 중 육상운송용구의 탈선으로 400bag이 훼손되었는데 검정결과는 다음과 같았다.
>   – 훼손된 400bag의 총 무게는 10,000kg이었고, 그 내용물은 감가율 20%로 합의됨.
>   – 훼손된 bag에서 흘러나온 내용물을 쓸어 모았는데 그 무게는 8,000kg이었고, 감가율 40%로 합의됨.
>
>   ※ 단, 정상적으로 목적지에 도착한 500bag의 화물은 총무게가 24,500kg이었다.

위의 상황에서 적하보험자가 지급해야 할 보험금을 산정하시오. (15점)

풀 이

적하보험자의 지급보험금

	ICC(C)
선적작업 중 발생한 포장당 전손 100bag ※ 포장당 전손은 ICC(C) 조건에서 담보하지 않는 손해임.	–
계반비용(forwarding charges) US$7,600 ※ ICC(C) 조건에서 담보하지 않는 위험(선원의 부주의)으로 계반비용이 발생하였으므로 보상하지 않음.	–
정상도착 500bag의 순무게 24,000kg(= 24,500kg − 500kg) → bag당 순무게 48kg(= 24,000kg / 500bag) 정상도착 400bag의 순무게 19,200kg(= 400bag × 48kg) 손상도착 400bag의 순무게 9,600kg(= 10,000kg − 400kg) → 정상량 = 9,600kg × 80% = 7,680kg 쓸어 모은 내용물의 순무게 8,000kg → 정상량 = 8,000kg × 60% = 4,800kg 총손실량 = 19,200kg − (7,680kg + 4,800kg) = 6,720kg 손해율(loss ratio) = 6,720kg / 19,200kg = 35% 보험금 = 400bag × 35% × US$24(= US$24,000 / 1,000bag) = US$3,360	US$3,360

∴ 적하보험자의 지급보험금 : US$3,360

1982년 ICC(A) 제5조 불감항 및 부적합 면책조항(Unseaworthiness and Unfitness Exclusion Clause) 과 2009년 ICC(A) 제5조를 비교하여 다음의 사항을 기술하시오. (10점)

(1) 선박 또는 부선의 불감항 또는 부적합으로 보험자가 면책이 되기 위한 요건의 차이 (3점)

(2) 컨테이너 또는 운송용구의 부적합으로 보험자가 면책이 되기 위한 요건의 차이 (4점)

(3) 2009년 조항에서 신설된 규정(제5조 제2항)의 내용 (3점)

풀이

(1) **선박 또는 부선의 불감항 또는 부적합으로 보험자가 면책되기 위한 요건의 차이**

1982년 ICC(A) 제5조(불감항 및 부적합 면책)에서는 선박 또는 부선의 불감항 또는 부적합으로 손해가 발생한 경우 <u>피보험자 또는 그 사용인</u>이 화물을 적재할 때 그 사실을 알고 있었던 경우에 보험자가 면책되고, 2009년 ICC(A) 제5조(불감항 및 부적합 면책)에서는 선박 또는 부선의 불감항 또는 부적합으로 손해가 발생한 경우 <u>피보험자</u>가 화물을 적재할 때 그 사실을 알고 있었던 경우에 보험자가 면책된다(제5조 제1항 제1호).

(2) **컨테이너 또는 운송용구의 부적합으로 보험자가 면책되기 위한 요건의 차이**

1982년 ICC(A) 제5조(불감항 및 부적합 면책)에서는 <u>컨테이너, 운송용구 또는 리프트밴</u>의 부적합으로 손해가 발생한 경우 <u>피보험자 또는 그 사용인</u>이 화물을 적재할 때 그 사실을 알고 있었던 경우에 보험자가 면책되고, 2009년 ICC(A) 제5조(불감항 및 부적합 면책)에서는 컨테이너 또는 운송용구의 부적합으로 손해가 발생한 경우 <u>보험개시 전에 화물의 적재가 이루어진 경우</u>와 피보험자 또는 그 대리인이 화물을 적재할 때 그 사실을 알고 있었던 경우에 보험자가 면책된다(제5조 제1항 제2호).

(3) **2009년 조항에서 신설된 규정(제5조 제2항)의 내용**

2009년 조항에서는 정당하게 보험을 양도받은 사람에 대해서는 2009년 ICC(A) 제5조(불감항 및 부적합 면책) 제1항 제1호의 적용을 배제하는 내용을 신설·규정하였다.

제2과목 해상보험의 이론과 실무(상법 해상보험 포함)

해적행위(Piracy)와 관련한 다음 사항에 대해 설명하시오. (10점)

(1) ICC(1963)에서 해적행위에 대한 담보 여부 및 그 판단근거 (4점)

(2) ICC(1982)에서 해적행위에 대한 담보 여부 및 그 판단근거 (6점)

풀 이

(1) **ICC(1963)에서 해적행위에 대한 담보 여부 및 그 판단근거**

SG Policy에서는 해적행위를 해상위험(perils on seas) 중 하나로 담보하고 있으나, 구적하약관(1963)에서는 해적행위를 제12조 포획나포 부담보약관(F. C. & S. Clause)에서 면책위험으로 규정하고 있다.

(2) **ICC(1982)에서 해적행위에 대한 담보 여부 및 그 판단근거**

신적하약관(1982)에서는 해적행위를 제6조 전쟁면책약관(War Exclusion Clause)에서 제외(piracy excepted)하고 있으므로 ICC(A)에서는 담보된다.

문제 6

영국해상보험법(MIA, 1906) 제16조를 근거로 하여 다음 사항을 기술하시오. (10점)

(1) 선박보험의 보험가액 산정기준 (6점)

(2) 적하보험의 보험가액 산정기준 (4점)

풀 이

(1) **선박보험의 보험가액 산정기준**

MIA(1906) 제16조 제1항에서 선박의 보험가액에는 의장구(Outfit), 선원들의 식료품(Provisions)과 용품(Stores), 선원의 급료의 선불금 등을 포함한 위험개시 당시의 선박가액에 보험비용을 더한 금액을 선박의 보험가액으로 규정하고 있으며, 기선의 경우 기관과 연료 및 기관의 소모품을 포함하고, 특수사업에 종사하는 선박의 경우 그 사업에 필요한 통상의 의장(Ordinary fittings)을 포함한다고 규정하고 있다. 따라서 선박의 보험가액에는 선박 자체뿐만 아니라 사업에 필요한 각종 장비나 의장구를 포함하고 선박을 운용하는데 필요한 연료, 식료품 및 소모품 등이 포함된다고 할 수 있다. 어선의 경우는 그물(Fishing Net), 어탐장비(Fishing Finder/Sonar) 등을 별도의 보험목적물로 하여 보험에 가입하는 경우도 있다.

(2) **적하보험의 보험가액 산정기준**

MIA(1906) 부칙 제17조에서 "화물이란 상품의 성질을 가지는 화물을 의미하고, 개인소지품이나 선내에서 사용하기 위한 식료품 및 용품은 포함되지 않는다"고 규정하고 있다. MIA(1906) 제16조에서는 "화물 또는 적하보험에서의 보험가액은 피보험재산의 원가에 선적비용 및 그 부수비용과 이에 대한 보험비용을 더한 금액으로 한다"고 규정하고 있다. 따라서 적하의 보험가액은 화물의 가액에 해상운임과 부수비용 그리고 보험비용을 포함한 금액을 말한다. 일반적으로 화물의 상업송장가액을 기준으로 상업송장가액의 110%에 해당하는 금액으로 적하보험에 가입하고 있다.

문제 7

ITC – Hulls(1/10/83) 제12조 공제금액조항(Deductible)에서 규정하고 있는 공제금액이 적용되지 않는 손해를 모두 열거하시오. (10점)

> **풀 이**
>
> ITC – Hulls(1/10/83) 제12조 공제금액조항(Deductible Clause)에도 불구하고 다음의 경우에는 공제금액을 차감하지 않는다.
> ① 좌초 후 선저검사비용의 경우
> ② 전손 또는 추정전손의 경우
> ③ 전손 또는 추정전손에 추가하여 발생한 손해방지비용의 경우

선박과 적하보험의 추정전손과 관련한 다음의 질문에 답하시오. (10점)

(1) 영국해상보험법(MIA, 1906) 제60조 제2항에서 규정하고 있는 선박과 적하의 추정전손이 성립되기 위한 구체적인 경우를 기술하시오. (5점)

(2) 선박의 추정전손과 관련한 영국해상보험법(MIA, 1906) 제60조의 규정과 ITC – Hulls(1/10/83) 제19조 규정의 차이점을 설명하시오. (5점)

풀 이

(1) **영국해상보험법(MIA 1906) 제60조 제2항에서 규정하고 있는 선박과 적하의 추정전손이 성립되기 위한 구체적인 경우**

① **선박이나 화물의 점유를 박탈당한 경우**

선박이나 화물의 점유를 박탈당하고 그 선박이나 화물의 점유를 회복할 수 있을 것 같지 아니한 경우와 그 선박이나 화물의 점유를 회복하는데 소요되는 비용이 점유가 회복되었을 때의 가액을 초과할 것으로 예상되는 경우

② **선박손상의 경우**

선박의 경우 손상을 수리하는데 소요되는 비용이 수리되었을 때의 가액을 초과할 것으로 예상되는 경우

③ **화물손상의 경우**

화물의 경우 손상을 수리하여 화물을 목적지까지 운송하는데 소요되는 비용이 도착하였을 때의 가액을 초과하리라고 예상되는 경우

(2) **선박의 추정전손과 관련한 영국해상보험법(MIA 1906) 제60조의 규정과 ITC – Hulls(1/10/83) 제19조 규정의 차이점**

① **영국해상보험법(MIA 1906) 제60조의 규정**

회복 또는 수리에 소요될 것으로 예상되는 비용이 선박의 보험가액을 초과하는 경우 추정전손이 성립된다. 추정전손 여부를 판단하는데 필요한 수리비를 산정함에 있어서는 다른 이해관계인이 지급하여 할 공동해손 분담금을 공제하여서는 안 되지만, 장래의 구조작업에 소요되는 비용과 선박이 수리될 경우에 선박이 부담하게 될 장래의 공동해손분담금은 가산되어야 한다(MIA 제60조).

② **ITC – Hulls(1/10/83) 제19조 규정**

회복 또는 수리에 소요될 것으로 예상되는 비용이 선박의 부보가액(MIA에서는 보험가액)을 초과하는 경우 추정전손이 성립되고, 추정전손의 판단에 있어서 하나의 사고 또는 동일한 사고로 인해 연속된 손상에 관련된 비용만 고려해야 하며 선박의 난파선가액과 해체가액은 고려하지 않는다[ITC – Hull(1/10/83) 제19조].

문제 1

선박A는 협정보험가액 및 보험가액을 US$1,000,000로 하고, 보험조건은 ITC–Hulls(1/10/83) with Clause 12 Deductible of US$10,000, 4/4ths Collision Liability로 선박보험에 가입되었다.

다음의 자료만을 이용하여 선박A의 선박보험자가 지급하여야 할 보험금을 산정하시오. (20점)

① 선박A는 선박B와 충돌하여 아래와 같은 비용이 발생하였다.

• 충돌사고원인 조사비용	US$1,000
• 선박B의 손상 확인을 위한 WP Survey Fee	US$1,000
• 보증장 확보를 위한 선박B에 대한 가압류비용	US$2,000
• 변호사비용 :	
일반비용(General Cost)	US$3,000
공격비용(Cost of Attack)	US$1,000
방어비용(Cost of Defence)	US$1,000

② 양 선박의 과실비율은 50% : 50%로 합의되었고, 당사자들 사이에 인정된 충돌손해액은 다음과 같다.

구 분	선박A	선박B
선체손상	US$100,000	US$60,000
선박의 불가동 손실	US$50,000	US$40,000
적재된 화물의 손상		US$50,000
유류오염제거비용	US$70,000	
해상오염으로 배상한 어장손혜	US$80,000	

※ 양 선박 공히 책임제한의 적용은 없음.

풀 이

1. 소송비용의 분배

(1) **일반비용 US$4,000의 분배**

선박A : 선체손상 + 불가동손실 = US$150,000

선박B : 선체손상 + 불가동손실 + 화물손상 = US$150,000

선박A : US$4,000×US$150,000 / US$300,000 = US$2,000

선박B : US$4,000×US$150,000 / US$300,000 = US$2,000

(2) **공격비용 US$5,000의 분배**

공격비용 US$1,000 + 일반비용 US$2,000 + 보증장 확보를 위한 가압류비용 US$2,000
= US$5,000

선체손상 : US$5,000×US$100,000 / US$150,000 = US$3,333

불가동손실 : US$5,000×US$50,000 / US$150,000 = US$1,667

제2과목 해상보험의 이론과 실무(상법 해상보험 포함)

(3) **방어비용 US$4,000의 분배**

방어비용 US$1,000 + 일반비용 US$2,000 + WP Survey Fee US$1,000 = US$4,000

산정금액 US$4,000를 전액 충돌배상금(RDC)으로 처리한다.

2. 선체보험자의 지급보험금

단독해손   : US$100,000 − US$50,000(= US$100,000×50%) + US$3,333 = US$62,000
충돌배상금 : [US$75,000(= US$150,000×50%) + US$4,000]×4/4   = US$129,600
−) Deductible   −) US$10,000
                                                                   US$122,333

※ 충돌배상금 및 선체보험금 정산 기준

충돌배상금을 정산할 때는 양 선주간 합의된 손해액을 기준으로 정산하고, 선체보험금을 정산할 때는 실제발생수리비를 기준으로 정산한다.

[상대선의 적하손해 클레임이 별도로 처리되는 경우]

자선의 일반비용을 배분할 때 기본원칙인 "Shipowners to Shipowners"에 따라 위와 같이 자선의 클레임에서 자선의 적하손해 클레임을 제외한 금액을 기준으로 배분하게 되는데, 이때 상대선의 적하손해 클레임이 별도로 처리되는 경우에는 상대선의 클레임에서도 상대선의 적하손해 클레임을 제외한 금액을 기준으로 배분하여야 한다.

1. 소송비용의 분배

(1) **일반비용 US$4,000의 분배**

선박 A : 선체손상 + 불가동손실 = US$150,000

선박 B : 선체손상 + 불가동손실 = US$100,000

선박 A : US$4,000×US$150,000 / US$250,000 = US$2,400

선박 B : US$4,000×US$100,000 / US$250,000 = US$1,600

(2) **공격비용 US$5,400의 분배**

공격비용 US$1,000 + 일반비용 US$2,400 + 보증장 확보를 위한 가압류비용 US$2,000 = US$5,400

선체손상   : US$5,400×US$100,000 / US$150,000 = US$3,600

불가동손실 : US$5,400×US$50,000 / US$150,000 = US$1,800

(3) **방어비용 US$3,600의 분배**

방어비용 US$1,000 + 일반비용 US$1,600 + WP Survey Fee US$1,000 = US$3,600

산정금액 US$3,600를 전액 충돌배상금(RDC)으로 처리한다.

2. 선체보험자의 지급보험금

단독해손   : US$100,000 − US$50,000(= US$100,000×50%) + US$3,600 = US$53,600
충돌배상금 : [US$75,000(= US$150,000×50%) + US$3,600]×4/4   = US$78,600
−) Deductible   −) US$10,000
                                                                   US$122,200

A선박이 화물을 적재하고 항해 중 주기관이 파손되어 예인선에 의해 양하항으로 예인되었다. 양하항에서 화물하역 중 파손된 주기관을 수리하였고, 하역된 화물은 선주의 편의상 공동해손을 선포하지 아니하고 수화주에게 인도되었다.

다음의 자료를 이용하여 선박보험 가입조건별로 A선박의 보험자가 지급하여야 할 보험금을 산정하시오. (10점)

---

① 사고원인 : 주기관 내 특정부품의 잠재적 하자로 인한 주기관 파손
- 양하항으로의 예인비용   US$90,000
- 예인으로 인한 A선박의 절감된 항해비용   US$10,000
- 파손된 주기관의 수리비용   US$120,000
  (위 수리비 중에는 잠재적 하자가 있었던 특정 부품의 수리비용 US$10,000이 포함됨)
- 수리기간 중 선원의 임금   US$20,000

② 선박의 협정보험가액 및 보험금액   US$2,000,000
③ 공동해손 선박 분담가액   US$1,000,000
④ 공동해손 적하 분담가액   US$1,000,000

---

(1) ITC-Hulls(1/10/83) but FPL unless etc. with Clause 12 Deductible of US$20,000 (3점)

(2) ITC-Hulls(1/10/83) with Clause 12 Deductible of US$20,000, Institute Machinery Damage Additional Deductible Clause with Deductible of US$10,000 (4점)

(3) ITC-Hulls(1/10/83) with Clause 12 Deductible of US$20,000, Institute Additional Perils Clause, Small General Average Clause up to US$100,000 (3점)

구 분	단독해손	공동해손	선주부담
양하항으로의 예인비용 US$80,000(= US$90,000 − US$10,000)		US$80,000	
파손된 주기관의 수리비용 (잠재하자손해 US$10,000 포함)	US$120,000		
수리기간 중의 선원임금			US$20,000
합 계	US$120,000	US$80,000	US$20,000

공동해손 분담가액 및 공동해손 분담금

선박 : US$1,000,000 : US$40,000

적하 : US$1,000,000 : US$40,000

(1) ITC—Hulls(1/10/83) but <u>FPL</u> unless etc. with Clause 12 Deductible of US$20,000

단독해손(X) + 공동해손 분담금 US$40,000 − Deductible US$20,000 = US$20,000

(2) ITC—Hulls(1/10/83) with Clause 12 Deductible of US$20,000, <u>Institute Machinery Damage Additional Deductible Clause</u> with Deductible of US$10,000

단독해손 US$100,000(= US$120,000 − 잠재하자 US$10,000 − MDAD US$10,000)

+ 공동해손 분담금 US$40,000 − Deductible US$20,000

= US$120,000

(3) ITC—Hulls(1/10/83) with Clause 12 Deductible of US$20,000, <u>Institute Additional Perils Clause</u>, Small General Average Clause up to US$100,000

단독해손 US$120,000

+ 공동해손(Small General Average) US$80,000(≤ US$100,000)

− Deductible US$20,000

= US$180,000

문제 3

ITC-Hulls(1/10/83)의 제1조 항해(Navigation)조항에 따르면 "본선이 해상에서 다른 선박에 또는 다른 선박으로부터 화물을 적재 또는 양하하는 운송작업에 사용되는 경우에는 양 선박이 접근 중, 접현 중 및 이현 중을 포함하여 적재 및 양하작업으로 인하여 발생한 피보험선박의 멸실이나 손상 및 다른 선박에 대한 배상책임은 보상하지 않는다"라고 규정하고 있다.

다음 질문에 답하시오. (10점)

(1) 위의 면책손해를 보상받기 위하여 첨부하는 특별약관의 명칭과 그 내용을 간략히 기술하시오. (5점)

(2) 위 (1)의 특별약관을 첨부하여 ITC-Hulls(1/10/83) with Clause 12 Deductible of US$10,000 조건으로 보험가입을 한 선박이 해상에서 3일간에 걸친 화물의 양하작업을 위해 다른 선박과의 접현 중 양 선박간의 접촉으로 US$50,000의 선체손상 수리비가 발생하였다. 양 선박간에 자기손해에 대하여는 자기가 부담하는 것으로 합의하였다. 선박보험자가 지급하여야 할 보험금을 산정하시오. (5점)

풀 이

(1) **면책손해를 보상받기 위하여 첨부하는 특별약관**
  ① **첨부 특별약관** : Institute Cargo Loading and Discharging Clause
  ② **특별약관 내용** : 보험자에 대한 사전 통지 불요, 담보기간은 최대 7일
    Deductible은 약관공제금액의 2배 적용

(2) **선박보험자가 지급하여야 할 보험금**
  선박보험자 지급보험금
  = 선체손상 수리비 US$50,000 − Deductible US$20,000(= US$10,000×2)
  = US$30,000

유럽산 참치를 냉동 컨테이너 3대에 적재하여 수입하면서 보험금액을 US$330,000(CIF 송장가액 US$100,000×110%×3대)로 하여 적하보험에 가입하였다. 목적지에서 다음과 같은 손해가 확인된 경우 보험조건별로 적하보험자가 지급하여야 할 보험금을 산정하시오. (10점)

> ① 컨테이너 1대의 화물은 72시간 계속된 냉동기 고장으로 인해 부패되어 폐기처분 하였으며, 폐기물 운반비용 US$5,000와 처리비용 US$10,000가 발생하였다.
> ② 컨테이너 1대의 화물은 36시간 계속된 냉동기 고장으로 인해 부분 변색되어 식용으로 사용할 수 없어 사료용으로 매각하였으며, 매각대금은 US$10,000이었다.
> ③ 컨테이너 1대의 화물은 12시간 계속된 냉동기 고장으로 인해 품질 저하가 있었으나, 원래의 목적으로 사용 가능하여 US$90,000에 감가 판매되었다(판매시 정상품의 시장가액은 US$100,000이었음).

(1) ICC(A) with Refrigerated Cargo Clause(RCC) (5점)

(2) ICC(A) with Refrigerating Machinery Clause(RMC) (5점)

풀 이

(1) ICC(A) with Refrigerated Cargo Clause(RCC)

RCC 특별약관은 24시간 이상 계속된 냉동기 고장으로 인한 손상을 담보하므로,

① 폐기손해 US$110,000 + ② 매각손해 US$100,000(= US$110,000 − US$10,000)

= US$210,000

(2) ICC(A) with Refrigerating Machinery Clause(RMC)

RMC 특별약관은 냉동기 고장으로 인한 모든 손상을 담보하므로,

① 폐기처분 US$110,000 + ② 매각손해 US$100,000(= US$110,000 − US$10,000)

+ ③ US$110,000×손해율 10%[= (US$100,000 − US$90,000) / US$100,000]

= US$221,0000

각 배럴(barrel)당 100갤런(gallon)의 윤활유 5배럴을 ICC(FPA)조건으로 보험금액 US$5,000(CIF 송장 가액 US$5,000×100%)로 하는 적하보험에 가입하였다.

항해 중 선박의 충돌사고로 인하여 No.4 배럴이 손상을 입었는데, 도착지에서의 검정결과 각 배럴별로 중량은 다음과 같이 확인되었다.

적하보험자의 지급보험금을 산정하시오. (10점)

Barrel No.	1	2	3	4	5
중량(gallon)	99	98	97	49	98

풀 이

전체 정상 도착량＝1번 ＋ 2번 ＋ 3번 ＋ 5번＝99갤런 ＋ 98갤런 ＋ 97갤런 ＋ 98갤런＝490갤런
1배럴의 평균 정상 도착량＝490갤런/5＝98갤런
4번 배럴의 손실량＝98갤런 － 49갤런＝49갤런

지급보험금＝49갤런×US$5,000 / 490갤런＝US$500

적하보험에서 전쟁위험의 담보와 관련하여 다음의 질문에 대하여 약술하시오. (10점)

(1) WAR Risks Waterborne Agreement의 도입 취지 (5점)

(2) 위 (1)의 도입 취지를 반영한 협회전쟁약관(IWC, 1982) 제5조에서 규정하고 있는 위험의 시기와 종기 (5점)

풀이

(1) **WAR Risks Waterborne Agreement의 도입 취지**

이는 육상전쟁위험 부담보협정(Waterborne Agreement)이라고 불리는 것으로, 협회적하약관에서는 선적 및 하역 전후의 육상운송구간에 대한 위험을 담보하고 있는데, 협회전쟁약관에서는 이 협정에 따라 육상운송구간에 대한 위험을 담보하지 않는다.

(2) **협회전쟁약관(IWC, 1982) 제5조에서 규정하고 있는 위험의 시기와 종기**

협회전쟁약관(화물)의 보험기간은 원칙적으로 화물이 외항선에 선적되었을 때 개시하고 외항선에서 하역되었을 때 종료된다. 단, 선적 및 하역에 사용되는 부선에 적재되어 있는 동안의 촉뢰(觸雷) 위험은 담보되며, 환적이 있는 경우 환적항에 있어서의 육상위험도 원래의 본선으로부터 하역 후 15일간 화물이 환적항과 동일행정구역에 있는 한 담보된다. 또한 도착항에서의 화물하역이 지연된 경우 보험기간은 본선이 도착항 도착 후 15일이 경과하면 자동적으로 종료하게 되어있다.

ICC(1982)와 ICC(2009)상의 적하보험의 시기와 종기의 차이점을 비교/약술하시오. (10점)

풀 이

적하보험의 시기와 종기

구 분	ICC(1982)	ICC(2009)
보험의 시기	화물이 운송을 위해 보험증권에 기재된 지역의 창고 또는 보관장소를 떠날 때	창고 또는 보관장소 내에서 운송용구에 적재를 위해 화물이 맨 처음 이동될 때
보험의 종기	① 보험증권에 기재된 목적지의 수화주 창고 또는 보관장소에서 인도될 때, ② 통상의 운송과정을 벗어난 보관이나 ③ 분배 또는 할당을 위한 분배장소에 인도될 때, ④ 최종 양하항에서 하역한 후 60일이 경과한 때 중 가장 먼저 발생하는 때에 종료	① 최종창고에서 운송차량이나 기타 운송용구로부터 양하 완료시, ② 통상의 운송과정이 아닌 보관 또는 할당이나 분배를 위해 피보험자가 선택한 기타 창고나 보관장소에서 운송 차량이나 기타 운송용구로부터 양하 완료시, ③ 통상의 운송과정이 아닌 보관을 위해 운송 차량 등을 이용하기로 선택한 때, ④ 최종 양하항에서 양하 완료 후 60일이 경과한 때 중 가장 먼저 발생하는 때에 종료

상법 제5편(해상)의 제2장(운송과 용선) 중 제1절 개품운송에서 규정하고 있는 운송인의 책임한도에 대한 다음 사항을 기술하시오. (10점)

(1) 운송물의 포장 또는 선적 단위의 수를 정하는 기준 (3점)

(2) 책임한도 적용 배제사유 (3점)

(3) 책임한도금액 산정방법 (4점)

풀 이

(1) **운송물의 포장 또는 선적 단위의 수를 정하는 기준**

컨테이너나 그 밖에 이와 유사한 운송용기가 운송물을 통합하기 위하여 사용되는 경우에 그러한 운송용기에 내장된 운송물의 포장 또는 선적 단위의 수를 선하증권이나 그밖에 운송계약을 증명하는 문서에 기재한 때에는 그 각 포장 또는 선적 단위를 하나의 포장 또는 선적 단위로 본다. 이 경우를 제외하고는 이러한 운송용기 내의 운송물 전부를 하나의 포장 또는 선적 단위로 본다. 또한 운송인이 아닌 자가 공급한 운송용기 자체가 멸실 또는 훼손된 경우에는 그 용기를 별개의 포장 또는 선적 단위로 본다.

(2) **책임한도 적용 배제사유**

운송물에 관한 손해가 운송인 자신의 고의 또는 손해발생의 염려가 있음을 인식하면서 무모하게 한 작위 또는 부작위로 인하여 생긴 때에는 책임제한의 적용이 배제된다.

(3) **책임한도금액 산정방법**

당해 운송물의 매 포장당 또는 선적 단위당 666과 100분의 67 계산단위의 금액과 중량 1킬로그램당 2 계산단위의 금액 중 큰 금액을 한도로 제한할 수 있다.

해상보험사고에 대한 보험자의 담보책임과 관련하여 보험자와 피보험자간의 입증책임(Burden of Proof)의 분담원칙을 제시한 1985년도 영국 판례의 명칭은? (5점)

풀 이

Rhesa Shipping Company S.A. v. Edmunds(the "Popi M" 1985)

보험증권의 해석에 관한 규칙(Rules for Construction of Policy ; RCP)상의 "해상고유의 위험(Perils of the Seas)"에 대한 정의를 기술하시오. (10점)

풀 이

해상고유의 위험(Perils of the Seas)

위 규칙 제7조에서 해상고유의 위험에 대해 "해상의 우연한 사고나 재난만을 의미하고 바람과 파도의 통상적인 작용을 포함하지 아니한다"라고 정의하고 있다. 따라서 해상고유의 위험은 해상에서 일어나는 모든 사고를 의미하는 것은 아니고, 해상이기 때문에 발생하는 위험에 의한 우발적인 사고를 의미하며, 오랫동안 정착된 실무와 판례를 통해 침몰(sinking), 좌초(stranding), 교사(grounding), 충돌(collision) 및 악천후(heavy weather) 등의 위험을 해상고유의 위험으로 보고 있다.

문제 1

다음의 자료만을 이용하여 York–Antwerp Rules 1994에 따라 선박의 제1차 및 제2차 공동해손 분담가액을 산정하시오. (10점)

---

① 곡물을 실은 선박이 목적항으로 항해 중 악천후로 인하여 주기관(main engine)이 손상되었다. 선박과 적하의 공동안전을 위하여 피난항으로 예인되었다. 피난항에서 영구수리를 마치고 목적항으로 출항하였다. 이와 관련하여 발생한 선박의 구조료와 수리비는 다음과 같다. (제1차 공동해손)
- 구조료   US$100,000
- 주기관 영구수리비   US$200,000

② 목적항으로 계속 항해 중 선박에 화재가 발생하였다. 선박과 적하의 공동안전을 위하여 화재를 진압한 후 목적항에 도착하여 수리를 하였다. 이와 관련하여 발생한 선박의 수리비는 다음과 같다. (제2차 공동해손)
- 화재의 열로 인한 손상수리비   US$150,000
- 화재의 진압과정에서 발생한 손상수리비   US$300,000

※ 손상수리비는 요크・앤트워프 규칙 제13조 수리비에서의 공제(Deduction from cost of repairs) 적용 대상임.

③ 목적항에서 선박의 정상시장가액(Sound Market Value)과 제1차 및 제2차 공동해손의 분담률은 다음과 같다.
- 선박의 정상시장가액   US$1,000,000
- 선박의 제1차 공동해손 분담률   20%
- 선박의 제2차 공동해손 분담률   10%

구 분	1차사고		2차사고	
	PA	GA	PA	GA
구조료		US$100,000		
주기관 영구수리비	US$200,000			
화재 열 손상수리비			US$150,000	
화재진압 손상수리비 (1/3 공제 적용 대상)			US$100,000	US$200,000
합 계	US$200,000	US$100,000	US$250,000	US$200,000

(1) **2차사고 선박의 공동해손 분담가액**

선박의 공동해손 분담가액

= SMV − Damage + Amount made good

= US$1,000,000 − US$450,000 + US$200,000 = US$750,000

  ※ Damage

   = (2차 PA US$250,000 + 1차 PA US$200,000 − 1차 PA 수리금액 US$200,000)

    + (2차 GA US$200,000 + 1차 GA US$0 − 1차 GA 수리금액 US$0)

   = US$450,000

  ※ Amount made good

   = 2차 GA US$200,000 + 1차 GA US$0 − 1차 GA 수리금액 US$0

   = US$200,000

선박의 공동해손 분담금 = US$750,000×10% = US$75,000

(2) **1차사고 선박의 공동해손 분담가액**

선박의 공동해손 분담가액

= SMV − Damage + Amount made good − 2nd GA 분담금

= US$1,000,000 − US$650,000 + US$200,000 − US$75,000

= US$475,000

  ※ 1차사고 Damage(US$650,000)를 구할 때는 2차사고 분담가액을 구할 때 공제 했던 1차 PA 수리금액(US$200,000)을
   다시 포함하여 정산하여야 한다.

선박의 공동해손 분담금 = US$475,000×15% = US$71,250

다음의 자료만을 이용하여 적하보험자가 지급하여야 할 보험금을 각각 산정하고, 그렇게 산정한 이유를 기술하시오. (10점)

> 화물 1,000bag에 대하여 보험가액과 보험금액을 각각 US$1,000로 하여 적하보험에 가입하였다. 목적항으로 항해 중 타선박과의 충돌로 인하여 20bag이 유실되었다. 그 후 목적항으로 계속 항해 중 악천후로 인하여 20bag이 해수침되어 목적항에 도착하여 전부 폐기하였다. 나머지 화물은 수하주의 최종창고에 안전하게 인도되었다.

(1) ICC(FPA)조건으로 가입한 경우 (5점)
(2) ICC(WA 3%)조건으로 가입한 경우 (5점)

풀이

구 분	ICC(FPA)	ICC(WA 3%)
충돌로 인한 유실 손해 US$1(US$1,000 / 1,000bags)×20bags = US$20	US$20	US$20
악천후로 인한 해수침 손해 US$1(US$1,000 / 1,000bags)×20bags = US$20	–	–
합 계	US$20	US$20

(1) ICC(FPA)조건으로 가입한 경우

ICC(FPA)조건에서 충돌로 인한 손해는 전·분손 여부를 불문하고 보상하지만, 악천후로 인한 손해는 전손의 경우를 제외하고는 보상하지 않는다.

(2) ICC(WA 3%)조건으로 가입한 경우

ICC(WA 3%)조건에서 충돌로 인한 손해는 면책비율(Franchise)과 관계없이 보상하지만, 악천후로 인한 손해는 면책비율 3%(US$30) 미만의 손해이므로 보상하지 않는다.

미국에서 곡물을 선적하여 인천항으로 항해 중 악천후에 조우하였다. 목적항에 도착하여 조사(survey)한 결과 13,850M/T만이 양하되었으며, 이 가운데 950M/T은 해난 중 해수침 손해(wet damage)를 입었음이 확인되었다. 보험조건과 화물중량 및 수분함량이 다음과 같을 때 적하보험자가 지급하여야 할 보험금을 산정하시오. (10점)

---

① 보험조건 : ICC(C) including shortage in excess of 3% on the whole
② 보험금액 : US$450,000(CIF 송장가액 US$450,000 × 100%)
③ 총선적중량(gross shipped weight) : 15,000M/T in bulk
④ 수분함량 :
  • 선적시 수분함량   8%
  • 양하시 정상품의 수분함량   5%
  • 양하시 손상품의 수분함량   10%

풀 이

적하보험자의 지급보험금

ICC(C)조건에서는 해수침 손해를 입은 950M/T은 담보되지 않는 손해이다. 사안에서는 부가 담보조건에 따라 3% 이상의 부족손(shortage)에 대해서만 보상한다.

정상 도착량 : 13,850M/T − 950M/T = 12,900M/T
손상 도착량 : 950M/T × (100% − 10%) / (100% − 5%) = 900M/T
도착량 합계 : 12,900M/T + 900M/T = 13,800M/T

선적시 수분함량 기준으로 도착량을 환산하면,
13,800M/T × (100% − 5%) / (100% − 8%) = 14,250M/T

부족량 = 15,000M/T − 14,250M/T = 750M/T
보상 대상량 = 750M/T − 450M/T(= 15,000M/T×3%) = 300M/T

적하보험자의 지급보험금
= 300M/T × US$30(= US$450,000 / 15,000M/T) = US$9,000

문제 4

다음의 자료만을 이용하여 선체 및 기관보험(H/M)과 선비 및 증액보험(IV)에서 선박보험자가 지급하여야 할 보험금을 각각 산정하시오. (10점)

① 피보험선박의 일방과실로 타 선박과 충돌하여 타 선박에 대한 손해가 다음과 같이 합의되었다.
- 타 선박의 수리비   US$1,600,000
- 타 선박의 구조료   US$600,000
- 타 선박에 승선한 선원의 치료비   US$400,000
- 타 선박의 불가동손실금   US$200,000
- 타 선박에서 유출된 연료에 의한 어장 오염손해액   US$1,600,000

   ※ 피보험선박에 발생한 손해는 고려하지 않음.

② 피보험선박의 보험조건은 다음과 같다.
- H/M : 보험가액과 보험금액 : 각각 US$1,600,000
         보험조건 : ITC-Hulls(1/10/83) with Clause 12 Deductible of US$100,000
- I.V. : 보험가액과 보험금액 : 각각 US$200,000
         보험조건 : ITC-Hulls(1/10/83) Disbursement and Increased Value
         (Total Loss Only, Including Excess Liabilities)

풀 이

선박보험자의 지급보험금

(1) **RDC총액**

타 선박의 수리비	US$1,600,000
타 선박의 구조료	US$600,000
타 선박의 불가동손실금	US$200,000
	US$2,400,000

(2) **H/M 보험자의 지급보험금**

3/4 RDC : US$2,400,000×3/4 = US$1,800,000

보상한도 : 자선의 보험금액 US$1,600,000×3/4 = US$1,200,000

지급금액 : US$1,200,000 − Deductible US$100,000 = US$1,100,000

(3) **I.V. 보험자의 지급보험금**

RDC차액 : US$1,800,000 − US$1,200,000 = US$600,000

지급금액 : 보험금액 US$200,000

문제 5

영국해상보험법(MIA, 1906)과 ICC(1982)는 지연(delay)에 근인하여 발생한 손해에 대한 보험자의 면책을 규정하고 있다. 이들 각 규정의 내용을 다음과 같이 나누어 기술하시오. (5점)

(1) 영국해상보험법(MIA, 1906) 제55조 보상되는 손해와 면책되는 손해(Included and Excluded Losses) 제2항 b호 (2점)

(2) ICC(1982) 제4조 일반면책조항(General Exclusion Clause) 제5항 (3점)

풀 이

(1) MIA(1906) 제55조 보상되는 손해와 면책되는 손해 제2항 b호
보험증권에 별도의 명시가 있는 경우를 제외하고는 선박 또는 적하의 보험자는 지연이 피보험위험으로 발생한 경우일지라도 <u>지연에 근인하여 발생한 손해</u>에 대해서는 책임을 지지 않는다.

(2) ICC(1982) 제4조 일반면책조항(General Exclusion Clause) 제5항
지연이 피보험위험에 의하여 생긴 경우라도 <u>당해 지연에 근인하여 생긴 멸실이나 손상 또는 비용</u>은 보상하지 않는다.

문제 6

기계를 보험의 목적으로 하는 적하보험 계약에 첨부하는 기계수선특별약관(Special Replacement Clause)의 내용에 대하여 약술하시오. (5점)

풀 이

기계수선특별약관(Special Replacement Clause)
기계수선특별약관은 적하보험 계약에서 담보하는 위험에 기인하여 보험에 가입된 기계의 일부 혹은 수 개의 부분품에 멸실이나 손상이 발생한 경우, 피보험자는 위 기계의 일부 혹은 수 개의 부분품의 재수선 비용이나 혹은 수리비용에 부품 등의 운반비용(합리적이라면 운송용구의 종류는 불문) 및 재조립 비용을 합산한 금액을 보상받을 수 있다. 이때 보험자의 보상책임은 전체 기계의 보험가입금액을 초과할 수 없다. 다만, 관세의 경우는 보험금액에 관세 금액이 포함될 경우에 한해 추가 관세를 지불함으로써 발생한 손해를 보상한다.

다음에 대하여 약술하시오. (10점)

(1) 선박보험 ITC-Hulls(1/10/83) 제18조 미수리손상(Unrepaired Damage)에서 규정하고 있는 내용 (5점)

(2) 위 (1) 조항과 영국해상보험법(MIA, 1906) 제77조 연속손해(Successive Losses)에서 규정하고 있는 연속손해의 최고보상한도에 대한 차이점 (5점)

풀 이

(1) ITC-Hulls(1/10/83) 제18조 미수리손상(Unrepaired Damage)의 규정 내용
   ① 미수리손상에 대한 보상금액은 미수리손상으로 인한 이 보험종료시점에서의 선박의 정상시장가액의 합리적인 감가액으로 하되, 합리적인 수리비를 초과할 수 없다.
   ② 이 보험의 담보기간 또는 담보연장기간 중에 전손된 경우에는 미수리손상에 대해서는 어떠한 경우에도 보상책임을 지지 않는다.
   ③ 미수리손상에 대한 보상한도는 이 보험종료시점에서의 보험가액이 된다.

(2) ITC-Hulls(1/10/83) 제18조 미수리손상 조항과 MIA(1906) 제77조 연속손해 최고보상한도의 차이점
   ① MIA(1906) 제77조에서는 보험증권에서 이와 달리 규정하거나 이 법의 규정에 반하지 않는 한, 연속손해에 대해 비록 그 손해의 합계액이 보험금액을 초과하더라도 보상책임을 지도록 규정하고 있다.
   ② 동일한 보험증권하에서 수리 또는 기타 원상회복되지 않은 분손에 이어 전손이 발생한 경우, 피보험자는 전손에 대해서만 보상받을 수 있다. 다만, 이 조항은 손해방지약관의 보험자 책임에 영향을 미치지 않는다.

   MIA(1906) 및 ITC-Hulls(1/10/83)에 따르면, 보험기간 종료 전 미수리손상 상태에서 전손이 발생하는 경우 미수리손상은 전손에 흡수되어 피보험자는 전손보험금에 대해서만 보상받을 수 있으며, 또한 동일한 보험기간 중에 단독해손이 발생하고 수리가 완료된 후에 운항 중 전손이 된 경우에는 전손보험금 외에 단독해손에 대해서도 보상받을 수 있다.

문제 8

협회선박건조보험약관(Institute Clauses for Builders' Risks) 제1조 보험가액(Insured Value)에서 규정하고 있는 내용을 토대로 ① 보험가액 결정방식, ② 보험자의 부담한도에 대하여 약술하시오. (10점)

풀 이

(1) **보험가액 결정방식**

보험계약시 가계약금액으로 보험가입 후 최종 계약가격 또는 총건조비용의 일정 퍼센트(%)를 가산한 비용 중 많은 금액을 보험가액으로 최종 결정하도록 규정하고 있다. 만일 보험가액이 가계약가액을 초과하면 추가 보험료를 받고 초과분을 인수하고, 가계약가액보다 적으면 그만큼 보험금액을 감액한다.

(2) **보험자의 부담한도**

보험가액이 가계약가액의 125%를 초과한다고 하더라도 본 보험에서의 보상한도는 단일사고이든 연속사고 이든간에 가계약가액의 125%까지이다.

문제 9

ITC-Hulls(1/10/83), Total Loss Only(Including Salvage, Salvage Charges and Sue and Labour)의 선박보험 조건에서 부담위험으로 계약구조료가 발생할 때 다음에 대하여 약술하시오. (10점)

(1) 계약구조료가 Salvage로 보상되는 경우 (5점)

(2) 계약구조료가 Sue and Labour로 보상되는 경우 (5점)

풀 이

(1) **계약구조료가 Salvage로 보상되는 경우**

구조업자가 선주 및 화주와 각각 구조계약을 체결하고, 구조된 재산의 가액을 기준으로 각각에 대해 구조비를 청구할 때 선박에 대한 구조비를 Salvage로 처리할 수 있다. 일부보험의 경우는 비례보상한다.

(2) **계약구조료가 Sue and Labour로 보상되는 경우**

선박 전손이 인정되고, 선박과 적하의 구조된 재산의 가액이 없거나 비용이 구조된 재산의 가액을 초과할 경우, 선박을 구조하기 위해 지출되었다고 인정되는 금액을 손해방지비용으로 처리할 수 있다. 일부보험의 경우는 비례보상한다.

York-Antwerp Rules 1994 제11조 (d)항에 규정되어 있는 환경손해(damage to the environment)의 방지나 경감을 위한 조치비용이 공동해손으로 인정되는 경우를 기술하시오. (10점)

풀 이

환경손해(damage to the environment)의 방지나 경감을 위한 조치비용이 공동해손으로 인정되는 경우
① 공동의 안전을 위한 구조작업의 일부분으로서 발생한 경우, 만일 공동해상사업의 외부관계자에 의해 조치가 취해진 경우 그러한 구조료를 청구할 권리가 있는 조치의 경우
② 피난항으로 입출항 전에 관련 항만당국으로부터의 필요조건인 경우
③ 피난항에서의 계속적인 정박을 위하여 항만당국으로부터 요구되는 경우[단, 오염(pollution)위협의 경우가 아니고 실제 누출된 경우에 있어 이를 방지하거나 감소시키기 위하여 추가로 취하여진 조치의 비용은 인정되지 않음]
④ 공동해손으로 인정될 수 있는 화물의 양하, 저장 및 재적부의 경우 꼭 필요하게 발생한 경우

2022년 영국해손사정사협회 실무규칙(Rules of Practice of the Association of Average Adjusters, 2022) A4는 수리비에 대한 해손사정사의 의무(Duty of Adjusters in respect of Cost of Repairs)에 관한 규정이다. A4에서 규정하고 있는 내용 가운데, 선박의 단독해손이나 수리를 포함한 공동해손을 사정할 때 '합리적인 수리비'인지를 판단하기 위하여 해손사정사가 확인하여야 할 사항을 기술하시오. (5점)

풀 이

해손(海損)사정사가 확인하여야 할 사항
해손(海損)사정사는 수리를 실시한 선박의 단독해손 또는 공동해손을 정산하는데 있어서, 그 수리가 신중한 무보험 선주(prudent uninsured owner)의 입장에서 합리적인 방법과 합리적인 가격으로 실시되었는지를 확인하여야 한다.

상법 제5편(해상) 제744조(선박의 압류·가압류)에서 규정하고 있는 내용을 토대로 다음 사항을 기술하시오. (5점)

(1) 압류·가압류 금지의 대상 (2점)

(2) 압류·가압류 금지의 예외 (3점)

풀 이

(1) **압류·가압류 금지의 대상**

항해의 준비를 완료한 선박과 그 속구는 압류 또는 가압류를 하지 못한다.

(2) **압류·가압류 금지의 예외**

항해를 준비하기 위하여 생긴 채무, 총톤수 20톤 미만의 선박에 대해서는 압류 또는 가압류를 할 수 있다.

이걸 기억하겠다고 약속해줘.

넌 네가 믿는 것보다 더 용감하며,

보기보다 강하고,

네 생각보다 더 똑똑하단 걸.

- 곰돌이 푸우의 대사 한 줄 -

우리가 쓰는 것 중
가장 값비싼 것은 시간이다.

− 테오프라스토스 −

제3과목

책임·화재·기술보험 등의 이론과 실무

재물보험

제1절 화재보험

01 보상하는 손해(보통약관 제3조 제1항)

1. 보험목적물의 화재손해

(1) 화재보험에서 담보되는 화재

화재보험이란 보험의 목적(보험에 가입한 건물과 그 수용재물)이 화재(벼락 포함)로 입은 손해를 보상하는 보험을 말한다. 화재발생의 3요소는 열, 산소, 연료이다.

화재보험에서 담보되는 화재는 반드시 불의 연소작용을 수반하는 자력확장력이 있고 통제되지 않는 불이어야 한다. 즉, 담보화재는 다음을 요건으로 한다.

① 불자리가 아닌 장소에서 발생하거나 불자리를 벗어나서 존재하는 우발적일 것

② 불에 의한 연소작용이 있을 것

③ 재물을 소실시켜 손해를 초래할 것

(2) 계약별 담보위험

① 일반화재보험계약

일반화재보험계약의 경우에는 화재사고에 따른 직접손해, 화재사고에 따른 소방손해(화재의 진압과정에서 발생하는 손해), 화재사고에 따른 피난손해(보험기간 중 피난지에서 5일 동안에 보험의 목적에 생긴 직접손해 및 소방손해를 포함)를 보상한다.

② 주택화재보험계약

주택화재보험계약의 경우에는 화재사고뿐만 아니라 폭발·파열사고에 따른 직접손해, 소방손해, 피난손해까지도 보상한다.

(3) 담보손해의 내용

① 직접손해 / 소방손해

화재사고에 따른 직접손해에는 화재열기에 의한 소손해뿐만 아니라 그을음, 연기에 의한 오염손해, 악취손해도 포함되고, 소방손해는 화재진압과정에서 발생하는 일체의 재물손해를 의미하는 것으로 소방수에 의한 수침손해는 물론 소화활동을 위해 의도적으로 파손시킨 재물의 물리적 파손손해도 포함된다.

② 피난손해

피난손해는 손해확대방지를 위해 구조나 피난행위를 하던 중에 발생하는 물리적 파손, 오염손해를 의미하며, 여기에는 피난지로 이동시킨 후 그 피난지에서 발생하는 화재보험보통약관에서 담보하는 사고로 인한 직접손해, 소방손해도 포함된다. 다만, 피난손해는 보험기간 중 5일 동안에 발생한 손해만 보상된다.

③ 벼락으로 인한 손해

벼락은 고압의 뇌운과 지상물 사이의 방전현상을 말하는 것으로, 벼락으로 인한 화재사고뿐만 아니라 벼락에 의한 직접적인 목적물의 파손도 담보된다. 다만, 벼락으로 인한 간접적인 전기기기의 손해는 벼락의 이상전류에 의한 것으로 보상이 되나, 벼락과 관계없는 전기적 사고로 발생한 탄화, 용융 등의 손해는 보상하지 않는다.

④ 폭발 / 파열에 의한 손해

㉠ 화학적 폭발

화학적 폭발이란 급격한 산화반응을 포함하는 화학반응으로 용적의 급격한 팽창과 연소작용을 일으키는 현상(반드시 불이 발생함)을 말한다. 화약이나 가연성 가스의 폭발 등이 이에 해당한다.

㉡ 물리적 폭발(파열)

물리적 폭발(파열)이란 연소작용이 없이 용적의 급격한 팽창현상만이 발생하는 것을 말한다. 부피의 팽창에 의한 폭발(보일러 내의 물이 일제히 수증기로 변화하여 폭발하는 경우), 용기의 내부압력의 증가로 인한 폭발(콤프레셔 압축공기탱크의 폭발), 원심력에 의한 폭발[고속 회전체의 균열, 비산(파열)] 등이 이에 해당한다.

2. 각종 비용손해의 보상(보통약관 제3조 제2항)

(1) 잔존물제거비용

사고현장에서의 잔존물의 해체비용, 청소비용 및 차에 싣는 비용(상차비용). 다만, 보통약관 제3조 제1항에서 보장하지 않는 위험으로 보험의 목적이 손해를 입거나 관계법령에 의하여 제거됨으로써 생긴 손해에 대하여는 보상하지 않는다.

청소비용에는 사고현장 및 인근지역의 토양, 대기 및 수질 오염물질제거비용과 차에 실은 후의 폐기물처리비용은 포함하지 않는다.

보상한도액은 발생손해액의 10%까지이고, 목적물손해 보험금과 합하여 보험가입금액을 초과할 수 없다. 또한, 보험목적물이 일부보험일 경우에는 잔존물제거비용도 보험가입비율에 따라 비례보상한다.

(2) 손해방지비용

손해의 방지 또는 경감을 위하여 지출한 필요 또는 유익한 비용을 보상하며, 목적물손해 보험금과 합하여 보험가입금액을 초과하더라도 보상한다. 다만, 목적물이 일부보험인 경우에 손해방지비용도 비례보상한다.

손해방지비용은 담보위험으로 인해 발생한 비용손해이어야 하며, 보험사고발생 자체를 예방하는 비용은 보상하지 않는다. 즉, 보험사고가 실제로 발생하였거나 발생이 급박한 상황에서 손해를 방지하거나 경감하기 위한 조치로 인해 발생한 비용이어야 보상한다.

손해방지의무는 필요하고 유익한 것이면 족하고, 반드시 효과가 있을 것을 요건으로 하지 않는다. 비용은 통상적이고 합리적으로 발생하여야 하고, 목적물손해가 면책사유에 해당되지 않아야 한다.

소화약제의 재충전비용, 소화활동에 사용함으로써 손상된 물건손해, 소화활동에 긴급히 투입된 인원 고용비용, 대여기계에 소요된 비용 등이 이에 해당한다.

(3) 대위권보전비용

보험사고로 인하여 제3자로부터 손해의 배상을 받을 수 있는 경우에는 그 권리를 지키거나 행사하기 위하여 지출한 필요 또는 유익한 비용을 보상한다. 이 비용은 목적물손해 보험금과 합하여 보험가입금액을 초과하더라도 보상한다. 다만, 목적물이 일부보험인 경우에 대위권보전비용도 비례보상한다.

(4) 잔존물보전비용

잔존물을 보전하기 위하여 지출한 필요 또는 유익한 비용. 다만, 보통약관 제13조(잔존물)에 의해 보험회사에서 잔존물을 취득한 경우에 한한다. 이 비용은 목적물손해 보험금과 합하여 보험가입금액을 초과하더라도 보상한다. 다만, 목적물이 일부보험인 경우에 잔존물보전비용도 비례보상한다.

(5) 기타 협력비용

피보험자가 보험회사의 요구에 따르기 위하여 지출한 필요 또는 유익한 비용으로 <u>보험가입금액과 관계없이 전액 실손보상</u>한다.

02 담보목적물

화재보험의 주된 목적물은 보험증권에 기재된 건물과 그 수용재물을 의미하는데, 당연물건과 명기물건으로 구분된다. 특히 명기물건은 반드시 가입명세서상에 별도의 보험가입금액이 설정되어 있어야 보상한다.

1. 당연물건(증권의 명세서에 기재되지 않아도 당연히 담보되는 재물)

① 건물의 부속물(칸막이, 대문, 담, 곳간 등)

② 건물의 부착물(간판, 네온싸인, 안테나, 선전탑 등)

③ 피보험자와 세대를 같이하는 사람의 소유물로 부보목적물 구내에 있는 것(생활용품, 집기비품 등)

2. 명기물건(증권의 명세서에 명기하여야 담보되는 재물)

① 통화, 유가증권, 인지, 우표 및 이와 비슷한 것

② 귀금속, 귀중품, 보옥, 보석, 글, 그림, 골동품, 조각물 및 이와 비슷한 것

③ 원고, 설계서, 도안, 물건의 원본, 모형, 증서, 장부, 금형, 목형, 소프트웨어 및 이와 비슷한 것

④ 야적동산(실외 및 옥외에 쌓아둔 동산)

03 보상하지 않는 손해(보통약관 제4조)

① 계약자, 피보험자 또는 이들의 법정대리인의 고의 또는 중대한 과실

② 화재가 발생했을 때 생긴 도난 또는 분실손해

③ 보험의 목적의 발효, 자연발열, 자연발화로 생긴 손해. 단, <u>자연발열 또는 자연발화로 연소된 다른 보험의 목적에 생긴 손해는 보상한다.</u>

④ 화재에 기인되지 않은 수도관, 수관 또는 수압기 등의 파열로 생긴 손해

⑤ 발전기, 여자기(정류기 포함), 변류기, 변압기, 전압조정기, 축전기, 개폐기, 차단기, 피뢰기, 배전반 및 그 밖의 전기기기 또는 장치의 전기적 사고로 생긴 손해

⑥ 원인의 직·간접을 묻지 않고 지진, 분화, 또는 전쟁, 혁명, 내란, 사변, 폭동, 소요, 노동쟁의, 기타 이들과 유사한 사태로 생긴 화재 및 연소손해 등

⑦ 핵연료물질(사용된 연료 포함) 또는 핵연료물질에 의하여 오염된 물질(원자핵분열 생성물 포함)의 방사성, 폭발성 그 밖의 유해한 특성 또는 이들의 특성에 의한 사고로 인한 손해

⑧ 위 ⑦항 이외의 방사선을 쬐는 것 또는 방사능오염으로 인한 손해

⑨ 국가 및 지방자치단체의 명령에 의한 재산의 소각 및 이와 유사한 손해

04 | 지급보험금의 계산

1. 지급보험금 계산(보통약관 제9조 제1항)

(1) 보험가입금액이 보험가액의 80% 해당액과 같거나 클 때

보험가입금액을 한도로 손해액 전액. 단, 보험가입금액이 보험가액보다 클 때에는 보험가입금액을 한도로 보상한다.

(2) 보험가입금액이 보험가액의 80% 해당액보다 작을 때

$$지급보험금 = \frac{보험가입금액}{보험가액 \times 80\%}$$

> **심화TIP 잔존물가액 및 면책금액의 적용**
>
> 화재보험의 지급보험금을 계산할 때에는 잔존물가액 및 면책금액이 있는 경우 이를 손해액에서 공제하여야 하며, 기술보험 등의 지급보험금을 계산할 때에는 손해액에서 잔존물가액만 공제하고 면책금액은 계산식 적용 후의 금액에서 공제하여야 한다.

2. 보험금 등의 지급한도(보통약관 제8조)

(1) 잔존물제거비용

목적물손해에 의한 보험금과 잔존물제거비용은 각각 지급보험금의 계산식을 준용하여 계산하며, 그 합계액은 보험증권에 기재된 보험가입금액을 한도로 한다. 단, 잔존물제거비용은 목적물손해액의 10%를 초과할 수 없다.

(2) 손해방지비용, 대위권보전비용, 잔존물보전비용

손해방지비용, 대위권보전비용 및 잔존물보존비용은 지급보험금 계산식을 준용하여 계산한 금액이 목적물의 보험가입금액을 초과하는 경우에도 이를 지급한다.

(3) 기타 협력비용

기타 협력비용 또한 목적물의 보험가입금액을 초과한 경우에도 이를 전액 지급한다.

3. 타보험계약과의 분담(보통약관 제9조 제2항)

동일한 계약의 목적과 동일한 사고에 관하여 보험금을 지급하는 다른 계약(공제계약 포함)이 있고, 이들의 보험가입금액의 합계액이 보험가액보다 클 경우에는 다음과 같은 방법으로 지급보험금을 계산한다. 이 경우 보험자 1인에 대한 보험금청구를 포기한 경우에도 다른 보험자의 지급보험금 결정에는 영향을 미치지 않는다.

(1) 다른 계약과 지급보험금 계산방법이 같은 경우(보험가입금액 비례분담방식)

$$\text{각 계약의 지급보험금} = \text{손해액} \times \frac{\text{각 계약의 보험가입금액}}{\text{다른 계약이 없는 것으로 하여 각각 계산한 보험가입금액의 합계액}}$$

(2) 다른 계약과 지급보험금 계산방법이 다른 경우(독립책임액 비례분담방식)

$$\text{각 계약의 지급보험금} = \text{손해액} \times \frac{\text{각 계약의 보상책임액}}{\text{다른 계약이 없는 것으로 하여 각각 계산한 보상책임액의 합계액}}$$

(3) 임차인 화재보험계약의 경우

이 계약이 타인을 위한 계약이면서 보험계약자가 다른 계약으로 인하여 상법 제682조에 따른 대위권 행사의 대상이 된 경우에는 실제 그 다른 계약이 존재함에도 불구하고 그 다른 계약이 없다는 가정하에 지급보험금의 계산에 따라 계산한 보험금을 그 다른 계약에 우선하여 이 계약에서 지급한다.

(4) 소유자 화재보험계약의 경우

이 계약을 체결한 보험회사가 타인을 위한 보험에 해당하는 다른 보험계약의 보험계약자에게 상법 제682조에 따른 대위권을 행사할 수 있는 경우에는 이 계약이 없다는 가정하에 다른 계약에서 지급 받을 수 있는 보험금을 초과한 손해액을 이 계약에서 보상한다.

4. 포괄보험계약의 지급보험금 분담(보통약관 제9조 제3항)

하나의 보험가입금액으로 둘 이상의 보험의 목적을 계약하는 경우에는 전체 보험가액에 대한 각 보험가액의 비율로 보험가입금액을 비례 배분하여 상기 규정에 따라 지급보험금을 계산한다.

5. 화재보험의 유형별 지급보험금 계산식

(1) 주택화재보험 · 일반화재보험의 일반물건 및 장기화재보험의 공장물건

$$지급보험금 = 손해액 \times \frac{보험가입금액}{보험가액 \times 80\%}$$

(2) 일반화재보험의 공장물건 · 재고자산 및 장기화재보험의 재고자산

$$지급보험금 = 손해액 \times \frac{보험가입금액}{보험가액}$$

(3) 재조달가액 특별약관(재고동산 제외)

① 보험가입금액이 재조달가액의 80% 이상인 경우

보험가입금액을 한도로 손해액 전액 보상. 단, 보험가입금액이 보험가액보다 클 경우에는 보험가액을 한도로 보상한다.

② 보험가입금액이 재조달가액의 80% 미만인 경우

$$지급보험금 = 재조달가액 기준 손해액 \times \frac{보험가입금액}{재조달가액}$$

(4) 부보비율조건부 실손보상 특별약관(재고자산 제외)

$$지급보험금 = 손해액 \times \frac{보험가입금액}{보험가액 \times 부보비율}$$

(5) 재고가액통지 특별약관

① 정상적으로 통지된 경우

정상적으로 통지된 경우에는 보상한도액을 한도로 손해액 전액 보상. 단, 보험가입금액이 보험가액보다 클 때에는 보험가액을 한도로 보상한다.

② 최종통지재고가액이 실제재고가액보다 적은 경우

지급보험금

$$= 손해액 또는 보상한도액 중 적은 금액 \times \frac{최종통지재고가액}{최종통지재고가액 작성 당시의 실제재고가액}$$

③ 통지가 안 된 경우

지급보험금

= 손해액 또는 보상한도액 중 적은 금액 × $\dfrac{\text{보상한도액 또는 최종통지재고가액 중 높은 금액}}{\text{사고 당시의 실제재고가액}}$

05 잔존보험가입금액

화재보험에서는 보험기간 중 손해를 보상한 경우 보험가입금액에서 보상액을 공제한 잔액을 잔여 보험기간 동안의 보험가입금액으로 한다.

장기화재보험에서는 보험기간 중 손해를 보상하더라도 그 보상액이 보험가입금액의 80% 미만인 경우 원래의 보험가입금액으로 복원되며, 보상액이 보험가입금액의 80% 이상인 경우에는 계약 자체가 소멸된다. 그 외에도 보험가입금액이 자동 복원되는 경우는 기업휴지손해담보 특별약관, 재고가액통지 특별약관 등이 있다.

06 화재보험의 계약 전 알릴의무

1. 의 의

계약자 또는 피보험자가 보험계약을 체결함에 있어 중요한 사항에 대하여 사실대로 알릴의무를 말하며, 여기서 중요한 사항이란 보험자가 보험료 산정이나 위험인수 여부를 결정하는데 영향을 미치는 사항을 말한다.

상법 제651조 제2항에서 보험자가 서면으로 질문한 사항은 중요한 것으로 추정한다고 규정하고 있으므로 화재보험약관에서도 청약서의 기재사항에 대해 계약자 또는 피보험자가 사실대로 기재하여야 의무를 이행한 것이 된다.

2. 중요한 사항

중요한 사항이란 청약서에 기재하여야 할 사항으로 위험측정에 관계되는 사항을 말하며, 이는 계약자 등이 알고 있는 다음의 사항에 한한다.

① 보험계약자 및 피보험자 성명

② 보험기간, 보험가입금액

③ 보험의 목적의 소재지

④ 보험의 목적 및 이를 수용하는 건물의 구조, 용도 및 수량

⑤ 건물 내에서 영위되는 직업 또는 작업

3. 의무위반의 효과

계약자 또는 피보험자가 고의 또는 중대한 과실로 고지하지 않거나 부실고지를 하였을 경우 보험자는 계약을 해지할 수 있다.

고지의무위반 사실이 있는 경우 보험자는 보험사고의 발생 여부와 관계없이, 즉 보험사고의 전·후를 불문하고 그 사실을 안 날로부터 1개월 이내에 계약을 해지할 수 있으며, 그 권리를 포기할 수도 있다. 다만, 손해의 발생이 고지의무위반 사실과 관계없음을 계약자 또는 피보험자가 입증한 경우에는 보상한다.

4. 계약 해지를 할 수 없는 경우

다음의 경우에는 피보험자의 계약 전 알릴의무위반에도 불구하고 보험회사는 계약을 해지하지 못한다.

① 보험회사가 계약 당시에 그 사실을 알았거나 과실로 인하여 알지 못하였을 때

② 보험회사가 그 사실을 안 날부터 1개월 이상 지났을 때

③ 보험을 모집한 자가 계약자 또는 피보험자에게 고지할 기회를 부여하지 않았거나 사실대로 고지하는 것을 방해한 경우, 사실대로 고지하지 않게 하였거나 부실한 고지를 권유했을 때

07 화재보험의 계약 후 알릴의무

1. 의 의

보험기간 중에 계약자 또는 피보험자가 사고발생의 위험이 현저하게 변경 또는 증가된 사실을 안 때에는 이를 지체 없이 보험자에게 통지하여야 하는 의무를 말한다.

2. 계약 후 알릴사항

① 이 계약과 동일한 위험을 보장하는 다른 계약을 체결하고자 할 때 또는 이와 같은 계약이 있음을 알았을 때
② 보험의 목적을 양도할 때
③ 보험의 목적 또는 보험의 목적을 수용하는 건물의 구조를 변경, 재축, 증축하거나 계속하여 15일 이상 수선할 때
④ 보험의 목적 또는 보험의 목적을 수용하는 건물의 용도를 변경함으로써 위험이 증가하는 경우
⑤ 보험의 목적 또는 보험의 목적이 들어있는 건물을 계속하여 30일 이상 비워두거나 휴업하는 경우
⑥ 보험의 목적을 다른 곳으로 옮길 때
⑦ 위 이외에 위험이 뚜렷이 증가할 경우

08　화재보험의 각종 특별약관

1.　전기위험담보 특별약관

전기적 사고로 인한 손해는 보통약관상 면책사항이지만, 보통약관에서도 전기적 사고로 발화하여 발생한 화재손해는 담보한다.

따라서 이 특별약관에서는 발열, 변형, 용융, 단락, 탄화, 스파크 또는 불꽃 없이 연기만 발생하는 등의 전형적인 전기적 사고만을 담보한다. 담보하는 재물은 발전기, 변압기, 전압조정기, 축전지, 개폐기, 차단기, 배전반 등 전기관련 장치에 한한다.

공제금액(Deductible)은 10만원이며, 자연열화 또는 단락부의 스파크에 의한 점진적인 마모 등 안전장치의 기능상 당연한 손해는 보상하지 않는다.

2.　구내폭발·파열위험담보 특별약관

이 특별약관은 일반화재보험 보통약관상 면책사항인 구내에서 발생한 폭발 또는 파열로 인한 재물손해를 담보하는 특별약관이다.

여기서 폭발 또는 파열은 급격한 산화반응을 포함하는 파괴 또는 그 현상, 즉 화학적 폭발을 의미한다. 따라서 기관이나 기기의 물리적 폭발 또는 파열은 기계보험의 담보영역이므로 본 특별약관에서는 담보하지 않는다.

그리고 구내란 울타리의 유무에 관계없이 보험의 목적이 있는 곳과 이에 연속된 토지로서, 같은 보험계약자 또는 피보험자가 점유하고 있는 곳을 말한다.

3.　풍·수재위험담보 특별약관

이 특별약관에서는 태풍, 회오리바람, 폭풍, 폭풍우, 홍수, 해일, 범람 등 풍재 또는 수재로 인한 손해를 담보하며, 재해로 인한 직접손해 외에도 재해방지 또는 긴급피난에 필요한 조치로 보험의 목적에 생긴 손해도 보상한다.

공제금액(Deductible)은 50만원이며, 추가특별약관으로 풍재 또는 수재를 선택적으로 담보 받을 수도 있다. 다만, 다음과 같은 원인으로 생긴 손해에 대해서는 보상하지 않는다.

① 지진, 분화로 생긴 손해

② 풍재, 수재와 무관하게 발생한 댐 또는 제방붕괴로 인한 손해

③ 바람, 비, 눈, 우박 또는 모래먼지가 들어옴으로써 생긴 손해

④ 추위, 서리, 얼음, 눈으로 생긴 손해

4. 지진위험담보 특별약관

이 특별약관은 지진으로 인한 화재 및 그 연소손해, 붕괴, 파손 및 파묻힘으로 인한 목적물의 손해와 손해방지 및 긴급피난에 필요한 조치로 생긴 손해를 보상하는 특별약관이다.

다만, 지진으로 생긴 폭발, 파열, 지진으로 생긴 홍수, 해일 그 밖의 수재손해는 보상되지 않으며, 1사고당 100만원의 공제금액이 적용된다.

지진사고의 횟수는 전진, 여진을 포함하여 1회의 사고로 간주하고, 72시간 이내에 생긴 사고를 1회의 사고로 간주한다.

5. 특수건물 화재보험

공공성이 있거나 다수의 인원을 수용하여 사고로 인한 보상을 특별히 더 두텁게 해야 할 필요가 있는 건물들로 화재로 인한 재해보상과 보험가입에 관한 법률 제2조 및 동법 시행령 제2조에서 정하는 건물을 말한다.

이러한 특수건물에는 ① 국유건물, ② 일정규모 이상의 학원, 병원, 호텔, ③ 방송국, 영화나 텔레비전 촬영소, ④ 시장, 대형마트, 대규모소매점, 도매센터, ⑤ 일정규모 이상의 유흥주점, ⑥ 학교, ⑦ 16층 이상의 아파트, ⑧ 일정규모 이상의 공장, ⑨ 11층 이상의 건물 등이 해당된다.

특수건물은 시가에 의한 평가로 보험가입금액을 설정한다. 최근 1년 이내에 공인감정평가를 받았으면 감정서상 금액, 상장법인의 경우에는 장부가액(대차대조표가액), 어느 방법도 여의치 않으면 보험가액을 보험가입금액으로 한다.

태풍, 회오리바람, 폭풍, 홍수, 해일, 범람 및 이와 비슷한 풍재 또는 수재로 인하여 보험의 목적에 생긴 손해를 보상받기 위해서는 특수건물 풍·수재위험담보 특별약관에 가입하여야 한다. 이 특별약관에는 일반 풍·수재위험담보 특별약관과는 달리 면책금액에 대한 규정이 없다.

특히 항공기 또는 그로부터의 낙하물로 인한 손해를 보상받기 위해서는 특수건물 항공기 및 낙하물 위험담보 특별약관에 가입하여야 한다.

6. 임차인 화재보험

(1) 피보험이익

임차인은 자신의 책임 있는 사유로 임차목적물에 손해를 입혔을 경우 임대차계약이 종료된 후에는 원상 복구하여 반환할 책임이 있다.

임차인 화재보험에서의 피보험이익은 이러한 임차인의 채무불이행책임으로 인해 임차인 자신이 입을 우려가 있는 재산상의 손해를 말하는 것으로, 당연히 보험에 가입하여야 할 피보험이익이 있다고 할 수 있다.

(2) 보험가입방식

임차인을 보험계약자로 하고, 건물주를 피보험자로 하여 임차건물에 대한 화재보험계약을 체결한다.

(3) 영업배상책임보험의 임차자 특별약관과의 관계

음식점경영 등 영업상 목적으로 건물을 임차하였다면, 영업배상책임보험에 임차자 특별약관을 첨부하여 임차목적물의 화재손해에 대한 법률상 배상책임을 담보받을 수도 있다.

한편, 이 특별약관에도 가입하고 임대인을 피보험자로 한 화재보험에도 가입하였다면, 양 보험은 성질을 달리하는 이종보험임에도 불구하고 영업배상책임보험의 타보험약관조항에 따라 중복보험 처리된다.

(4) 계약자(임차인)에 대한 구상금지(보통약관 제29조 제3항)

건물주를 피보험자로 한 타인을 위한 화재보험의 경우 보험계약자인 임차인에 대하여는 구상권을 행사하지 아니한다.

7. 도난위험담보 특별약관

이 특별약관에서는 보험목적의 화재 이외의 강도 또는 절도로 생긴 도난, 훼손, 망가짐 손해를 담보하며, 도난회복비용까지도 보상한다. 다만, 피보험자 또는 그의 가족이 가담한 도난사고는 보상하지 않는다.

화재사고가 발생했을 때 생긴 도난 또는 분실 손해는 어떠한 보험에서도 담보하지 않는데, 그 이유는 도덕적 위험의 발생가능성이 크고, 도난, 분실사고에 대한 사실관계 확인이 현실적으로 곤란하기 때문이다. 또한 정상적인 상태에서의 손해가 아니기 때문에 도난위험담보 특별약관은 물론 동산종합보험, 도난보험에서도 보상하지 않는다.

8. 재고가액통지 특별약관

(1) 의 의

이 특별약관은 재고수량 또는 가격변동이 심한 저장품에 대한 보험료 낭비와 이재시 충분한 실손보상을 받을 수 있도록 첨부하는 특별약관이다.

통상 보험기간 중 예상되는 최고의 재고가액을 보상한도액으로 별도로 설정하며, 매월 말 재고가액을 30일 이내에 보험회사에 통지하여야 한다.

(2) 손해의 보상

① 정상적으로 통지된 경우 : 보상한도액을 한도로 손해액 전액보상

② 최종통지재고가액이 실제재고가액보다 적은 경우

$$\text{지급보험금} = \text{손해액 또는 보상한도액 중 적은 금액} \times \frac{\text{최종통지재고가액}}{\text{최종통지재고가액 작성 당시의 실제재고가액}}$$

③ 통지가 안 된 경우

$$\text{지급보험금} = \text{손해액 또는 보상한도액 중 적은 금액} \times \frac{\text{보상한도액 또는 최종통지재고가액 중 높은 금액}}{\text{사고 당시의 실제재고가액}}$$

9. 재조달가액담보 특별약관

건물, 시설, 기계설비, 집기비품, 공구에 대해서만 이 특별약관을 첨부할 수 있으며, 재고동산에는 첨부할 수 없다.

보험가입금액은 보험목적의 재조달가액의 80% 이상으로 설정하여야 보험가입금액 한도 내에서 손해액 전액을 보상받을 수 있다. 다만, 설정금액이 80% 미만인 경우에는 재조달가액에 대한 보험가입금액의 비율로 비례보상한다.

그리고 손해를 입은 장소에서 실제 수리 또는 복구를 하지 않을 경우 또는 손해를 입은 후 180일 이내에 수리 또는 복구 의사를 서면으로 통지하지 않은 경우에는 감가상각을 적용한 시가로 보상한다.

(1) 보험가입금액이 재조달가액의 80% 이상인 경우

보험가입금액을 한도로 손해액 전액보상. 단, 보험가입금액이 보험가액보다 클 때에는 보험가액을 한도로 보상한다.

(2) 보험가입금액이 재조달가액의 80% 미만인 경우

$$지급보험금 = 재조달가액기준\ 손해액 \times \frac{보험가입금액}{재조달가액}$$

10. 리스물건 특별약관

(1) 보험가액

이 특별약관에서는 보험가액을 규정손실금액(Stipulated Loss Value)으로 한다. 규정손실금액이란 리스계약서에 리스물건이 멸실, 훼손 또는 채무불이행 등이 생기면 리스회사가 이용자에게 청구할 금액을 미리 약정해둔 금액을 말한다.

(2) 담보책임의 시기 및 종기

담보책임의 시기는 리스물건을 설치장소에 설치 및 시운전을 마치고 인도한 때가 되며, 종기는 리스기간이 끝난 때가 된다.

(3) 보험계약자 및 피보험자

리스회사를 보험계약자 또는 피보험자로 하고 리스계약서에 따라 임차인에게 임대하는 일체의 물건을 보험의 목적으로 한다.

실제로 보험사고가 발생하여 리스물건이 손상을 입었을 때 보험회사로부터 손해보상을 받는 실질적인 수혜자는 리스이용자가 된다. 따라서 보험계약시에 누구를 보험계약자 또는 피보험자로 할 것인지가 문제될 수 있어 당사자간에 이에 대해 명확한 의사를 증권에 표시하여야 한다.

(4) 보험가액과 보험가입금액

리스물건의 보험가액은 규정손실금액이고 그 금액은 3년 내지 5년간의 리스기간 중에 체감한다. 따라서 미평가보험에서 평가되는 보험가액과 비교하여 볼 때 규정손실금액이 보험가액보다 적어지는 현상이 나타날 수도 있다. 이러한 불균형을 해소하기 위해 실제가액으로 보험에 가입할 수도 있다.

일반적으로 이 특별약관의 보험가액은 리스계약서에 기재된 규정손실금액에 따라 계산한 아래의 금액으로 하고, 이 금액을 보험가입금액으로 한다.

① 리스계약 각 연도 초 : 규정손실금액 전액

② 리스계약 각 연도 중 : 당해 연도의 규정손실금액과 차년도의 규정손실금액과의 차액을 경과기간에 따라 월 단위로 계산한 금액을 당해 연도의 규정손실금액에서 뺀 금액으로 한다.

> 보험가액 및 보험가입금액
> = 당해 연도 규정손실금액 − [(당해 연도 규정손실금액 − 차년도 규정손실금액) × 경과월수 / 12월]

(5) 지급보험금의 계산

① **보험가입금액을 규정손실금액으로 한 경우**

규정손실금액 범위 내에서 실제로 입은 손해를 보상한다. 단, 사고 당시 규정손실금액이 실제가액을 현저히 초과하는 경우는 그 실제가액의 범위 내에서 보상한다.

② **보험가입금액을 실제가액으로 한 경우**

약관규정에 따라 보험가액 및 손해액을 산출하여 보험금을 계산한다. 단, 여기서 계산한 금액이 위 ①항에서 계산한 금액보다 적을 때에는 위 ①항의 금액을 지급한다.

③ **지급보험금이 규정손실금액을 초과하는 경우**

규정손실금액까지의 보험금은 리스회사에 지급하고, 잔액이 있을 때에는 잔액을 임차인에게 지급한다.

11. 확장위험담보 특별약관(Ⅰ)

이 특별약관은 보통약관에서 담보하는 화재손해에 추가하여 보험의 목적에 폭발, 폭풍, 우박, 항공기, 차량, 연기로 생긴 손해까지 담보되는 특별약관이다. 여기서 폭발은 화학적 폭발만을 의미하는 것으로 물리적 폭발은 해당되지 않는다. 다만, 폭발로 인한 피해손해는 폭발의 성질을 묻지 않고 담보한다.

(1) 폭풍에 의한 손해

폭풍은 비를 동반하지 않는 폭풍(windstorm)을 의미하며, 폭풍우의 경우 바람에 의한 손해만을 폭풍손해로 인정하여 담보한다. 단, 바람 또는 우박으로 손상된 건물부로 들어온 비, 눈, 모래, 먼지 손해는 보상한다.

(2) 추락, 접촉, 낙하물 등에 의한 손해

항공기의 추락, 접촉, 그로부터의 낙하물에 의한 손해와 차량의 충돌, 접촉으로 인한 손해도 보상한다.

(3) 연기에 의한 손해

연기손해는 ① 보험증권에 기재된 담보구내에서 발생된 사고일 것, ② 건물 외부로 배출할 수 있는 연통을 부착하고 있는 난방기구나 조리기구의 급격하고도 비정상적인 조작에 의해 발생한 연기로 입은 손해일 것 등이 요구되며, 아무런 사고 없는 연기의 과다배출은 연기손해로 보지 않는다.

12. 확장위험담보 특별약관(Ⅱ)

이 특별약관은 확장위험담보 특별약관(Ⅰ)의 담보위험 외에도 소요 및 노동쟁의 위험에 의한 손해를 추가적으로 담보하는 특별약관이다.

13. 악의적 파괴행위담보 특별약관

이 특별약관은 계약자, 피보험자 또는 이들의 법정대리인이 아닌 제3자의 악의적 파괴행위로 인한 손해를 담보하는 특별약관이다. 다만, 단순한 과실에 의한 손괴피해는 보상하지 않는다.

그 밖에도 보상하지 않는 손해는 다음과 같다.

① 건물의 일부인 유리에 입힌 손해

② 도난, 절도, 강도에 의한 손해

③ 30일 이상 집을 비우던 중 생긴 손해

④ 증기보일러, 파이프, 터빈, 기관의 폭발 또는 파열 등

14. 화재대물배상책임담보 특별약관

(1) 보상하는 손해

이 특별약관은 실화책임에 관한 법률(2009.5.8. 전면개정)에 따라 피보험자의 경과실에 의한 화재사고로 타인의 재물을 망가뜨려 법률상의 배상책임을 부담함으로써 입은 손해를 보상하는 특별약관이다.

피보험자가 피해자에게 지급할 책임을 지는 법률상의 손해배상금 및 손해방지비용, 소송비용, 공탁보증보험료 등 관련 비용손해를 보상한다.

다만, 이 특별약관에서 보상하는 손해는 의무보험에서 보상되는 금액을 초과하는 손해에 대해서만 보상한다. 즉 의무보험 가입 여부에 불구하고 의무보험에 가입하였더라면 의무보험에서 보상되었을 금액을 초과하는 손해만을 보상한다.

보상책임이 있는 다른 보험계약이 있는 경우에도 의무보험에서 보상되는 금액을 차감한 금액을 손해액으로 간주하여 독립책임액 비례분담방식 또는 보상한도액 비례분담방식으로 지급할 보험금을 결정한다.

보험의 목적을 양수인에게 양도하는 경우 이 특별약관과 관련된 권리의무도 동시에 양수인에게 승계된다.

(2) 보상하지 않는 손해

① 계약자, 피보험자 또는 이들의 법정대리인의 고의로 생긴 손해에 대한 배상책임

② 전쟁, 혁명, 내란, 사변, 테러, 폭동, 소요, 노동쟁의와 이와 유사한 사태로 생긴 손해에 대한 배상책임

③ 지진, 분화, 홍수, 해일 등의 천재지변으로 생긴 손해에 대한 배상책임

④ 피보험자가 소유, 점유, 임차, 사용하거나 보호, 관리, 통제하는 재물이 손해를 입었을 경우 그 재물에 대하여 정당한 권리를 가지는 사람에게 부담하는 손해에 대한 배상책임

⑤ 핵물질, 방사능물질에 의한 사고로 생긴 손해에 대한 배상책임

⑥ 티끌, 먼지, 석면, 분진 또는 소음으로 생긴 손해에 대한 배상책임

⑦ 전자파, 전자장(EMF)으로 생긴 손해에 대한 배상책임

⑧ 벌과금 및 징벌적 손해에 대한 배상책임

09 보험가액 및 손해액의 평가기준(손해보험협회기준)

1. 보험가액 및 손해액의 평가대상

보험가액 및 손해액의 평가기준에서는 보험목적물을 건물, 구축물, 시설, 기계장치, 공기구, 영업용 집기비품, 가재, 차량운반구, 재고자산 등 모두 9종으로 구분하여 각각의 보험가액 및 손해액 평가방법을 규정하고 있다.

2. 보험가액 및 손해액의 평가기준

(1) 건물의 평가

① 건물의 정의

토지에 정착하는 공작물 중 지붕과 기둥 또는 지붕과 벽이 있는 것으로 주거, 집회, 오락, 저장 등의 용도로 사용되는 것을 말한다.

② 건물의 범위

하나의 건물은 건물의 외벽, 기둥, 보, 지붕의 어느 한 부분이라도 다른 건물과 이어지지 않고 모두 독립된 건물이어야 하지만, 다음의 경우에는 하나의 건물로 인정한다.

㉠ 통로로만 사용되는 복도로서 접속되는 건물과 공통의 보, 지붕을 갖지 않는 것

㉡ 달아낸 지붕

재물보험 인수단위는 원칙적으로 하나의 건물에 관하여 그 전체를 인수단위로 하여야 하지만, 다음의 경우에는 전체가 아닌 일부부분이라 하더라도 인수단위로 인정한다.

㉠ 지하실(반 지하실은 제외) 및 기초공사를 제외한 인수

㉡ 구분소유 건물의 전유부분과 공유부분을 각각 보험의 목적으로 한 인수

㉢ 건축공사 도급업자가 인도 전 공사부분을 보험의 목적으로 한 경우 또는 발주자가 인도 받을 부분을 보험의 목적으로 한 경우

③ 건물의 평가

㉠ 재조달가액의 산출방법

평가건물에 대하여 사용재료, 품목, 수량, 노동소요시간을 적산한 후 각각의 단가에 재료량 및 노동량을 곱하여 공사원가를 산출한 후 그에 부대경비 및 운반비를 가산하여 산출한다(직접법). 그리고 동일유형의 건물의 과거 어느 시점의 취득가액에 가격변동률을 곱하여 산출할 수도 있다(간접법).

㉡ 건물 부속설비의 평가 : 건물의 내용연수에 준하여 평가

㉢ 경년감가율 및 총감가율의 산정

ⓐ 경년감가율 = (100% − 최종잔가율) / 추정내용연수

ⓑ 총감가율 = 경년감가율 × 경과연수(= 경과월수 / 12월)

② 잔가율의 수정

　　　　ⓐ 내용연수가 경과하였더라도 현재 정상적으로 사용 중인 건물에 대해서는 최종잔가율을 최대 30%까지 인정한다.

　　　　ⓑ 대수선한 건물의 경우

　　　　　　• 재조달가액의 50% 미만을 개·보수한 경우 : 최초 건축년도 기준

　　　　　　• 재조달가액의 50%~80%를 개·보수한 경우 : 최초 건축년도로부터의 경과연수와 개·보수 후 경과연수를 합산 평균

　　　　　　• 재조달가액의 80% 이상을 개·보수한 경우 : 개·보수시점 기준

　　⑩ 평가시 유의사항

　　　　ⓐ 문화재에 대해서는 감가상각 제외

　　　　ⓑ 복합구조건물의 내용연수 : 구조가 다른 복합건물은 건물 연면적에 대해 합산 평균한 감가율을 적용하되, 복합된 구조 및 증축부분이 전체건물의 20% 이하이면 무시한다. 다만, 복합구조건물 중 한쪽의 구조가 간이목조, 간이목골몰탈조, 간이철재쇠파이프조일 경우에는 각각의 내용연수 및 감가율을 적용한다.

심화TIP 　**복합구조건물의 평균감가율 및 감가액 산출방법(예시)**

[산출자료]

○ 철근콘크리트조(점포) :
　경년감가율 2%, 경과연수 20년, 면적 200m^2, 재조달가액 30,000,000원

○ 벽돌조(여관) :
　경년감가율 3%, 경과연수 10년, 면적 100m^2, 재조달가액 20,000,000원

[산출방법]

① 복합평균감가율
　= 각 구조의 가중치의 합 / 각 구조의 면적의 합
　= [(2% × 20년 × 200m^2) + (3% × 10년 × 100m^2)] / (200m^2 + 100m^2) = 36.67%
　※ 각 구조의 가중치 = 경년감가율 × 경과연수 × 면적 = 총감가율 × 면적

② 복합구조건물의 감가액
　= 각 구조의 재조달가액의 합 × 복합평균감가율
　= (30,000,000원 + 20,000,000원) × 36.67% = 18,335,000원

③ 복합구조건물의 보험가액
　= 50,000,000원 − 18,335,000원 = 31,665,000원

　　　　ⓒ 수리비의 감가적용 : 손해액의 평가시에는 일부분의 수리비에 대하여도 감가상각을 적용하는 것을 원칙으로 한다. 다만, 해당 수리비로 인하여 보험목적물의 경제적 가치가 증대되지 않는 경우에 한하여 수리비가 보험가액의 20% 이하인 경우에는 감가를 적용하지 않을 수 있으며, 수리비가 보험가액의 20%를 초과하면서 감가 후 수리비가 보험가액의 20%보다 적은 경우 보험가액의 20%를 손해액으로 평가할 수 있다.

ⓓ 철거건물의 평가 : 퇴거 또는 철거가 결정된 건물에 대해서는 수익력에 있어서도 거의 소멸된 것으로 간주할 수 있으므로 최종잔가율을 20%로 보고, 사고시점에서 철거시점까지의 경과연수(잔여기간)를 해당 건물의 잔여내용연수로 보아 최종잔가율과 합산 평균한다.

> 보험가액 = 재조달가액 × [(잔여기간 × 경년감가율) + 최종잔가율]

ⓔ 모델하우스 : 모델하우스의 추정내용연수는 존치기간을 기준으로 하고 경년감가율을 월할로 안분평가하며, 최종잔가율은 재활용도를 감안하여 20%로 한다. 다만, 상용주택전시장이나 상설주택문화관 등의 상설구조물의 추정내용연수는 건물구조별 내용연수를 따른다.

(2) 구축물의 평가

① 구축물의 정의

구축물이라 함은 건축법으로 규정하고 있는 건축물 중 건물로 규정된 이외의 제반건조물을 말한다. 이러한 구축물에는 철도·궤도사업용, 발전·송배전용, 방송·무선통신용, 경기장·유원지용 건조물 및 정원, 포장도로, 선전탑 등 기타 토지에 정착한 모든 토목설비나 공작물을 포함한다.

② 구축물의 평가

평가대상 구축물과 동일한 구조, 규모, 용도 및 질로 재설치하는데 필요한 재구축비를 산출한다(건물의 평가방법과 동일). 최종잔가율은 20%로 하고, 수리비가 보험가액의 20% 이하인 경우에는 수리비에 대해 감가상각을 적용하지 않는다.

(3) 시설의 평가

① 시설의 정의

시설이란 건물의 주 사용용도 및 각종 영업행위에 적합하도록 건물골조의 벽, 천정, 바닥 등에 치장 설치하는 내·외부마감재나 조명시설 및 부대시설로서 건물의 구조체에 영향을 미치지 않고 재설치가 가능한 것을 말한다.

② 시설의 평가

평가대상 시설물과 동일한 구조, 규모, 용도 및 질로 재설치하는데 필요한 재시설비를 산출한다(건물의 평가방법과 동일).

③ 시설의 감가율 적용

㉠ 일반시설 : 별표에서 정한 업종별 자산의 추정내용연수와 경년감가율을 적용한다.

㉡ 유흥음식점 : 추정내용연수 8년, 최종잔가율 20%, 경년감가율 10% 적용한다.

㉢ 수리비의 감가적용 : 최종잔가율은 20%로 하고, 수리비가 보험가액의 20% 이하인 경우에는 수리비에 대해 감가상각을 적용하지 않는다.

④ 시설의 개·보수와 경과연수 적용

　㉠ 재조달가액의 50% 미만을 개·보수한 경우 : 최초 건축년도 기준

　㉡ 재조달가액의 50%~80%를 개·보수한 경우 : 최초 건축년도로부터의 경과연수와 개·보수 후 경과연수를 합산 평균

　㉢ 재조달가액의 80% 이상을 개·보수한 경우 : 개·보수시점 기준

(4) 기계장치의 평가

① 기계장치의 정의

　기계라 함은 일반적으로 물리량을 변형하거나 전달하는 인간에게 유용한 장치를 뜻하며 미싱, 발전기, 인쇄기, 선반 등이 그 예이다. 또한 장치라 함은 연소장치, 냉동장치, 전해장치 등 기계의 효용을 이용하여 물리적 또는 화학적 효과를 발생시키는 구조물을 뜻하며 석유정제장치, 석유화학장치, 약품제조장치 등의 플랜트(plant)류도 이에 포함된다.

② 손해사정상 유의사항

　㉠ 설치비용과 운임

　　보험가액은 재조달가액에서 감가상각을 하여 산출하며, 재조달가액에는 설치현장까지의 운임, 설치비용 등이 포함된다.

　㉡ 특히 문제가 되기 쉬운 사항

　　ⓐ 동력배선 : 동력배선 중 건물의 구조체에 설치된 동력배선은 건물로 평가하며, 건물의 구조체(분전반 또는 콘센트)에서 별도로 분기되는 배선은 기계로 본다.

　　ⓑ 기계기구류의 저장품 등 : 일상사용을 위한 단기간의 보관기간을 초과하여 저장·보관하는 것은 저장품으로서 별도의 목적물로 보며, 사용 중이던 톱날, 바이트 등은 소모공기구로 본다.

　　ⓒ 소모품 : 일상사용하고 있는 잉크, 연료, 기계의 운전에 필요한 기계유 등의 소모품은 기계에 포함되지 않는다. 단, 변압기 내의 절연유, 수은정류기 내의 수은 등은 기계의 일부로 본다.

　　ⓓ 촉매, 냉매, 열매 : 이러한 것들은 그 자체 화학변화를 일으키지 않고 기계장치 안에서 화학반응을 촉진(촉매) 또는 온도변화의 매체(냉매, 열매)가 되므로 본래 부자재로 다루어지며, 별도의 목적물로 본다. 다만, 이러한 것들이 기계장치의 일부를 이루고, 이것이 없으면 기계장치의 효용이 없게 되는 것(냉동기 중의 암모니아가스, 프레온가스 등의 냉매)은 부자재이지만 명기하지 않아도 기계장치에 포함된다.

③ 재조달가액의 평가

　㉠ 재조달가액의 평가방법

　　ⓐ 직접법 : 평가기계의 용도, 메이커명, 형식, 시방능력 등을 기계대장 또는 고정자산대장, 네임플레이트 등으로 조사하고 다시 한번 메이커, 상사, 딜러, 관계단체 등에 조회하여 당해 기계의 실제거래가격을 직접 파악하는 방법이다.

ⓑ 간접법
- 유사품에서 추정하는 방법
- 취득가액에서 추정하는 방법
- 단위능력당 가격에서 추정하는 방법
ⓛ 감가상각액의 산출
ⓐ 추정내용연수 : 당해 기계의 유효사용가능연수
ⓑ 최종잔가율 : 20%
ⓒ 경년감가액 : 정액법에 의한 감가상각액
ⓓ 잔가율의 수정 : 잔가율이 재조달가액의 30% 이하가 되더라도 현재 기계로서 가동되고 있는 경우는 당해 기계의 경제성을 고려하여 최종잔가율을 30%로 수정한다.
④ 손해평가시의 유의사항
㉠ 중고구입 기계의 평가
ⓐ 제작년도를 알 수 있는 경우 : 당해 기계의 신품 재조달가액에 경과기간을 적용하여 보험가액을 산정한다.
ⓑ 제작년도를 알 수 없을 경우 : 기계의 상태에 따라 신품 재조달가액의 30%~50% 범위 내에서 보험가액을 산정한다.
ⓒ 중고품가격이 신품 재조달가액보다 비싼 경우 : 신품 재조달가액을 기준으로 보험가액을 산정한다.
ⓓ 중고품가격이 신품 재조달가액을 감가상각한 것보다 낮을 경우 : 시중중고가격을 기준으로 보험가액을 산정한다.
㉡ 신품구입 기계인 경우에도 신품 재조달가액을 감가상각한 가액이 시중중고가격과 현저한 차이가 있을 때는 시중중고가격을 기준으로 보험가액을 평가할 수 있다.
㉢ 기계의 내용연수를 적용함에 있어 원칙적으로는 업종별로 적용하되, 생산공정이 분리되는 경우에는 당해 공정별 각각 해당 업종별 내용연수를 적용한다.
㉣ 수리비의 감가적용 등
ⓐ 수리비의 감가적용 : 손해액의 평가시에는 일부분의 수리비에 대하여도 감가상각을 적용하는 것을 원칙으로 한다. 다만, 해당 수리비로 인하여 보험목적물의 경제적 가치가 증대되지 않는 경우에 한하여 수리비가 보험가액의 20% 이하인 경우에는 감가를 적용하지 않을 수 있으며, 수리비가 보험가액의 20%를 초과하면서 감가 후 수리비가 보험가액의 20%보다 적은 경우 보험가액의 20%를 손해액으로 평가할 수 있다.
ⓑ 해체비 등의 감가적용 : 수리를 위하여 불가피한, 경제적 가치증대에 영향을 미쳤다고 볼 수 없는 해체비, 재조립비, 검사비, 운반비에 대해서는 원칙적으로 감가상각을 적용하지 않는다. 다만, 검사비, 운반비는 통상 공과잡비에 포함되는 것이므로 별도 비용으로 처리된 경우에 한해 해당된다.

(5) 공·기구의 평가

① 공·기구의 정의

공구란 작업과정에서 주된 기계의 보조구(기계가공용 공구, 작업공구, 측정공구 등)로 사용되는 것을 말하고, 기구란 기계 중 구조가 간편한 것 또는 도구일반을 표시하는 단어로 사용되는 것을 말하는 것으로 측정기구류가 이에 해당한다.

② 재조달가액의 평가

다른 재물과 마찬가지로 최종잔가율은 20%로 보고, 수리비가 보험가액의 20% 이하인 경우에는 수리비에 대해 감가상각을 적용하지 않는다.

(6) 영업용 집기비품의 평가

① 영업용 집기비품의 정의

일반적으로 직업상의 필요에서 사용 또는 소지되는 것으로 점포나 사무소에 소재하는 것을 말한다. 특히, 영업용 집기비품으로서 유의하여야 할 점은 다음과 같다.

ㄱ 의료용 기계, 세탁소의 프레스기계 등은 기계이긴 하지만, 공장가동용이 아닌 판매 또는 서비스용이므로 영업용 집기비품으로 처리한다.

ㄴ 지류, 끈류, 레테르류 등 포장자재로 사용되는 것은 최종적으로 상품의 일부로 판매되는 것이므로 상품의 일부로 처리한다.

ㄷ 보통 이불 등의 가재도구라 하더라도 영업용으로 사용되는 것(여관의 이불 등)은 영업용 집기비품으로 처리한다.

ㄹ 장부, 전표, 카드 등은 집기비품의 범위에 포함되긴 하나, 객관적 가치의 평가가 어려우므로 증권에 명기한 경우에만 보험의 목적으로 인정한다(단, 재제작비용만 보상).

② 평가방법

기계와 동일하게 직접 개개에 대해 조사하는 외에 계약자의 자산대장에서 그 수량, 취득가격을 파악하고 그것에 상각자산 대상 외의 소액자산 및 소모품의 재고를 더해서 재조달가액을 파악한다. 다른 재물과 마찬가지로 최종잔가율은 20%로 보고, 수리비가 보험가액의 20% 이하인 경우 수리비에 대해 감가상각을 적용하지 아니한다.

③ 중고구입 집기비품의 평가 : 중고구입기계의 평가방법과 동일

ㄱ 제작년도를 알 수 있는 경우 : 당해 집기비품의 신품 재조달가액에 경과기간을 적용하여 보험가액을 산정한다.

ㄴ 제작년도를 알 수 없을 경우 : 집기비품의 상태에 따라 신품 재조달가액의 30%~50% 범위 내에서 보험가액을 산정한다.

ㄷ 중고품가격이 신품 재조달가액보다 비싼 경우 : 신품 재조달가액을 기준으로 보험가액을 산정한다.

ㄹ 중고품가격이 신품 재조달가액을 감가상각한 것보다 낮을 경우 : 시중중고가격을 기준으로 보험가액을 산정한다.

ㅁ 신품구입 집기비품인 경우에도 신품 재조달가액을 감가상각한 가액이 시중중고가격과 현저한 차이가 있을 때는 시중중고가격을 기준으로 보험가액을 평가할 수 있다.

(7) 가재의 평가

① 가재의 정의

가재라 함은 일반적으로 개인의 가정생활용구로서 소유하고 있는 기구, 의류, 장신구, 침구류, 식량품, 연료, 기타 가정생활에 필요한 일체의 물품을 포괄하여 말한다.

② 평가시 유의사항

㉠ 일반적 유의사항

화재보험에서는 특별한 의사표시가 없는 한 피보험자 본인의 소유물만이 부보대상이 되는 것이 원칙이다. 다만, 피보험자가 가구주인 때에는 같은 가구에 속하는 친족 또는 사용인의 소유물도 보험의 목적에 포함된다.

㉡ 기타 유의사항

ⓐ 수용장소 : 수용장소는 원칙적으로 건물 내에 한한다(단, 공동주택의 베란다 및 처마 끝, 단독주택의 옥상 및 담장내 수용 가재도구는 포함).

ⓑ 영업용 집기비품과의 관계 : 가재도구도 가정생활에 사용되는 것은 가재이며, 영업용으로 사용되는 것은 집기비품으로 본다(㉾ 여관의 책상, 침구류 등).

ⓒ 영업용 집기비품에 유사한 것 : 학자의 서적 또는 기생의 거문고, 의류 등은 영업용 집기비품으로서의 색체가 강하나 통상 가재로 처리한다.

ⓓ 기계·기구 : 가내공업적 프레스 및 미싱 등은 가재로 보기 어려우므로 기계, 기구로 처리한다.

ⓔ 동·식물 : 생물은 가재로 보기 어려우나, 화분이나 수족관 등은 가재에 포함한다.

ⓕ 서화, 고서류, 골동품 등의 감가상각 제외 : 이들은 공인감정기관의 확인이 있는 경우에 한해 감가상각을 적용하지 않는다.

ⓖ 기타 : 안경, 틀니, 콘택트렌즈, 의수족 등은 신체에서 분리된 상태에서 손해발생시에는 가재도구로 평가하며, 은수저 같은 귀금속의 경우에는 사용시에는 가재도구에 포함하고 보관시에는 귀금속으로 본다.

③ 평가방법

㉠ 일반적인 평가방법

가재에 대해서도 재조달가액에서 사용에 따른 손모 및 경과연수 등에 상응한 감가공제를 필요로 하는 것은 건물, 기계설비 등 계속사용재의 경우와 동일하다. 즉, 다른 재물과 마찬가지로 최종잔가율은 20%로 보고, 수리비가 보험가액의 20% 이하인 경우에는 수리비에 대해 감가상각을 적용하지 않는다.

ⓒ 가재도구 보험가액 간이평가기준

가계성보험(보험목적물이 가재도구일 경우) 사고 중 일정금액 이하의 소액사고인 경우에는 간이평가기준을 적용하여 보험가액을 평가할 수 있다. 간이평가기준이란 보험목적물의 가액을 일일이 조사하여 평가하지 않고 보험가액의 결정에 영향이 큰 두 가지 항목, 즉 가족구성원수, 월평균소득(세대주)을 조사하여 보험가액을 약식 평가하는 것을 말한다. 이와 같은 간이평가기준에 의한 보험가액에 대하여 보험계약자가 동의하지 않는 경우 종전과 동일하게 가재명세서상의 가재를 실사하여 직접법으로 처리할 수 있다.

> 보험가액
> = (월평균소득 기준액 × 소득금액별 조정계수 × 60%) + (가족구성원수 기준액 × 40%)

(8) 재고자산의 평가

① 평가의 특징

재고자산이라 함은 원·부재료, 재공품, 반제품, 제품, 상품, 저장품 및 이와 비슷한 것을 말한다. 재고자산은 견본이나 전시품 등 계속사용재로서의 성격을 가지고 있는 특수한 품목을 제외하고는 재조달가액이 평가의 기준이 되며, 교환가치(시장가치)가 평가의 한도가 되므로 통상 감가라는 요소는 적용하지 않는다. 즉, 재고자산의 보험가액은 언제나 재조달가액이 되는 것이다.

② 평가방법

재고자산은 교환재라는 특성으로 인해 유통과정상 각종 경비 및 이익이 발생하게 되므로 각각의 유통과정에 따라 재조달가액이 달라지게 되는 점에 유의하여야 한다.

ⓖ 상 품

상품의 보험가액은 재매입가액을 기준으로 평가한다. 다만, 견본, 전시품, 진열품 등은 계속사용재로서의 성격을 가지고 있기 때문에 재조달가액에서 감가상각액을 차감하여 산정한다.

ⓛ 제품, 반제품, 재공품

재생산원가(제조원가)를 기준으로 평가한다.

ⓒ 원·부재료 및 저장품

원·부재료 및 저장품의 경우 외부로부터 매입한 경우에는 재매입가액을 기준으로 평가하고, 자가제조한 경우에는 재생산원가(제조원가)를 기준으로 평가한다.

10 사례문제

예제 1

화재현장을 조사한 결과 다음과 같이 현황이 파악되었다. 각 회사별 지급보험금을 물건별로 계산하되, 계산내역을 함께 기재하시오.

[계약내용]

(단위 : 원)

구 분	보험종목	보험가입금액			합 계
		건 물	기계기구	동 산	
A보험사	장기화재보험	2,000,000	1,000,000	2,000,000	5,000,000
B보험사	동산종합보험	3,000,000	–	4,000,000	7,000,000
C보험사	일반화재보험	포괄계약			8,000,000
합 계					20,000,000

[보험가액 및 손해액]

(단위 : 원)

구 분	건 물	기계기구	동 산	합 계
보험가액	8,000,000	6,000,000	6,000,000	20,000,000
손해액	2,000,000	2,000,000	3,000,000	7,000,000

풀 이

(1) **담보내용 검토**

화재보험은 열거책임주의 담보방식으로 화재(벼락 포함)에 따른 직접손해, 소방손해, 피난손해(보험기간 중 5일 동안 생긴 피난지에서 생긴 직접손해 및 소방손해)를 담보하는 보험이다.

동산종합보험은 보험목적물인 동산이 화재, 도난, 파손, 폭발 등의 우연한 사고로 입은 손해를 보상하는 보험으로 순수재산보험이며, 배상책임위험은 담보하지 않는다. 사안의 경우 본래 건물은 동산종합보험의 인수대상이 아니나 부보된 것으로 전제한다.

(2) **C보험사 포괄계약의 보험가입금액의 안분**

하나의 보험가입금액으로 둘 이상의 보험의 목적을 포괄하여 계약하는 경우에는 전체 보험가액에 대한 각각의 보험가액의 비율로 보험가입금액을 안분한다.

① **건 물**　： 8,000,000원 × 8,000,000원 / 20,000,000원 = 3,200,000원
② **기계기구**：8,000,000원 × 6,000,000원 / 20,000,000원 = 2,400,000원
③ **동 산**　： 8,000,000원 × 6,000,000원 / 20,000,000원 = 2,400,000원

(3) **지급보험금의 계산**

① **건 물**

건물의 경우 각사의 보험가입금액의 합계액이 8,200,000원으로 보험가액 8,000,000원을 초과하므로 중복보험에 해당한다. A보험사의 장기화재보험은 80% Co-Ins.를 적용하고 B보험사의 동산종합보험과 C보험사의 일반화재보험은 보험가액에 대한 각각의 보험가입금액의 비율에 따른 비례식을 적용하여 각사의 독립책임액을 구한 다음 독립책임액비례분담방식에 따라 지급보험금을 분담한다.

ㄱ 독립책임액

A보험사 : 2,000,000원 × 2,000,000원 / (8,000,000원 × 80%) = 625,000원
B보험사 : 2,000,000원 × 3,000,000원 / 8,000,000원 = 750,000원
C보험사 : 2,000,000원 × 3,200,000원 / 8,000,000원 = 800,000원　　합계 : 2,175,000원

ㄴ 지급보험금

A보험사 : 2,000,000원 × 625,000원 / 2,175,000원 = 574,713원
B보험사 : 2,000,000원 × 750,000원 / 2,175,000원 = 689,655원
C보험사 : 2,000,000원 × 800,000원 / 2,175,000원 = 735,632원　　합계 : 2,000,000원

② **기계기구**

기계기구의 경우 중복보험이 아닌 병존보험이므로 각각 지급보험금을 산정하면 된다.

A보험사 : 2,000,000원 × 1,000,000원/(6,000,000원 × 80%) = 416,667원
C보험사 : 2,000,000원 × 2,400,000원 / 6,000,000원 = 800,000원　　합계 : 1,216,667원

③ **동 산**

동산의 경우 각사의 보험가입금액의 합계액 8,400,000원이 보험가액 6,000,000원을 초과하므로 중복보험에 해당하며, 보험금계산식이 동일하므로 보험가입금액 비례분담방식에 의해 지급보험금을 분담한다.

A보험사 : 3,000,000원 × 2,000,000원 / 8,400,000원 = 714,286원
B보험사 : 3,000,000원 × 4,000,000원 / 8,400,000원 = 1,428,571원
C보험사 : 3,000,000원 × 2,400,000원 / 8,400,000원 = 857,143원　　합계 : 3,000,000원

예제 **2**

A공장은 동산을 재고가액통지 특별약관을 첨부한 국문화재보험에 가입하고 기일 안에 통지한 바 있으며, 그 후 공장에 화재가 발생하였다. 아래와 같은 조건하에서 지급보험금을 산출하고 보상한도액의 자동복원 여부에 대해 약술하시오.

[조건]
- 보상한도액 : 5억원
- 최종통지재고가액 : 4억원
- 손해액 : 2억원
- 이재시점의 실제재고가액 : 6억원
- 최종통지재고가액 작성 당시의 실제재고가액 : 8억원

풀이

(1) **지급보험금의 계산**

재고가액이 정한 기일 내에 통지가 되었으나, 최종통지재고가액이 그 가액 작성 당시의 실제재고가액보다 적게 통지되었으므로 지급보험금은 손해액 또는 보상한도액 중 낮은 금액에 최종통지재고가액이 그 가액 작성 당시의 실제재고가액에서 차지하는 비율을 곱하여 산정한다.

지급보험금 = 2억원 × 4억원 / 8억원 = 1억원

(2) **보상한도액 자동복원 여부**

재고가액통지특별약관은 재고동산의 실제손해를 보상하기 위한 특약이므로 보험금이 지급되더라도 보상한도액은 감액되지 않는다. 다만, 손해가 생긴 날로부터 만기일까지의 일할계산 보험료를 계약자로부터 지급받거나 지급보험금에서 공제한다.

국문화재보험(보험기간 : 1994.1.1. ~ 1995.1.1.)에 가입한 화장품 물류창고에서 1994년 1월 20일 화재가 발생하여 건물 및 재고동산에 화재손해가 있었고, 대피한 일부 재고동산은 1994년 1월 30일 다시 화재가 발생하여 전소되었다. 손해조사결과가 다음과 같을 때 지급보험금을 계산하시오.

(단위 : 원)

구 분	건 물	재고동산
보험가입금액	60,000,000	400,000,000
보험가액	150,000,000	300,000,000
화재손해액(1994.1.20.)	40,000,000	60,000,000
피난지손해액(1994.1.30.)	–	10,000,000

풀 이

(1) **보상기준의 검토**

화장품 물류창고는 국문화재보험의 일반물건에 해당하므로 지급보험금을 산출할 때 80% Co - Ins.를 적용한다. 다만, 피난지에서 발생한 화재손해(직접손해 및 소방손해)는 보험기간 내 5일 동안의 손해에 대해서만 보상하므로 5일이 경과하여 발생한 손해는 보상하지 않는다. 또한 화재보험은 1사고로 보험금이 지급되면 보험가입금액이 그 지급보험금만큼 감소되는 잔존보험가입금액 방식이다.

(2) **지급보험금의 계산**

① **건 물**

일부보험이므로 다음과 같이 지급보험금을 산출한다.

지급보험금 = 40,000,000원 × 60,000,000원 / (150,000,000원 × 80%) = 20,000,000원

② **재고동산**

초과보험이므로 지급보험금은 손해액 전액인 60,000,000원이다. 다만, 피난지에서 발생한 재고동산 화재손해(10,000,000원)는 최초사고일로부터 5일이 경과한 시점에서 발생된 손해이므로 보상하지 않는다.

③ **지급보험금 합계액**

20,000,000원 + 60,000,000원 = 80,000,000원

예제 4

A백화점 물류창고가 1995년 8월 25일 집중호우로 수침되어 시설 및 동산에 손해를 입었다. 아래와 같은 경우 각 보험계약의 지급보험금을 계산하시오.

[계약사항]

(단위 : 원)

구 분		국문화재보험	영문화재보험[F.O.C(F)]
가입금액	시 설	40,000,000	–
	동 산	300,000,000	500,000,000
	계	340,000,000	500,000,000
담보조건		• 풍 · 수재위험담보특별약관 • 자기부담금 : 보험가액의 2% 또는 500,000 중 적은 금액	• Flood, Inundation, Rain & Fresh Water Damage • Deductible : 2,500,000
보험가액		시설 : 100,000,000 동산 : 500,000,000	
손해액		시설 : 1,000,000 동산 : 5,500,000	

풀 이

(1) **보상기준의 검토**

국문 및 영문 풍 · 수재위험담보 특별약관에 모두 가입되어 있으므로 집중호우로 인한 시설 및 동산의 수재손해에 대해 각 보험약관에서 담보된다.

시설은 일반물건이므로 지급보험금 계산시 80% Co – Ins.가 적용되지만, 재고동산은 80% Co – Ins.가 적용되지 않는다. 시설은 일부보험이므로 비례식을 적용하여 계산하고, 동산은 중복보험이면서 약관별 자기부담금이 다르므로 독립책임액비례방식으로 지급보험금을 분담한다. 중복보험의 경우에는 공제금액 및 보상한도액이 적용되지 않는 이점이 있다.

(2) **자기부담금의 안분**

자기부담금은 각 목적물의 손해액비율에 따라 안분한다.

① 시설 = 500,000원 × 1,000,000원 / (1,000,000원 + 5,500,000원) = 76,923원

② 동산 = 500,000원 × 5,500,000원 / (1,000,000원 + 5,500,000원) = 423,077원

(3) **지급보험금의 계산**

① 시설 = (1,000,000원 – 76,923원) × 40,000,000원 / (100,000,000원 × 80%) = 461,539원

② 동 산

㉠ 약관별 독립책임액

국문약관 = (5,500,000원 – 423,077원) × 300,000,000원 / 500,000,000원 = 3,046,154원

영문약관 = (5,500,000원 – 2,500,000원) × 500,000,000원 / 500,000,000원 = 3,000,000원

ⓛ 약관별 지급보험금

각 보험약관의 독립책임액의 합계액(6,046,154원)이 손해액(5,500,000원)을 초과하므로 독립책임액 비례분담방식에 의해 지급할 보험금을 분담한다.

국문약관 = 5,500,000원 × 3,046,154원 / 6,046,154원 = 2,770,992원

영문약관 = 5,500,000원 × 3,000,000원 / 6,046,154원 = 2,729,008원

③ 약관별 지급보험금 합계액

국문약관 = 461,539원 + 2,770,992원 = 3,232,531원

영문약관 = 2,729,008원

예제 5

풍·수재위험담보 특별약관(자기부담금 : 1사고당 500,000원)이 첨부된 화재보험 보통약관으로 건물 100,000,000원, 재고동산 100,000,000원 등 합계 200,000,000원의 보험에 가입한 점포에서 보험기간 내에 풍·수재로 다음과 같은 손해가 발생하였을 때 보험자의 보상책임액을 계산하시오(단위 : 원).

[건물]	
• 재건축비	150,000,000
• 지하실침수양수비용	1,000,000
• 쓰레기상차비용	1,000,000
• 보험가액	140,000,000
• 건물수리공사비	20,000,000
[동산]	
• 재고가액(도난품 포함)	200,000,000
• 수침손해액	30,000,000
• 쓰레기상차비용	5,000,000

(1) 보상책임

풍·수재위험담보 특별약관은 화재보험 보통약관에서 담보하는 화재(벼락 포함)로 인한 손해 외에 태풍, 회오리바람, 폭풍, 폭풍우, 홍수, 해일, 범람 및 이와 유사한 풍재 및 수재로 인해 보험목적물에 생긴 손해를 보상한다. 사안의 경우에도 특별약관의 담보위험인 풍·수재로 인해 발생한 손해이므로 보험자는 보상책임을 진다.

(2) 자기부담금의 안분

① 건물 = 500,000원 × 22,000,000원 / 55,000,000원 = 200,000원

② 동산 = 500,000원 × 33,000,000원 / 55,000,000원 = 300,000원

※ 자기부담금은 목적물손해액을 기준으로 안분한다.

(3) 지급보험금의 계산

① 건 물

지하실침수양수비용은 건물수리공사비와 함께 건물손해의 원상복구에 필요한 손해액으로 인정되며, 쓰레기상차비용(잔존물제거비용) 1,000,000원은 손해액의 10% 이하이므로 전액 손해액으로 인정된다. 점포는 일반물건이므로 80% Co-Ins.를 적용한다.

건물수리공사비

= [20,000,000원 − 200,000원] + 100,000,000원 / (140,000,000원 + 80%)

= 17,678,571원

잔존물제거비용(지하실침수양수비용 + 쓰레기상차비용)

= 2,000,000원 + 100,000,000원 / (140,000,000원 + 80%) = 1,785,714원

∴ 지급보험금 = 17,678,571원 + 1,785,714원 = 19,464,285원

② 동 산

수침손해액

= (30,000,000원 − 300,000원) × 100,000,000원 / 200,000,000원 = 14,850,000원

잔존물제거비용(쓰레기상차비용)

= 5,000,000원 × 100,000,000원 / 200,000,000원 = 2,500,000원

∴ 지급보험금 = 14,850,000원 + 2,500,000원 = 17,350,000원

※ 잔존물제거비용(2,500,000원)은 수침손해액의 10%(3,000,000원) 이하이므로 전액 비용손해로 인정된다.

(4) 지급보험금 합계액

19,464,285원(건물) + 17,350,000원(동산) = 36,814,285원

C공장의 화재사고에 대하여 A, B 각사의 지급보험금을 계산하시오.

[보험계약사항]

(단위 : 원)

보험사	보험종목	보험기간	보험가입금액
A사	일반화재보험	1998.12.1.~1999.12.1.	건물 100,000,000 기계 100,000,000
B사	장기화재보험	1997.1.1.~2000.1.1.	건물 50,000,000 기계 50,000,000

[사고사항, 보험가액 및 손해액]
• 1999.7.1. C공장 구내에서 발생한 화재사고로 아래와 같이 손해를 입었다.
• 보험가액 및 손해액

(단위 : 원)

목적물	보험가액	손해액
건 물	200,000,000	150,000,000
기 계	100,000,000	50,000,000

풀 이

(1) **보상기준의 검토**

건물은 양사의 보험가입금액의 합계액이 보험가액에 미달하므로 일부보험이며, 기계는 양사의 보험가입금액의 합계액이 보험가액을 초과하므로 중복보험이다.

A사는 일반화재보험 공장물건이므로 80% Co-Ins.가 적용되지 않으며, B사는 장기화재보험이므로 80% Co-Ins.가 적용된다.

기계의 경우에는 중복보험에 해당되고 또한 보험금계산식이 다르므로 독립책임액 비례분담방식에 따라 지급보험금을 보험사별로 안분한다.

(2) **지급보험금의 계산**

① **건 물**

A사 = 150,000,000원 × 100,000,000원 / 200,000,000원 = 75,000,000원

B사 = 150,000,000원 × 50,000,000원 / (200,000,000원 × 80%) = 46,875,000원

② **기 계**

㉠ 각사의 독립책임액

A사 = 50,000,000원 × 100,000,000원 / 100,000,000원 = 50,000,000원

B사 = 50,000,000원 × 50,000,000원 / (100,000,000원 × 80%) = 31,250,000원

    ⓛ 각사의 지급보험금

      A사 = 50,000,000원 × 50,000,000원 / 81,250,000원 = 30,769,231원

      B사 = 50,000,000원 × 31,250,000원 / 81,250,000원 = 19,230,769원

  ③ 각사의 지급보험금

    A사 = 75,000,000원 + 30,769,231원 = 105,769,231원

    B사 = 46,875,000원 + 19,230,769원 = 66,105,769원

예제 7

화재보험에 가입한 음식점에 벼락이 떨어져 건물의 일부가 붕괴되면서 화재가 발생하였다. 이 사고에서 아래와 같이 손해액이 조사된 경우 보험회사가 피보험자에게 최종적으로 지급하여야 할 금액을 산출하시 오(단위 : 원).

[보험계약조건]

• 국문화재보험보통약관

• 보험가입금액　　　　　　　　　　400,000,000

[보험가액 산출자료]

• 신축가액　　　　　　　　　　1,250,000,000

• 최종잔가율　　　　　　　　　　30%

• 내용연수　　　　　　　　　　35년

• 경과연수　　　　　　　　　　10년

[손해명세]

• 화재손해　　　　　　　　　　600,000,000

• 휴업손해　　　　　　　　　　150,000,000

• 오염물질제거비용　　　　　　10,000,000

• 잔존물매각대금　　　　　　　2,000,000

• 붕괴손해　　　　　　　　　　100,000,000

• 잔존물해체 및 상차비용　　　68,000,000

• 손해방지비용　　　　　　　　45,000,000

(1) 보상책임의 검토

화재보험은 화재위험(벼락 포함)을 담보하는 열거책임주의 방식의 약관으로 보험자는 위험보편의 원칙에 따라 원인 여하를 불문하고 목적물에 화재가 발생하면 그에 따른 손해를 보상할 책임이 있다. 즉, 보험자는 화재로 인해 목적물에 생긴 직접손해, 소방손해 및 피난손해(피난지에서 5일 이내에 생긴 화재로 인한 직접손해 및 소방손해)에 대해 보상책임을 진다.

사안의 경우 벼락으로 인해 화재가 발생하여 손해가 생긴 경우이므로 보험자는 그에 따른 보상책임을 부담하여야 한다. 다만, 오염물질제거비용은 보상하지 않는 손해에 해당하며, 휴업손해는 기업휴지손해담보특약에 가입되어 있지 않으므로 보상하지 않는다.

(2) 목적물의 보험가액

경년감가율 = (100% - 30%) / 35년 = 2%

총감가율 = 2% × 10년 = 20%

보험가액 = 1,250,000,000원 × (100% - 20%) = 1,000,000,000원

(3) 목적물 및 비용손해 보험금

① **목적물손해 보험금**

목적물손해 7억원(화재손해 6억원 + 붕괴손해 1억원)은 보험가액 10억원의 20%를 초과하므로 목적물손해에 대해서도 감가상각을 적용한다. 다만, 목적물손해의 감가 후의 금액이 보험가액의 20%에 미치지 못하는 경우에는 보험가액의 20%를 손해액으로 인정한다.

감가 후 목적물손해 = (600,000,000원 + 100,000,000원) + (100% - 20%)

= 560,000,000원

보험금 = (560,000,000원 - 2,000,000원) + 400,000,000원 / (1,000,000,000원 × 80%)

= 279,000,000원

② **잔존물제거비용(잔존물해체 및 상차비용) 보험금**

잔존물제거비용은 실제발생비용 68,000,000원에 비례식을 적용한 후의 금액이 목적물손해 560,000,000원(잔존물매각대금 공제 전 손해액)의 10% 한도인 56,000,000원 내이면 전액 보험금으로 인정된다.

보험금 = 68,000,000원 + 400,000,000원 / (1,000,000,000원 × 80%)

= 34,000,000원(< 56,000,000원)

③ **손해방지비용 보험금**

손해방지비용은 목적물손해와 합하여 보험가입금액을 초과하더라도 보상되므로 손해방지비용 45,000,000원은 전액 손해액으로 인정하되, 비례식을 적용한 후의 금액을 보험금으로 지급한다.

보험금 = 45,000,000원 × 400,000,000원 / (1,000,000,000원 × 80%) = 22,500,000원

④ **보험금 합계**

279,000,000원 + 34,000,000원 + 22,500,000원 = 335,500,000원

※ 목적물손해와 비용손해(특히, 잔존물제거비용)는 별도로 계산하여야 착오를 방지할 수 있음.

특수건물에 해당하는 S백화점은 다음과 같이 국문화재보험계약(계약자 및 피보험자 : 갑)을 체결하였다.

[보험가입사항]

구 분	건물(A보험사)	집기비품(B보험사)	상품(C보험사)
가입내용	가입금액 9억원 재조달가액담보특약 자기부담금 1천만원/1사고당	가입금액 4억 5천만원 재조달가액담보특약	가입금액 20억원 재고가액통지특약

2001년 7월 1일 을의 고의방화로 화재가 발생하여 물적 손해가 발생되어 다음과 같이 손해조사가 완료되었다. 이 경우 A, B, C 보험사가 각각 지급하여야 할 보험금을 산출하시오.

[손해조사결과]

(1) 건 물
- 재조달가액 15억원
- 보험가액(시가기준) 12억원
- 손해액(재조달가액기준) 1억 3천만원

(2) 집기비품
- 재조달가액 5억원
- 보험가액(시가기준) 4억원
- 손해액(재조달가액기준) 1억 2천 4백만원
- 잔존물 6백만원

(3) 상 품
- 실제재고가액(사고시점) 25억원
- 정한 기일내 통지된 최종통지재고가액 15억원
- 최종통지재고가액 작성 당시의 실제재고가액 30억원
- 손해액 2억 5천만원
- 잔존물 3천만원

(1) **A보험사의 지급보험금**

건물에 대해 재조달가액담보특약을 첨부하였으며, 보험가입금액이 재조달가액의 80% 해당액에 미달하므로 보험가입금액의 재조달가액에 대한 비율에 따라 비례보상한다. 또한 자기부담금특약에 따른 자기부담금은 손해액에서 공제한다.

지급보험금 = (1억 3천만원 - 1천만원) × 9억원 / 15억원 = 7천 2백만원

(2) **B보험사의 지급보험금**

재조달가액담보특약을 첨부하였으며, 보험가입금액이 재조달가액의 80% 해당액 이상이므로 손해액 전액을 실손보상한다. 또한 잔존물은 손해액에서 공제한다.

지급보험금 = 1억 2천 4백만원 - 6백만원 = 1억 1천 8백만원

(3) **C보험사의 지급보험금**

재고가액통지특약을 첨부하였고 재고가액이 정한 기일 내에 통지가 되었으나, 최종통지재고가액이 그 가액 작성 당시의 실제재고가액보다 적게 통지되었으므로 지급보험금은 손해액 또는 보상한도액 중 낮은 금액에 최종통지재고가액이 그 가액 작성 당시의 실제재고가액에서 차지하는 비율을 곱하여 산정한다.

지급보험금 = (2억 5천만원 - 3천만원) × 15억원 / 30억원 = 1억 1천만원

A공장 종업원은 회사방침에 불만을 품고 공장에 고의적으로 화재를 일으켜 공장건물, 기계 및 재고자산을 소실시켰으며, 화재가 인근으로 번져 주택 1채가 크게 소실되는 사고가 발생하였다. 또한 소방관에 의한 소화작업 중 발생한 소방수로 인하여 공장에 야적된 재고자산에도 수침손이 발생하였다. A공장 및 주택은 모두 S보험사에 보험이 가입되어 있다.

아래 제시된 조건을 참고하여 S보험사에서 지급할 보험금을 계산하되 공장 및 주택 각각에 대하여 담보여부, 지급보험금 산출내역, 보험금 지급 후 조치내역 등에 대하여 설명하시오.

[보험계약사항]

구 분	보험종목	보험가입금액	공제금액	기 타
A공장	화재보험	건물 : 10억원 기계 : 5억원 재고자산 : 5억원	1억원	재고자산은 건물내 수용 재고가액통지특약 첨부
주 택	주택화재보험	건물 : 1억원	없 음	–

[손해조사사항]

구 분	재조달가액	보험가액	손해액	기 타
A공장	건물 : 10억원 기계 : 10억원 재고자산 : 6억원	건물 : 8억원 기계 : 8억원 재고자산 : 6억원	건물 : 2억원 기계 : 4억원 재고자산 : 4억원 야적재고자산 소방피해 : 2억원	재고가액 매월 미통지
주 택	건물 : 2억원	건물 : 1.5억원	건물 : 1억원	잔존물제거비용 : 0.2억원

보 이

(1) **보상책임 여부**

화재보험은 목적물이 화재(벼락 포함)로 입은 직접손해, 소방손해, 피난손해를 담보하는 보험으로 위험보편의 원칙이 적용되어 화재의 원인 여하를 불문하고 화재로 인한 손해를 담보한다.

사안은 종업원의 고의로 인한 화재사고이긴 하지만 보험계약자나 피보험자의 고의면책에는 해당되지 않으므로 보험사는 화재로 인한 직접손해 및 소방손해를 보상할 책임을 진다. 다만, 보험계약사항에 재고자산은 건물내 수용으로 되어 있으므로 야적재고자산의 소방피해에 대해서는 보상하지 않는다.

(2) **지급보험금의 계산**

① **공장화재보험**

㉠ 공제금액의 안분

공제금액은 각 목적물의 손해액 비율에 따라 안분한다.

건물 = 1억원 × 2억원 / 10억원 = 2천만원

기계 = 1억원 × 4억원 / 10억원 = 4천만원

재고자산 = 1억원 × 4억원 / 10억원 = 4천만원

㉡ 지급보험금

공장물건은 80% Co-Ins.가 적용되지 않으므로 보험가입금액의 보험가액에 대한 비율에 따라 비례보상한다. 사안의 경우 건물은 초과보험, 기계는 일부보험이고, 재고자산은 매월 가액통지를 하지 않은 경우이므로 각각 해당 산식을 적용하여 계산한다.

건물(초과보험) = 2억원 - 2천만원 = 1억 8천만원

기계(일부보험) = (4억원 - 4천만원) × 5억원 / 8억원 = 2억 2천 5백만원

재고자산(미통지) = (4억원 - 4천만원) × 5억원 / 6억원 = 3억원

합계액 = 7억 5백만원

② **주택화재보험**

주택화재보험은 80% Co-Ins.를 적용하여 지급보험금을 산출한다.

건물 = 1억원 × 1억원 / (1.5억원 × 80%) = 83,333,333원

잔존물제거비용 = 2천만원 × 1억원 / (1.5억원 × 80%) = 16,666,667원

잔존물제거비용은 목적물손해액 1억원의 10%가 보상한도이므로 2천만원 중 손해액의 10% 해당액인 1천만원까지만 인정한다.

합계액 = 83,333,333원 + 1천만원 = 93,333,333원

보험가입금액 1억원 이내이므로 손해액 전액을 지급한다.

(3) **보험금 지급 후 조치내역**

종업원의 고의로 인한 화재사고에 대해 보험금을 지급한 S보험사는 지급보험금 범위 내에서 피보험자의 손해배상청구권을 대위하여 취득한다. 따라서 화재를 일으킨 A공장 종업원에 대해 지급된 보험금 전액을 청구할 수 있으며, 우선 재산가압류 등의 조치를 취한 후 구상금청구소송절차를 진행하여야 할 것이다.

문구도매점 신규사업을 위하여 임차인B는 건물주A의 상가건물(가동) 1층과 창고건물(나동)을 임차한 후 자신의 비용으로 간판 설치 및 집기비품 구입 등 영업 준비를 마치고 사용하던 중 화재위험을 염려한 건물주A의 요구에 의하여 임차인B는 두 건물 전체에 대하여 건물주A를 피보험자로 하는 국문화재보험계약을 G보험사와 직접 체결하였는데, 이후 임차인B의 사소한 부주의로 2005년 8월 13일 화재가 발생하여 가동 및 나동 건물에 피해가 발생하였다. 아래에 제시된 조건을 참고하여 다음 물음에 답하시오.

[보험계약사항]

부 호	보험목적	구조 및 용도	보험가입금액
1	가동 건물	블록조 2층 건500평(1층 250평/임차인B의 문구점, 2층 250평/건물주A의 사무실)	320,000,000원
2	나동 건물	간이목조 1층 건200평/임차인B의 문구창고	50,000,000원

[손해조사사항]
• 가동 건물
  세법상 내용연수 20년, 추정내용연수 40년, 최종잔가율 20%
  신축준공일자 1995.8.13., 재조달가액 1,000,000,000원
  화재손해액 총계 240,000,000원(단, 이 금액에는 1층 문구점의 상품손해 5,500,000원, 1층 문구점의 간판손해 4,500,000원, 2층 사무실의 간판손해 3,000,000원, 2층 사무실의 칸막이손해 1,500,000원이 포함되어 있음)
• 나동 건물
  세법상 내용연수 5년, 추정내용연수 10년, 최종잔가율 20%
  신축준공일자 1991.7.31., 재조달가액 150,000,000원
  화재손해액(건물 본체분) 24,000,000원

(1) 가동 및 나동 각 건물의 보험가액 및 손해액은?(금액 및 산출과정 기재)

(2) G보험사가 지급할 보험금은?(금액 및 산출과정 기재)

(3) 보험금 지급 후 G보험사의 임차인B에 대한 대위권은?(약술)

(1) **가동 및 나동 건물의 보험가액**

　① **건물의 보험가액 및 손해액의 평가방법**

　　건물에 대한 보험가액의 평가는 원칙적으로 복성식 평가법(원가방식)에 의하며, 평가대상물건과 동일한 구조, 용도, 질, 규모의 건물을 재건축하는데 필요한 재조달가액을 구하여 사용손모 및 경과연수에 대응하여 감가공제를 함으로써 목적물의 현재가액(시가액)을 구할 수 있다. 또한 손해액(수리비)에 대해서도 그 금액이 보험가액의 20%를 초과하는 경우에는 감가상각을 적용한다.

　② **보험가액 및 손해액의 산정**

　　㉠ **가동 건물**

　　　경년감가율 = (100% − 20%) / 40년 = 2%, 경과연수 = 10년이므로

　　　총감가율 = 2% × 10년 = 20%

　　　보험가액 = 1,000,000,000원 × (100% − 20%) = 800,000,000원

　　　손해액 = 230,000,000원 × (100% − 20%) = 184,000,000원

　　　※ 가동 건물의 화재손해액 240,000,000원 중 1층 문구점의 상품손해 5,500,000원 및 간판손해 4,500,000원은 건물화재보험의 부보목적물이 아니므로 가동 건물의 손해액에서 제외하여야 한다.

　　㉡ **나동 건물**

　　　나동 건물은 추정내용연수가 10년인데, 사고 당시 기준으로 경과연수가 14년으로 이미 추정내용연수를 초과하였다. 그러나 나동 건물의 경우 계속 사용 중에 있었으므로 최종잔가율을 30%로 수정하여 시가액을 산출한다.

　　　보험가액 = 150,000,000원 × 30% = 45,000,000원

　　　손해액 = 24,000,000원 × (100% − 20%) = 19,200,000원

(2) **G보험사의 지급보험금**

　① **가동 건물**

　　지급보험금 = 184,000,000원 × 320,000,000원 / (800,000,000원 × 80%) = 92,000,000원

　② **나동 건물**

　　지급보험금 = 19,200,000원 × 50,000,000원 / (45,000,000원 × 80%) = 19,200,000원

　③ **지급보험금 합계액** = 92,000,000원 + 19,200,000원 = 111,200,000원

(3) **보험금 지급 후 임차인B에 대한 G보험사의 대위권**

　화재사고가 임차인B의 과실에 의하여 발생한 사고이긴 하지만 G보험사의 화재보험은 보험계약자인 임차인B가 건물주A를 피보험자로 하여 체결한 타인을 위한 보험계약이므로 보험계약자에 대해서는 대위권이 성립하지 않는다.

　화재보험보통약관에서도 대위권포기(Waiver of Subrogation)조항을 두어 보험계약자를 상대로 한 보험자의 대위권행사를 제한하고 있다.

아래와 같이 주어진 조건에서 A 및 B 각 보험사가 지급하여야 할 보험금 산출과정을 명시하여 계산하시오.

> **[보험목적물]**
> XX공장의 건물 및 동산
>
> **[보험계약사항]**
> • A보험사
>   보험종목 : 국문화재보험
>   보험가입금액 : 건물 240,000,000원 / 동산 160,000,000원
>   보험기간 : 2006.1.1. ~ 2007.1.1.
> • B보험사
>   보험종목 : 장기화재보험
>   보험가입금액 : 건물 300,000,000원 / 동산 100,000,000원
>   보험기간 : 2006.2.1. ~ 2009.2.1.
>
> **[손해사항]**
> • 사고원인 : 누전으로 인한 화재
> • 사고일자 : 2006년 7월 30일
> • 손해액 : 건물 60,000,000원 / 동산 30,000,000원
>
> **[기타사항]**
> • 보험가액 : 건물 300,000,000원 / 동산 200,000,000원
> • 2006년 4월 1일 발생한 사고로 A보험사는 건물 40,000,000원, 동산 60,000,000원을, B보험사는 건물 20,000,000원, 동산 85,000,000원을 보험금으로 기지급함

$\boxed{\text{풀 이}}$

(1) 보상책임 여부

일반화재보험과 장기화재보험 공장물건이 보험기간 중 누전으로 인한 화재사고로 손해가 발생하였으므로 위험보편의 원칙에 따라 화재의 원인 여하를 불문하고 보험자는 보상책임을 진다.

(2) 잔존보험가입금액

① A보험사의 국문화재보험

국문화재보험은 잔존보험가입금액 방식이므로 기존사고로 지급된 보험금을 차감한 금액을 잔여보험기간에 대한 보험가입금액으로 한다.

㉠ 건물 : 240,000,000원 − 40,000,000원 = 200,000,000원

㉡ 동산 : 160,000,000원 − 60,000,000원 = 100,000,000원

② B보험사의 장기화재보험

장기화재보험은 지급보험금이 보험가입금액의 80% 미만이면 자동 복원되고, 80% 이상이면 계약 자체가 소멸하는 성격을 가지고 있다.

㉠ 건물은 기존사고로 인한 지급보험금이 보험가입금액의 80% 미만이므로 보험가입금액은 300,000,000원 그대로이다.

㉡ 동산은 기존사고로 인한 지급보험금이 보험가입금액의 80%를 초과하므로 계약 자체가 소멸된다.

(3) 지급보험금의 계산

① 건 물

㉠ 독립책임액

A보험사 : 60,000,000원 × 200,000,000원 / 300,000,000원 = 40,000,000원

B보험사 : 60,000,000원 × 300,000,000원 / (300,000,000원 × 80%) = 60,000,000원

㉡ 지급보험금

A보험사 : 60,000,000원 × 40,000,000원 / 100,000,000원 = 24,000,000원

B보험사 : 60,000,000원 × 60,000,000원 / 100,000,000원 = 36,000,000원

② 동 산

㉠ A보험사 : 30,000,000원 × 100,000,000원 / 200,000,000원 = 15,000,000원

㉡ B보험사는 기존사고로 인한 지급보험금이 보험가입금액의 80%를 초과하여 계약이 소멸되었으므로 보상이 없음

③ 각 보험사별 지급보험금

㉠ A보험사 : 24,000,000원 + 15,000,000원 = 39,000,000원

㉡ B보험사 : 36,000,000원

서울주식회사가 A공장과 B공장을 아래의 [표1]과 같이 보험에 가입하고 있던 중에 A공장에서 전기누전으로 인한 화재사고로 아래의 [표2] 및 [표3]과 같이 손해가 발생하였다. 이 경우 갑 보험회사의 지급보험금을 계산과정을 명시하여 산출하시오.

[표1] 목적물별 보험가입금액 현황

구 분	갑 보험회사 (국문화재보험)	을 보험회사 (국문화재보험)	병 보험회사 (국문장기화재보험)
A공장 및 B공장의 건물	300,000원	100,000원 (A공장 단독계약)	–
	(A, B공장 포괄계약)		
A공장의 기계	250,000원	–	400,000원
A공장의 제품	150,000원	–	–

[표2] 목적물별 보험가액 및 손해현황

구 분	보험가액	재조달가액	직접손해	소방손해	잔존물가액
A공장건물	200,000원	–	140,000원	30,000원	20,000원
B공장건물	100,000원	–	–	–	–
A공장기계	500,000원	800,000원	300,000원	–	–
A공장제품	300,000원	–	–	–	–

[표3] 기타 손해현황

(1) 화재발생시 공장화재사고현장에서 30,000원 상당의 제품을 분실하였다.

(2) 화재손해를 줄이기 위하여 당일 인근의 창고로 피난시킨 제품에서 다음과 같이 작은 화재가 2회 발생하여 총 50,000원의 제품손해가 발생하였다.
- 화재발생 때부터 3일째 화재손해 : 20,000원
- 화재발생 때부터 7일째 화재손해 : 30,000원

(3) A공장에 대한 오염물질제거비용으로 100,000원과 제품과 관련하여 갑 보험회사의 요구에 협력하기 위하여 50,000원의 기타협력비용이 발생하였다.

(1) **보상책임 여부**

화재보험은 목적물이 화재(벼락 포함)로 입은 직접손해, 소방손해, 피난손해(피난지에서 5일 내에 생긴 화재로 인한 직접손해 및 소방손해)를 담보하는 보험으로 위험보편의 원칙이 적용되어 화재의 원인 여하를 불문하고 화재로 인한 손해를 담보한다. 사안의 경우 전기 누전으로 인한 화재사고이므로 보험자는 당연히 보상책임을 부담한다.

(2) **목적물별 지급보험금의 계산**

① **A공장건물**

㉠ 보험가입금액

ⓐ 갑 보험회사의 보험가입금액의 안분

A, B 공장건물에 포괄계약이 설정되어 있으므로 각각의 보험가액의 전체 보험가액에 대한 비율에 따라 보험가입금액을 비례 배분한다.

A공장 = 300,000원 × 200,000원 / 300,000원 = 200,000원

B공장 = 300,000원 × 100,000원 / 300,000원 = 100,000원

ⓑ 을 보험회사의 보험가입금액 = 100,000원

㉡ A공장건물 지급보험금

계산방식이 동일하므로 보험가입금액 비례분담방식으로 보험금을 산정한다.

갑 보험회사 = (140,000원 + 30,000원 − 20,000원) × 200,000원 / 300,000원

= 100,000원

을 보험회사 = (140,000원 + 30,000원 − 20,000원) × 100,000원 / 300,000원

= 50,000원

② **A공장기계**

㉠ 독립책임액

갑 보험회사 = 300,000원 × 250,000원 / 500,000원 = 150,000원

병 보험회사 = 300,000원 × 400,000원 / (500,000원 × 80%) = 300,000원

㉡ 지급보험금

갑 보험회사 = 300,000원 × 150,000원 / 450,000원 = 100,000원

병 보험회사 = 300,000원 × 300,000원 / 450,000원 = 200,000원

③ **A공장제품**

화재가 발생했을 때 생긴 도난 또는 분실손해(30,000원) 및 화재발생 때부터 7일째 생긴 피난손해(30,000원)는 면책이다.

지급보험금 = 20,000원 × 150,000원 / 300,000원 = 10,000원

(3) **비용손해에 대한 지급보험금의 계산**

오염물질제거비용(100,000원)은 면책손해이며, 기타협력비용(50,000원)은 목적물손해와 합하여 보험가입금액을 초과하더라도 전액 지급된다.

(4) **갑 보험회사 지급보험금의 합계액**

지급보험금의 합계액 = 건물 100,000원 + 기계 100,000원 + 제품 10,000원 + 협력비용 50,000원

= 260,000원

(주)○○전기는 A공장에 대해 갑 및 을 보험회사에 [별표1]과 같이 보험을 가입하고 있던 중 공장건물 출입문확장공사를 위해 직원인 홍길동에게 용접작업을 지시하였다. 홍길동의 작업 중 부주의로 용접불티가 공장에 옮겨 붙어 [별표2]와 같은 손해가 발생하였다. 초기진화에 실패하여 화재가 확대됨으로써 인근에 소재한 (주)XX화학의 공장건물에도 화재손해가 발생하였다. 아래에 주어진 조건을 참고하여 다음 사항에 답하시오.

[별표1] A공장의 보험가입현황

보험회사	보험종목	보험가입금액	첨부특약
갑	공장화재	건물 8억원 기계 2.5억원 재고자산 1.5억원	재조달가액담보특약(건물, 기계) 화재배상책임담보특약(보상한도 : 대물 5억원, 공제금액 : 1백만원)
을	장기화재	건물 2억원 기계 1.2억원	

[별표2] A공장의 보험목적물 재조달가액 및 손해현황

목적물	재조달가액	손해액 (재조달가액기준)	경과연수	경년감가율	기 타
건 물	10억원	4억원	10년	3%	전기장비제조업 건물 경년감가율은 3%로 가정
기 계	5억원	8천만원	5년	8%	
재고자산	3억원	2천만원			

[기타 손해현황]
• (주)XX화학의 손해액 : 공장복구비 1억원, 휴업손실 2천만원(과실 없음)

(1) (주)○○전기 A공장건물 및 기계의 시가기준 보험가액과 손해액을 계산하시오.

(2) 갑 및 을 보험회사가 각각 (주)○○전기에 지급할 보험금을 보험목적물별로 산출과정을 명시하여 계산하시오.

(3) (주)XX화학 측에서 갑 보험회사를 상대로 화재배상책임담보특별약관의 보험금을 청구할 경우 지급보험금을 계산하고 그 근거를 설명하시오.

풀이

(1) A공장 건물 및 기계의 시가기준 보험가액과 손해액

  ① 건 물

    ㉠ 시가기준 보험가액 = 10억원 − (10억원 × 3% × 10년) = 7억원

    ㉡ 시가기준 손해액 = 4억원 − (4억원 × 3% × 10년) = 2.8억원

    ※ 재조달가액기준 손해액 4억원은 보험가액 7억원의 20%를 초과하므로 감가상각을 하여 시가기준 손해액을 산정한다.

  ② 기 계

    ㉠ 시가기준 보험가액 = 5억원 − (5억원 × 8% × 5년) = 3억원

    ㉡ 시가기준 손해액 = 8천만원 − (8천만원 × 8% × 5년) = 4,800만원

    ※ 재조달가액기준 손해액 8천만원은 보험가액 3억원의 20%를 초과하므로 감가상각 후 시가기준 손해액을 산정한다. 다만, 감가상각 후 수리비가 보험가액의 20%보다 적은 경우에는 보험가액의 20%를 손해액으로 평가하므로 3억원의 20%인 6천만원을 손해액으로 인정한다.

(2) 보험목적물별 지급보험금의 계산

  ① 건 물

    ㉠ 독립책임액

      ⓐ 갑 보험회사

        재조달가액담보특약에 가입되어 있으며, 보험가입금액 8억원이 재조달가액 10억원의 80% 해당액 이상이므로 재조달가액기준 손해액 4억원 전액이 독립책임액이 된다.

      ⓑ 을 보험회사

        장기화재보험으로 시가기준을 적용하며, 일부보험이므로 80% Co − Ins.가 적용된 비례식으로 산정한다.

        독립책임액 = 2.8억원 × 2억원 / (7억원 × 80%) = 1억원

    ㉡ 지급보험금

      각사의 독립책임액의 합계액 5억원이 손해액 4억원을 초과하므로 독립책임액의 합계액에 대한 각사의 독립책임액의 비율에 따라 비례 분담한다.

      갑 보험회사 = 4억원 × 4억원 / 5억원 = 3.2억원

      을 보험회사 = 4억원 × 1억원 / 5억원 = 8천만원

  ② 기 계

    ㉠ 독립책임액

      ⓐ 갑 보험회사

        보험가입금액 2.5억원이 재조달가액 5억원의 80% 해당액에 미달하므로 보험가입금액의 재조달가액에 대한 비율에 따라 비례보상한다.

        독립책임액 = 8천만원 × 2.5억원 / 5억원 = 4천만원

      ⓑ 을 보험회사

        장기화재보험으로 시가기준을 적용하며, 일부보험이므로 80% Co − Ins.가 적용된 비례식으로 산정한다.

        독립책임액 = 6천만원 × 1.2억원 / (3억원 × 80%) = 3천만원

    ㉡ 지급보험금

      각사의 독립책임액의 합계액이 재조달가액기준 손해액 8천만원에 미치지 못하므로 각사는 각각의 독립책임액을 보험금으로 지급한다.

③ **재고자산(갑 보험회사만 해당)**

지급보험금 = 2천만원 × 1.5억원 / 3억원 = 1천만원

④ **보험회사별 지급보험금의 합계액**

㉠ 갑 보험회사 = 건물 3.2억원 + 기계 4천만원 + 재고자산 1천만원 = 3.7억원

㉡ 을 보험회사 = 건물 8천만원 + 기계 3천만원 = 1.1억원

(3) 화재배상책임담보 특별약관의 지급보험금

① **배상책임 및 보상책임의 검토**

(주)○○전기의 종업원 홍길동은 화재사고의 가해자로서 민법 제750조의 과실책임에 의거 피해자인 (주)XX화학의 손해에 대해 일반불법행위책임을 지며, 사용자인 (주)○○전기는 민법 제756조에 의거 사용자책임을 진다. 따라서 (주)○○전기와 화재배상책임담보특별약관을 첨부한 화재보험계약에 따라 갑 보험회사는 (주)○○전기의 배상책임손해를 보상할 책임이 있다.

② **지급보험금의 계산**

손해액 = 공장복구비 1억원 + 휴업손실 2천만원 = 1.2억원

지급보험금 = 1.2억원 − 1백만원 = 1.19억원

(주)○○인쇄에서 공장 내에 설치된 선풍기 내부의 회로이상으로 추정되는 화재가 발생하여 건물과 동산에 손해가 발생하였다. 아래 주어진 조건을 참고하여 질문에 답하시오.

[보험가입사항]

보험회사	보험종목	보험목적물	보험가입금액
갑	공장화재보험	A동 건물	25억원
		B동 건물	
		A동 동산	10억원
을	장기화재보험	A동 건물	16억원
		A동 동산	15억원

[보험목적물별 보험가액 및 손해사항]

보험목적물	보험가액	손해액	잔존물제거비용
A동 건물	40억원	5억원	6천만원
B동 건물	10억원		
A동 동산	10억원	3억원	

갑, 을 보험회사가 지급하여야 할 보험금을 각각 산출과정을 명시하여 계산하시오.

(1) 보상책임 여부

화재보험은 목적물이 화재(벼락 포함)로 입은 직접손해, 소방손해, 피난손해를 담보하는 보험으로 위험보편의 원칙이 적용되어 화재의 원인 여하를 불문하고 화재로 인한 손해를 담보한다.

(2) 갑, 을 보험회사의 지급보험금 계산

① 건 물

　㉠ A동 건물의 보험가입금액

　　ⓐ 갑 보험회사의 포괄계약의 보험가입금액의 안분

　　　A동 = 25억원 × 40억원 / 50억원 = 20억원

　　　B동 = 25억원 × 10억원 / 50억원 = 5억원

　　ⓑ 을 보험회사 = 16억원

　㉡ A동 건물손해에 대한 지급보험금

　　갑 보험회사의 독립책임액 = 5억원 × 20억원 / 40억원 = 2.5억원

　　을 보험회사의 독립책임액 = 5억원 × 16억원 / (40억원 × 80%) = 2.5억원

　　손해액 5억원과 각사의 독립책임액의 합계액 5억원이 동일하므로 갑, 을 보험회사는 각각 2.5억원씩 지급한다.

② 동 산

동산의 경우에는 갑, 을 보험회사의 보험가입금액의 합계액이 보험가액을 초과하는 중복보험이면서 보험금계산식 또한 동일하므로 보험가입금액 비례분담방식에 의해 각각의 보험금을 분담한다.

　갑 보험회사 = 3억원 × 10억원 / 25억원 = 1.2억원

　을 보험회사 = 3억원 × 15억원 / 25억원 = 1.8억원

③ 잔존물제거비용

　갑 보험회사의 독립책임액 = 6천만원 × 20억원 / 40억원 = 3천만원

　을 보험회사의 독립책임액 = 6천만원 × 16억원 / (40억원 × 80%) = 3천만원

　손해액과 독립책임액의 합계액이 동일하여 각각 3천만원씩 지급하면 되는 것으로 보이나, 약관규정상 잔존물제거비용은 목적물손해액의 10%를 초과하여 지급할 수 없으므로 다음과 같이 분담한다.

　갑 보험회사의 분담액 = 5천만원 + 3천만원 / 6천만원 = 2천 5백만원

　을 보험회사의 분담액 = 5천만원 + 3천만원 / 6천만원 = 2천 5백만원

④ 갑, 을 보험회사의 지급보험금 합계액

　㉠ 갑 보험회사 = 건물 2.5억원 + 동산 1.2억원 + 잔존물제거비용 2천 5백만원

　　　= 3억 9천 5백만원

　㉡ 을 보험회사 = 건물 2.5억원 + 동산 1.8억원 + 잔존물제거비용 2천 5백만원

　　　= 4억 5천 5백만원

01 약관의 구성

1. 약관의 담보체계

패키지보험약관은 영문약관으로 재산종합위험담보, 기계위험담보, 기업휴지위험담보 및 일반배상책임위험담보의 4개 부문으로 구성되어 있다.

재산종합위험담보는 필수담보이며, 기타 위험담보는 임의담보사항이다. 다만, 기업휴지위험담보는 독립적으로 담보할 수 없고, 재산종합위험담보나 기계위험담보와 함께 담보하여야 한다.

2. 약관의 부분별 담보내용

(1) SectionⅠ : 재산종합위험담보(Property All Risks)

　① 담보대상 : 건물, 기계, 시설, 집기, 동산 등

　② 담보위험

　　㉠ 화재, 폭발, 풍・수재, 연기, 지진, 우박, 파손, 도난

　　㉡ 기타 면책위험을 제외한 모든 위험

(2) SectionⅡ : 기계위험담보(Machinery Breakdown)

　① 담보대상 : 기계장치, 기계설비

　② 담보위험

　　㉠ 기계적인 사고(재질, 설계, 조립결함 등)

　　㉡ 전기적인 사고(과부하, 단락 등)

　　㉢ 외래적 사고(종업원의 부주의, 기술부족 등)

　　㉣ 기타 면책위험을 제외한 모든 위험

(3) SectionⅢ : 기업휴지위험담보(Business Interruption)

　① 담보대상 : 재산종합 또는 기계위험담보 부문에서 보상하는 사고로 인하여 발생하는 기업휴지에 따른 상실이익 및 고정비

　② 담보위험 : 담보되는 물적손해로 인해 조업이 중단 또는 휴지됨으로써 발생되는 손해담보(매출액 감소로 인한 총이익상실액과 특별비용 담보)

(4) SectionⅣ : 일반배상책임위험담보(General Liability)

   ① 담보대상 : 제3자에 대한 배상책임

   ② 담보위험

      ㉠ 제3자에 대한 신체상해 및 재물손해에 대한 배상책임

      ㉡ 손해배상의 청구 또는 소송에 따른 법률비용 등

3. 약관의 총칙부분(공통적용사항)

(1) 일반면책(General Exclusion)

   ① 전쟁, 침략, 외적의 행위, 적대행위 또는 전쟁유사행위, 내란

   ② 모반, 민중봉기에 달하거나 그 일부로 간주되는 소요, 군사적 봉기, 반란, 혁명, 군사력 또는 찬탈자의 폭력

   ③ 어떤 조직에 대신하여 또는 관련하여 1인 또는 다수인이 행한 테러행위

   ④-㉠ 적법한 기관의 몰수, 국유화, 징발, 수용에 기인한 영구적 또는 일시적인 점유의 박탈

   ④-㉡ 타인에 의한 건물의 불법점유에 기인한 영구적 또는 일시적인 점유의 박탈. 단, 보험자는 점유박탈 이전에 발생한 손해에 대하여는 보상한다.

   ⑤ 공공기관의 명령에 의한 재물파괴

   ⑥ 핵무기 원료

   ⑦ 이온방사, 핵연료로 또는 그 핵연료 연소과정에서 나오는 핵폐기물로 인한 방사능오염

   ⑧ 피보험자 또는 그 대리인의 고의적 행위나 고의적 태만으로 인한 손해

(2) 일반조항(General Conditions)

   ① 조사(Inspection)

   보험자는 적절한 시기에 위험을 조사, 검토할 권리를 가지며, 피보험자는 보험자에게 위험평가에 필요한 자료 및 정보를 제공하여야 한다.

   ② 위험의 변경(Change in Risk)

   피보험자는 위험의 현저한 변경이 있는 때에는 보험자에게 지체 없이 서면으로 통지하여야 한다. 상황에 따라 필요한 경우 부보재물의 안전을 위하여 그 자신의 비용으로 추가적인 예방조치를 취하여야 한다.

   ③ 사고의 통지(Notice of Accidents)

   피보험자는 사고의 성격 및 규모를 서면으로 지체 없이 보험자에게 통지하여야 하고, 그의 능력 범위 내에서 손해의 규모를 최소화하기 위한 조치를 취하여야 하며, 손상된 보험목적물을 보전하여 보험자의 조사가 가능하도록 하여야 한다.

피보험자는 보험자가 요청하는 정보나 서면증빙을 제공하여야 하며, 도난으로 인한 손해의 경우 경찰서에 통지하여야 한다.

이 조항에 따른 통지 후 피보험자는 미화 25만 달러를 초과하지 않는 소규모손해에 대한 수리나 대체를 시행할 수 있다.

④ 중재(Appraisal)

피보험자와 보험자가 손해액에 대하여 합의하지 못할 경우, 손해액은 자격을 갖추고 이해관계가 없는 2인의 중재인에 의해 확인을 받을 수 있다.

보험자와 피보험자는 각각 1인의 중재인을 선정, 공동으로 손해액을 조사, 평가하되, 의견이 상이할 경우 그 차이를 심판인(umpire)에게 제출하며 그의 판정에 따라 손해액이 결정된다.

⑤ 손해의 분담(Contribution)

패키지보험에서 담보하는 사고가 발생할 때 동일한 손해를 담보하는 다른 보험이 있을 경우, 패키지보험 보험자는 그 손해의 보험금에 대한 각각의 비례적 부분 이상으로 책임을 부담하지 않는다.

⑥ 해지(Cancellation)

손해가 발생하기 전에는 피보험자의 요청에 의하여 언제든지 해지될 수 있으며, 또한 해당 보험 증권이 적용되는 나라의 법령이 허용하는 범위 내에서 보험자의 선택에 의해 30일 이전에 통보 함으로써 해지될 수 있다.

02 패키지증권 각 부문별 담보내용

1. 재산종합위험담보(Property All Risks Cover)

(1) 담보하는 손해(Scope of Cover)

이 증권의 보험기간 중에 명세서에 기재된 피보험자의 구내에서 이 증권에서 면책으로 하고 있지 않은 여하한 원인에 직접적으로 또한 전적으로 기인하여 보험의 목적에 급격하고도 우연하게 발생 한 직접적인 재물손해를 담보한다.

이 증권은 전위험담보방식(All Risks Cover)이므로 면책위험으로 규정되어 있지 않는 이상, 화재 를 포함한 모든 손인으로 인해 부보재물에 초래된 직접적, 물리적 파손, 멸실 손해를 보상한다.

(2) 특별면책사항(Special Exclusions)

① 면책위험

별도의 명시적 합의가 없는 한 이 보험은 직접, 간접을 불문하고 아래의 사항으로 기인 또는 관련하여 생긴 손해에 대하여는 보상하지 않는다.

ⓐ 누출, 오염, 오탁손해. 단, 부보재물에 발생한 직접적인 오염손해는 보상한다. 이때 피보험자는 최초의 재물손해일로부터 12개월 이내에 보험금 청구의사를 보험자에게 통지하여야 한다.

ⓑ 한계치를 초과한 의도적인 운전

ⓒ 소요, 노동쟁의, 지반토양의 전복 또는 침하

ⓓ 소모, 마모, 점진적인 악화, 고유의 성질 또는 하자

ⓔ 자연적인 발효, 감소, 증발

ⓕ 기계나 장비의 고장 또는 파열 누전 등 전기적 현상

ⓖ 결함의 수리나 대체(부보재물의 결함 자체를 교정하는 비용)

ⓗ 잔존물 제거 또는 청소비용(확장담보를 통해 담보)

ⓘ 용기 내 누출, 넘침, 제품의 소각

단, 위 면책사유가 원인이 되어 발생한 속발손해(ensuant destruction or damage) 또는 결과적 손해, 후발손해는 보상한다.

② 제외되는 목적물(Expected Property)

ⓐ 유가증권, 문서, 도면

ⓑ 건설, 조립, 철거, 시운전 중인 재물

ⓒ 자동차, 궤도차량, 해상 또는 항공용 운반구

ⓓ 동물, 새, 물고기 등의 생명체

ⓔ 입목 또는 재배 중인 곡물

ⓕ 토지, 도로, 철도, 차도, 활주로, 운하, 댐, 터널

ⓖ 지하재물. 단, 터널 및 그 내부의 파이프, 파잎 내의 수용물, 전기시설 및 기초 토목공사는 포함한다.

ⓗ 해상의 재물

ⓘ 운송 중인 상품이나 재물

ⓙ 가공, 생산 및 제조과정 중에 투입된 촉매 및 소모성재료

(3) 확장담보조항(Special Extensions)

① 잔존물제거 및 청소비용 담보(Debris Removal and Cost of Clean-up)

손해를 입은 보험목적의 잔존물을 피보험자의 구내로부터 제거하는데 합리적으로 소요된 비용을 보상한다. 증권에 별도로 설정한 한도액까지 실손보상하되, 재물손해와 합하여 보험가입금액을 초과하지 않는다.

이 확장담보에 따라 피보험자의 구내에서 직접적인 재물손해에 기인하여 발생한 청소비는 보상하지만, 그 구내의 지상 또는 지하의 물, 흙 또는 기타 물질을 제거하거나 오염을 제거 또는 오탁을 원상회복하는 비용은 보상하지 않는다. 즉 배수·배토비용 및 오염물질제거비용에 대해서는 보상하지 않는다.

목적물손해가 면책금액을 적용함으로써 면책되는 경우에는 이 담보에서도 보상하지 않고, 피보험자가 재물손해일로부터 12개월 이내에 잔존물제거비용이나 청소비용을 청구할 의사를 보험자에게 통지하여야 할 것을 전제로 한다.

② 공권력 면책조항(Authorities Exclusion)

손해원인에 관계없이 공권력의 명령에 의해 피보험자가 부담하게 되는 손해나 비용, 벌과금은 보상하지 않는다.

③ 일시적인 철거위험담보(Temporary Removal)

청소, 개량, 수리 또는 유사한 목적으로 일시적으로 목적물의 이동 중, 이동된 곳에서의 위험을 담보한다. 반영구적인 철거는 보상하지 않으며, 이동범위는 대한민국 내로 제한된다. 또한 도로, 철도, 내륙수로를 통한 이동만 담보하고 항공 또는 해상운송은 해당되는 다른 보험으로 담보하여야 한다.

이 확장담보에서는 목적물을 철거하기 전 장소에서 손해가 발생하였을 때 보상받을 수 있는 금액을 초과하여 보상하지 않는다. 공장시설, 기계장치에만 적용되고, 재고동산이나 신탁재산에는 적용되지 않는다.

④ 추가재산조항(Capital Additions)

보험가입 당시 부보하지 않았던 건물, 기계 등이 계약 이후 추가로 신규 취득될 경우 동 신규취득재물을 일정한 보상한도 범위 내에서 담보한다. 단, 동종의 재물이 계약 당시 부보목적물로 존재하고 가입금액이 설정되어 있어야 한다.

피보험자는 추가재산명세서를 2개월 이내에 보험자에게 제출하고 추가보험료를 납입하여야 한다. 따라서 사고 당시 보험자에게 통보하지 않고 이미 2개월이 경과한 재물에 대해서는 보상하지 않는다.

⑤ 소규모공사조항(Minor Works)

가입명세서에 기재된 금액을 초과하지 않는 범위 내에서 피보험자가 소규모의 증축, 신축 또는 재건축공사를 시행하면 동 공사에서의 목적물에 발생한 물리적 손해를 담보한다. 단, 보통약관에서 담보되는 통상적인 유지관리를 위한 작업에 대해서는 담보하지 않는다.

동 공사에 관해 이를 담보하는 별도의 공사보험이 있을 경우, 공사보험에서 보상하는 손해를 초과하는 손해에 대해서만 보상한다. 따라서 증권에 기재된 보상한도액을 초과하는 공사의 경우, 반드시 별도로 공사보험에 가입할 필요가 있다.

이 확장담보에서 보상하는 것은 공사목적물 자체의 손해이다. 따라서 동 공사의 지연완공 등으로 입게 되는 예정이익의 상실은 보상하지 않는다.

⑥ 소방비용담보(Fire Fighting Expenses)

손해방지비용의 일부를 별도로 규정한 것으로 별도의 보상한도액을 기재한다. 소방, 진화에 소요된 자재비, 인건비 등을 보상한다.

⑦ 특별비용 담보(Expediting Expense)

재물손해수리비는 통상적인 수리방법에 의하여 발생한 비용을 보상함이 원칙이지만, 이 담보에서는 긴급수리나 임시적 수리가 필요한 경우 그에 소요되는 비용도 보상한다. 별도의 보상한도액을 설정하여 시간외수당, 야근수당, 휴일수당, 급행운임 등의 특별비용을 이 담보에 따라 보상하며, 기술보험과는 달리 항공운임도 보상한다.

⑧ 공공기관조항(Public Authorities)

담보하는 사고로 인하여 재산이 손해를 입어 복구하여야 할 경우, 이 복구와 관련된 제반규정, 법령을 따르기 위해 또는 그에 필요한 제반조치를 취함으로써 발생한 추가비용을 보상한다. 복구 작업은 사고발생 후 15개월 이내에 완료되어야 한다. 단, 15개월 이전에 보험자의 승낙이 있는 경우에는 예외로 하며, 복구 작업은 보상액이 증가되지 않는 한 일부 또는 전부를 다른 장소에서 시행할 수 있다.

다만, 다음의 경우에는 보상하지 않는다.
㉠ 손해가 본 조항의 효력이 개시되기 이전에 발생하였거나, 본 증권에서 담보하지 않는 경우
㉡ 손상을 입지 않은 재물에 대해 사고발생 이전에 시정조치 지시가 피보험자에게내려진 경우

⑨ 건축가, 조사자, 자문기술자(Architects, Surveyors & Consulting Engineers)

손해발생 후 복구에 필요하여 소요된 건축가, 조사자, 자문기술자 용역비용을 보상하되, 반드시 복구의 방법, 범위에 대해 전문가의 견해가 필요한 경우에만 보상한다. 기본보험증권상 보상한도액 내에서 보상한다.

⑩ 정전사고담보(Power Failure Extension)

패키지보험은 구내에서 발생하는 사고를 담보해주는 것을 원칙으로 하고 있기는 하지만, 손해사고의 발생이 반드시 구내이어야 한다는 것을 의미하는 것은 아니다. 예를 들면, 자연재해에 의한 사고 또는 인접건물의 화재로 인한 연소피해 등은 그 손해의 원인이 피보험구역 외에서 발생하였지만 보상된다.

정전사고로 인한 기계장치의 손상도 사고원인이 구외이지만 정전사고의 속발손해(ensuant destruction or damage)로 보아 재산종합위험담보에서 담보하는 것이 타당하다. 다만, 정전사고의 원인이 재물손해담보약관에서 담보하는 손인에 의한 것임을 전제로 하며, 전력공급자 또는 국가기관의 임의적인 제한송전의 결정, 강제단전 등에 의한 정전의 경우는 담보위험이 아니기 때문에 보상책임이 발생하지 않는다.

보통약관상 면책으로 규정되어 있지 않은 것을 동 확장담보로 규정한 것은 의미가 없을 수도 있지만, 동 확장담보에서는 보상한도액을 별도로 설정하고 있기 때문에 보험자의 보상책임액을 제한하는 측면에서는 의미가 있다.

> **심화TIP** 손해방지비용(Sue & Labour)
>
> 패키지보험 증권상에서 담보하는 손해가 발생한 경우 보험자는 발생한 손해를 최소화하기 위하여 손해발생 시 취해진 합리적이고도 즉각적인 조치의 결과로 인해 소요된 비용이나 손실에 대해 보상한다. 단, 이러한 비용이나 손실은 위험에 처한 목적물의 가액 및 보상한도액과 비교하여 적정한 수준이어야 한다. 또한 손해방지조치가 증권상에서 담보하지 않는 재물의 손해에도 취해진 경우에는 그 재물과 보험목적물의 가액의 비율에 따라 비례적으로 보상한다. 이 비용은 별도의 보상한도액을 설정하지 않고 목적물손해와 합하여 증권상의 보상한도액 내에서 보상한다.

(4) 재산종합위험담보부문의 특별조항

① 보상기준(Basis of Indemnification)

재고동산 이외의 모든 보험목적물은 전·분손 여부를 불문하고 재조달가액보상을 원칙으로 하지만, 반드시 12개월 이내에 재조달작업이 개시되어야 한다. 다만, 수리, 대체 등 복구를 포기한 경우에는 시가기준으로 보상한다.

공제금액(Deductible)은 비례보상 분수식을 적용한 이후의 금액에서 공제한다. 따라서 일부보험의 경우, 지급보험금은 다음 산식에 의해 산출하며 모든 목적물 손해 및 비용손해에 대한 보험금은 증권에 기재된 1사고당 한도액을 초과할 수 없다.

> 지급보험금 = 손해액 × 보험가입금액 / 사고시점의 재조달가액 − 공제금액 ≤ 보상한도액

② 공인가액평가(Certified Valuation)

일부보험의 경우 비례보상이 원칙이지만, 보험가입시 전문조사자에 의해 보험가액이 평가되고 그 금액을 보험가입금액으로 한 경우에는 사고발생시 재물손해에 대해 일부보험이 되더라도 비례보상을 적용하지 않고 실손보상한다는 조항이다. 재고동산은 제외되며, 일정한 추가보험료를 납입하여야 한다.

③ 재고동산의 평가, 통지, 정산(Valuation, Declaration, Adjustment)

재고자산의 가액평가는 사고시 최종보관 또는 가공시점의 제비용을 포함하며, 재조달시점의 동질품의 가치로 평가한다.

재고자산에 대한 통지 및 보험료 정산에 관한 절차는 다음과 같다.

㉠ 최초납부보험료는 추정보험료의 75%를 예치한다.

㉡ 가액은 매월 말일부터 30일 이내에 통지하고, 통지하지 않으면 최고보험가입 금액을 통보한 것으로 간주한다.

㉢ 보험기간 종료 후 연간 평균통지금액에 대해 연간요율을 적용하여 보험료를 최종 확정하고 최초 납부한 추정보험료와의 차액을 정산하는데, 환급금이 최초납 부보험료의 1/3을 넘으면 1/3까지만 환급한다.

㉣ 사고 후 잔여보험기간까지의 보험가입금액을 추가보험료 납부를 조건으로 복원하여 줄 수도 있다.

2. 기계위험담보(Machinery Breakdown)

(1) 담보하는 손해(Scope of Cover)

기계의 고장위험을 담보하며, 전위험담보방식을 취하고 있어 손해의 원인이 면책으로 정하여지지 않는 한 원칙적으로 보상한다. 여기서 고장이란 여러 가지 원인으로 인하여 재가동을 위해 수리나 대체가 필요한 급격하고도 우연한 재물손해를 말한다.

① 제작자결함

재질결함, 설계결함, 조립결함, 제작결함 등의 제작자위험(maker's risk)에 의한 부보목적물의 손상을 담보한다. 결함이 없는 부분에 초래된 손상은 물론 결함이 있는 부분 자체에 대한 손해도 보상한다.

단, 물리적인 손상을 야기하는 돌발적인 사고의 발생이 전제되어야 하며, 또한 기계의 결함은 보험계약자가 보험계약 이전부터 이미 알고 있는 것이 아니어야 한다.

② 기계적 사고

작업 중의 우연한 기계적 사고, 즉 진동, 잘못된 조정, 부품의 결합이 느슨해짐, 피로(파괴), 원심력, 비정상적인 스트레스, 윤활유의 부족, 수격현상, 국소적인 과열, 안정장치의 부작동, 연동되어 움직이는 다른 기계의 고장 등에 의한 사고를 담보한다.

③ 전기적 사고

과전압 또는 저전압, 절연의 실패, 단락, 누전, 아크, 정전기영향 등의 전기적 사고에 의한 손해를 담보한다.

이러한 전기적 사고는 화재발생 여부와는 상관없이 손상부에 대한 교체나 적절한 수리 없이는 보험목적물인 기계장치를 작동할 수 없는 상태일 것이 요구된다.

④ 작업자의 기술부족 등에 의한 사고

작업자의 기술부족, 작업자 또는 제3자의 과실행위 등 기계를 다루는 인력으로부터의 위험요소에 의한 사고를 담보한다.

⑤ 외부적 요인에 의한 사고

기계보험은 그 성질상 주로 기계 내부원인에 의한 손상을 담보하는 것이지만, 이 담보부문에서는 외부로부터의 어떤 물체의 낙하, 충격, 충돌 또는 이와 유사한 유입에 의한 손상도 담보한다.

⑥ 폭풍우(storm)로 인한 사고

기계보험은 통상 지진, 분화, 태풍, 홍수와 같은 자연재해(natural catastrophes)위험은 담보하지 않지만, 비교적 국지적이고 단기적인 자연재해라고 할 수 있는 폭풍우만큼은 예외적으로 담보하고 있다.

⑦ 정전사고(black – out)

정전사고 또한 별도로 정전사고특별담보(Power Failure Extension)를 첨부하지 않더라도 손해원인이 패키지보험에서 담보하는 위험으로 인한 것이라면 담보된다. 다만, 별도로 보상한도액을 설정하였다면, 보험자책임을 제한하는 정도의 의미는 있다.

⑧ 기타 면책으로 규정하지 않은 원인

패키지보험은 전위험담보방식을 취하고 있으므로 상기 담보위험 외에도 특별히 면책으로 규정하지 않은 손해원인을 담보한다.

(2) 면책사유

① 화재, 폭발, 도난 등

화재, 소화, 낙뢰, 폭발(화학적 폭발), 항공기 및 각종 비행기구 또는 그로부터의 낙하물, 건물의 도괴(붕괴), 절도 또는 그 예비적 행위로 인한 손해에 대해 보상하지 않는다. 이러한 손인은 대부분 재산종합위험담보부문에서 담보한다.

단, 보일러 연소가스배관에 잔류한 가연성 가스가 축적되어 있다가 폭발하게 되는 연도가스폭발(flue gas explosion)은 유형상 화학적 폭발에 가깝지만, 보일러의 고유한 위험 중 하나이기 때문에 기계보험에서 예외적으로 담보하고 있으며, 패키지보험에서도 이를 면책으로 규정하고 있지 않으므로 담보하는 손해로 보아야 한다.

② 일상적인 사용결과, 변형, 교정 등

ㄱ) 통상적인 자연소모, 누손, 파손(wear & tear)

일상적인 사용의 결과로 발생하는 자재나 기계부품의 마모, 녹슮, 보일러스케일 등 각종 침착물의 부착, 부식 및 화학적 요인 내지는 대기요인에 의한 악화, 도색이나 광택표면의 긁힘 등이다. 이들 손해는 통상적인 자연소모, 누손, 파손(wear & tear)에 해당하는 것으로 모든 보험에서 면책으로 하고 있다.

ㄴ) 결함에 대한 교정비용

점진적인 변형, 뒤틀림, 균열, 파절, 블리스터, 라미네이션, 결함 있는 배관의 접합부의 홈결, 그루빙 및 동 결함에 대한 교정비용이다. 단, 이 증권에서 담보하는 손해를 야기한 경우에는 보상한다.

ㄷ) 시운전위험

보험의 목적에 대한 성능시험이 성공적으로 끝나 충분한 기간 동안 실제용량의 100%로 운전되기 이전의 손해 및 시운전 동안의 사고에 직접적 또는 간접적으로 관련된 손해는 보상하지 않는다.

ㄹ) 의도적 과부하 가동, 비정상적인 실험 등에 의한 손해

안전한계치를 초과한 의도적인 과부하 가동, 검사 또는 실험행위로 인해 직접 또는 간접으로 초래되는 비정상적인 상태에 의해 야기된 손해에 대해서는 보상하지 않는다.

ㅁ) 간접손해

기계사고로 야기되는 일체의 사용손실 또는 가동불능손해 등은 보상하지 않는다(기업휴지손해담보부문의 담보위험).

ㅂ) 각종 자연재해나 수조장치의 누수 손해

지진, 해저지진, 조수, 침하, 사태, 암석낙하, 허리케인, 태풍, 사이클론, 화산의 분화 또는 기타 천재지변, 홍수, 침수 또는 수조로부터 누수된 물로 인한 손해는 보상하지 않는다(재산종합위험담보부문의 담보위험).

ㅅ) 피보험자나 그의 대리인의 고의적 행위나 중과실 등으로 인한 손해

피보험자 또는 그의 대리인의 고의행위 또는 중대한 과실에 의한 손해는 면책이다. 다만, 피보험자의 직원의 악행에 의한 손해는 담보한다.

ㅇ) 누출, 오염에 의한 손해

ⓐ 누출이나 오염에 의해 직접적 또는 간접적으로 기인된 기계장치의 손해 또는 사용손실

ⓑ 누출, 오염 또는 오탁물질의 제거, 중화 또는 청소비용. 단, 오염손해가 담보하는 보험사고로 인한 경우에는 보상된다.

ㅈ) 계약 이전의 결함(고지의무위반)

보험계약 체결 당시 보험회사에 알리지 않은 사항으로서 피보험자가 알고 있었던 결함 및 하자로 인하여 생긴 손해에 대하여는 보상하지 않는다.

ㅊ) 재산종합위험담보문의 담보위험

ㅋ) 기초공사부분에 대한 손해와 소모성 부품손해

이 부문하의 명세에 특별히 명기되어 포함되어 있지 않는 한, 기초공사와 석조물 부분에 발생한 손해 및 소모성 부품에 생긴 손해는 보상하지 않는다.

(3) 보상기준

패키지보험에서는 전손, 분손을 불문하고 재조달가액으로 보상한다. 다만, 손상재물을 수리나 대체시키지 않은 경우에는 시가로 보상한다.

또한, 일부보험인 경우에는 비례보상한다. 그리고 재조달비용의 결정시점에 관하여는 약관상 "지급보험금 결정시점을 재조달비용 결정시점으로 한다"고 규정하고 있다.

3. 기업휴지손해담보부문(Business Interruption)

(1) 담보하는 손해

재산종합 또는 기계위험 담보부문에서 담보하는 재물사고가 발생하여 이로 인해 조업이 중단 또는 휴지됨으로 인하여 발생하는 기업휴지손해를 보상한다.

① 총이익상실액(Loss of Gross Profit)

재물사고로 인한 조업의 중단은 종국적으로 기업의 매출액의 감소를 가져온다. 그에 따라 매출을 통해 회수되어야 할 고정성 경비와 기업이윤을 얻지 못하게 되는데, 이때 발생하는 기업의 손해를 총이익상실손해라 하고 이를 담보한다.

이와 같이 기업은 재물사고로 인한 고정성 경비와 이윤에 대한 보상이 이루어짐으로써 기업은 사고가 없었던 때와 마찬가지로 안정적인 기업활동을 지속할 수 있게 된다.

총이익상실액은 감소된 매출액에 대해 총이익의 비율을 곱하여 얻어지는데, 거기에서 사고로 인해 지출을 면한 고정성 경비를 공제하면 기업휴지담보부문에서 보상하는 총이익감소액이 산출된다. 물론 여기에 보험가입비율을 적용하여 최종적으로 지급할 보험금을 결정한다.

> 지급보험금
> = [(매출감소액 − 공제매출액) × 총이익률 − 지출을 면한 경상비] × 보험가입금액 / 보험가액

② 손해경감비용(Increase in Cost of Working)

피보험자에게는 사고 이후 복구가 완료될 때까지 조업이 중단된 상황에서 최대한 매출감소를 면하고자 필요한 노력을 기울여야 할 의무가 있다(손해방지의무).

이 의무에 따라 피보험자가 손해를 경감할 목적으로 취한 제반조치에 소요된 비용을 보상하며, 이때 보상하는 손해액은 손해경감조치를 취해서 얻어진 매출액에 총이익률을 곱하여 나온 금액과 실제 소요된 비용 중 낮은 금액에 가입비율을 곱한 금액이 된다.

> 지급보험금
> = (감소를 면한 매출액 × 총이익률)과 실제소요비용 중 낮은 금액 × 보험가입금액 / 보험가액

(2) 기업휴지손해의 보상요건

재산종합위험 또는 기계위험 담보부문에서 보험사고가 발생하고 이로 인해 물적 손해가 발생하게 되어 조업이 중단되고, 그 기업휴지기간 동안 매출액 감소에 따른 총이익상실 손해가 발생하여야 한다.

(3) 면책사항

① 건물, 구축물의 건축, 수리를 요구하는 국가 내지는 지방자치단체 등의 명령 또는 법에 따르는 동안의 휴지손해

② 리스, 면허, 계약, 주문 등의 정지, 소멸, 취소에 따른 손해

③ 복구공사에 방해 내지는 영향을 끼치는 쟁의행위에 의해 늘어난 손해

④ 복구공사의 진행과정에서 어떤 사정으로 인해 발생하는 기업휴지손해, 즉 공사가 지연됨으로 인해 발생하는 예정이익의 상실손해는 보상하지 않는다.

(4) 특별조항(Special Provisions)

① 다른 사업장으로부터의 이득공제(Benefits from Other Premises)

이 조항은 Alternative Trading Clause라고도 하는데, 피보험자에게 사고사업장 이외의 사업장이 있고 그러한 사업장에서 복구기간 동안에 매출이 유지되고 있었다면, 피보험자의 기업휴지보험금을 산정할 때 다른 사업장에서 얻은 매출액도 감안하여 매출감소액을 산정하여야 한다는 조항이다(이득금지의 원칙).

다른 사업장으로부터의 이득공제조항은 대체적으로 연결재무제표를 사용하는 모기업과 자회사들 사이에 적용될 수 있으며, 그러기 위해서는 증권에 모기업과 자회사가 같이 피보험자로 기재되어야 하고, 모기업의 사업실적은 각 자회사의 실적을 집계하는 방식으로 평가되어야 한다.

제3과목 책임·화재·기술보험 등의 이론과 실무

② 상대적 중요도(Relative Importance)

이 조항은 기계사고로 인한 기업휴지손해담보에 적용되는 조항인데, 보험계약시 각 기계마다 매출액에 대한 기여도를 증권에 설정하고 나중에 사고가 발생하면 그 기계의 실제기여도를 평가하여 그 평가값이 증권기재 기여도보다 높을 경우 실제기여도에 대한 증권기재 기여도의 비율에 따라 비례보상한다는 조항이다.

③ 사업단위별 손해사정조항(Departmental Clause)

기업휴지손해를 산정할 때 각 사업단위별로 평가하여 실제 매출감소가 일어난 사업부분만을 고려하여 해당 총이익상실액을 보험금으로 지급하여야 한다는 조항이다.

④ 보험가입금액의 복원(Reinstatement of Sum Insured)

기업휴지위험담보부문의 보험가입금액은 특별한 사정이 없는 한 사고시점에 원래대로 복원되는데, 이때 피보험자는 별도로 복원보험료를 납부하여야 한다. 따라서 사실상 자동복원주의계약이 아니라 체감주의계약이라 할 수 있다.

⑤ 기록의 보존(Safe Keeping of Records)

피보험자는 재고자산명세서, 제조원가명세서 및 재무상태표 등의 모든 영업실적에 관한 자료들을 최소한 3년간 안전하게 보존하여야 할 의무가 있다.

⑥ 손해입증자료의 제출(Furnishment of Relevant Documents)

손해사고가 발생하면 피보험자는 복구기간 등이 종료한 후 30일 이내에 손해사정을 위해 필요한 관련정보와 자료를 제공하여야 한다.

(5) 추가조건(Additional Memoranda)

① 누적재고조항(Accumulated Stock)

피보험자에 따라 완성품재고가 상당하여 이를 판매함으로써 사고로 조업에 차질이 생겼지만 일정시점까지는 전체적인 매출 수준이 유지되는 경우가 있을 수 있다.

즉, 사고 이후 일정기간이 지난 후 본격적인 매출감소가 시작되었고 복구공사가 완료되기 전에 약정담보기간이 종료하였다고 하면 사실상 그 기업은 상당한 재고로 인해 매출감소를 면한 것이 된다. 이와 같이 누적재고로 인해 매출감소를 면한 경우, 기업휴지손해 보험금 산정시 누적재고의 소진을 통해 감소를 면한 매출액 상당액을 감안하여야 한다는 조항이다.

② 구외동력시설의 파손으로 인한 기업휴지손해담보(Off Premise Power)

피보험자가 조업상 의존하고 있는 구외전력시설, 가스시설 및 공업용수를 공급하는 시설에 패키지보험에서 담보하는 재산종합사고 또는 기계보험사고가 생긴 경우 피보험자의 구내에서 발생하는 기업휴지손해를 보상하는 확장담보조항이다.

구외동력시설에 발생한 사고가 패키지보험에서 담보하는 사고이어야 보상되며, 동 시설을 관리하는 주체가 임의로 공급중단결정을 내리거나 파산 등으로 공급능력을 상실하였거나 정부 등의 공권력에 의해 공급중단이 내려진 경우에는 적용되지 않는다.

일례로, 정전사고의 경우를 보면, 우선 정전사고가 생산라인의 기계 등의 손상을 초래한 경우에는 당연히 보통약관상 기업휴지손해가 보상되지만, 오로지 전기 공급중단사유만으로 조업이 중단된 상태라면 이 추가약관에 따라 기업휴지손해가 보상된다.

③ 고객업체의 사고로 인한 기업휴지손해 확장담보(Customer Extension)

피보험자의 고객업체가 재산종합 또는 기계보험사고로 조업이 중단됨으로써 피보험자의 제품을 구입할 수 없게 됨에 따라 피보험자에게 발생하는 간접기업휴지손해를 확장 담보하는 조항이다. 고객업체의 명단, 매출의존도, 보상한도액을 각각 별도로 설정하여 담보한다.

4. 일반배상책임담보부문(General Liability)

(1) 의 의

주로 피보험자의 일반적인 업무활동과 보유재물로 말미암아 발생한 제3자에 대한 배상책임을 담보하고, 별도의 보험가입금액을 설정하면 생산물배상책임, 사용자배상책임 등도 담보한다.

(2) 담보범위(Scope of Cover)

① 신체장해 및 재물손해에 대한 배상책임

피보험자가 보험기간 중 증권상의 담보지역 내에서 제3자에 대해 신체장해 및 재물손해를 입힘으로써 발생하는 법률상의 배상책임손해를 담보한다.

신체장해 손해는 신체장해로 인한 간호, 휴업손실 및 사망으로 청구되는 손해배상책임을 포함한다. 또한 물리적으로 손상되지 않은 유체물의 사용불능으로 인한 간접손해인 재물손해는 그 사고의 원인이 발생한 때를 사고의 시점으로 간주한다.

② 추가지급조항(Supplementary Payments)

㉠ 회사가 지출한 모든 비용

㉡ 증권상의 보상한도액 이내의 보증금액에 대한 압류해제보증보험료

㉢ 회사의 요청에 따라 조사 또는 손해배상청구 및 소송에 대한 방어에 협조하는데 소요된 비용과 결근으로 인한 소득상실을 1일 100불 범위 내에서 보상

㉣ 피보험자에게 부과된 모든 소송비용

㉤ 판결확정 후에 발생하는 판결금액에 대한 이자 등

(3) 보상하지 않는 손해

① 피보험자가 예기하였거나 고의로 발생한 신체장해 또는 재물손해

② 전쟁, 내란, 폭동, 반란, 혁명 등에 의한 배상책임

③ 벌금, 과태료, 징벌적 손해 등

④ 계약에 의해 가중된 배상책임

⑤ 공해물질의 배출, 확산, 방출 또는 유출에 따른 신체장해나 재물손해

⑥ 핵물질 관련 배상책임

⑦ 피보험자의 근로자가 업무수행 중 그 업무에 기인하여 입은 신체장해 및 그 결과로 가족에게 생긴 손해

⑧ 근로자재해보상, 실업에 관한 법률 기타 유사한 법률에 따라 피보험자가 부담하는 책임

⑨ 의무배상책임보험으로 보상받을 수 있는 금액

⑩ 피보험자의 생산물에 기인하여 피보험자의 생산물에 끼친 재물손해

⑪ 자동차, 항공기, 선박 또는 전문직업위험으로 인한 배상책임 등

(4) 확장담보

① 오염배상책임담보(Pollution Liability)

급격하고도 우연하게 발생한 오염물질의 누출로 인한 배상책임 및 정부의 지시나 요구에 의해서 오염물질을 제거하거나 독성제거 또는 중화시키는데 발생한 비용을 보상한다.

② 고용주배상책임담보(Employer's Liability)

피보험자의 근로자가 피보험자의 업무에 종사 중 입은 신체장해로 인하여 발생한 배상책임을 담보하며, 근로재해보상금을 초과하는 민사상의 손해배상금을 담보한다.

③ 교차배상책임담보(Cross Liability)

피보험자들 사이에 발생하는 서로간의 배상책임을 담보한다. 단, 어떠한 경우에도 도급업자와 하도급업자 사이에서 발생하는 교차배상책임은 담보하지 않는다.

④ 구외선박배상책임담보(Watercraft Off-premises Liability)

기명피보험자가 소유, 운행, 임차하고 있는 선박이나 기명피보험자의 피고용인이 운용하는 다른 선박의 소유, 유지, 운행, 양하작업으로 발생하는 제3자에 대한 신체장해나 재물손해로 인한 피보험자의 배상책임을 담보한다.

(5) 용어해설

① 담보계약(Insured Contract)

배상책임보험계약에서 계약상 배상책임은 담보하지 않는 것이 원칙이지만, 법률상 배상책임과 동일하게 취급될 정도로 사회적으로 보편화, 일반화된 정형적인 계약의 경우 특별히 예외적으로 담보하기로 정한 계약을 담보계약이라 한다.

이러한 담보계약에는 시설임대차계약, 지역권계약, 지방자치단체의 조례, 철도지선 사용계약, 엘리베이터 관리계약 등이 이에 해당한다.

② 손상재물(Impaired Property)

손상재물이란 아래의 사유로 사용할 수 없거나 실용성이 감소된 피보험자의 생산물 또는 작업 이외의 유체재물을 말한다.

㉠ 제품에 결함이 있는 경우

㉡ 부적절, 성능미달이나 위험한 부품이 있는 경우

㉢ 작업이 계약이나 합의조건을 충족시키지 못해서 제품이나 작업의 수리, 대체, 조정, 제거가 필요하거나 계약조건의 충족에 의해서만 다시 사용될 수 있는 경우

이와 같은 손상재물인 상태는 아직 재물손해가 발생한 것이 아니라고 본다. 다른 재물에 실제로 물리적인 손상을 입힌 것도 아니고 결함 있는 부분의 제거, 약속한 행위의 이행 등으로 전체적인 장해상태가 제거, 교정될 수 있기 때문이다. 그러한 이유로 생산물배상책임보험에서는 주요한 면책사유의 하나로 규정하고 있는 것이다.

03 사례문제

예제 1

A보험사에 패키지보험을 가입하고 있는 Y물산에서 원인미상의 화재가 발생하여 공장동과 창고동 건물 및 공장동 내부의 기계가 소실되었다. Y물산은 화재사고의 피해복구를 신속히 진행하여 4개월 만에 원상복구 후 정상매출을 회복하게 되었다. 다만, 그동안 활용도가 낮았던 창고동 건물은 복구를 포기하기로 결정하였다. 아래의 보험계약사항 및 손해조사사항을 참고하여 A보험사가 Y물산에게 지급하여야 할 보험금을 계산하시오.

[보험계약사항]
• Section I
  건물가입금액 1,200억원(공장동 1,000억원, 창고동 200억원)
  기계가입금액 1,000억원, 공제금액 10억원
• SectionIII
  가입금액 2,000억원, 보상기간 12개월, 공제기간 1개월

[손해조사사항]
• Section I
  공장동 건물 : 재조달가액 2,000억원, 시가 1,000억원
                손해액 100억원, 잔존물 10억원
  창고동 건물 : 재조달가액 200억원, 시가 110억원
                손해액 전손, 잔존물 없음
• SectionIII
  기업휴지 : 연매출액 6,000억원, 보험가액 3,000억원, 영업이익 1,000억원
              영업외이익 1,000억원, 총이익상실액(매월) 30억원

(1) 보상책임의 검토

국내에서 사용되고 있는 패키지보험은 재산종합위험(PAR), 기계위험(MB), 기업휴지위험(BI), 배상책임위험(GL)의 4개 부문으로 구성되어 있다. 재산종합위험담보는 필수이고, 기타 담보는 임의담보이며, 기업휴지위험은 독립적으로 담보할 수 없고 재산종합위험이나 기계위험과 함께 담보된다.

패키지보험은 면책위험을 제외한 전위험담보방식의 약관이므로 약관에 면책위험으로 명시적으로 규정되어 있지 않는 한 보험자는 보상책임을 면할 수 없다. 사례의 원인미상의 화재사고도 면책위험에 해당되지 않으므로 보험자는 보상책임을 져야 하며, 화재사고는 Section Ⅰ에서 담보되는 사고이므로 SectionⅢ도 담보된다.

(2) Section Ⅰ에서의 지급보험금의 계산

패키지보험은 목적물손해에 대해 전·분손을 불문하고 재조달가액을 기준으로 지급보험금을 산정한다(단, 재고동산은 제외). 다만, 재조달이 이루어지지 않는 경우에는 시가를 기준으로 산정한다.

지급보험금 산정시 잔존물가액은 손해액에서 공제하며, 공제금액(Deductible)은 보험금을 계산한 후 금액에서 공제하되 부문별로 한 번씩만 적용한다.

① 공장동 건물

지급보험금 = (손해액 − 잔존물가액) × 보험가입금액 / 재조달가액

= (100억원 − 10억원) × 1,000억원 / 2,000억원 = 45억원

② 창고동 건물

창고동 건물은 전손이 발생하여 복구를 포기하였으므로 시가기준 손해액 110억원을 보상한다.

③ 지급보험금 = 45억원 + 110억원 − 10억원 = 145억원

(3) SectionⅢ에서의 지급보험금의 계산

공제기간 적용 후 손해액에 총이익률 및 부보비율을 곱하여 지급보험금을 산정한다.

공제기간 적용 후 손해액 = 30억원 × (4개월 − 1개월) = 90억원

지급보험금 = 공제기간 적용 후 손해액 × 총이익률 × 보험가입금액 / 보험가액

= 90억원 × 1,000억원 / 6,000억원 × 2,000억원 / 3,000억원 = 10억원

(4) 지급보험금 총액

145억원 + 10억원 = 155억원

(주)서울화학은 2008년 5월 1일 10시경 공장을 정상가동 중에 콤프레샤의 압축공기탱크가 폭발하여 공장동 건물이 무너지고, 콤프레샤 기계가 파손되는 사고가 발생하였다. 이로 인해 (주)서울화학은 2개월간 공장가동이 중단되었으며, 파손된 기계부품이 공장외부로 날아가 A전자의 건물외벽을 파손시켰다. 국립과학수사연구소와 관계당국은 이번 사고의 원인으로 콤프레샤 압축공기탱크의 내부압력이 증가하여 콤프레샤 기계가 파손된 것으로 분석하고 있다. (주)서울화학은 B보험회사의 패키지보험에 가입되어 있다. 아래의 조건을 참고하여 다음 사항에 답하시오.

[보험계약사항]

(1) 보험기간 : 2008.2.1. ~ 2009.2.1.

(2) 보험계약조건

    ① Section I (PAR)

        보험가입금액 : 공장동 건물 100억원, 콤프레샤 기계 30억원 / 기초공제액 : 2억원

    ② Section II (MB)

        보험가입금액 : 콤프레샤 기계 30억원 / 기초공제액 : 1억원

    ③ Section III(BI/MLOP 모두 가입)

        보험가입금액 : 200억원 / 보상기간 : 6개월 / 면책기간 : 30일

    ④ Section IV(GL)

        보상기준 : 사고발생기준 / 보상한도액 : 5억원 / 기초공제액 : 1억원

[손해조사내역]

(1) 콤프레샤 기계손해

    구입년도 : 2005년 4월, 재조달가액 : 60억원, 시가 : 45억원

    기계수리비용 : 8억원

(2) 공장동 손해

    신축년도 : 2000년 9월, 재조달가액 : 125억원, 시가 : 80억원

    건물복구비용 : 27억원, 잔존물가액 : 2억원

(3) A전자의 건물외벽 파손손해

    신축년도 : 1980년 2월, 재조달가액 : 200억원, 시가 : 140억원

    건물외벽수리비용 : 4억원

(4) 공장가동 중단으로 인한 매출손해

    매출감소액 : 60억원(면책기간 공제 후 매출감소액임)

    총이익률 : 60%, 지출되지 않은 보험가입경상비 : 3억원

    보험가액 : 300억원

(1) **보상책임의 검토**

패키지보험은 면책위험을 제외한 전위험담보방식의 약관이므로 약관에 면책위험으로 명시적으로 규정되어 있지 않는 한 모든 위험에 대해 포괄 담보한다.

사안의 경우 콤프레샤의 압축공기탱크 폭발사고는 물리적 폭발사고로 Section Ⅱ(MB)에서 담보하는 위험이며, Section Ⅰ(PAR)에서는 면책위험에 해당한다. 또한 Section Ⅱ(MB)에서 담보하는 사고이므로 Section Ⅲ(BI)에서도 담보하며, A전자에 대한 배상책임손해는 Section Ⅳ(GL)에서 담보한다.

단, Section Ⅰ(PAR)에서는 압축공기탱크 폭발사고로 인한 콤프레샤 기계손해만 면책되는 것이고, 그 폭발사고로 인해 Section Ⅰ(PAR)의 다른 목적물에 생긴 손해는 폭발사고의 후발손해(ensuant damage)로서 보상한다.

(2) **Section별 지급보험금의 계산**

① **Section Ⅰ(PAR)에서의 지급보험금**

= (손해액 − 잔존물가액) × 보험가입금액 / 재조달가액 − 공제금액
= (27억원 − 2억원) × 100억원 / 125억원 − 2억원 = 18억원

② **Section Ⅱ(MB)에서의 지급보험금**

= (손해액 − 잔존물가액) × 보험가입금액 / 재조달가액 − 공제금액
= (8억원 − 0원) × 30억원 / 60억원 − 1억원 = 3억원

③ **Section Ⅲ(BI)에서의 지급보험금**

= (매출감소액 × 총이익률 − 지출을 면한 보험가입경상비) × 보험가입금액 / 보험가액
= (60억원 × 60% − 3억원) × 200억원 / 300억원 = 22억원

④ **Section Ⅳ(GL)에서의 지급보험금**

= 손해액 − 공제금액(≤ 보상한도액)
= 4억원 − 1억원 = 3억원

⑤ **지급보험금 합계액**

18억원 + 3억원 + 22억원 + 3억원 = 46억원

(주)ABC전자는 2011년 7월 1일 집중호우를 동반한 태풍 비둘기의 영향으로 공장건물 및 부속창고의 일부가 파손되고, 공장건물 내에 수용되어 있던 기계에 침수피해를 입었다. 아래의 제 조건을 참고하여 갑 보험사가 (주)ABC전자에게 지급하여야 할 보험금을 산출과정을 명시하여 계산하시오.

[보험목적물별 재조달가액 및 손해현황]

보험목적물	재조달가액	재조달가기준 손해액
건 물	800억원	64억원
기 계	400억원	16억원

[확장담보관련 소요비용]
- 공장건물의 잔존물을 제거하고 청소하는데 소요된 비용 : 3억원
- 부속창고 복구비용 : 2.5억원(부속창고는 2011년 4월 25일 취득하였으며, 사고일에 그 취득내용을 보험사에 통보함)
- 공장건물을 복구하면서 지급한 시간외수당 및 휴일수당 : 2억원
- 제조사로부터 기계부품을 긴급히 수송하는데 소요된 항공비용 : 2천만원
- 공장건물의 구조안전진단을 위해 건축기술사에게 지급한 비용 : 1천만원
- 공장건물의 추가붕괴손해를 방지하기 위해 소요된 합리적인 비용 : 3.8억원

[(주)ABC전자가 갑 보험사에 가입한 보험계약사항]
(1) The Insured   : (주)ABC전자
(2) Risk   : Section I (PAR) & Section II (MB)
(3) Policy Period   : 2011.1.1. ~ 2012.1.1.
(4) T.S.I /LO   : Section I (PAR) / Building & Machinery   : ₩60,000,000,000
　　　　　　　　　　Section II (MB) / Machinery   : ₩10,000,000,000
(5) Terms & Conditions
　　① General Conditions
　　　　• Korea Package Insurance Policy Form with Section I (PAR) & II (MB)
　　　　• Millenium Exclusion Clause
　　　　• Exclusion of Sabotage & Terrorism
　　　　• Exclusion of Strike, Riot & Civil Commotion
　　② Special Extensions & Provisions Applicable to Section I (PAR)
　　　　• Debris Removal & Cost of Clean up Extension
　　　　　　　　　　　　: Applied with limit of 10% of the Claim Amount
　　　　• Capital Additions   : Applied with limit of ₩1,000,000,000 - e.e.l
　　　　• Fire Fighting Expenses   : Not Applied
　　　　• Expediting Expenses   : Applied with limit of ₩300,000,000 - e.e.l
　　　　• Sue & Labour   : Applied
　　　　• 80% Co-Insurance Clause

- Architects, Surveyors & Consulting Engineers : Not Applied
- Basis of Indemnification : Replacement Cost Value Basis & Average Clause

  ※ Incorporated : If the Sum Insured at the time of occurrence of loss or damage is less than the Replacement Cost value, loss payment shall be made in such proportion as the sum insured bears to the Replacement Cost Value.

- Deductible : ₩100,000,000 − e.e.l

③ Special Extensions & Provisions Applicable to Section Ⅱ(MB)
- Basis of Indemnification : Replacement Cost Value Basis & Average Clause
- Deductible : ₩1,000,000 − e.e.l

[기타 관련사항]
○ 재보험 출재사항
- 을 재보험사에 임의재보험(Direct Fac) 출재 : 50%
- 병을 포함한 5개의 재보험사에 비비례특약재보험(Property XOL) 출재
  (RISK XOL : 보유 10억원 초과 1,000억원 한도)
○ 확장담보조항은 실제소요비용을 보상한도액 내에서 보상함.

풀 이

1. 갑 보험사가 ABC전자(주)에게 지급하여야 할 보험금
   (1) 목적물별 지급보험금의 계산
   ① 보상책임의 검토
      패키지보험에서 담보하는 위험은 SectionⅠ(PAR), SectionⅡ(MB), SectionⅢ(BI), SectionⅣ(GL)로 구분하고 있고, 또한 각 부문은 면책위험을 제외한 전위험담보방식의 형식을 취하고 있어 담보의 중복 및 누락을 방지하고 있다. 사안의 경우 태풍에 의한 보험목적물의 파손 및 침수피해는 SectionⅠ(PAR)에서 담보하는 위험에 해당하고, SectionⅡ(MB)에서는 면책위험에 해당한다.
   ② 목적물별 지급보험금
      담보계약인 SectionⅠ(PAR)에서 건물과 기계를 포괄하여 계약하고 있으므로 각각의 재조달가액을 기준으로 보험가입금액을 안분한 다음, 그 안분된 보험가입금액을 기준으로 각각의 지급보험금을 산정한다.
      ㉠ 보험가입금액의 안분
         건물 = 600억원 × 800억원 / 1,200억원 = 400억원
         기계 = 600억원 × 400억원 / 1,200억원 = 200억원
      ㉡ 지급보험금
         건물 = 64억원 × 400억원 / (800억원 × 80%) = 40억원
         기계 = 16억원 × 200억원 / (400억원 × 80%) = 10억원

   (2) 확장담보별 지급보험금
   ① 잔존물제거청소비용(Debris Removal & Cost of Clean − up)
      손해를 입은 보험목적물의 잔존물을 피보험자의 구내로부터 제거하는데 소요된 합리적인 비용을 증권에 설정한 보상한도액까지 실손보상하되, 재물손해와 합하여 보험가입금액을 초과할 수 없다.

사례에서는 공장건물의 잔존물을 제거하고 청소하는데 소요된 비용이라고 하고 있으므로 보상한도액은 공장건물 손해액의 10%로 정한다.

보상한도액 : 손해액 64억원의 10%인 6.4억원

지급보험금 : 소요비용 3억원 전액

② 추가재산조항(Capital Additions)

가입 당시에 부보되지 않은 신규로 취득하거나 다른 장소에서 이 보험의 담보구내로 이전한 건물, 기계장치, 공장설비에 발생한 손해를 확장담보하며, 집기비품이나 재고동산은 제외된다.

담보의 전제조건으로 추가재산에 대한 명세를 취득일로부터 2개월 이내에 제출하여야 하는데, 사안의 경우 부속창고는 2011년 4월 25일 취득하고 통보를 취득일로부터 2개월이 지난 2011년 7월 1일 하였으므로 부속창고 복구비용은 담보되지 않는다.

③ 특별비용(Expediting Expense)

보험기간 중 담보위험으로 인하여 목적물에 손해가 발생한 경우 시간외수당, 야근수당, 휴일수당, 급행운임, 기타 긴급한 수송에 소요되는 비용을 포함하여 손해목적물의 임시적인 수리나 긴급한 수리 또는 대체에 합리적으로 소요된 추가비용을 별도의 보상한도액을 설정하여 보상한다(항공운임 포함).

지급보험금 = 시간외수당 및 휴일수당 2억원 + 긴급수송 항공비용 2천만원
= 2억 2천만원(보험가입금액이 3억원이므로 2억 2천만원 전액 보상)

④ 건축가, 조사자, 자문기술자 용역비용(Architects, Surveyors & Consulting Engineers) : 부담보조건

⑤ 손해방지비용(Sue & Labour)

이 증권에서 담보하는 손해가 발생한 경우 손해를 방지하고 최소화하기 위해 소요된 합리적인 비용을 보상한다. 별도의 보상한도액을 설정하지 않으며, 목적물손해와 합하여 보험가입금액을 초과하더라도 보상한다. 사안의 경우 추가붕괴손해를 방지하기 위해 소요된 합리적인 비용인 3.8억원은 손해방지비용으로 전액 보상한다.

(3) 지급보험금 합계액

목적물손해(건물 및 기계손해) 50억원 + 각종 비용손해 9억원 − 공제금액 1억원 = 58억원

2. 갑 보험사가 재보험사로부터 회수 가능한 재보험금 및 각 재보험에 대한 약술

① 임의재보험

임의재보험(Facultative Reinsurance)은 가장 오래된 재보험방법으로 원보험자가 그 인수한 위험에 대하여 위험의 분산이 필요한가를 개별적으로 판단하여 재보험을 필요로 하는 개별계약마다 재보험자에게 임의로 재보험청약을 하고, 재보험자는 원보험자가 보험계약의 인수 여부를 결정하는 것과 같이 각각의 재보험청약에 대하여 인수 여부를 결정하는 재보험이다. 을 재보험사에 임의재보험을 50% 출재하였으므로, 아래와 같이 출재율만큼 재보험금을 회수할 수 있다.

재보험금 회수액 = 58억원 × 50% = 29억원

② 비비례특약재보험

비비례적 재보험(Non-Proportional Reinsurance)은 원보험계약에 발생하는 사고로 인한 손해액을 기준으로 원보험자와 재보험자의 책임이 분담되는 재보험으로 초과손해액재보험특약(Excess of Loss Reinsurance Treaty)과 초과손해율재보험특약(Excess of Loss Ratio Reinsurance Treaty ; Stop Loss Cover)이 있다. 임의재보험금 29억원을 공제한 나머지 보유손해액에서 10억을 초과하는 손해를 1,000억원 한도로 보상하는 바 아래 재보험금을 회수할 수 있다.

재보험금 회수액 = 29억원 − 10억원 = 19억원

01　약관의 내용

1. 담보위험

건설공사는 크게 빌딩공사, 도로공사, 터널공사, 댐공사 등의 4가지로 분류할 수 있다. 건설현장에서 발생할 수 있는 재해로 인한 손해에는 공사물건에 대한 물적 손해, 근로자의 신체적인 손해 및 제3자에 대한 법률상의 배상책임손해 등이 있다.

건설공사보험은 토목공사 또는 건축공사 중에 발생하는 급격하고도 우연한 사고로 인해 공사목적물에 발생하는 물리적 손실을 담보하는 보험이다.

한편, 피보험자는 기본담보인 공사목적물 손해 외에도 기본담보에 추가하여 별도의 가입금액을 설정함으로써 공사용 장치 및 장비, 건설기계, 잔존물제거비용 등을 담보 받을 수 있고, 제3자 배상책임담보(Third Party Liability)도 선택적으로 가입하여 담보 받을 수 있다. 다만, 주위재산담보는 별도의 특별약관을 첨부하여야 담보 받을 수 있다.

참고로 공사보험의 주요한 손해원인으로는 폭발(Explosion), 붕괴(Collapse), 지하매설물손해 (Underground Property Damage)가 있는데, 이를 X.C.U Hazard라 한다.

2. 보험의 목적

건설공사보험의 보험의 목적은 건축공사, 토목공사 및 이와 관련되는 건물, 구축물, 부대설비 등의 공사목적물과 비계, 거푸집, 가설사무소, 가설도로 등의 공사가설물 등이다. 다만, ① 서류, 설계도면, 장부, 계산서, ② 현금, 인지, 채권, 유가증권, ③ 차량, 선박, 항공기, ④ 촉매, 냉매, 윤활유 등은 보험의 목적에서 제외된다.

3. 책임기간

공사의 개시 또는 보험의 목적이 건설현장에 하역이 끝난 직후부터 시작되어 공사가 완료되어 공사목적물이 발주자에게 인도될 때 끝난다. 따라서 조립보험과 마찬가지로 공사목적물이 건설현장에 하역이 완료되기 이전에 사고가 발생하면 보상하지 않는다. 즉, 공사목적물의 하역까지의 운송위험은 담보되지 않는다.

공사목적물의 일부 또는 전부가 발주자에게 인도되거나 사용되기 시작한 때에는 보험기간이 종료되기 전이라도 담보책임이 소멸된다. 조립보험과 달리 시운전에 대한 담보는 없으며, 필요한 경우 시운전담보 특별약관을 첨부하여 담보받을 수 있다.

4. 피보험자

(1) 공사물건부분

통상적으로 해당 공사에 관련되는 모든 자를 피보험자로 하여 증권에 기재한다. 주로 발주자, 시공업자, 하도급업자, 납품업자 등이며, 간혹 대주단(은행, 펀드 등)도 피보험자로 기재되는 경우도 있다. 중요한 것은 이들 모두가 가지고 있는 각자의 고유한 위험까지 담보되는 것이 아니라 해당 공사와 관련성이 있는 공통적인 위험, 즉 공사작업수행과 관련된 위험에 대해서만 담보된다는 것이다.

(2) 제3자 배상책임부분

건설공사에 기인된 사고로 제3자에게 인명피해나 재물피해를 입힘으로써 배상책임을 부담하여야 하는 자를 피보험자로 하는데, 발주자, 원·부자재공급업자, 기술자문역, 하도급업자 등 공사에 관련되는 모든 사람이 피보험자가 될 수 있다. 피보험자 상호간에 발생하는 배상책임에 대해서는 교차배상책임담보 특별약관을 첨부하면 담보받을 수 있다.

5. 보험가입금액의 조정

① 발주자 등이 제공한 재료비 : 보험가입금액에 포함
② 출혈수주(덤핑계약)의 경우 : 정상공사가액을 보험가입금액으로 설정
③ 제외된 기초공사비 : 보험가입금액에 포함
④ 건설공사보험의 대상이 아닌 공사가 포함된 경우 : 해당 금액을 가입금액에서 공제
⑤ 설계변경 또는 물가변동 : 변경이나 변동으로 증감한 금액을 가입금액에 반영

6. 보상하는 손해

(1) 재물손해담보

전위험담보방식의 약관으로 면책위험이 아닌 원인에 의해 급격하고도 우연하게 공사목적물에 입은 물리적 손상을 보상한다. 담보하는 위험은 다음과 같다.

① 공사수행 중의 작업 잘못

② 피보험자의 종업원 또는 제3자의 취급 잘못 또는 악의적인 행위

③ 화재, 벼락, 폭발 또는 파열

④ 누전, 합선 등 각종 전기적 사고

⑤ 도 난

⑥ 지면의 내려앉음, 사태, 암석붕괴

⑦ 폭풍우, 태풍, 홍수, 범람 또는 이와 비슷한 자연재해

⑧ 차량 및 항공기와의 충돌 또는 그로부터 떨어지는 물체

⑨ 기타 보상하지 않는 손해에 해당하지 아니하는 손해 등

(2) 잔존물제거비용(Debris Removal)

잔존물제거비용은 별도의 가입금액을 증권에 명기한 경우에만 보상하며, 공사목적물 자체에 입은 손해가 없다 하더라도 담보위험에 의해 발생한 부유퇴적, 자갈 등 현장을 청소하고 정리해야 하는 경우의 비용은 보상한다.

(3) 배상책임담보

피보험자가 공사작업 수행과정 중에 타인의 신체 또는 재물에 손해를 입히는 사고가 발생하여 그에 대한 법률상 배상책임을 부담함으로써 입은 손해를 보상한다.

7. 보상하지 않는 손해

(1) 재물손해담보부분 면책사유

① 벌과금, 공사 지연손해, 성능부족, 계약손실 등의 모든 간접손해

② 설계결함으로 인한 손해

③ 재질 또는 제작결함으로 인한 손해. 단, 이로 인해 결함 없는 다른 목적물이 입은 손해는 보상한다.

④ 마모, 침식, 산화 또는 이와 비슷한 손해

⑤ 공사용 기계기구 및 중장비의 기계적, 전기적 사고로 인한 손해

⑥ 재고조사를 할 때에 발견된 손해

⑦ 공사 중단(cessation of work)으로 인한 손해

1. 현장 야적공사자재 및 장비의 도난
2. 공사현장에 대한 약탈, 방화
3. 사전 대비조치 부족에 따른 침수, 폭풍피해 등
4. 장기간 불가동, 미사용에 따른 장비의 악화, 녹, 부식 등
5. 장기간 방치에 따른 현장 가설물의 붕괴

(2) 배상책임담보부분 면책사유

① 재물손해담보에서 담보되거나 담보될 수 있는 손해

② 진동, 지지대의 철거 또는 약화로 인하여 발생한 신체장해와 재물손해

③ 도급업자, 발주자 또는 공사에 관련된 자의 고용인과 그들 가족들에게 입힌 상해나 질병

④ 도급업자, 발주자, 공사에 관련된 자 및 이들의 고용인들이 소유, 보관, 보호 또는 관리하고 있는 재산의 손해

⑤ 일반도로용 차량, 선박 또는 항공기에 의한 사고로 인한 손해

⑥ 보험계약자 또는 피보험자의 계약상 가중된 배상책임

⑦ 재물손해로 인한 사용불능 등의 간접손해에 대한 배상책임

8. 손해액의 결정

(1) 손해항목 인정 여부

① 잔존물제거비용 : 별도의 보상한도액을 설정하여 선택가입

② 특별비용 및 항공운임 : 각각 특별약관으로 가입

③ 임시수리비 : 총수리비용을 증가시키지 않는 경우에만 손해액의 일부로 인정하고, 변경, 추가 또는 개량비용은 인정하지 않는다.

(2) 지급보험금의 계산

① 보상기준

분손은 재조달가액 기준으로 보상하지만, 전손의 경우에는 시가로 보상한다. 자기부담금은 일부보험의 경우 부보비율까지 곱한 금액에서 공제하며, 수 개의 목적에 손해가 생긴 경우에는 가장 큰 공제금액을 적용한다. 배상책임담보의 자기부담금은 법률상 배상손해액에서 공제한다 (대물배상손해액에만 적용).

② 지급보험금 계산식

지급보험금 = [(손해액 − 잔존물가액) × 보험가입금액 / 재조달가액] − 자기부담금

1. **면책금액(Deductible) 적용기준**

   독일식 약관에서는 사고원인에 관계없이 단일면책금액을 적용하되, 화재사고의 경우에는 기타사고에 적용되는 면책금액을 적용하며, 제3자 배상책임(TPL)의 재물사고에도 면책금액을 적용한다. 반면에 영국식 약관에서는 사고원인을 천재지변과 기타원인으로 구분하여 차등 적용하되, 화재사고의 경우에는 면책금액을 적용하지 않으며, 제3자 배상책임(TPL)의 재물사고의 경우에는 면책금액조항이 존재하지 않는다.

2. **일반면책사항(General Exclusions)**

   독일식 약관에는 담보부문 모두에 적용되는 일반면책사항을 규정하고 있으나, 영국식 약관에는 각 부문별 면책사항만 규정하고 있다.

3. **사고의 통지(Notice of Accidents)**

   독일식 약관에는 사고발생 후 14일 이내에 통지하도록 규정하고 있으나, 영국식 약관에는 별도의 사고의 통지에 대한 규정이 없다.

4. **보험료의 정산**

   독일식 약관에는 보험료의 정산에 관한 별도의 규정이 없으나, 영국식 약관에는 공사금액이 증가할 경우 보험기간 종료 후 보험료를 정산하도록 규정하고 있다.

5. **일부보험의 경우**

   독일식 약관에는 일부보험의 경우 비례보상을 하도록 규정하고 있으나, 영국식 약관에는 비례보상에 관한 규정을 두고 있지 않다.

6. **잔존물제거비용(Debris Removal & Cost of Clean – up)**

   독일식 약관은 보험가입명세서에 잔존물제거비용의 보상한도액을 별도로 설정하여 추가로 담보할 수 있도록 규정하고 있으나, 영국식 약관에는 그에 대한 별도의 규정을 두고 있지 않다.

7. **설계결함에 대한 보상**

   독일식 약관에서는 특별약관을 첨부해야 설계결함 손해 이외에 정상적으로 시공된 주변공사에 발생한 재물손해를 담보 받을 수 있으나, 영국식 약관에서는 보통약관에서 담보하도록 규정하고 있다. 다만 설계결함 자체손해는 어떠한 경우에도 보상되지 않는다.

8. **진동 및 지지대철거로 인한 배상책임**

   독일식 약관에서는 특별약관을 첨부해야 진동 및 지지대철거로 배상책임손해를 담보하지만, 영국식 약관의 경우에는 보통약관에서 이를 담보하고 있다.

9. **타보험약관조항**

   동일한 손해를 담보하는 다른 보험이 있는 경우 독일식 약관에서는 손해분담과 관련하여 독립책임액 비례분담방식(contribution by each claim)을 채택하고 있으나, 영국식 약관에서는 초과금액 부담방식(excess basis)을 채택하고 있다.

1. 설계결함담보 특별약관

(1) 설계결함담보 특별약관의 의의

건설공사보험에서는 재질결함 및 시공결함에 대해서 그 결함부분만 면책되고 그로 인한 결과적 손해는 담보되지만, <u>설계결함(Faulty Design)으로 인한 손해는 결함부분뿐만 아니라 그로 인한 결과적 손해(Resulting Damage)도 전부 면책</u>된다. 이와 같이 보통약관에서 설계결함으로 인한 손해 전체를 면책으로 하는 이유는 건축설계자 등의 전문적인 직업 활동에 따라 발생하는 손해위험을 배제하기 위한 것이다.

그럼에도 불구하고 특별약관을 첨부하면 설계결함에 의한 결과적 손해에 대해 담보 받을 수 있다. 즉, 보통약관에서 설계결함으로 인한 손해 전체를 면책한다는 조항 대신 설계결함이 있는 단위공사(item) 자체손해는 보상하지 않지만, 정상적으로 시공된 공사 등에 입힌 결과적 손해에 대해서는 보상하는 것으로 변경된다.

여기서 특별약관을 첨부하더라도 보상되지 않는 단위공사(item)의 의미는 공사계약서상 단일공사(item)로 구분할 수 있는 최소단위의 작업(공정)을 말한다.

(2) 설계결함손해의 담보방법

① Defective Exclusion Clause 1~5

    ㉠ DE 1(Outright Defect Exclusion) : 설계결함으로 인한 모든 손해 면책

    ㉡ DE 2(Extended Defective Condition Exclusion) : 설계결함 자체 및 그로부터 지지력 또는 안정성을 얻고 있는 부분까지 면책

    ㉢ DE 3(Limited Defective Condition Exclusion) : 설계결함이 있는 재물과 일체성을 이루고 있는 재물손해 면책

    ㉣ DE 4(Defective Part Exclusion) : 설계결함이 있는 단위공사(item)만 면책

    ㉤ DE 5(Full Cover for Design only Excluding "Betterment") : 설계결함에 따른 모든 손해를 보상하고, 복구공사 중 개량된 부분이 있다면 그 개량부분만 면책

② LEG Clause(London Engineering Group Clause)(1996)

    ㉠ LEG 1(Outright Defects Exclusion) : 절대적 결함 면책조항으로 제작자결함으로 인한 모든 손해 면책

    ㉡ LEG 2(Consequences Defects Exclusion) : 결과적 손해 담보조항으로 결함부분 및 결함을 미리 알았더라면 지출하였을 비용 면책

    ㉢ LEG 3(Improvement Defects Exclusion) : 개량손해 면책조항으로 복구공사 중 개량된 부분이 있다면 그 개량부분만 면책

LEG Clause는 제정 당시 조립보험(Erection All Risks Insurance)에 적용할 목적으로 만들어졌으나, 그 문구가 간결하여 최근에는 해외물건 건설공사보험계약 대부분에 이 약관이 첨부되어 계약이 이루어지고 있다. 특히 2006년에 개정된 LEG Clause에는 LEG 3(Improvement Defects Exclusion)에 대해서만 기술하고 있어 설계결함담보 특별약관의 담보범위가 가장 넓다.

2. 기계 및 설비의 시운전담보 특별약관

이 특별약관을 첨부하면 4주간의 시운전기간이 보험기간에 포함된다. 시운전기간이라도 기계 또는 설비의 일부가 시운전이 완료되었거나 사용되기 시작하거나 발주자에게 인도된 때에는 그 부분에 대해서는 책임이 종료된다. 설계, 재질, 주조 또는 제작결함 등의 제작자결함으로 인한 손해는 직·간접을 불문하고 보상하지 않는다.

3. 주위재산담보 특별약관

주위재산이란 건설현장 주위에 있는 피보험자가 소유, 관리하는 재산을 말하는 것으로 공사개시 이전에 상태가 양호하고 필요한 안전조치가 완료된 기존 공장 또는 현장에서 이미 사용 중인 시설물이어야 한다. 주위재산담보 특별약관에서 담보하고자 하는 재물을 구체적으로 기재하고 별도의 보험가입금액이 증권에 기재되어야 한다.

4. 진동, 지지대 철거 및 약화에 관한 특별약관

공사와 관련된 진동, 지지대 철거 및 약화로 인하여 발생된 사고로 제3자에게 발생한 신체 또는 재물손해에 대하여 별도로 정한 보상한도액까지 보상한다. 단, 그로 인한 직접적인 손해에 대해서만 보상한다.

이 특별약관은 제3자 배상책임담보를 가입한 경우에만 첨부할 수 있으며, 사고발생시 보상이 이루어지기 위한 전제조건은 다음과 같다.
① 이들의 상태가 공사시작 이전에 온전한 상태였어야 한다.
② 필요한 사전예방조치가 취해졌어야 한다.
③ 공사시작 전 계약자의 경비로 이들의 상태에 대한 조사보고서가 작성되어야 한다.

그러나 다음의 손해에 대해서는 보상하지 않는다.
① 공사의 성격, 수행방법으로 보아 예견할 수 있는 사고
② 건물, 토지의 안정성을 해하지 않거나 그 사용자들에게 위험을 초래하지 아니하는 외견상의 손해
③ 보험기간 중에 손해를 예방하거나 경감시키기 위해 지출한 제비용 등

5. 내륙운송 및 보관담보 특별약관

공사현장 이외의 일정지역에서의 내륙운송 및 보관도중 피보험자가 통제, 보관 및 보호하는 공사자재나 재산에 입은 손해를 확장 보장한다. 운송 및 보관지역을 명기하여야 하며, 보상한도액은 보관장소당, 운송당으로 각각 한정한다.

6. 공사일정변경에 관한 추가특별약관

보험계약자가 작성, 제출한 건설 및 조립일정계획은 보험계약의 일부로 간주하며, 만일 공사일정이 6주 이상 변경되어 그 변경된 기간에 손해가 발생하였거나 가중된 손해는 손해발생 이전에 일정의 변경을 보험자에게 서면으로 통보하여 동의를 받은 경우에만 보상한다.

7. 건설자재에 관한 추가특별약관

홍수, 범람으로 인하여 직·간접으로 발생한 손해에 대한 보상과 제3자에 대한 배상책임손해를 담보한다. 단, 담보하는 건설자재는 3일분 소요량을 초과하지 않고, 초과분은 10년 주기 홍수에 의해 피해를 받지 않는 장소에 보관되어 있어야 한다.

8. 연속사고에 관한 추가특별약관

같은 형태의 기계나 장비가 설계결함 등 약관소정의 동일원인으로 발생하는 손해는 사고횟수에 따라 제한된 비율의 금액만을 보상한다. 즉 최초사고 100%, 두 번째 100%, 세 번째 80%, 네 번째 60%, 다섯 번째 50%, 그 이후의 사고는 면책된다.

9. 터널, 갱도공사에 대한 추가특별약관

(1) 보상하는 손해

터널붕락 등 사고시 보상하는 손해는 사고 직전의 기술적으로 동등한 상태로 회복시키는데 소요되는 비용을 보상하되, 사고구간 길이의 미터당 평균공사단가에 대한 하단 기재 최대 보상비율을 곱한 금액을 초과하지 않는 범위 내에서 보상한다.

(2) 보상하지 않는 손해

① 연약지반에 대한 그라우팅이나 안전조치비용
② 시방서에 규정된 최저굴착선을 초과하여 굴착하였거나 그 구멍을 되메우기 하는데 필요한 비용
③ 기대이상으로 물이 뚜렷이 증가된 경우를 포함하여 배수와 관련된 비용
④ 배수장치의 고장으로 인한 손해
⑤ 지하수나 지표수의 배출을 위한 추가시설이나 방수장치 설치비용 등

10. 강우, 홍수 및 범람에 관한 안전조치 추가특별약관

강우, 홍수 및 범람으로 인한 직・간접손해 또는 배상책임손해에 대하여 공사의 설계 또는 시공단계에서 적정한 안전조치가 취하여진 경우에만 보상한다.

여기서, 적정한 안전조치란 전 보험기간과 건설현장에 대하여 10년 주기의 강우, 홍수 및 범람에 대비한 예방조치를 말한다. 단, 모래, 나무 등 장애물이 수로에서 즉각적으로 제거되지 않음으로 인해 발생된 손해에 대해서는 보상하지 않는다.

11. 파일, 기초 및 옹벽에 관한 추가특별약관

파일작업, 차수벽 등의 설치에 있어 통상적으로 발생할 수 있는 파일의 찌그러짐이나 틈새발생 등을 교정하기 위한 비용 또는 누수, 누출현상 등을 교정하기 위해 소요되는 비용에 대해서는 보상하지 않는다. 이러한 비용은 통상적으로 발생하고 예견 가능한 성질의 것이어서 보험사고가 아닌 시공자의 고유의 손해에 해당한다.

12. 공정구간에 관한 추가특별약관

제방, 방파제, 개착, 계단식파기, 도랑 및 수로공사에 대한 손해 및 배상책임손해는 동 제방 등이 일정한 구간으로 나뉘어 건설되는 경우에만 보상하며, 한 사고당 최대 보상길이는 증권에 기재된 최대 구간길이 이상으로 보상하지 않는다.

심화TIP 공사보험 또는 조립보험에서 담보되지 않는 손해

1. **사고와 무관한 시공결함 자체의 손해**
   ① 절단 또는 결합의 잘못
   ② 공정순서의 오인
   ③ 충전물의 주입잘못
   ④ 설치간격의 불량
2. **보험목적 이외의 사고로 인한 기능적, 경제적 손해**
   예컨대, 기초공사가 보험의 목적이 아닌 탱크의 조립공사에서 지반의 침하로 탱크가 기울어져 지반수정을 위해 탱크인양 등의 기초공사 복구비용이 발생한 경우 이는 보험의 목적이 아닌 것의 사고로 인한 손해이기 때문에 담보하지 않는다.
3. **공구 등의 분실에 따른 탐색, 철거비용**
   작업도구는 때때로 분실 또는 망실되는 경우가 많고, 또한 반복사용에 따라 자연소모 또는 피로현상으로 파손되는 경우도 많다. 이러한 손해는 통상적으로 발생하는 손해로 담보대상이 되지 않는다.
4. **배수, 배토 또는 제설비용**
   사고로 인해 발생한 잔존물제거비용이 아닌, 단순히 공사작업을 진행하는 과정에서 발생한 배수, 배토 또는 제설비용은 담보의 대상이 되지 않는다.

03 사례문제

예제

(주)나라건설은 현재 영업 중인 우리백화점 인근에서 우리백화점 별관신축공사를 도급받아 시공하고 있다. 기초공사를 마친 후 건물의 주요 구조물공사와 병행하여 지하철과 연결되는 통로공사를 수행하던 중 발파 및 굴착작업으로 발생한 진동의 영향으로 [별표1]과 같은 손해가 발생하였다. [별표2]의 보험가입사항을 기초로 하여 지급보험금을 계산하고, 그 적용기준을 설명하시오.

[별표1] 완성가액 및 손해액
(1) **예상완성가액** : 1,100억원
(2) **손해액**
　　① 신축 중인 백화점 별관건물
　　　• 복구공사비 : 2억 4천만원
　　　• 시간외수당 및 야근수당 : 9백만원
　　　• 복구자재 운반 급행운임 : 3백만원
　　　• 잔존물제거비용 : 2천만원
　　② 기존 우리백화점건물
　　　• 복구공사비 : 3억원
　　　• 건물의 안정성과 무관한 균열보수비용 : 5백만원
　　　• 영업손실금액 : 2억원
　　③ 제3자 배상책임
　　　• 공사장 주변 주택균열 복구비용 : 1억원
　　　• 지방도로균열에 따른 재포장비용 : 5천만원

[별표2]
(1) **피보험자** : 우리백화점 / (주)나라건설 / 기타 공사관련자
(2) **보험가입금액** : 1천억원
(3) **보험조건**
　　① 독일식 건설공사보험보통약관
　　② 제3자 배상책임 : 100억원, 1사고당 / 대인대물일괄보상
　　③ 자기부담금
　　　• 2억원, 1사고당 / 자연재해(재물손해)
　　　• 1억원, 1사고당 / 기타원인(재물손해)
　　　• 1억원, 1사고당 / 제3자 배상책임
　　④ 특별비용 담보특별약관(보상한도액 : 손해액의 20%)
　　⑤ 지하매설전선이나 배관에 관한 추가약관(자기부담금 : 손해액의 20%, 단, 최소자기부담금은 제3자 배상책임과 동일)

⑥ 주위재산담보 특별약관(총보상한도액 : 10억원, 자기부담금 : 손해액의 20%, 단, 최소자기부담금은 기타원인(재물손해)에 대한 자기부담금과 동일)
⑦ 잔존물제거비용(보상한도액 : 손해액의 20%)
⑧ 보험가입금액 자동증액조항 : 115%

풀이

(1) 보상책임의 검토

① **목적물손해**

건설공사보험은 보험기간 중에 공사현장에서 목적물에 발생한 모든 물적 손해에 대해 보상하는 전위험담보방식의 약관이므로 면책위험으로 규정되지 않은 모든 손해를 담보한다. 사안의 경우 발파 및 굴착작업으로 발생한 진동에 의한 재물손해에 대해 보험자는 보상책임을 진다.

특별비용담보 특별약관은 목적물손해와 관련되어 발생한 시간외수당 및 야근수당, 급행운임수당을 1사고당 보상한도액을 한도로 보상한다.

잔존물제거비용은 별도로 설정된 보상한도액(손해액의 20%)을 한도로 보상한다.

② **제3자 배상책임**

제3자 배상책임담보에서는 진동, 지지대의 철거 및 약화로 인하여 발생한 신체 또는 재물손해는 면책사항으로 규정되어 있고, 달리 해당 담보특약을 가입하고 있지 않으므로 담보하지 않는다.

③ **주위재산담보특약**

주위재산이란 건설공사 현장이나 주위에 있는 피보험자가 소유, 보호, 관리, 통제하는 재산을 말하는데, 사안의 경우 우리백화점 별관신축공사가 보험목적물이므로 우리백화점 기존건물이 주위재산에 해당한다. 해당 특약에 가입되어 있으므로 설정된 보상한도액 내에서 보상한다.

단, 해당 특약은 목적물의 직접손해만 담보하고, 영업손실은 담보하지 않으며, 또한 건물의 안정성에 영향을 주지 않는 균열손해도 손해방지비용에 해당되지 않으므로 담보하지 않는다.

(2) 지급보험금의 계산

① **목적물손해**

보험가입금액 자동증액조항에 따라 보험가입금액은 1,150억원으로 증액되어 완성가액 1,100억원을 초과하므로 목적물손해인 복구공사비 2억 4천만원에서 자기부담금 1억원을 공제한 1억 4천만원을 전액보상한다.

② **특별비용손해**

특별비용은 목적물손해 2억 4천만원의 20%가 보상한도액이므로 실손해액인 1천 2백만원(= 시간외수당 및 야근수당 9백만원 + 급행운임 3백만원)을 전액보상한다.

③ **잔존물제거비용손해**

잔존물제거비용은 목적물손해 2억 4천만원의 20%가 보상한도액이므로 실손해액인 2천만원을 전액보상한다.

④ **주위재산담보**

주위재산담보특약은 목적물손해만을 담보하므로 복구공사비 3억원에서 자기부담금 1억원을 공제한 2억원을 보상한다.

⑤ **지급보험금 합계액**

목적물손해 1억 4천만원 + 특별비용 1천 2백만원 + 잔존물제거비용 2천만원 + 주위재산손해 2억원
= 3억 7천2백만원

책임ㆍ화재ㆍ기술보험 등의 이론과 실무

01 약관의 내용

1. 담보위험

조립보험은 소규모의 기계나 장치의 조립에서부터 대규모 공장시설의 건설에 이르기까지 각종 기계, 장치 또는 철구조물 등의 조립공사 중 발생하는 각종 사고로 공사목적물에 입은 손해를 기본으로 담보하고, 제3자 배상책임손해와 공사용 기계장비 및 주위재산에 입은 손해를 선택적으로 담보하는 보험이다.

2. 보험의 목적

조립보험의 부보목적물은 조립공사현장에서의 공사목적물과 조립공사에 관련된 물건(공사용 가설물, 공사용 공구, 조립용 기계 등)이다.

타워크레인 등과 같이 공사를 위해 임차하여 사용하는 장비 등에 대하여는 공사도급금액에 동 장비에 대한 사용료만을 표기하여 보험에 가입하여야 하며, 만일 동 장비의 전체가액에 대해 부보하고자 한다면 증권에 그 장비의 구체적인 명세와 가입금액을 기재하여야 한다.

단, ① 현금, 수표, 유가증권, 인지, 서류, 설계도면, ② 촉매, 냉매, 용매, 윤활유 기타 이와 유사한 물질 등은 보험의 목적에서 제외된다.

3. 담보기간

조립보험은 조립공사를 대상으로 하므로 구간보험적인 성격을 가지고 있다. 따라서 보험계약 이후 보험의 목적이 조립공사 현장에 하역이 끝난 직후부터 담보책임이 개시되며, 조립공사 후 발주자 등에게 인도되거나 최초의 시운전이 종료될 때 담보책임도 종료된다. 단, 보험기간이 나중에 도래하면 그 시점부터 책임이 개시되며, 시운전이 끝나기 전에 보험기간이 종료하면 책임도 그때 종료된다.

시운전기간은 별도로 정한 경우를 제외하고는 4주를 넘지 못하며, 중고품인 경우에는 시운전 시작과 동시에 책임이 종료된다. 통상 시운전은 조립상태의 적정성을 테스트하는 Cold-Test와 정상가동을 위한 시험운전인 Hot-Test로 구분하는데, 조립보험에서 말하는 시운전은 Hot-Test를 의미한다.

시운전에 대해서는 증권상에 반드시 그 기간을 명시하여야 하며, 사고위험이 높아 상대적으로 높은 자기부담금을 설정한다.

4. 보험가입금액

공사물건의 최초완성가액, 즉 조립완성시의 재조달가액을 보험가입금액으로 설정하여야 하며, 거기에는 자재 자체의 가액, 운송비, 조립비, 관세, 부대비용, 시운전비 등을 포함하여야 한다.

5. 보상하는 손해

(1) 재물손해담보

전위험담보방식의 약관상 면책위험이 아닌 원인에 의해 급격하고도 우연하게 공사목적물에 입은 물리적 손상을 보상한다. 담보하는 위험은 다음과 같다.

① 조립작업의 결함

② 종업원 또는 제3자의 취급상의 잘못 또는 악의

③ 화재, 파열 또는 폭발

④ 전기적 현상

⑤ 도 난

⑥ 지면의 내려앉음, 사태, 암석붕괴

⑦ 폭풍우, 홍수, 벼락, 수해 또는 이와 비슷한 자연재해

⑧ 항공기 또는 그로부터 떨어지는 물체

⑨ 위 이외의 보험의 목적에 생긴 사고 등

(2) 배상책임담보

피보험자가 공사작업 수행과정 중에 타인의 신체 또는 재물에 손해를 입히는 사고가 발생하여 그에 대한 법률상 배상책임을 부담함으로써 입은 손해를 보상한다.

영문조립보험약관에서는 휴업손실 등 간접손해를 면책한다는 규정을 따로 두고 있지 않아 이에 대해서도 보상하여야 한다.

6. 보상하지 않는 손해

(1) 재물손해담보부분 면책사유

① 전쟁, 소요, 폭동, 노동쟁의 또는 이와 비슷한 손해

② 핵연료물질과 관련된 사고

③ 방사선조사 또는 방사능오염사고

④ 보험계약자, 피보험자의 악의 또는 중대한 과실

⑤ 조립공사의 전부 또는 일부의 중단으로 발생한 사고

⑥ 제작자결함(설계, 주조, 재질 또는 제작결함)으로 인한 손해

⑦ 재고조사를 할 때에 발견된 손해

⑧ 마모, 침식, 산화 또는 이와 비슷한 손해

(2) 배상책임담보부분 면책사유

① 증권에 기재된 조립공사와 관련된 보험목적의 수리 또는 개선비용

② 도급업자, 발주자 또는 공사에 관련된 자의 고용인과 그들 가족들에게 입힌 상해나 질병

③ 도급업자, 발주자, 공사에 관련된 자 및 이들의 고용인들이 소유, 보관, 보호 또는 관리하고 있는 재산의 손해

④ 일반도로용 차량, 선박 또는 항공기에 의한 사고로 인한 손해

⑤ 보험계약자 또는 피보험자의 계약상 가중된 배상책임

⑥ 작업과 관련된 소음으로 생긴 배상책임

⑦ 배수 또는 배기로 생긴 배상책임(단, 급격하고도 돌발적인 사고로 생긴 배상책임은 제외)

⑧ 보험목적의 조립공사에 관한 계약에 대하여 완성 또는 인도기간의 지연, 외관의 망가짐, 출력부족, 그 밖의 채무불이행으로 부담하는 배상책임

7. 손해액의 결정

(1) 손해항목 인정 여부

① 개량비용

손해의 복구가 아닌, 형태를 바꾸거나 개선, 개량에 소요된 비용은 면책된다.

② 잔존물철거비용

별도로 1사고당 보상한도액을 설정하면, 가입금액에 추가하여 보상한다.

③ 주위재산

피보험자가 소유, 관리하는 주위재산은 별도의 보상한도액을 설정하여 이를 보험목적의 가입금액에 추가하여야 보상된다.

(2) 지급보험금의 계산

① 전부보험인 경우

손해의 복구에 합리적으로 지출된 복구비용을 손해액으로 인정하며, 가입금액한도 내에서 실손 보상한다.

② 일부보험인 경우

지급보험금 = [(손해액 − 잔존물가액) × 보험가입금액 / 재조달가액] − 자기부담금

③ 자기부담금

제3자 배상책임담보에서 자기부담금은 대물배상책임에만 적용하며, 대인배상책임에는 적용하지 않는다. 천재지변과 시운전시 적용 공제금액을 별도로 설정하되, 이 중 시운전 공제금액이 가장 크게 설정된다.

02 특별약관 및 추가특별약관

1. 특별약관

(1) 교차배상책임담보 특별약관(Cross Liability Cover)

피보험자 상호간에 배상책임이 발생하는 경우 별도의 보험계약이 체결된 것처럼 취급하며, 보상한도액은 각각 적용하지 않고 하나의 보상한도액을 적용한다. 특별약관의 가입에도 불구하고 근로재해를 담보하는 보험이나 사용자배상책임보험의 가입대상인 근로자의 신체사고에 대한 배상책임은 담보하지 않는다.

이 특별약관에서는 재물손해담보에서 보상받을 수 있는 손해뿐만 아니라 담보될 수 있었던 손해마저도 보상에서 배제하고 있으므로 담보범위가 제한적이다. 이러한 문제점을 반영하기 위해 포괄교차배상책임보험(Comprehensive Project Insurance)에서는 재물손해에서 실제로 담보 받을 수 있었던 재물에 대해서만 적용을 배제하는 것으로 제한하고 있다.

(2) 유지담보 특별약관(Maintenance Visit Cover)

피보험자가 공사계약서상의 유지의무조항에 따른 의무를 이행하기 위하여 이를 수행하는 작업 중 보험목적에 발생한 손해를 보상하는 특별약관이다. 여기서 유지기간이란 시공업자가 발주자에게 조립물건을 인도한 후 공사계약서상 유지의무조항에 따라 일정기간 동안 조립물건을 보수 또는 유지하는 기간을 말하는데, 그 기간은 통상 24개월을 초과하지 않는다.

(3) 확장유지담보 특별약관(Extended Maintenance Cover)

유지기간 동안 유지활동으로 말미암아 발생한 손해 및 조립작업 중(on site)에 생긴 어떤 원인에 의해 유지기간 중에 발생한 손해까지도 보상한다. 이 특별약관 역시 그 기간은 24개월을 초과할 수 없다.

(4) 보증담보 특별약관(Guarantee Cover)

공사를 마치고 발주자에게 인도된 물건에 대하여 보험조건에서 정한 보증기간 중에 설계, 재질, 주조, 제작결함 등의 제작자결함으로 인한 사고와 조립작업 중의 잘못(fault in erection)으로 인해 보험목적물에 입은 손해를 보상한다.

다만, 사고가 발생하기 이전에 발견되었더라면 그 결함을 제거, 교정하는데 소요되었을 비용은 보상하지 않는다. 또한 화재, 폭발 및 기타 불가항력으로 인한 손해와 제3자 배상책임도 보상하지 않는다. 공제금액은 손해액의 20% 또는 일정금액 중 큰 금액을 적용한다.

(5) 중고품기계부담보 특별약관

해체공사나 재조립공사의 조립물건에 중고품기계가 포함된 경우에 첨부하는 특별약관으로, 다음의 경우에는 보상하지 않는다.
① 전 운전(previous test)에 기인한 손해
② 해체작업이 담보되지 않을 때 해체에 기인한 손해
③ 비금속성 품목에 입은 손해

2. 추가특별약관

(1) 방화시설에 관한 추가특별약관

조립공사 또는 건설공사 현장에서 다음과 같은 방화조치가 취해진 것을 전제조건으로 화재사고에 다른 손해를 보상한다는 내용의 약관이다.
① 건설현장에 충분한 방화설비 및 소방기구를 비치하여야 하며, 화재시에는 즉시 사용이 가능하여야 한다.
② 종업원들이 충분한 소방훈련을 받았어야 하며, 즉시 동원이 가능하여야 한다.
③ 건설현장에 보험목적물이 보관되는 경우 각 보관단위당 20m 이상의 공지거리 또는 방화벽으로 분리되어 있어야 한다.
④ 가연성 물질을 다룰 경우에는 소화작업에 능숙한 사람이 소화장비를 갖춘 상태로 1명 이상 대기하여야 한다.
⑤ 시운전 시작 전에 필요한 모든 소화시설이 설치되어 즉시 가동 가능한 상태로 있어야 한다.

(2) 지하매설전선이나 배관에 관한 추가특별약관

배상책임담보에 추가되는 담보조건으로, 보통약관상 면책사항인 지하매설전선이나 배관에 공사로 인해 발생한 손해를 담보한다. 단, 피보험자가 공사개시 전에 동 시설물에 대한 정확한 위치를 관련 기관에 조회하였음을 전제로 한다. 동 시설물에 대한 직접적인 수리비를 보상하는 것으로 제한되며, 결과적 손해는 보상하지 않는다.

예제

조립보험계약에 있어서 다음과 같은 손해가 순차로 발생하였다.

① 조립물건을 실은 차량이 공사현장에 도착하여 동 물건을 하역하던 중 떨어뜨려 500만원의 손해액이 발생함
② 조립작업 중 종업원에 의해 2,000만원의 손해액이 발생함
③ 조립작업 중 화재가 발생하여 4,000만원의 손해액이 발생함

동 조립물건의 재조달가액은 1억원, 보험가입금액 5,000만원, 공제금액이 500만원일 때 지급보험금을 산출하시오.

풀 이

(1) 보상책임의 검토

조립보험은 소규모 기계나 장치의 조립에서부터 대규모 공장시설의 건설에 이르기까지 각종 기계, 장치 또는 철구조물 등의 조립공사 중 발생하는 우연한 사고로 인하여 생기는 손해를 보상하는 전위험담보방식의 약관이다.

보험기간은 착공시점부터 완공하여 최초의 시운전이 끝날 때까지의 기간, 즉 구간보험과 기간보험의 중복기간 중에 발생한 사고만을 담보하며, 공사용 기계, 설비, 장비에 대해서는 보험기간에 관계없이 기계, 설비, 장비가 공사현장에 반입되어 반출될 때까지의 기간으로 한다.

조립보험의 책임개시는 보험기간이 개시되거나 공사자재가 현장에 하역이 완료된 시점 중 나중에 도래한 시점이 보험자의 책임개시시점인데, 사안의 경우 ①번은 공사자재가 하역이 완료되기 전에 발생한 사고이므로 담보하지 않으며, 종업원의 취급상의 잘못 또는 악의에 의한 손해 및 ③번 화재(폭발)사고는 담보위험에 해당하므로 보상한다. 여기서 폭발의 경우에는 물리적, 화학적 폭발을 불문한다.

(2) 보상기준

조립보험은 전손사고가 아닌 한 보험가액은 사고발생시의 가액이 아닌 재조달가액을 기준으로 보험금을 산정하며, 자기부담금은 1사고당 산정된 보험금에서 공제한다. 또한 손해가 순차적으로 발생하였으므로 잔존보험가입금액을 기준으로 지급보험금을 계산하여야 한다.

(3) 지급보험금의 계산

① 종업원에 의한 손해

지급보험금 = 2,000만원 × 5,000만원 / 1억원 − 500만원 = 500만원

② 화재에 의한 손해

지급보험금 = 4,000만원 × (5,000만원 − 500만원) / 1억원 − 500만원 = 1,300만원

③ 지급보험금 합계액

300만원 + 1,300만원 = 1,800만원

01 약관의 내용

1. 담보위험

기계보험은 시운전이 끝난 기계, 기계설비, 장치 등이 사업장 구내에서 가동 중, 수리, 정비, 검사를 위하여 해체되어 가동중지 중 또는 동일사업장 구내에서 이동 중, 재조립 중에 예기치 못한 돌발적인 사고로 물적 손해를 입게 되는 경우 이를 사고발생 직전의 상태로 복구하는데 따른 복구비용, 즉 수리, 대체, 교체비용을 보상한다.

2. 보험의 목적물

기계보험의 주된 목적물은 각종 기계장치들이며, 보험가액 및 손해액 평가기준에 따르면 기계란 물리량을 변형하거나 전달하는 인간에게 유용한 장치를 말한다.

기계는 ① 동력기계(보일러, 내연기관, 증기기관, 터빈, 전동기, 발전기 등), ② 작업기계(금속공작기계, 섬유기계, 제재기계, 목공기계, 하역운반기계 등), ③ 측정기계(재료시험기, 측정기 등), ④ 지능기계(전자계산기, 수치제어장치 등) 등으로 분류한다.

여기서, 장치란 연소장치, 냉동장치, 전해장치 등 기계의 효용을 이용하여 물리적, 화학적 효과를 발생시키는 구조물(플랜트류 포함)을 말한다.

기계보험의 목적물이 되기 위해서는 ① 증권에 기재된 재물일 것, ② 시운전이 종료된 것일 것, ③ 사업장 구내에서 가동 중, 수리, 정비, 검사를 위하여 가동중지 중 또는 동일사업장 구내에서 이동 중, 재조립 중일 것을 요한다. 단, 소모성 부품류, 마모성이 높은 것, 공구류, 형류, 연료, 윤활유, 냉매 등의 조작유, 촉매류 등의 재물은 증권에 별도의 약정이 없는 한 기계보험의 목적물에서 제외된다.

3. 보상기준

분손인 경우에는 재조달가액을 기준으로 합리적이고 타당한 수리비를 보상하지만, 전손인 경우에는 시가를 기준으로 보상한다. 미수리시에도 감가상각을 적용하며, 잔존물제거비용은 전손시에만 목적물손해에 추가하여 보상된다.

4. 보상하는 손해

기계보험도 기본적으로 전위험담보방식의 약관이므로 면책위험이 아닌 원인에 의해 급격하고도 우연하게 공사목적물에 입은 물리적 손상을 보상한다. 기계보험에서 주로 담보하는 위험은 다음과 같다.

① 설계, 재질, 주조, 제작결함 등의 제작자결함

② 종업원의 취급 잘못, 기술부족, 부주의

③ 보일러 급수부족

④ 물리적 폭발, 파열 또는 원심력에 의한 파손

⑤ 단락 등의 전기적 사고

⑥ 폭풍우(storm)

⑦ 기타 면책위험으로 명기되지 않은 원인 등

5. 보상하지 않는 손해

① 화재(벼락 포함)에 의한 폭발, 파열 또는 화학적 폭발

② 일상적인 사용 또는 운전에 따른 마모, 소모, 열화, 보일러스케일 등

③ 부식, 침식, 녹, 공동현상 등이 일어난 부분에 생긴 손해

④ 도난, 분실, 사기 또는 횡령으로 인한 손해

⑤ 손상된 부분을 수리하는데 필요한 것을 제외한 분해, 정비, 건조, 청소비용 또는 응고, 막힘, 이물체의 부착, 침수 등 이와 비슷한 상태를 제거하는 비용

⑥ 간접손해 또는 이 보험의 물적 손해에 대한 보상금액을 초과하는 손해

6. 손해액의 결정

(1) 손해항목 인정 여부

본 수리의 일부인 임시수리비는 총수리비를 증가시키지 않는 범위 내에서 손해액의 일부로 인정한다. 잔존물제거비용은 전손시에만 손해액의 한 항목으로 인정한다.

수리를 위한 전문가비용, 부품의 해외조달에 필요한 비용과 관세 등은 모두 보상하지만, 기존 형태를 변형하거나 개량, 교정하는데 소요된 비용은 보상하지 않는다.

특별비용은 수리촉진을 위한 급행운임, 시간외수당, 야근수당, 휴일근무수당 등을 말하는데, 특별비용담보 특별약관을 첨부한 경우 보상한다. 항공운임은 별도로 항공운임담보 특별약관에 가입한 경우에만 보상한다.

또한 불완전수리로 인해 발생한 손해, 즉 완전히 수리하지 않은 상태에서 사용하다가 또는 회사의 동의 없이 임시 수리하여 사용하다가 그로 인해 발생한 손해는 보상하지 않는다.

(2) 지급보험금의 계산

① 전·분손 여부의 판단

먼저 발생 예상수리비와 관련 비용의 총액과 목적물의 시가액을 비교하여 전·분손 여부를 판단
하여야 한다. 그 결과 전손인 경우에는 잔존물제거비용도 보상한다.

② **전부보험** : 가입금액한도 내에서 손해액 전액을 보상한다.

③ **일부보험** : 재조달가액에 대한 보험가입금액의 비율대로 비례보상한다.

> 지급보험금 = [(손해액 − 잔존물가액) × 보험가입금액 / 재조달가액] − 자기부담금

02 특별약관

(1) 특별비용담보 특별약관

시간외근무수당, 야근수당, 휴일수당, 급행운임 등 수리작업을 신속하게 진행하기 위해 소요되는
비용을 보상하는 특별약관이다. 단, 급행운임은 육상과 해상의 경우에만 적용되므로, 항공운임에
대해서는 항공운임담보 특별약관에 별도로 가입하여야 한다.

(2) 항공운임담보 특별약관

특별비용 중 항공화물수송에 따르는 비용만 추가하여 보상한다. 별도의 보상한도액은 보험가입금액의
10%로 설정되지만, 가입금액을 증액시키는 것이 아니라 가입금액한도 내에서 보상하는 것이다.
자기부담금은 별도로 설정된 금액을 적용하되, 최저 자기부담금은 손해액의 20%로 한다.

(3) 이동성 기계담보 특별약관

이 특별약관의 담보목적물은 장소이동을 위한 장치, 즉 바퀴 등을 갖추고 있는 기계이다. 보통약관
에서 면책하고 있는 홍수, 지진, 침수, 토사붕괴, 침강, 도난, 화재 등의 위험도 담보한다.

(4) 주위재산 및 제3자 배상책임담보 특별약관

기본 담보목적물인 기계 주위에 있는 피보험자의 다른 재산을 담보한다거나, 기계사고로 인해 제3
자가 입은 신체 또는 재물손해에 대해 배상책임을 부담함으로써 입은 손해를 담보한다.

03 사례문제

예제 1

공장 내 기계일체를 A 및 B보험회사의 국문기계보험에 중복보험으로 가입한 후 그 중 기계 1대가 파손되어 샤프트제작비 1,000만원, 인건비 200만원, 시간외수당 100만원, 해외기술자 자문비용 200만원 등 총 1,500만원의 비용이 발생하였다. A보험회사의 보험가입금액이 10억원, 1사고당 공제금액이 100만원, B보험회사의 보험가입금액이 20억원, 1사고당 공제금액이 200만원이고, 공장내 기계일체의 재조달가액이 35억원, 감가 후 정상가액이 25억원일 때 A 및 B 양 보험회사의 지급보험금을 계산하시오.

풀 이

(1) **보상책임의 검토**

기계보험은 시운전이 성공적으로 끝난 기계, 설비, 장치 등이 사업장 구내에서 가동 중이거나 수리, 정비, 검사를 위하여 가동중지, 분해, 재조립, 임시가동 중 또는 동일사업장 구내에서 이동 중 우연한 사고로 인하여 물적 손해를 입게되는 경우 이를 손해발생 직전의 가동 가능한 상태로 복구하는데 필요한 비용을 보상하는 보험이다.

사안의 경우 샤프트제작비, 교환인건비 및 해외기술자 자문비용은 담보대상이 되지만, 시간외수당은 특별비용 담보특약에 가입되어 있지 않으므로 담보되지 않는다.

(2) **보상기준**

기계보험은 전손의 경우에는 시가로 보상하며, 분손의 경우에는 재조달가액을 기준으로 보상한다. 사안의 경우 수리비 1,500만원은 시가(25억원)에 미달하므로 재조달가액을 기준으로 보상한다.

사안의 경우 보험가입금액의 합계액이 30억원으로 재조달가액 35억원에 미치지 못하므로 일부보험에 해당한다. 따라서 각각의 보험금을 보험가입금액의 재조달가액에 대한 비율에 따라 비례보상하며, 자기부담금은 손해액에서 자기부담금을 공제하는 화재보험과 달리 산출된 보험금에서 공제한다.

(3) **지급보험금의 계산**

① **손해액**

손해액 = 샤프크제작비 1,000만원 + 교환인건비 200만원 + 해외술자 자문비용 200만원
= 1,400만원

② **지급보험금**

㉠ A보험회사 = 1,400만원 × 10억 / 35억원 − 100만원 = 300만원

㉡ B보험회사 = 1,400만원 × 20억원 / 35억원 − 200만원 = 600만원

석유화학공장에서 정상가동 중인 반응기(Reactor)가 내부압력의 증가에 따라 파열되었다. 조사결과 사고원인은 제작사의 주조결함으로 밝혀졌다. 이에 대한 해당 보험과 면·부책 여부의 결정근거를 제시하고 지급보험금을 계산하시오.

[보험가입금]

구 분	화재보험	기계보험
보험가입금액	200억원	100억원
반응기의 보험가입금액	30억원	30억원
자기부담금	1천만원	1천만원
특별약관	기업휴지담보특별약관	특별비용담보특별약관

[반응기 조사내역]
제작사 : 미국소재 A사, 제작자 보증기간 : 2년, 설치일자 : 1997년 8월
사고일자 : 2001년 8월, 재조달가액 : 50억원, 추정내용연수 : 16년
최종잔가율 : 20%

[사고와 관련하여 지출한 수리비용]
부품비용 : 8억원, 관세 : 6천만원, 기타 수입부대비용 : 2천만원
잔존물철거비용 : 7백만원
수입운송비용 : 항공운임 1천만원(해상운송시 5백만원 소요)
육상운송비용 : 2백만원, 해체비용 : 5백만원, 조립비용 : 6백만원
수리를 위한 기술자문 용역비용 : 3백만원, 외형개량추가비용 : 1천 5백만원

[기타사항]
사고로 인한 공장가동 중지를 방지하기 위한 대체기기사용료 : 1천 5백만원
잔존물가액 : 4백만원

(1) 보상책임의 검토

기계보험은 시운전이 성공적으로 끝난 기계, 설비, 장치 등이 사업장 구내에서 가동 중이거나 수리, 정비, 검사를 위하여 가동중지, 분해, 재조립, 임시가동 중 또는 동일사업장 구내에서 이동 중 우연한 사고로 인하여 물적 손해를 입게 되는 경우 이를 손해발생 직전의 가동 가능한 상태로 복구하는데 필요한 비용을 보상하는 보험이다.

사안의 경우 내부압력증가에 따른 반응기 파열손해는 물리적 파열에 해당하므로 기계보험에서는 담보하는 손해이지만, 화재보험에서는 담보하지 않는 손해에 해당된다. 제작자결함(Maker's Risk) 중 하나인 주조결함 또한 기계보험에서 담보하는 손해에 해당하고, 또한 사고발생 당시 제작자 보증기간 2년이 경과하였으므로 보험자는 주조결함에 대해서도 보상하여야 한다.

(2) 담보하는 손해

손해액
= 부품비용 8억원 + 관세 6천만원 + 기타 수입부대비용 2천만원 + 해상운송비용 5백만원 + 육상운송비용 2백만원 + 해체비용 5백만원 + 조립비용 6백만원 + 수리를 위한 기술자문 용역비용 3백만원
= 9억 1백만원

(3) 전·분손 여부의 판단

기계보험에서는 보험의 목적에 입은 손해에 대하여 신구교환이 필요한 경우, 즉 분손의 경우에는 감가상각을 하지 않지만, 전손의 경우에는 재조달가액에서 경과연수에 따른 사용손모를 공제한다. 따라서 기계보험에서는 전·분손 여부를 판단하는 것이 중요한 문제가 된다.

반응기의 시가는 40억원{ = 50억원 × [100% − (100% − 20%) / 16년 × 4년]}이고, 손해액은 9억 1백만원이므로 본 사고는 분손사고에 해당한다.

따라서, 전손시에만 보상하는 잔존물철거비용은 보상하지 않고, 항공운임은 해당 특약에 가입되어 있지 않아 보상하지 않으며(대신 해상운송시 소요비용 5백만원은 보상), 외형개량추가비용은 본래 약관상 보상하지 않는 손해이다.

(4) 지급보험금의 계산

전손인 경우에는 시가기준으로 보상하지만, 사안의 경우는 분손사고이므로 재조달가액을 기준으로 보상하고, 자기부담금은 전체 보험금을 계산한 후 금액에서 공제한다.

지급보험금 = (손해액 − 잔존물가액) × 보험가입금액 / 재조달가액 − 공제금액
= (9억 1백만원 − 4백만원) × 30억원 / 50억원 − 2천만원 − 1천만원
= 5억 2천 8백 2십만원

기계보험 계약사항 및 손해조사내용이 다음과 같을 때 지급보험금을 계산하시오.

[보험계약사항 및 손해조사내용]
- 보험가입금액 : 8천만원
- 자기부담금 : 5백만원
- 경과연수 : 1년

- 잔존물가액 : 10만원
- 신품재조달가액 : 1억원
- 경년감가율 : 10%

[감가 전 수리비]
- 재료비 : 2천만원
- 시운전비 : 3백만원
- 관세 : 2백만원
- 성능개량비 : 3백만원

- 자재운송비 : 5십만원
- 잔존물제거비용 : 7십만원
- 설치비 : 3백만원

풀 이

(1) **담보하는 손해**

손해액
= 재료비 2천만원 + 관세 2백만원 + 자재운송비 5십만원 + 설치비 3백만원 + 시운전비 3백만원
= 2천 8백 5십만원

(2) **전·분손 여부의 판단**

목적물의 시가는 9천만원[= 1억원 − (1억원 × 10% × 1년)]이고, 손해액은 2천 8백 5십만원이므로 본 사고는 분손사고에 해당한다. 전손시에만 보상하는 잔존물제거비용은 보상하지 않으며, 성능개량비는 본래 약관상 보상하지 않는 손해이다.

(3) **지급보험금의 계산**

전손인 경우에는 시가기준으로 보상하지만, 사안의 경우는 분손사고이므로 재조달가액을 기준으로 보상하고, 자기부담금은 전체보험금을 계산한 후 금액에서 공제한다.

지급보험금 = (2천 8백 5십만원 − 1십만원) × 8천만원 / 1억원 − 5백만원
= 1천 7백 7십 2만원

01 약관의 내용

1. 보상하는 손해

(1) 재물손해담보

보험기간 중 이 증권에 기재된 사업장 구내에서 보험에 가입한 물건에 아래와 같은 예기치 못한 돌발적인 사고로 생긴 재물손해를 보상한다.

전위험담보방식의 증권으로 보상하지 않는 손해로 열거되지 아니한 이상 모든 손해를 담보한다. 전자기기보험의 담보위험을 예시하면 다음과 같다.

① 화재, 낙뢰, 폭발, 파열, 연기, 그을음 및 부식성 가스
② 항공기 및 공중 낙하물
③ 수침, 습도, 우박, 서리, 폭풍
④ 기계적 사고 및 전기적 사고
⑤ 제작자결함, 조립결함, 작업상의 졸렬
⑥ 종업원의 취급 잘못, 기술부족, 부주의
⑦ 종업원 또는 제3자의 악의적인 행위
⑧ 기타 보상하지 않는 손해에 명기되지 않은 원인 등

(2) 외적정보매체담보

선택담보조항으로 보험기간 중 재물손해담보에서 보장하는 사고로 인하여 외적정보매체에 손해를 입었을 때 외적정보매체에 생긴 손해, 즉 손상된 소프트웨어를 복원시키는데 필요한 비용을 보상한다. 외적정보매체는 구내에 보관되어 있는 동안에만 보상의 대상이 된다.

(3) 추가작업비용담보

선택담보조항으로 보험기간 중 재물손해담보에서 보장하는 사고로 인하여 전자정보처리장치의 가동이 전부 또는 일부 중단될 경우 대용기기를 사용함으로써 소요되는 추가경비를 담보한다.

2. 보상하지 않는 손해

① 지진, 분화, 해일, 허리케인, 선풍, 태풍으로 인한 직·간접손해

② 망실, 분실 및 도난으로 인한 손해

③ 사용 또는 기상조건으로 인하여 점진적인 영향을 받아 발생된 손해(마모, 마멸, 공동현상, 부식, 침식, 이물질의 침착 등)

④ 기능상 결함을 제거하기 위한 비용. 단, 이 같은 결함이 보상되는 손해로 인한 경우일 때는 보상한다.

⑤ 여하한 종류의 결과적인 손해나 배상책임

⑥ 도장 또는 광택 처리된 표면의 흠집과 같은 미적 손상

3. 손해액의 결정 및 지급보험금의 계산

(1) 재물손해담보

① 손해액의 결정

분손인 경우에는 재조달가액을 기준으로 보상하고, 전손인 경우에는 시가를 기준으로 보상한다. 전손인 경우에는 잔존물제거비용도 손해액 항목으로 인정하여 보상한다. 예상수리비가 시가보다 큰 경우에도 전손으로 인정하여 시가로 보상한다.

전부보험인 경우에는 가입금액한도 내에서 손해액 전액을 보상하고, 일부보험인 경우에는 재조달가액에 대한 가입금액의 비율에 따라 비례보상한다.

② 지급보험금의 계산

잔존물이 있는 경우에는 이를 손해액에서 공제한 후 그 금액에 가입비율을 곱한 금액에서 자기부담금을 공제한다.

> 지급보험금 = [(손해액 − 잔존물가액) × 보험가입금액 / 재조달가액] − 자기부담금

(2) 외적정보매체담보

복원비용은 사고발생일로부터 12개월 이내에 발생된 경우에 한하여 보상한다. 복구불능이거나 12개월 이내에 복구작업을 실시하지 않으면 정보매체를 신품으로 구입하는데 소요되는 비용만 보상한다.

별도로 설정한 가입금액 내에서 실손보상하며, 지급보험금은 손해액에서 자기부담금을 공제한 금액으로 한다.

> 지급보험금 = 손해액 − 자기부담금

(3) 추가작업비용

사고로 기기가동이 중단된 경우 대용기기를 사용하는데 소요되는 추가비용을 보상하며, 가입금액은 유사한 대용기기의 12개월 사용료로 정한다.

별도로 설정한 가입금액한도 내에서 실손보상하며, 지급보험금은 보상기간 중 발생한 비용에서 공제기간 중 발생한 비용을 공제한 다음 다시 자기부담금을 공제한 금액으로 한다.

지급보험금 = 손해액 − 공제기간 해당 손해액 − 자기부담금

02 특별약관 및 추가특별약관

1. 차량탑재장비 및 구외이동성장비담보 특별약관

5년 미만의 육상이동장비에만 적용되는 특별약관으로, 5년 이상 사용된 장비 및 수상 또는 공중이송용 장비에 탑재되는 기기는 적용대상에서 제외된다.

담보기기는 각 품목별로 재물손해담보, 외적정보매체담보, 추가작업비용담보의 보험가입금액을 각각 설정하여 담보한다.

2. 복구지연 제한보상 추가특별약관

전자기기를 수리하는 경우에는 설치장소와 수리·제작 장소와의 거리로 인하여 지연되어 발생하는 추가경비는 4주 범위 내에서 이를 보상한다.

수리가 지연되는 사유로는 부품 및 부대장비의 해외구매, 외국기술자의 고용, 보험목적의 왕복운송으로 인한 수리지연 등이 있다.

예제

기업회계정보를 저장하는 대용량 서버(Server) 내부회로에서 단락으로 인한 화재사고가 2002년 12월 1일 발생하였다. 이로 인해 아래와 같은 손해가 발생하였을 때 보험자가 지급할 보험금을 계산하시오.

(1) **서버 수리비**
- 부품대금 : 2,000만원
- 설치비 : 2,000만원
- 시운전비 : 200만원
- 관세 : 200만원
- 잔존물제거비용 : 50만원
- 서버운용 소프트웨어 : 1,200만원

(2) **서버 재조달가액**
- 재조달가액 : 4억원
- 내용연수 : 10년
- 잔가율 : 10%
- 구입일자 : 2001.12.1.

(3) **소프트웨어 복구비용**
- 복구작업 개시일 : 2004.2.8.
- 복구비용 : 5,000만원

(4) **대용기기 사용료**
- 대여기간 : 2002.12.2. ~ 2003.4.30.
- 월 사용료 : 200만원

(5) **보험계약사항**
- 보험종목 : 전자기기보험
- 보험기간 : 2002.1.1. ~ 2003.1.1.
- 보험가입금액 : 2억원(공제금액 : 100만원)
- 외적정보매체담보 : 1억원(공제금액 : 100만원)
- 추가작업비용담보 : 5,000만원(공제기간 : 1개월)

(1) **목적물손해**

① **전·분손 여부의 판단**

서버의 시가는 4억원 − (4억원 × 10% × 1년) = 3억 6,000만원이고,

수리비 합계액은 4,400만원이므로 분손사고에 해당한다.

따라서 전손시에만 보상되는 잔존물제거비용은 보상하지 않는다.

② **지급보험금**

지급보험금 = 4,400만원 × 2억원 / 4억원 − 100만원 = 2,100만원

(2) **외적정보매체손해**

외적정보매체 복구비용은 사고 이후 12개월 내에 발생된 비용에 한해 보상하므로 사안의 경우 복구비용은 보상하지 않고, 단지 신품대체비용을 보상한다.

지급보험금 = 1,200만원 − 100만원 = 1,100만원

(3) **추가작업비용손해**

추가작업비용은 사고 이후 최대 12개월간 담보되는데, 사안의 경우 대용기기 사용기간이 5개월이 소요되었으므로 그 기간에서 공제기간 1개월을 빼고 지급보험금을 산정한다.

지급보험금 = 200만원 × (5개월 − 1개월) = 800만원

01 화재보험/패키지보험의 기업휴지보험담보

1. 담보하는 손해

기업휴지보험은 재물손해를 담보하는 증권에 부가하여 계약되는 보험이다.

기업휴지보험은 주된 보험목적물인 재물에 담보하는 손해가 발생한 결과 그 물적 손해에 직접 기인하여 영업활동이 전부 또는 일부 중단됨에 따라 생긴 매출감소로 인한 해당 기업의 이윤 및 고정성 경비의 손실을 보상하는 보험이다.

2. 보상요건

① 재산보험에서 담보하는 위험의 발생으로 보험의 목적에 손해가 발생할 것
② 그 물적 손해에 직접 기인하여 생산 또는 판매활동 등 기업의 영업이 전부 또는 일부 중단될 것
③ 영업의 전부 또는 일부가 중단된 결과 매출액이 감소될 것
④ 매출액의 감소로 인하여 보험에 가입된 이익 또는 비용에 손실이 발생할 것

3. 보상하지 않는 손해

(1) 화재보험 기업휴지손해담보 특별약관 면책사항

① 보통약관 및 이에 첨부된 특별약관에 의해 보상하지 않는 손해
② 사용, 건축, 수리 또는 철거를 규제하는 국가 또는 지방자치단체의 법령 및 이에 준하는 명령
③ 리스, 허가, 계약, 주문 또는 발주 등의 중지, 소멸, 취소
④ 보험의 목적의 복구 또는 사업의 계속에 대한 방해
⑤ 보험에 가입하지 않은 재산의 손해
⑥ 관계당국에 의해 구내출입기간이 14일을 초과하는 경우(단, 14일까지는 보상)

(2) 패키지보험 기업휴지손해담보부문 면책사항

① 건물, 구축물의 건축, 수리를 요구하는 국가 내지는 지방자치단체 등의 명령 또는 법에 따르는 동안의 휴지손해

② 리스, 면허, 계약, 주문 등의 정지, 소멸, 취소에 따른 손해

③ 복구공사에 방해 내지는 영향을 끼치는 쟁의행위에 의해 늘어난 손해

④ 복구공사의 진행과정에서 어떤 사정으로 인해 발생하는 기업휴지손해, 즉 공사가 지연됨으로 인해 발생하는 기업휴지손해인 예정이익 상실손해는 보상하지 않는다.

4. 지급보험금의 계산

(1) 총이익상실손해(Loss of Gross Profit)

① 총이익감소손해액의 산출

> 총이익감소손해액
> = [(감소매출액 − 공제기간 해당 감소매출액) × 총이익률] − 지출을 면한 보험가입경상비

㉠ 감소매출액

> 감소매출액 = 표준매출액 − 복구기간 중 실제매출액

표준매출액은 복구기간 해당 전년도의 매출액을 말하는데, 이는 직전년도의 회계자료를 통해 산정하게 된다.

㉡ 총이익률

화재보험에서는 사고직전 회계연도의 영업이익과 보험가입경상비(고정비)를 합산한 금액을, 패키지보험에서는 사고직전 회계연도의 (매출액 + 기말재고액)에서 (변동비 + 기초재고액)을 뺀 금액을 총이익이라고 하는데, 이 총이익이 사고직전 회계연도의 매출액에서 차지하는 비율을 바로 총이익률이라고 한다.

> 총이익률(화재보험) = (영업이익 + 보험가입경상비) / 매출액(사고직전 회계연도 자료)
> 총이익률(패키지보험)
> = [(매출액 + 기말재고액) − (변동비 + 기초재고액)] / 매출액 (사고직전 회계연도 자료)

심화TIP 영업손실(영업비용에서 매출액을 뺀 금액)이 발생한 경우

영업손실이 발생한 경우에는 총이익률을 다음의 산식에 따라 산정한다.

> 총이익률 = [보험가입경상비 − (영업손실 × 보험가입경상비 / 경상비)] / 매출액

② 지급보험금의 계산(비례식 적용)

> 지급보험금 = 총이익감소손해액 × 보험가입금액 / 보험가액(= 매출액 × 총이익률)

심화TIP **보험가액의 산정방법**

보험가액의 산정방법은 화재보험과 패키지보험이 서로 다른데, 화재보험에서는 사고발생 직전 1년간의 매출액에 대해 총이익률을 곱하여 산출하지만, 패키지보험은 매출수준의 회복 또는 약정복구기간의 만료 후 그로부터 직전 12개월간의 매출액과 복구기간 동안의 감소매출액을 합한 금액(연간매출액)에 총이익률을 곱하여 산출한다.

(2) 손해경감비용(Increase in Cost of Working)

① 손해경감비용의 확정

약정복구기간 중에 매출액감소를 경감하기 위해 취한 제반 조치비용으로, 임시작업장을 임차하기 위한 임차료, 작업시설 설치비용 등이 이에 해당한다.

손해경감비용으로 보상받기 위해서는 반드시 매출감소를 경감할 목적으로 사고 이전에 지출하던 비용(평소의 지출비용)을 넘어 추가적으로 지출한 비용이 있어야 한다. 이 비용이 추가됨에 따라 지급할 보험금의 합계액이 보험가입금액을 초과하더라도 보상한다.

② 보상한도액 및 지급보험금의 산출

손해경감비용의 지출로 인해 감소를 면한 매출액에 총이익률을 곱하여 얻어진 총이익액을 한도로 보상한다.

지급보험금은 손해경감비용으로 실제 지출된 비용과 위의 보상한도액을 비교하여 이 중 적은 금액에 보험가입비율을 곱하여 산출하게 된다.

위 보상한도액을 초과하는 손해경감비용이 지출된 경우 그 초과비용도 담보하는 약관이 있는데, 이를 추가손해경감비용담보약관(Additional ICOW Clause)이라 한다.

> 지급보험금
> = min[실제지출비용, 감소를 면한 매출액 × 총이익률] × 보험가입금액 / 보험가액

(3) 기업휴지손해 지급보험금

> 지급보험금
> = 총이익상실손해(Loss of Gross Profit) + 손해경감비용(Increase in Cost of Working)

02 예정이익상실보험(Advanced Loss of Profit)

1. 의 의

예정이익상실보험은 건설공사 또는 조립보험에서의 직접적인 물리적 재물손해로 인하여 공사완료가 지연됨으로써 입게 되는 재정상 손실을 발주자나 소유자에게 보상하는 보험을 말하며, DSU(Delay in Start – up)보험이라고도 한다.

조립보험이나 건설공사보험에서는 시공업자도 피보험자가 될 수 있지만, 예정이익상실보험에서는 오로지 완성물을 상업적으로 사용하여 수익을 얻을 자인 발주자나 소유자만이 피보험자가 될 수 있다.

2. 면책위험

(1) 다음과 같은 사항으로 인한 지연으로 발생한 총이익상실과 특별비용

① 별도로 서면으로 합의되지 않는 한 공사보험증권에서 배서로 담보하는 손해

② 별도로 서면으로 합의되지 않는 한 지진, 화산활동, 해일

③ 주변재산, 건설기계, 장비에 대한 손실

④ 가동매체나 원료의 손실, 자재의 부족, 파손, 변질

⑤ 공공기관에 의한 제한조치

⑥ 자금부족

⑦ 사고발생 후 이루어지는 결함의 수정, 보완, 개선, 교정, 제거

⑧ 피보험자에게 양도되거나 피보험자에 의해 사용되어지거나 공사보험증권의 담보가 종료된 항목에 대한 손실

(2) 벌금손실이나 계약위반, 공사지연, 미수행 및 종류를 불문하고 위약금손해

(3) 실제 사업개시일 이후에 발생하는 리스, 기술지원 또는 주문의 중단, 실효 또는 취소 등으로 야기되는 사업손실

(4) 별도로 배서되지 않는 한 처음 실시되는 신공법성격의 공사에 입은 손해

3. 보험가입금액

예정이익상실보험은 다른 기업휴지보험과는 달리 과거실적이 존재하지 않는다. 즉 기존 재무제표가 없기 때문에 공사목적물을 완공 후 상업적으로 사용하였을 때 얻어질 것으로 예상되는 수입 등을 기초로 가정이나 추정에 의하여 보험가입금액이 설정될 수밖에 없다. 따라서 완공 후 가동시 기대되는 영업이익과 보험가입경상비의 합계금액을 보험가입금액으로 설정한다.

4. 약정복구기간의 개시시점

건설공사보험의 경우 공사완공 이후, 조립보험의 경우 조립 후 시운전까지 완료된 이후부터 예정이익상실보험의 약정복구기간이 개시된다.

5. 한 사고의 개념

예정이익상실손해는 원래 공사계획상 완공예정일로부터 실제완공이 이루어질 때까지 지연되는 기간 동안 발생하는 발주자의 불가동손해를 보상하는 것이므로 재물사고가 여러 번 있었다 하더라도 예정이익상실보험에서의 사고는 한 사고로 처리된다.

간접기업휴지보험(Contingency Business Interruption)

1. 의 의

일반 기업휴지손해보험은 피보험자의 구내에서 발생한 보험사고로 발생한 재산손실에 의해 입게 되는 직접적인 이익상실 및 경상비를 담보한다. 한편 기업은 그들이 의존하는 타기업의 재산손해로 인하여 간접적으로 이익상실 및 경상비손해를 입을 수도 있는데, 이때 발생하는 간접손해를 담보하는 보험을 간접기업휴지보험이라 한다.

2. 간접기업휴지보험의 유형

(1) Supplier/Customer Extension

사업상 의존관계에 있는 다른 업체에 재물사고가 발생하여 이로 인해 해당 회사의 생산 내지는 매출에 지장이 초래됨으로써 입게 되는 경제적 손실을 보상한다.

(2) Utility Failure/Service Interruption

생산활동에 필요한 동력, 가스, 용수, 증기 등을 공급하는 업체에 어떤 사고가 발생하여 이를 공급받지 못하게 됨으로써 입게 되는 기업휴지손해를 보상한다.

(3) Denial Access/Ingress, Egress

피보험자의 인근 재물에 발생한 사고로 인해 피보험자의 구내에 접근이 차단되거나 통제됨으로써 입게 되는 기업휴지손해를 보상한다.

(4) Loss of Attraction

피보험자의 인근지역에 발생한 재물사고로 인해 해당 지역의 방문이 감소하게 됨에 따라 피보험자가 입게 되는 사업손실을 보상한다. 예를 들면 유명관광지가 대형재난 등으로 인해 황폐화되거나 관광지로서의 가치를 상실하게 됨에 따라 인근 호텔, 상점 등이 고객을 잃게 됨으로써 발생하는 손해 등을 보상한다.

3. 손해의 보상

보험기간 중 휴업손실이 발생하는 경우 보험기간의 만료일에 관계없이 영업이 휴지된 때로부터 사고업체의 재산이 지체 없이 복구될 때까지 기업휴지로 인하여 피보험자가 실제로 입은 손해를 보상한다.

보험자는 보험의 목적이 손해를 입은 직후 12개월 동안 손해가 없었더라면 얻을 수 있었을 추정총수익(보험가액)에 증권에 기재된 약정가입비율을 곱하여 얻어진 금액에 대한 보험가입금액의 비율로 지급보험금을 산정한다.

2019년 3월 1일 A공장에서 화재가 발생하여 공장일부가 소실되었다. 이 화재로 소실된 공장의 복구작업을 신속히 진행한 결과 2019년 6월부터 생산이 재개되었고, 2019년 7월부터는 매출수준이 정상적으로 회복되었다. 복구기간 중 인근공장을 3개월간(2019.5.1. ～ 2019.7.31.) 15,000,000원에 임차하여 총 60,000,000원의 매출이 발생하였다. 아래에 주어진 조건을 이용하여 A공장이 보험회사로부터 지급받을 수 있는 기업휴지보험금을 구하시오.

[계약사항]
- 보험가입내용 : 국문화재보험/기업휴지손해담보 특별약관
- 보험가입금액 : 500,000,000원
- 약정복구기간 : 4개월
- 공제기간 : 1개월
- 보험기간 : 2019.1.10. ～ 2020.1.10.

[기업실적]
- 사고 직전 회계연도 매출액 : 1,750,000,000원
- 사고 직전 회계연도 영업이익 : 200,000,000원
- 사고 직전 회계연도 보험가입경상비(고정비) : 500,000,000원
- 2018년 3월부터 2019년 10월까지의 월별매출액

2018년도 월별매출액		2019년도 월별매출액	
3월	170,000,000원	1월	160,000,000원
4월	160,000,000원	2월	160,000,000원
5월	160,000,000원	3월	80,000,000원
6월	170,000,000원	4월	80,000,000원
7월	150,000,000원	5월	90,000,000원
8월	150,000,000원	6월	110,000,000원
9월	150,000,000원	7월	140,000,000원
10월	140,000,000원	8월	150,000,000원
11월	150,000,000원	9월	160,000,000원
12월	150,000,000원	10월	150,000,000원

- 2018년 3월부터 2019년 2월까지의 매출액 : 1,870,000,000원
- 복구기간 중 지출되지 않은 경상비 : 20,000,000원

(1) 총이익상실보험금의 산정

지급보험금

= [(매출감소액 − 공제금액) × 총이익률 − 지출을 면한 경상비] × 보험가입금액 / 보험가액

① 매출감소액

= 사고 직전 12개월 중 약정복구기간 동안의 매출액 − 복구기간 중의 실제매출액

= 660,000,000원 − 360,000,000원 = 300,000,000원

② 공제금액 = 300,000,000원 / 4개월 = 75,000,000원

③ 총이익률

= (사고 직전 회계연도의 영업이익 + 보험가입경상비) / 사고 직전 회계연도의 매출액

= (200,000,000원 + 500,000,000원) / 1,750,000,000원 = 40%

④ 지출을 면한 보험가입경상비 : 20,000,000원

⑤ 보험가입비율

= 보험가입금액 / 보험가액(= 사고 직전 12개월의 매출액 × 총이익률)

= 500,000,000원 / 748,000,000원(= 1,870,000,000원 × 40%) = 66.8%

⑥ 총이익상실보험금

= [(매출감소액 − 공제금액) × 총이익률 − 지출을 면한 경상비] × 보험가입금액 / 보험가액

= [(300,000,000원 − 75,000,000원) × 40% − 20,000,000원] × 66.8%

= 70,000,000원 × 66.8% = 46,760,000원

(2) 손해경감비용보험금의 산정

지급보험금

= min[실제지출비용, 감소를 면한 매출액 × 총이익률] × 보험가입금액 / 보험가액

① 실제비용지출액

B공장 임차기간이 3개월이지만, 약정복구기간이 2019년 6월에 종료되었으므로, 그 기간까지만 보상기간으로 인정한다.

인정비용 = 5,000,000원/월 × 2개월 = 10,000,000원

② 보상한도액

= 감소를 면한 매출액 × 총이익률

= 40,000,000원(2개월분) × 40% = 16,000,000원

③ 손해경감비용보험금 = 10,000,000원 × 66.8% = 6,680,000원

(3) 지급보험금 합계액

46,760,000원 + 6,680,000원 = 53,440,000원

A공장은 2018년 6월 1일 보험회사와 패키지보험계약을 체결하였고, 2019년 2월 1일에 화재사고가 발생하여 공장건물이 일부 소실되었다. 소실된 공장건물은 사고 직후 신속히 복구 작업을 실시하여 2019년 5월 31일에 건물수리를 완료하였으며, 2019년 7월 31일 매출수준이 정상적으로 회복되었다. 복구기간 중 인근건물의 임차료(2019년 2월 ~ 3월)로 10,000,000원이 지출되었고, 그 건물의 임차기간동안 발생한 매출액이 40,000,000원이라고 했을 때, 아래에 주어진 조건을 이용하여 A공장이 보험회사로부터 지급받을 수 있는 기업휴지보험금을 구하시오.

[계약사항]
• 보험가입금액 : 500,000,000원
• 약정복구기간 : 6개월
• 공제기간 : 1개월
• 일부보험 : 비례보상규정(Average Clause) 적용

[매출자료]
• 사고 직전 회계연도 매출액 : 1,500,000,000원
• 사고 직전 회계연도 변동비 : 900,000,000원
• 사고 직전 회계연도 기초재고 : 400,000,000원
• 사고 직전 회계연도 기말재고 : 700,000,000원

[2018년 2월부터 2019년 7월까지의 매출액]
• 2018년 2월 ~ 2018년 3월 : 300,000,000원
• 2018년 4월 ~ 2018년 5월 : 300,000,000원
• 2018년 6월 ~ 2018년 7월 : 400,000,000원
• 2018년 8월 ~ 2018년 11월 : 400,000,000원
• 2018년 12월 ~ 2019년 1월 : 400,000,000원
• 2019년 2월 ~ 2019년 3월 : 100,000,000원
• 2019년 4월 ~ 2019년 5월 : 150,000,000원
• 2019년 6월 ~ 2019년 7월 : 150,000,000원
• 2019년 8월 ~ 2019년 11월 : 500,000,000원

(1) 총이익상실보험금의 산정

지급보험금

= [(매출감소액 − 공제금액) × 총이익률 − 지출을 면한 경상비] × 보험가입금액 / 보험가액

① 매출감소액

= 사고 직전 12개월 중 약정복구기간 동안의 매출액 − 복구기간 중의 실제매출액

= 1,000,000,000원 − 400,000,000원 = 600,000,000원

② 공제금액 = 600,000,000,000원 / 6개월 = 100,000,000원

③ 총이익률

= [(사고 직전 회계연도의 매출액 + 기말재고) − (사고 직전 회계연도의 변동비 + 기초재고)] / 사고 직전 회계연도의 매출액

= [(1,500,000,000원 + 700,000,000원) − (900,000,000원 + 400,000,000원)] / 1,500,000,000원

= 60%

④ 보험가입비율

= 보험가입금액 / 보험가액[= (약정복구기간만료 또는 매출수준정상회복 직전 12개월간의 매출액 + 복구기간 동안의 매출감소액) × 총이익률]

= 500,000,000원 / 1,080,000,000원[= (1,200,000,000원 + 600,000,000원) × 60%]

= 46.3%

⑤ 총이익상실보험금

= [(매출감소액 − 공제금액) × 총이익률 − 지출을 면한 경상비] × 보험가입금액 / 보험가액

= (600,000,000원 − 100,000,000원) × 60% × 46.3% = 138,900,000원

(2) 손해경감비용보험금의 산정

지급보험금

= min[실제지출비용, 감소를 면한 매출액 × 총이익률] × 보험가입금액 / 보험가액

① 실제비용지출액

= 인근건물 임차료 5,000,000원/월 × 2개월 = 10,000,000원

② 보상한도액

= 감소를 면한 매출액 × 총이익률

= 40,000,000원(2개월분) × 60% = 24,000,000원

③ 손해경감비용보험금 = 10,000,000원 × 46.3% = 4,630,000원

(3) 지급보험금 합계액

138,900,000원 + 4,630,000원 = 143,530,000원

예제 1

화재보험 영문약관(F.O.C(F))의 기업휴지담보에서 총수익(Gross Earnings)에 대해 설명하고, 다음의 경우 지급보험금을 계산하시오.

> • 부보금액(Sum Insured) : 30억원
> • 총수익(Gross Earnings) : 50억원
> • 보험가액(Required Amount) : 40억원
> • 총수익상실손해(Loss Amount) : 10억원

풀이

(1) **총수익의 개념**

총수익(Gross Earnings)이란 사고발생 직후 12개월 동안 손해가 없었더라면 얻을 수 있었을 추정 예상수익의 합계액을 말하며, 다음과 같이 직전 회계연도의 자료를 바탕으로 산출한다.

총수익 = (매출액 + 기말재고액) − (변동비 + 기초재고액
= (turnover + closing stock) − (variable cost + opening stock)

(2) **지급보험금의 계산**

지급보험금 = 손해액 × 보험가입금액 / 보험가액 = 10억원 × 30억원 / 40억원 = 7.5억원

컴퓨터제조업체인 S사는 A보험사와 공장, 기계, 재고자산에 대해 국문화재보험으로 계약을 체결하고, B 보험사와는 장기화재보험으로 계약을 체결하였다. 이후 전기누전에 의한 화재사고가 발생하고 공장가동 이 중단되어 아래와 같은 손해가 발생한 경우 A, B보험사의 지급보험금을 계산하시오.

[보험계약사항]

(1) **A보험사(국문화재보험)**
- 보험가입금액 : 건물 10억원 / 기계 9억원 / 재고자산 5억원
- 확장위험담보특약
- 기업휴지손해담보특약 : 보험가입금액 10억원

(2) **B보험사(장기화재보험)**
- 보험가입금액 : 건물 10억원

[손해조사사항]

(1) **재물부문**
- 보험가액 : 건물 20억원 / 기계 8억원 / 재고자산 10억원
- 화재손해액 : 건물 8억원 / 기계 4.5억원 / 원부자재 1억원 / 완제품 1.2억원
- 화재시 생긴 도난손해 : 완제품 9천만원

(2) **기업휴지손해**
- 손해발생 직전 회계연도 매출액 : 35억원
- 손해발생 직전 12개월간의 매출액 : 40억원
- 기업휴지기간 동안의 매출감소액 : 6억원
- 지출을 면한 보험가입경상비 : 8천만원
- 총이익률 : 40%

풀 이

(1) **보상책임의 검토**

화재보험은 열거위험담보방식의 약관으로 화재(벼락 포함)에 따른 직접손해, 소방손해, 피난손해를 담보하 며, 위험보편의 원칙에 따라 화재의 원인 여하를 불문하고 화재로 인한 손해를 담보한다.

사안의 경우 전기누전으로 인해 화재사고가 발생하였으므로 보험자는 그 화재손해에 대해 보상책임을 져야 한다. 단, 화재발생시 생긴 도난손해는 화재보험보통약관뿐만 아니라 도난위험담보특약에서도 면책사항으 로 규정하고 있으므로 보상하지 않는다. 기업휴지손해는 화재로 인한 간접손해로 보통약관에서는 담보하지 않으나, 기업휴지담보특약에 가입했으므로 보상한다.

(2) **재물손해 지급보험금**
　① **보험금 계산시 주의사항**
　　사안의 부보물건은 공장물건으로 일반화재보험에는 80% Co－Ins.가 적용되지 않고, 장기화재보험에는 80% Co－Ins.가 적용된다.

　　건물에 대해서는 A, B보험사에 중복계약이 체결되어 있으나, 보험가입금액의 합계액이 보험가액을 초과하지 않으므로 병존보험에 해당한다. 다만, 보험금계산방식이 다르므로 각각 계산한 보험금의 합계액이 손해액을 초과하는 경우에는 독립책임액 비례분담방식에 의해 지급보험금을 분담하여야 한다.

　② **목적물별 지급보험금의 계산**
　　㉠ **건물**
　　　ⓐ **독립책임액**
　　　　A보험사 = 8억원 × 10억원 / 20억원 = 4억원
　　　　B보험사 = 8억원 × 10억원 / (20억원 × 80%) = 5억원
　　　ⓑ **지급보험금**
　　　　A보험사 = 8억원 × 4억원 / 9억원 = 355,555,555원
　　　　B보험사 = 8억원 × 5억원 / 9억원 = 444,444,444원
　　㉡ **기계** : 초과보험이므로 손해액 4.5억원 전액 보상
　　㉢ **재고자산** = 2.2억원 × 5억원 / 10억원 = 1.1억원

(3) **기업휴지손해 지급보험금**
　기업휴지손해담보특약은 보험목적물이 담보위험에 의해 손해를 입은 결과 영업의 전부 또는 일부가 중단되고 매출액이 감소됨으로써 발생한 총이익상실손해(영업이익과 보험가입경상비) 및 손해경감비용을 보상하는 특약이다.

　지급보험금
　= [(매출감소액 × 총이익률) － 지출을 면한 보험가입경상비] × 보험가입금액 / 보험가액
　= [(6억원 × 40%) － 8천만원] × 10억원 / (40억원 × 40%)
　= 1억 6천만원 × 10억원 / 16억원 = 1억원
　※ 보험가액 = 사고발생 직전 12개월간의 매출액 × 총이익률
　※ <u>기업휴지손해보험금을 계산할 때는 일반화재보험의 담보손해인지 장기화재보험의 담보손해인지를 구분하여야 하고, 특히 장기화재보험의 경우는 80% Co－ins를 적용하여야 한다.</u>

(4) **보험사별 지급보험금**
　A보험사 = 건물 355,555,555원 + 기계 4.5억원 + 재고자산 1.1억원 + 기업휴지손해 1억원
　　　　　 = 1,015,555,555원
　B보험사 = 건물 444,444,444원

01 동산종합보험(Inland Floater Insurance)

1. 의 의

동산종합보험이란 보험의 목적이 화재, 도난, 파손, 폭발 등의 우연한 사고로 입은 손해를 보상하는 보험으로, 모든 형태의 위험에 대해 포괄적으로 담보하는 전위험담보방식의 보험이다.

다른 재물보험은 보험의 목적을 특정장소 내에 한정하여 담보하는데 비해 동산종합보험은 보관 중은 물론 사용 중, 휴대 중, 운송 중의 사고까지 담보한다. 즉 증권에 기재된 담보지역 내의 어디에서 사고가 나더라도 담보하는 불특정장소위험담보방식의 순수 재산보험으로 배상책임은 담보하지 않는다.

2. 약관체계

국문약관은 보통약관에 보상하는 손해와 보상하지 않는 손해를 같이 규정함으로써 보통약관만으로 유효한 보험계약이 성립되는 반면에 영문약관은 보통약관에 일반적인 조항만을 규정하고 담보위험 및 면책위험을 각 특별약관에 규정하고 있어 각 목적물별로 특별약관이 첨부되어야 유효한 계약이 성립된다.

3. 보험가입대상

(1) 보험의 목적

증권에서 특별히 보험의 목적에서 제외되는 물건으로 정하고 있지 않는 한 가재도구, 집기비품, 재고자산, 리스물건, 중장비, 전시품, 기타 동산 등의 모든 동산이 보험의 목적이 될 수 있다.

(2) 보험의 목적에서 제외되는 물건

① 수용장소가 특정되어 이동위험이 수반되지 않는 상품(동일 구내에서 이동하는 물건 포함). 단, 상품을 2개 이상의 보관장소로 이동시키거나 수송하는 위험을 포함한 인수는 가능하며, 수용장소가 특정되어 있다 하더라도 상품이 아닌 경우는 인수 가능하다.

② 자동차, 선박, 항공기(6종 건설기계 포함)

③ 공장 내에 설치된 기계(리스물건인 기계는 인수대상)

④ 특정구간 수송 중의 위험만을 대상으로 하는 동산(수송 전·후의 보관위험을 함께 포괄 가입하는 경우에는 인수가능)

⑤ 특정장소 내의 가재포괄계약(가정종합보험의 인수대상. 단, 특정가재만을 개별적으로 선택하여 인수하는 것은 가능)

⑥ 하나의 공장 구내에서만 소재하는 동산의 포괄계약

⑦ 동물, 식물

4. 담보위험

화재, 낙뢰, 도난, 파손, 폭발 또는 파열 위험은 필수 담보위험이고, 건물의 붕괴, 누수손해, 비, 눈, 담수 등에 의한 수해, 연기손해 등은 담보위험에서 제외할 수 있다.

5. 상대적 면책사항(특별약관으로 담보가능)

(1) 수리위험으로 인한 손해

보험의 목적의 수리, 청소 등의 작업 중에 있어서 작업상의 과실 또는 기술의 졸렬로 생긴 손해. 단, 이들을 원인으로 한 화재사고는 보상한다.

(2) 전기적 사고 또는 기계적 사고로 생긴 손해

단, 이들의 사고로 인하여 화재손해가 발생하였거나 이들의 사고가 우연한 외래의 사고의 결과로 생긴 손해는 보상한다.

(3) 지진 또는 분화로 생긴 손해

(4) 풍수재로 생긴 손해(홍수, 범람, 해일, 태풍, 회오리바람, 폭풍우 등)

6. 보상기준

동산종합보험은 미평가보험이므로 손해가 발생한 때와 곳의 가액을 기준으로 손해액을 산출한다. 단, 협정보험가액이 첨부된 경우에는 보험계약 당시의 협정가액을 보험가액으로 한다.

지급보험금은 신구교환공제, 잔존물공제, 자기부담금을 적용하여 산출하며, 일부보험의 경우에는 비례보상한다.

> 지급보험금 = (손해액 − 잔존물가액 − 면책금액 − 도난면책금액) × 보험가입금액 / 보험가액
>
> ※ 도난면책금액 : 1만원

1. 담보위험/약관체계

도난보험은 특정장소 내에 수용되어 있는 동산이 불법침입자 등의 절도 또는 강도행위로 입은 목적물의 직접손해를 담보하는 보험이다. 보통약관에서는 일반사항만을 규정하고 담보위험에 대해서는 보험목적물별로 특별약관을 첨부하여야 계약이 성립되는 구조로 되어 있다.

2. 특별약관의 종류

기본적 특별약관에는 동산담보 특별약관, 현금 및 유가증권담보 특별약관, 수탁물배상책임담보 특별약관이 있으며, 부수적 특별약관에는 귀중품담보 특별약관, 보관시설파손담보 특별약관 등이 있다. 기본적 특별약관상의 담보위험을 확장하기 위해 부재담보 특별약관을 첨부하면 72시간 이상 부재 중 발생한 도난손해도 보상된다.

현금 및 유가증권담보 특별약관은 특정 보관시설 내에서 보관되어 있는 동안의 도난손해만 담보하므로 운송 중의 도난, 파손위험을 확장 담보하고자 하는 경우에는 현금 및 유가증권 운송위험담보 특별약관을 첨부하면 된다.

3. 보험의 목적

(1) 동산담보 특별약관

동산담보 특별약관의 담보대상은 가재 일체와 영업용 집기비품이다. 현금, 유가증권, 귀금속, 그림, 골동품, 증서, 장부, 훈장, 면허증 등은 담보하지 않는다.

(2) 현금 및 유가증권담보 특별약관

이 특별약관에서는 현금 및 유가증권만을 담보한다.

(3) 수탁물배상책임담보 특별약관

타인으로부터 수탁 받아 보관 중인 수탁물, 즉 현금, 유가증권, 귀금속, 원고, 글, 그림, 골동품 등을 담보한다. 단, 증서, 장부, 면허증은 담보하지 않는다.

4. 보상하는 손해

증권에 기재된 특정 보관장소 내에서 발생한 도난손해, 즉 보험목적의 직접손해 및 비용손해(손해방지비용, 대위권보전비용, 회수비용, 기타 협력비용)를 보상한다. 불법침입자, 절도, 강도 등이 외부로부터 침입한 흔적이 뚜렷이 있어야 하며, 손해사고기준증권이긴 하나 사고 후 30일 이후에 발견된 손해는 보상하지 않는다.

5. 보상하지 않는 손해

① 계약자, 피보험자 또는 이들의 법정대리인의 고의 또는 중대한 과실로 생긴 손해
② 피보험자 등의 가담 또는 묵인하에 생긴 손해
③ 화재, 폭발 중의 도난손해
④ 절도, 강도행위로 발생한 화재 또는 폭발손해
⑤ 재고조사시 발견된 손해
⑥ 망실 또는 분실손해
⑦ 도난손해 후 30일 내에 발견되지 않은 손해
⑧ 72시간 이상 보관장소를 비워두던 중 발생한 손해
⑨ 자동차, 오토바이, 동·식물에 발생한 도난손해

6. 보험가입금액 및 지급보험금의 계산

보험가입금액은 보험목적물별로 한 개, 한 조 단위로 설정함을 원칙으로 하되, 이와 같이 개별적으로 가입금액을 설정하지 않고 포괄적으로 설정할 때에는 한 개, 한 조마다의 가입금액을 전체가입금액의 5%가 넘지 않도록 설정하여야 한다.

도난보험은 미평가보험이므로 손해가 발생한 때와 곳에서의 가액을 기준으로 보상하되, 일부보험의 경우에는 비례보상한다.

> 지급보험금 = (손해액 − 잔존물공제 − 면책금액 − 도난면책) × 보험가입금액 / 보험가액

03 현금 및 유가증권보험(Money & Securities Insurance)

1. 담보위험

현금 및 유가증권이 절도, 강도 등의 범죄행위로 입은 손해, 우연한 사고로 파손, 훼손, 오손 등으로 입은 손해 및 분실손해까지도 담보하는 전위험담보방식의 현금 및 유가증권의 종합보험이라 할 수 있다.

2. 보험의 목적

본 증권의 보험의 목적은 현금 및 유가증권이며, 여기에 보험의 목적인 현금이나 유가증권에 대한 절도나 강도행위시 ① 보험의 목적을 수용하고 있는 건물이 파손됨으로써 입은 직접손해 및 ② 피보험자의 동산에 입힌 직접손해는 자동으로 담보한다(단, 화재손해는 제외).

3. 보상하는 손해

현금 및 유가증권보험은 발견기준증권으로 반드시 보험기간 중의 사고이어야 하고, 또한 보험기간 중에 발견된 손해에 대해서만 담보한다.

현금 및 유가증권보험은 ① 범죄행위 중 절도나 강도행위로 입은 손해, ② 범죄행위 이외의 사고로 보험의 목적이 파손, 훼손 및 오손되어 입은 손해, ③ 분실손해를 보상하고, 건물 및 기타 동산이 절도나 강도로 입은 손해는 그 직접손해만을 보상한다(단, 화재손해는 면책).

4. 보상하지 않는 손해

전쟁위험, 피보험자 측의 부정행위, 사기, 위조, 공권력행사나 불법행위로 입은 손해는 보상하지 않는다.

5. 보상기준

국문도난보험의 현금 및 유가증권담보 특별약관과 마찬가지로 보험사고발생시 가입금액범위 내에서 피보험자가 입은 손해를 실손보상하며, 손해입증서류는 사고통지 후 60일 이내에 제출하여야 한다.

국문도난보험과 달리 보험사고가 발생하여 보험금이 지급되더라도 보험가입금액은 감액되지 않지만, 잔여보험기간만큼 추가로 복원보험료를 납부하여야 한다.

1. 의 의

금융기관의 업무와 관련된 직원의 부정행위(사기, 횡령 등), 제3자의 절도나 강도, 유가증권의 위·변조 및 도난손해 등의 범죄행위를 포괄적으로 담보함은 물론 재물의 파손, 훼손 등 범죄행위 이외의 위험까지도 담보하는 보험으로, 금융기관의 금융관련 업무에 따르는 전반적인 위험을 종합적으로 담보한다.

2. 담보기준

손해발견기준증권으로 보험기간 중에 담보하는 손해가 발견되어야 하며, 보험사고는 소급담보일자 이후 보험기간만료일 사이에 발생한 것이어야 한다.

3. 보상하는 손해

(1) 직원의 부정행위(Fidelity)

금융기관 종업원의 일반적인 횡령, 배임, 사기 등으로 인한 손해를 담보한다. 종업원의 부정 및 사기행위가 발생손해의 전적이고 직접적인 원인이어야 하고, 피보험자에게 손해를 끼치려는 명백한 의도 또는 종업원 자신의 경제적인 이득을 얻으려는 명백한 의도가 존재하여야 한다. 따라서 손해가 종업원 자신의 급여의 인상, 커미션의 수수, 승진 등의 이익을 추구하는 행위, 즉 금융기관 종업원의 일상적인 업무에 기인하여 발생한 손해는 보상하지 않는다. 이러한 손해는 금융기관의 사업상의 고유의 손해에 해당하기 때문이다.

(2) 사업장내 절도, 강도, 분실 및 파손(On Premises)

피보험자의 사업장 내에서 도난 등으로 피보험자가 직접적으로 입은 재물손해를 보상하며, 더불어 금융거래 목적으로 방문한 방문고객의 재물도 함께 담보한다.

(3) 운송 중 손해(In Transit)

피보험자의 직원이나 보안경비회사 또는 무장호송차량회사가 재물을 운송하는 도중 발생한 손해를 보상한다.

(4) 위조나 변조손해(Forgery or Alteration)

유가증권의 위조나 변조에 의한 피보험자의 손해를 보상한다. 위조는 기망의 목적으로 유가증권에 다른 사람의 이름을 서명하는 것을 말하고, 변조는 진본유가증권의 내용 일부를 부당히 변경시키는 것을 말한다.

(5) 유가증권의 위조, 변조 및 도난손해(Securities)

피보험자가 선의로 통상적인 업무절차에 따라 위조나 변조된 유가증권을 원본으로 처리함으로써 직접적으로 발생한 손해를 보상한다.

(6) 위조화폐(Counterfeit Currency)

위조 또는 변조된 화폐(지폐 또는 동전)를 취득함으로써 입은 손해를 보상한다.

(7) 사무실 건물 및 수용재물(Office & Contents)

피보험자가 소유하거나 책임이 있는 건물 및 수용 집기비품 등이 강도, 강탈, 절도, 파괴 또는 악의적 행동으로 입은 손해를 보상한다.

(8) 법률비용(Legal Fee)

이 증권에서 보상하는 행위로 인한 손해가 발생한 경우 그러한 행위와 관련한 법적요구, 배상청구, 소송에 대응하기 위해 피보험자가 지급한 비용을 보상한다.

4. 보상한도액 및 자기부담금의 설정

(1) 보상한도액의 설정

금융기관종합보험의 보상한도액은 원칙적으로 1사고당 한도액이지만, 배서에 의해 연간 총보상한도액을 설정할 수도 있다.

법률비용을 제외하고는 담보위험별로 각각의 보상한도액을 설정할 수도 있지만, 모든 위험을 포괄하여 단일보상한도액(Combined Single Limit)으로 설정할 수도 있다.

(2) 자기부담금의 설정

자기부담금은 1사고당 일정금액으로 설정되는데, 모든 위험을 포괄하여 단일보상한도액으로 설정되는 경우 자기부담금도 단일금액으로 설정되고, 보상한도액이 담보위험별로 설정될 경우에는 자기부담금도 담보위험별로 설정된다.

5. 손해의 보상

(1) 손해의 발견

구체적인 손해액은 모르더라도 일반적으로 담보사고가 발생했음을 인지하면 발견으로 본다. 제3자가 피보험자에게 배상책임이 있다고 주장하는 경우에는 배상청구시점을 발견일자로 본다.

(2) 손해의 통지 및 증명, 소송절차

사고발견 후 30일 이내에 그 사실을 서면으로 통보하여야 하고, 발견 후 6개월 이내에 세부내역을 기재한 손해증명서를 제출하여야 한다. 그리고 손해보상을 위한 소송의 제기는 손해사실을 안 날로부터 2년 이내에 제기하여야 한다.

(3) 평가기준

유가증권은 손해직전 영업일의 종가, 시장 종료 후 손해발견시 그날의 종가로 평가한다. 외화는 손해인지일 직전 영업일의 종가, 시장마감 후 손해발견시 손해인지일의 전장종가로 결정한다.

회계장부와 기록은 새장부 구입비용과 자료수록을 위한 인건비와 컴퓨터 사용시간에 대한 비용을 손해액으로 평가한다. 기타 재물은 사고발생 당시의 피해재물의 시가로 손해를 평가한다.

배상책임보험

CHAPTER 02

제1절 책임보험의 법리

01 법률상 배상책임(Legal Liability)

1. 불법행위책임

불법행위란 타인의 권리나 이익을 침해함으로써 손해를 입히는 위법행위로서 손해배상책임발생의 원인이 되는 행위를 말한다. 여기서 위법행위는 실정법규에 위반하는 행위는 물론 공서양속에 반하는 행위를 포함하는 개념이다.

민법 제750조에서도 "고의 또는 과실로 인한 위법행위로 타인에게 손해를 가한 자는 그 손해를 배상할 책임이 있다"고 규정하여 고의 또는 과실로 인한 위법행위가 손해배상책임발생의 원인임을 명백히 규정하고 있다.

2. 채무불이행책임(계약상 배상책임)

채무불이행책임은 주로 계약으로 이루어진 채권 · 채무관계에서 발생하는 문제인데, 채무불이행도 채무자에 의한 채권의 침해라는 점에서는 불법행위와 차이가 없어 채무불이행은 불법행위의 특수한 종류라고도 할 수 있다. 따라서 채무불이행에 의한 배상책임을 물을 수도 있고 불법행위에 의한 손해배상책임을 물을 수도 있다.

민법 제390조에서도 "채무자(계약자)가 채무의 내용에 좇은 이행을 하지 아니한 때에는 채권자는 손해배상을 청구할 수 있다. 그러나 채무자의 고의나 과실 없이 이행할 수 없게 된 때에는 그러하지 아니하다"고 규정하여 채무자의 고의나 과실이 없는 경우 외에는 채무자의 채무불이행에 대해 채권자가 손해배상을 청구할 수 있음을 명백히 규정하고 있다. 채무불이행의 유형에는 이행지체, 이행불능, 불완전이행이 있다.

02 일반불법행위책임의 성립요건

1. 고의나 과실

(1) 고 의

고의란 타인에게 손해가 발생한다는 것을 알면서 의도적으로 이를 행하는 심리상태를 말한다. 고의가 성립되기 위해서는 객관적으로 위법이라고 평가되는 일정한 결과의 발생이라는 사실의 인식만 있으면 되며, 그것이 위법한 것으로 평가된다는 것까지 인식할 것을 요하지는 않는다.

고의에는 확정적 고의는 물론 자기의 행위로 인하여 어떤 결과의 발생가능성을 인식하였음에도 그 결과의 발생을 인용한 심리상태인 미필적 고의도 포함된다.

(2) 과 실

과실이란 일정한 결과가 발생한다는 것을 알고 있어 주의할 의무가 있음에도 이를 게을리하여 어떠한 행위를 하는 심리상태, 즉 주의의무의 위반을 말한다.

주의의무의 위반 정도에 대해 다소 주의정도가 모자라는 것을 경과실이라 하고, 현저하게 주의정도가 모자라는 것을 중과실이라고 한다.

(3) 입증책임

고의나 과실은 불법행위성립의 적극적 요건이므로 권리를 주장하는 자가 이를 입증하는 것이 원칙이다. 그러나 피해자의 입증책임이 법률의 규정(민법 제755조 ~ 제763조)이나 과실의 추정이론 등으로 가해자에게 전환되어 가해자가 자기에게 고의 또는 과실이 없음을 입증하여야 책임을 면하는 경우도 있다(입증책임의 전환).

2. 위법성

위법행위는 실정법규에 위반하는 행위는 물론 공서양속에 반하는 행위를 포함하는 개념이다. 그러나 위법성이 인정됨에도 불구하고 특수한 사유로 인하여 위법성이 부인되는 경우가 있는데, 이를 위법성 조각사유라고 하고, 그 사유로는 정당방위, 긴급피난, 자력구제, 피해자의 승낙, 정당행위 등이 있다.

3. 책임능력

책임능력은 자기의 행위의 결과가 위법하여 법률상 비난받을 수 있다는 것을 인식할 수 있는 정신능력을 말한다. 행위의 의사능력을 불법행위 측면에서 평가하여 불법행위능력 내지 책임변식능력이라고도 한다. 민법 제753조의 "자기행위의 책임을 변식할 지능"이 책임능력의 기준이 된다.

판례는 만 14세면 책임능력이 있다고 보며, 형법도 만 14세 미만자의 행위는 처벌하지 않는다. 그러나 일반인은 책임능력을 갖추는 것이 원칙이므로 가해자가 자기의 책임무능력을 입증하여야 책임을 면할 수 있다.

4. 손해의 발생

(1) 손해배상의 범위

손해라 함은 법익에 관하여 입은 불이익을 말하는데, 재산적 손해에 대한 채무불이행 및 불법행위에 있어서의 배상액은 원칙적으로 통상의 손해를 한도로 한다.

통상의 손해라 함은 특별한 사정이 없는 한 그 종류의 채무불이행 또는 불법행위가 있으면 사회일반의 관념에 따라 통상 발생되는 범위의 손해를 말한다.

특별한 사정으로 인한 손해는 채무자 또는 불법행위자가 채무불이행 또는 불법행위 당시에 그 사정을 알았거나 주의를 하였더라면 알 수 있었을 때에 한하여 배상책임이 있다(민법 제393조 제2항, 제763조). 통상의 손해가 일반적, 객관적인 손해인데 대하여 특별손해는 당사자 사이에 있어서 개별적, 구체적 사정에 의한 손해를 말한다.

(2) 재물손해산정의 기준

불법행위 또는 채무불이행으로 재물이 멸실된 경우에는 원칙적으로 그 행위 당시, 즉 그 물건의 멸실 당시의 시가(교환가치) 및 그 이후의 지연이자가 통상의 손해에 해당한다.

물건이 훼손된 경우 수리하여 사용가치의 회복이 가능한 경우에는 그 수리비 및 수리기간 중 통상의 방법으로 사용하지 못함으로 인한 손해가 통상의 손해에 해당한다. 그리고 물건의 수리가 불가능한 경우에는 그 훼손으로 인한 교환가치의 감소액이 통상의 손해에 해당하며, 그 교환가치의 감소액 가운데에는 현재 및 장차 그 물건을 통상의 방법에 따라 사용, 수익하지 못함으로 인한 이익의 상실이 포함되어 있다.

5. 인과관계

위법한 행위와 발생된 손해 사이에는 인과관계가 있어야 한다. 인과관계에 대하여 우리나라의 통설 및 판례는 모두 원인과 결과간에 구체적 경우가 아닌 보통의 경우에서도 인과관계가 있어야 한다는 상당인과관계설을 취하고 있다.

인과관계는 권리를 주장하는 자가 원칙적으로 입증책임을 지는 것이지만, 민법상 특수불법행위 및 제조물책임 등 일부 특별법에서는 손해가 발생하면 일단 인과관계를 추정하고 가해자로 하여금 반증에 의해 인과관계가 없음을 입증하도록 하여 피해자의 입증책임을 전환하고 있다.

03 특수불법행위책임

1. 책임무능력자의 감독자책임

책임무능력자를 감독할 법정의무가 있는 자인 친권자와 후견인 및 감독의무자에 갈음하여 책임무 능력자를 감독하는 자가 감독을 게을리 한 경우 책임무능력자의 불법행위에 대하여 손해배상책임 을 진다(민법 제755조).

감독의무자나 대리감독자의 행위가 아닌 책임무능력자의 가해행위에 대한 책임이며, 과실은 책임 무능력자의 가해행위에 대한 것이 아니라 그들이 책임무능력자를 감독하는데 있어서의 과실, 즉 감독상의 과실을 말한다. 이 경우 입증책임이 전환되어 감독의무자나 대리감독자가 자신의 무과실 을 입증하여야 한다.

2. 사용자책임

(1) 의 의

타인을 사용하여 어떤 사무에 종사하게 한 자 및 사용자에 갈음하여 사무를 감독하는 자는 피용자가 그 사무집행에 관하여 제3자에게 손해를 입힌 때에 그 피용자의 선임 및 사무 감독을 게을리 하지 않았음을 입증하지 못하면 그 손해를 배상할 책임이 있다.

사용자책임은 이익이 있는 곳에 손해도 따른다는 보상책임이나 위험책임을 그 근거로 하며, 사용자 의 과실은 피용자의 선임 및 감독에 관한 것이고 사용자가 무과실의 입증책임을 지게 되어 입증책임 이 전환된다.

사용자나 대리감독자가 피용자의 행위에 대하여 배상책임을 지게 되며, 가해피용자 자신도 독립하 여 일반불법행위책임을 지게 된다. 사용자책임과 가해피용자의 책임은 서로 부진정연대책임의 관 계에 있으므로, 사용자나 대리감독자가 배상을 한 경우에는 가해피용자에 대하여 구상권을 행사할 수 있다.

(2) 성립요건

① 사용관계

사용자와 피용자간에 사무에 종사하게 하는 사용관계가 있어야 한다. 사용관계란 고용, 위임, 조합 등의 관계로 사용자의 사실상의 지휘·감독이 사용관계의 성립요건이다. 또한 사용관계는 영리적이거나 계속적인 것일 필요는 없으며, 보수의 유무나 기간의 장단을 묻지 않는다.

② 사무집행

사용자는 피용자의 사무집행에 관한 행위에 대해서 책임을 진다. 행위의 외형상 또는 객관적으로 보아 사무집행으로 볼 수 있는 행위를 사무집행으로 보는데, 이를 외관이론이라고 한다.

③ 제3자의 존재

피해자인 제3자의 범위는 사용자와 가해피용자를 제외한 모든 사람을 의미하며, 따라서 동료피해자도 제3자가 될 수 있다.

④ 사용자가 면책사유를 입증하지 못할 것

사용자는 피용자의 선임 및 사무 감독에 상당한 주의를 한 때 또는 상당한 주의를 하여도 손해가 있을 경우에는 그 책임을 면한다(민법 제756조 단서).

입증책임은 사용자가 부담하게 되는데, 판례는 면책을 인정하지 않아 사용자책임은 사실상 무과실책임이라고 할 수 있다.

3. 도급인책임

도급인은 수급인이 그 일에 관하여 제3자에게 가한 손해에 대하여 배상할 책임을 지지 않는다. 이러한 손해는 수급인이 민법 제750조에 따라 책임을 지는 일반불법행위책임이기 때문이다. 그러나 도급 또는 지시에 관하여 중대한 과실이 있는 때에는 손해배상책임을 지게 되는데 이를 도급인의 책임이라고 한다(민법 제757조).

건설공사 등의 하도급계약시에는 이러한 도급인의 손해배상책임을 수급인이 인수하기로 약정하는 손해배상인수약정(Hold Harmless Agreement)을 두는 것이 일반적인 관행이다. 그러나 민법 제757조의 규정에도 불구하고 실무상 도급인은 사용자책임 및 일반불법행위책임을 지는 것으로 본다. 즉 도급인이 수급인에 대하여 작업에 대해 지휘·감독할 수 있는 권한이 있는 경우 또는 손해가 수급인의 선임 잘못이나 잘못된 작업계획으로 인한 경우에도 사용자책임을 진다. 또한 도급인이 제공한 자재에 하자가 있는 경우에는 도급인은 일반불법행위책임을 진다.

판례는 건설공사의 도급에 관하여는 도급인이 공사현장에서 공사의 운영 및 시공을 직접 지시·감독한 경우에만 사용자책임을 지며, 건설공사계약에서 하수급인이 모든 책임을 지겠다고 약정을 하였더라도 하도급인의 책임이 면제되지 않는다고 본다.

4. 공작물책임

공작물의 점유자 및 소유자가 공작물의 설치 또는 보존의 하자로 인하여 타인에게 가한 손해에 대한 배상책임을 말한다(민법 제758조 제1항).

공작물책임은 가해행위가 아닌 공작물의 하자와 손해와의 관련성에 근거하는 위험책임으로 무과실책임이다. 공작물의 점유자가 1차로 책임을 지고 무과실을 입증하면 면책되며, 소유자는 점유자가 면책되면 2차로 무과실책임을 지게 된다.

공작물책임이 성립하려면 ① 공작물로 인한 손해일 것, ② 공작물에 설치 또는 보존의 하자가 있을 것, ③ 면책사유가 없을 것을 요건으로 한다. 여기서 하자란 물건 본래 가지고 있어야 할 안정성을 갖추지 않은 것을 의미하는데, 처음부터 있는 하자는 설치의 하자이고, 후에 생긴 하자는 보존의 하자라고 한다.

공작물로 인한 손해가 발생하면 공작물에 하자가 있었던 것으로 추정되고, 점유자나 소유자가 하자가 없다는 반증을 하여야 하므로 사실상 입증책임이 전환된다.

5. 동물점유자책임

동물이 타인에게 가한 손해에 대하여 동물의 점유자나 보관자가 지는 손해배상책임을 동물점유자책임이라고 한다(민법 제759조). 동물의 종류는 묻지 않으며, 상당한 주의를 하였거나 상당한 주의를 하여도 손해가 발생할 경우에는 면책이 인정된다.

6. 공동불법행위책임

(1) 의 의

공동불법행위란 여러 사람이 공동으로 불법행위를 하여 타인에게 손해를 가하는 행위를 말하는데, 공동불법행위자 각자가 채권자에 대하여 전부의 배상책임을 지는 부진정연대채무로 본다.

이와 같이 공동불법행위자에게 연대책임을 부담하게 하는 취지는 가해자들의 각자의 행위의 경중을 문제 삼기 이전에 피해자가 누구에게나 배상금 전부를 받을 수 있도록 하기 위함이다.

(2) 공동불법행위의 유형

① 좁은 의미의 공동불법행위로 각자가 제각기 일반적인 불법행위의 요건을 갖추는 경우(민법 제760조 제1항). 공동의 의미는 모의나 공동의 인식이 있어야만 하는 것은 아니고 개개인 사이에 객관적인 연관이 있으면 된다.
② 공동불법행위에 있어서 누가 손해를 가했는지를 알 수 없는 경우(민법 제760조 제2항)
③ 불법행위를 교사 또는 방조한 경우(민법 제760조 제3항)

04 무과실책임

1. 중간책임주의(입증책임의 전환)

불법행위의 주관적 성립요건인 과실의 입증책임에 있어 입법 또는 과실의 추정에 의하여 가해자가 입증책임을 부담하게 하는 경우가 있는데, 실제 가해자가 자신의 무과실을 입증하기란 매우 어렵기 때문에 이러한 경우를 사실상의 무과실책임 또는 중간책임이라고 한다.

자동차손해배상보장법상의 운행자책임, 민법상의 책임무능력자의 감독자책임, 사용자책임, 공작물점유자책임, 동물점유자책임 등이 중간책임의 예이며, 영미법상의 엄격책임(Strict Liability)과 유사한 개념이다.

2. 무과실책임주의

피해자에게 고의 또는 과실이라는 주관적 요소의 입증을 요구하지 않고 손해의 발생이라는 객관적 요소를 입증하는 것으로 족한 경우를 무과실책임주의라고 하는데, 이 경우에는 가해자의 무과실항변도 인정되지 않는다.

민법상의 공작물소유자책임, 원자력손해배상보장법상의 원자력사업자책임, 화재로 인한 재해보상과 보험가입에 관한 법률상의 신체손해배상책임 등이 무과실책임의 예이며, 영미법상의 절대책임(Absolute Liability)과 유사한 개념이다.

3. 보상책임주의

가해자에게 과실이 없는 경우에도 손해배상책임을 인정하는 무과실책임주의에서도 피해자의 과실부분까지 배상하는 것은 아니다. 반면에 보상책임주의는 피해자의 과실부분까지도 가해자가 부담하도록 하는데, 근로기준법, 산업재해보상보험법 및 선원법 등이 이에 해당한다.

01　책임보험의 요소

1. 보험의 목적

일반적으로 보험의 목적은 보험계약자와 이해관계가 있는 사고발생의 객체인데, 책임보험에 있어서의 보험의 목적은 주로 보험계약자와 이해관계가 없는 불특정타인의 신체 또는 재물인 점에서 차이가 있다.

책임보험은 보험사고로 인하여 제3자에게 발생한 손해에 대한 배상책임을 피보험자가 부담함으로써 입은 재산상의 손해를 보상하는 보험이다. 따라서 제3자 배상책임보험에서의 보험의 목적은 피보험자의 적극적, 소극적 전재산관계가 되는 것이고, 보관자배상책임보험에서는 다른 재물보험처럼 피보험자가 수탁받은 특정재물이 된다.

2. 보험사고

(1) 사고의 개념

배상책임보험에 있어서의 사고는 손해보험에 있어서의 사고의 개념인 급격하고도 우연하게 발생하는 사고(Accident)뿐만 아니라 위험이 서서히, 계속적, 반복적으로 누적되어 발생하는 사고(Occurrence)를 포함하는 개념이다.

(2) 사고의 시점

사고의 유형이 Occurrence인 경우에 사고발생일자를 특정하는 이론으로는 위험설(사고시점을 위험이 최초로 나타난 시점으로 보는 이론), 침해설(사고시점을 현실적으로 피해가 발생한 시점으로 보는 이론), 과정설(사고시점을 위험이 최초로 나타나서 피해가 현실적으로 발생하기까지의 전기간으로 보는 이론)이 있다.

사고발생시점을 파악해야 하는 중요한 이유는 사고발생을 언제로 보느냐에 따라 보험자의 책임이 달라질 수 있기 때문이다.

(3) 사고 및 배상청구의 수

하나의 원인행위에 의하여 다수의 피해가 발생한 경우에 사고의 수를 정하는 판단기준에 따라 보험자의 책임이 달라진다. 이에 대해 영업배상책임보험에서는 피보험자나 피해자의 수 또는 손해배상청구의 수에 관계없이 하나의 원인 또는 사실상 같은 종류의 위험에 계속적, 반복적 또는 누적적으로 노출되어 그 결과로 발생한 사고를 1회의 사고로 본다.

또한 피보험자나 피해자의 수 또는 손해배상청구의 수에 관계없이 하나의 원인 또는 사실상 같은 종류의 위험에 계속적, 반복적 또는 누적적으로 노출되어 그 결과로 발생한 배상청구를 1회의 배상청구로 본다.

3. 보상한도액(Limit of Liability)

(1) 보상한도액의 기능

보상한도액을 설정하게 되면, ① 설정금액을 한도로 보험자의 책임이 제한되고, ② 계약자 입장에서는 자신의 재정상황에 맞는 보험료 산정이 가능해지며, ③ 부가적으로 도덕적 위험을 예방하는 역할도 가능하다.

(2) 보상한도액의 설정방법

배상책임보험에서의 보상한도액은 원칙적으로 1사고당 한도액을 의미하기 때문에 보험기간 중 1사고에 대하여 보상한도액으로 정해진 금액이 전액 지급되더라도 당해 보험계약은 소멸되지 않는다(자동복원방식).

생산물위험 등을 제외한 대부분의 위험에 대해서는 1사고당 한도액만 정하는 것이 일반적이나, 계약 당사자의 협의에 의하여 보험기간 중의 총보상한도액(Aggregate Limit)을 설정할 수도 있다. 총보상한도액이 설정되면 지급한 보험금만큼 총보상한도액이 줄어든다(잔존보험가입금액방식).

4. 배상청구기준증권(Claims – made Basis Policy)

(1) 배상청구기준증권이 필요한 이유(손해사고기준증권의 문제점)

① 손해사고일자의 불분명성

손해사고기준증권에서는 장기축적손해의 경우 사고일자를 특정일자로 확정하기가 어렵기 때문에 이러한 경우 불명확한 손해사고일자를 담보기준으로 하는 것보다는 배상청구일자를 담보기준으로 하는 증권이 필요하게 된다.

② 보상한도액의 현실성 결여

손해사고기준증권에서는 사고처리가 장기화되는 경우 배상금의 실효성 문제가 발생하게 되는데, 배상청구기준증권에서는 배상청구기준시점에서의 보상한도액을 기준으로 보상하기 때문에 그 실효성 문제를 해결할 수 있게 된다.

③ 불합리한 요율산정

손해사고기준증권에서는 갱신요율을 산정할 때 보험기간 중 발생은 하였으나 보험기간 중 보고되지 않은 사고, 즉 IBNR(Incurred But Not Reported)에 가상의 손해율을 반영하여 보험료율을 산정해야 하는 문제점이 있는데, 배상청구기준증권에서는 보험기간 중 배상청구가 제기된 사고만을 담보하므로, 즉 기지급보험금 및 미지급 보험금만 반영하면 되므로 보다 합리적인 요율을 산정할 수 있다.

④ 불합리한 지급보험금 계상

지급준비금이란 보험사고의 발생으로 보험금지급의무가 발생하였으나 아직 지급되지 않은 금액을 말한다. 손해사고기준증권에서는 미확정준비금의 계상이 불가피하나 배상청구기준증권에서는 당해 보험계약상 담보되는 모든 사고가 계약이 종료되는 시점에서 확정되기 때문에 적정한 지급준비금을 계상할 수 있다.

(2) 배상청구기준증권

배상청구기준증권은 피해자가 피보험자에게 처음 손해배상청구를 제기한 시점을 기준으로 하는 증권을 말한다. 사고발생과 손해배상청구 사이에 장기의 잠재기간이 있는 장기축적손해(Long – tail Claim)에 주로 적용되며, 생산물배상책임보험, 의사배상책임보험, 임원배상책임보험 등에 사용되고 있다.

배상청구기준에서도 사고의 개념에 대해서는 청구사고설을 따르는 것은 아니고 손해사고설을 따르되 담보의 기준을 배상청구일자로 할 뿐이다. 또한 손해사고일자를 의미하는 소급담보일자에 의한 담보제한규정을 두고 있다.

5. 소급담보일자(Retroactive Date)

(1) 의 의

배상책임보험에서는 담보의 기준이 되는 보험기간 중에 처음 손해배상청구가 제기된 사고의 발생일자를 보험기간 이전의 특정일자 이후로 제한할 수 있는데, 그 특정일자를 소급담보일자라고 한다.

소급담보일자에 의한 담보의 제한을 하고자 하는 경우에는 증권상의 소급담보일자란에 이를 기재하여야 하며, 기재되어 있지 않으면 통상 증권의 개시일자로 담보기간을 제한한다.

(2) 기 능

소급담보일자는 ① 보험자의 시간적 담보범위를 특정일자 이후의 사고로 제한하고, ② 배상청구기준증권으로 가입하면서 이전의 손해사고기준증권과의 시간적 담보공백을 예방하며, ③ 사고원인이 불분명한 경우 특정일자 이후로 담보일자를 제한함으로써 담보사고 여부를 판단하는 기준을 제공한다.

6. 보고기간연장담보(Extended Reporting Period)

(1) 의 의

배상청구기준증권에서는 보험기간 중 발생한 사고이기는 하나 보험기간의 만기 무렵에 발생하여 보험기간 중에 배상청구를 할 수 없는 경우가 생기는 문제점이 있다. 이러한 문제를 해결하기 위해 증권에 특약조항을 두게 되는데, 이를 보고기간연장담보라고 한다.

(2) 전제조건

보고기간연장담보는 제한된 조건하에서 보험기간 종료 후 일정기간 내에 제기되는 손해배상청구는 보험기간 종료일에 제기된 것으로 간주하여 보험만기 무렵에 발생하여 보험기간 내에 청구할 수 없는 경우를 담보하기 위한 조항이다.

여기서, 제한된 조건이란 ① 보험계약이 보험료 부지급 이외의 사유로 해지되었거나 갱신되지 않은 경우, ② 갱신증권의 소급담보일자가 갱신 직전증권의 소급담보일자보다 후일로 되어 있는 경우, ③ 갱신증권이 손해사고기준증권인 경우를 말한다.

(3) 유 형

① 자동보고기간연장담보(Automatic ERP)

㉠ 단기연장담보

소급담보일자와 만기일 사이에 발생된 사고에 대한 손해배상청구가 만기일 이후 60일 이내에 제기된 경우 그 배상청구가 만기일에 제기된 것으로 간주하여 담보한다.

㉡ 중기연장담보

소급담보일자와 만기일 사이에 발생된 사고에 대한 손해배상청구가 만기일 이후 60일 이내에 통보된 후 만기일로부터 5년 이내에 제기된 경우 그 배상청구가 만기일에 제기된 것으로 간주하여 담보한다.

② 선택보고기간연장담보(Option ERP)

소급담보일자와 만기일 사이에 발생된 사고에 대한 손해배상청구가 만기일 이후에 제기되더라도 제한 없이 담보한다. 적어도 보험기간 종료일로부터 60일 이내에 계약자의 청구가 있어야 하고, 보험자는 이의 담보를 거절할 수 없다.

이 경우 계약자는 기존 보험료의 200% 이내의 추가보험료를 납부하여야 한다.

02 포괄배상책임보험(Umbrella Liability Insurance)

1. 포괄배상책임보험의 의의

포괄배상책임보험이란 피보험자가 영업배상책임보험, 근로자재해보장책임보험, 자동차손해배상책임보험 등의 각종 기초책임보험에 가입하였더라도 이와 같은 기초책임보험으로는 담보되지 않는 위험의 담보와 기초책임보험의 보상한도액을 초과하는 손해 등을 포괄하여 담보하는 배상책임보험을 말한다.

2. 포괄배상책임보험의 기능

(1) 기초배상책임보험의 담보범위(담보위험)의 확장

기초배상책임보험의 담보범위(담보위험)를 확장하는 기능을 하며, 통상 별도의 면책금액(자기부담금)을 설정한다.

(2) 기초배상책임보험의 보상한도액 확장기능

기초배상책임보험에서 담보하는 보상한도액을 초과하는 손해를 담보하는 기능을 한다.

(3) 기초배상책임보험의 기능

기초배상책임보험의 보상한도액이 소진되어 자동 복원되지 않는 경우에는 기초배상책임보험의 기능을 한다.

3. D.I.C(Difference In Condition)증권

기초배상책임의 담보조건과 초과, 포괄배상책임보험의 담보조건의 차이로 인하여 보상받지 못하는 부분이 발생할 수 있는데, 이러한 담보의 공백부분을 담보하는 보험조건을 D.I.C증권이라고 한다.

담보의 공백은 ① 기초책임보험이 무과실책임이 적용되는데 비해 포괄책임보험이 과실책임의 법리가 적용되는 경우 및 ② 주로 포괄배상책임보험에 설정된 자기부담금(Deductible)으로 인하여 생긴다.

01 배상책임보험약관

1. 국문약관의 종류

국문약관에는 영업배상책임보험, 적재물배상책임보험, 생산물배상책임보험, 가스사고배상책임보험, 체육시설업자배상책임보험 등이 있다.

2. 영문약관의 종류

영문약관에는 Commercial General Liability(Ⅰ)/(Ⅱ), Products/Completed Operations Liability(Ⅰ)/(Ⅱ), Umbrella Liability Policy 등이 있다.

3. 국문약관과 영문약관의 비교(영업배상책임보험)

(1) 의 의

영업배상책임보험의 담보위험은 업무활동에 따르는 위험을 말하는 것으로, 업무활동은 영리활동에 한정되는 것은 아니고 개인의 주택관리나 사생활 이외의 모든 업무활동에 따르는 사고로 인한 배상책임손해를 담보한다.

(2) 약관의 구성

① 국문약관

보통약관에 위험담보 특별약관을 첨부하여 보험의 목적을 담보한다. 즉 보통약관에는 보험계약과 관련한 기본적인 사항을 기재하고, 담보하는 사고내용에 대해서는 각 위험에 대한 특별약관을 추가하여 담보하는 형태이다.

② 영문약관

영문약관은 업종에 관계없이 전위험을 포괄적으로 담보하고, 필요에 따라 부담보특별약관을 첨부하여 제외하는 형태이다.

영문약관은 주로 다음과 같은 계약에 적용되고, 대부분 재보험이 설정된다.
㉠ 고액의 보상한도액을 설정하는 계약
㉡ 보상한도액 및 보험료를 외화로 표시하는 계약
㉢ 국문약관에서 담보하지 아니하는 위험에 대해 보상받고자 하는 경우
㉣ 외국계기업의 계약 및 그와 관련된 계약 등

(3) 보상한도액

제3자 배상책임보험은 재물보험에 있는 보험가액의 개념이 존재하지 않는다. 따라서 보상한도액을 설정할 때에는 최대추정손해(Probable Maximum Loss)를 기준으로 하며, 통상적으로 1사고당 한도액으로 설정하며 그 한도액 내에서 실손보상한다.

국문약관은 피보험자의 선택에 따라 설정방법을 선택하게 되며, 영문약관은 대개 대인, 대물 구분 없이 1사고당 한도액과 총보상한도액을 같이 설정하게 되는데, 이를 통합단일보상한도(Combined Single Limit)라고 한다.

(4) 자기부담금

국문약관은 손해액에서 자기부담금을 공제한 후 보상한도액 내에서 실손보상하지만, 영문약관은 손해액뿐만 아니라 보상한도액에서도 자기부담금을 공제한다.

1. 국문영업배상책임보험

(1) 시설소유관리자 특별약관

① 책임법리

책임보험의 주요법리는 채무불이행책임과 불법행위책임으로 구분되는데, 이 특별약관의 경우는 담보위험의 성질상 불법행위책임이 적용된다. 즉 과실책임주의에 의한 일반불법행위책임과 피보험자가 소유, 사용, 관리하는 공작물의 설치 또는 보존의 하자에 기인하는 사고로 타인에 손해를 입힌 경우 무과실책임을 부담한다.

② 담보위험

피보험자가 소유, 사용, 관리 또는 임차한 시설(Premises) 및 그 시설을 이용하여 수행하는 사무활동(Operations)으로 인하여 발생된 사고에 대한 배상책임위험을 담보한다.

③ 보상하는 손해

㉠ 피보험자가 피해자에게 지급할 책임을 지는 법률상의 손해배상금

㉡ 계약자 또는 피보험자가 지출한 아래의 비용

ⓐ 피보험자가 손해의 방지 또는 경감을 위하여 지출한 필요 또는 유익한 비용

ⓑ 피보험자가 제3자로부터 손해의 배상을 받을 수 있는 경우 그 권리를 지키거나 행사하기 위하여 지출한 필요 또는 유익한 비용

ⓒ 피보험자가 지급한 소송비용, 변호사비용, 중재, 화해 또는 조정에 관한 비용

ⓓ 보험증권상의 보상한도액 내의 금액에 대한 공탁보증보험료

ⓔ 피보험자가 회사의 요구에 따르기 위하여 지출한 비용

④ 보험금 등의 지급한도

㉠ 법률상 손해배상금

보상한도액(보험가입금액)을 한도로 보상하되, 자기부담금이 약정된 경우에는 그 자기부담분을 초과한 부분만 보상한다.

㉡ 각종 비용손해

손해방지비용, 권리보전행사비용, 협력비용은 이 비용과 손해배상금의 합계액이 보상한도액을 초과하더라도 보상하고, 방어비용, 공탁보증보험료는 이 비용과 손해배상금과의 합계액을 보상한도액 내에서 보상한다.

⑤ 보상하지 않는 손해

㉠ 계약자, 피보험자 또는 이들의 법정대리인의 고의로 생긴 손해에 대한 배상책임

㉡ 전쟁, 혁명, 내란, 사변, 폭동, 소요, 노동쟁의 기타 이들과 유사한 사태로 생긴 손해에 대한 배상책임

㉢ 지진, 분화, 홍수, 해일 또는 이와 비슷한 천재지변으로 생긴 손해에 대한 배상책임

㉣ 피보험자가 소유, 사용 또는 관리하는 재물이 손해를 입었을 경우에 그 재물에 대하여 정당한 권리를 가진 사람에게 부담하는 손해에 대한 배상책임

ⓜ 피보험자와 타인간에 손해배상에 관한 약정이 있는 경우, 그 약정에 의하여 가중된 배상책임

ⓑ 핵연료물질 또는 핵연료물질에 의하여 오염된 물질의 방사성, 폭발성 그 밖의 유해한 특성 또는 이들의 특서에 의한 사고로 생긴 손해에 대한 배상책임

ⓐ 방사선을 쬐는 것 또는 방사능 오염으로 인한 손해

ⓞ 티끌, 먼지, 석면, 분진 또는 소음으로 생긴 손해에 대한 배상책임

ⓩ 전자파, 전자장(EMF)으로 생긴 손해에 대한 배상책임

ⓩ 벌과금 및 징벌적 손해에 대한 배상책임

⑥ 추가특별약관

ㄱ 물적손해확장담보 추가특별약관

시설소유관리자 특별약관의 보상하지 않는 손해에 불구하고 피보험자가 소유, 사용 또는 관리하는 시설 및 그 시설의 용도에 따른 업무의 수행으로 생긴 우연한 사고로 피보험자가 보호, 관리, 통제하는 재물이 손해를 입음으로써 그 재물에 대하여 정당한 권리를 가지는 사람에 대하여 배상책임을 부담함으로 인해 입은 손해를 보상한도액 내에서 보상한다. 즉 피보험자가 수탁받아 관리하는 재물에 입힌 손해를 담보한다.

ㄴ 운송위험담보 추가특별약관

시설소유관리자 특별약관의 보상하지 않는 손해에 불구하고 피보험자가 사용 또는 관리하는 자동차로 화물을 운송(상·하역작업 포함)하는 도중 작재된 화물로 인해 제3자의 신체에 장해를 입히거나 재물을 망가뜨려 피보험자가 법률상 배상책임을 부담함으로써 입은 손해를 보상한다(적재화물 자체손해는 면책).

(2) 도급업자 특별약관

① 담보위험

피보험자, 즉 도급업자가 수행하는 도급공사 작업 또는 작업의 수행을 위하여 소유, 사용, 관리하는 시설로 인하여 발생한 사고로 타인의 신체 및 재물에 입힌 법률상 배상책임손해를 보상한다.

② 추가특별약관

ㄱ 운송위험담보 추가특별약관

도급업자특별약관의 보상하지 않는 손해 규정에 불구하고, 피보험자가 소유, 점유, 임차, 사용 또는 관리하는 자동차로 화물을 운송(상·하역작업 포함)하는 도중 적재된 화물로 인하여 제3자의 신체에 장해를 입히거나 재물을 망가뜨려 피보험자가 법률상 배상책임을 부담함으로써 입은 손해를 담보한다.

ㄴ 폭발, 붕괴 및 지하매설물 추가특별약관

도급업자 특별약관에서 담보하지 않는 ⓐ 폭발로 인한 손해, ⓑ 붕괴(진동 포함)로 인한 손해, ⓒ 지하매설물에 대한 손해에 대한 배상책임손해를 담보한다.

ㄷ 일부공사담보 추가특별약관

피보험자가 수행하는 공사가 전체 공사의 일부일 경우 그 전체 공사에 참여하고 있는 모든 근로자에게 입힌 신체장해에 대한 배상책임손해를 담보한다. 단, 피보험자의 근로자는 담보 대상에서 제외된다).

(3) 건설기계업자 특별약관

① 담보위험

피보험자, 즉 건설기계업자가 소유, 사용, 관리하는 중기(중장비) 및 그 중기의 용도에 따른 업무의 수행으로 생긴 우연한 사고로 인하여 타인의 신체에 장해를 입히거나 재물을 망가뜨려 법률상 배상책임을 부담함으로써 입은 손해를 담보한다.

② 인수대상

인수대상은 건설기계는 물론 기타 장비도 가능하나, 자동차손해배상보장법의 적용대상인 9종 건설기계(덤프트럭, 콘크리트 믹서트럭, 타이어식 기중기, 타이어식 굴삭기, 트럭적재식 아스팔트살포기, 트럭적재식 콘크리트펌프, 트럭지게차, 도로보수트럭, 노면측정장비)는 인수대상에서 제외된다.

③ 주요 면책사항

- ㉠ 작업의 종료 또는 폐기 후 작업의 결과로 부담하는 배상책임 및 작업물건 자체에 대한 배상책임
- ㉡ 토지의 내려앉음, 융기, 이동, 진동, 붕괴, 연약화 또는 토사의 유출로 생긴 토지의 공작물, 그 수용물 및 식물 또는 토지의 망가뜨림과 지하수의 증감으로 생긴 손해에 대한 배상책임
- ㉢ 지하매설물에 입힌 손해 및 손해를 입은 지하매설물로 생긴 다른 재물의 손해에 대한 배상책임
- ㉣ 폭발로 생긴 재물손해에 대한 배상책임
- ㉤ 지하자원에 입힌 손해에 대한 배상책임
- ㉥ 중기 자체의 결함으로 생긴 손해로서 중기제작자에게 배상책임이 있는 손해로 인한 배상책임

(4) 발주자미필적배상책임 특별약관

도급계약에서 도급업자에게 도급을 받은 수급업자가 수급업무 수행 중 발생한 사고로 타인에게 손해를 입혔을 경우 원칙적으로 민법 제757조에 의거 수급업자에게 배상책임이 발생하나, 도급업자, 즉 발주자에게 도급 또는 지시에 관하여 중대한 과실이 있는 경우에는 도급업자가 그 손해를 배상할 책임을 진다.

이 특별약관은 도급공사와 관련하여 도급업자가 지는 손해배상책임을 도급계약에서 수급업자가 인수하기로 하는 약정(Hold Harmless Agreement ; 손해배상인수약정)이 있는 경우 수급업자가 도급업자를 피보험자로 하여 발주자의 배상책임손해를 담보하는 특별약관이다.

(5) 오염사고담보 특별약관

① 담보위험

부보된 시설과 업무로 인하여 급격하게 발생한 오염사고로 타인에게 신체장해나 재물손해를 입힘으로써 부담하는 배상책임손해 및 오염제거비용을 담보한다.

② 보상한도

손해배상금과 오염제거비용의 합계액을 보상한도액 내에서 보상한다. 손해배상금에는 오염제거작업 중 생긴 사고로 인한 손해배상금을 포함하고, 오염제거비용에는 손해배상을 수반하지 않는 오염제거비용도 포함된다.

③ 면책손해

배출시설의 통상적인 배수 또는 배기손해, 급격한 사고가 아닌 서서히, 계속적 또는 반복적으로 누적되어 발생한 배상책임 및 오염제거비용은 보상하지 않는다.

(6) 임차자 특별약관

① 담보위험

타인의 물건을 임차한 자는 임차기간이 만료되면 물건을 임차 당시의 상태로 반환하여야 하는데, 임차기간 중 발생한 사고로 물건을 손괴하였을 경우 임대인 또는 소유자에게 그 손해를 배상하여야 한다.

이에 따라 이 특별약관에서는 화재, 폭발 기타 우연한 사고로 물건에 입힌 모든 형태의 손해를 포괄적으로 담보한다. 한편 임차인 화재보험에서는 화재(벼락 포함)사고로 인한 손해만을 보상한다.

② 보상기준

일반화재보험과 마찬가지로 보험가입비율이 80% 이상인 경우에는 보상한도액 내에서 손해액 전액을 보상하며, 그 이하인 경우에는 보험가액에 80% 공동보험비율을 적용하여 보상한다.

이 특별약관에서도 공장물건에 대해서는 보상한도액의 보험가액에 대한 비율에 따라 비례보상한다.

③ 보험금의 분담

계약자 또는 피보험자가 임차물건에 화재보험계약을 체결하였을 경우에 화재보험의 보험가입금액과 이 특별약관의 보상한도액의 합계액이 보험가액을 초과하는 경우에는 약관규정에 따라 보험금을 분담한다.

(7) 계약상 가중책임 특별약관

① 의 의

타인의 배상책임을 당사자간의 약정에 의하여 피보험자가 부담하는 책임은 계약상의 가중책임으로서 영업배상책임보험에 있어서는 면책위험이다. 그러나 계약상의 가중책임도 법률에 의하여 보호받는 범위 내에서 보험가입의 필요성이 있는 경우 이를 담보하는 보험이 계약상 가중책임 특별약관이다.

영문약관의 담보계약(Insured Contract)이 그 대표적인 예로 <u>시설임대차계약, 지역권계약, 지방자치단체의 조례, 철도지선 사용계약, 엘리베이터 관리계약</u> 등이 있다.

② 담보위험

계약 상대방에게 전가한 당사자 일방의 책임이 반사회질서의 법률행위에 해당하지 않거나 상대방의 궁핍, 경솔 또는 무경험으로 현저하게 불공정한 법률행위가 아닐 경우 피보험자에게 법률상의 배상책임이 없다 하더라도 당사자간의 계약에 의하여 피보험자가 부담하게 되는 제3자에 대한 배상책임을 담보한다.

(8) 교차배상책임 특별약관

보험증권상 피보험자가 2인 이상일 경우 피보험자 상호간에 입힌 손해에 대한 배상책임은 타인에게 부담하는 손해배상책임이 아니므로 원칙적으로 담보하지 않으나, 이 특별약관을 첨부하면 공동피보험자간에 손해배상책임이 발생할 경우 각각의 피보험자에게 증권이 각각 발행된 것으로 간주하여 공동피보험자 상호간의 손해배상책임을 담보한다.

2. 영문영업배상책임보험(Commercial General Liability Insurance)

(1) 담보하는 손해

영문영업배상책임보험도 국문영업배상책임보험과 마찬가지로 일반적인 영업활동 중 우연한 사고로 타인의 신체 또는 재물에 손해를 입힘으로써 피보험자가 부담하게 되는 법률상의 배상책임손해를 담보한다.

영문약관을 사용하고 인격침해, 광고침해 및 구내의료비 담보를 선택적으로 담보하는 면에서 국문약관과 다르며, 국문약관에 비해 보다 높은 보상한도액을 설정할 수 있다.

① 담보 A(Coverage A) : 신체장해 및 재물손해에 대한 배상책임(Bodily Injury & Property Damage Liability)

보험사고로 타인에게 신체장해 또는 재물손해를 입힘으로써 피보험자가 부담하게 되는 법률상의 배상책임손해를 증권에 기재된 보상한도액 내에서 보상한다. 이 담보의 주요 면책사유는 다음과 같다.

ⓖ 계약상의 가중책임

ⓛ 오염물질에 의한 배상책임

ⓒ 자동차, 선박, 항공기에 의한 배상책임

ⓡ 손상재물손해

ⓜ 고유재산면책

> ※ 계약상의 가중책임은 기본적으로 면책사항이지만 예외적으로 ① 담보계약(Insured Contract)에 의하여 가중된 배상책임과 ② 계약이 없었을지라도 피보험자가 부담하게 될 손해배상책임은 보상한다.
>
> ※ 담보계약(Insured Contract)의 종류에는 시설임대차계약, 철로지선사용계약, 지방자치단체의 조례, 지역권 또는 사용권계약, 승강기관리계약 등이 있다.

② 담보 B(Coverage B) : 인격침해 및 광고침해에 대한 배상책임(Personal & Advertising Injury Liability)

인격침해 및 광고침해로 타인에게 손해를 입힘으로써 피보험자가 부담하게 되는 법률상의 배상책임손해를 증권에 기재된 보상한도액 내에서 보상한다.

ⓖ 담보하는 위험

인격침해에서 담보하는 위험에는 ⓐ 불법체포, 불법감금, 불법구금, ⓑ 무고, ⓒ 주거침입 또는 불법퇴거, ⓓ 중상 또는 비방, ⓔ 사생활침해 등이 있고, 광고침해에서 담보하는 위험에는 ⓐ 광고기획안 또는 사업방식의 유용, ⓑ 저작권, 특허권, 상표권의 도용, ⓒ 타이틀 또는 표어의 침해 등이 있다.

ⓛ 인격침해 및 광고침해의 공통면책사유

ⓐ 허위임을 알면서도 구두 또는 출판물의 공표로 생긴 손해

ⓑ 보험기간 개시 전에 구두 또는 출판물의 공표로 생긴 손해

ⓒ 고의로 관련 법률을 위반함으로써 발생한 손해

ⓓ 계약상의 가중책임

ⓒ 광고침해 고유면책사항

ⓐ 계약위반

ⓑ 광고에 미달되는 제품의 품질결함으로 인한 손해

ⓒ 잘못된 가격의 표시로 인한 손해

ⓓ 광고, 라디오, TV방송이나 출판 사업을 하는 피보험자의 위법행위로 인한 손해

③ 담보 C(Coverage C) : 의료비담보(Medical Payments)

피보험자의 구내에서 타인이 입은 신체장해에 대해 피보험자에게 배상책임이 없는 경우에도 피해자가 입은 손해 중 의료비에 한하여 일정금액을 한도로 보상한다. 이와 같이 피보험자에게 배상책임이 없음에도 의료비를 부담하는 것은 각종 발생 가능한 민원을 줄이고 기업이미지 제고에도 도움이 되기 때문이다.

④ 추가지급조항 - 담보 A & B(Supplementary Payments - Coverage A & B)

추가지급조항에서는 보험자에 의하여 발생된 비용, 보석보증보험료, 차압해제보증보험료, 피보험자협력비용, 피보험자에게 부과된 모든 소송비용, 예비(단)판결이자, 판결이자 등의 비용손해가 보상되며, 동 조항에서 보상되는 비용손해는 보상한도액을 초과하더라도 보상된다.

(2) 보상한도액

보상한도액은 사고당 한도액 및 연간 보상한도액을 각각 설정한다. 담보 A, B 및 C에서 지급되는 보험금은 연간 보상한도액을 감액하지만, 각종 비용손해에 대한 보험금은 보상한도액에 상관없이 추가로 지급되며 연간 보상한도액을 감액하지도 않는다.

예제

영문영업배상책임보험(C.G.L) 약관상 보상하는 사고가 발생하여 담보 A와 관련한 판결금액이 2억원, 방어비용이 2천만원, 판결확정 후 지급일까지의 판결금액에 대한 이자가 2백만원이고, 담보 C와 관련한 의료비가 1백만원이 발생하였다고 한다. 위 보험계약의 조건상 총보상한도액이 10억원이고, 면책금액이 1백만원일 때 위 손해에 대한 보험회사의 지급보험금 및 잔여 보험기간 동안의 총보상한도액을 구하시오.

풀이

(1) **지급보험금**

지급보험금 = 판결금액 2억원 + 의료비 1백만원 − 면책금액 1백만원
　　　　　　　 + 비용손해 2천 2백만원(방어비용 2천만원 + 판결이자 2백만원)
　　　　　　 = 2억 2천 2백만원

(2) **잔여보험기간 동안의 총보상한도액**

총보상한도액 = 10억원 − 2억원 = 8억원

---

3. 적재물배상책임보험

(1) 의 의

화물자동차에 의한 육상화물 운송사업자가 화물을 운송하는 동안에 발생한 사고로 그 화물이 파손 또는 손괴되어 화주에게 부담하는 법률상 배상책임손해를 보상한도액 내에서 보상하는 보험이다. 이 보험은 영업용 차량만 가입하는 의무보험으로 화물운송사업자, 화물운송주선업자 및 운송가맹업자의 화물운송에 대한 채무불이행에 따른 대물배상책임만을 담보하는 보관자배상책임보험의 일종이다.

(2) 보상하는 손해

피보험자가 보험기간 중에 운송을 목적으로 수탁받은 화물을 부보된 화물자동차로 운송하는 기간 동안에 생긴 우연한 사고로 인하여 수탁화물에 대한 법률상의 배상책임을 부담함으로써 입은 손해를 약관에 따라 보상한다.

수탁화물가액 내에서 피보험자가 피해자에게 지급한 법률상 손해배상금 및 피보험자가 지출한 비용손해, 즉 손해방지비용, 권리보전행사비용, 소송비용, 변호사비용, 중재, 화해 또는 조정에 관한 비용, 공탁보증보험료, 피보험자 협력비용을 보상한다.

4. 생산물배상책임보험

(1) 담보위험

피보험자가 제조, 판매, 공급 또는 시공한 생산물이 타인에게 양도된 후 그 생산물의 결함으로 인하여 타인의 신체나 재산에 피해를 입힌 경우 제조업자, 판매업자 또는 용역을 제공한 자가 피해자에게 부담해야 하는 법률상의 배상책임을 담보한다.

(2) 결함의 유형(책임발생의 원인)

① 제조상의 결함

제품의 원료, 부품이나, 제조 및 가공과정 등에서 생긴 결함으로 원래 의도한 설계와 다르게 제조 또는 가공됨으로써 안전성이 결여된 것을 말한다. 일부제품에 결함이 있는 경우가 이에 해당된다.

② 설계상의 결함

제품의 외형, 품질, 구조의 설계에 내재하는 결함으로 합리적인 대체설계를 채용하였더라면 피해나 위험을 줄이거나 피할 수 있었음에도 대체설계를 채용하지 않아 제조물이 안전하지 못하게 된 것을 말한다. 모든 제품에 결함이 있는 경우가 이에 해당된다.

③ 표시상의 결함

제조업자가 합리적인 설명, 지시, 경고 또는 표시를 하였더라면 당해 제조물에 의하여 발생할 수 있는 피해나 위험을 줄이거나 피할 수 있었음에도 이를 하지 않은 것을 말한다.

(3) 결함의 판단기준

① 표준일탈기준

제조상의 결함을 판단하는 기준으로 제품이 통상의 상태로부터 일탈하고 있는 경우, 즉 설계서나 시방서와 같은 표준을 벗어난 경우 결함으로 인정된다.

② 소비자기대기준

설계상의 결함이나 표시상의 결함을 판단하는 기준으로 통상적으로 소비자가 기대하는 안전성의 결여, 즉 통상의 소비자가 예상할 수 없는 위험이 제품에 있는 경우 결함으로 인정된다.

③ 위험/효용기준

설계상의 결함이나 표시상의 결함을 판단하는 기준으로 제품이 갖는 위험성이 유용성을 상회하는 경우, 즉 제조물의 효용이나 이익과 위험이나 불이익을 비교하여 위험이 효용보다 클 경우 결함으로 인정된다.

④ 대체기준

설계나 표시상의 결함을 판단하는 기준으로 합리적인 대체수단인 설계나 지시 또는 경고를 채용하였더라면 피해나 위험을 감경 내지 회피할 수 있음에도 이를 채용하지 않은 경우 결함으로 인정된다.

(4) 입증책임

생산물배상책임보험의 입증책임에 대해서 소비자(피해자)는 ① 제품에 결함이 존재한다는 사실, ② 손해가 발생하였다는 사실, ③ 결함과 손해 사이에 인과관계가 있다는 사실을 입증하는 것으로 족하다. 반면에 제조업자 등은 그 책임을 면하려면 제품에 결함이 없었고 발생한 손해가 결함으로 인한 것이 아닌 다른 원인에 의해 발생했음을 입증해야 한다(결함책임주의).

(5) 제조물책임법상의 면책사유

① 제조업자가 공급하지 않은 사실(도난 등)

② 과학기술수준의 미비(제품 제조 당시의 기술수준의 미비)

③ 제조업자가 제조물을 공급할 당시의 법령이 정하는 기준을 준수함으로써 발생한 결함

④ 원재료, 부품제조업자의 경우 완성품제조업자의 지시를 준수하여 발생하는 결함

⑤ 명백한 위험, 사용자의 오용과 남용, 개조나 변경, 정부가 공급한 사실

⑥ 단, 제품 공급 후 당해 제품에 결함이 존재한다는 사실을 알았거나 알 수 있었음에도 그 결함에 의한 손해발생을 방지하기 위한 적절한 조치(리콜 등)를 취하지 않은 경우에는 위 ②항부터 ④항까지의 면책을 주장할 수 없다.

(6) 약관상의 면책사유

① 고의, 천재지변, 전쟁, 지진 등 기본적인 면책사항

② 방사능 관련 사고, 환경오염사고 등

③ 피보험자의 근로자가 입은 손해

④ 제품이 물리적으로 파손되지 않은 상태에서 제품의 성능 또는 품질 결함으로 인해 발생한 다른 유체물의 사용손실(손상재물)

> **심화TIP 손상재물(impaired property)**
>
> 손상재물이란 실제 재물손해는 없으나 그 상태로는 원래 의도대로 사용하지 못하는 재물, 즉 성능이나 품질에 결함이 있는 재물을 말한다. 예컨대, 자동차에 불량브레이크패드가 장착된 경우에 그 불량패드를 정상제품으로 교체함으로써 결함이 제거되는 경우를 말한다. 따라서 이러한 손상재물로 인해 발생한 다른 유체재물의 사용손실은 생산물배상책임에서 담보될 위험이 아니라, 생산물회수비용보험에서 담보될 위험인 것이다.

⑤ 생산물 자체에 대한 손실

⑥ 결함 있는 생산물의 회수, 검사, 수리, 대체비용 및 사용손실에 대한 배상책임(생산물 회수비용으로 담보)

⑦ 피보험자와 타인 사이의 개별약정으로 인하여 발생한 가중책임

⑧ 피보험자가 고의 또는 중대한 과실로 법령을 위반하여 제 또는 판매한 제품으로 인한 손해배상책임(통상적인 과실은 담보)

⑨ 벌과금 및 징벌적 배상금 등

5. 생산물회수비용보험(Product Recall Insurance)

(1) 담보위험

생산물회수비용보험은 결함 있는 제품을 불가피하게 회수하는데 소요되는 비용을 담보하는 보험으로, 생산물배상책임보험에 가입하여야만 인수할 수 있다.

동 보험은 보통약관에 기본적인 담보위험과 보험조건 등이 규정되어 있어 보통약관만으로 유효한 계약이 성립되며, 별도의 특별약관은 규정되어 있지 않다.

(2) 담보기준(Coverage Trigger)

생산물회수비용보험은 보험기간 중에 결함이 발견된 경우에만 담보하는 발견기준증권(Discovery Basis Policy)으로, 담보기준은 피보험자가 판매한 제품으로 인하여 소비자에게 신체장해나 재물손해가 발생할 우려가 있어 제품의 회수가 불가피함이 확인 또는 발견된 시점이다.

(3) 보상하는 손해

① 회수비용(Recall Expense)

피보험자가 제조 또는 판매한 제품의 회수가 불가피한 경우 발생하는 비용 중 지나치게 과도하거나 불합리한 비용을 제외하고 보상한다.

생산물회수비용보험에서 보상하는 회수비용은 다음에 열거된 비용을 말한다.
㉠ 제품의 회수를 위한 광고비 및 통신비
㉡ 제품의 회수를 위하여 추가로 고용한 인원에 대한 인건비 등
㉢ 제품회수로 인한 정규직원의 야근수당
㉣ 제품회수에 소요된 운송비
㉤ 회수제품의 결함유무를 확인하기 위한 검사비용
㉥ 회수불가제품의 폐기, 소각비용
㉦ 회수제품의 수리비 및 대체상품의 생산비

② 이익의 상실(Loss of Profit)

제품의 회수, 수리 및 대체로 인하여 발생하는 피보험자의 이익의 상실, 즉 회수한 제품을 판매하였더라면 얻을 수 있는 이익의 상실손해를 보상한다.

③ 상표신용회복비용(Brand Rehabilitation Cost)

피보험자가 제품결함사고를 보험회사에 서면으로 통지한 날부터 90일 동안 판매량 회복을 위하여 지출한 임시비용을 보상한다.

④ 대체비용(Replacement Cost)

결함으로 인하여 회수한 제품의 원가, 일반관리비 및 제세공과금을 보상한다.

⑤ 보상한도액

생산물배상책임보험과 마찬가지로 1사고당 한도액 및 연간 총보상한도액을 설정하고, 공제금액을 초과하는 손해에 대하여 보상한다. 또한 제품회수가 불가피하게 된 원인, 즉 결함이 동일한 경우를 한 사고로 보며, 따라서 보상한도액도 1사고당 한도액이 적용된다.

6. 가스사고배상책임보험

(1) 의 의

가스사고배상책임보험은 도시가스사업법, 액화석유가스의 안전관리 및 사업법, 고압가스안전관리법에 의하여 가스사업자, 용기 등 제조업자 및 일정규모 이상의 가스사용자가 가입하여야 하는 의무보험으로, 각종 가스사고로 인하여 타인의 신체나 재물에 피해를 입혀 법률상 배상책임을 부담함으로써 입은 손해를 보상한다.

(2) 가입대상

보험가입대상은 가스사용자, 용기 등 제조업자, 가스사업자 및 가스시설시공업자 중 도시가스를 연료로 사용하는 온수보일러와 그 부대시설의 설치공사 또는 변경공사를 하는 자 등이 모두 포함된다.

(3) 담보위험

① 가스사업자

가스를 제조 또는 판매하는 자, 즉 가스사업자의 시설소유관리자책임, 도급업자책임, 제조물책임 등의 포괄적 책임을 담보한다.

② 용기 등 제조업자

용기 등 제조업자의 제조물책임을 담보한다.

③ 가스사용자

가스사용자의 시설소유관리자책임을 담보한다.

(4) 보상한도

① 법률상 손해배상금

법률상 손해배상금은 보상한도액을 한도로 보상하되, 자기부담금이 약정된 경우에는 그 자기부담금을 초과한 부분만 보상한다. 보상한도액은 사업체의 규모에 따라 1억원, 3억원, 50억원으로 구분된다.

② 각종 비용손해

손해방지비용, 권리보전행사비용 및 협력비용은 보상한도액을 초과하더라도 전액을 보상한다. 그러나 소송비용, 변호사비용, 중재, 화해 또는 조정에 관한 비용 및 공탁보증보험료는 법률상 손해배상금과의 합계액을 보상한도액 한도 내에서 보상한다.

(5) 특별약관

① 임차자 특별약관

피보험자가 임차한 부동산에 생긴 손해에 대하여 정당한 권리를 가진 자에게 피보험자가 법률상의 손해배상책임을 부담함으로써 입은 손해를 보상한다.

이 특별약관의 피보험자에는 피보험자와 동거하는 친족, 동숙자, 일시방문자나 피보험자의 친족 또는 동숙자가 고용한 자도 포함된다.

② 특수건물소유자 특별약관

가스로 인한 화재사고가 발생하는 경우 특수건물화재보험 신체손해배상책임담보에서도 보상되고 또한 가스배상책임보험에서도 동일한 보상이 이루어지므로 중복을 피하기 위해 이 특별약관을 첨부한다.

따라서 치료비에 관해서는 우선 신체손해배상책임담보에서 보상하고 그 초과손해에 대해서는 가스배상책임보험에서 보상하게 된다. 다만, 사망사고에 관해서는 각각 보상하도록 되어 있다.

③ 액화석유가스소비자보장 특별약관

ㄱ 특별약관의 의의

이 특별약관은 소비자 과실에 의하여 가스사고가 발생하는 경우에도 피해소비자가 손해보상을 받을 수 있도록 액화석유가스 충전사업자 및 판매사업자로 하여금 의무적으로 가입하도록 한 보험이다.

ㄴ 특별약관의 담보위험

ⓐ 액화석유가스를 공급하는 자의 과실로 발생한 사고

ⓑ 소형저장탱크로 액화석유가스를 사용하는 자 및 용기가스소비자의 액화석유가스 사용시설에서 발생한 가스사고 중 다음의 사고를 제외한 사고

• 소형저장탱크로 액화석유가스를 사용하는 자 및 용기가스소비자 등의 고의로 발생한 사고. 다만, 보험약관에 보상하도록 적혀있는 경우에는 보상한다.

• 공급자와 사전 협의 없이 공급자소유의 설비를 임의로 철거하거나 변경하여 발생한 사고

• 개선권고를 이행하지 아니하여 발생한 사고

• 천재지변으로 발생한 사고

7. 일상생활배상책임보험

(1) 보상하는 손해

① 보상하는 사고

보험기간 중에 아래에 열거한 사고로 법률상의 배상책임을 부담함으로써 피보험자가 입은 손해를 보상한다.

ㄱ 피보험자가 살고 있는 보험증권에 기재된 주택 또는 주택의 소유자인 피보험자가 주거를 허락한 자가 살고 있는 보험증권에 기재된 주택의 소유, 사용 또는 관리에 기인하는 우연한 사고

ㄴ 피보험자의 일상생활(주택 이외의 부동산의 소유, 사용 또는 관리는 제외)에 기인하는 우연한 사고

② 변경된 주택을 통보한 경우

피보험자의 주거 이동 또는 주택에 대한 소유변동 등으로 보험증권에 기재된 주택이 변경되어야 하는 경우에는 보험회사에 지체 없이 통보하여야 한다. 이 경우에는 통보된 주택의 사고에 대하여 보험회사가 보상책임을 부담한다.

③ 변경된 주택을 통보하지 않은 경우

보험증권에 기재된 주택을 제외하고 피보험자가 소유, 사용 또는 관리하는 부동산으로 인한 배상책임은 보상하지 않는 손해임에도 불구하고, 변경된 주택을 통보하지 않아 보험증권상 기재된 주택과 실제 거주 또는 소유하게 된 주택이 다르게 된 경우에는, 피보험자가 보험증권에 기재된 주택에 거주 및 소유하지 않은 사실이 확인되고, 변경된 주택의 사용용도 등이 달라져 그 위험이 현저하게 증가하고 그로 인한 배상책임이 발생한 사고가 아닌 경우에는 변경된 주택으로 인한 사고를 보상한다.

(2) 피보험자

기명피보험자, 기명피보험자의 배우자. 단, 가족일상생활배상책임보험의 경우에는 피보험자 본인 또는 배우자와 생계를 같이 하고 주민등록상 동거 중인 친족, 피보험자 본인 또는 배우자와 생계를 같이 하는 별거 중인 미혼자녀도 포함된다.

(3) 보상한도

보상한도는 대부분 1억원으로 되어 있으며, 다만, 대물사고의 경우에는 1사고당 20만원의 면책금액이 적용된다.

(4) 보상하지 않는 손해

다음과 같은 고의 등 절대적 면책사유, 전쟁 등 거대위험, 보험 상품별 영역조정, 고유면책사유에 대해서는 보상하지 않는다.

① 고의, 전쟁, 지진, 방사능 등 일반적인 면책사유

② 피보험자의 피용인이 업무의 종사 중에 입은 신체장해에 기인한 배상책임

③ 계약상 가중책임

④ 피보험자가 소유, 사용, 관리하는 재물의 손해에 대해 그 재물에 대하여 정당한 권리를 가진 사람에게 부담하는 배상책임. 단, 호텔 등 숙박시설의 객실이나 객실 내의 동산에 끼친 손해는 보상한다.

⑤ 피보험자와 세대를 같이 하는 친족에 대한 배상책임

⑥ 폭행 또는 구타에 기인하는 배상책임

⑦ 항공기, 차량, 선박, 총기의 소유, 사용, 관리에 기인하는 배상책임

⑧ 주택의 수리, 개조, 신축 또는 철거공사로 생긴 손해에 대한 배상책임. 단, 통상적인 유지, 보수 작업으로 생긴 손해에 대한 배상책임은 보상한다.

8. 임원배상책임보험(Directors & Officers Liability Insurance)

(1) 담보위험

회사의 임원이 각자의 자격 내에서 업무를 수행함에 있어 선량한 관리자로서의 주의의무 및 회사에 대한 충실의무를 위반함으로써 인하여 발생한 주주 및 제3자에 대한 손해배상책임을 담보한다.

(2) 임원의 범위

임원배상책임보험에서 피보험자가 되는 임원의 범위는 다음과 같다.

① 회사의 과거, 현재, 미래의 모든 임원(단, 소급담보일 이전에 퇴임한 임원은 제외)

② 증권에 기재된 자회사의 임원

③ 외부법인 임원

④ 사외이사 및 비등기임원

⑤ 사망한 임원의 배우자, 재산관리자 또는 집행자

(3) 보상하는 손해

동 보험에서 담보하는 손해는 판결금액 또는 화해금액, 부담금, 기타 제비용이며, 형사소송에 따른 벌금이나 과태료는 보상하지 않는다.

(4) 담보조항

① Coverage A : 임원의 배상책임손해 담보

임원의 부당행위(Wrongful Act)로 제3자에게 배상책임을 지게 됨에 따라 임원 개인이 부담하여야 하는 손해배상금과 방어비용을 담보내용에 따라 보상한다. 여기서 임원의 부당행위라 함은 의도된 과오, 허위의 진술, 부정확한 진술, 작위 또는 부작위, 부주의 또는 의무위반 등을 말한다.

② Coverage B : 임원에 대한 회사의 보상손해 담보

임원이 회사의 업무집행 과정에서 발생한 과실의 결과로 임원이 부담하게 된 손해배상금과 방어비용을 회사가 보상한 경우 회사가 입은 손해를 보상한다.

(5) 지급보험금의 계산

보상하는 손해액에서 자기부담금을 공제한 금액에 약정가입비율을 곱한 금액을 보상한도액 내에서 보상한다. 단, 벌금, 과태료, 징벌적 배상금 등은 보상하지 않는다.

$$지급보험금 = (손해액 - 자기부담금) \times 약정가입비율 \leq 보상한도액$$

(6) 이사의 경영판단의 원칙(Best Judgement Rule)

경영판단의 원칙이란 이사가 합리적인 정보에 기하여 회사의 최선의 이익이라고 믿으면서 성실하게 한 경영판단은 비록 결과적으로 잘못된 것이라 할지라도 재량권의 남용, 사기, 위법 또는 이익충돌에 해당하지 않는 한 선량한 관리자로서의 의무위반에 해당하지 않는 것으로 보는 원칙을 말한다.

판례에서도 "금융기관의 이사가 대출관련 업무를 수행함에 있어 필요한 정보를 충분히 수집, 조사하고 검토하는 절차를 거친 다음 이를 근거로 금융기관의 최대이익에 부합한다고 합리적으로 신뢰하고 신의성실에 따라 경영상의 판단을 내렸고, 그 내용이 현저히 불합리하지 아니하여 이사로서 통상 선택할 수 있는 범위 안에 있는 것이라면, 비록 사후에 회사가 손해를 입게 되는 결과가 발생하였다 하더라도 그로 인하여 이사가 회사에 대하여 손해배상책임을 부담한다고 할 수 없다"라고 판시하고 있다(대법원 2008.7.10. 선고 2006다39935 판결).

9. 금융기관 전문직 배상책임보험(Professional Liability Insurance Policy for Financial Institutions)

(1) 담보조항

금융기관 전문직 배상책임보험이란 피보험자가 타인으로부터 받은 손해배상청구에 대하여 부담하는 법률상의 배상책임손해를 보상하는 보험을 말한다. 다만, 타인의 배상청구는 다음의 요건을 갖추고 있어야 한다.

① 반드시 손해보상적 배상청구(claims for compensatory damages)이어야 한다.

② 보험기간 중 최초로 제기된 것이어야 한다.

③ 재정적 손실(financial loss)에 대한 보상청구이어야 한다. 그러한 재정적 손실은 피보험자의 직원이 저지른 과실행위(작위, 부작위 불문)에 의한 것이어야 한다.

④ 또한 그러한 행위는 청약서에 기재된 피보험자가 통상적으로 제공하는 서비스로부터 말미암은 것이어야 한다.

⑤ 배상청구는 북미지역 이외에서 제기된 것이어야 한다.

⑥ 또한 증권기재 소급담보일자 이전에 행해진 과실행위를 제외한 행위에 관련하여야 한다.

(2) 면책사유

① 일체의 계약상의 가중책임

② 피보험자 또는 그의 임직원의 횡령, 사기, 범죄행위에 의한 손해

③ 신체장해 또는 재물손해에 대한 배상책임

④ 유가증권, 서류 및 상품이나 다른 동산에 관한 손해와 관련한 배상책임

⑤ 고의적 법령위반행위에 관련한 배상책임

⑥ 대출 또는 신용연장과 관련하여 일체의 거절행위 등에 관련한 배상책임

⑦ 금융기관종합보험(BBB)에서 보상되는 손해

⑧ 피보험금융기관의 모회사 또는 자회사 등에 의한 배상청구

⑨ 피보험자의 파산에 관한 일체의 청구

⑩ 일반적인 사람이라면 배상청구가 이루어질 것이라는 인식이 들 만한 사정이 보험 개시 이전에 있었던 경우 그 해당 배상청구

⑪ 일체의 벌금, 처벌, 징벌적배상금. 단, 통상의 배상금액 해당액은 보상한다.

⑫ 정부 또는 지방자치단체 등에 의한 배상청구. 단, 이들이 피보험자의 고객신분으로 제기한 배상청구는 제외한다.

⑬ 주주대표소송

⑭ 투자가치하락으로 인한 배상청구. 단, 피보험자의 직원이 과실로 특정 투자계약의 체결을 성사시키지 못한 경우는 담보한다.

⑮ 가격변동 탓에 발생한 일체의 임대상품 또는 서비스의 가치손해에 대한 배상책임

⑯ 과도한 서비스수수료, 비용 등과 관련하여 제기된 배상청구

⑰ 필요한 보험계약을 제공하지 못함과 관련한 배상청구. 단, 피보험자의 직원이 특정 보험계약을 체결하지 못하였거나 유지하지 못한 것이 유일한 원인인 손해에 대해서는 적용하지 않는다.

⑱ 흡수합병과 관련되거나 주식의 거래와 관련하여 제기된 배상청구

⑲ 헷징행위(hedging transactions)에 관련하여 피보험자가 제공한 자문에 기인하여 제기된 배상청구. 단, 피보험자의 직원이 특정 헷징계약을 과실로 체결하지 못한 것이 유일한 원인인 손해에 대해서는 적용하지 않는다. 여기서 헷징이란 특정금액이나 가치의 변동에 역행하는 하나 이상의 계약을 체결하는 것을 의미하는데, 대상은 외환, 실물, 증권 등에 국한하지 않는다.

10. 전자금융거래배상책임보험

(1) 담보위험

피보험자가 전자금융거래, 전자지급거래 업무와 관련하여 접근매체의 위조나 변조로 발생한 사고, 계약 체결 또는 거래지시의 전자적 전송이나 처리과정에서 발생한 사고로 인하여 이용자에게 손해가 발생하여 증권상의 보장지역 내에서 피보험자에게 손해배상청구가 제기되어 법률상 배상책임을 부담함으로써 입은 손해를 보상한다.

(2) 보상하는 손해

보험기간 중에 최초로 제기된 손해배상청구에 대하여 보상하며, 보상하는 손해는 법률상 손해배상금 및 각종 비용손해이다. 배상청구기준증권이므로 증권상에 소급담보일자가 기재되어 있을 경우에 소급담보일자 이전에 생긴 손해에 대해서는 보상하지 않는다.

(3) 주요 보상하지 않는 손해

① 범죄행위 또는 고의로 생긴 손해에 대한 배상청구

② 계약상 가중책임

③ 신체장해 또는 재물손해. 단, 피보험자의 과실에 의한 유체물의 직접손해에 대한 배상청구는 보상하며, 전자적 데이터의 경우에는 복구비용에 한해 증권에 별도로 설정한 보상한도액 내에서 보상한다.

④ 피보험자간의 배상청구

⑤ 국가 또는 지방자치단체의 기관이 제기하는 배상청구

⑥ 전력공급중단, 정전, 전압이나 전류의 불안정에 기인된 배상청구

⑦ 특허권 침해에 기인된 배상청구

⑧ 증권거래법, 공정거래법 위반에 기인된 배상청구

⑨ 접근매체의 분실 또는 도난으로 발생한 손해에 대한 배상청구

⑩ 위성의 장애에 따른 손해에 대한 배상청구

11. 개인정보보호 및 누출 배상책임보험

(1) 담보위험

피보험자가 대한민국 내에서 피보험자의 업무수행과 관련하여 소유, 사용, 관리하는 개인정보의 누출에 기인하여 법률상의 손해배상책임을 부담함으로써 입은 손해를 보상한다.

(2) 담보기준

배상청구기준증권으로 보험기간 중에 최초로 제기된 손해배상청구에 대하여 보상하며, 증권상에 소급담보일자가 기재되어 있을 경우에는 소급담보일자 이전에 생긴 손해에 대해서는 보상하지 않는다.

(3) 보상한도

1회의 보험사고에 대하여 손해배상금이 증권에 기재된 자기부담금을 초과하는 경우에 한하여 그 초과분을 보상하며, 보험기간 중 보상총액은 증권에 설정된 총보상한도액을 한도로 한다.

(4) 주요 보상하지 않는 손해

① 피보험자의 범죄행위 또는 고의

② 신체장해 또는 재물손해

③ 비방, 중상모략

④ 전쟁, 천재지변

⑤ 이행불능 또는 이행지체

⑥ 주주대표소송에 의한 손해배상청구

⑦ 기업, 기타 조직의 신용훼손, 신뢰의 실추, 브랜드가치 하락으로 인한 배상청구

⑧ 파견근로자가 파견사업장에서 행한 행위로 인한 손해배상책임

⑨ 신용카드번호, 계좌번호, 비밀번호, 인증번호 등을 누출하여 번호가 사용됨으로서 제3자에게 생긴 손해배상청구

(5) 특별약관

① 위기관리컨설팅비용 특별약관

㉠ 담보위험

보험기간 중에 최초로 생긴 위기에 대하여 해당 위기에 기인해 피보험자가 부담하는 위기관리컨설팅비용에 대하여 보상하며, 총보상한도액을 별도로 설정한다.

㉡ 위기관리컨설팅비용의 의미

위기란 개인정보보호배상책임보험 보통약관에서 규정하는 개인정보 누출의 발견을 말하며, 위기관리컨설팅비용이란 위기관리컨설팅회사가 위기의 영향을 관리 및 최소화하는 목적으로 피보험자에게 제공하는 위기관리서비스에 의해 발생한 비용(컨설팅보수 포함)으로 보험회사가 필요하고도 타당하다고 인정한 것을 말한다(단, 위기발생 후 90일 이내에 생긴 비용에 한함). 위기관리컨설팅회사란 보험회사가 승인하는 위기의 영향을 관리하고 최소화하기 위한 회사를 말한다.

② 위기관리실행비용 특별약관

㉠ 담보위험

보험기간 중에 최초로 생긴 위기에 대하여 해당 위기에 기인해 피보험자가 부담하는 위기관리실행비용에 대하여 보상한다. 단, 해당 위기가 ⓐ 기명피보험자가 공적기관에 대하여 문서에 의해 신고 또는 보관하는 것, ⓑ 신문, 잡지, 텔레비전, 라디오, 인터넷 또는 그와 유사한 매체에 의해 보도되는 것 중 하나에 해당될 경우에 한한다.

㉡ 위기관리실행비용의 의미

피보험자가 해당 위기의 영향을 관리 및 최소화하는 목적으로 부담한 비용으로서 필요하고도 불가결하다고 보험회사가 사전에 서면에 의해 인정한 것을 말한다(단, 위기발생 후 90일 이내에 피보험자가 부담한 비용에 한함).

ⓐ 변호사로부터 조언을 받은 경우 변호사보수

ⓑ 위기의 원인 조사에 필요로 하는 비용

ⓒ 전화회선의 증설비용, 통화료 또는 통신업무를 콜센터회사에 위탁하는 비용

ⓓ 사과문의 작성 및 송부비용

ⓔ 신문 및 TV에 사죄광고를 게재하는 비용

ⓕ 기자회견의 개최에 필요한 비용

ⓖ 위로금, 위문품 비용

12. E-Biz@배상책임보험

(1) 담보위험

피보험자의 인터넷 및 네트워크 활동과 관련하여 행한 행위(부작위 포함)에 기인하여 보험증권상의 보장지역 내에서 피보험자에 대하여 손해배상청구가 제기되어 법률상 배상책임을 부담함으로써 입은 손해를 보상한다.

(2) 담보요건

보험기간 중 최초로 제기된 손해배상청구에 대해 보상하며, 배상책임을 야기한 행위는 소급담보일 자 이후 보험기간 만료 이전에 행하여진 것이어야 한다.

(3) 주요 보상하지 않는 손해

① 고의로 생긴 손해에 대한 배상책임

② 신체장해 또는 재물손해에 대한 배상청구

③ 피보험자간의 배상청구

④ 국가 또는 지방자치단체의 기관이 제기하는 배상청구

⑤ 이 계약의 보험개시일 이전에 피보험자에 대한 손해배상청구가 제기될 우려가 있는 상황을 피보 험자가 알고 있었던 경우에 기인하는 배상책임

⑥ 전력공급중단, 정전, 전압이나 전류의 불안정에 기인된 배상청구

⑦ 특허권 침해에 기인된 배상청구

⑧ 증권거래법, 공정거래법 위반에 기인된 배상청구

⑨ 피보험자의 컴퓨터 시스템, 네트워크, 또는 인터넷 사이트를 허가되지 아니한 방법으로 사용하 거나 접근할 수 없도록 피보험자가 합리적인 예방조치를 강구하지 아니함에 기인하여 제기된 배상청구

⑩ 피보험자의 컴퓨터 시스템, 네트워크, 또는 인터넷 사이트에 악의적인 코드(바이러스)의 유포를 방지하기 위하여 피보험자가 합리적인 예방조치를 강구하지 아니함에 기인하여 제기된 배상청구

01 2014년 시행 제37회 기출문제

문제 1

A는 본인 소유의 빌딩에서 가전제품 할인매장을 운영하면서 [별표1]과 같이 화재보험을 가입하고 있다. 장마기간 중에 벼락이 건물 옥상에 설치된 수변전설비에 과전류로 화재가 발생하여 [별표2]와 같은 손해가 발생하였다.

아래에 주어진 조건에 따라 지급보험금을 계산하고 산출과정을 명시하시오. (20점)

> [별표1] 보험목적물 보험가입현황
> • 보험종목 : 국문화재보험, 실손보상 특별약관 첨부(부보비율 : 60%)
> • 목적물별 보험가입금액
>   건물 : 600,000,000원, 집기비품 : 200,000,000원, 재고자산 : 300,000,000원
>
> [별표2] 목적물별 보험가액 및 손해액 현황
> • 보험가액
>   건물 : 1,000,000,000원, 집기비품 : 250,000,000원, 재고자산 : 500,000,000원
> • 손해액
>   수변전설비 : 5,000,000원(화재손해)
>   건물 : 100,000,000원(화재손해)
>   집기비품 : 10,000,000원(화재손해)
>   5,000,000원(과전류로 인한 전산장비의 전기적 손해)
>   재고자산 : 50,000,000원(화재손해)

(1) 담보책임의 검토

화재보험에서는 위험보편의 원칙에 따라 원인 여하를 불문하고 화재(벼락 포함)가 발생하기만 하면 그로 인한 손해를 보상한다. 따라서 사안의 경우 벼락으로 인한 화재사고를 담보하는 것은 물론 벼락에 의한 직접적인 목적물의 파손도 담보한다. 다만, 벼락으로 인한 간접적인 전기기기의 손해는 보상하지만, 벼락과 관계없는 전기적 사고로 발생한 탄화, 용융 등의 손해는 보상하지 않는다. 여기서 벼락은 고압의 뇌운과 지상물 사이의 방전현상을 말한다.

(2) 목적물손해의 지급보험금 계산

부보비율조건부 실손보상 특별약관이 첨부되어 있으므로 목적물별로 부보비율 충족 여부를 확인하고, 충족되면 가입금액 내에서 실손보상을, 충족되지 못하면 부보비율 해당 보험가액에 대한 가입금액의 비율에 따라 비례보상한다(재고자산 제외).

사안의 경우 과전류로 인한 전산장비의 손해는 전기적 손해이긴 하지만, 그 원인이 벼락에 의한 과전류 때문이므로 보상대상이 된다.

① **건물손해**

부보비율 = 600,000,000원 / 1,000,000,000원 = 60%

부보비율이 충족되므로 가입금액 한도 내에서 실손보상한다.

지급보험금 = 건물 100,000,000원 + 수변전설비 5,000,000원 = 105,000,000원

② **집기비품손해**

부보비율 = 200,000,000원 / 250,000,000원 = 80%

부보비율이 충족되므로 가입금액 한도 내에서 실손보상한다.

지급보험금 = 화재손해 10,000,000원 + 전기적 손해 5,000,000원 = 15,000,000원

③ **재고자산손해**

실손보상 특별약관에서 재고자산은 제외되므로 보험가입비율에 따라 비례보상한다.

지급보험금 = 50,000,000원 × 300,000,000원 / 500,000,000원 = 30,000,000원

④ **지급보험금 합계**

105,000,000원 + 15,000,000원 + 30,000,000원 = 150,000,000원

문제 2

영문영업배상책임보험(C.G.L) 약관상 보상하는 사고가 발생하여 [별표]와 같이 손해액이 산정되었다. 보험조건상 보상한도액 10억원(사고당/총보상한도액), 공제금액 1백만원이 설정되어 있는 경우 아래의 질문에 산출과정을 명시하여 답하시오.

[별표]

- Coverage A(Bodily Injury & Property Damage Liability)관련 판결금액 : 2억원
- Coverage A관련 소송방어비용 : 2,000만원
- 판결확정 후 지급일까지 발생한 판결금액에 대한 이자 : 200만원
- Coverage C(Medical Payments) : 100만원

---

(1) 보험조건에 따른 지급보험금을 구하시오. (10점)

(2) 보험금 지급 후 잔여보상한도액을 구하시오. (10점)

풀 이

(1) **지급보험금**

① **배상책임손해액**

판결금액 2억원 + Medical Payments 100만원 − 공제금액 100만원 = 2억원

② **각종 비용손해**

소송방어비용 2,000만원 + 판결금액에 대한 이자 200만원 = 2,200만원

③ **지급보험금 합계**

2억원 + 2,200만원 = 2억 2,200만원

(2) **잔여보상한도액**

영문약관의 잔여보상한도액은 총보상한도액에서 Coverage A와 C에서 지급되는 보험금(공제금액 차감 후 금액)을 뺀 잔액으로 하며, 각종 비용손해에 대한 보험금은 총보상한도액의 적용을 받지 않는다. 따라서 잔여보상한도액은 10억원에서 지급보험금 2억원을 공제한 8억원이 된다.

최근 카드사의 대규모 고객정보 및 신용정보 유출로 빚어진 사태가 사회문제로 대두됨에 따라 정부는 이에 대한 대책의 하나로 금융기관의 보험가입을 의무화하는 내용의 대책을 발표하기도 하였다. 현재 국내에서 금융기관 및 전자금융업자에 대하여 보험가입이 의무화되어 있는 '전자금융거래 배상책임보험'의 담보내용 및 면책위험을 설명하시오. (10점)

풀이

(1) **담보내용**

피보험자인 금융기관 또는 전자금융업자가 전자식카드의 위조나 변조로 발생한 사고, 계약 체결 또는 거래지시의 전자적 전송이나 처리과정에서 발생한 사고로 인하여 이용자에게 손해가 발생하여 법률상 배상책임을 부담함으로써 입은 손해를 보상한다.

(2) **면책위험**

① 고의, 전쟁, 혁명, 내란, 소요, 노동쟁의 사태로 생긴 손해에 대한 배상책임
② 지진, 분화, 홍수, 해일
③ 계약상 가중책임, 벌과금 및 징벌적 손해배상금
④ 이용자의 고의나 중대한 과실로 인한 손해에 대한 배상책임
⑤ 정전으로 인한 손해에 대한 배상책임
⑥ 전자식카드 이외의 접근매체가 이용자 이외의 제3자에 의해 이용되어 발생한 손해
⑦ 모든 간접손해
⑧ 전자식카드의 도난, 분실로 발생한 손해에 대한 배상책임

Package보험의 'Debris Removal and Cost of Clean up Extension'과 국문화재보험의 '잔존물제거비용'의 차이점을 비교 설명하시오. (10점)

풀이

구 분	잔해 철거비용	청소비용 (진흙, 토사제거, 배수비용)	잔존물운송비용	오염물질 제거비용
국문화재보험	담 보	담 보	상차비용까지 담보	부담보
Package보험	담 보	청소비용 담보 배수/배토비용 부담보	관련 문구 없음	부담보

임원배상책임보험(Directors & Officers Liability Insurance), 금융기관범죄종합보험(Bankers Blanket Bond) 및 금융기관전문인배상책임보험(Financial Institution Professional Liability Insurance)의 대상 피보험자와 보상하는 손해에 대하여 약술하시오. (10점)

풀 이

1. **임원배상책임보험**

   (1) **피보험자**
   ① 기명피보험회사의 임원(신규임원은 자동담보)
   ② 고지된 자회사 임원
   ③ 보험기간 중 설립, 취득한 자회사의 임원으로 통지되고 승인받은 임원
   ④ 퇴직임원의 사망시의 법정상속인

   (2) **보상하는 손해**
   ① **법률상 손해배상금** : 합의금 또는 법정판결금
   ② **방어비용** : 소송, 중재 또는 화해비용(변호사비용, 소송비용 등)

2. **금융기관범죄종합보험**

   (1) **피보험자**
   금융기관(은행, 증권, 투자신탁회사 등)

   (2) **보상하는 손해**
   ① 직원의 부정행위(Fidelity)
   ② 사업장내 절도, 강도, 분실 및 파손(On premises)
   ③ 운송 중 손해(In transit)
   ④ 위조 또는 변조손해(Forgery or Alteration)
   ⑤ 유가증권의 위조, 변조 및 도난손해(Securities)
   ⑥ 위조화폐(Counterfeit Currency)
   ⑦ 사무실 건물 및 수용물(Offices & Contents)
   ⑧ 법률비용(Legal Fees)

3. **금융기관전문인배상책임보험**

   (1) **피보험자**
   금융기관 소속의 전문인(은행, 증권 또는 투자신탁회사의 상담사나 자산관리사 등)

   (2) **보상하는 손해**
   ① **법률상 손해배상금** : 합의금 또는 법정판결금
   ② **방어비용** : 소송, 중재 또는 화해비용(변호사비용, 소송비용 등)

Munich Re's EAR Policy의 보험기간에 대하여 설명하시오. (10점)

풀 이

조립보험의 보험기간은 보험계약 초일 이후 보험목적이 조립공사 현장에 하역이 끝난 직후부터 담보책임이 개시되고, 조립공사 후 최초의 시운전이 종료될 때 끝난다. 시운전기간은 별도로 전한 경우를 제외하고는 4주일을 넘지 못하고, 중고조립물건은 시운전시작과 동시에 담보책임이 종료된다. 시운전은 Hot Test를 의미하며, 반드시 기간을 명시하여야 한다. 또한 사고위험이 높아 상대적으로 높은 Deductible(공제금액)을 설정한다.

Package보험 제3부문(기업휴지손해담보)의 추가조항을 3개 이상 열거하고, 그 중 2개를 선택하여 각각 설명하시오. (10점)

풀 이

(1) **누적재고조항(Accumulated Stock)**
    피보험자가 사고로 인해 조업에 차질이 생겼지만, 완성품 재고가 상당하여 이를 판매함으로써 일정시점까지 전체적인 매출수준이 유지되는 경우가 있을 수 있다. 이러한 경우 기업휴지손해 보험금산정에 있어 누적재고의 소진을 통해 감소를 면한 매출액 상당액(allowance)을 감안하여 기업휴지손해를 산정하여야 한다는 내용의 조항이다.

(2) **구외동력시설 파손으로 인한 기업휴지손해 확장담보(Off Premise Power)**
    피보험자의 조업에 필요한 구외 전력시설, 가스시설 및 공업용수를 공급하는 시설에 재산종합보험 또는 기계보험 사고가 생긴 경우 피보험자의 구내에서 발생하는 기업휴지손해를 확장하여 보상하는 조항으로, 1사고당 보상한도액을 별도로 설정하여 보상한다.

(3) **고객업체의 사고로 인한 기업휴지손해 확장담보(Customer Extension)**
    피보험자의 고객업체가 재산종합보험 또는 기계보험 사고로 조업이 중단됨으로써 피보험자의 제품을 구입할 수 없게 됨에 따라 피보험자에게 발생하는 간접기업휴지손해를 확장 담보하는 조항이다. 고객업체의 명단, 매출의존도, 보상한도액을 각각 별도로 설정한다.

A는 ○○아파트(20층) 101호의 임차인으로 취침 중 거실내부 벽체에서 전기적인 원인으로 화재가 발생하여 얼굴에 심한 화상피해를 입고 병원 치료 중에 있다. 임대인 B는 보험회사에 '신체손해배상책임담보특약(2017.10.17. 특약부화재보험으로 명칭 변경)'을 첨부한 화재보험을 가입하고 있을 때, 동 특약의 주요 내용 및 보상범위를 설명하고 임차인 A에 대한 담보 여부를 검토하시오. (10점)

풀이

(1) 특약부화재보험의 주요내용 및 보상범위

① **담보하는 손해**

동 특약은 「화재로 인한 재해보상과 보험가입에 관한 법률(이하 '화보법'이라 한다)」상의 특수건물의 화재사고로 인한 건물소유자의 피해자의 신체장해 또는 사망에 대한 손해배상책임을 담보하는 보험이다. 즉 특수건물의 소유자는 그 건물의 화재로 인하여 다른 사람이 사망하거나 부상을 입었을 때에는 과실이 없는 경우에도 동법 제8조에 따른 보험금액의 범위 내에서 그 손해를 배상할 책임이 있다(화보법 제4조).

② **보상내용**

㉠ 사망의 경우 1억 5,000만원(단, 최저보험금은 2,000만원), 부상의 경우 1급 3,000만원 ~ 14급 50만원, 후유장해의 경우 1급 1억 5,000만원 ~ 14급 1,000만원을 한도로 실제손해액을 보상한다.

㉡ 피보험자가 둘 이상인 경우에는 지급할 보험금을 한도로 재해를 입은 특수건물의 소유지분비율에 따라 보상한다.

(2) 임차인 A에 대한 담보 여부

특수건물의 임차인도 「화보법」상 보상대상인 타인에 해당한다. 다만, 임차인 본인의 고의, 중과실, 법령위반 등으로 생긴 화재사고 피해는 보상하지 않는다.

사안의 경우 화재원인이 건물의 문제, 즉 건물 벽체에서의 전기적인 원인이었고, 달리 면책사유에 해당하지 않으므로 건물소유자가 배상책임을 부담하여야 한다. 따라서 임차인 A가 입은 신체손해는 특약부화재보험에서 보상한다.

문제 1

자동차부품을 생산하는 대한공기(주)는 지속된 매출감소에 따른 대규모 영업손실로 경영난에 직면함에 따라 재무구조를 개선하기 위해 조직을 개편하고 전직원을 대상으로 희망퇴직을 단행하였다. 평소 승진누락에 앙심을 품고 있던 직원 ○○○은 조직개편과정에서 본인이 원하지 않는 부서에 발령을 받자 부당한 인사발령이라는 생각으로 다른 직원들이 잠시 자리를 비운 사이에 가동 중인 공작기계 내부에 볼트를 몰래 넣고 퇴근하였다. 이로 인해 가동 중인 공작기계가 파손되는 손해가 발생하였으며, 또한 파손된 부품이 비산되면서 생산라인에 있던 자동차부품이 일부 손상되었다. 대한공기(주)는 갑 보험회사에 [별표1]과 같이 패키지보험(Korean Package Insurance)에 가입하고 있으며, [별표2]와 같은 손해가 발생하였다.

[별표1] 보험가입사항

담보부문	보험가입금액	기타 조건
제1부문 (Section Ⅰ)	건물 : 100억원 기계 : 40억원 재고자산 : 20억원	자기부담금 : 1천만원 보상기준 : 재조달가액기준 및 비례보상조항(80% 부보비율조건부 실손보상조항, 재고자산 제외)
제2부문 (Section Ⅱ)	기계 : 40억원	자기부담금 : 1천만원 보상기준 : 재조달가액기준 및 비례보상조항

[별표2] 손해사항

보험목적물	보험가액	손해액
기 계	50억원	10억원
재고자산	25억원	5억원

(1) 패키지보험 제1부문과 제2부문에서 보상하는 손해를 각각 약술하고, [별표2]의 손해사항에 대하여 면·부책 여부를 부문별로 설명하시오. (20점)

(2) [별표2]의 손해사항에 대하여 갑 보험회사가 지급해야 할 보험금을 산출과정을 명시하여 계산하시오. (10점)

(1) **제1부문과 제2부문의 보상하는 손해 및 면·부책 여부의 판단**

① **제1부문의 보상하는 손해 및 담보 여부**

패키지보험은 전위험담보방식의 증권이므로 화재, 낙뢰, 폭발, 연기, 우박, 지진, 풍수재, 파손, 도난, 기타 면책위험을 제외한 모든 위험에 기인하여 보험의 목적에 급격하고도 우연하게 발생한 재물손해에 대해 보상한다.

사례의 경우 종업원의 악행에 의해 발생한 사고로 제1부문의 보험사고로 볼 수도 있는 여지가 있기는 하지만, 제2부문 사고로 보는 것이 무난하다. 따라서 제1부문에서는 기계손해에 대해서는 면책으로 처리하고, 재고자산에 대해서만 보상한다.

② **제2부문의 보상하는 손해 및 담보 여부**

외래적 사고(종업원의 능력부족, 기술부족, 부주의 등), 전기적 사고(과부압, 단락 등), 기계적 사고(재질, 설계, 조립결함 등), 기타 면책위험을 제외한 모든 위험에 기인하여 보험의 목적에 발생한 기계장치의 고장손해를 보상한다.

사례의 경우 종업원의 악행에 의한 기계장치 고장사고로 보아 제2부문에서 보상한다.

(2) **제1부문과 제2부문의 지급보험금**

① **제1부문의 재고자산손해 지급보험금**

지급보험금 = 5억원 × 20억원/25억원 − 1천만원 = 3억 9천만원

② **제2부문의 기계장치손해 지급보험금**

지급보험금 = 10억원 × 40억원/50억원 − 1천만원 = 7억 9천만원

독일식 건설공사보험약관(Munich Re Form)과 영국식 건설공사보험약관(British Form)에서 주요 차이점을 비교하여 설명하시오. (10점)

풀 이

구 분	독일식	영국식
면책금액 적용	사고원인에 관계없이 단일면책금액 적용 • 화재사고 : 기타 사고금액 적용 • TPL재물사고 : 면책금액 적용	천재지변과 기타원인으로 구분차등 적용 • 화재사고 : 면책금액 적용 없음 • TPL재물사고 : 적용조항 없음
일반면책사항규정	담보부문 전체에 적용되는 일반면책조항 있음	각 부문별로 면책사항 규정
사고통지	사고발생 후 14일 이내 통지규정 있음 : 위반시 면책	별도 규정 없음
보험료정산	정산규정 없음	공사금액이 증가하는 경우 보험기간 종료 후 보험료정산
비례보상규정	일부보험의 경우 비례보상규정 있음	비례보상규정 없음
잔존물제거비용	가입명세서에 별도의 보상한도액을 설정하여 담보	별도 규정 없음
설계결함손해보상	특약첨부시 설계결함 자체손해는 면책, 결과손해는 담보	보통약관에서 담보 설계결함 자체손해는 면책
진동, 지지대철거로 인한 배상책임	특약첨부시 담보	보통약관에서 담보
타보험약관조항	독립책임액 비례분담방식	초과액 보상방식

문제 3

서울지하철 한국역 인근 도로가 지난달 발생한 싱크홀로 인해 현재까지 통행이 통제되고 있다. 원인조사 결과 대한건설(주)에서 시공하고 있는 건물 신축공사현장에서 지반굴착공사 중 발생한 진동의 영향으로 지하에 매설된 상수도관이 파손되어 도로가 가라앉은 것으로 밝혀졌다. 이 사고로 상수도관이 파손되었고, 다량의 수돗물이 유실되었으며, 수돗물 공급중단에 따라 인근 매장들의 영업손실이 발생하였다. 위 사례에서 발생한 손해에 대하여 다음의 보험조건별로 각각 면부책 여부를 설명하시오. (15점)

(1) 건설공사보험 보통약관(국문약관)

① 진동, 지지대 철거 및 약화에 관한 특별약관에 가입
② 지하매설 전선이나 배관에 관한 추가특별약관에 가입

(2) 영업배상책임보험 보통약관(국문약관)

① 도급업자특별약관에 가입
② 폭발, 붕괴 및 지하매설물 손해담보 추가특별약관에 미가입

풀 이

(1) **건설공사보험 보통약관(국문약관)**

건설공사보험에서는 기본적으로 ① 진동, 지지대의 철거 또는 약화로 인하여 발생한 신체장해와 재물손해, ② 재물손해로 인한 사용불능 등의 간접손해에 대한 배상책임에 대해서는 보상하지 않는다. 따라서 진동으로 인한 배상책임은 보통약관상 면책이므로 특약에 가입하여야 보상되며, 특약에 가입되더라도 타인의 재물손해 자체는 보상되더라도 그로 인한 사용손실에 대해서는 보상하지 않는다.

사안의 경우 진동, 지지대 철거 및 약화에 관한 특별약관에 가입하였으므로 지하에 매설된 상수도관과 도로의 붕괴손해는 보상한다. 다만, 건물공사를 시작하기 이전에는 온전한 상태이었어야 하며, 필요한 사고예방조치가 취해졌어야 한다. 또한 지하매설전선이나 배관에 관한 추가특별약관에 가입되어 있으므로 손상된 상수도관에 대해 보상한다. 다만, 공사개시 전에 피보험자가 관련기관에 지하에 매설된 전선, 배관 및 기타 설비의 위치를 정확히 조회한 경우에 보상한다.

(2) **영업배상책임보험 보통약관(국문약관)**

도급업자특별약관에서는 ① 토지의 내려앉음, 융기, 이동, 진동, 붕괴, 연약화 또는 토사의 유출로 생긴 토지의 공작물, 그 수용물 및 식물 또는 토지의 망가뜨림과 지하수의 증감으로 생긴 손해에 대한 배상책임, ② 지하매설물에 입힌 손해 및 손해를 입은 지하매설물로 생긴 다른 재물의 손해에 대한 배상책임에 대해서는 면책사항으로 규정하고 있다.

사안의 경우 폭발, 붕괴 및 지하매설물 손해담보 추가특별약관에 가입되어 있지 않으므로 본 사고로 인한 위 손해는 보상하지 않는다.

홍길동은 본인 소유 주택의 세탁기 내부에서 단락에 의한 화재가 발생하여 손해액 중 일부를 갑 보험회사로부터 화재보험금으로 6천만원을 수령하였다. 한편 세탁기 제조사는 을 보험회사에 생산물배상책임보험을 가입하고 있다. 다음의 주어진 조건을 참조하여 질문에 답하시오(단, 세탁기 제조사가 부담해야 할 법률상 배상책임은 50%를 전제로 한다).

[세탁기 제조사 보험가입사항]
• 보험종목 : 생산물배상책임보험(국문약관)
• 보상한도액 : 대인, 대물 일괄 2억원/1사고당(자기부담금 없음)

[손해사항]
• 건물 : 40,000,000원
• 가재도구 : 50,000,000원
• 임시주거비용 : 2,000,000원

---

(1) 홍길동이 보험회사를 상대로 직접청구권을 행사할 경우, 을 보험회사가 지급할 보험금을 계산하고 산출과정을 설명하시오. (10점)

(2) 갑 보험회사가 을 보험회사를 상대로 보험자대위에 따른 구상권을 행사할 경우, 을 보험회사가 지급할 보험금을 계산하시오. (10점)

풀 이

(1) **홍길동이 을 보험회사를 상대로 직접청구권을 행사하는 경우**
   홍길동이 을 보험회사를 상대로 직접청구권을 행사하면, 총손해액 9,200만원에 대해 세탁기 제조사의 책임비율 50%를 적용하여 4,600만원을 지급받을 수 있다.

(2) **갑 보험회사가 을 보험회사를 상대로 구상권을 행사하는 경우**
   홍길동은 갑 보험회사에서 6,000만원을 지급받았으므로 총손해액 9,200만원에서 6,000만원을 공제한 3,200만원 중 을 보험회사의 책임비율 50%에 해당하는 1,600만원을 지급받을 수 있다. 한편 갑 보험회사는 홍길동에게 지급한 보험금 6,000만원에 대해 을 보험회사에 구상권을 행사할 것이고, 을 보험회사는 세탁기 제조사의 책임비율 50%에 해당하는 3,000만원에 대해 책임을 진다.

개인정보보호(누출) 배상책임보험 보통약관의 담보위험과 위기관리컨설팅비용 특별약관의 담보내용을 각각 설명하시오. (10점)

풀이

(1) 개인정보보호 배상책임보험 보통약관의 담보위험

피보험자가 대한민국 내에서 피보험자의 업무수행과 관련하여 소유, 사용, 관리하는 개인정보의 누출에 기인하여 법률상 배상책임을 부담함으로써 입은 손해를 보상한다.

(2) 위기관리컨설팅비용 특별약관의 담보내용

① **보상하는 손해**

최초로 생긴 위기에 대하여 해당 위기에 기인해 피보험자가 부담하는 위기관리컨설팅비용을 보상한다.

② **위기관리컨설팅의 의의**

개인정보누출의 발견을 위기상황이라 하고, 위기의 영향을 관리 및 최소화할 목적으로 피보험자에게 제공하는 위기관리서비스비용을 말한다. 단, 90일 이내의 비용만 보상한다.

위기관리컨설팅비용에는 ① 개인정보 누출원인조사, 사실확인비용, ② 위로금, 위문품비용, ③ 사고광고비용, ④ 정보회수비용, ⑤ 소송비용, ⑥ 기자회견비용 등을 포함하지 않는다. 이러한 비용은 위기관리실행비용으로 보상하는 비용들이다.

다음의 예시에 따라 보험회사가 지급해야 할 보험금을 산출과정을 명시하여 계산하시오. (10점)

[보험가입사항]
• 보험종목 : 영업배상책임보험 시설소유관리자 특별약관(국문약관)
• 보상한도액 : 대물 1억원/1사고당
• 자기부담금 : 5백만원/1사고당

[손해사항]
• 손해배상 판결금액 : 1억원
• 손해방지비용 : 1백만원
• 대위권보전비용 : 1백만원
• 피보험자 소송비용 : 7백만원

풀 이

위 비용손해 중 손해방지비용과 대위권보전비용은 보상한도액에 관계없이 보상하지만, 소송비용은 배상책임손해액과 합하여 보상한도액 내에서 보상한다.

지급보험금 = 판결금액 1억원 − 자기부담금 5백만원 + 소송비용 7백만원
          = 1억 2백만원(보상한도액 1억원이므로 1억원까지만 보상)

이렇게 산출된 보험금에 상기 손해방지비용 1백만원과 대위권보전비용 1백만원을 합한 1억 2백만원이 지급보험금이 된다.

패키지보험 제3부문(기업휴지손해담보부문)에서 보상하는 손해를 약술하고, 다음의 [예시]를 기준으로 산출과정을 명시하여 지급보험금을 계산하시오. (10점)

[예시]
- 표준매출액 : 50억원
- 매출액(보상기간 기준) : 10억원
- 매출액(회계연도 기준) : 100억원
- 기초재고액(직전 회계연도 기준) : 20억원
- 기말재고액(직전 회계연도 기준) : 40억원
- 변동비용(직전 회계연도 기준) : 70억원

풀 이

(1) **총이익률**

  총이익률 = [(매출액 + 기말재고액) − (변동비용 + 기초재고액)] / 매출액

  = [(100억원 + 40억원) − (70억원 + 20억원)] / 100억원 = 50%

(2) **매출감소액**

  매출감소액 = 표준매출액 − 매출액(보상기간 기준)

  = 50억원 − 10억원 = 40억원

(3) **지급보험금**

  지급보험금 = 40억원 × 50% = 20억원

문제 1

전자기기 부품을 생산하는 ○○산업(주)는 2016년 초에 계획되어 있던 유지보수일정에 따라 8월 1일부터 2주간의 유지보수작업을 진행하던 중에 페인트작업을 담당하는 직원의 부주의로 작업용 도료가 직사광선에 지속적으로 노출되면서 자연발화로 화재가 발생하여 [별표2]와 같이 연소손해가 발생하였다. [별표1]의 보험가입사항을 기초로 다음에 답하시오. (30점)

(1) 국문화재보험 보통약관상의 계약 후 알릴의무에 대하여 설명하시오. (10점)

(2) 보험약관상 면·부책 여부를 검토하고, 각 보험목적물별로 산출과정을 명시하여 지급보험금을 계산하시오. (20점)

[별표1] 보험가입사항
- 보험종목 : 공장화재, 재조달가액보장 특별약관 첨부
- 보험목적물별 가입금액 : 건물 320,000,000원, 기계 500,000,000원, 재고자산 150,000,000원

[별표2] 보험가액 및 손해액 현황

목적물	재조달가액기준 보험가액	재조달가액기준 손해액		
		손해액	잔존물제거비용	손해방지비용
건 물	800,000,000원	120,000,000원	13,000,000원	
기 계	510,000,000원	500,000,000원		1,000,000원
재고자산	200,000,000원	172,000,000원		

풀 이

(1) **화재보험계약 후 알릴의무(화재보험 보통약관 제16조)**

계약을 맺은 후 보험의 목적에 아래와 같은 사실이 생긴 경우, 계약자 또는 피보험자는 지체 없이 그 사실을 서면으로 통지하고 증권에 확인을 받아야 한다.

① 이 계약에서 보장하는 위험과 동일한 위험을 보장하는 계약을 다른 보험자와 체결하고자 할 때 또는 이와 같은 계약이 있음을 알았을 때

② 양도할 때

③ 보험의 목적 또는 보험의 목적을 수용하는 건물의 구조를 변경, 개축, 증축하거나 계속하여 15일 이상 수선할 때

④ 보험의 목적 또는 보험의 목적을 수용하는 건물의 용도를 변경함으로써 위험이 변경되는 경우

⑤ 보험의 목적 또는 보험의 목적이 들어있는 건물을 계속하여 30일 이상 비워 두거나 휴업하는 경우

⑥ 다른 곳으로 옮길 때

⑦ 위험이 뚜렷이 변경되거나 변경되었음을 알았을 때

(2) 지급보험금의 계산

① 담보 여부 검토

보험의 목적의 발효, 자연발열, 자연발화로 생긴 손해는 보상하지 않는다. 다만, 자연발열 또는 자연발화로 인해 발생한 화재로 연소된 다른 보험의 목적에 생긴 손해는 보상한다.

따라서 사례의 경우 자연발화로 인한 화재로 연소손해가 발생한 건물, 기계, 재고자산의 손해에 대해서는 보상한다.

② 목적물손해 지급보험금

㉠ 건물손해

재조달가액보장 특별약관은 부보비율이 80% 이상이면 가입금액 내에서 실손보상되지만, 그 미만이면 보험가액에 대한 가입금액의 비율에 따라 비례보상한다.

사례의 경우 부보비율이 40%(가입금액 320,000,000원 / 보험가액 800,000,000원), 즉 부보비율이 80% 미만이므로 보험가액에 대한 가입금액의 비율로 비례보상한다.

지급보험금 = 120,000,000원 × 320,000,000원 / 800,000,000원 = 48,000,000원

㉡ 기계손해

보험가입금액 500,000,000원 / 510,000,000원 = 98%로 부보비율 80% 이상 조건을 충족하므로 가입금액 한도인 손해액 500,000,000원 전액을 보상한다.

㉢ 재고자산손해

재조달가액보장 특별약관의 적용대상이 아니므로 가입비율에 따라 비례보상한다.

지급보험금 = 172,000,000원 × 150,000,000원 / 200,000,000원 = 129,000,000원

③ 비용손해 지급보험금

㉠ 잔존물제거비용

목적물손해의 10%를 한도로 목적물의 부보비율에 따라 비례보상한다.

지급보험금 = 13,000,000원 × 320,000,000원 / 800,000,000원 = 5,200,000원

※ 목적물손해 120,000,000원의 10% 이내이고, 목적물손해와 합하여 가입금액 한도 내이므로 5,200,000원 전액을 보상한다.

㉡ 손해방지비용

손해방지비용은 목적물손해와 합하여 가입금액을 초과하더라도 보상하고, 또한 전부보험이므로 1,000,000원 전액을 보상한다.

④ 지급보험금 합계액

건물 48,000,000원 + 기계 500,000,000원 + 재고자산 129,000,000원
+ 잔존물제거비용 5,200,000원 + 손해방지비용 1,000,000원
= 683,200,000원

지게차 소유자인 홍길동은 ○○중공업(주)로부터 납품용 선박엔진을 이적하는 작업을 의뢰받고 지게차로 작업을 수행하던 중에 본인의 부주의로 선박엔진을 떨어뜨리는 사고가 발생하였다. 이 사고로 선박엔진이 파손되고, ○○중공업(주) 소유의 공장건물출입구와 공장 내에 설치되어 있던 기계설비의 일부가 파손되어 [별표2]와 같은 손해가 발생하였다. 이를 기초로 물적손해확장보장 추가특별약관에 대해 설명하고, [별표1]의 보험가입사항을 기초로 산출과정을 명시하여 지급보험금을 계산하시오. (15점)

[별표1] 홍길동의 보험가입사항
- 보험종목 : 국문영업배상책임보험
- 가입특약 : 건설기계업자특별약관, 물적손해확장보장 추가특별약관

보장내역		1사고당	총보상한도액	자기부담금
중장비(지게차)	일괄배상	100,000,000원	500,000,000원	300,000원
물적손해확장보장	대물배상	50,000,000원	100,000,000원	500,000원

[별표2] 손해현황
- 선박엔진 손해액 : 46,500,000원
- 선박엔진 납기지연에 따른 간접손해 : 5,000,000원
- 건물 손해액 : 2,300,000원
- 기계설비 손해액 : 40,000,000원
- 기계설비 가동중지로 인한 영업손해 : 10,000,000원

(1) 물적손해확장보장 추가특별약관

제3자 배상책임보험에서는 계약자 또는 피보험자가 소유, 점유, 임차, 사용하거나 보호, 관리, 통제하는 재물이 손해를 입었을 경우, 그 재물에 대하여 정당한 권리를 가진 사람에게 부담하는 배상책임손해를 면책사항의 하나로 규정하고 있는데, 이는 보관자배상책임의 영역에 속하는 것으로 양자간의 담보영역을 구분 짓기 위함이다.

이를 담보받기 위해 물적손해확장보장 추가특별약관에 가입하게 되면, 피보험자가 소유, 사용 또는 관리하는 시설 및 그 시설의 용도에 따른 업무의 수행으로 생긴 우연한 사고로 피보험자가 보호, 관리, 통제하는 재물이 손해를 입었을 경우, 그 재물에 대하여 정당한 권리를 가진 사람에게 부담하는 손해에 대해 증권에 기재된 보상한도액 내에서 보상받을 수 있다.

(2) 지급보험금

① 담보 여부

피보험자 홍길동의 업무상 부주의로 인하여 타인의 재물에 손해를 입혔으므로 불법행위 및 계약불이행 등에 의한 법률상 배상책임손해를 보상할 책임이 발생한다. 다만, 이적을 의뢰받은 목적물은 건설기계업자특별약관에서는 면책사항에 해당하고, 물적손해확장보장 추가특별약관에 의해 보상한다. 또한 망가뜨린 선박엔진과 관련한 간접손해는 동 추가특별약관에서도 보상하지 않는 손해이다.

② 지급보험금의 계산

ㄱ 건설기계업자특별약관에서의 지급보험금

피보험자의 법률상 배상책임손해

= 건물 손해액 + 기계설비 손해액 + 기계설비 가동중지로 인한 영업손해

= 2,300,000원 + 40,000,000원 + 10,000,000원 = 52,300,000원

지급보험금 = 법률상 배상책임손해액 − 자기부담금

= 52,300,000원 − 300,000원 = 52,000,000원(≤ 100,000,000원)

ㄴ 물적손해확장담보 추가특별약관에서의 지급보험금

이 추가특별약관에서는 수탁 받은 재물에 생긴 직접손해만을 보상하고, 일체의 간접손해는 보상하지 않는다. 따라서 재물손해액에서 자기부담금을 공제한 금액이 보상되는데, 1사고당 보상한도액의 제한을 받는다.

지급보험금 = 46,500,000원 − 500,000원 = 46,000,000원(≤ 50,000,000원)

ㄷ 지급보험금 합계

배상책임손해 52,000,000원 + 수탁받은 재물손해 46,000,000원 = 98,000,000원

XX건설(주)가 시공 중인 ○○대교 공사현장에서 교각 상판 콘크리트공사를 하던 중에 교각과 상판을 잇는 고정장치인 강봉이 모두 끊어지면서 상판이 떨어져 상판과 교각이 파손되었다. 사고원인은 대교의 무게중심을 잡아주는 강봉의 재질결함에 의해 발생한 것으로 밝혀졌다.

XX건설(주)는 복구를 위해 파손된 강봉, 상판 및 교각을 모두 철거하고, 철야 및 주말작업을 통해 복구공사를 진행하고 있으며, 공사 지연을 최소화하기 위해 공사용 일부자재는 항공기로 긴급 수송하였다.

보험가입조건으로 제시된 특별약관에 대하여 각각 약술하고, 위 사례의 각 손해에 대하여 보험가입조건을 기준으로 보상범위를 설명하시오. (15점)

[보험가입조건]
독일식 건설공사보험(제1부문 물적 손해)
• 특별비용담보 특별약관
• 잔존물제거비용담보 특별약관
• 설계결함담보 특별약관

풀 이

(1) **특별비용담보 특별약관**

복구공사를 서두르기 위해 필요타당하게 지출되는 연장근로수당, 야간수당, 휴일작업수당 및 각종 급행운임을 담보한다. 다만, 항공운송비용의 경우 항공운송비용담보 특별약관에 가입되어 있어야 담보된다.

사안의 경우 철야 및 주말작업 비용은 이 특별약관에서 보상하지만, 항공기로 운송된 일부자재의 운송비용은 보상하지 않는다.

(2) **잔존물제거비용 특별약관**

독일식 건설공사보험에서 청소비용 및 잔존물제거비용에 대한 담보는 증권에 별도의 가입금액을 설정함으로써 담보되는 추가계약사항이다.

사안의 경우 파손된 강봉, 상판 및 교각을 모두 철거하였다고 하였으므로 이에 소요된 철거비용은 잔존물제거비용담보 가입금액 내에서 보상받을 수 있다.

(3) **설계결함담보 특별약관**

독일식 건설공사보험약관에서 설계결함으로 인한 손해는 모두 면책이다. 다만, 설계결함담보 특별약관을 첨부하면 결함부분 자체손해 및 그와 밀접한 관계가 있는 재물손해는 면책이지만, 그 결함으로 인한 결과손해는 보상한다.

사안의 경우 사고원인이 설계결함은 아니고 재질결함에 의한 것이기 때문에 보통약관에서 재질결함 자체손해 이외의 다른 재물에 생긴 손해는 보상한다.

문제 4

국문화재보험의 '지진위험담보 특별약관'에 대하여 설명하시오. (10점)

> **풀이**
>
> **지진위험담보 특별약관**
>
> 지진위험담보 특별약관은 지진으로 인한 화재 및 그 연소손해, 붕괴, 파손 및 파묻힘으로 인한 목적물의 손해와 손해방지 및 긴급피난에 필요한 조치로 생긴 손해를 보상하는 특별약관이다.
>
> 지진으로 생긴 폭발, 파열, 지진으로 생긴 해일, 홍수 그 밖의 수재손해는 보상하지 않으며, 1사고당 100만원의 면책금액이 적용된다.
>
> 지진사고의 횟수는 전진, 여진을 포함하여 1회의 사고로 간주하고, 72시간 이내에 생긴 사고를 1회의 사고로 간주한다.

문제 5

손해보험협회 발간 보험가액 및 손해액의 평가기준상의 가재도구 보험가액 간이평가기준에 대하여 설명하시오. (10점)

> **풀이**
>
> 가재도구의 보험가액 간이평가기준이란 가계성 재물보험에서 피보험가재의 가액을 일일이 조사하여 평가하지 않고 보험가액의 결정에 영향이 큰 두 가지 항목 가족구성원수 및 월평균소득을 조사하여 보험가액을 약식 평가하는 것을 말한다.
>
> 간이평가기준은 주로 손해액이 가재도구 보험가액의 50% 미만인 소액사고에 적용되며, 건물의 종류, 실제사용 평수, 가족구성원수, 월평균수입, 주택관리 상태를 고려한 정해진 표를 적용하여 보험가액을 산정한다.
>
> > 보험가액
> > = (월평균소득 기준금액 × 소득금액별 조정계수 × 60%) + (가족구성원수 기준금액 × 40%)

패키지보험(Package Insurance)의 일반조항(General Conditions)에서 사고의 통지(Notice of Accidents)에 대하여 설명하시오. (10점)

풀 이

패키지보험에서 정하고 있는 사고의 통지 내용은 다음과 같다.

① 피보험자는 사고발생시 사고의 성격 및 규모를 서면으로 지체 없이 보험자에게 통지하여야 한다.

② 피보험자는 그의 능력범위 내에서 손해의 규모를 최소화하기 위한 조치를 취하여야 한다.

③ 피보험자는 손상된 보험목적물을 보전하여 보험자의 조사가 가능하도록 하여야 한다.

④ 피보험자는 보험자가 요청하는 정보나 서면증빙을 제출하여야 한다.

⑤ 도난으로 인한 손해의 경우에는 경찰서에 신고하여야 한다.

⑥ 이 조항에 따른 통지 후 피보험자는 US$250,000를 초과하지 않는 소규모손해에 대한 수리나 대체를 시행할 수 있다.

영문영업배상책임보험(Commercial General Liability) 'Coverage B'에서 담보하는 광고침해(Advertising Injury)와 면책사항에 대하여 설명하시오. (10점)

풀이

(1) 담보위험

인격침해	광고침해
• 불법체포, 불법감금, 불법구금 • 무 고 • 주거침입 또는 불법퇴거 • 중상 또는 비방 • 사생활침해	• 중상 또는 비방 • 사생활침해 • 광고기획 또는 사업방식의 유용 • 저작권, 타이틀 또는 표어의 침해

(2) 인격침해 및 광고침해 공통면책사항
① 허위임을 알면서도 구두 또는 출판물의 공표로 생긴 손해
② 공제기간 이전에 구두 또는 출판물의 공표로 생긴 손해
③ 고의로 관련법률을 위반함으로써 발생한 손해
④ 계약상의 가중책임

(3) 광고침해 고유면책사항
① 계약위반
② 광고에 미달되는 제품의 품질결함으로 인한 손해
③ 잘못된 가격의 표시로 인한 손해
④ 광고, 라디오 또는 TV방송이나 출판사업을 하는 피공제자의 위법행위로 인한 손해

문제 1

○○화학(주)에서 2017년 5월 1일 종업원이 A생산라인의 기계설비 내부의 냉각장치에 전원을 공급하는 배전반을 점검하던 중 부주의로 테스트기를 잘못 연결하여 배전반이 파손(화재현상은 관찰되지 않음)되었다. 파손된 배전반 단락으로 공장내부에 화재가 발생하여 가동 중이던 A생산라인과 B생산라인의 기계설비와 재고자산에 손해가 발생하였다. 사고발생 후 ○○화학(주)의 경영진은 회의를 통해 손해를 입은 두 개의 생산라인 중 B생산라인의 복구를 포기하고 폐쇄하기로 결정하여 이를 보험회사에 통지하였다. 주어진 조건에 따라 다음에 답하시오. (30점)

(1) 위 사고내용에 대하여 패키지보험(Korean Package Insurance) 제1부문과 제2부문으로 구분하여 담보 여부(면·부책 여부)를 설명하시오. (10점)

(2) [별표1] 보험조건의 제1부문(재산종합위험담보)의 확장담보조항에 대하여 각각 약술하고, [별표2]와 [별표3] 등을 참고하여 산출과정을 명시하고 지급보험금을 계산하시오. (20점)

> **[별표1] 보험조건**
> ① **보험조건** : 패키지보험(Korean Package Insurance)
> ② **보험기간** : 2017.1.1. ~ 2017.12.31.
> ③ **목적물별 가입금액**
> • 제1부문 : 기계 60억원(A생산라인 48억원, B생산라인 12억원), 재고자산 20억원
> • 제2부문 : 기계 60억원(A생산라인 48억원, B생산라인 12억원)
> ④ **재산종합위험담보 제1부문**
> • 잔존물제거비용 : 손해액의 10% 한도
> • 손해방지비용
> • 공공기관조항
> • 재조달기준 및 비례보상조항
> • 80% Co - insurance Clause(재고자산 제외)
> • 기초공제액(Deductible) : 30,000,000원/1사고당
> ⑤ **기계위험담보 제2부문**
> • 재조달기준 및 비례보상조항
> • 80% Co - insurance Clause
> • 기초공제액(Deductible) : 20,000,000원/1사고당

[별표2] 손해사항

① 재조달기준 기계손해

구 분	A생산라인	B생산라인
기계 교체 및 수리비용	8억원	3억원
기계 수리를 위한 검사비용	1억원	–
오염물질 제거 및 원상회복비용	1천만원	–
자동소화가스설비의 충전비용	1천만원	–
제조과정 중에 투입된 촉매비용	5천만원	–
배전반파손 수리비용	2천만원	–

• 손해복구시 개정된 소방법에 따르기 위하여 생산라인을 재조정한 비용 : 1억원

② 재고자산 손해액 : 5억원

[별표3] 사고조사 결과 확인된 내용

① 기계설비 재조달가액 80억원(A생산라인 60억원, B생산라인 20억원)

> ※ B생산라인의 재조달가액에는 사고발생 3개월 전 추가로 설치한 기계장치 5억원이 포함되어 있으며, 사고로 인한 피해는 없음

② 재고자산 재조달가액 25억원

③ 기계설비 경과연수 5년, 경년감가율 8% 적용

풀 이

1. **패키지보험 제1부문, 제2부문의 담보 여부**

   (1) **제1부문의 담보 여부**

   사례의 경우 파손된 배전반 단락으로 인한 화재손해에 대해서는 제1부문에서 담보하여야 한다. 단락에 의한 배전반 파손은 전기적 사고에 해당하는 것으로 제1부문에서는 면책사항이지만, 그로 인한 속발손해는 부책이므로 화재로 인한 기계설비나 재고자산에 발생한 손해는 보상하여야 한다.

   (2) **제2부문의 담보 여부**

   제2부문에서는 종업원의 능력부족, 기술부족 또는 종업원이나 제3자의 부주의로 인한 기계손해를 담보한다. 사례의 경우 직원의 잘못으로 인해 배전반 단락이라는 전기적 사고가 발생하였으므로 배전반 파손손해는 제2부문에서 담보하여야 한다.

2. **제1부문 확장담보내용에 대한 약술 및 지급보험금의 계산**

   (1) **제1부문의 확장담보내용**

   ① **잔존물제거비용**

   잔존물제거비용(목적물의 잔해제거 및 현장청소비용)은 별도로 설정된 보상한도액 범위 내에서 실손보상한다. 다만, 배수·배토비용 및 오염물질제거비용에 대해서는 보상하지 않는다. 따라서 사례의 오염물질제거비용 및 원상회복비용은 면책된다.

② **손해방지비용**

손해액을 경감하기 위해 피보험자가 지출한 필요·타당한 비용을 보상하며, 이 비용은 목적물손해와 합하여 보상한도액을 초과하더라도 보상한다. 사례의 자동소화가스설비 충전비용이 손해방지비용에 해당한다.

③ **공공기관조항**

사고로 인해 손상된 목적물을 수리·보수하는데 있어 관련 건축법령을 준수하기 위해 지출되는 비용을 보상한다. 사례에서는 개정된 소방법에 따르기 위해 생산라인을 재조정한 비용이 이 조항에 따라 보상되는 비용손해이다.

(2) **지급보험금의 계산**

① **재산종합위험담보에서의 지급보험금**

㉠ 기계

ⓐ A생산라인

수리를 위한 검사비용은 수리를 위해 필요하므로 수리비의 일부로 인정되지만, 제조과정 중에 투입된 촉매비용은 별도로 가입금액이 설정되어 있지 않으므로 보상하지 않는다.

지급보험금 = (교체·수리비용 + 수리 검사비용) × 가입금액 / (재조달가액 × 80%)

= (8억원 + 1억원) × 48억원 / (60억원 × 80%) = 9억원

ⓑ B생산라인

패키지보험은 전·분손을 불문하고 재조달가액을 기준으로 보상하므로 수리비에 대해 감가상각을 적용하지 않지만, 수리·복구를 포기한 경우에는 시가로 보상한다.

사례에서는 B생산라인에 대해 복구포기를 결정하였으므로 시가로 보상한다. 또한 기계설비의 재조달가액은 20억원에서 부보재물이 아닌, 보험기간 중 추가된 기계장치 5억원을 공제한 15억원이다.

B생산라인 기계의 교체·수리비용의 시가기준 손해액

= 3억원 − [3억원 × (5년 × 8%)] = 1.8억원

지급보험금 = 1.8억원 × 12억원 / (15억원 × 80%) = 1.8억원

㉡ 재고자산

지급보험금 = 5억원 × 20억원 / 25억원 = 4억원

㉢ 지급보험금 합계액

9억원 + 1.8억원 + 4억원 − 3천만원 = 14억 5천만원

② **기계위험담보에서의 지급보험금**

배전반수리비에 가입비율을 곱하고, 그 금액에서 기초공제액을 뺀 금액이다.

지급보험금 = 2천만원 × 12억원 / (15억원 × 80%) − 2천만원 = 0원

③ **지급보험금 총계**

제1부문 14.5억원 + 제2부문 0원 + 손해방지비용 1천만원 + 공공기관조항 1억원

= 15.6억원

A는 본인 소유의 건물에서 가전제품 부품을 생산하는 공장을 운영하면서 [별표1]과 같이 화재보험을 가입하고 있다. 작업 중 전기합선으로 인한 화재가 2017년 8월 18일 발생하여 [별표2]와 같은 손해를 입었다. [별표3]과 [기타 사항]을 참고하여 주어진 문제에 답하시오(20점).

(1) 국문화재보험 재고가액통지 특별약관에 대하여 설명하고, 재고자산에 대하여 산출과정을 명시하여 지급보험금을 계산하시오. (15점)

(2) 보험목적물인 ① 건물 및 기계의 보험가액, ② 건물 및 기계의 보험가입금액에 대하여 산출과정을 명시하여 각각 계산하시오. (5점)

[별표1] 보험가입사항

① 보험종목 : 국문화재보험, 재고가액통지 특별약관 첨부

② 보험기간 : 2017.4.1. ~ 2018.4.1.

③ 보험목적물별 가입금액(보상한도액)
  • 건물 및 기계 : 100,000,000원
  • 재고자산 : 100,000,000원

[별표2] 보험가액 및 손해사항

목적물	재조달가액	재조달손해액
건 물	200,000,000원	
기 계	100,000,000원	
재고자산	100,000,000원	80,000,000원

[별표3] 보험가액의 평가기준

목적물	경년감가율	비 고
건 물	1.5%	최초 신축 : 1997.8.1.
기 계	10%	최초 구입 : 2013.8.16.

[기타 사항]

① 재고가액 통지사항
  • 2017.4.30. : 100,000,000원
  • 2017.5.30. : 80,000,000원
  • 2017.6.30. : 110,000,000원
  • 2017.7.30. : 90,000,000원(실제재고가액 : 100,000,000원)

② 다른 계약은 없으며, 복원보험료는 계약자로부터 받은 것으로 가정하고 계산함

풀 이

(1) 재고가액통지 특별약관에 대한 설명 및 재고자산에 대한 지급보험금의 계산

재고수량 또는 가격변동이 심한 저장품에 대한 보험료 낭비와 손해발생시 충분한 실손보상을 받을 수 있게 하기 위해 첨부하는 특별약관으로, 통상 보험기간 중 예상되는 최고의 재고가액을 보상한도액으로 설정한다.

사례의 경우 최종통지일은 2017.7.30.로 미통지에는 해당하지 않으나, 최종통지재고가액을 실제재고가액보다 적게 통지하였으므로 그 비율에 따라 비례보상한다.

지급보험금

= 손해액 또는 보상한도액 중 적은 금액 $\times \dfrac{\text{최종통지재고가액}}{\text{최종통지재고가액 작성 당시의 실제재고가액}}$

= 80,000,000원 × 90,000,000원 / 100,000,000원 = 72,000,000원

※ 재고가액통지 특별약관의 경우별 보험금 산정방식

1. 정상적으로 통지한 경우 : 보상한도액을 한도로 실손해액 전액보상
2. 최종통지재고가액을 실제재고가액보다 적게 통지한 경우 : 위 사례와 동일
3. 통지를 하지 않은 경우 :
   지급보험금 = 손해액 또는 보상한도액 중 적은 금액 × 최종통지재고가액 또는 보상한도액 중 높은 금액 / 사고 당시의 실제재고가액

(2) 목적물별 보험가액 및 보험가입금액

① 보험가액

　㉠ 건물의 보험가액

　　= 재조달가액 − 감가액(재조달가액 × 경년감가율 × 경과연수)

　　= 200,000,000원 − (200,000,000원 × 1.5% × 20년) = 140,000,000원

　㉡ 기계의 보험가액

　　= 100,000,000원 − (100,000,000원 × 10% × 4년) = 60,000,000원

② 보험가입금액

　㉠ 건물의 보험가입금액

　　= 100,000,000원 × 140,000,000원 / (140,000,000원 + 60,000,000원)

　　= 70,000,000원

　㉡ 기계의 보험가입금액

　　= 100,000,000원 × 60,000,000원 / (140,000,000원 + 60,000,000원)

　　= 30,000,000원

784 제3과목 | 책임·화재·기술보험 등의 이론과 실무

○○고속도로 건설구간 XX터널 굴착작업 중 터널 일부가 붕락되는 사고가 발생하였다. 보험회사는 사고 원인 등을 조사하여 건설공사보험에서 담보 가능한 사고로 판단하였으며, 터널복구공사 손해액 산정과정 에서 계약자측이 청구한 복구공사비 중 일부 비용손해에 대해서는 '터널 및 갱도공사에 대한 추가약관'에 의거 보상하지 않는 손해로 판단하였다. 이때 보험회사가 적용한 독일식 건설공사보험(Munich Re's CAR Policy)의 터널 및 갱도공사에 대한 추가약관에 대하여 설명하시오. (10점)

풀 이

(1) **특별약관의 의의**

터널 및 갱도공사에 대한 추가약관은 터널공사에 적용되는 특약으로, 터널붕락 등의 사고발생시 사고 직전의 기술적으로 동등한 상태로 회복시키는데 소요되는 비용을 보상한다. 단, 사고구간 길이의 미터(m)당 평균공사 단가에 대한 증권기재 최대 보상비율을 곱한 금액을 초과하지 않는 범위 내에서 보상한다.

(2) **보상하지 않는 손해**

추가약관에도 불구하고 다음의 손해에 대해서는 보상하지 않는다.
① 연약지반에 대한 그라우팅(grouting)이나 기타 안전조치비용
② 시방서에 규정된 최저굴착선을 초과하여 굴착하였거나 그 구멍을 메우는데 소요되는 비용
③ 기대 이상으로 물이 뚜렷이 증가된 경우를 포함하여 배수와 관련된 비용
④ 배수장치의 고장으로 인한 손해
⑤ 지하수나 지표수의 배출을 위한 추가시설이나 방수장치 설치비용

아래와 같은 보험가입조건에서 보관장소를 비워두지 않았음에도 제3자에 의한 절도사고가 발생하여 도난손해를 입었는데, 도난당한 사실은 2017년 8월 7일에 발견되어 즉시 각 보험회사에 통지하였고, 경찰서 조사결과 도난사고일자는 2017년 8월 4일로 확정되었을 경우 주어진 문제에 대하여 답하시오. (10점)

(1) A보험회사의 보험약관상 면·부책 여부를 검토하고, 산출과정을 명시하여 지급보험금을 계산하시오. (5점)

(2) B보험회사의 보험약관상 면·부책 여부를 검토하고, 산출과정을 명시하여 지급보험금을 계산하시오. (5점)

[계약 및 손해사항]

구 분	A보험회사	B보험회사
보험회사	A보험회사	B보험회사
보험계약자	가나은행 강북지점	신나라 유통회사
보험종목	영문Money & Securities Policy	동산종합보험 보통약관
보험의 목적	금고내 보관하고 있는 현금 및 유가증권	창고내 보관하는 상품 (담보지역 : 전국일원)
보험기간	2016.8.5.~2017.8.5.	2016.8.5.~2017.8.5.
보험가입금액(보상한도액)	3억원	3억원
보험가액	6억원	6억원
손해액	2억원(현금)	2억원(상품)

풀 이

(1) **A보험회사의 면·부책 여부 및 지급보험금**

영문 Money & Securities Policy는 현금 및 유가증권이 절도, 강도 등의 범죄행위와 파손, 훼손, 오손 등으로 입은 손해를 보상하는 현금 및 유가증권의 종합보험이라 할 수 있다. 본 증권에서는 보험사고발생시 보험가입금액 범위 내에서 피보험자가 입은 실제손해를 보상한다. 단, 보험사고는 보험기간 중에 발생하여야 하고, 손해는 보험기간 중에 발견되어야 한다.

사례의 경우 보험사고는 보험기간 중에 발생하였으나, 손해가 발견된 것이 보험기간이 종료된 후이기 때문에 보험회사의 보상책임이 발생하지 않는다.

(2) **B보험회사의 면·부책 여부 및 지급보험금**

동산종합보험에서는 특별히 면책으로 규정되어 있지 않은 모든 손인으로 인한 목적물의 물리적 손해를 담보한다. 도난손해도 담보위험 중의 하나이므로 이를 보상하되, 도난특별면책금액 1만원을 뺀 금액을 손해액으로 한다.

지급보험금 = (2억원 − 1만원) × 3억원 / 6억원 = 99,995,000원

문제 5

생산물배상책임보험에서 결함제품의 회수, 대체비용은 담보하지 아니한다. 이러한 위험을 담보하기 위해 국내보험회사에서 판매 중인 생산물회수비용보험(Product Recall Insurance)의 담보하는 비용손해에 대하여 열거하시오. (10점)

풀 이

결함제품을 소비자에게 알리고, 그 결함제품에 대해 일제히 회수, 수리, 교환 등의 조치를 취하는 것을 Recall이라 하는데, 이때 소요되는 비용을 담보하는 보험이 생산물회수비용보험이다.

생산물회수비용보험에서 담보하는 비용손해는 다음과 같다.
① 검사비용, 회수를 위한 광고비, 홍보비
② 수리 및 대체상품 생산비
③ 회수업무로 인한 정규직원 야근수당
④ 회수물건의 폐기 및 소각비용
⑤ 회수물건 운반비용

문제 6

국문조립보험과 건설공사보험의 인수대상, 주위재산, 시운전기간, 제작자위험(Maker's Risk), 제3자 배상책임담보에 대한 주요 차이점을 비교하여 설명하시오. (10점)

풀 이

종 목	기본담보	선택담보	특약담보
조립보험	조립목적물 (공사목적물·공사가설물·조립용 공기구)	잔존물제거비용 제3자 배상책임 주위재산	제작자결함
건설공사보험	공사목적물 (본공사·공사가설물·공사재료)	잔존물제거비용 제3자 배상책임 건설용 기계·장비	설계결함 주위재산

※ 기계보험의 경우에는 잔존물제거비용에 대해 전손시에만 손해액의 일부로 인정하고, 그 외 주위재산 및 제3자 배상책임 등은 특약으로 담보하고 있다.

국문영업배상책임보험의 도급업자특별약관에 첨부할 수 있는 추가특별약관 3가지를 열거하고, 보상하는 손해에 대하여 설명하시오. (10점)

풀 이

(1) **운송위험담보 추가특별약관**

도급업자 특별약관의 보상하지 않는 손해 규정에 불구하고, 피보험자가 소유, 점유, 임차, 사용 또는 관리하는 자동차로 화물을 운송(상·하역작업 포함)하는 도중 적재된 화물로 인하여 제3자의 신체에 장해를 입히거나 재물을 망가뜨려 피보험자가 법률상 배상책임을 부담함으로써 입은 손해를 이 추가특별약관에 따라 보상한다.

(2) **폭발, 붕괴 및 지하매설물손해담보 추가특별약관**

도급업자 특별약관의 보상하지 않는 손해 규정에 불구하고, 이 추가특별약관에 따라 다음의 배상책임손해를 보상한다.

① 폭발로 생긴 재물손해에 대한 배상책임

② 토지의 내려앉음, 융기, 이동, 진동, 붕괴, 연약화 또는 토사의 유출로 생긴 토지의 공작물(기초 및 부속물 포함), 그 수용물 및 식물 또는 토지의 망가뜨림과 지하수의 증가 등으로 생긴 손해에 대한 배상책임

③ 지하매설물 자체에 입힌 물적 손해에 대한 배상책임

(3) **일부공사담보 추가특별약관**

도급업자 특별약관의 보상하지 않는 손해 규정에 불구하고, 피보험자가 수행하는 공사가 전체 공사의 일부인 경우 그 전체 공사에 참여하고 있는 모든 근로자(피보험자의 근로자는 제외)에게 입힌 신체장해에 대한 배상책임손해를 보상한다.

문제 1

○○식품은 회사소유 건물에서 XX패밀리 레스토랑을 직접 운영하고 있다. 지난 7월 21일 상기 레스토랑에서 요리사의 가스밸브 조작실수로 화재가 발생하여 건물 전체로 확산되었으며, 옆 건물까지 불이 옮겨붙어 피해를 입혔다. 아래의 조건에 따라 질문에 답하시오.

(1) 각 보험회사가 지급해야 할 보험금을 산출과정을 명시하여 계산하시오. (15점)

(2) 「실화책임에 관한 법률」에 따른 가해자의 손해배상액 경감요건에 대하여 설명하시오. (5점)

〈표 1. 보험가입사항〉

[가 보험회사]
• 국문화재보험
• 재조달가액담보 특별약관
• 화재배상담보 특별약관(보상한도액 : 대물 5억원, 자기부담금 : 1천만원)
• 보험가입금액 : 건물 40억원 / 집기비품 12억원

[나 보험회사]
• 장기화재보험
• 보험가입금액 : 건물 8억원 / 집기비품 10억원

〈표 2. 보험가액 및 손해사항 – 재조달가액 기준〉

○ 건 물
• 재조달가액 : 40억원
• 추정내용연수 : 80년
• 최종잔가율 : 20%
• 손해액 : 20억원
• 경과연수 : 50년

○ 집기비품
• 재조달가액 : 20억원
• 추정내용연수 : 10년
• 손해액 : 10억원
• 경과연수 : 5년

○ 인접건물손해 : 화재손해 5억원, 휴업손해 5억원

※ 단, 인접건물손해에 대해서는 감가상각을 적용하지 아니하며, 「실화책임에 관한 법률」에 따른 손해배상액 경감률은 30%로 가정함.

1. **각 보험회사의 지급보험금**
   (1) **담보책임 여부**

   화재보험은 목적물이 화재(벼락 포함)로 입은 직접손해, 소방손해, 피난손해를 담보하는 보험으로 위험보편의 원칙이 적용되어 화재의 원인 여하를 불문하고 화재를 인한 손해를 담보(고의사고 등 면책위험으로 인한 손해는 제외)한다.

   사안의 경우에도 피보험자의 종업원인 요리사의 실수로 인해 화재가 발생하였고, 또한 종업원도 보통약관 및 특별약관상 피보험자의 지위가 인정되므로 보험자는 보상책임을 면할 길이 없다.

   (2) **목적물별 지급보험금**
   ① **건물손해**

   가 및 나 보험회사 모두 담보하는 손해이지만, 각 보험계약의 보험금 산출방식이 서로 다르므로 독립책임액 비례분담방식에 따라 보험금을 분담한다.

   ㉠ 가 보험회사의 독립책임액

   재조달가액담보특약은 건물, 시설, 기계장치, 집기비품, 공기구에 대해 첨부할 수 있으며, 담보비율(= 보험가입금액 / 재조달가액)이 80% 이상인 경우에는 손해액 전액을 보상하고, 담보비율이 80% 미만인 경우에는 담보비율에 따라 비례보상한다.

   사안의 경우 건물은 재조달가액담보특약이 첨부되어 있고, 담보비율(= 보험가입금액 / 재조달가액)이 80% 이상이므로 손해액 전액을 보상한다. 따라서 가 보험회사의 독립책임액은 손해액인 20억원 전액이다.

   ㉡ 나 보험회사의 독립책임액

   ⓐ 수리비감가

   경년감가율 = (100% − 20%) / 80년 = 1%

   총감가율 = 1% × 50년 = 50%

   보험가액(시가기준) = 40억원 × (1 − 50%) = 20억원

   수리비(시가기준) = 20억원 × (1 − 50%) = 10억원

   → 수리비가 보험가액(시가기준)의 20% 이상인 경우에 해당하므로 수리비에 대해 감가상각을 적용한 후의 금액을 손해액으로 인정한다.

   ⓑ 독립책임액

   나 보험회사의 계약은 장기화재보험계약이므로 시가기준 손해액 및 보험가액에 80% 공동보험비율을 적용하여 독립책임액을 산출한다.

   독립책임액 = 10억원 × 8억원 / (20억원 × 80%) = 5억원

   ㉢ 보험회사별 지급보험금

   ⓐ 가 보험회사 : 20억원 × 20억원 / 25억원 = 16억원

   ⓑ 나 보험회사 : 20억원 × 5억원 / 25억원 = 4억원

② 집기비품손해
　㉠ 가 보험회사의 독립책임액
　　사안의 집기비품은 재조달가액담보특약이 첨부되어 있으나, 담보비율(= 보험가입금액 / 재조달가액)이 60%(= 12억원 / 20억원)에 불과하므로 그에 따라 비례보상한다.
　　독립책임액 = 10억원 × 12억원/20억원 = 6억원
　㉡ 나 보험회사의 독립책임액
　　ⓐ 수리비감가
　　　경년감가율 = (100% − 20%) / 10년 = 8%
　　　총감가율 = 8% × 5년 = 40%
　　　보험가액(시가기준) = 20억원 × (1 − 40%) = 12억원
　　　수리비(시가기준) = 10억원 × (1 − 40%) = 6억원
　　　→ 수리비가 보험가액(시가기준)의 20% 이상인 경우에 해당하므로 수리비에 대해 감가상각을 적용한 후의 금액을 손해액으로 인정한다.
　　ⓑ 독립책임액
　　　나 보험회사의 계약은 장기화재보험계약이므로 시가기준 손해액 및 보험가액에 80% 공동보험비율을 적용하여 독립책임액을 산출한다.
　　　독립책임액 = 6억원 × 10억원 / (12억원 × 80%) = 6억원
　㉢ 보험회사별 지급보험금
　　ⓐ 가 보험회사 : 10억원 × 6억원 / 12억원 = 5억원
　　ⓑ 나 보험회사 : 10억원 × 6억원 / 12억원 = 5억원
③ 보험회사별 지급보험금 합계
　㉠ 가 보험회사 : 16억원 + 5억원 = 21억원
　㉡ 나 보험회사 : 4억원 + 5억원 = 9억원

(3) 화재대물배상담보 특별약관의 지급보험금
동 특약은 피보험자의 화재로 인해 발생한 타인의 재물피해에 대해 피보험자가 지게 되는 법률상 배상책임손해를 보상하는 특약이다. 법률상 배상책임액은 화재손해 및 그로 인한 휴업손해를 합한 금액에서 감경비율을 공제한 금액이 된다.
법률상 배상책임액 = (화재손해 5억원 + 휴업손해 5억원) × (1 − 30%) − 1천만원 = 6.9억원

보상한도액인 5억원을 초과하므로 보상한도액 5억원 전액을 지급한다.

2. 「실화책임에 관한 법률」상의 손해배상액 감경요건
다음 각 호의 사정을 고려하여 그 손해배상액을 경감할 수 있다.
① 화재의 원인과 규모
② 피해의 대상과 정도
③ 연소 및 피해확대의 원인
④ 피해확대를 방지하기 위한 실화자의 노력
⑤ 배상의무자 및 피해자의 경제상태
⑥ 그 밖에 손해배상액을 결정할 때 고려할 사정

○○○통신은 설날 연휴기간인 2018년 1월 27일부터 1월 31일까지 5일 동안 공장을 휴업하고 전 직원 휴가를 실시하였다. 2018년 1월 30일 새벽 2시경 공장동 2층에 있는 직원휴게실에서 냉온수기 전기합선으로 추정되는 화재사고가 발생하였다. 이로 인해 건물 및 기계에 상당한 피해를 입었고 공장가동이 중단되었으나, 회사는 신속히 복구 작업에 착수하여 5개월 만에 정상매출을 회복하게 되었다. 아래의 조건에 따라 보험회사가 지급해야 할 보험금을 산출과정을 명시하여 계산하시오. (20점)

〈표 1. 보험가입사항〉

---

1. Policy Holder : ○○○Telecom Co., Ltd
2. Named Insured : ○○○Telecom Co., Ltd
3. Business Premises : 123, DaRa – dong, MaBa – gu, SaA – shi, JaCha – do, Korea
4. Policy Period : From Jan. 01, 2018 to Jan. 01, 2019. 00:01. A.M.
    Standard Time at Business Premises
5. Sum Insured
  Section I (PAR)   Building : ₩200,000,000,000
                  Machinery : ₩60,000,000,000
  Section III–1(BI)   Business Interruption following Property All Risk
                    : ₩180,000,000,000
6. Terms & Conditions
  A. General Conditions
    • Package Insurance Policy Form with Section I (PAR) & Section III–1(BI)
    • Excluding Section II (MB), Section III–2(MLOP) & Section IV(GL)
  B. Applicable to Section I (PAR)
    • Debris Removal & Cost of Clean up Extension
                    : Applied with limit of 10% of claim amount
    • Authorities Exclusion : Applied
    • Temporary Removal : Applied on the same premises only
    • Minor Works Clause : Applied with limit of ₩500,000,000 – a.o.c.
    • Capital Additions : Applied with limit of ₩100,000,000 – a.o.a.
    • Fire Fighting Expenses : Applied with limit of ₩100,000,000 – a.o.a.
    • Expediting Expenses : Applied with limit of ₩100,000,000 – a.o.a.
    • Sue & Labour : Applied
    • Public Authorities Clause : Applied
    • Architects, Surveyors & Consulting Engineers : Not Applied
    • Memo1.[Basis of Indemnification]
                    : Replacement Cost Value & Average Clause
    • Memo2.[Certified Valuation]
                    : Not Applied
    • Memo3.[Inventory/Stock Valuation & Declaration/Adjustment]
                    : Not Applied
    • Memo4.[Limit of Liability] : Up to T.S.I
    • Memo5.[Deductible] : ₩100,000,000 – e.e.l.

C. Applicable to Section Ⅲ-1(BI)
- Payments on Account : Applied
- Accumulated Stocks : Applied
- Off-Premises Power : Not Applied
- Customers/Suppliers Extension : Not Applied
- Average Clauses : Applied
- Indemnity Period : 12 Months
- Time Excess : 1 Month

〈표 2. 보험가액 및 손해사항 - 재조달가액 기준〉

○ **건 물**
- 재조달가액 : 2,000억원
- 손해액 : 500억원
- 잔존물 : 50억원

○ **기 계**
- 재조달가액 : 800억원
- 손해액
  - 화재손해 : 100억원
  - 연기손해 : 40억원
  - 소방수로 인한 수침손해 : 100억원

○ **기타손해**
- 잔존물제거 및 청소비용 : 10억원
- 사고발생 후 붕괴사고 우려로 투입된 안전진단비용 : 5천만원
- 추가손해방지를 위한 비용 : 5억원

○ **기업휴지 관련 내용**
- 공장가동 중지기간 : 5개월
- 매출액감소 경감을 위한 것으로 인정된 특별비용 : 10억원
- 사고로 감소된 고정비용 : 10억원
- 실제 매출감소액 : 월 500억원
- 연간매출액 : 8,000억원
- 영업이익률은 2017년도와 변동이 없는 것으로 가정
- 2017년도 회계자료
  - 매출액 : 6,000억원
  - 영업이익 : 1,000억원
  - 보험가입경상비 : 800억원

(1) **담보책임 여부**

패키지보험은 전위험담보방식의 증권으로 특별히 면책위험으로 규정되어 있지 않는 한 화재를 포함한 모든 손인으로 인해 부보재물에 초래된 직접적, 물리적 파손 및 멸실손해를 보상하는 보험이다. 사안의 경우에도 전기합선에 의한 화재사고로 재물에 손해를 입었으므로 재물손해는 Section Ⅰ(PAR)에서 담보하고, 재물손 해로 인한 기업휴지손해는 SectionⅢ-1(BI)에서 담보한다.

(2) **재물손해에 대한 지급보험금**

① 건물손해 지급보험금

= (손해액 − 잔존물가액) × 보험가입금액 / 재조달가액 − 공제금액

= (500억원 − 50억원) × 2,000억원 / 2,000억원 = 450억원

② 기계손해 지급보험금 = 240억원 × 600억원 / 800억원 = 180억원

③ **기타 손해 지급보험금**

㉠ 잔존물제거비용

잔존물제거비용의 보상한도액은 재물손해액의 10%이므로 재물손해액 740억원(= 건물 500억원 + 기계 240억원)의 10%인 74억원이 보상한도액이 된다.

실제 발생비용이 10억원으로 보상한도액 내이므로 전액보상한다.

㉡ 안전진단비용

약관상 전문가비용을 담보하지 않으므로 보상하지 않는다.

㉢ 추가손해방지비용

손해방지비용은 손해의 방지 또는 경감을 위하여 지출한 필요 또는 유익한 비용을 말한다. 그러나 사안의 경우 추가손해를 방지하기 위해 소요된 비용은 예방조치에 따라 소요된 비용으로 손해방지비 용으로 볼 수 없으므로 보상하지 않는다.

④ **지급보험금**

건물손해 450억원 + 기계손해 180억원 + 잔존물제거비용 10억원 − 면책금액 1억원 = 639억원

(3) **기업휴지손해에 대한 지급보험금**

① 총이익상실손해

= [(감소매출액 − 공제매출액) × 총이익률 − 지출을 면한 경상비] × 보험가입금액 / 보험가액

매출감소액 = 500억원 × (5개월 − 1개월) = 2,000억원(공제매출액 차감 후 금액)

총이익률 = (영업이익 1,000억원 + 보험가입경상비 800억원) / 6,000억원 = 30%

지출을 면한 고정비 : 10억원

총이익상실손해 = (2,000억원 × 30% − 10억원) × 1,800억원 / (8,000억원 × 30%)

= 442.5억원

② 손해경감비용 = 10억원 × 1,800억원 / (8,000억원 × 30%) = 7.5억원

③ BI 지급보험금 = 442.5억원 + 7.5억원 = 450억원

문제 3

다음 언론보도를 읽고 아래의 질문에 답하시오. (20점)

> **[사례1]**
> ① 지난 3일 오전 ○○지역의 태양광 발전시설 부지 내에서 산사태가 발생하면서 부서진 태양광 패널과 나무가 흙더미에 뒤섞여 널브러지는 등 잔해 200여톤이 왕복 2차선 국도 및 인접 가옥을 덮쳤다.
> ② ○○지역 관계자는 "국도를 전면 통제할 수도 없고 한쪽 차선만 차단한데다 쏟아진 토사를 한꺼번에 퍼내면 또다시 무너질까 걱정이 돼 조심스럽게 작업을 하고 있다"고 말했다. 이에 따라 복구작업은 상당히 지연될 예정이다.
>
> **[사례2]**
> 태양광이나 풍력발전소에서 전기를 생산하면 에너지 저장시설인 ESS(Energy Storage System)에 일단 저장을 했다가 쓰게 되는데요, 신재생 발전소의 핵심시설 중 하나인 ESS(Energy Storage System) 설비들이 불에 타는 사고가 최근 잇따르고 있습니다. 최근 석달새 5건의 화재가 발생했는데 원인조차 몰라 대형사고로 이어질 수 있다는 불안감이 커지고 있습니다.

(1) 기관기계종합보험(Comprehensive Machinery Insurance)의 특징을 약술하고, 부문별로 보상하는 손해를 설명하시오. (10점)

(2) 위 사고로 인한 손해(재물손해, 배상책임손해, 기업휴지손해)에 대하여 각 사례별로 기관기계종합보험(Comprehensive Machinery Insurance)과 패키지보험(Korea Package Insurance)을 비교하여 약관상 담보 여부를 설명하시오. (10점)

풀이

1. **기관기계종합보험(CMI)의 특징 및 부문별 보상하는 손해**

   (1) **기관기계종합보험의 특징**

   우연한 사고로 기계, 건물 등에 발생한 물리적 손해(재물손해)나 손실의 직접적인 결과로 사업이 중단되어 발생하는 손해(기업휴지손해)를 담보하며, 포괄위험담보방식의 증권으로 특별히 면책사항으로 규정되어 있지 않는 한 화재, 폭발, 도난, 기계파손 등의 위험을 포괄적으로 담보한다. 패키지보험과 마찬가지로 재조달가액을 기준으로 보험가입 및 보상이 이루어진다.

   (2) **부분별 보상하는 손해**

   ① Section Ⅰ (재물손해부문)

   보험기간 동안 피보험자의 구내에서 발생하는 피보험목적물의 수리, 교체 등 피보험목적물에 우연하게 발생한 물리적 손해나 손실을 보상한다. 또한 추가재산, 특별비용, 전문가용역비용, 잔존물제거비용 등에 대해서도 확장담보에 가입금액을 설정하면 담보받을 수 있다.

② Section Ⅱ(기업휴지손해부문)

재물손해부문에서 담보되는 사고로 영업이 중단되거나 방해된 결과로 발생한 매출의 감소, 작업비용의 증가에 따른 총이익상실에 대해 보상한다. 기업휴지손해는 최대 보상기간 내에서 보험가입금액을 한도로 보상된다.

※ 기관기계종합보험의 주요 면책사항
- 전쟁 및 유사위험, 핵위험
- 고의적 행위
- 건설 중인 재산
- 시험운행을 마치지 않은 기계
- 테스트, 수리, 청소, 성능향상, 변경 중 발생한 손해
- 점진적 부식이나 침식 등

2. 재물손해, 배상책임손해, 기업휴지손해에 대하여 각 사례별 기관기계종합보험(CMI)과 패키지보험(Korea Package Insurance)의 약관상 담보 여부 비교

(1) 재물손해

① 산사태

기관기계종합보험에서는 국문기계보험과는 달리 산사태로 인한 손해에 관한 면책사항이 없으므로 보상하며, 패키지보험에서는 자연재해에 기인하지 않은 단순한 산사태(landslip)에 대해서는 보상하지 않는다.

② 화재사고

기관기계종합보험 및 패키지보험 모두 화재로 인한 재물손해에 대해 보상한다.

(2) 배상책임손해

① 산사태

기관기계종합보험에서는 배상책임손해에 대해 보상을 받으려면 별도로 제3자 배상책임보험(TPL)에 가입하여야 하며, 패키지보험에서는 단순한 산사태로 인한 경우를 제외하고는 SectionⅣ(배상책임담보부문)에서 보상한다.

② 화재사고

기관기계종합보험에서는 배상책임손해에 대해 보상을 받으려면 별도로 제3자 배상책임보험(TPL)에 가입하여야 하며, 패키지보험에서는 SectionⅣ에서 보상한다.

(3) 기업휴지손해

① 산사태

기관기계종합보험은 SectionⅡ(기업휴지담보부문)에서, 패키지보험은 SectionⅢ(기업휴지담보부문)에서 보상한다. 다만, 패키지보험에서는 단순한 산사태의 경우와 같이 재물손해가 담보되지 않는 사고의 경우 기업휴지손해도 보상하지 않는다.

② 화재사고

기관기계종합보험은 SectionⅡ에서 패키지보험은 SectionⅢ에서 화재로 인한 기업휴지손해를 보상한다.

손해보험협회 발간 보험가액 및 손해액의 평가기준에서 영업용 집기비품의 평가 중 "중고구입 집기비품의 평가방법"에 대하여 설명하시오. (10점)

풀이

중고구입 집기비품의 평가방법

(1) **제작년도를 알 수 있는 경우**
당해 집기비품의 신품 재조달가액에 경과기간을 적용하여 보험가액을 산정한다.

(2) **제작년도를 알 수 없을 경우**
집기비품의 상태에 따라 신품 재조달가액의 30% ～ 50% 범위 내에서 보험가액을 산정한다.

(3) **중고품가격이 신품 재조달가액보다 비싼 경우**
신품 재조달가액을 기준으로 보험가액을 산정한다.

(4) **중고품가격이 신품 재조달가액을 감가상각한 것보다 낮을 경우**
시중중고가격을 기준으로 보험가액을 산정한다.

(5) **신품구입기계인 경우**
신품구입기계인 경우에도 신품 재조달가액을 감가상각한 가액이 시중중고가격과 현저한 차이가 있을 때에는 시중중고가격을 기준으로 보험가액을 평가할 수 있다.

국문영업배상책임보험 보통약관에서 피보험자가 피해자에게 지급할 책임을 지는 법률상의 손해배상금 외에 계약자 또는 피보험자가 지출한 비용 중 "추가로 지급하는 비용" 5가지와 지급한도(보상한도액과의 관계)에 대하여 각각 설명하시오. (10점)

풀이

국문영업배상책임보험에서 보상하는 비용손해

(1) **손해방지비용**

보험계약자와 피보험자는 보험사고발생시 손해의 방지와 경감을 위하여 노력하여야 하며, 보험자는 이를 위하여 피보험자가 지출한 비용을 보상한도액을 초과하더라도 지급하여야 한다. 다만, 피보험자에게 배상책임이 없는 것으로 판정되는 경우에도 응급처치비용, 긴급호송이나 조치비용 또는 미리 보험자의 승인을 받아 지출한 비용에 대해서는 보상한다.

(2) **권리보전비용(대위권보전비용)**

보험계약자나 피보험자는 그 보험사고와 관련하여 제3자로부터 손해배상을 받을 수 있는 경우 그 권리의 보전이나 행사에 필요한 조치를 취하여야 할 의무가 있으며, 보험자는 피보험자가 이를 위하여 지출한 필요 타당한 비용을 보상하여야 한다. 국문약관에서는 보상한도액 내에서 보상하며, 영문약관에서는 전액 보상한다.

(3) **방어비용**

피보험자가 지출한 소송비용, 변호사비용, 중재, 화해 또는 조정에 관한 비용을 말하며, 인지대, 변호사비용은 증권상의 보상한도액에 해당하는 금액에 대한 비용만 보상한다. 단, 반드시 사전에 보험자의 동의를 얻어야 한다. 국문약관에서는 보상한도액 내에서 보상하며, 영문약관에서는 전액보상한다.

(4) **공탁보증보험료**

피보험자가 가집행정지나 압류해제를 위하여 공탁보증보험을 체결하는 경우 그에 소요되는 보증보험료를 보험자가 보상한다. 보증보험회사에 제공하는 보증금액에 대한 인적 또는 물적 담보에 대한 책임을 부담하는 것은 아니며, 보상한도액 내의 공탁보증보험금액에 대한 보험료만 부담하는 것이다.

(5) **피보험자의 협력비용**

사고처리와 관련하여 보험자의 요구에 따라 피보험자가 협력하기 위하여 지출한 비용이나 일당 등을 보상하며, 보상한도액을 초과하더라도 전액보상한다.

제조물 대부분이 고도의 기술을 바탕으로 제조되고, 이에 관한 정보가 제조업자에게 편재되어 있어서 피해자의 제조물의 결함 여부 등을 과학적, 기술적으로 입증한다는 것은 지극히 어려운 현실이다. 대법원도 이를 고려하여 소비자의 입증책임을 완화하는 것이 손해의 공평, 타당한 부담을 원리로 하는 손해배상제도의 이상에 맞는다고 판시한 바 있다. 이에 대법원 판례의 취지를 반영하여 제조물책임법을 개정하였다.

현재 시행되고 있는 제조물책임법[법률 제14764호, 2017.4.18. 일부개정]에서 규정하고 있는 "피해자의 입증책임"과 "제조업자의 면책사유"에 대하여 설명하시오. (10점)

풀 이

(1) **피해자의 입증책임**

입증책임이란 소송상 어떤 사실의 존재가 불분명한 경우에 그 사실을 증명하는 의무를 말하는 것으로 피해자, 즉, 소비자는 아래의 사항에 대한 입증책임을 부담한다.

① 제품에 결함이 존재한다는 사실

② 그 결함으로 말미암아 손해가 발생하였다는 사실

③ 그 결함과 손해 사이에 인과관계가 존재한다는 사실

(2) **제조업자의 면책사유**

① 제조업자가 해당 제조물을 공급하지 아니하였다는 사실

② 제조업자가 해당 제조물을 공급한 당시의 과학기술수준으로는 결함의 존재를 발견할 수 없었다는 사실

③ 제조물의 결함이 제조업자가 해당 제조물을 공급한 당시의 법령에서 정하는 기준을 준수함으로써 발생하였다는 사실

④ 원재료나 부품제조자의 경우 완성품제조자의 설계 또는 제작 지시를 준수함으로써 발생하였다는 사실

⑤ 명백한 위험, 제조물 사용자의 오용 또는 남용, 판매 후 제조물의 개조나 변경, 정부가 공급한 사실

※ **면책제한과 제품공급업자의 책임**

제품 공급 후 당해 제품에 결함이 존재한다는 사실을 알거나 알 수 있었음에도 불구하고 그 결함에 의한 손해발생을 방지하기 위한 적절한 조치(리콜 등)를 취하지 아니한 때에는 상기 ①항부터 ④항까지의 면책을 주장할 수 없다.

다음 신문기사를 읽고 아래의 질문에 답하시오.

> 2017년 ○○은행 지점장이었던 A씨는 외부인과 공모해 ○○은행의 지급보증서를 위조했다. 총 4회에 걸쳐 위조된 지급보증서로 A씨의 공모인들은 유류공급업체인 XX화학으로부터 600억원 상당의 유류를 공급받고, 유류대금을 지급하지 않았다가 덜미를 잡혔다.
>
> 이에 XX화학은 ○○은행에 미지급 유류대금 청구소송을 제기했고, 1심 판결에 따라 ○○은행은 미지급 유류대금의 70%인 420억원을 XX화학에 지급했다.
>
> 내부자 공모 금융사고로 420억원의 손실을 본 ○○은행은 가입된 '금융기관종합보험'을 근거로 손해보험회사에 300억원의 보험금을 청구했다.

금융기관종합보험(Lloyd's Banker's Policy, KFA 1981 Form)의 보상하는 손해를 설명하고, 위 사례의 사고로 인한 손해에 대하여 면·부책 여부를 약술하시오. (10점)

풀 이

사례는 피보험은행의 지급보증서가 은행직원에 의해 위조되어 제출되었고, 이를 신뢰한 유류공급업체에서는 600억원 상당의 유류를 공급하였다가 대금을 변제받지 못하자 지급보증서를 발급한 은행에 대해 대위변제를 요청하였다는 것이다.

이 사례는 은행 스스로 허위지급보증서의 발급에 직접 공모한 것은 아니므로 위조한 문서 자체에 대해서는 은행의 책임을 물을 수는 없다. 그러나 은행은 지급보증서를 위조한 직원의 사용자입장에서의 책임인, 제3자에 대한 배상책임을 면할 수 없을 것으로 판단된다.

금융기관종합보험은 피보험금융기관 고유의 재산손해에 대해 담보를 제공하는 보험으로 제3자에 대한 배상책임손해는 담보하지 않는다. 따라서 사례의 경우에도 직원이 지급보증서를 위조함으로써 발생한 손해는 피보험은행에 발생한 고유의 재산손해가 아니므로 금융기관종합보험에서는 담보하지 않는다.

문제 1

2019년 3월 20일 공장 구내에서 작업자가 CNC 기계에 X.Y.Z 값을 착오 입력하여 가공작업 중 스핀들이 작업물과 접촉되어 화재사고가 발생하였다. 아래 〈표 1〉, 〈표 2〉, 〈표 3〉과 같은 조건하에서 주어진 문제에 답하시오.

〈표 1. 보험가입사항〉

[A보험회사]
① 보험종목 : 국문화재보험 보통약관
  • 전기위험 특별약관
  • 구내폭발위험 특별약관
② 계 약 자 : ㈜○○정밀
  • 보험기간 : 2018년 8월 15일 ~ 2019년 8월 14일
  • 가입금액 : 기계 1억원(소재지내 기계일체)

[B보험회사]
① 보험종목 : 국문동산종합보험 보통약관
  • 전기적 사고 특별약관
  • 기계적 사고 특별약관
  • 리스(임대)회사 임대물건 특별약관
② 계 약 자 : (주)□□캐피탈
③ 보험기간 : 2019년 1월 5일 ~ 2020년 1월 4일
④ 가입금액 : 리스기계 1대 2천만원

〈표 2. 보험가액 및 손해액〉

공장 내 총 5대의 기계(리스기계 1대 포함)가 있었으며, 모두 화재손해를 입었다.
① 기계 5대(리스기계 1대 포함) : 보험가액 2억원
② 리스기계 : 보험가액 5천만원, 손해액 4천만원

〈표 3. 기타사항〉

① 리스계약일 : 2019년 1월 5일
② 최초 규정손실금 : 2천만원
③ 납입회차 : 규정손실금 3차 – 2019년 3월 5일 1천 6백만원
　　　　　　　　　　　　4차 – 2019년 4월 5일 1천 4백만원

(1) 위 사례에서 A보험회사는 (주)○○정밀이 2019년 1월 5일 신규로 도입한 리스기계의 담보 여부에 대하여 상법조항을 근거로 약술하시오. (5점)

(2) 리스기계에 대한 A, B보험회사의 지급보험금을 산출과정을 명시하여 계산하시오. (10점)

(3) 보상 후 A, B보험회사의 대위권 행사 여부에 대하여 약관규정에 근거하여 판단하시오. (5점)

풀 이

(1) A보험회사의 (주)○○정밀이 2019년 1월 5일 신규로 도입한 리스기계의 담보 여부

보험의 목적물은 보험계약 당시에 그 존재가 확인되고 보험가입금이 설정되어 있어야 담보되는 것이 원칙이다. 다만, 집합된 물건을 일괄하여 보험의 목적으로 한 때에는 그 목적에 속한 물건이 보험기간 중에 수시로 교체된 경우에도 보험사고 발생시에 현장에 존재했던 물건은 보험의 목적에 포함된 것으로 본다(상법 제687조).

사례의 경우, A보험회사의 보험가입내역을 보면 기계에 대해 가입금액(1억원)이 설정되어 있으면서 담보범위를 소재지 내 기계일체라고 하고 있는 것으로 보아 (주)○○정밀이 A보험회사와 체결한 계약은 집합보험으로 판단된다. 따라서 리스기계에 대해서도 A보험회사는 담보하여야 할 것으로 보이며, B보험회사와는 중복보험의 법리에 따라 보험금을 분담하게 될 것이다.

(2) 리스기계에 대한 A, B보험회사의 지급보험금

① 담보책임 여부

사안의 경우는, 제품의 가공작업 중 스핀들이 작업물과 접촉된 결과로 인한 화재사고로 기계에 화재손해가 발생한 경우이다. 화재보험은 위험보편의 원칙에 의거 화재사고의 원인 여하를 불문하고 보험의 목적에 화재가 발생하게 되면 그 손해를 담보하는 보험이므로 특별히 면책사유가 존재하지 않는 한 A, B보험회사 모두 담보책임을 져야 한다.

② 지급보험금

㉠ A보험회사의 독립책임액

ⓐ 보험가입금액의 안분

1억원 × 5,000만원 / 2억원 = 2,500만원

ⓑ 독립책임액

4,000만원 × 2,500만원 / 5,000만원 = 2,000만원

ⓛ B보험회사의 독립책임액
　ⓐ 규정손실금
　　규정손실금이 3월 5일에는 1,600만원이고, 4월 5일에는 1,400만원이므로, 사고 당시(3월 20일)에는 1,500만원으로 추정된다.
　ⓑ 독립책임액
　　B보험회사의 계약은 규정손실금액을 보험가액과 보험가입금액으로 하여 체결한 보험계약이므로 리스물건특약의 약관규정에 따라 손해액을 규정손실금액 범위 내에서 실손보상하면 된다. 따라서 독립책임액은 사고 당시의 규정손실금인 1,500만원이다.
ⓒ 지급보험금
　A, B 두 보험회사의 독립책임액 합계액 3,500만원(= 2,000만원 + 1,500만원)이 손해액인 4,000만원보다 적으므로 A보험회사는 2,000만원을, B보험회사는 1,500만원을 각각 지급하면 된다.

(3) 보상 후 A, B보험회사의 대위권 행사 여부
　① 국문화재보험
　　화재보험에서는 피보험회사의 근로자도 피보험자로서의 지위가 인정된다. 사례의 경우도 직원의 업무수행 중 발생한 사고이고, 고의 또는 중대한 과실에 의한 사고로 볼 수 없으므로 A보험회사의 직원에 대한 구상권은 발생하지 않는다.
　② 동산종합보험 리스물건특약
　　리스물건특약에서도 리스물건의 임차인, 그의 대리인 또는 그의 사용인(직원)의 과실로 해당 물건에 손해가 발생하였더라도 화재보험과 마찬가지로 고의 또는 중대한 과실에 의한 사고가 아닌 한 구상권은 발생하지 않는다.

문제 2

2019년 5월 5일 ○○산업단지 내 (주)□□화학은 인접 제지공장에서 작업 중 발생된 화재사고로 연소피해를 입었다.

아래 〈표 1〉, 〈표 2〉와 같은 조건하에서 목적물별, 담보비용별로 산출과정을 명시하여 지급보험금을 계산하시오. (20점)

〈표 1. 보험가입사항〉

① 보험종목 : 국문화재보험 보통약관
- 도난위험 특별약관(자기부담금 : 사고당 10만원)
- 구내폭발위험 특별약관
② 계 약 자 : (주)□□화학
③ 보험기간 : 2019년 1월 1일 ~ 2019년 12월 31일
④ 가입금액 : 건물 4억원, 재고자산 4억원

〈표 2. 보험가액 및 손해액〉

[보험가액]
① 건물 : 5억원(시가기준)
② 재고자산 : 5억원

[손해액]
① 건 물
- 건물화재손해액 : 5억원(시가기준)
- 잔존물제거비용 : 청소비용 1천만원, 차에 싣는 비용(상차비용) 2천만원, 폐기물처리비용 2천만원
- 손해방지비용 : 5백만원
- 대위권보전비용 : 5백만원
- 기타협력비용 : 3백만원
- 잔존물보존비용 : 2백만원
- 잔존물가액 : 2천만원(보험금 지급 전 제3자에게 매각하여 (주)□□화학으로 전액 입금됨)
② 재고자산
- 재고자산 화재손해액 : 2억원
- 화재발생시 도난손해액 : 1천만원

(1) **목적물별 지급보험금**

인접건물에 발생한 화재사고로 보험목적에 생긴 연소피해는 화재보험에서 보상하는 손해이다. 다만, 폐기물 처리비용 및 화재발생 중 생긴 도난손해는 보상하지 않는다.

① 건물 지급보험금 = (손해액 − 잔존물가액) × 보험가입금액 / 보험가액

$$= (5억원 − 2천만원) × 4억원 / 5억원 = 3억 8,400만원$$

※ 공장물건이므로 80% Co − ins.는 적용하지 않는다.

② 재고자산 지급보험금 = 2억원 × 4억원 / 5억원 = 1억 6,000만원

※ 화재발생 중 도난손해(1천만원)는 보상하지 않는다.

(2) **담보비용별 지급보험금**

① **잔존물제거비용**

잔존물제거비용은 청소비용 및 상차비용까지만 보상하고, 폐기물처리비용은 보상하지 않는다. 또한 잔존 물은 건물로부터 나온 것이므로 건물손해액의 10%를 한도로 건물보험금 계산식을 적용하여 계산한다. 목적물손해에 대한 보험금과 합하여 보험가입금액을 초과할 수 없으며, 일부보험의 경우 비용손해도 비 례보상한다.

보상한도액 : (5억원 − 2천만원) × 10% = 4,800만원

비용손해보험금 = 3천만원 × 4억원/5억원 = 2,400만원

목적물손해보험금 3억 8,400만원 + 비용손해보험금 2,400만원 = 4억 800만원

보험가입금액이 4억원이므로 비용손해 중 1,600만원만 지급한다.

② **손해방지비용 등**

손해방지비용, 대위권보전비용 및 잔존물보존비용은 보험가입금액을 초과하더라도 보상하지만, 보험목 적물이 일부보험인 경우에는 비례보상한다.

지급보험금 = (5백만원 + 5백만원 + 2백만원) × 4억원 / 5억원 = 960만원

③ **기타 협력비용**

기타 협력비용은 보험가입금액을 초과하더라도 전액 실손보상한다.

지급보험금 = 3백만원

2019년 5월 1일 △△빌딩 신축공사를 도급받은 ○○건설(주)의 소방하도급업체 XX설비(주)의 근로자가 용접작업 중 부주의로 용접불티가 지하로 튀면서 적재된 단열재에 옮겨 붙어 화재가 발생하였다. 이로 인해 건축 중인 공사목적물이 소손되고 소방수에 의해 지하기계실이 침수되었다.

아래 〈표 1〉, 〈표 2〉와 같은 조건하에서 주어진 문제에 답하시오.

〈표 1. 보험가입사항〉

① 독일식 건설공사보험
  • 방화시설에 대한 추가약관
  • 특별비용담보 특별약관(보상한도액 1억원 / 사고당)
② 계 약 자 : ○○건설(주)
③ 피보험자 : ○○건설(주), 기타 공사이해관계자
④ 담보위험 : △△빌딩 신축공사
⑤ 보험기간 : 2018년 1월 1일 ~ 2019년 10월 30일
⑥ Section1(물적 손해)
  • 가입금액 : 400억원
  • 자기부담금 : 자연재해 3천만원 / 사고당
              기타 1천만원 / 사고당
⑦ Section2(제3자 배상책임)
  • 보상한도액 : 3억원 / 사고당
  • 자기부담금 : 1천만원 / 사고당(단, 대물손해에 한함)

〈표 2. 완성가액 및 손해액〉

[완성가액]
① 최초 도급계약서(2018년 1월 1일) : 400억원
② 변경 도급계약서(2018년 10월 15일) : 500억원

[손해내역]
① 복구비용 : 12억원
② 시간외수당 및 휴일수당 : 7천만원
③ 기계부품의 신속한 수급을 위해 소요된 항공비용 : 2천만원
④ 잔존물가액 : 1천만원
⑤ 화재로 인한 인접건물 연소피해 복구비용 : 2억원
※ 단, 「실화책임에 관한 법률」에 따른 손해배상의무자의 책임경감비율은 30%로 가정

(1) 면·부책 판단을 위한 "방화설비에 대한 추가약관"에 대하여 설명하시오. (10점)

(2) 해당 추가약관상 제반조건이 모두 충족되었다는 가정하에 지급보험금을 담보별(Section1, Section2)로 구분하고 산출과정을 명시하여 계산하시오. (10점)

풀이

(1) **방화설비에 대한 추가약관(방화시설에 관한 추가약관)**

조립공사 또는 건설공사 현장에서 다음과 같은 방화조치가 취해진 것을 전제조건으로 화재사고에 따른 손해를 보상한다는 내용의 약관이다.

① 건설현장에 충분한 방화설비 및 소방기구가 비치되어 있을 것

② 종업원들이 충분한 소방훈련을 받았고, 사고 즉시 동원이 가능할 것

③ 각 보관단위당 20m 이상의 공지거리를 확보할 것

④ 가연성 물질을 다룰 때에는 능숙한 사람이 1명 이상 대기할 것

⑤ 시운전 시작 전 모든 소화시설이 설치되고 즉시 가동상태를 유지할 것

(2) **담보별(Section1, Section2) 지급보험금**

사례의 경우, 하도급업체 근로자의 용접작업 중의 부주의로 발생한 화재사고이고, 이는 건설공사보험에서 기본적으로 담보하는 위험이다. 다만, 방화설비에 대한 추가약관이 첨부되어 있으므로 동 추가약관에서 요구하는 전제조건이 모두 갖추어져 있는지를 확인하고 담보 여부를 판단하여야 하나, 지문에 조건충족 여부가 표시되어 있지 않으므로 조건이 충족된 것으로 가정한다.

① **Section1(물적 손해) 지급보험금**

㉠ 공사목적물손해에 대한 보험금

최초 도급계약서가 보험기간 중에 변경되어 완성가액이 400억원에서 500억원으로 증액되었고, 보험가입금액은 변경되지 않았으므로 일부보험 상태가 되었다.

따라서 Section1(물적 손해)에서 보상하는 모든 보험금을 비례보상한다.

공사목적물손해 보험금

= (손해액 − 잔존물가액) × 보험가입금액 / 완성가액 − 공제금액

= (12억원 − 1천만원) × 400억원 / 500억원 − 1천만원 = 9억 4,200만원

㉡ 특별비용손해 보험금

= 시간외수당 및 휴일수당 × 보험가입금액 / 완성가액

= 7천만원 × 400억원 / 500억원 = 5,600만원

㉢ 항공비용

사례의 경우 항공운임담보 특별약관이 첨부되어 있지 않으므로 기계부품의 신속한 수급을 위해 소요된 항공비용 2천만원을 보상하지 않는다.

㉣ 지급보험금 합계액 = 9억 4,200만원 + 5,600만원 = 9억 9,800만원

② **Section2(제3자 배상책임) 지급보험금**

실화책임에 관한 법률에 따른 손해배상의무자의 책임경감비율이 30%이므로 인접건물 연소피해 복구비용에 대한 70% 해당 금액에서 자기부담금을 공제하고 지급한다.

지급보험금 = 2억원 × (1 − 30%) − 1천만원 = 1억 3,000만원

간접기업휴지보험(Contingency Business Interruption)에 대해 약술하시오. (10점)

풀이

간접기업휴지보험(Contingency Business Interruption)

(1) 의 의

일반 기업휴지손해보험은 피보험자의 구내에서 발생한 보험사고로 발생한 재산손실에 의해 입게 되는 직접적인 이익상실 및 경상비를 담보한다. 한편, 기업은 그들이 의존하는 다른 기업의 재산손해로 인하여 간접적으로 이익상실 및 경상비손해를 입을 수도 있는데, 이때 발생하는 간접손해를 담보하는 보험을 간접기업휴지보험이라고 한다.

(2) 간접기업휴지보험의 유형

① Supplier/Customer Extension

사업상 의존관계에 있는 다른 업체에 재물사고가 발생하여 이로 인해 해당 회사의 생산 내지는 매출에 지장이 초래됨으로써 입게 되는 경제적 손실을 보상한다.

② Utility Failure/Service Interruption

생산활동에 필요한 동력, 가스, 용수, 증기 등을 공급하는 업체에 어떤 사고가 발생하여 이를 공급받지 못하게 됨으로써 입게 되는 기업휴지손해를 보상한다.

③ Denial Access/Ingress, Egress

피보험자의 인근 재물에 발생한 사고로 인해 피보험자의 구내에 접근이 차단되거나 통제됨으로써 입게 되는 기업휴지손해를 보상한다.

④ Loss of Attraction

피보험자의 인근지역에 발생한 재물사고로 인해 해당 지역의 방문이 감소하게 됨에 따라 피보험자가 입게 되는 사업손실을 보상한다. 예를 들면 유명관광지가 대형재난 등으로 인해 황폐화되거나 관광지로서의 가치를 상실하게 됨에 따라 인근 호텔, 상점 등이 고객을 잃게 됨으로써 발생하는 손해 등을 보상한다.

(3) 손해의 보상

보험기간 중 휴업손실이 발생하는 경우 보험기간의 만료일에 관계없이 영업이 휴지된 때로부터 사고업체의 재산이 지체 없이 복구될 때까지 기업휴지로 인하여 피보험자가 실제로 입은 손해를 보상한다. 보험자는 보험의 목적이 손해를 입은 직후 12개월 동안 손해가 없었더라면 얻을 수 있었을 추정총수익(보험가액)에 증권에 기재된 약정가입비율을 곱하여 얻어진 금액에 대한 보험가입금액의 비율로 지급보험금을 산정한다.

영문영업배상책임보험(Commercial General Liability Insurance)약관에서 "Other Insurance Clause"에 대해 약술하시오. (10점)

풀 이

Other Insurance Clause

(1) 의 의

타보험조항(Other Insurance Clause)이란 피보험자가 이 보험계약에서 보상받을 수 있는 손해에 대해 보상받을 수 있는 다른 보험계약이 있는 경우 이 보험계약과 다른 보험계약과의 보험금분담에 관한 내용을 정한 약관조항이다.

(2) 분담방법

이 약관조항에 따라 이 보험계약과 다른 보험계약의 지급보험금의 합계액이 손해액을 초과하는 경우 양 계약간에 손해액을 분담하여야 하는 바, 분담방식에 관하여 다른 보험계약이 균등액 분담방식(Contribution by Equal Share)인 경우에는 이에 따르고, 그렇지 않은 경우에는 보상한도액 비례분담방식(Contribution by Limits)에 의해 보험금을 분담한다.

갑(甲)의 자녀인 초등학교 2학년 정(丁)은 송파구 잠실동 무지개아파트 707호에 살고 있다. 사고일 아침 정(丁)은 주방 수도꼭지를 잠그지 않은 채 아버지 갑(甲)과 함께 부산 여행을 떠났다. 다음날 607호 거주자가 위층에서 물이 아래층으로 떨어지는 것을 확인하고 경비실에 신고하였다. 경비실은 갑(甲)과 연락이 되지 않아서 현관문을 부수고서야 수도꼭지를 잠글 수 있었다.

아래 〈표 1〉, 〈표 2〉와 같은 조건하에서 주어진 문제에 답하시오.

〈표 1. 보험가입사항〉

보험회사	A	B	C
보험종목(특약)	가족일상생활 배상책임	가족일상생활 배상책임	일상생활배상책임
담보소재지	송파구 잠실동 무지개(아) 707호	강북구 미아동 진달래(아) 101호	송파구 잠실동 무지개(아) 707호
주택소유자	갑(甲)	갑(甲)	갑(甲)
계약자/피보험자	갑(甲)	을(乙)(정의 모(母))	병(丙)(갑의 제(弟))
공제금액	20만원	20만원	10만원

〈표 2. 손해내역〉

- 707호 손해 : 싱크대 60만원, 부엌바닥 120만원, 현관문 50만원
- 607호 손해 : 천정 및 거실 벽 도배비용 300만원

(1) 가족일상생활배상책임특약에서 피보험자의 범위에 대하여 약술하시오. (5점)

(2) 각 보험회사(A, B, C)의 면·부책 여부 및 사유, 지급보험금을 계산하시오. (5점)

풀 이

(1) **가족일상생활배상책임특약에서 피보험자의 범위**
 ① **보상하는 손해**
  ㉠ 보상하는 사고
   보험기간 중에 아래에 열거한 사고로 법률상의 배상책임을 부담함으로써 피보험자가 입은 손해를 보상한다.
   ⓐ 피보험자가 살고 있는 보험증권에 기재된 주택 또는 주택의 소유자인 피보험자가 주거를 허락한 자가 살고 있는 보험증권에 기재된 주택의 소유, 사용 또는 관리에 기인하는 우연한 사고
   ⓑ 피보험자의 일상생활(주택 이외의 부동산의 소유, 사용 또는 관리는 제외)에 기인하는 우연한 사고

ㄴ 변경된 주택을 통보한 경우

피보험자의 주거 이동 또는 주택에 대한 소유변동 등으로 보험증권에 기재된 주택이 변경되어야 하는 경우에는 보험회사에 지체 없이 통보하여야 한다. 이 경우에는 통보된 주택의 사고에 대하여 보험회사가 보상책임을 부담한다.

ㄷ 변경된 주택을 통보하지 않은 경우

보험증권에 기재된 주택을 제외하고 피보험자가 소유, 사용 또는 관리하는 부동산으로 인한 배상책임은 보상하지 않는 손해임에도 불구하고, 변경된 주택을 통보하지 않아 보험증권상 기재된 주택과 실제 거주 또는 소유하게 된 주택이 다르게 된 경우에는, 피보험자가 보험증권에 기재된 주택에 거주 및 소유하지 않은 사실이 확인되고, 변경된 주택의 사용용도 등이 달라져 그 위험이 현저하게 증가하고 그로 인한 배상책임이 발생한 사고가 아닌 경우에는 변경된 주택으로 인한 사고를 보상한다.

② **피보험자의 범위**

ㄱ 기명피보험자

ㄴ 기명피보험자의 배우자(가족관계등록부 또는 주민등록상에 기재된 배우자)

ㄷ 기명피보험자 또는 배우자와 생계를 같이 하고, 보험증권에 기재된 주택의 주민등록상 동거 중인 동거 친족(민법 제777조)

ㄹ 기명피보험자 또는 배우자와 생계를 같이 하는 별거 중인 미혼 자녀

(2) **각 보험회사(A, B, C)의 면·부책 여부 및 사유, 지급보험금**

① **계약별 담보책임**

ㄱ A보험회사의 가족일상생활배상책임보험

사고 장소가 보험계약상 담보주택과 일치하고 실제 피보험자가 생활하던 곳이므로 해당 주택으로 말미암아 발생한 타인의 손해에 대해 소유자인 갑(甲)은 배상책임을 부담한다. 한편, 갑(甲)의 자녀 정(丁)은 수도꼭지를 잠그지 않은 본인이지만, 만 12세 미만의 미성년자로 책임능력이 없으므로 법정 감독의무자인 정(丁)의 부(父)가 배상책임을 부담한다(민법 제755조). 이 보험에서는 이들 모두 피보험자에 해당한다.

ㄴ B보험회사의 가족일상생활배상책임보험

사고 장소도 아니고 A보험회사의 보험계약상 담보주택 이외의 부동산의 소유, 사용 또는 관리에 기인하는 배상책임은 보상하지 않는다.

ㄷ C보험회사의 일상생활배상책임보험

보험계약상 담보주택이 맞고 실제 사고가 발생한 장소이긴 하나, 계약자/피보험자가 갑(甲)의 동생인 병(丙)으로 되어 있으므로 병(丙)의 입장에서 보면 갑(甲)과 정(丁)은 동거 친족에 해당한다. 따라서 이들은 일상생활배상책임보험에서 보면 피보험자에 해당하지 않으므로 이 보험에서는 배상책임이 발생하지 않는다.

② **지급보험금**

ㄱ 607호에 대한 지급보험금

합리적인 복구비용에 대해 공제금액을 뺀 금액을 보상한도액 내에서 지급한다.

지급보험금 = 300만원 - 20만원 = 280만원

ㄴ 707호에 대한 보험금

피보험자 본인의 재물손해는 보상하지 않는다. 따라서 피보험자가 입은 싱크대(60만원), 부엌바닥(120만원) 및 현관문(50만원) 손해는 보상하지 않는다.

"정보통신망 이용촉진 및 정보보호 등에 관한 법률 및 시행령"에 따라 정보통신서비스 제공자 등은 정보 유출에 따른 손해배상을 담보하는 보험 또는 공제에 가입하거나 준비금을 적립하도록 의무화 되었다 (2019년 6월).

위 법률 및 시행령에 따른 의무가입대상자와 개인정보보호 배상책임보험의 주요 보상하는 손해에 대하여 약술하시오. (10점)

풀 이

(1) 의무가입대상자

정보통신망 이용촉진 및 정보보호 등에 관한 법률 및 시행령에 따라 보험 또는 공제에 가입하거나 준비금을 적립해야 하는 의무대상자는 직전 사업연도의 매출액이 50,000,000원 이상이고, 전년도 말 기준 직전 3개월 간 그 개인정보가 저장·관리되고 있는 일일평균 이용자수가 1,000명 이상인 정보통신서비스 제공자 등이다.

(2) 개인정보보호 배상책임보험의 주요 보상하는 손해

피보험자가 대한민국 내에서 피보험자의 업무수행과 관련하여 소유, 사용, 관리하는 개인정보의 누출에 기인하여 개인정보주체에게 법률상의 손해배상책임을 부담함으로써 입은 아래의 손해를 보상한다.

① 법률상 손해배상금

② 비용손해

　　㉠ 손해방지비용 : 비용의 전액보상

　　㉡ 권리보전비용 : 비용의 전액보상

　　㉢ 방어비용 : 이 비용과 법률상 손해배상금과의 합계액을 보험가입금액(보상한도액) 내에서 보상

　　㉣ 공탁보증보험료 : 이 비용과 법률상 손해배상금과의 합계액을 보험가입금액(보상한도액) 내에서 보상

　　㉤ 협력비용 : 비용의 전액보상

※ 보험회사에서 피보험자에게 위 ①항의 법률상 손해배상금을 보상한 경우에는 보험가입금액(보상한도액)에서 그 보상
　금액을 뺀 나머지 금액을 잔여 보험기간에 대한 보험가입금액으로 한다. 그러나 위 ②항의 비용손해는 보상이 이루어진
　경우에도 보험가입금액(보상한도액)을 감액하지 않는다.

문제 1

갑(甲)은 을(乙) 소유의 건물을 임차하여 공장을 운영하던 중 2020년 8월 5일 임차한 건물에서 작업자의 부주의로 화재가 발생하여 건물이 소손되었다. 그리고 병(丙) 소유의 건물로 연소되어 피해가 발생하였다.

아래 〈표 1〉과 〈표 2〉의 내용에 따라 질문에 답하시오. (20점)

〈표 1. 보험가입 사항〉

> [A보험회사]
> ① 보험종목 : 국문화재보험 보통약관
> ② 계 약 자 : 갑(甲)
> ③ 보험기간 : 2020.6.10. ～ 2021.6.10.
> ④ 가입금액 : 건물 4억원
>
> [B보험회사]
> ① 보험종목 : 장기화재보험 보통약관
>   특수건물 화재대물배상책임 특별약관(법정한도액)
> ② 계 약 자 : 을(乙)
> ③ 보험기간 : 2020.4.20. ～ 2025.4.20.
> ④ 가입금액 : 건물 8억원

〈표 2. 보험가액 및 손해액〉

구 분	보험가액	손해액
을(乙) 소유 건물	10억원	5억원
병(丙) 소유 건물	20억원	10억원

(1) 「화재로 인한 재해보상과 보험가입에 관한 법률」에서 정하고 있는 특수건물 소유자의 손해배상책임 및 보상한도와 "특수건물 화재대물배상책임 특별약관"에서의 피보험자 및 타인의 범위를 약술하시오. (5점)

(2) 을(乙) 소유의 건물에 대한 A, B보험회사별 지급보험금에 대하여 약관규정을 설명하고, 산출과정을 명시하여 계산하시오. (10점)

(3) 병(丙)의 손해배상 청구에 대한 B보험회사의 면·부책 사유를 설명하고, 지급보험금에 대하여 산출과정을 명시하여 계산하시오. 단, 「실화책임에 관한 법률」에 의한 경감률은 40%를 적용한다. (5점)

(1) **특수건물 소유자의 손해배상책임 등**
　① **특수건물 소유자의 손해배상책임**
　　특수건물 소유자는 그 특수건물의 화재로 인하여 다른 사람이 사망하거나 부상을 입었을 때 또는 다른 사람의 재물에 손해가 발생한 때에는 과실이 없는 경우에도 동법에 따른 보험금액의 범위에서 그 손해를 배상할 책임이 있다.
　② **보험금액(보상한도)**
　　㉠ 사망의 경우 : 피해자 1인당 1억 5천만원(최저보험금 2천만원)
　　㉡ 부상의 경우 : 피해자 1인당 1급 3천만원 ~ 14급 50만원
　　㉢ 후유장해의 경우 : 피해자 1인당 1급 1억 5천만원 ~ 14급 1천만원
　　㉣ 재물손해의 경우 : 1사고당 10억원 한도
　③ **피보험자 및 타인**
　　피보험자는 특수건물의 소유자 및 그와 주거를 같이하는 직계가족(법인인 경우에는 이사 및 업무집행기관을 포함)을 말하며, 이들 이외의 모든 자가 타인에 해당한다.

(2) **보험회사별 지급보험금**
　① **약관의 규정**
　　약관의 규정에 따르면 건물에 화재손해가 발생한 경우 임차인 화재보험에서 우선 보상하고, 그 초과손해에 대해서는 소유자 화재보험에서 보상하도록 하고 있다. 그리고 소유자 화재보험의 보험자가 임차인 화재보험의 보험계약자에게 상법 제682조에 따른 대위권을 행사할 수 있는 경우에는 그 초과손해에 대해 지급한 보험금의 범위에서 구상할 수 있도록 하고 있다.

　　사안의 경우 임차인의 작업자의 부주의로 인해 화재가 발생했고, 그 책임은 전적으로 임차인에게 있는 것으로 판단되므로 그 초과손해를 보상한 소유자 화재보험의 보험자는 지급한 보험금 전액을 구상할 수 있을 것이다.
　② **지급보험금**
　　A보험회사(일반화재보험) : 5억원 × 4억원 / 10억원 = 2억원
　　B보험회사(장기화재보험) : (5억원 − 2억원) × 8억원 / (10억원 × 80%) = 3억원
　　※ 소유자 화재보험의 보험자는 임차인에게 3억원 전액을 구상한다.

(3) **특수건물 화재대물배상책임 특별약관상의 지급보험금**
　　특수건물의 소유자는 그 특수건물의 화재로 인하여 다른 사람의 재물에 손해가 발생한 때에는 과실이 없는 경우에도 그 손해를 배상할 책임이 있다. 사안의 경우 화재보험에서 담보하는 위험으로 인하여 다른 사람의 재물에 손해가 생겼으므로 보험회사는 그 손해에 대해 보상할 책임이 있다.

　　지급보험금 = 10억원 × (100% − 40%) = 6억원

　　사안에서 달리 설정된 공제금액이 없고, 「실화책임에 관한 법률」에 의한 경감률 40%를 적용하여 산출된 보험금 6억원은 보상한도인 10억원 이내이므로 전액 지급한다.

공장을 운영 중인 홍△△는 2020년 9월 태풍으로 인하여 건물과 동산에 수침피해를 입어 A보험회사에 보험사고를 접수하였다. 홍△△가 지급받을 수 있는 보험금을 아래 〈표 1〉과 〈표 2〉의 내용에 따라 산출과정을 명시하여 계산하시오. (20점)

〈표 1. 보험가입 사항〉

> [A 보험회사]
> ① 보험종목 : 국문화재보험 보통약관
>   풍수재위험 특별약관
> ② 가입금액 : 건물 4억원, 동산 2억원

〈표 2. 보험가액 및 손해 사항〉

> [보험가액]
> ① 건 물
>   • 신축가액 : 10억원
>   • 내용연수 : 35년
>   • 최종잔가율 : 30%
>   • 준공연월 : 2010년 9월
> ② 동 산
>   • 재고가액 : 4억원
>
> [손해사항]
> ① 건 물
>   • 건물수리비 : 4천만원
>   • 잔존물의 해체비용 : 5백만원
>   • 오염물질제거비용 : 2백만원
>   • 손해방지비용 : 1백만원
> ② 동 산
>   • 수침손해액 : 1천만원
>   • 잔존물의 청소비용 : 3백만원
>   • 손해방지비용 : 1백만원

(1) **담보책임의 판단**

이 특별약관에서는 태풍, 회오리바람, 폭풍, 폭풍우, 홍수, 해일, 범람 등 풍재 또는 수재로 인한 손해를 담보하며, 재해로 인한 직접손해 외에도 재해방지 또는 긴급피난에 필요한 조치로 보험의 목적에 생긴 손해도 보상한다. 공제금액(Deductible)은 50만원이며, 추가특별약관으로 풍재 또는 수재를 선택적으로 담보받을 수도 있다. 사안의 경우에는 특별약관에서 담보하는 위험인 태풍으로 인하여 건물 및 동산에 수침피해가 발생하였으므로 그 손해에 대해 보험회사는 보상할 책임이 있다.

(2) **목적물별 지급보험금**

공제금액 50만원은 목적물별 손해액에 비례하여 안분한다. 그리고 건물의 보험가액은 신축가액에서 총감가액(= 신축가액 × 총감가율)을 차감하여 구한다.

① **건물** : 보험금 = (4천만원 − 40만원) × 4억원 / 8억원 = 1,980만원

※ 공제금액 = 50만원 × 4천만원 / 5천만원 = 40만원

※ 보험가액 = 10억원 − (10억원 × 2% × 10년) = 8억원

※ 경년감가율 = (100% − 30%) / 35년 = 2%

※ 총감가율 = 2% × 10년 = 20%

② **동산** : 보험금 = (1천만원 − 10만원) × 2억원 / 4억원 = 495만원

※ 공제금액 = 50만원 × 1천만원 / 5천만원 = 10만원

(3) **비용손해에 대한 지급보험금**

① **잔존물제거비용**

건물 : 500만원 × 4억원 / 8억원 = 250만원 ≤ 400만원(= 4천만원 × 10%) : 250만원

동산 : 300만원 × 2억원 / 4억원 = 150만원 ≥ 100만원(= 1천만원 × 10%) : 100만원

② **오염물질제거비용** : 면책

③ **손해방지비용**

건물 : 100만원 × 4억원 / 8억원 = 50만원

동산 : 100만원 × 2억원 / 4억원 = 50만원

(4) **지급보험금 합계**

1,980만원 + 495만원 + 250만원 + 100만원 + 50만원 + 50만원

= 2,925만원

□□냉동식품은 2020년 8월 태풍을 동반한 집중호우로 뒷산에서 산사태가 발생하여 공장건물 창호가 파손되고 동산이 매몰되었다. 그리고 창고동은 태풍의 영향으로 지붕이 붕괴되었다. 또한 공장의 부지 조성 과정에서 만든 축대도 침하되었다. 아래 〈표 1〉과 〈표 2〉의 내용에 따라 질문에 답하시오. (20점)

〈표 1. 보험가입 사항〉

① 보험종목 : 장기화재보험 보통약관
　　　　　　　 붕괴, 침강 및 사태확장 특별약관
② 가입금액 : 건물(공장동) 2억원
　　　　　　　 동산(공장동) 5억원
　　　　　　　 건물(창고동) 4억원

〈표 2. 보험가액 및 손해 사항〉

[보험가액]
① 건물(공장동) : 5억원
② 동산(공장동) : 5억원
③ 건물(창고동) : 3억원

[손해사항]
① 공장동 창호복구비 : 1천만원
② 공장동 동산손해 : 5천만원
③ 창고동 복구비 : 5천만원
④ 창고동 구조안전 진단비용 : 5백만원
⑤ 축대 복구비 : 3천만원

(1) "붕괴, 침강 및 사태확장 특별약관"에서 정의하는 붕괴, 침강, 사태에 대하여 약술하시오. (10점)

(2) 위 [손해사항]의 각 항목별로 담보 여부를 설명하고, 지급보험금에 대하여 산출과정을 명시하여 계산하시오. (10점)

(1) '붕괴, 침강 및 사태 확장보장 특별약관'에서의 붕괴, 침강, 사태의 정의
　① 붕괴란 폭발, 파열, 화재 등의 외력이 아닌 통상적 용도에 따라 건물 또는 건축구조물을 사용할 때에
　　그 자체의 내부결함이나 부식 및 침식 등으로 그 전부나 일부가 갑자기 무너져 내리는 것을 말한다. 단,
　　균열 또는 파손에 의해 일부가 떨어지는 것은 붕괴로 보지 않는다.
　② 침강이란 폭발, 파열, 화재 등의 외력이 아닌 통상적 용도에 따라 건물 또는 건축구조물을 사용할 때에
　　그 자체의 내부결함이나 부식 및 침식 등으로 그 전부나 일부가 갑자기 내려앉는 것을 말한다.
　③ 사태란 비로 말미암아 산이나 언덕의 토사가 한꺼번에 무너져 내리는 것을 말한다.

(2) 담보 여부 및 지급보험금
　① 담보 여부
　　이 특별약관에서는 화재보험보통약관 제3조(보상하는 손해)에 정한 손해 이외에 붕괴, 침강 및 사태로
　　인하여 보험의 목적에 발생한 손해를 확장하여 보상한다.

　　사안의 경우 집중호우에 의한 산사태로 발생한 손해는 이 특별약관에서 담보하지만, 태풍으로 인한 손해
　　는 풍·수재위험담보 특별약관에서 담보하는 손해로 이 특별약관에서는 담보하지 않으며, 또한 축대 침
　　하손해는 보상하지 않는 손해에 해당한다.
　② 지급보험금
　　공장동 창호손해 : 1천만원 × 2억원 / (5억원 × 80%) = 500만원
　　공장동 동산손해 : 5천만원 × 5억원 / 5억원 = 5천만원

　※ '붕괴, 침강 및 사태 확장보장 특별약관'에서 보상하지 않는 손해
　　1. 신축물의 통상적인 침하로 인한 손해
　　2. 인공적으로 조성된 대지의 침하나 지각변동으로 인한 손해
　　3. 설계결함, 시공결함, 결함재료의 사용으로 인한 손해
　　4. 화재, 폭발, 지진 또는 탱크나 파이프로부터의 물의 유출로 인한 손해
　　5. 동일한 시설 내에서의 건축물의 해체, 건축, 구조변경, 수리 또는 기초공사나 굴착공사로 인한 손해
　　6. 보험기간 시작 전 이미 사고원인이 있었던 손해

건설공사보험의 ALOP(Advanced Loss of Profit)를 가입하는 목적(취지)과 보상하는 손해에 대하여 약술하시오. (10점)

풀 이

(1) 가입목적

이 특별약관에서는 건설공사 또는 조립공사 현장에서 우연한 재물사고로 인하여 작업이 중단되어 공사가 계획된 일정대로 완공되지 못함으로써 발주자가 입게 되는 재정적 손실을 담보한다. 따라서 발주자는 공사가 일정대로 완공되지 못함으로써 상실하게 되는 예정된 기업휴지손해(불가동손해)에 대해 보장받기 위해 이 특별약관에 가입한다.

(2) 보상하는 손해

이 특별약관에서는 원래의 공사계획상 완공예정일로부터 실제 완공이 이루어질 때까지 지연되는 기간 동안 발생하는 발주자의 불가동손해를 보상한다. 보상하는 손해의 산정방법은 화재보험 또는 기계보험의 기업휴지손해담보와 동일하다. 즉, 표준매출액과 매 보상기간 동안의 매출액과의 차액인 매출감소액을 산정한 후 매출감소액 중 실제손해액에 해당하는 총이익감소분을 산정하여 보상한다. 일부보험의 경우에는 비례보상 조항이 적용된다.

Umbrella Liability Insurance의 3가지 기능과 D.I.C.(Difference in Condition) Policy가 적용되는 경우에 대하여 약술하시오. (10점)

풀이

(1) 포괄배상책임보험의 기능

① 기초배상책임보험의 담보범위(담보위험)의 확장

기초배상책임보험의 담보범위(담보위험)를 확장하는 기능을 하며, 통상 별도의 면책금액(자기부담금)을 설정한다.

② 기초배상책임보험의 보상한도액 확장기능

기초배상책임보험의 보상한도액을 초과하는 손해를 담보하는 기능을 한다.

③ 기초배상책임보험의 기능

기초배상책임보험의 보상한도액이 소진되어 자동 복원되지 않는 경우에는 기초배상책임보험의 기능을 한다.

(2) D.I.C.(Difference in Condition) 증권

기초배상책임보험의 담보조건과 초과, 포괄배상책임보험의 담보조건의 차이(책임법리, 담보위험)로 인하여 보상받지 못하는 부분이 발생할 수 있는데, 이러한 담보의 공백부분을 담보하는 보험증권을 D.I.C. 증권이라고 한다.

담보의 공백은 ① 기초배상책임보험이 무과실책임이 적용되는데 비해 포괄배상책임보험이 과실책임의 법리가 적용되는 경우 및 ② 주로 포괄배상책임보험에 설정된 자기부담금(Deductible)으로 인하여 생긴다.

손해보험협회 발간「보험가액 및 손해액의 평가기준」에서 시설의 정의, 시설의 개·보수와 경과연수 적용에 대하여 약술하고, 아래 〈표 1〉의 내용에 따라 손해액에 대하여 산출과정을 명시하여 계산하시오. (10점)

〈표 1. 보험가입 및 기타 사항〉

[보험가입 사항]
① 보험종목 : 국문화재보험 보통약관
② 계 약 자 : 김○○(임차인)
③ 가입금액 : 시설 1억원

[기타 사항]
① 최초 시설일자 : 2013.6.1.
② 시설 개·보수일자 : 2017.6.1.
　개·보수비용 : 7천만원
③ 사고일자 : 2020.6.1.
　사고로 인한 복구비용 : 1억원
　* 시설 추정내용연수 10년, 경년감가율 8%
　* 시설의 개·보수와 경과연수 적용시 재조달가액은 1억원으로 함

[풀 이]

(1) 시설의 정의 등
　① 시설의 정의
　　시설이란 건물의 주 사용용도 및 각종 영업행위에 적합하도록 건물골조의 벽, 천정, 바닥 등에 설치하는 내·외부마감재나 조명시설 및 부대시설로서 건물의 구조체에 영향을 미치지 않고 재설치가 가능한 것을 말한다.
　② 시설의 개·보수와 경과연수의 적용
　　㉠ 재조달가액의 50% 미만을 개·보수한 경우 : 최초 건축년도 기준
　　㉡ 재조달가액의 50%~80%를 개·보수한 경우 : 최초 건축년도로부터의 경과연수와 개·보수 후 경과연수를 합산 평균
　　㉢ 재조달가액의 80% 이상을 개·보수한 경우 : 개·보수시점 기준

(2) **손해액의 산정**
　① **보험가액의 산정**
　　경과연수는 개 · 보수율이 재조달가액의 70%이므로 최초 건축년도로부터의 경과연수와 개 · 보수 후 경
　　과연수를 합산 평균하여 산정한다.
　　경과연수 = (7년 + 3년) / 2 = 5년 / 감가율 = 8% × 5년 = 40%
　　보험가액 = 1억원 − (1억원 × 40%) = 6천만원
　② **손해액의 산정**
　　손해액 = 1억원 − (1억원 × 40%) = 6천만원
　　※ 수리비가 보험가액의 20%를 넘으므로 수리비에 대해서도 감가상각을 한다.

문제 7

패키지보험(Package Insurance Policy) Ⅳ부문(General Liability Cover)의 확장담보 중 오염배상책임
담보(Pollution Liability Coverage)와 교차배상책임담보(Cross Liability Coverage)에 대하여 약술하
시오. (10점)

풀 이

(1) **오염배상책임담보**
　급격하고도 우연하게 발생한 오염물질의 누출로 인한 배상책임 및 정부의 지시나 요구에 의해서 오염물질을
　제거하거나 독성제거 또는 중화시키는데 발생한 비용을 보상한다.

(2) **교차배상책임담보**
　피보험자들 사이에 발생하는 서로간의 배상책임을 담보한다. 단, 어떠한 경우에도 도급업자와 하도급업자
　사이에서 발생하는 교차배상책임은 담보하지 않는다.

문제 1

2021년 5월 28일 ○○전자판매(주) 서울매장(연면적 1,000m²)에서 전기합선으로 추정되는 화재가 발생하였다. 이 화재사고로 매장 건물과 매장 내 전자제품에 화재손해가 발생하였고, 매장 내 기계식 주차타워에 보관되어 있던 고객 차량에도 손해가 발생하였다. 또한 인접 상가 건물과 상가 내 동산에도 그을음 손해가 발생하였다.

아래의 조건에 따라 질문에 답하시오. (30점)

〈표 1. 보험가입사항〉

[A보험회사]
① 보험종목 : 일반화재보험(화재대물배상책임 특별약관)
② 보험가입금액 : 건물 1.6억원, 동산 5.0억원
③ 화재대물배상책임 보상한도액 : 5.0억원(공제금액 0.5억원)

[B보험회사]
① 보험종목 : 일반화재보험
② 보험가입금액 : 동산 3.0억원

[C보험회사]
① 보험종목 : 장기화재보험(시설소유(관리)자배상책임 특별약관)
② 보험가입금액 : 건물 0.8억원, 동산 2.0억원
③ 시설소유(관리)자배상책임 보상한도액 : 2.0억원 (공제금액 0.2억원)

〈표 2. 보험가액〉

① 건물 : 5.0억원(재조달가액 기준)
　　　(경년감가율 2%, 경과연수 10년)
② 동산 : 8.0억원

〈표 3. 손해사항〉

> ① 건물 : 1.0억원(재조달가액 기준)
> ② 동산 : 5.0억원
> ③ 주차타워 고객 차량 손해액 : 수리비 0.5억원, 렌트비 0.1억원
> ④ 인접 상가 손해액
> • 건물 : 0.5억원
> • 동산 : 3.0억원
> • 휴업손해 : 1.0억원
> * 인접 상가 손해액은 각 보험회사와 합의한 금액으로 가정한다.

(1) 중복보험의 요건 및 지급보험금 분담방식에 대하여 설명하시오. (5점)

(2) ○○전자판매(주)의 지급보험금을 건물과 동산으로 구분한 후 각 보험회사별로 산출과정과 함께 계산하시오. (15점)

(3) ○○전자판매(주)의 손해배상책임에 대하여 각 보험회사의 지급보험금을 산출과정과 함께 계산하시오. (10점)

풀 이

(1) 중복보험의 요건 및 지급보험금 분담방식
 ① 중복보험의 요건
  ㉠ 보상책임이 있는 다수의 보험계약이 존재할 것. 단, 보험가입금액 또는 독립책임액의 합계액이 발생된 손해액보다 큰 경우이어야 함.
  ㉡ 보험보호의 대상이 되는 피보험이익의 성질이 동일할 것
  ㉢ 피보험이익의 주체, 즉 피보험자가 동일할 것
 ② 지급보험금 분담방식
  ㉠ 균등액 분담방식
   발생손해에 대해 각 계약의 동일한 보험가입금액 범위 내에서는 균등한 금액을 각각 분담하고, 보상할 손해가 더 있는 경우에는 보험가입금액이 남아있는 계약끼리 다시 균등액을 분담하는 방식
  ㉡ 보험가입금액 또는 보상한도액 비례분담방식
   발생손해에 대해 각 계약의 보험가입금액 또는 보상한도액이 각 계약의 보험가입금액 또는 보상한도액의 합계액에서 차지하는 비율에 따라 분담하는 방식
  ㉢ 독립책임액 비례분담방식
   발생손해에 대해 다른 보험계약이 없는 것으로 가정하고 각각의 독립책임액(보상책임액)을 구한 다음 각 계약의 독립책임액(보상책임액)이 각 계약의 독립책임액(보상책임액)의 합계액에서 차지하는 비율에 따라 분담하는 방식

(2) 건물 및 동산 손해에 대한 각 보험회사별 지급보험금

화재보험은 위험보편의 원칙에 따라 화재의 원인 여하를 묻지 않고 화재가 발생하기만 하면 그에 따른 직접 손해, 소방손해 및 피난손해(피난지에서 5일 이내에 화재로 생긴 직접손해 및 소방손해)를 보상한다.

따라서 사안의 경우도 전기합선으로 추정되는 화재손해가 발생하였으므로 담보목적물인 건물 및 동산에 생긴 손해에 대해 보험회사는 보상책임을 진다.

① 건 물

㉠ 보험가액 = 재조달가액 × (1 − 총감가율) = 재조달가액 × (1 − 경년감가율 × 경과연수)

= 5.0억원 × (1 − 2% × 10년) = 4.0억원

㉡ 재조달가액 기준 손해액에 대한 감가 적용

감가 후 손해액 = 재조달가액 기준 손해액 × (1 − 총감가율) = 1.0억원 × (1 − 20%)

= 0.8억원(보험가액의 20%에 해당되므로 그대로 인정)

㉢ 각 보험회사별 지급보험금

건물의 경우 다수의 계약이 존재할 뿐 보험가입금액의 합계액이 보험가액에 미치지 못하는 일부보험 이므로 계산식이 동일하더라도 보험가입금액 비례분담방식을 적용하여서는 안 되고 독립책임액 비례 분담방식을 적용하여야 한다.

A보험회사 : 0.8억원 × 1.6억원 / (4.0억원 × 80%) = 0.4억원

C보험회사 : 0.8억원 × 0.8억원 / (4.0억원 × 80%) = 0.2억원

② 동 산

동산의 경우 발생손해에 대해 A, B, C 보험회사 모두에 보상책임이 있고, 보험가액보다 보험가입금액의 합계액이 크며, 계산식도 동일하므로 보험가입금액 비례분담방식을 적용하여 보험금을 분담한다.

A보험회사 : 5.0억원 × 5.0억원 / (5.0억원 + 3.0억원 + 2.0억원) = 2.5억원

B보험회사 : 5.0억원 × 3.0억원 / (5.0억원 + 3.0억원 + 2.0억원) = 1.5억원

C보험회사 : 5.0억원 × 2.0억원 / (5.0억원 + 3.0억원 + 2.0억원) = 1.0억원

(3) 손해배상책임에 대한 각 보험회사의 지급보험금

① 보상책임의 검토

○○전자판매(주)는 자신이 소유, 사용, 관리하는 건물매장에서 발생한 화재사고로 인하여 타인에게 손해를 입혔으므로 그 손해에 대해 법률상 손해배상책임을 면할 수 없다. 적용되는 법률에는 민법(제750조 불법행위책임, 제758조 공작물책임) 및 실화책임에 관한 법률 등이 있다.

화재대물배상책임 특별약관에서는 보험목적물에 발생한 화재사고로 타인의 재물을 망가뜨린 경우에 그 손해에 대한 피보험자의 법률상 배상책임손해를 보상하고, 시설소유(관리)자배상책임 특별약관에서는 피보험자가 소유, 사용, 관리하는 시설 및 그 시설의 용도에 따른 업무의 수행으로 생긴 우연한 사고로 생긴 타인의 손해에 대한 피보험자의 법률상 배상책임손해를 보상한다.

사안의 경우 피보험자는 A, C 보험회사에 각각 화재대물배상책임 및 시설소유(관리)자배상책임 특별약관에 가입되어 있고, 면책사유 등의 특별한 사정이 없는 한 위 법률상 배상책임손해에 대해 보상받을 수 있다. 다만, 주차타워에 보관되어 있던 고객 차량손해는 달리 물적손해확장담보 특별약관에 가입되어 있지 않으므로 보상하지 않는다.

② **각 보험회사의 지급보험금**
　⊙ 법률상 배상책임액
　　배상책임액 = 건물 0.5억원 + 동산 3.0억원 + 휴업손해 1.0억원 = 4.5억원
　ⓛ 각 보험회사의 지급보험금
　　A보험회사의 독립책임액 : 4.5억원 − 0.5억원 = 4.0억원
　　C보험회사의 독립책임액 : 4.5억원 − 0.2억원 = 4.3억원(×) ⟹ **보상한도액 2.0억원(O)**
　　A보험회사의 지급보험금 : 4.5억원 × 4.0억원 / (4.0억원 + 2.0억원) = 3.0억원
　　C보험회사의 지급보험금 : 4.5억원 × 2.0억원 / (4.0억원 + 2.0억원) = 1.5억원

문제 2

○○화학(주)는 'A보험회사'에 임원배상책임보험을 가입하고 있다. 소액주주들은 ○○화학(주)의 임원이 중대한 과실로 주주들에게 피해를 입혔다는 이유로 임원에게 손해배상책임 소송을 제기하였다.

아래의 조건에 따라 질문에 답하시오. (20점)

〈표 1. 보험가입사항〉

① 보험종목 : 임원배상책임보험(Directors & Officers Liability Insurance)
　　　　　　 벌과금부담보 특별약관
② 계약사항
 • 보상한도액 : 170억원 / 청구당, 총보상한도액
 • 자기부담금 : 1억원 / 청구당
 • 공동보험비율 : 95%

〈표 2. 손해사항〉

① 손해배상책임 판결금 : 96억원
② 과태료 : 3억원
③ 변호사비용 : 4억원
④ 소송비용 : 1억원

〈표 3. 재보험출재사항〉

① 'B재보험사'에 비례임의재보험(Fac.) 출재 : 40%
② 'C재보험사'에 초과손해액재보험(XOL) 출재 : 1st Layer(25억 초과 25억)
③ 'D재보험사'에 초과손해액재보험(XOL) 출재 : 2nd Layer(50억 초과 50억)
 * 상기 재보험은 담보 가능한 것으로 가정한다.

(1) 임원배상책임보험에서 임원의 범위에 대하여 설명하고, 'A보험회사'가 지급해야 할 보험금을 산출과 정과 함께 계산하시오. (10점)

(2) 비례임의재보험(Proportional Facultative Reinsurance)과 초과손해액재보험(Excess of Loss)에 대하여 설명하고, 'A보험회사'가 보험금 지급 후 각 재보험사로부터 회수 가능한 재보험금을 산출과 정과 함께 계산하시오. (10점)

(1) **임원배상책임보험에서의 임원의 범위 및 A보험회사의 지급보험금**

  ① **임원배상책임보험에서의 임원의 범위**

    ㉠ 기명피보험회사의 임원(신규 임원 포함)

    ㉡ 업무집행지시자(사실상 회사의 경영과 임직원 임명 등을 좌우하는 자)

    ㉢ 고지된 자회사의 임원

    ㉣ 보험기간 중 설립 또는 취득한 자회사의 임원으로 통지되고 승인 받은 임원

    ㉤ 퇴임 임원이 사망한 경우 그의 법정상속인

  ② **A보험회사의 지급보험금**

    배상책임액 = 판결금 96억원 + 변화비용 4억원 + 소송비용 1억원 = 101억원

    지급보험금 = (배상책임액 101억원 − 자기부담금 1억원) × 공동보험비율 95% = 95억원

(2) **비례임의재보험(Proportional Facultative Reinsurance)과 초과손해액재보험(Excess of Loss)의 의미 및 A보험회사가 각 재보험사로부터 회수 가능한 재보험금**

  ① **비례임의재보험(Proportional Facultative Reinsurance)과 초과손해액재보험(Excess of Loss)의 의미**

    ㉠ 비례임의재보험(Proportional Facultative Reinsurance

      임의재보험은 원보험자가 인수한 개개의 위험에 대하여 개별적, 임의적으로 재보험에 가입하는 것을 말하고, 비례적 재보험은 원보험자가 인수한 위험에 대해 일정한 비율을 원보험자가 보유하고 잔여분은 재보험에 가입하는 것을 말한다.

    ㉡ 초과손해액재보험(Excess of Loss)

      초과손해액재보험은 초과손해율재보험과 더불어 비비례적 재보험의 일종으로, 담보물건에 손해가 발생한 경우 그 손해액의 일정금액까지만 원보험자가 보유하고, 원보험자 보유분을 초과하는 손해에 대해서는 재보험자가 책임지도록 하는 재보험을 말한다.

  ② **A보험회사가 각 재보험사로부터 회수 가능한 재보험금**

    ㉠ B재보험사의 비례임의재보험 : 95억원 × 40% = 38억원 ⇒ 전액 회수

    ㉡ C재보험사의 초과손해액재보험 : 57억원(= 95억원 − 38억원) − 25억원 = 32억원 ⇒ 보상한도액 25억원 회수

    ㉢ D재보험사의 초과손해액재보험 : 57억원(= 95억원 − 38억원) − 50억원 = 7억원 ⇒ 7억원 회수

배상책임보험에서 연장보고기간(Extended Reporting Period)의 개념, 연장보고기간의 유형, 연장보고기간이 자동으로 적용되는 경우에 대하여 각각 설명하시오. (10점)

풀 이

(1) 연장보고기간의 개념

배상청구기준증권에서는 보험기간 중 발생한 사고이기는 하나 보험기간의 만기 무렵에 발생하여 보험기간 중에 배상청구를 할 수 없는 경우가 생기는 문제점이 있다. 이러한 문제를 해결하기 위해 증권에 특약조항을 두게 되는데, 이를 '연장보고기간'이라고 한다.

(2) 연장보고기간의 유형

① **자동연장보고기간(Automatic ERP)**

㉠ 단기연장담보

소급담보일자와 만기일 사이에 발생된 사고에 대한 손해배상청구가 만기일 이후 60일 이내에 제기된 경우 그 배상청구가 만기일에 제기된 것으로 간주하여 담보한다.

㉡ 중기연장담보

소급담보일자와 만기일 사이에 발생된 사고에 대한 손해배상청구가 만기일 이후 60일 이내에 통보된 후 만기일로부터 5년 이내에 제기된 경우 그 배상청구가 만기일에 제기된 것으로 간주하여 담보한다.

② **선택연장보고기간(Option ERP)**

소급담보일자와 만기일 사이에 발생된 사고에 대한 손해배상청구가 만기일 이후에 제기되더라도 제한 없이 담보한다. 적어도 보험기간 종료일로부터 60일 이내에 계약자의 청구가 있어야 하고, 보험자는 이의 담보를 거절할 수 없다. 이 경우 계약자는 기존보험료의 200% 이내의 추가보험료를 납부하여야 한다.

(3) 연장보고기간이 자동으로 적용되는 경우(제한조건)

연장보고기간은 제한된 조건하에서 보험기간 종료 후 일정기간 내에 제기되는 손해배상청구는 보험기간 종료일에 제기된 것으로 간주하여 보험만기 무렵에 발생하여 보험기간 내에 청구할 수 없는 경우를 담보하기 위한 조항이다. 즉, ① 보험계약이 보험료 부지급 이외의 사유로 해지되었거나 갱신되지 않은 경우, ② 갱신증권의 소급담보일자가 갱신 직전증권의 소급담보일자보다 후일로 되어 있는 경우, ③ 갱신증권이 손해사고기준증권인 경우에는 연장보고기간이 자동으로 적용된다.

문제 4

○○건설(주)의 아파트 신축현장에서 터파기 공사 중 발생한 충격으로 인접 건물에 균열이 생기는 사고가 발생하였다. 이에 따라 인접 건물주는 ○○건설(주)에 피해보상을 요구하였다. 이 경우 ○○건설(주)가 가입한 국문 건설공사보험에서 담보 받을 수 있는 특별약관을 기재하고, 해당 특별약관에서 '보상의 전제조건'에 대하여 설명하시오. (10점)

[풀 이]

진동, 지지대 철거 및 약화에 관한 특별약관

공사와 관련된 진동, 지지대 철거 및 약화로 인하여 발생된 사고로 제3자에게 발생한 신체 또는 재물손해에 대하여 별도로 정한 보상한도액까지 보상하되, 그로 인한 직접적인 손해에 대해서만 보상한다.

이 특별약관은 제3자 배상책임담보를 가입한 경우에만 첨부할 수 있으며, 사고발생시 보상이 이루어지기 위한 전제조건은 다음과 같다.

① 이들의 상태가 공사시작 이전에 온전한 상태였어야 한다.
② 필요한 사전예방조치가 취해졌어야 한다.
③ 공사시작 전 계약자의 경비로 이들의 상태에 대한 조사보고서가 작성되어야 한다.

그러나 다음의 손해에 대해서는 보상하지 않는다.

① 공사의 성격, 수행방법으로 보아 예견할 수 있는 사고
② 건물, 토지의 안정성을 해하지 않거나 그 사용자들에게 위험을 초래하지 아니하는 외견상의 손해
③ 보험기간 중에 손해를 예방하거나 경감시키기 위해 지출한 제비용 등

패키지보험(Package Insurance Policy) Section Ⅲ Business Interruption Cover와 관련하여 다음 용어에 대하여 설명하시오. (10점)

(1) 총이익(Gross Profit)

(2) 표준매출액(Standard Turnover)

(3) 연간매출액(Annual Turnover)

(4) 총이익률(Rate of Gross Profit)

풀 이

(1) **총이익(Gross Profit)**

총이익은 화재보험에서는 사고 직전 회계연도의 영업이익과 보험가입경상비(고정비)를 합산한 금액을 말하며, 패키지보험에서는 사고 직전 회계연도의 (매출액 + 기말재고액) − (변동비 + 기초재고액)의 산식으로 산정한다.

(2) **표준매출액(Standard Turnover)**

표준매출액은 복구기간에 해당하는 전년도의 매출액을 말하는데, 이는 직전연도의 회계자료를 통해 산정하게 된다.

(3) **연간매출액(Annal Turnover)**

화재보험에서의 연간매출액은 사고발생 직전 1년간의 매출액을 의미하지만, 패키지보험에서는 매출수준의 회복 또는 약정복구기간의 만료 후 그로부터 직전 12개월간의 매출액과 복구기간 동안의 감소매출액을 합한 금액을 연간매출액이라고 한다.

(4) **총이익률(Rate of Gross Profit)**

화재보험에서는 사고 직전 회계연도의 영업이익과 보험가입경상비(고정비)를 합산한 금액을, 패키지보험에서는 사고 직전 회계연도의 (매출액 + 기말재고액)에서 (변동비 + 기초재고액)을 뺀 금액을 총이익이라고 하는데, 이 총이익이 사고 직전 회계연도의 매출액에서 차지하는 비율이 바로 총이익률이다.

> • 총이익률(화재보험)
> = (영업이익 + 보험가입경상비) / 매출액(사고 직전 회계연도 자료)
> • 총이익률(패키지보험)
> = [(매출액 + 기말재고액) − (변동비 + 기초재고액)] / 매출액(사고 직전 회계연도 자료)

국문기계보험 보통약관에서 '약관상 보상하는 손해'와 '다른 약정이 없는 한 보험의 목적에 포함되지 않는 물건'에 대하여 설명하시오. (10점)

풀 이

(1) **보상하는 손해**

기계보험도 기본적으로 전위험담보방식의 약관이므로 면책위험이 아닌 원인에 의해 급격하고도 우연하게 공사목적물에 입은 물리적 손상을 보상한다. 기계보험에서 주로 담보하는 위험은 다음과 같다.

① 설계, 재질, 주조, 제작결함 등의 제작자결함

② 종업원의 취급 잘못, 기술부족, 부주의

③ 보일러 급수부족

④ 물리적 폭발, 파열 또는 원심력에 의한 파손

⑤ 단락 등의 전기적 사고

⑥ 폭풍우(storm)

⑦ 기타 면책위험으로 명기되지 않은 원인 등

(2) **다른 약정이 없는 한 보험의 목적에 포함되지 않는 물건**

기계보험의 목적물이 되기 위해서는 ① 증권에 기재된 재물일 것, ② 시운전이 종료된 것일 것, ③ 사업장 구내에서 가동 중, 수리, 정비, 검사를 위하여 가동중지 중 또는 동일사업장 구내에서 이동 중, 재조립 중일 것을 요한다. 단, 소모성 부품류, 마모성이 높은 것, 공구류, 형류, 연료, 윤활유, 냉매 등의 조작유, 촉매류 등의 재물은 증권에 별도의 약정이 없는 한 기계보험의 목적물에서 제외된다.

생산물배상책임보험(Product Liability Insurance)과 생산물회수비용보험(Product Recall Insurance)에 적용되는 각각의 '담보기준'에 대하여 설명하시오. (10점)

풀 이

(1) **생산물배상책임보험 담보기준(Coverage Trigger)**

생산물배상책임보험(Ⅰ)은 보험기간 내에 발생한 사고에 대해서만 담보하는 손해사고기준증권(Occurrence Basis Policy)으로, 담보기준은 보험기간 내에 발생한 사고이며 소멸시효 완성 전까지 손해배상청구를 하면 보상한다.

반면에 생산물배상책임보험(Ⅱ)은 소급담보일자(Retroactive Date) 이후 보험기간 만료 전에 발생한 사고에 대한 배상청구가 연장보고기간(Extended Reporting Period) 내에 이루어지기만 하면 담보하는 배상청구기준증권(Claims – made Basis Policy)으로, 담보기준은 연장보고기간 내에 이루어지는 최초의 손해배상청구이다.

(2) **생산물회수비용보험**

생산물회수비용보험은 보험기간 중에 결함이 발견된 경우에만 담보하는 발견기준증권(Discovery Basis Policy)으로, 담보기준은 피보험자가 판매한 제품으로 인하여 소비자에게 신체장해나 재물손해가 발생할 우려가 있어 제품의 회수가 불가피함이 확인 또는 발견된 시점이다.

종로에 위치한 2층 건물(1,000m²) 중 1층을 소유하고 있는 홍길동은 건물 1층에 음식점을 직접 운영하여 왔으며, 건물 2층은 피부과의원이 영업 중인 상황이다. 홍길동은 경기 악화로 인해 운영이 어려워지자 2021년 7월 1일 친구인 백두산에게 건물 1층 음식점(건물, 집기, 영업권)을 양도하였다. 2022년 3월 30일 백두산이 운영하는 음식점 주방에서 전기합선으로 추정되는 화재가 발생하였다. 아래의 조건에 따라 질문에 답하시오. (20점)

⟨표 1. 보험계약사항⟩

보험회사	A보험회사	A보험회사	B보험회사
보험종목	국문화재보험	다중이용업소 화재배상책임보험	국문영업배상 책임보험
계 약 자	홍길동	홍길동	백두산
보험기간	2021.5.1. ~ 2022.5.1.	2021.5.1. ~ 2022.5.1.	2021.7.1. ~ 2022.7.1.
업 종	음식점	음식점	음식점
가입금액 (보상한도)	건물 8천만원 (1층 500m²) 집기 8천만원 (1층 500m² 내 수용)	대인 1.5억원 / 인당 대물 10억원 / 사고당	대인 3천만원 / 인당 대물 3억원 / 사고당 총보상한도 3억원
특별약관	–	–	시설소유(관리자)특약 물적손해확장담보특약
자기부담금	–	–	1백만원(대물)

⟨표 2. 보험가액⟩

가. 보험가액(시가기준)
- 건물(1층) : 2억원
- 집기 : 1억원

나. 손해상황
- 건물 1층 손해액 : 1천만원(시가기준)
- 음식점 집기 손해액 : 1천만원(시가기준)
- 피부과의원과의 소송에서 백두산이 지급한 소송비용 : 1천 5백만원
- 피부과의원 의료기기 오염손해 판결금액 : 10억 1천만원
- 보험회사의 요구로 건물복구를 위해 지출한 필요비용 : 1백만원
- 음식점 건물 잔존물제거비용 : 1백만원
- 화재 벌과금 : 5백만원

(1) 금번 화재사고에서 백두산은 A보험회사에 보험금을 청구하였다. 이 경우, 보험회사가 검토해야 할 보험약관 및 상법상의 양도조항에 대해 기술하고, 그에 따른 보험종목별 면·부책을 판단하고 그 사유를 약술하시오. (10점)

(2) A보험회사와 B보험회사의 담보 여부 판단에 따라 각 보험종목별로 산출과정을 명시하여 지급보험금을 계산하시오. (10점)

> [풀 이]

1. 보험약관 및 상법상의 양도조항과 그에 따른 보험종목별 면·부책 판단

(1) 보험약관상의 양도조항

① 화재보험계약에서는 계약자 또는 피보험자가 보험기간 중 보험의 목적을 양도하는 경우 계약 후 알릴의무에 따라 이를 지체 없이 보험회사에 통지하도록 규정하고 있지만, 계약의 효력에 관한 별도의 규정을 두고 있지는 않다.

② 다중이용업소 화재배상책임보험계약에서는 계약자 또는 피보험자가 보험기간 중 보험의 목적을 양도하는 경우 보험회사의 서면동의가 있어야만 계약으로 인하여 생긴 권리와 의무를 함께 양도한 것으로 규정하고 있다. 다만, 의무보험인 경우에는 보험회사의 서면동의 없더라도 청약서에 기재된 사업을 양도한 경우 계약으로 인하여 생긴 권리와 의무를 함께 양도한 것으로 본다.

(2) 보험종목별 면·부책 판단

① **국문화재보험**

이 보험에서는 보험의 목적의 양도에 대해 계약 후 알릴의무사항으로 규정하고는 있지만, 계약의 효력에 대해서는 별도의 규정을 두고 있지 않으므로 양도 전후 뚜렷한 위험의 변경과 같은 특별한 사정이 없다면 단지 양도 사실만 가지고 면책하기는 어려울 것으로 보인다. 따라서 화재로 인한 손해는 보상하고 화재 벌과금 손해는 면책한다.

② **다중이용업소 화재배상책임보험**

이 보험은 피보험자가 화재로 인해 타인에게 입힌 신체나 재물손해에 부담하게 되는 배상책임손해를 보상하는 보험이다. 이 보험은 의무보험인 경우를 제외하고는 보험의 목적의 양도에 대해 보험회사의 서면동의가 있어야 계약의 효력이 유지된다. 사안의 음식점은 다중이용업소에 해당하나, 지상 1층에 위치하여 주된 출입구가 건축물 외부의 지면과 직접 연결되므로 이 보험의 의무가입 대상에서 제외되고 보험회사의 서면동의가 없었으므로 이 보험에서 배상책임손해를 담보하지 않는다.

③ **국문영업배상책임보험 시설소유(관리자)특별약관**

이 보험은 피보험자가 소유, 사용, 관리 또는 임차한 시설 및 그 시설을 이용하여 수행하는 업무활동으로 인한 배상책임손해를 보상하는 보험이다. 사안의 화재사고는 피보험자의 업무활동 수행 중에 일어난 사고이므로 이로 인한 배상책임손해를 담보한다.

2. 보험종목별 지급보험금

(1) 국문화재보험

① 건 물

지급보험금

= (손해액 − 잔존물가액 − 공제금액) + 보험가입금액 / (보험가액 + 80%)

= 2천만원 + 8천만원 / (2억원 + 80%) = 1천만원

② 집 기

지급보험금

= (손해액 − 잔존물가액 − 공제금액) + 보험가입금액 / (보험가액 + 80%)

= 1천만원 + 8천만원 / (1억원 + 80%) = 1천만원

③ 비용손해

㉠ 음식점 건물 잔존물제거비용

지급보험금 = 1백만원 + 50%(건물부보비율) = 50만원(≤ 2천만원 + 10%)

㉡ 보험회사의 요구로 건물복구를 위해 지출한 필요비용 : 1백만원 전액 인정

(2) 다중이용업소 화재배상책임보험 : 면책

(3) 국문영업배상책임보험 시설소유(관리자)특별약관

① 법률상 손해배상금

법률상 손해배상금

= 판결금액 − 자기부담금(≤ 보상한도액)

= 10억 1천만원 − 1백만원 = 10억 9백만원(×) ⇒ 보상한도액 3억원 인정

② 비용손해

피보험자가 지출한 소송비용 1천 5백만원은 손해배상금 10억 9백만원(자기부담금 공제 후 금액)과의 합계액이 보상한도액 3억원을 초과하므로 보상하지 않는다.

문제 2

평택항에서 2021년 6월 1일 G1 크레인으로 컨테이너를 인양하던 운전자의 조작 부주의로 G1 크레인이 전도되어 파손되고, G2 크레인의 전기설비를 충격하여 G2 크레인이 화재로 인하여 소손되었다. 아래 〈표 1. 보험계약사항〉과 〈표 2. 손해사항〉에 따라 각 크레인에 대한 부문별 담보 여부를 그 근거와 함께 기술하고, 산출과정을 명시하여 지급보험금을 계산하시오. (20점)

〈표 1. 보험계약사항〉

가. 보험종목 : 재산종합보험
나. 보험기간 : 2020.12.1. ~ 2021.12.1.
다. 가입금액
　• 제1부문 : 재물위험
　　– 건물 : 5,000억원
　　– 기계 : 160억원(G1 크레인 100억원, G2 크레인 60억원)
　　– 집기 : 50억원
　• 제2부문 : 기계위험
　　– 기계 : 160억원(G1 크레인 100억원, G2 크레인 60억원)
라. 보험조건
　• 보상기준 : 제1부문 시가기준 & 비례보상 적용
　　　　　　　제2부문 재조달가액기준 & 비례보상 적용
　• Deductible : 제1부문 1억원 / 사고당
　　　　　　　　제2부문 손해액의 10% 또는 최소 2억원 / 사고당

※ 기타 특약조건 없음.

〈표 2. 손해사항〉

구 분	G1 크레인	G2 크레인
제작·설치일	2011년 6월 1일	2016년 6월 1일
재조달가액	100억원	100억원
추정내용연수	20년(가정)	20년(가정)
잔가율	20%	20%
수리비용	전 손	12억원
잔존물가액	2억원	없 음
기 타	복구 없음	수리로 인한 가치증대 없음

(1) **담보 여부의 판단**

G1 크레인 운전자의 조작 부주의로 인하여 생긴 기계장치 손해는 제2부문에서 담보하는 위험 중 하나이므로 G1 크레인 손해는 제2부문에서 담보하고, 그로 인해 다른 재물(G2 크레인)에 입힌 손해는 제1부문에서 담보한다.

(2) **지급보험금의 계산**

① 제1부문 : G2 크레인 손해 담보

보험가액 = 100억원 − 100억원 + (100% − 20%) + 5년 / 20년 = 80억원

지급보험금 = 12억원 + 60억원 / 80억원 − 1억원 = 8억원

② 제2부문 : G1 크레인 손해 담보

G1 크레인은 전손으로 복구 포기하였으므로 시가 보상

보험가액 = 100억 − 100억원 + (100% − 20%) + 10년 / 20년 = 60억원

지급보험금 = (60억원 − 2억원) + 100억원 / 60억원 − 6억원 = 52억원

○○발전(주)는 2021년 7월 1일 완공한 복합화력발전소를 운영 중 2021년 8월 13일 가스터빈 1호기 터빈 블레이드가 파손되는 사고가 발생하였다. 사고의 원인은 조립작업의 결함으로 밝혀졌다.

아래의 주어진 조건에 따라 질문에 답하시오. (20점)

〈표 1. 보험계약사항〉

가. 보험종목 : 독일식 조립보험
나. 보험기간 : 2019.1.1. ~ 2021.7.1. (시운전 1개월 포함)
다. 공사목적물 : 복합화력발전소 조립공사
라. 가입금액
  • 재물손해담보 : 4,000억원(전체 물건)
  • Deductible : 자연재해 및 시운전 4천만원 / 사고당
                기타 2천만원 / 사고당
  • 보험조건 : Extended Maintenance Cover(24 Months)

〈표 2. 가입금액 및 손해사항〉

가. 1호기 보험가입금액 : 1,000억원
나. 1호기 완성가액 : 2,000억원
다. 손해사항(수리비)

구 분	금 액	구 분	금 액
재료비	34억원	분해비	2억원
조립비	2억원	임시수리비	5억원
육상운송비	1억원	관 세	5천만원
항공운임	5천만원	잔존물가액	5천만원

※ 임시수리비는 본수리비의 일부이며, 총수리비를 증가시키지 않음.

(1) 독일식 조립보험에 있어서 Maintenance Visits Cover와 Extended Maintenance Cover의 담보내용을 비교·약술하시오. (10점)

(2) 위 사고에서 면·부책 여부를 판단하고, 산출과정을 명시하여 지급보험금을 계산하시오. (10점)

(1) Maintenance Visits Cover와 Extended Maintenance Cover 담보내용 비교

Maintenance Visits Cover	Extended Maintenance Cover
피보험자가 공사계약서상의 유지의무조항에 따른 의무를 이행하기 위하여 이를 수행하는 작업 중 보험목적물에 발생하는 손해를 보상하는 특별약관이다. 여기서 유지기간이란 시공업자가 발주자에게 조립물건을 인도한 후 공사계약서상 유지의무조항에 따라 일정기간 동안 조립물건을 보수 또는 유지하는 기간을 말하는데, 그 기간은 통상 24개월을 초과하지 아니한다.	유지기간 동안 유지활동으로 말미암아 발생한 손해 및 조립작업 중(on site)에 생긴 어떤 원인에 의해 유지기간 중에 발생한 손해까지도 보상한다. 이 특별약관 역시 그 기간은 24개월을 초과할 수 없다.

(2) 면·부책 여부의 판단 및 지급보험금의 계산

① **면·부책 여부의 판단**

사고의 원인이 조립작업의 결함(fault in erection on site)으로 밝혀졌고, 이는 확장유지담보특약(Extended Maintenance Cover)에서 담보하는 위험이므로 보상한다.

② **지급보험금의 계산**

손해액

= 재료비 34억원 + 조립비 2억원 + 육상운송비 1억원 + 분해비 2억원 + 임시수리비 5억원 + 관세 5천만원

= 44억 5천만원

※ 임시수리비는 본수리비의 일부이므로 수리비에 포함하고, 항공운임은 항공운임담보 특별약관에 가입하지 않았으므로 수리비에서 제외한다.

지급보험금

= (손해액 − 잔존물가액) + 보험가입금액 / 완성가액 − 공제금액

= (44억 5천만원 − 5천만원) + 1,000억원 / 2,000억원 − 2천만원

= 21억 8천만원

제3자배상책임보험(Third Party Liability)과 보관자배상책임보험(Bailee's Liability)의 책임법리 및 입증책임에 관하여 약술하고, 국문영업배상책임보험에서 보관자배상책임만 담보하는 특별약관을 기재하시오. (10점)

풀 이

(1) **책임법리 및 입증책임**

① **책임법리**

제3자배상책임보험은 피보험자가 소유, 사용, 임차하거나 보호(care), 관리(control), 통제(custody)하는 시설 또는 그 시설을 이용하여 수행하는 사무활동에 기인한 사고로 제3자에게 부담하는 불법행위책임을 담보하고, 보관자배상책임보험은 피보험자가 소유, 사용, 임차하거나 보호, 관리, 통제하는 재물에 입힌 손해로 계약상대방(그 재물에 대해 정당한 권리가 있는 사람)에게 부담하는 채무불이행책임을 담보한다.

② **입증책임**

불법행위책임을 담보하는 제3자배상책임보험은 피해자가 입증책임을 부담하고, 채무불이행책임을 담보하는 보관자배상책임보험은 가해자가 입증책임을 부담한다. 다만, 제3자배상책임보험에서도 제조물책임, 의료사고 등과 같이 특별법에 의해 개연성설, 과실추정주의 내지 입증책임전환의 법리를 적용하여 사실상 가해자가 입증책임을 부담하기도 한다.

(2) **국문영업배상책임보험에서 보관자배상책임만 담보하는 특별약관**

대표적으로 보관자배상책임만 담보하는 특별약관에는 창고업자 특별약관이 있다. 이 특별약관에서는 피보험자가 업무상 수탁한 화물에 대해 보호, 관리, 통제하던 중 손해를 입혀 그 화물에 대해 정당한 권리가 있는 자에게 부담하는 배상책임손해를 담보한다.

Package Insurance Policy(영문재산종합보험)의 Business Interruption Cover에서 ICOW와 Accumulated Stocks에 대해 약술하시오. (10점)

풀이

(1) ICOW(Increase in Cost of Working)

ICOW는 기업휴지손해보험에서 약정복구기간 중에 매출액감소를 경감하기 위해 취한 제반 조치비용으로 임시작업장을 임차하기 위한 임차료, 작업시설 설치비용 등이 이에 해당한다. 이 비용으로 보상받기 위해서는 반드시 매출감소를 경감할 목적으로 사고 이전에 지출하던 비용(평소의 지출비용)을 넘어 추가적으로 지출한 비용이 있어야 한다.

(2) Accumulated Stocks(누적재고조항)

Accumulated Stocks는 사고 이후 일정기간이 지난 후 본격적인 매출감소가 시작되었고 복구공사가 완료되기 전에 약정담보기간이 종료하였다고 하면 사실상 그 기업은 상당한 재고로 인해 매출감소를 면한 것이므로 기업휴지손해 보험금 산정시 누적재고의 소진을 통해 감소를 면한 매출액 상당액을 감안하여야 한다는 조항이다.

Commercial General Liability Insurance(영문영업배상책임보험)에서 정의하는 Insured Contract(담보되는 계약상의 가중책임)에 대하여 기술하시오. (10점)

풀이

배상책임보험에서는 계약상 가중책임(Contractual Liability)에 대해 원칙적으로 담보하지 않는 것이 일반적이지만, 법률상 배상책임과 동일하게 취급될 정도로 사회적으로 보편화, 일반화된 정형적인 계약으로 특별히 예외적으로 담보하기로 정한 계약들이 있는데, 이를 Insured Contract(담보계약)라고 한다. 시설임대차계약, 지역권계약, 지방자치단체의 조례, 철도지선 사용계약, 엘리베이터 관리계약 등이 이에 해당한다.

문제 7

손해사정시 보험가액을 정확히 평가하여 보험금 지급업무에 적정을 기할 목적으로 발간한 "보험가액 및 손해액의 평가기준(2010)"에 의거 철거건물의 보험가액 평가방법을 기술하고, 아래 조건에 따라 산출과정을 명시하여 보험가액을 계산하시오. (10점)

- 건물용도 : 냉장창고
- 건물구조 : 경량철골조 판넬지붕
- 건축시점 : 2010년 1월 1일
- 사고시점 : 2021년 12월 31일
- 철거예정시점 : 2023년 12월 31일
- 재조달가액 : 10억원
- 추정내용연수 : 20년
- 경년감가율 : 4%

풀 이

(1) 평가방법

철거건물의 보험가액은 최종잔가율을 20%로 하고, 사고시점에서 철거예정시점까지를 잔여내용연수로 보아 최종잔가율과 합산하여 평가한다.

(2) 보험가액

보험가액 = 재조달가액 + [(잔여기간 × 경년감가율) + 최종잔가율]

= 10억원 + [(2년 × 4%) + 20%] = 2억 8천만원

문제 1

폴리실리콘을 제조, 생산하는 '○○에너지(주)'는 〈표 1〉과 같은 조건으로 보험에 가입하고 있던 중 화재로 인해 〈표 2〉와 같이 보험목적물 일부가 소손되었고, 화재의 영향으로 실리콘 반응기 내에서 생성 중이던 재공품에도 손해가 발생하게 되었다. 사고원인은 기계설비에 부속된 전원공급 장치의 과부하로 밝혀졌다.

아래의 조건에 따라 질문에 답하시오. (20점)

〈표 1. 보험계약사항〉

1. Policy Holder / Named Inured : ○○ Energy Co., Ltd
2. Business Premises : Ra-dong, Da-gu, B-shi, A-Buk-do, Korea
3. Sum Insured
   • Section Ⅰ(PAR) Building : KRW 12,000,000,000
               Machinery : KRW 8,000,000,000
               Inventory : KRW 4,800,000,000
   • Section Ⅱ(MB) Machinery : KRW 80,000,000,000
4. Terms & Conditions
   A. Package Insurance Policy Form with Section Ⅰ(PAR) & Section Ⅱ(MB)
   B. Special extensions and provisions Applicable to Section Ⅰ(PAR)
      • Debris Removal & Cost of Clean up Extension
        : Applied with limit of 20% of the claim amount
      • Capital Additions : Applied with limit of ₩3,000,000,000 - a.o.a
      • Etc 80% Co-Insurance Clauses (not applicable to inventory)
      • Memo 1.[Basis of Indemnification] : Replacement Cost Value & Average Clause
      • Memo 2.[Limit of Liability] : Up to T.S.I
      • Memo 3.[Deductible] : KRW 100,000,000 - e.e.l.
   C. Special extensions and provisions Applicable to Section Ⅱ(MB)
      • Basis of Indemnification : Replacement Cost Value & Average Clause
      • Deductible : KRW 50,000,000

〈표 2. 보험가액 및 손해사항〉

[보험가액]
- 건물 : 재조달가액 150억원
- 기계 : 재조달가액 100억원
- 재고자산 : 재조달가액 60억원

[손해액]
- 건물 : 복구공사비 30억원(시가기준 20억원)
- 기계 : 분손된 기계수리비 20억원(시가기준 10억원)
  전손 처리된 기계의 재조달금액 10억원(시가기준 5억원)
- 재고자산 : 손해액 20억원

[기타]
- 잔존물 : 건물 5,000만원, 기계 4,000만원

〈표 3. 기타 손해사항〉

- 구내 오염물질제거비용 : 5,000만원
- 생산과정에 투입된 촉매비용 : 2,000만원
- 재고자산 폐기물처리비용 : 1억원
- 분손된 기계의 잔존물제거비용 : 1,000만원
- 기계 성능에 대한 기술자문비 : 3,000만원

(1) 제1부문의 확장담보 중 'Capital Addition Clause'에 대하여 설명하시오. (5점)

(2) 각 목적물로 산출과정을 명시하여 지급보험금을 계산하시오. (5점)

1. Capital Additions Clause

   (1) 개 요

   담보구내에 (a) 별도의 보험에 부보되어 있지 않은 신규건물, 기계장치 및 공장설비, (b) 건물, 기계장치, 공장설비의 변경, 추가, 개량이 발생한 경우 한 구내당 별도의 약정보상한도액 범위 내에서 보상한다. 피보험자는 각각의 추가재산명세를 추가일로부터 2개월 이내에 제출하여야 하며, 보험목적물 추가에 따른 추가보험료는 보험기간 종료시에 매 추가별로 일할 계산하여 일괄 납입한다.

   (2) 담보부문의 판단

   사고원인은 기계설비에 부속된 전원공급장치의 과부하로 인한 것이지만, 결과적으로 보험목적물에 손해를 입힌 사고는 화재사고이므로 그로 인한 손해는 Section I (PAR)에서 담보한다.

2. 지급보험금 계산

   (1) 목적물별 보험금

   보험가입금액을 한도로 전·분손 불문 재조달가액 기준으로 보상하고, 일부보험의 경우는 비례보상한다. 또한 재고자산을 제외하고는 보험금 산정시 80% 공동보험 비율을 적용한다.

   ① 건물

   = (재조달가액 기준 손해액 − 잔존물가액) + 보험가입금액 / (재조달가액 × 80%)

   = (30억원 − 5,000만원) + 120억 / (150억 × 80%) = 29억 5,000만원

   ② 기계

   = (재조달가액 기준 손해액 − 잔존물가액) + 보험가입금액 / (재조달가액 × 80%)

   = (30억원 − 4,000만원) + 80억 / (100억원 × 80%) = 29억 6,000만원

   ③ 재고자산

   = 손해액 + 보험가입금액 / 재조달가액

   = 20억원 + 48억원 / 60억원 = 16억원

   (2) 확장담보 보험금

   ① 구내 오염물질제거비용 5,000만원 : 면책

   ② 생산과정에 투입된 촉매비용 2,000만원 : 미가입, 면책

   ③ 재고자산 폐기물처리비용 1억원 : 면책

   ④ 분손된 기계의 잔존물제거비용 1,000만원 : 손해액 30억원의 20%인 6억원 이내의 금액이므로 전액 보상

   ⑤ 기계 성능에 대한 기술자문비 3,000만원 : 미가입, 면책

   (3) 지급보험금

   지급보험금

   = 29억 5,000만원 + 29억 6,000만원 + 16억원 + 1,000만원 − 1억원

   = 74억 2,000만원

문제 2

냉동식품을 제조, 가공하는 '○○냉장'은 보험기간 중 공장 내부에서 전기누전에 의한 화재사고로 〈표 2〉와 같이 손해가 발생하였고, 화재로 인해 전원이 차단되면서 인근에 위치한 냉동창고 작동이 중지되어 보관하고 있던 냉동식품의 일부가 온도변화로 인해 손상되었다.

아래의 조건에 따라 질문에 답하시오. (15점)

〈표 1. 보험계약사항〉

- 보험종목 : 국문화재보험[냉동(냉장)위험 특별약관]
- 가입금액 : 공장건물 8억원

  　　　　　기계(공장 내 분산수용) 8억원

  　　　　　동산(공장 내 분산수용) 1억원

  　　　　　동산(냉동창고 내 보관) 2억원

〈표 2. 보험가액 및 손해사항〉

[보험가액]
- 건물 : 공장 신축가액 20억원
- 기계 : 재조달가액 16억원(시가기준 8억원)
- 동산 : 공장 내 분산수용 2억원

  　　　　냉동창고 내 보관 2억 5,000만원

[손해액]
- 건물 : 복구공사비 4억원

  　　　　잔존물 해체 및 상차비용 300만원

  　　　　잔존물 운반 및 처리비용 500만원

  　　　　오염물질제거비용 500만원
- 기계 : 수리비 5억원
- 동산 : 공장 내 분산수용 8,000만원

  　　　　냉동창고 내 보관 3,000만원

[기타]
- 잔존물 : 공장건물 300만원
- 공장건물은 내용연수 35년, 경과연수 10년, 잔가율 30%로 가정함.

---

(1) 국문화재보험의 '냉동(냉장)위험 특별약관'에 대하여 설명하시오. (5점)

(2) 각 목적물별로 산출과정을 명시하여 지급보험금을 계산하시오. (10점)

1. **냉동(냉장)위험 특별약관**

   냉동(냉장)위험 특별약관은 구내에서의 화재로 냉동(냉장)장치 또는 설비의 파손, 변조로 인한 온도의 변화로 보험목적물인 냉동(냉장)물에 생긴 손해를 보상하는 특별약관이다. 단, 화재로 인한 냉동 및 냉장 장치의 직접적인 손해가 수반되어야 하며, 단순 변질손해는 보상하지 않는다.

2. **지급보험금 계단**

   (1) **목적물별 지급보험금**

   ① 건물

   $= (손해액 - 잔존물가액) + 보험가입금액 / 보험가액$

   $= (3억 2,000만원 - 300만원) + 8억원 / 16억원 = 1억 5,850만원$

   > - 경년감가율 $= (100\% - 30\%) / 35년 = 2\%$
   > - 감가액 $= 20억원 \times 2\% \times 10년 = 4억원$
   > - 보험가액 $= 20억원 - 4억원 = 16억원$
   > - 감가상각 적용 후 수리비 $= 4억원 \times (100\% - 20\%) = 3억 2,000만원$

   ② 기계

   $= 손해액 + 보험가입금액 / 보험가액 = 5억원 + 8억원 / 8억원 = 5억원$

   ③ 동산

   ㉠ 공장 내 분산수용

   $= 손해액 + 보험가입금액 / 보험가액 = 8,000만원 + 1억원 / 2억원 = 4,000만원$

   ㉡ 냉동창고 내 보관

   $= 손해액 + 보험가입금액 / 보험가액 = 3,000만원 + 2억원 / 2억 5,000만원$

   $= 2,400만원$

   (2) **비용손해**

   잔존물 운반 및 처리비용 및 오염물질제거비용은 면책이고, 잔존물 해체 및 상차비용은 보상한다. 단, 일부보험의 경우에는 비례보상한다.

   보험금 $= 300만원 + 8억원 / 16억원 = 150만원$

   (3) **지급보험금**

   지급보험금

   $= 1억 5,850만원 + 5억원 + 6,400만원 + 150만원 = 7억 2,400만원$

문제 3

레스토랑을 운영하는 A는 장기화재보험을 가입하고 있던 중 원인불명의 화재로 손해가 발생하여 이에 대한 보험금으로 3억원이 산정되었다. 장기화재보험의 '점포휴업손해특별약관'을 추가로 가입하고 있어 이에 대한 보험금도 청구하였다.

아래의 조건에 따라 질문에 답하시오. (15점)

〈보험계약사항 및 점포휴업 관련 사항〉

[보험계약사항]
- 보험종목 : 장기화재보험(점포휴업손해 특별약관)
- 보험가입금액 : 1,500만원
- 약정복구기간 : 3개월

[점포휴업 관련 사항]
- 연간매출액 : 4억 5,000만원
- 매출원가율 : 90%
- 매출감소액 : 1억 2,000만원

  * 지급한도율 : [최근 회계연도(1년간)의 총이익 + 1.1] / 최근 회계연도(1년간)의 매출액
  * 약정복구기간 내 영업가능일수와 복구기간 내의 휴업일수는 동일한 것으로 가정함.

---

(1) 점포휴업손해 특별약관의 '보상하는 손해'에 대하여 설명하시오. (5점)

(2) 점포휴업손해에 따른 휴업손실보험금의 산출과정을 명시하여 계산하시오. (10점)

풀 이

(1) **점포휴업손해 특별약관의 보상하는 손해**

점포휴업손해 특별약관은 보험목적물이 보험기간 중에 화재, 벼락, 폭발 또는 파열, 항공기의 추락 또는 접촉이나 항공기로부터의 물체의 떨어짐, 차량과의 충돌 또는 접촉으로 인한 손해를 입은 결과, 휴업 또는 영업이 저해됨으로써 생긴 손해를 보상하는 특별약관이다.

(2) **휴업손실보험금의 산출**

휴업손실보험금
= 보험가입금액 × 휴업일수비율 = 1,500만원 × 100% = 1,500만원

휴업손실보험금 보상한도
= (복구기간 내의 매출감소액 × 지급한도율) − 지출하지 않은 경상비
= 1억 2,000만원 + (4억 5,000만원 × 10% × 1.1) / 4억 5,000만원
= 1,320만원

전문직업배상책임보험(설계사 및 토목기사)의 보상하는 손해를 설명하고, '의사전문인 배상책임보험' 담보위험과의 차이점에 대하여 설명하시오. (10점)

풀 이

전문직업과 관련된 사고를 담보하는 전문직업배상책임보험(Professional Liability Insurance)은 사람의 신체에 발생한 물리적인 사고에 대한 전문직업위험을 담보하는 비행배상책임보험(Malpractice Liability Insurance)과 사람의 신체 이외의 재무적 손해 사고에 대한 전문직업위험을 담보하는 하자배상책임보험(Error and/or Omission Liability Insurance)으로 구분한다.

전자에는 의사, 미용사, 요양보호사, 약사 등의 배상책임보험이 있고, 후자에는 설계사, 토목기사, 변호사, 공인회계사, 건축사, 기술사 등의 배상책임보험이 있다.

문제 5

다음의 보험종목에서 담보하는 위험을 약술하시오. (10점)

(1) D&O(Directors & Officers Liability Insurance)

(2) DDD(Dishonesty, Disappearance & Destruction)

(3) BBB(Banker's Blanket Bond)

(4) FIPI(Financial Institution Professional Liability Insurance)

풀이

(1) D&O(Directors & Officers Liability Insurance)

회사의 임원이 각자의 자격 내에서 업무를 수행함에 있어 선량한 관리자로서의 주의의무 및 회사에 대한 충실의무를 위반함으로써 인하여 발생한 주주 및 제3자에 대한 손해배상책임을 담보한다.

(2) DDD(Dishonesty, Disappearance & Destruction)

고용인이 단독 또는 타인과 결탁한 사기적 행위나 부정직한 행위로 인하여 피보험자가 부담하여야 할 연금, 유가증권 및 기타 재산적 손실을 보상하는 보험이다. 고용인이 다른 제3자나 기관의 이익을 얻기 위한 것은 포함되지 않는다.

(3) BBB(Banker's Blanket Bond)

금융기관의 업무와 관련된 직원의 부정행위(사기, 횡령 등), 제3자의 절도나 강도, 유가증권의 위·변조 및 도난손해 등의 범죄행위를 담보함은 물론 재물의 파손, 훼손 등 범죄행위 이외의 위험까지도 담보하는 보험으로, 금융기관의 금융 관련 업무에 따르는 전반적인 위험을 종합적으로 담보한다.

(4) FIPI(Financial Institution Professional Liability Insurance)

피보험자가 직원이 저지른 과실행위(작위, 부작위 불문)로 인하여 타인으로부터 받은 손해배상청구에 대하여 부담하는 법률상의 배상책임손해를 보상하는 보험이다.

국문영업배상책임보험 특별약관 중 '차량정비업자 특별약관Ⅰ'과 '차량정비업자 특별약관Ⅱ'에서 각각 '보상하는 사고' 및 '보상하지 않는 손해'의 차이점에 대하여 설명하시오. (10점)

(1) 보상하는 사고

(2) 보상하지 않는 손해

풀이

(1) **보상하는 사고**

차량정비업자 특별약관Ⅰ에서는 피보험자인 차량정비업자가 소유, 사용, 관리하는 차량 정비시설 및 그 시설의 용도에 따른 차량 정비업무의 수행으로 생긴 사고로 타인의 신체나 재물에 손해를 입혔을 때 부담하는 법률상 배상책임손해를 담보함과 동시에, 제3자 배상책임보험인 시설소유관리자 특별약관에서 면책으로 정하고 있는 피보험자가 보관 중인 타인의 재물에 대한 손해 중에서, 정비목적으로 수탁 받은 고객의 차량에 생긴 손해에 대한 배상책임, 즉 임치계약에 따른 보관자책임도 함께 담보한다.

(2) **보상하지 않는 손해**

차량정비업자 특별약관Ⅱ에서는 위 특별약관Ⅰ에서 담보하는 위험 중에서, 수탁 받은 차량의 사고로 타인의 신체에 장해를 입히거나 재물을 망가뜨려 부담하는 법률상 배상책임을 면책위험으로 정하여 담보위험의 범위를 축소하고 있다는 점에서 차이가 있다.

문제 7

독일식 건설공사보험의 '발주자 예정이익상실 담보'에서 보상하는 손해에 대하여 설명하시오. (10점)

풀이

예정이익상실보험은 건설공사 또는 조립보험에서의 직접적인 물리적 재물손해로 인하여 공사완료가 지연됨으로써 입게 되는 재정상 손실을 발주자나 소유자에게 보상하는 보험을 말하며, DSU(Delay in Start-up) 보험이라고도 한다.

예정이익상실보험은 다른 기업휴지보험과는 달리 과거 실적이 존재하지 않는다. 즉, 기존 재무제표가 없기 때문에 공사목적물을 완공 후 상업적으로 사용하였을 때 얻어질 것으로 예상되는 수입 등을 기초로 가정이나 추정에 의하여 보험가입금액이 설정될 수밖에 없다. 따라서 완공 후 가동시 기대되는 영업이익과 보험가입경상비의 합계금액을 보험가입금액(보상한도)으로 설정한다.

국문화재보험과 국문영업배상책임보험의 '손해방지의무'에 대한 약관상 정의와 지급한도를 비교하여 설명하시오. (10점)

(1) 국문화재보험 손해방지의무

(2) 국문영업배상책임보험 손해방지의무

풀이

(1) **국문화재보험의 손해방지의무**

① **정 의**

보험사고가 생긴 때에는 계약자 또는 피보험자는 손해의 방지와 경감에 힘써야 한다. 만약, 계약자 또는 피보험자가 고의 또는 중대한 과실로 이를 게을리 한 때에는 방지 또는 경감할 수 있었을 것으로 밝혀진 값을 손해액에서 뺀다.

② **지급한도**

손해방지비용은 지급보험금의 계산식을 준용하여 계산한 금액이 목적물의 보험가입금액을 초과하는 경우에도 이를 지급한다.

(2) **국문영업배상책임보험의 손해방지의무**

① **정 의**

보험사고가 생긴 때에는 계약자 또는 피보험자는 손해의 방지 또는 경감을 위하여 노력하는 일(피해자에 대한 응급처치, 긴급호송 또는 그 밖의 긴급조치를 포함)을 이행하여야 한다. 계약자 또는 피보험자가 정당한 이유 없이 이 의무를 이행하지 않았을 때에는 그 노력을 하였더라면 손해를 방지 또는 경감할 수 있었던 금액을 뺀다.

② **지급한도**

손해방지비용은 손해배상금과의 합계액이 보상한도액을 초과하더라도 비용의 전액을 보상한다.

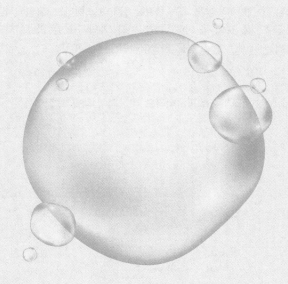

미래는
현재 우리가 무엇을 하는가에 달려 있다.

– 마하트마 간디 –

2024 SD에듀 재물손해사정사 2차 한권으로 끝내기

개정2판1쇄 발행	2024년 01월 10일(인쇄 2023년 11월 29일)
초 판 발 행	2018년 05월 15일(인쇄 2018년 03월 29일)
발 행 인	박영일
책 임 편 집	이해욱
편 저	김명규 · 김창영
편 집 진 행	서정인
표 지 디 자 인	하연주
편 집 디 자 인	김민설 · 하한우
발 행 처	(주)시대고시기획
출 판 등 록	제 10-1521호
주 소	서울시 마포구 큰우물로 75 [도화동 538 성지 B/D] 9F
전 화	1600-3600
팩 스	02-701-8823
홈 페 이 지	www.sdedu.co.kr
I S B N	979-11-383-6357-0 (13320)
정 가	43,000원

작은 기회로부터 종종 위대한 업적이 시작된다.

– 데모스테네스 –

손해사정사

현직 손해사정사의 이론중심 전략강의로 단기간 합격을 보장합니다.

1차 시험 이렇게 공부하라!

회독과 반복	선택과 집중	정답과 오답
생소한 개념, 어려운 용어 **반복적으로 학습**	**자신있는 과목에 집중하여** 평균 점수 올리기	오답을 놓치지 않고 **따로 정리하여 오답확률↓**

SD에듀 합격 전략 커리큘럼과 함께하면 1차 합격! 아직 늦지 않았습니다.

기본이론
기본 개념 확립을 위한
핵심이론 학습

문제풀이
단원별 문제풀이로
문제해결능력 향상

기출문제해설
최근 기출문제 분석으로
출제 포인트 집중학습

핵심 3단계 구성으로
한방에 끝내는 합격 이론서

1차 한권으로 끝내기

핵심이론 + 기본유형문제 + 기출분석문제

기본개념을 요약한 실전핵심 NOTE
최신 개정법령을 반영한 핵심이론
시험에 출제될 가능성이 높은 기본유형문제
대표 문제만 엄선한 기출분석문제 100選

손해사정사
시험의 처음과 끝

SD에듀의 손해사정사 수험서

손해사정사 1차 보험업법
한권으로 끝내기(4x6배판)

손해사정사 1차 보험계약법
한권으로 끝내기(4x6배판)

손해사정사 1차 손해사정이론
한권으로 끝내기(4x6배판)

손해사정사 1차
기출문제해설(4x6배판)

신체손해사정사 2차
한권으로 끝내기(4x6배판)

신체손해사정사 2차
기출문제해설(4x6배판)

차량손해사정사 2차
한권으로 끝내기(4x6배판)

재물손해사정사 2차
한권으로 끝내기(4x6배판)

※ 본 도서의 이미지는 변경될 수 있습니다.